Müssel · Bayreuth in acht Jahrhunderten

Karl Müssel

Bayreuth
in acht Jahrhunderten

Geschichte der Stadt

Gondrom

Das Titelbild zeigt Bayreuth von Osten. Ausschnitt aus einem Aquarell von Carl Friedrich Heinzmann (1795 – 1846). Das Original befindet sich im Stadtmuseum Bayreuth. Auf der Rückseite des Einbands eine Darstellung der ältesten gedruckten Stadtansicht von 1686 (Stadtmuseum Bayreuth).
Auf dem Vorsatz: Stadtplan aus dem frühen 17. Jahrhundert (Original im Stadtmuseum Bayreuth).
Der Nachsatz zeigt einen Ausschnitt aus dem „Schumann'schen Monumentalplan" von 1909.

ISBN 3-8112-0809-8 – 1. Auflage 1993
© 1993 by Gondrom Verlag, Bindlach
Umschlaggestaltung: Karin Roder
Satz: Teamsatz, Neudrossenfeld
Gesamtherstellung: Wiener Verlag, Himberg
Printed in Austria

Inhalt

Vorwort 6
Einleitung 8
Bayreuth unter den Andechs-Meraniern (1194 – 1248) 21
Unter den Burggrafen von Nürnberg aus dem Hause
Hohenzollern (1248/60 – 1420/30) 32
Bayreuth als Landstädtchen unter den ersten
Markgrafen (1420/30 – 1527) 39
Bayreuth nach Einführung der Reformation (1528 – 1603) 51
Die Anfänge der Residenzzeit (1603 – 1655) 60
Das barocke Bayreuth (1655/61 – 1735) 70
Höhepunkt und Ausklang der Bayreuther Markgrafenzeit
(1735 – 1791) 96
Unter preußischer Herrschaft (1792 – 1806) 124
Das französische Intermezzo (1806 – 1810) 132
Die königlich-bayerische Kreishauptstadt (1810 – 1871) 138
Bayreuth im Kaiserreich: Die Anfänge der Festspielstadt
(1871 – 1918) 165
Bayreuth in der Weimarer Republik (1918 – 1933) 186
Die Gauhauptstadt Bayreuth (1933 – 1945) 197
Von der Stunde Null zum neuen Bayreuth (1945 – 1958) 215
Die Ära Hans Walter Wild (1958 – 1988) 231
Bayreuth gestern, heute und morgen 259
Zeittafel (1035 – 1993) 261
Quellen und Literaturverzeichnis 267
Register 276

Vorwort

„Bayreuth gab mir Glauben, Hoffnungen, Morgen voll Nebel und Entzückungen."

Jean Paul

Karl Müssel

Viele wünschen sich seit langem eine knappe, lebendige Stadtgeschichte in einer nicht nur für Fachleute lesbaren Form. Ein solches Buch, im Umfang von vornherein begrenzt, kann nur eine grobe Übersicht liefern. Der Verfasser muß den „Mut zur Lücke" aufbringen. Er muß auswählen, verkürzen und leider vielfach auch stark vereinfachen. Obwohl er Objektivität anstrebt, ist er zur Subjektivität verurteilt. Eine solche Stadtgeschichte im Überblick kann zwar eine große wissenschaftliche Darstellung nicht ersetzen, bietet aber mehr als eine reine Chronik aus Zahlen und Ereignissen.

Der Verfasser ist seit Jahrzehnten eng mit der Erforschung der Geschichte Bayreuths und Oberfrankens verbunden. Der historischen Wahrheit verpflichtet, möchte er – einem Wort des Philosophen Spinoza folgend – weder bewundern noch belächeln, weder verspotten noch betrauern, sondern seinem Leser helfen, die Geschichte Bayreuths besser zu verstehen. Daß ihn die Liebe zu seiner Heimat- und Vaterstadt erfüllt, will er nicht verheimlichen. Er widmet dieses Buch allen Bürgern und Freunden Bayreuths und denen, die es werden wollen.

Die epochemachenden Kräfte der Geschichte liegen außerhalb des städtischen Gemeinwesens, dessen Lebensweg hier beschrieben wird. Sie haben aber mittel- oder unmittelbar die Stadt am Roten Main erreicht,

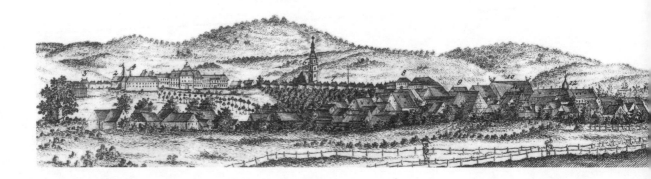

manchmal auch nur flüchtig berührt. Sie wurden angenommen oder abgelehnt. Sie haben ihre Spuren hinterlassen oder sind schon längst wieder gänzlich verschwunden. Die stadtgeschichtlichen Epochen wurden wiederholt durch bedeutsame Ereignisse eingeläutet, aber auch durch Persönlichkeiten geprägt, die eine eigene Ära schufen. Unsere Fahrt durch die Jahrhunderte erlaubt einen längeren Aufenthalt nur an den größeren Stationen, lädt an vielen Haltepunkten zum kurzen Schauen und Verweilen ein, führt auch zu Begegnungen mit herausragenden Gestalten, muß sich aber damit begnügen, auf vieles nur wie aus einem fahrenden Wagen hinweisen zu können.

Eine Stadtgeschichte spricht von der Stadt, meint aber damit stets alle Menschen innerhalb des Stadtbereichs. Sie möchte die Schicksale, Freuden, Leiden, Probleme und Leistungen der namenlos bleibenden Stadtbürger einbeziehen und die vielen Namen nicht übergangen wissen, die noch in guter Erinnerung sind, aber hier nicht genannt werden können. Vor allem für die beiden letzten Jahrhunderte vermag aus dem Übermaß an überlieferten Namen und Fakten nur eine höchst bescheidene Auswahl dessen geboten werden, was eigentlich zur Darstellung drängt. Aus Raumgründen muß auch auf Anmerkungen und Fußnoten verzichtet werden. Ein Verzeichnis gedruckter Quellen und Spezialliteratur zeigt dem interessierten Leser den Weg, wie und wo er sich weiter informieren kann.

Dieses Buch behandelt die Vergangenheit der Stadt Bayreuth. Es will aber auch die Verbindung zur Gegenwart herstellen, ja sogar Mut machen, der Zukunft mit einer positiven Einstellung zum Leben entgegenzusehen. Eines zeigt die Stadtgeschichte Bayreuths: Trotz aller Belastungen in früheren Jahrhunderten, trotz aller Tiefen und Schattenseiten und vieler Rückschläge haben die Bürger dieser Stadt in ihrer Gesamtheit nie den Mut verloren, ihr Gemeinwesen zu einer liebens- und lebenswerten Stadt zu machen. Gerade die Jahrzehnte friedlichen Wachstums in der zweiten Hälfte unseres Jahrhunderts haben gezeigt, daß wir auf gutem Wege erfolgreich vorankommen, wenn, mit Hölderlin gesprochen, „unsere Städte nun hell und offen und wach, reineren Feuers voll" sind.

Die vorliegende Stadtgeschichte ist keine offizielle oder von einem Auftraggeber gesteuerte Beschreibung vergangenen städtischen Lebens. Sie kann beliebig erweitert und sicher in mancher Beziehung verbessert werden. Sie möchte aber dazu anregen, im Trubel der Gegenwartsereignisse und Tagessorgen die Rückbesinnung nicht zu vergessen.

So stellt unser Buch jedem Leser die Aufgabe, sich letztlich selbst „ein Bild zu machen" von dem, was einst war und noch fortwirkt. Ein Kennenlernen der städtischen Epochen kann, verbunden mit kritischer Eigeninitiative, die beglückende Erkenntnis Goethes nacherleben lassen:

Liegt dir Gestern klar und offen,
Wirkst du heute kräftig frei.
Kannst auch auf ein Morgen hoffen,
Das nicht minder glücklich sei.

Einleitung

Vom Werden des Bayreuther Landes

Der Lebensraum Bayreuths, sein Stadtgebiet und näheres Umland, wird geprägt durch großen Abwechslungsreichtum an geologischen Bauteilen, Landschaftsformen und Böden. Das eigentliche „Bayreuther Land" liegt zwischen dem im Erdaltertum geformten Fichtelgebirge im Osten und der Juralandschaft der Fränkischen Schweiz im Westen. Es gehört zum Obermainischen Bruchschollenland, das im Erdmittelalter dem „Urgebirge" (Fichtelgebirge und Frankenwald) vorgelagert wurde und auf engem Raum „Bruchschollen" genannte Teilstücke des aus Buntsandstein, Muschelkalk und Keuper gebildeten Süddeutschen Schichtstufenlandes an die Oberfläche treten läßt. Der gesamte Bayreuther Talkessel gehört zum Keuper, einer Formation, die hauptsächlich von Sandstein-, Mergel- und Lettenschichten gebildet wird. Den Innenstadtbereich beherrscht der nach der Nürnberger Burg benannte Burgsandstein. Die langsam ansteigenden Hänge tragen Feuerletten: Der Rote Hügel erhielt von der Bodenfärbung seinen Namen. Die etwas steileren Randhöhen um Buchstein und Hohe Warte tragen den stufenbildenden Rätsandstein. Während der Bayreuther Hausberg, der Sophienberg (593 m), von einer Eisensandsteinkappe des Braunjura (Dogger) bekrönt wird, ist die weiter westlich liegende Neubürg (587 m) bereits ein „Zeugenberg" des Weißjura (Malm).

Der Profilbildung der Erdoberfläche durch die Kräfte des Erdinneren, die das Verformen und Herausheben der Bruchschollen herbeiführten, wirkten die äußeren Kräfte Wasser, Eis und Wind mit ihrer abtragenden Tätigkeit entgegen, die heute noch nicht beendet ist. Die Täler wurden durch die fließenden Gewässer geformt. Der Rote Main, der Bayreuth durchfließt und sich westlich von Kulmbach mit dem aus dem Fichtelgebirge kommenden Weißen Main vereinigt, entwickelte sich zur Hauptwasserader des Bayreuther Landes. Von seiner Quelle im Lindenhardter Forst etwas unterhalb der Höhe 581 m bis zum Eintritt ins Bayreuther Stadtgebiet legt er ungefähr 25 km zurück. Auf dieser Strecke überwindet er ein Gefälle von mehr als 200 m. Bei St. Johannis erreicht ihn die von rechts zufließende Steinach. Als linker Zufluß kommt im Bayreuther Stadtgebiet der Mistelbach dazu, der kurz vor seiner Einmündung noch den Sendelbach aufnimmt. Durch die unermüdliche Arbeit mehrerer zusammentreffender fließender Gewässer wurde im Laufe der Jahrtausende der Bayreuther Talkessel ausgeräumt und in seiner heutigen Gestalt gebildet. Daß das relativ breite Tal zwischen Bindlach und Trebgast, dessen oberer Teil bereits im Norden Bayreuths im Industriegelände beginnt, nicht von dem wasserarmen heutigen Trebgastbach geschaffen worden sein kann, ist leicht zu erkennen. Lange hat man angenommen, der Rote Main habe einst diesen Weg genommen. Erst zu Beginn unseres Jahrhunderts konnte überzeugend nachgewiesen werden, daß die mit starkem Gefälle vom Ochsenkopf herabfließende, heute in den Roten Main mündende Steinach früher ihren Unterlauf im Trebgasttal hatte und ursprünglich dem Weißen Main zufloß. Als Beweis dient, daß im mittleren Trebgasttal an den Berghängen um Harsdorf Geröll des Fichtelgebirges abgelagert ist, das nur von der Steinach in dieses Gebiet transportiert worden sein kann.

Älteste Lebensspuren

Seit den Entdeckungen, die der Bayreuther Paläobotaniker Friedrich Wilhelm Braun (1800 – 1864) machte, konnten bis heute viele Pflanzen der Urzeit in Form von Versteinerungen oder Abdrücken ermittelt und bestimmt werden. Ein besonders bedeutsamer Fund gelang 1843, als Braun durch einen Schüler auf uralte Pflanzenreste in der Gegend von Hardt (Gemeinde Eckersdorf) aufmerksam gemacht wurde. In einer Tonmulde mit Kohlenflöz entdeckte Braun auf den Schieferflächen pflanzliche Substanzen, die noch elastisch waren und in Wasser aufgeweicht werden konnten, darunter über einhundert Früchte von der Größe eines Quartblattes. Zur Erinnerung an Johann Jakob Baier (1677 – 1735), den Verfasser der ersten Nürnberger Erdgeschichte, gab Braun der Pflanze den Namen *Baiera*.

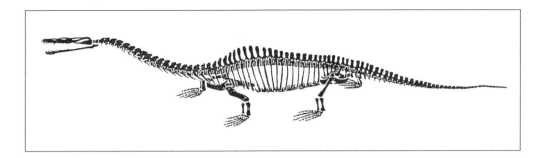

Skelett eines Nothosaurus

Ein äußerst ergiebiges Pflanzenlager der Urzeit entdeckte Braun in Theta, als man dort den Versuch machte, Kohle abzubauen. Weitere Funde stammten aus den Steinbrüchen von Donndorf. Hauptsächlich waren es Überreste von Urfarnen und Schachtelhalmen.

Aus der Tierwelt des Erdmittelalters im Obermainischen Bruchschollenland förderte man vor allem die für die jeweilige geologische Bodenschicht typischen Leitfossilien zutage, so im Muschelkalk des Oschenbergs die Ammoniten (auch „Ammonshörner" genannt), besonders den Ceratites nodosus. In den „Estherienschichten" des Gipskeupers an der Bodenmühle ist es die Estheria laxitexta, eine Krebsart, deren Schalen in großen Mengen zu finden sind und einen regelrechten „Krebsfriedhof" bilden.

1895 entdeckte man im Tal des Roten Mains zwischen Bodenmühle und Schlehenmühle die mindestens 100 Millionen Jahre alten Fußspuren eines Chirotheriums, eines nur durch seine Fußabdrücke nachweisbaren Sauriers. Eine Panzerechse (Teleosaurus) wurde im Posidonienschiefer bei Mistelgau gefunden.

Ein besonders spektakulärer Fund gelang 1834 Georg Graf zu Münster (1776 – 1844), einem gebürtigen Westfalen, der an der Regierung von Oberfranken tätig war. Der begeisterte Naturforscher entdeckte das erste vollständige Skelett eines in Deutschland nachgewiesenen Sauriers, eines Nothosaurus mirabilis. Die bis 5 m langen Nothosaurier jagten im Meer nach Fischen und anderen Lebewesen. Ihre Beißmuskeln und Kauwerkzeuge waren überentwickelt, ihr Großhirn im Verhältnis zur Körpergröße dagegen minimal ausgebildet. Mit dem Namen des Grafen Münster verbunden sind auch die im Muschelkalk gefundenen Schädel des Placodus, der auch „Pflasterzähner" genannt wird, weil die für ihn typischen schwarzen Zahnstümpfe kleinen Pflastersteinen vergleichbar sind. Diese Kriechtiere lebten am Meeresufer, holten sich aber ihre Nahrung (Muscheln und Austern) aus dem Meer.

Aus vor- und frühgeschichtlicher Zeit

Wer sich von dem Verhältnis der vielen Jahrmillionen der Erdgeschichte zum ersten Auftreten des Menschen ein anschauliches Bild machen will, dem hilft ein Vergleich mit einem Tagesablauf: Würde man nämlich die ungeheure Zeitspanne von den Anfängen der Erdentstehung bis heute auf 24 Stunden komprimieren, so erschiene der Mensch erst in den letzten Minuten. Ganz ähnlich verhält sich auch die Zeit vom ersten Auftritt des Menschen bis zur Gegenwart im Vergleich mit den rund 5000 Jahren geschriebener Weltgeschichte. Während aber im Mittelmeerraum längst geschriebene Berichte Licht ins Dunkel der Geschichte bringen, bleibt in unserer Region selbst im ersten Jahrtausend nach Christi Geburt eine schriftliche Überlieferung noch weitgehend aus. Neben den wenigen und zum Teil aus Nachbargebieten entlehnten absoluten Zeitangaben ist man auf Ergebnisse angewiesen, die mit archäologischen Methoden gewonnen werden. Diese Übergangsperiode der Frühgeschichte reicht in unserem Gebiet sogar noch ein gutes Stück ins 2. Jahrtausend hinein.

Das erste Auftreten von Menschen in Oberfranken läßt sich vor rund 100 000 Jahren anhand sog. „Geröllgeräte" nachweisen, die man im Raum Lichtenfels-Kronach in namhafter Zahl gefunden hat. Als Geröllgerät bezeichnet man einen dem Flußgeröll entnommenen Stein, an dem mit einem anderen, als Hammer dienenden Stein Stücke so abgeschlagen wurden, daß eine deutlich zugerichtete scharfe Kante entstand. Der so bearbeitete Stein war damit vom reinen Naturprodukt zu einem einfachen „Gerät" geworden, das dem Menschen als Schneide- und Sägewerkzeug dienen konnte. Geröllgeräte lassen sich nur schätzungsweise datieren. Man nimmt an, daß sie dem Menschen der Altsteinzeit unentbehrliche Werkzeuge waren. Sie gehören damit in eine Zeit, in der Mitteleuropa im Norden und im Alpenvorland noch weithin mit Eis bedeckt war und die Neandertaler die Kältesteppe zwischen Nord- und Südeis bevölkerten. Altsteinzeitliche Kratzer und Klingen wurden auch bei Rodersberg und am Pensen bei Seulbitz gefunden.

Aus der Mittelsteinzeit (ca. 8000 – 4500 v. Chr.) sind in der Umgebung Bayreuths an vielen Stellen „Jagdstationen" (für kürzere Aufenthalte eingerichtete Siedlungsplätze) nachgewiesen worden, so in Aichig, Rödensdorf, Rodersberg, Seulbitz, Unterpreuschwitz und im „Krähenhölzlein" bei Wendelhöfen. Als besonders bemerkenswerter Fund aus dieser Zeit gilt ein im Klumpertal bei Pottenstein entdecktes fünf Zentimeter langes Knochenstück, auf dem zweifellos von Menschenhand Linien eingeritzt wurden. Aus der Jungsteinzeit (ab etwa 4500 v. Chr.) wurden im Bayreuther Umland bereits zahlreiche Funde gemacht. Ein Prachtstück ist sicherlich die Streitaxt aus Hornblendegneis des Fichtelgebirges, die 1952 am Bindlacher Berg entdeckt wurde. Weitere Fundorte waren Römerleithen und der Pensen.

Auch die der Steinzeit folgenden Zeiten, in denen der Mensch Werkzeug, Waffen und Schmuck aus Metall herzustellen begann, sind in Bayreuth und seinem nächsten Umland durch Funde vertreten. Der Bronzezeit (ca. 1800 – 1300 v. Chr.) gehören Keramikbruchstücke vom Pensen an, die Björn Uwe Abels in seinem „Archäologischen Führer Oberfranken" abgebildet hat. Wohl der frühen Bronzezeit zuzuordnen ist ein Kupferbarren in Form eines Beils, der 1951 auf dem „Blauen Hügel" bei Eckersdorf gefunden wurde. Der Hersteller hat die Kunst noch nicht beherrscht, Kupfer durch Zusatz von Zinn zur härteren Bronze zu legieren. Einen besonders schönen Fund machte 1826 ein Bauer beim Ackern auf seinem Feld am Saaser Berg: Er stieß auf guterhaltenen Frauenschmuck (vier Armspi-

Brillenspirale aus dem Fund am Saaser Berg (Archäologisches Museum des Historischen Vereins für Oberfranken)

ralen und zwei Beinbergen). Heute befinden sich diese wie die meisten anderen genannten Funde unseres Nahraums als Exponate im Archäologischen Museum des Historischen Vereins für Oberfranken. Charakteristisch für das Ende der Bronzezeit, die sog. Urnenfelderzeit (ca. 1300 – 750 v. Chr.), sind Höhensiedlungen. Solche gab es im Raum Bayreuth auf dem Sophienberg, dem Schobertsberg und auf der Neubürg. 1968 wurde auf dem nahen Hühlberg ein guterhaltenes, ca. 14 cm langes, mit Lappen versehenes Bronzebeil entdeckt, das seinem Besitzer einst zugleich als Werkzeug und als Waffe dienen konnte.

Relativ gering sind bisher die Zeugnisse aus der Eisenzeit, wie die Zeit ab ca. 750 v. Chr. nach dem neuen Werkstoff bezeichnet wurde. Aus ihrem ersten

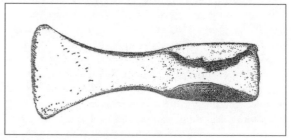

Bronzebeil vom Hühlberg

Zeitabschnitt, der nach dem Hauptfundort im Salzkammergut genannten Hallstattzeit (750 – 450 v. Chr.), stammen zwei bronzene Paukenfibeln und einige Glasperlen vom Pensen bei Seulbitz. Siedlungsspuren finden wir auch aus der Latènezeit (ca. 450 v. Chr. bis Christi Geburt). Bei Burg Rabeneck hat man vor längerer Zeit als Bodenfund eine inzwischen leider nicht mehr nachweisbare Bronzemünze aus Karthago entdeckt, die aus der Zeit des 3. Jahrhunderts v. Chr. stammte und wohl noch vor unserer Zeitrechnung auch ins Bayreuther Gebiet gelangt sein muß.

Wertvolle Hinweise auf eine bemerkenswerte vorgeschichtliche Siedlung lieferten in den letzten Jahrzehnten Grabungsarbeiten des Historischen Vereins für Oberfranken unter Leitung von Erich Sticht auf dem bereits genannten Pensen bei Seulbitz. Diese prähistorische Stätte am östlichen Stadtrand von Bayreuth liegt rund 560 m über dem Meeresspiegel und mehr als 200 m über dem Bayreuther Talkessel. Sie muß bereits am Ende der Jungsteinzeit ein fester Wohnplatz gewesen sein. Darauf lassen zumindest die dort gefundenen Keramikbruchstücke, Reib- und Mahlsteine schließen. Überraschend stieß man auf einen mehr als 5 m tiefen Kult- und Opferschacht, der viereckig im darunter anstehenden Ton endete. Aus dem geborgenen Material konnte man annehmen, daß in diesen Schacht Blut gegossen worden war. In einer Tiefe von 1,60 m fand man einen Sandsteinblock. Unter diesem lag ein weiterer, fast rechteckiger Stein von etwa 55 cm Höhe. Dieser entpuppte sich bei näherer Untersuchung als ein besonders beachtenswerter Fund. Eine fachmännische Überprüfung ergab, daß seine natürliche Form einem menschlichen Gesicht ähnlich sieht, die Augenschlitze aber von Menschenhand nachgeschliffen worden sind. Wir haben es daher bei diesem Fundstück mit einem Menhir oder einer Stele zu tun, einem Grabstein der Frühlatènezeit. Wenn man bedenkt, daß die alten Kulturvölker zur gleichen Zeit schon figürliche Grabmäler von hohem künstlerischem Rang schufen, dann wird deutlich, wie sehr man in der Bayreuther Gegend (und nicht nur hier) handwerklich und künstlerisch noch in den Anfängen steckte. Als der bisher älteste nachweisbare Versuch von Bildhauerei in unserem Raum verdient dieser Stein jedoch durchaus Beachtung.

Am Fuß des Bindlacher Berges wurde 1992 beim Bau der Ferngasleitung eine Keltensiedlung aus der

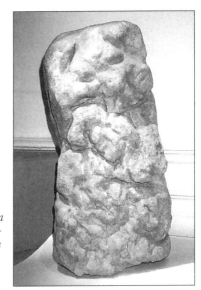

Der „Menhir vom Pensen" (Archäologisches Museum des Historischen Vereins für Oberfranken)

Zeit um 400 v. Chr. angeschnitten. Eine vom Arbeitskreis für Vor- und Frühgeschichte des Historischen Vereins für Oberfranken durchgeführte Notgrabung unter Leitung von Rosemarie Köhler lieferte wertvolle Einblicke in das Leben der Kelten in unserer Gegend. Die Siedlung war nur kurze Zeit vor den großen Wanderzügen entstanden, auf denen dieses Volk weit nach Süden vorstieß und 387 v. Chr. zum Schrecken der Römer wurde. Die einfachen Fachwerkhäuser bestanden aus Pfosten, die man in den Boden eingelassen hatte, und aus Wänden von Flechtwerk, das einen Lehmverputz erhielt. Eine ähnliche Bauweise kann man heute noch bei alten Häusern und Scheunen in der Fränkischen Schweiz finden. Von den keltischen Häusern haben sich nur die Pfostengruben als Bodenverfärbungen und durch Brand verhärtete Stücke des Lehmverputzes erhalten. Leider hat das eng begrenzte Grabungsareal keinen vollständigen Hausgrundriß freigegeben.

Unmittelbar neben den Häusern lagen Abfallgruben, die wie in anderen Zeitabschnitten auch oft den lebendigsten Eindruck von den Lebensverhältnissen vermitteln. Sie enthielten vor allem Keramikscherben, deren Verzierungen und Randstücke eine Datierung der Siedlung ermöglichen. Die Keramik war zum Teil bereits auf der Töpferscheibe entstanden. In den Gruben fanden sich auch Tierknochen, das Horn einer jungen Ziege und Spinnwirtel, die auf das Spinnen von Wolle und Flachs hinweisen. Aus dem Siedlungsbereich stammt auch eine eiserne Lanzenspitze, die wohl einer führenden Persönlichkeit im Dorf als Statussymbol diente. – Ein Steinbeil aus der Jungsteinzeit und eine bronzene Pfeilspitze aus der Urnenfelderzeit, die in der Nähe gefunden wurden, weisen auf eine weit ältere Siedlungstradition dieses Platzes hin.

In einem Baugebiet in Bindlach konnten 1992 Fragmente germanischer Keramik gefunden werden. Münzfunde bei Unterpreuschwitz (heute Stadt Bayreuth) weisen auf die kurze Anwesenheit von Germanen hin. 1935 fand Otto Körber (Unterpreuschwitz) in der Nähe des Orts eine Bronzemünze des Kaisers Valentinian (364 – 375), die auf dem Balkan geprägt worden war: ein Beispiel für die Verbindungen, die bereits über weite Entfernungen bestanden haben. An frühgeschichtlichen Funden ist aber der Bayreuther Raum in den ersten Jahrhunderten nach Christi Geburt ausgesprochen arm. Erst mit der Zeit der Karolinger lassen sich wieder Fundstätten nachweisen. In Bindlach und Gesees wurden silberne Schläfenringe, Messer und gläserne Hohlperlen als Grabbeigaben gesichert. In Meyernberg entdeckte man in einer Lehmgrube der früheren Aktienziegelei Keramikreste des 9. Jahrhunderts und das Fragment einer Holzschale.

Durch eine mit wissenschaftlicher Planung und Systematik durchgeführte Grabungsaktion konnte 1980 und 1981 in der „Burgflur" bei Laineck auf einer Flußterrasse über dem Roten Main eine frühmittelalterliche Befestigungsanlage (samt Spuren vorhergehender Besiedlung) mit Hauptburg, Vorburg, Mauer und Graben teilweise freigelegt, aufgenommen und ausgewertet werden. Sie darf mit großer Sicherheit dem 10. Jahrhundert zugeordnet werden, also der Zeit, in der in Ostfranken die Markgrafen von Schweinfurt auf der Höhe ihrer Macht waren. Es ist allerdings nicht sicher, ob es sich um eine Mittelpunktsburg der Schweinfurter oder um eine slawische Anlage handelte.

Noch im 19. Jahrhundert machte man in der Innenstadt Bayreuths Keramikfunde, die nach dem damaligen Erkenntnisstand fälschlich als Urnen angesprochen wurden und auf vorchristliche Feuerbestattung hinzuweisen schienen. Ein erhaltenes Tongefäß dieses Funds konnte aber inzwischen mit modernen Forschungs- und Datierungsmethoden der Zeit um 1200 zugewiesen werden, also jener Zeit, in der der Name „Bayreuth" erstmals urkundlich nachweisbar ist.

Zur Besiedlungsgeschichte

Wenn es auch nicht möglich ist, den Gang der Besiedlung unseres Raumes im einzelnen nachzuzeichnen, so sollen im folgenden doch die Völker und Stämme benannt werden, die daran Anteil hatten. In der späten Eisenzeit (5. Jh. v. Chr.), die nach dem Hauptfundort am Neuenburger See in der Schweiz auch die Latènezeit genannt wird, siedelten (wie schon für Bindlach genauer gezeigt) in ganz Oberfranken die Kelten. Ihr obermainisches Zentrum war der Staffelberg. Dieser Siedlungsschwerpunkt war vermutlich der Ort Mönosgada, den die Karte des Ptolemäos im 2. Jahrhundert n. Chr. nennt. Kelten bewohnten auch eine Höhensiedlung auf der Ehrenbürg bei Forchheim, die erst nach der Christianisierung zu Ehren der heiligen Walburga den Namen Walberla erhielt. Kleinere Funde dieser Keltenzeit konnten auch auf dem Pensen bei Seulbitz gemacht werden. Unter dem Druck der Germanen wanderten die Kelten nach Süden. Die Römer sahen sich nördlich und östlich des Limes den Markomannen gegenüber. Zu einer Besiedlung des Obermaingebiets kamen beide nicht. Das heutige Nordbayern gehörte im 5. Jahrhundert weitgehend zum Einflußbereich der Hermunduren, deren thüringisches Großreich zeitweilig bis zur Donau reichte. Ab 531 eroberten merowingische Franken den westlichen Teil des Thüringerreichs.

In das Obermainland drangen von Osten her im 6. Jahrhundert die Slawen ein, deren Siedelspuren durch Ausgrabungen und erhaltenes Namengut (Orts-, Fluß- und Flurnamen) im Umland von Bayreuth heute noch deutlich erkennbar sind. Stellvertretend für viele Beispiele sei nur die Bezeichnung Kulm für Berg erwähnt: Es ist der Altname des Sophienberges, an den noch die Kulm-Höfe erinnern. Auch die im Osten des Bayreuther Stadtgebiets liegenden Orte Döhlau (Taldorf) und Görau (Bergdorf) deuten auf slawische Namengebung. Aus dem heutigen Bayreuther Stadtbereich gelten die Orts- bzw. Stadtteilnamen Dürschnitz, Preuschwitz und Seulbitz sowie der Flurname Leuschnitz als slawischen Ursprungs. Noch Ende der Karolingerzeit waren große Teile Oberfrankens Bestandteil der „terra sclavorum", des Slawenlands. Die fränkische Gaueinteilung wies das ostfränkische Grenzland dem Radenzgau zu. Unter den Franken begann die Erschließung in Kleingauen. Ein solcher war auch der Hummelgau. Der sprachwissenschaftliche Nachweis von Sachsensiedlungen (Bindlach, Rödensdorf) kann nur so erklärt werden, daß unter Karl dem Großen deportierte Sachsen im Bayreuther Land ansässig wurden.

Das 741 gegründete Bistum Würzburg trug die Christianisierung ostwärts. Würzburger Lehen in vielen Orten des Obermaingebiets, aber auch mancherlei Zinsverpflichtungen nach Fulda lassen alte kirchliche Organisationsstrukturen erkennen, die auf die Zeit vor Gründung des Bistums Bamberg (1007) zurückweisen. Bei der dominierenden Rolle, die den Franken seit der Karolingerzeit für die Erschließung des Obermainlandes zukommt, darf jedoch nicht vergessen werden, daß von Süden her auch ein Einfluß der Baiern vorhanden war. Kirchlich war es das Bistum Regensburg mit seinen Klöstern, das den bairischen Nordgau ins Egerland und ins Fichtelgebirge, aber auch ins Gebiet des Roten Mains vorschob.

Die wichtigsten Vorläuferorte Bayreuths

Unter den Orten, die im Bayreuther Land schon vor Bayreuth, d. h. vor 1194 belegt sind, nimmt Bindlach eine herausragende Sonderstellung ein. Es war vermutlich „Urpfarrei", mit Sicherheit aber für lange Zeit das kirchliche Zentrum des Bayreuther Raumes. Es wird 1178 als „Bintluke" erstmals erwähnt, ist aber zweifellos schon vor der Gründung des Bistums Bamberg 1007 entstanden. Als Beweis gilt der Würzburger Altzehnt, den 1317 Heinrich von Wirsberg in Bindlach zu zahlen hatte. Alle Altzehntorte der Gegend verweisen auf die „vorbambergische" Zeit, als das Zweimaingebiet noch zum Diözesanbereich des alten Bistums Würzburg gehörte.

Es gibt Hinweise, daß Bindlach schon in der Karolingerzeit bestand. Einen Reihengräberfund im heutigen Gemeindegebiet haben die Archäologen dieser Zeit zugewiesen. Der Ortsname, den man bisher auf slawischen Ursprung zurückzuführen versuchte, geht nach neuester Forschung (Adolf Gütter, Universität Lund) auf die sprachwissenschaftlich exakt erschlossene altsächsische Form „Binutlaka" zurück. In unserer heutigen Sprache ist dies wortgetreu als „Binsenlache" wiederzugeben. Gemeint ist ein Ort, der in einer mit Binsen bestandenen sumpfigen Gegend liegt. Bindlach dürfte nach diesem linguistischen Befund einer jener Orte gewesen sein, die Karl der Große für die Familien unterworfener und ins östliche Franken deportierter Sachsen anlegen ließ.

Als kirchlicher Zentralort der Gegend besaß Bindlach einen großen Pfarrsprengel. Zu Bindlachs Tochterkirchen werden Benk, Harsdorf, Neunkirchen, St. Johannis, Crottendorf, Allersdorf, Stockau, Goldkronach, Nemmersdorf und Weidenberg gerechnet, nicht zuletzt auch die Altenstadt und die erste Kirche von Bayreuth, schließlich auch Heinersreuth. Dieses kam 1546 zum mittlerweile selbst Pfarrei gewordenen Bayreuth. 1564 wurde auch St. Johannis eine eigene Pfarrei. 1712 erhielt die neugeschaffene Pfarrei St. Georgen mehrere Ortschaften zugewiesen, die vorher nach Bindlach pfarrten.

Eine besondere Bedeutung unter den Siedlungen, die im Bayreuther Umland noch vor Bayreuth selbst urkundlich belegt sind, kommt auch Seulbitz zu, das heute eingemeindet und ein Stadtteil Bayreuths ist. Der Ortsname wurde von Ernst Schwarz auf den slawischen Personennamen Zil zurückgeführt. Da Seulbitz zu den Orten gehört, die noch nach der Gründung des Bistums Bamberg den Zehnt nach Würzburg entrichteten, muß es schon vor 1007 bestanden haben. 1035 wird es in einer Schenkungsurkunde des Kaisers Konrad II. (1024 – 1039) mit allen Liegenschaften beschrieben: Der salische Herrscher schenkt einem Bamberger namens Luitpold das Königsgut „Silevvize". Zur Lokalisierung wird dabei angegeben, daß der Weiler im Radenzgau und in der Grafschaft eines nicht näher bestimmten Grafen Adalbert liege. Als Zubehör an Grundbesitz werden neben den Gebäuden Wälder, Wiesen, Weiden, aber auch Mühlen und Fischereianlagen aufgezählt, was auf eine schon länger bestehende stattliche Siedlung hindeutet. Ein Jahrhundert später wird der Ort Seulbitz erneut als Ganzes weitergegeben: 1137 kauft Bischof Otto der Heilige († 1139) von Bamberg das ehemalige Königsgut Seulbitz mit Grunau von Luitpold von Zirkendorf und schenkt es dem

Kloster St. Getreu am Michelsberg in Bamberg zur Erstausstattung.

Eine Altsiedlung, die mit Sicherheit schon lange vor der Erstnennung Bayreuths vorhanden war, ist der Siedlungskern des heutigen Stadtteils Altstadt. Er wird 1398 im Landbuch erstmals als „Altenstat" genannt und erscheint danach als „Altenstatt", „Altenstadt" und ähnlich. Die offizielle Verkürzung zu „Altstadt" erfolgte erst im 19. Jahrhundert. Der Name besagt nicht, daß der Ort eine Stadt gewesen sei. Er ist vielmehr als Lagebezeichnung „(zur) alten (Siedel-)statt (= Stätte)" zu erklären und beinhaltet zweifellos die Beziehung zu einer neueren Siedlung, die in der Nähe zu finden sein mußte. Damit ist auch die Vermutung zu verbinden, daß der Ort früher einmal einen anderen Namen führte. Der Gedanke liegt daher nahe, in diesem Ort den Vorläufer von Bayreuth zu vermuten, der in eine Nebenrolle zurückgedrängt wurde, als sich die neue Siedlung in naher Umgebung, im Bereich der heutigen Bayreuther Innenstadt, besser zu entwickeln begann. Welchen Namen aber die Altenstadt ursprünglich hatte oder ob sie Urbayreuth selbst war und auch diesen Namen trug, kann trotz intensiver Bemühungen bis heute nicht sicher beantwortet werden.

An einer Furt gelegen, über die eine von Süden her kommende Altstraße durch den Mistelbach nach Norden weiterführte und die karolingische „Hohe Straße", eine wichtige West-Ost-Verbindung, kreuzte, war die Altenstadt schon früh ein Kirchdorf. Der lange vermutete Würzburger Altzehnt, der auf die Zeit vor 1007 zurückweisen würde, ließ sich allerdings bisher nicht bestätigen. Die erste Kirche war aber eine Tochterkirche von Bindlach. Ob diese Kirche noch eine Vorläuferkirche der spätmittelalterlich belegten Nikolauskirche oder diese selbst war, muß dahingestellt bleiben. Nikolaus war der von den baierischen Grafen von Andechs bevorzugte Heilige. Seine Wahl als Kirchenpatron kann daher durchaus mit dem Auftreten der ersten Andechser im Bayreuther Raum zusammenhängen. Als Zeuge für die alte Verbindung nach Bindlach gilt ein durch alle Jahrhunderte nachweisbarer „Bindlacher Weiher" bei der Altenstadt, der schon 1398 genannt wird.

In diesem Jahr bestand die Altenstadt aus acht Bauernhöfen und vierzehn Selden (kleinen Bauernhäusern oder Hütten). Im Landbuch verzeichnet ist auch die „Rutelhartzmühle", die spätere Rückles- oder Rückleinsmühle am Mistelbach, weiterhin „Klebs", das als ein Hof „zum Klaus" zu erklären ist, dann zum äußeren Spitalhof wurde und zusammen mit einem zweiten Hof, dem Meyer- oder Lettenhof, zum Areal der jetzigen Landwirtschaftlichen Lehranstalten gehört. Von den Bewohnern wird ein Eberlein Zigler erwähnt, dessen Namen wir sicher als Hinweis auf die frühere Ziegelherstellung in der Altenstadt verstehen dürfen. Auch die anderen noch auftretenden Personennamen der Altenstadt in mittelalterlichen Quellen erweisen sich als rein deutschen Ursprungs. Es wurde zwar in den letzten hundert Jahren mehrfach versucht, in der Altenstadt ein Wenden- oder Slawendorf zu erkennen und nachzuweisen; aus dem schriftlich überlieferten Namengut ist dies jedoch nicht möglich. Das im ersten Landbuch genannte „Vindenschalks Gütlein" ist nie, wie irrtümlich von verschiedener Seite behauptet, die Dienstwohnung eines Wenden gewesen.

Da der Name dazu benutzt wurde, fälschlich sogleich auf ein Wendendorf zu schließen, muß er im folgenden kurz erklärt werden: Der Name „Wenden" erscheint auch in seinen Verbindungen in mittelalterlichen deutschen Texten nie mit „V". Wohl aber ist die Gleichsetzung von „V = F" ein bekannter Sachverhalt, den man auch in den Bayreuther Landbüchern leicht bestätigt finden kann. Dort erscheinen die „Förtsche" auch als „Vorsco" und die „Fischmeister" mit „V". Die Schreibung „Vischer" für „Fischer" ist durch viele Namenträger bekannt. So bedeutet der Name „Vindenschalk" in neuhochdeutscher Übertragung nichts anderes als „Finde den Schalk!" Es war eine Umschreibung für einen „Polizisten", als den wir auch den im gleichen Gütlein erwähnten Heinz Pütel (= Büttel) zu erkennen glauben: Beide waren Amtspersonen für die Beaufsichtigung der Weiher. Der Familienname „Vindenschalk" gehört zur Gruppe der Satznamen, die gerade im späten Mittelalter sehr beliebt und weit verbreitet waren. „Findeisen" kommt schon in dieser Zeit vor und ist noch heute auch in Bayreuth anzutreffen, ebenso „Findeklee". Wer die Verschmelzung von Verb und Artikel in „Vindenschalk" noch nicht erkennen kann, dem sei als einleuchtendes Beispiel noch „Findenwirt" (für „Finde den Wirt"!) genannt. Wer ein bißchen sucht, kann leicht noch weitere, auch im Bayreuther Land heimische Satznamen „vinden"!

Nach dieser kurzen Umschau im Bereich der Altenstädter Familiennamen – auch die hier nicht genannten sind ebenso wie die Hof- und Flurnamen alle deutscher Herkunft – muß hier auf die Sonderstellung der Altenstadt in ihrer Beziehung zu Bayreuth hingewiesen werden, die zwar nur im kirchlichen Bereich deutlich wird, aber auch darüber hinaus von Bedeutung war.

Zu den wichtigsten Dokumenten für die Geschichte des Obermaingebietes im 12. Jahrhundert gehören die sogenannten Giechburgverträge von 1143 und 1149, die zwischen dem Bistum Bamberg und dem Andechser Berthold II. († 1151) in seiner Eigenschaft als Graf von Plassenburg geschlossen wurden. Durch sie wurde der „nicht geringe", wahrscheinlich mit massiven Auseinandersetzungen verbundene Streit zwischen den beiden Parteien beigelegt, deren Rivalität im Kampf um die Macht am Obermain hier deutlich zutage trat. Die Andechser hatten aus dem Erbe der Schweinfurter Grafen die Burgen Lichtenfels und Giech mit Scheßlitz erhalten, diese aber durch eine Schenkung Kunizas, der Witwe des Andechsers Poppo I., an das Hochstift verloren. Die von Berthold II. erzwungene Belehnung mit diesem Erbgut der Schweinfurter sah Bamberg als nichthinnehmbare Gefährdung der eigenen Interessen an. Dank der Autorität König Konrads III. (1139 – 1152) wurden schließlich Bestimmungen ausgehandelt, die für beide Seiten annehmbar waren.

Im zweiten Vertrag (1149) ist eine für den Bayreuther Raum wichtige Verpflichtung für die Andechser Grafen enthalten: „Vetus Trebegast non edificabitur in Castrum" (Altentrebgast darf nicht zu einer Burg[siedlung] ausgebaut werden). Diese bambergische Forderung enthält die erste Erwähnung des Orts, den man mit dem heutigen Stadtteil St. Johannis identifiziert. Es ist anzunehmen, daß dieses Verbot als Schutzbestimmung für Seulbitz ausgesprochen wurde, das eine Einnahmequelle für St. Getreu in Bamberg bildete. Vor allem liegt aus dem eindeutigen Verbot der Schluß nahe, daß die Andechser unter Einhaltung dieser Vereinbarung ihrerseits in nächster Nähe eine neue Siedlung anlegten, eben Bayreuth. Demzufolge müßte Bayreuth nach 1149 (nach Erwin Herrmann um 1160, nach Karl Hartmann nach 1170) gegründet worden sein. Diese Überlegung ist beachtenswert, freilich keineswegs zwingend, nicht zuletzt deswegen, weil das 1194 belegte „Baierrute" kein „castrum" war, sondern noch 1199 als schlichtes Dorf (villa) bezeichnet wird.

Von den Grafen von Schweinfurt zu den Herzögen von Andechs-Meranien

Um die erste Jahrtausendwende unserer Zeitrechnung lag das Bayreuther Land immer noch fast völlig im Dunkel der Geschichte. Es war freilich einbezogen in die politischen Aktionen, die sich damals in Ostfranken abspielten. Als König Heinrich II. (1002 – 1024, 1014 Kaiser) mit Heeresmacht gegen den aufständischen Markgrafen Heinrich (genannt Hezilo) von Schweinfurt vorging, der sich mit dem nach einem slawischen Großreich strebenden Polenherzog Boleslaw verbündet hatte, verlor der im bairischen Nordgau und in Ostfranken tonangebende Schweinfurter 1003 seine Burgen Schweinfurt, Ammerthal bei Amberg und Creußen. Es ist kaum anders denkbar, als daß ihn seine Flucht von Creußen nach Kronach (beide Orte werden bei diesem Anlaß erstmals erwähnt) auf dem kürzesten Weg durch das Bayreuther Land geführt haben muß. Ob dieser historische Weg Hezilos allerdings auf einer Altstraße über die Bayreuther Altenstadt oder weiter östlich über Altentrebgast ging, soll dahingestellt bleiben. Hezilo wurde 1003 besiegt, gefangengenommen und entmachtet, erhielt aber bald nach seiner Unterwerfung seinen Eigenbesitz zurück. Der Geschichtsschreiber Thietmar von Merseburg berichtet, daß der König nach seinem Sieg im Speinsharter Forst eine große Jagd veranstaltete. Daß bei dieser Gelegenheit das königliche Paar erstmals das Bayreuther Land erkundete und kennenlernte, ist zwar nur in einer Sage überliefert, liegt aber durchaus im Bereich des Möglichen.

Die Ereignisse des Jahres 1003 waren allerdings nur das Vorspiel für die tiefgreifenden politischen Maßnahmen, die für ganz Ostfranken von größter Tragweite sein sollten: Mit der Gründung des Bistums Bamberg 1007 und seiner reichen Ausstattung schuf Heinrich II. die kirchliche Neuorganisation für das Obermaingebiet, die sich zugleich mit den weltlichen Zielen und Interessen seiner Reichspolitik verband.

Nach dem Tod des letzten Grafen von Schweinfurt 1057 kam durch dessen Tochter Gisela ein Teil des Schweinfurter Erbes in den Besitz der baierischen Grafen von Dießen und Andechs, die bereits um den Ammersee begütert waren, aber nun auch Einfluß auf die politische Entwicklung Ostfrankens nahmen. Bert-

15

hold II. aus diesem Geschlecht nannte sich von jetzt an auch Graf von Plassenburg, bekam 1137 die Vogteirechte über die Güter des Michelsberger Unterklosters St. Getreu und erhielt damit auch den Schutz des salischen Königsgutes Seulbitz anvertraut. Von dieser Zeit an waren die Andechser im Bayreuther Land präsent, können aber damit noch nicht sofort als Landesherren angesehen werden.

Nach dem Tod Bertholds II. 1151 übernahm sein ältester Sohn Berthold III. das väterliche Erbe. Der andere Sohn, für das geistliche Amt bestimmt, wurde als Otto II. 1177 Bischof von Bamberg. Bis zu seinem Tod 1196 war damit im Obermainland geistliche und weltliche Gewalt weitgehend in der Hand dieser baierischen Adelsfamilie.

Der Aufstieg zu Herzögen von Baiern erschien für die Andechser bereits vorgezeichnet. Da erhob Kaiser Friedrich Barbarossa 1180 zur Enttäuschung für die emporstrebende Grafenfamilie keinen Andechser, sondern seinen Retter aus der Zeit des Italienzuges von 1152 und Helden an der Veroneser Klause, den Grafen Otto von Wittelsbach, zum Herzog. Die Grafen von Andechs wurden mit der Würde eines Herzogs von Meranien abgefunden, die, für eine Art „Kolonialgebiet" gültig, nicht als gleichwertig anzusehen war. Der Name „Meranien" leitet sich nämlich nicht von der Stadt Meran in Südtirol, sondern von einem oberitalienischen Landesteil zwischen Venedig und Triest ab, woran heute noch ein Städtchen mit Namen Marano Lagunare erinnert.

Im Zeichen der Andechs-Meranier

Im Zweimaingebiet um Kulmbach und Bayreuth bauten im 12. Jahrhundert die baierischen Grafen von Andechs und Herzöge von Meranien ihre Herrschaft auf. Aus der Spätzeit der Andechser ist das abgebildete Wappen mit einem schreitenden Löwen über einem Adler überliefert, das (nach Erwin Herrmann) auch im Stadtwappen Kulmbachs erscheint. Die Verbindung von staufischem Löwen und andechsischem Adler soll auf die Eheschließung des Herzogs Otto VII. (1204 - 1234) zurückgehen, der im Jahre 1208 in Bamberg Beatrix, eine Nichte des staufischen Königs Philipp von Schwaben, heiratete.

Rechts: Eine Federzeichnung im Traditionsbuch des Chorherrenstifts Dießen hat Anfang des 13. Jahrhunderts vier Mitglieder der andechsischen Stifterfamilie bildlich zusammen mit der „Himmelskönigin" verewigt: rechts oben den 1194 in Bayreuth weilenden Bischof Otto II. von Bamberg, darunter seinen Vater Berthold II., den Schutzvogt für Seulbitz, 1137 (Bayerische Staatsbibliothek München)

Unten: Vorder- und Rückseite eines „Meranierpfennigs", stark vergrößert (Stadtmuseum Bayreuth)

Die erste Erwähnung Bayreuths als Baierrute in der Urkunde vom 9. November 1194. Das Original der Urkunde (KU Prüfening 35) befindet sich im Bayerischen Hauptstaatsarchiv München

Otto secundus diuino munere Babinbergensis ecclesie episcopus (Otto II., im göttlichen Auftrag Bischof der Bamberger Kirche)

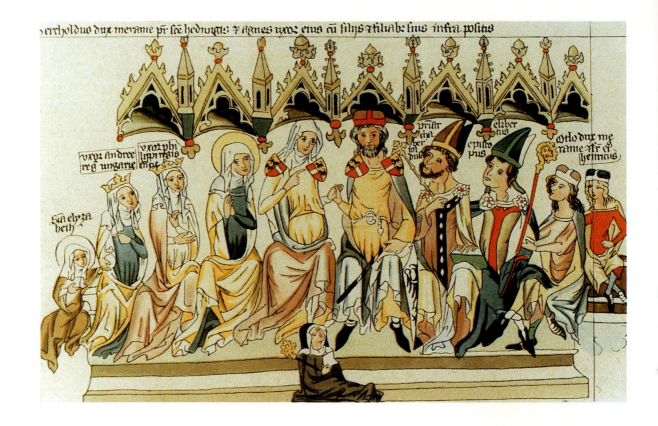

Familienbild des Herzogs Berthold IV.

Von links nach rechts:
1. Die heilige Elisabeth (1207 – 1231), Landgräfin von Thüringen
2. Gertrud, Königin von Ungarn, ihre Mutter, † 1213
3. Agnes, Königin von Frankreich, Gemahlin des Königs Philipp II. August
4. Die heilige Hedwig, Herzogin von Schlesien, † 1243
5. Agnes, die Mutter der drei Vorigen, Tochter des Grafen Dedo von Rochlitz (bei Chemnitz), † 1195, Gemahlin des an ihrer Seite sitzenden
6. Berthold IV., Herzog von Meranien, † 1204 (Er war der weltliche Herrscher am Obermain im Jahre 1194, Bruder des Bischofs Otto II. von Bamberg, weilte aber zum Zeitpunkt der Ersterwähnung Bayreuths in Italien.)
   Links von ihm sitzen die Söhne:
7. Berthold, 1218 Patriarch von Aquileja, † 1251
8. Ekbert, 1203 Bischof von Bamberg, † 1237
9. Otto VII., Herzog von Meranien 1204 – 1234 (Unter ihm 1231 die Ersterwähnung Bayreuths als „Stadt")
10. Heinrich, Markgraf von Istrien, † 1228
    Zu Füßen der Gruppe Bertholds IV. jüngste Tochter Mechthild, 1215 Äbtissin in Kitzingen, † 1254

Das Bild eröffnet eine Illustrationsfolge des „Schlackenwerther Codex", benannt nach einem Ort in Nordböhmen. Die zur Erinnerung an die heilige Hedwig geschaffene wertvolle Bilderhandschrift wurde im Auftrag des schlesischen Herzogs Ludwig I. von Liegnitz-Brieg 1353 von „Nikolaus Pruzie außerhalb der Burg Lüben" geschrieben. Der Buchmaler ist unbekannt. Er war beeinflußt von der damaligen böhmischen Tafel- und Buchmalerei, u. a. des sog. Meisters von Hohenfurt. Die Originalhandschrift befindet sich im Getty-Museum (USA)

Der erste fränkische Hohenzoller als Markgraf – „Bildreportage" um 1464: Belehnung des Burggrafen Friedrich VI. von Nürnberg mit der Mark Brandenburg, 1415

Links: Der Burggraf auf dem Weg zu König Sigismund, der (hinter einem gotischen Fenster sichtbar) ihn bereits erwartet

Oben: Der neue Markgraf kniet zur Belehnung vor dem König und hält das Banner der Mark Brandenburg mit dem Roten Adler in seinen Händen

Aus Ulrich von Richentals Chronik des Konzils von Konstanz (Original im Rosgartenmuseum Konstanz)

Oben: Kurfürst Albrecht Achilles und Markgräfin Barbara, die 1465 in der Bayreuther Stadtkirche beigesetzt wurde. Ölbilder des Bayreuther Hofmalers Heinrich Bollandt (Universitätsbibliothek Bayreuth, Kanzleibibliothek)

Links: Markgraf Georg der Fromme, gemalt von Hans Henneberger, 1522 (Münster Heilsbronn)

Bayreuth unter den Andechs-Meraniern (1194 – 1248)

1194 wird Bayreuth erstmals urkundlich erwähnt. Dieses Jahr ist kein herausragender Zeitpunkt im Ablauf der Weltgeschichte. Solange es nicht mit weiteren Ereignissen in Zusammenhang gebracht wird, drängen sich uns Fragen auf. Was war das überhaupt für eine Zeit? Wie hießen die wichtigsten Männer der Epoche? Was war damals gerade aktuell?

Ein kurzer Blick in die Geschichte Europas kann zur Orientierung dienen und dazu beitragen, das relativ unbedeutende lokale Bayreuther Ereignis nicht völlig losgelöst vom großen Geschehen seiner Zeit zu sehen. Das hohe Mittelalter neigt sich bereits seinem Ende zu. Es ist die Zeit der Staufer. Kaiser Friedrich Barbarossa ist 1190 auf einem Kreuzzug ums Leben gekommen. Es herrscht sein Sohn, der mehr gefürchtete als geliebte Heinrich VI. (1190 – 1197), der 1186 Konstanze, die Erbin des unteritalienischen Normannenreiches, geheiratet hat. Er wird 1194 am Weihnachtstag in Palermo zum König von Sizilien gekrönt. Unter ihm erlebt das „Heilige Römische Reich" den Höhepunkt seiner Macht: Heinrich herrscht über Deutschland, Italien und Sizilien. Armenien, Cypern und die maurischen Herrscher Spaniens leisten ihm den Lehenseid. Den gefangenen König Richard Löwenherz von England hat er nach Leistung des Lehenseides gegen ein hohes Lösegeld aus der Haft entlassen. Da Heinrich und später sein Sohn Friedrich hauptsächlich von Sizilien aus regieren, wird Deutschland mehr zu einem Nebenland des mittelalterlichen Imperiums. Das Oberhaupt der Kirche, Papst Cölestin III., ist ein Römer. In Deutschland lebt der alte Herzog Heinrich der Löwe entmachtet und zurückgezogen. Er stirbt 1195. In Bayern ist auf den ersten wittelsbachischen Herzog Otto I. (1180 – 1183) sein Sohn Ludwig († 1231) gefolgt, der in der bayerischen Geschichte „der Kelheimer" genannt wird.

Die bayerischen Grafen von Dießen und Andechs sind zu Reichsfürsten und Herzögen von Meranien (1180) aufgestiegen. Sie sind nordöstlich von Venedig Herren eines Gebiets am Nordufer der Adria, in dem noch heute der Ort Marano Lagunare, das „Lagunen-Meran", an sie erinnert. Sie haben aber auch als Erben der Grafen von Schweinfurt in Franken Fuß gefaßt und im oberfränkischen Zweimainland ihre Herrschaft ausgebaut. In Bamberg ist seit 1185 der Dom Kaiser Heinrichs II. durch einen Brand zerstört. Auf dem Bischofsstuhl sitzt, als „Spender" gepriesen, der Andechser Graf Otto II. Seit seiner Bischofsweihe 1177 besitzen die andechsischen Grafen in Ostfranken neben der weltlichen auch die geistliche Macht. Bamberg und die Plassenburg sind in ihrer Hand. Der Neffe des Bischofs, der weltlich gebliebene Graf Berthold IV., weilt in Italien, als sein Oheim als fränkischer Kirchenfürst 1194 Pfarreien seiner Diözese am Roten Main besucht.

Ein Vorausblick von 1194 ins 13. Jahrhundert verrät, wie sich das Schicksal der Staufer und Andechser in enger Verbundenheit vollzieht. Letzte Höhepunkte, aber auch Niedergang und Ende ihrer Familien berühren sich in mancher Hinsicht. Auf Heinrich VI. folgt 1198 als deutscher König sein Bruder Philipp von Schwaben. Als dessen treuer Gefolgsmann Otto VII. von Andechs 1208 in Bamberg die Nichte des Staufers heiratet – ein deutliches Zeichen der Verbundenheit staufischer und andechsischer Politik –, wird Philipp von einem Wittelsbacher aus Privatrache ermordet. Ottos Brüder, Herzog Heinrich und der Bamberger Bischof Ekbert, geraten in den Verdacht der Mitwisserschaft. Die welfischen Gegner der Staufer erreichen, daß über beide die Reichsacht verhängt wird, obwohl sie unschuldig sind. Erst nachdem sich Friedrich II. (1212 – 1250), der Sohn Heinrichs VI., erfolgreich gegen den welfischen Gegenkönig Otto durchsetzen kann, werden die Andechser rehabilitiert. Noch einmal erreicht staufische und andechsische Macht einen Höhepunkt: Friedrich mit seinem Reich im Süden, Otto von Andechs in seinem bayrisch-fränkischen Territorialbesitz.

Auch das Ende der beiden Geschlechter liegt zeitlich nahe beieinander: 1248 stirbt der letzte fränkische Andechser, 1250 Kaiser Friedrich II., 1254 als letzter deutscher Stauferkönig sein Sohn Konrad IV. Daß sein Sohn Konradin 1268 von seiner Burg Hohenstein bei Hersbruck aus zu seiner letzten Reise nach Italien aufgebrochen sein soll, will die Sage wissen. Doch werden dafür weitere, besser begründete Orte genannt!

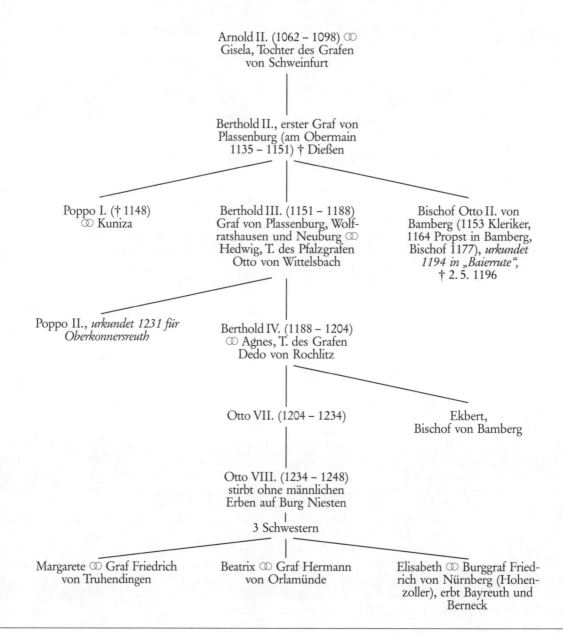

Das Jahr 1194 in „Baierrute"

Am 9. November 1194 weilt Bischof Otto von Bamberg mit großem Gefolge in Bayreuth. Er läßt eine Schenkungsurkunde ausfertigen für das Kloster Prüfening bei Regensburg, dem er ein größeres Waldgebiet aus dem „Nordwald" (gemeint ist der heutige Frankenwald) bei Kronach zur Nutzung überläßt. Vermutlich ist auch der in der Urkunde genannte Prüfeninger Abt Rudeger persönlich mit einer Abordnung in dem Ort anwesend, in dem das Schriftstück ausgefertigt wird. Ausgestellt ist die Urkunde in Bayreuth. Auch wenn sie sonst überhaupt nichts über den Ort aussagt, macht die Schlußformel diesen Sachverhalt deutlich: „Datum Baierrute". Gegeben zu Bayreuth . . .

Als erster Zeuge wird Dompropst Tiemo genannt. So wie der urkundende Otto II. vom Amt des Dompropstes aus einst zum Bamberger Oberhirten gewählt wurde, so sollte Tiemo schon zwei Jahre später selber zum Bischof aufsteigen. Seit 1179 Domherr, kannte er die Bamberger Verhältnisse seit langem aus erster Hand. Neben ihm werden als geistliche Zeugen aufgeführt der Domdekan, der Domkantor, der Domkellermeister, der Domkustos und der Leiter der Domschule. Aber auch weltliche Würdenträger bezeugten als Dienstmannen des Bischofs den Schenkungsakt. Es waren die Herren von Memmelsdorf, Waischenfeld, Leutenbach, Schletten (Kirchschletten), Reuth, Ketschendorf, Weidnitz, Frensdorf, Schmölz und Wiesenthau. Alle diese Orte liegen im heutigen Oberfranken. Alle liegen aber auch westlich von Bayreuth und (mit Ausnahme von Waischenfeld) Bamberg näher als dem Beurkundungsort. Vielleicht kann man schon aus der erkennbaren Bamberg-Orientierung der genannten Dienstmannen herauslesen, daß der Bischofsbesuch in einem kleinen Ort am Roten Main noch eine gewisse Sonderfunktion erfüllen mußte. Daß sie sich nur auf den Schenkungsvorgang beschränkte, ist kaum anzunehmen. Den eigentlichen Grund des Bischofsbesuches erfahren wir nicht. Man hat geglaubt, als Anlaß für eine Anwesenheit mit so stattlichem Gefolge die Grundsteinlegung oder Einweihung einer Kirche erkennen zu können. Die Annahme einer kirchlichen Aktivität ist im geschilderten Zusammenhang sicher nicht abwegig, bleibt aber im Bereich der Vermutungen.

Der Hauptakteur in Bayreuth 1194 war Bischof Otto II. von Bamberg (1177 – 1196). Er ist die erste historische Persönlichkeit von Format, deren Anwesenheit in Bayreuth belegt ist. Er verdient es aber nicht nur aus diesem Grund, mit seinen wichtigsten Lebensdaten vorgestellt zu werden. Zeigt sich doch an seinem Beispiel, wie damals hohe Würdenträger der Kirche eng mit der hohen Politik verbunden waren und weit über ihren engeren Wirkenskreis hinaus in Erscheinung traten.

Der vermutlich zwischen 1130 und 1132 geborene Sohn des Grafen Berthold II. von Andechs und Plassenberg und der Sophie von Istrien wurde als Drittgeborener für das geistliche Amt bestimmt. 1153 erscheint er als Kleriker in Salzburg, 1164 als Domherr in Augsburg. 1164 wurde er Propst zu St. Stefan in Bamberg, ein Jahr später auch Propst am Münsterstift zu Aachen. Als er zum Bischof von Brixen gewählt wurde, verzichtete er auf dieses geistliche Amt, weil der dortige Klerus als antikaiserlich bekannt war. 1174 wurde Otto Dompropst, 1177 Bischof in Bamberg. In den zwei Jahrzehnten seiner Amtsführung war er nicht nur in seiner Diözese viel unterwegs. Er machte bedeutsame Stiftungen für die Klöster Dießen, Ensdorf bei Amberg, Michelfeld, Langheim und Michelsberg. Prüfening bei Regensburg, das in der Bayreuther Urkunde 1194 genannt wurde, stand also nicht allein. Ottos Beiname, sicher durch solche Schenkungen angeregt, war „Largus", der Freigebige. Sein großes Vorbild war der Bamberger Bischof Otto I. der Heilige (1102 – 1139), dessen Heiligsprechung 1189 er erfolgreich betrieb. Wie dieser am Wormser Konkordat aktiv beteiligt war, so arbeitete auch Otto II. auf einen Ausgleich zwischen Papsttum und Kaisertum hin. Trotzdem war und blieb er unbeirrbar ein Stauferanhänger und getreuer Gefolgsmann Friedrich Barbarossas. Am 2.3.1196 starb Otto II. in Dießen. Beigesetzt wurde er im Georgenchor des Bamberger Domes.

Zur Entstehung der Pfarrei Bayreuth

Die Urkunde von 1194, die der Bamberger Bischof in „Baierrute" ausstellen ließ, erwähnt abschließend nach 18 namentlich verzeichneten Zeugen noch „viele andere Kanoniker und Ministerialen", die ebenfalls am Beurkundungsort anwesend waren. Eine kirchliche

23

Großveranstaltung mit so vielen geistlichen und weltlichen Würdenträgern setzt die Existenz eines Kirchengebäudes voraus. Es könnte daher an diesem Tag durchaus auch die Einweihung des ersten Bayreuther Gotteshauses stattgefunden haben. Da wir aber für diese Zeit über keinerlei zeitgenössische Quellen verfügen, die uns über die damaligen Ereignisse und kirchlichen Verhältnisse unterrichten könnten, müssen wir die Anfänge der Pfarrei Bayreuth und ihrer Stadtkirche rückschließend aus späteren gesicherten Angaben rekonstruieren. In bezug auf die kirchliche Organisation enthält das Landbuch von 1421 eine wichtige Stelle, deren Text wir zur besseren Lesbarkeit hier in modernisierter Schreibung wiedergeben. Sie lautet: „Die rechte Hauptkirche und Pfarrei zu Bayreuth ist aus dem Gotteshaus des heiligen Bischofs St. Nikolaus entsprossen, und obwohl dann die Pfarrei Bayreuth genannt wird, so ist die rechte Pfarrei doch daselbst in der Altenstadt." Damit ist einwandfrei die Nikolauskirche als die Mutterkirche der ersten Bayreuther Stadtkirche angesprochen und die Altenstadt als das Zentrum der Pfarrei zu verstehen, das später von Bayreuth abgelöst wurde. Von der Pfarrei Altenstadt aus wurde auch der erste „Gottesacker" des Pfarrbezirks betreut, der bis zur Anlage des Stadtfriedhofs im 16. Jahrhundert für alle Bayreuther die allgemeine Begräbnisstätte war.

Pfarrer Herbert Reber nennt im Führer „Stadtkirche Bayreuth" eine romanische Pfarrkirche als Vorläuferbau um etwa 1270. Der heutige Nordturm der Stadtkirche geht sicher noch auf den „Alten Turm" des älteren und kleineren Gotteshauses zurück. Offen ist aber, wann hier überhaupt mit dem Bau einer Kirche begonnen wurde. Aus der Zeit der Andechs-Meranier gibt es keine sicher datierbaren Belege. 1255 wird für uns erstmals ein Geistlicher „in Bayreuth" nachweisbar. Dieser „sacerdos Ludevicus" war noch der Pfarrei Altenstadt unterstellt. Erst 1311 wird mit dem als Zeugen einer Stiftung für Kloster Speinshart genannten Pfarrer Ott von Bayreuth ein Priester erwähnt, den wir mit Sicherheit als Amtsinhaber der Pfarrei Bayreuth bezeichnen dürfen. Ungewiß ist hingegen, ob man sich 1318 mit dem in diesem Jahr erwähnten Viceplebanus (Vikar) wieder allein begnügen mußte oder ob dieser zusätzlich als zweiter Geistlicher in Bayreuth tätig war.

Das Patrozinium „Heilige Maria Magdalena zu Bayerrewt" wird 1375 erstmals im Testament einer Burggräfin erwähnt. Aus dem 15. Jahrhundert wurde ein Verzeichnis der Archidiakonate und Pfarreien des Bistums Bamberg überliefert. Die Archidiakonate waren die Kirchenbezirke einer Diözese. Da ihre Einteilung im wesentlichen auf die Gründungszeit des Bistums zurückreichte, ist die Zuordnung der Pfarreien gerade im Bayreuther Umland aufschlußreich. Lindenhardt, Creußen, Kirchahorn, Volsbach, Obernsees, Emtmannsberg und Gesees gehörten zum Archidiakonat Hollfeld. Die Pfarrei Bayreuth war aber zusammen mit Bindlach, Berneck, Lanzendorf, Eckersdorf, Harsdorf, Drossenfeld dem Archidiakon in Kronach unterstellt. Dieser Kirchenbezirk mit fast hundert Pfarreien reichte vom nördlichen Frankenwald (Teuschnitz) über den Obermain (Staffelstein, Lichtenfels, Kulmbach) bis ins bayerische Vogtland (Hof), erstreckte sich aber auch noch auf das Gebiet links des Mains (Thurnau, Weismain, Kasendorf). Bayreuth war eine der südlichsten Pfarreien und lag bereits im Vorfeld der Diözese Regensburg.

Zur Wortgeschichte des Ortsnamens „Bayreuth"

Insgesamt hat man rund 50 verschiedene Schreibungen des Ortsnamens Bayreuth nachgewiesen. Die älteste bekannte Schreibform, der man besondere Beachtung schenken muß, lautet „Baierrute". Als Erklärung gibt Wolf-Arnim Freiherr von Reitzenstein in seinem „Lexikon bayerischer Ortsnamen" (2. Auflage 1991) an: „Grundwort ist althochdeutsch *riuti* ‚Rodeland, urbar gemachtes Land'; das Bestimmungswort ist zum Stammesnamen *Baiern* zu stellen, so daß sich als Bedeutung des Siedlungsnamens ‚Rodung eines Baiern bzw. der Baiern' ergibt." Wem diese Angaben genügen, braucht in dem hier vorliegenden Kapitel nicht weiterzulesen. Daß die Schreibung „Baiern", die auch im Ortsnamen 1194 erkennbar ist, eine Altform des „Bayern"-Namens darstellt und heute noch zur Kennzeichnung des „urbajuwarischen" Altstammes verwendet wird, ist ohnehin ziemlich bekannt.

Die im Ortsnamenlexikon angebotene Alternative ‚Rodung eines Baiern bzw. der Baiern' kann allerdings nur als Verlegenheitslösung hingenommen werden: Wenn die Bedeutung des Bestimmungs- und Grundworts richtig erkannt ist, so kann in der Wortzusammensetzung nur eine der beiden Erklärungen die richtige sein. Da es aber für das richtige Verständnis der Anfänge der Ortsgeschichte Bayreuths nicht unerheblich ist, ob nur ein (vielleicht zufällig hierher verschlagener) Bayer oder eine (gezielt eingesetzte, kaum hierher verirrte) Gruppe von Bayern (Baiern) gemeint war, ist eine bessere, eben eindeutige Erklärung zu fordern.

Daß die Mehrzahlform als die richtige zu betrachten sei, haben hervorragende ältere Sprachwissenschaftler längst bezeugt. Nicht nur der große oberfränkische Keltologe und Germanist Johann Kaspar Zeuß (1806–1856), sondern auch der Germanist und Herausgeber des großen „Bayerischen Wörterbuchs" Johann Andreas Schmeller (1785–1852) haben die Pluralform bestätigt. Wichtig ist dazu die deutliche Differenzierung in Einzahlformen (wie Baiersdorf, Dorf eines Bayern) und Mehrzahlbildungen, zu denen Bayreuth gehört. Dieses wird in einem Standardwerk, in Ernst Förstemanns „Altdeutschem Namenbuch" (3. Aufl. von Hermann Jellinghaus, 1913), zur Pluralform gestellt.

„Baierrute" kann bei kritischer Betrachtung auch nach heutigem Wissensstand nur „(zur) Reute (Rodung) der Baiern" bedeuten. Das Bestimmungswort ist zweifelsfrei vom Namen der Baiern abgeleitet, der bei Venantius Fortunatus, einem Bischof von Poitiers, schon im 6. Jahrhundert belegt ist. Die vorliegende Genitiv-Plural-Form ist in althochdeutschen Glossen im 10. Jahrhundert als „Beiaro lant" (der Baiern Land) analog zu „Lancpartolant" (der Langobarden Land) belegt und als Erstglied des bairischen Ortsnamens „Peirheim" im 11. Jahrhundert nachgewiesen. „Peirheim" ist das heutige Dorf Baierheim (!) am Wallersee im österreichischen Bundesland Salzburg. Dort bedeutete der Baiername um die Jahrtausendwende offenbar eine ethnologische Abgrenzung gegenüber den damals noch vorhandenen Romanen. Im Salzburgischen liegt auch Bairdorf, das in der Mitte des 12. Jahrhunderts als „Pairndorf" wohl ähnlich einzuordnen ist.

Ein überzeugender und eindeutiger Beleg für die Genitiv-Plural-Form findet sich in der „Weltchronik" des Rudolf von Ems im 13. Jahrhundert. In diesem Werk lautet Vers 2407: „An Swabin stozit Baier lant" (An Schwaben grenzt der Baiern Land). Die Form „Bayerland" wurde im 19. Jahrhundert zum Titel einer heute noch erscheinenden Zeitschrift.

Eine Abgrenzung zum Nachbarstamm zeigen übrigens auch die Altformen des im andechsischen Kernland gelegenen Dießen am Ammersee. Dießen erscheint 1411 als „Bairdyssen" neben einem wenig später genannten „Swabdießen". Schließlich seien in unserer kurzen Betrachtung die echten Namensvettern Bayreuths nicht vergessen, die Ortsnamen, die in ihrer erstbelegten Schreibform bei nur leicht abweichender schriftlicher Wiedergabe den gleichen Wortinhalt „Rodung der Baiern" aufweisen. Zu diesen gehört das längst zu einer Wüstung gewordene 1126 erwähnte „Baierreut" im Hirschwald bei Amberg in der Oberpfalz. Sogar in Sachsen sind zwei solche Ortsnamen an ihren Altformen zu erkennen, auch wenn die heutige Schreibung dies nicht mehr unmittelbar verrät: Berreuth bei Dippoldiswalde hieß 1420 „Beyerrute", die Bärreut(e), ein Ortsteil von Poschendorf nordöstlich von Pirna, 1398 „Beierrute".

In der Wortgeschichte des Ortsnamens „Bayreuth" ist übrigens nachweisbar, daß das „y" des Stadtnamens nicht erst – wie im Fall der Namenbildung für das Königreich Bayern – durch eine Verordnung Ludwigs I. erscheint, sondern schon im 15. Jahrhundert auftaucht, mehrfach verwendet, aber nicht beibehalten wurde. Die heute gültige Schreibform ist 1625 im Kulmbacher Bürgerbuch belegt, blieb aber damals eine „Eintagsfliege". Markgräfin Wilhelmine schrieb in ihren Memoiren „Bareith", wobei sie sich vermutlich an der Mundart orientierte. Eine Deutung des Ortsnamens ist von ihr nicht überliefert.

Aus der großen Zahl von Erklärungs- und Ableitungsversuchen sei hier bloß Karl Heinrich Ritter von Lang (1764–1838), der Direktor des bayerischen „Reichsarchivs", erwähnt. Ausgerechnet er behauptete, daß „Bayreuth eine Reut von Baiern gewesen sein sollte, davon fehle es in der Geschichte an aller Spur". Er glaubte, den Namen auf ein slawisches Wort zurückführen zu müssen. Obwohl bei den Stadthistorikern Heinritz (1823) und Holle (1833) unmißverständlich die Deutung „Rodung der Bayern" vertreten wurde, fand Langs Slawentheorie noch in der 2. Hälfte des 19. Jahrhunderts ihre Verfechter. Es wird berichtet, daß sich Richard Wagner im Bayreuther „Historischen Kränzchen", dem er angehörte, gegen diese Erklärung verwahrte und klar zur „Rodung der Bayern" bekannte. Diese Deutung hat sich wissenschaftlich fundiert in der jüngeren Stadtgeschichtsschreibung durchgesetzt.

Einfacher als die Namensdeutung ist die Erklärung, warum der ursprünglich viersilbige Ortsname zweisilbig wurde. Die Schrumpfung oder Verkürzung durch häufigen Sprachgebrauch, nicht zuletzt aus Bequemlichkeit, kennt jeder. Es sei nur an den „Omnibus" erinnert, der längst zum „Bus" geworden ist. So wird inzwischen die Schreibform „Bayreuth" als „Schwundwort" bezeichnet. Hans Dittrich hat dazu in seinem Buch „Redensarten auf der Goldwaage" (1975) als Beispiel den Namen „Bismarck" angeführt und nachgewiesen, daß dieser aus einem märkischen Ortsnamen „Bischofsmark" entstanden ist. Als ähnliche Fälle nennt der Verfasser den Namen „Habsburg" (entstanden aus Habichtsburg) und – „Bay(ern)reuth" in der Mehrzahlform!

Fragen und Theorien zur Gründung Bayreuths

Auf den ersten Blick erscheint es nicht allzu schwer, von der „Baierrute"-Urkunde aus die Gründung und die Anfänge Bayreuths zu erschließen. Aber man kann eben, ganz gleich wie man die Gründungsgeschichte auch sieht, nicht einfach sagen: So und nicht anders ist es gewesen. Vielmehr tut sich ein ganzer Fragenkomplex mit vielen Detailfragen auf. Nur eines gilt dabei als ziemlich sicher: Das Ersterwähnungsjahr, das uns mehr zufällig überliefert wurde, kann kaum das Gründungsjahr gewesen sein, sonst hätte Baierrute nicht bereits als Versammlungsort einer stattlichen Reihe kirchlicher und weltlicher Würdenträger dienen können. Obwohl Baierrute vermutlich 1194 im Bereich des Bistums Bamberg schon ein bekannter Ort war, gibt es über seine Größe zu dieser Zeit keine verbindliche Antwort. Mehr oder weniger offengeblieben sind bis heute folgende Hauptfragen: Wann entstand die Ursiedlung Bayreuths? In wessen Auftrag erfolgte die Gründung? Wie ist der Ortsname zu erklären? Wer waren die ersten Siedler? Woher kamen sie? Wo lag der Kern der Ursiedlung?

Wer sich selbst ein Bild über die Gründungs- und Frühgeschichte machen will, muß zu den Quellen zurückgehen und alle erreichbaren historischen Fakten heranziehen und prüfen. Er sollte aber auch die Gründungstheorien kennen, um sich kritisch mit ihnen auseinandersetzen zu können. Es lassen sich in der bisherigen Stadtgeschichtsschreibung drei unterschiedliche Auffassungen finden, die einander in zeitlicher Folge ablösten und über die präurbane Siedlung, die wir im folgenden „Urbayreuth" nennen, zu einem stark voneinander abweichenden Ergebnis kommen. Unter Verzicht auf Varianten werden diese Theorien in vereinfacher Form kurz umrissen. Wir stellen dabei im folgenden jeder der drei Theoriengruppen die Kernaussage als Behauptung voran.

1. Urbayreuth war die Altenstadt, der jetzige Stadtteil Altstadt. Diese Theorie ist die älteste. Sie wurde 1600 von Stadtschreiber Heller in seiner Stadtchronik formuliert. Ihm stand nur das seit dem Hussiteneinfall von 1430 neu angefallene und in wenigen Stücken erhaltene ältere Quellenmaterial zur Verfügung. Er hatte keine Kenntnis von den an anderen Orten lagernden, auf Bayreuth bezogenen Urkunden der Meranierzeit, verdient aber als Stadtschreiber mit der Verantwortung eines Notars, als erster Stadtarchivar und als Sachkenner für Stadt und Amt Bayreuth noch heute ernst genommen zu werden. Die Kernstelle seiner Gründungstheorie lautet in modernisierter Schreibung: „Die Altenstadt ist vorzeiten die rechte Stadt gewesen, am Mistelbach gelegen, ehe dann die neue Stadt an den Roten Main herein gebaut worden (ist)." Ergänzend schrieb er dazu: „Jedoch hat der neuen Stadt Aufnehmen und die daran gelegte Landstraße samt der Flößerei aus dem Fichtelgebirge Anlaß gegeben, daß man die alte Stadt allmählich verlassen (hat)."

Diese Auffassung wurde noch bis zum Ende des 19. Jahrhunderts im Grundsätzlichen als richtig anerkannt. Auch Johann Wilhelm Holle, der bereits die Urkunde von 1194 kannte, hielt in seiner Stadtgeschichte 1833 an Hellers Stadtgründungsbild fest. Wohl als letzter vertrat Hellers Ansicht 1881 Hermann Freiherr von Reitzenstein. Er berichtete wie seine Vorgänger noch von den alten Stadtgräben der Altenstadt, überliefert aber auch aus seiner Zeit kurz vor der Jahrhundertwende, daß noch immer eine Wiese am Mistelbach den Namen „der Stadtgraben" führte.

2. Urbayreuth lag im Bereich der heutigen Innenstadt; Besiedlungskern Stadtkirche-Kanzleistraße. Diese Ansicht vertrat 1893 Christian Meyer. Über Bayreuth und Altenstadt kam er zu dem Ergebnis: „Es bleibt nur die Annahme, daß beide Orte von Alters her getrennte Gemeinden gewesen sind." Er äußerte auch als Vermutung: „Vielleicht war Altenstadt eine uralte slavische Siedlung." In der Neuauflage der Stadtgeschichte seines Vaters schrieb dann 1901 Gustav Holle: „... so ist auch die Altenstadt bei Bayreuth ... immer nur unter diesem Namen bekannt gewesen. Daher wird unter dem in den ältesten Urkunden genannten Bayreuth nur die heutige Stadt Bayreuth zu verstehen sein." Als Begründung führte er an, daß die Altenstadt im Landbuch von 1421 als Dorf erscheint und eine alte oder neue Stadt Bayreuth in keiner Urkunde vorkommt. Er übernahm auch die von dem Chronisten Johann Sebastian König um 1800 entwickelte Hypothese, daß es in der Kanzleistraße vor Erbauung der Kanzlei eine „Meranische Burg" gegeben habe. Unter Einbeziehung dieses „Meranierschlosses" entwickelten weitere Forscher (Lippert, Höhl, Hartmann) Varianten der Ansicht, daß die Keimzelle Urbayreuths im Bereich der Stadtkirche zu suchen sei. Auch Wilhelm Müller ging noch von dieser Vorstellung aus, obwohl er bereits die Bedeutung der Altstraße erkannte, die über den Markt durch das mittelalterliche Bayreuth führte.

3. Urbayreuth entstand im Bereich des „Marktes", d. h. der heutigen Maximilianstraße. Diese Theorie entwickelte Horst Fischer, der 1970 nachweisen konnte, daß das vielzitierte „Meranierhaus" nie existierte. Vor allem konnte er die Bebauung der Innenstadt, der Stadt innerhalb der alten Stadtmauer, gut fundiert im einzelnen nachweisen und in einen schlüssigen Zusammenhang bringen. Siedlungsgeographisch betrachtet leuchtet seine Auffassung besonders ein, weil auf der Terrasse über dem Roten Main im heutigen Bereich zwischen Sternplatz und unterem Markt besser zu bauen war als im morastigen und von Überschwemmungen gefährdeten Gelände weiter südlich. Der spätere Straßenmarkt ist zudem deutlich in eine wichtige Altstraße eingebunden. In kurzer Zusammenfassung hat Fischer seine Theorie wie folgt formuliert.

„Für die ungefähre Berechnung des Ortsgründungsbeginns vor 1194 müssen realistische Zeiten angesetzt werden, in denen folgende Bauleistungen erbracht wurden:
1. Primäre Ortsanlage oder präurbane Siedlung. Anlage des Straßenmarktes entlang der Altstraße, heute Maximilianstraße.
2. Die Ortserweiterung, damit verbunden Verleihung des Markt- und Stadtrechts, Bau der Stadtkirche und der Stadtmauer; dadurch beeinflußt Anlage der vom Markt nach Süden in Richtung Stadtkirche führenden Gassen, Anlage des Tappert als Entwässerungssystem, dann weitere Bebauung (Sophienstraße, Kirchgasse, Brautgasse, Kanzleistraße)."

Die Erbauung eines ersten Schlosses im Bereich des heutigen Alten Schlosses ist laut Fischer „nach 1200 möglich".

Versuch einer Zusammenschau

Fischers Erkenntnisse liefern einen wertvollen Einblick in die relative Abfolge der Innenstadtentwicklung. Da aber auch ihnen die exakten, alles andere ausschließenden Beweise fehlen, bleibt auch diese Betrachtung eine Theorie. Solange keine Nachweise für eine gesicherte Datierung einer flächenmäßigen Bebauung im Innenstadtbereich, insbesondere im als ältesten Teil angesprochenen Marktgebiet, aus einer Zeit deutlich vor 1194 erbracht werden, muß Urbayreuth, das präurbane Bayreuth, nicht unbedingt im Raum innerhalb der alten Stadtmauer gesucht werden. Die Altenstadt aber kann als alte Siedelstätte Urbayreuth gewesen sein, ohne jemals „Stadt"-Eigenschaften besessen zu haben.

Wenn man die überspitzten Positionen („Altenstadt nie Stadt, daher auch nie Urbayreuth" und „Präurbanes Bayreuth unbedingt innerhalb der Stadtmauer") aufgibt, lassen sich die älteste und die neueste Theorie durchaus plausibel miteinander verbinden. Eine solche kritische Zusammenschau bleibt freilich auch wieder Theorie. Als Gründungshypothese wäre aber gerade aufgrund neuester Forschungsergebnisse kritisch zu prüfen, ob nicht folgende Synopse der Wirklichkeit nahe kommen könnte: *Rodungssiedlung Urbayreuth in der Altenstadt – später Stadtplanung und Stadtentwicklung in der Reihenfolge nach Fischer.*

Obgleich auch bei dieser Überlegung eine Datierung nur auf Vermutungen angewiesen bleibt, erscheint immerhin denkbar, daß die Gründung als kleine baierische Rodungsinsel im 11. oder frühen 12. Jahrhundert erfolgte und bereits eine zentrale Funktion bekam (Nikolauskirche als Filiale von Bindlach, aber als Mutterpfarrei der späteren Stadtkirche, an der Furt einer Altstraße von Süden nach Norden). Zu einem noch ungewissen Zeitpunkt wäre dann die Siedlung auf das Sandsteinplateau am Roten Main verlegt worden. Solche Siedlungsverlegungen waren im Mittelalter nicht selten. Die Altsiedlungen büßten dabei an Bedeutung ein, ohne aber ganz aufgegeben zu werden. Eine Siedlungsneuanlage konnte aus einer Vielfalt von Gründen (politischen, wirtschaftlichen und den Verkehr betreffenden Überlegungen) notwendig sein. Hellers Erwähnung von „Landstraße und Flößerei" scheint durchaus einer solchen Entwicklung Rechnung getragen zu haben. Aber auch der Zusammenhang mit dem fortifikatorisch an günstiger Stelle gelegenen (Alten) Schloß darf nicht übersehen werden. Noch im 17. Jahrhundert sprechen zeitgenössische Quellen von der *Burg* Bayreuth. Aus der Vielzahl von Beispielen, die zum Vergleich herangezogen werden können, seien hier nur zwei angedeutet.

In Hof an der Saale ist ebenfalls aus der Altstadt mit einer alten St.-Niklas-Kirche die Neustadt noch zur Zeit der Andechser entstanden. Allerdings liegen beide Stadtbereiche dicht beieinander, und die Bezeichnungen „Altstadt" und „Neustadt" zeigen noch heute für jedermann den Entwicklungsverlauf. Aber auch die Hofer Altstadt hatte wohl nie Stadtcharakter.

Besser als weitere nordbayerische Orte kann vielleicht Schongau und der rund 2 km nordöstlich gelegene Ort Altenstadt als mögliche Parallele dienen. Im Fall dieser Altenstadt ist sicher belegt, daß die Siedlung früher einmal (in verschiedenen Schreibungen) Schongau hieß, bis die neue Stadt zu staufischer Zeit auf dem Hochplateau über dem Lech gegründet wurde und den Namen übernahm. Altenstadt am Bach Schönach in einem Kleingau, der Schongau hieß, war niemals Stadt. Trotzdem heißt es bereits in einer Urkunde von 1253 „ad veterem civitatem Schongau" (zur alten Stadt Schongau) und 1312 deutsch „ze der Alten Stat zu Schongau". Der Name entstand deutlich als notwendige Differenzierung im engen Zusammenhang mit der Neugründung. Obwohl wir hier auf eine weitergehende Erörterung verzichten müssen, sei doch die Frage abschließend zur weiteren Überlegung angefügt: Warum sollte nicht auch ein ähnlicher Vorgang im Falle Altenstadt – Bayreuth die Entwicklung beider Orte bestimmt haben? Wie leicht kann in Bayreuth durch die Hussiten 1430 das Quellenmaterial verlorengegangen sein, das die alles erklärende Differenzierung von Altstadt und Neustadt enthielt!

Nordbairisch-ostfränkische Kontakte in der frühgeschichtlichen Phase des Bayreuther Raumes

Daß die Wellen fränkischer Kolonisation von Westen her schon zur Zeit Karls des Großen das westliche Vorfeld des Fichtelgebirges am Roten Main erreicht hatten, ist hinlänglich bekannt. Auch der altbairische Einfluß ins östliche Oberfranken von Süden (der heutigen Oberpfalz) her ist erwiesen und an der Mundart noch heute ablesbar. Für den Bayreuther Raum, der aufgrund seines Dialekts dem Ostfränkischen zugerechnet wird, ist eine baierische Mitwirkung an der mittelalterlichen Besiedlung außer der durch den Ortsnamen überlieferten „Rodung der Baiern" nicht bekannt. Es bietet sich daher an, die Bayernrodung am Roten Main als kleine Siedlungs- und Sprachinsel der Baiern im fränkisch beherrschten, jedoch auch von Slawennachkommen und deportierten Sachsen bewohnten Gebiet zu verstehen. Die Namengebung „Baierrute" lediglich aus der Tatsache abzuleiten, daß die im Hochmittelalter am Obermain herrschenden Grafen von Andechs einer bairischen Adelsfamilie angehörten, erscheint wenig überzeugend.

Man muß für die eigentliche Bayernrodung zunächst einmal an die nordbairisch-ostfränkischen Beziehungen erinnern, die schon unter Berthold von Schweinfurt († 980) und seinem Sohn Hezilo bestanden: Beide waren Grafen im bairischen Nordgau und im ostfränkischen Radenzgau gewesen. Eine altbairische Ausstrahlung ins Obermainland konnte aber auch von der Person Kaiser Heinrichs II. selbst ausgehen. Der in Abbach bei Regensburg geborene Herrscher war vor seinem König- und Kaisertum lange Zeit Herzog von Bayern gewesen, ehe er 1007 „sein" Bistum Bamberg gründete. Bei der Erschließung des östlichen Oberfrankens kam das neue Bistum in der Folge immer wieder mit dem nach Norden ausgreifenden bairischen Bistum Regensburg in Berührung. Am Beispiel Bischofsgrün lassen sich solche Überschneidungen aufzeigen. Dieser Ort erscheint zwar 1242 erstmals in einer Bamberger Bischofsurkunde, gehörte aber früher zum Egerland und zum bairischen Nordgau. Auch die Bezeichnung „Nordwald" für den Frankenwald in der Urkunde von 1194 ist besser aus bairischer Sicht zu verstehen als von Bamberg oder Würzburg aus.

Daß man bei der Erwähnung des bayerischen Stammesnamens im Ortsnamen nicht nur an die Grafen von Andechs denken darf, kann durch folgendes Beispiel etwas näher begründet werden. Der baierische Pfalzgraf Otto von Wittelsbach (ca. 1080 – 1155), Vater des ersten Herzogs aus dem Geschlecht der Wittelsbacher, führte als erster seiner Familie in Titulaturen und Urkunden die Bezeichnung eines Pfalzgrafen „von Baiern". Er weilte häufig im heutigen Oberfranken, hatte zusammen mit dem Bamberger Bischof Otto I. das oberpfälzische Kloster Ensdorf gegründet und besaß dort im nahe gelegenen Hirschwald die schon genannte Siedlung „Baierreut". Dem gleichen baierischen Pfalzgrafen gehörte im Quellgebiet des Roten Mains Lindenhardt. Während im Ensdorfer „Baierreut" sogar einer seiner Ministerialen nachgewiesen werden kann, ist dies allerdings in Oberfranken bisher noch nicht möglich gewesen. Sollten nicht auch über diese historische Persönlichkeit nordbairisch-ostfränkische Kontakte eine besondere Rolle im Bayreuther Raum gespielt haben? – Ein kleiner Rodungsort mit einem -reuth-Ortsnamen kann leicht schon im 11., aber auch in der ersten Hälfte des 12. Jahrhunderts entstanden sein.

Da man schon über die Anfänge Bayreuths als Siedlung auf Vermutungen angewiesen bleibt, ist auch keine verbindliche Aussage über die ersten Bayreuther möglich. Nicht einmal aus der Zeit um 1194 besitzen wir Kenntnis über Namen und Herkunft der einheimischen Siedler. Die in der ersten Bayreuth-Urkunde genannten Personen waren nur Tagesgäste. Erst ab 1265 wird eine Familie verschwommen erkennbar, die noch unter den Herzögen von Meran in Bayreuth ansässig gewesen sein muß. Von dem genannten Jahr an werden nämlich wiederholt in Würzburg, Bamberg und Kulmbach in unterschiedlicher Schreibung Herren „de Beierreut", d. h. die Angehörigen einer Adelsfamilie namens „von Bayreuth", erwähnt, die als Zweig der schon seit 1149 belegten andechsischen Ministerialen von Plassenberg gelten. Einer von ihnen war 1296 Bürgermeister in Würzburg. Obwohl diese Familie in Bayreuth selbst nicht nachweisbar ist, läßt der Name darauf schließen, daß sie der in der Meranierzeit ansässige Ortsadel war. Diese „von Bayreuth" führten als Wappen eine geschweifte Spitze, die auch bei den „von Plassenberg" verwendet wurde. Man kann vermuten, daß sie bis zum Ende der Meranier eine führende Rolle spielten. Nur die Herren von Laineck sind im Bayreuther Talkessel mit 1192 noch früher belegt.

Vom Dorf zur Stadt

Als nach dem Tod der 1200 heiliggesprochenen Kaiserin Kunigunde ein Bericht über die Wunderkraft ihrer Reliquien verfaßt wurde, notierte man für das Jahr 1199 die Heilung eines Mannes aus der „villa que dictur Beirrut". Der lateinische Eintrag (abgedruckt im 4. Band der Reihe „Scriptores" der „Monumenta Germaniae") berichtet von einem Geistesgestörten, der seinen eigenen Sohn verbrannt haben soll, aber in Bamberg wieder gesund wurde. In einer zweiten Fassung des Heilungsberichts findet man für die Ortsangabe die Schreibung „Bairrut", womit nur Bayreuth gemeint sein konnte. Wichtig für die Einstufung des Ortes ist die Bezeichnung als „villa". Im Sprachgebrauch des Mittelalters war darunter eine kleine Siedlung oder ein Dorf zu verstehen. Daraus kann man schließen, daß Bayreuth 1199 und erst recht 1194 noch keine Stadt war.

Eine Stadterhebungsurkunde existiert nicht. Ob es sie jemals gab, ist nicht sicher. Möglicherweise ist sie 1430 bei der Einnahme der Stadt durch die Hussiten verlorengegangen. Über eine Stadtrechtsverleihung liegt auch kein Bericht vor. Die Geschichte Bayreuths als Stadt beginnt daher für uns mit dem Dokument, das die Siedlung erstmals als „civitas" (= Stadt) bezeichnet. Diese Urkunde wurde 1231 ausgestellt. Auch wenn sie gar nicht unmittelbar Aussagen für Bayreuth selbst enthält, muß man ihren Inhalt doch etwas näher anschauen. Der Bamberger Dompropst Poppo, Sohn des Grafen Berthold III. von Andechs und Onkel des Grafen Otto VII., schenkt das von ihm neugegründete Dorf Oberkonnersreuth „in confinio civitatis Beirruth" (d. h. in der Markung der Stadt Bayreuth) dem Dom in Bamberg. Wichtig ist hier die klare Unterscheidung von „villa" (Dorf) für die kleine Neusiedlung einerseits und „civitas" für die Stadt Bayreuth. Im übrigen wurde urkundlich festgehalten, daß die Einwohner von Oberkonnersreuth jährlich eine Abgabe als Schutzgeld an den Stadtvogt zu zahlen hatten. Der Stadtvogt, dessen Namen wir nicht erfahren, war als Vertreter der Grafen von Andechs der erste nachweisbare leitende Beamte in Bayreuth.

Die Urkunde von 1231 wurde im Peterschor des Bamberger Domes feierlich besiegelt. Sie trägt die Siegel des Dompropstes und des Herzogs Otto VII. Wenn man davon ausgeht, daß Bayreuth 1199 noch als „villa" (= Dorf) bezeichnet wurde, muß die eigentliche Zuerkennung des Stadtrechts also zwischen 1200 und 1231 erfolgt sein. Der 1231 in Bamberg für Oberkonnersreuth seine Zustimmung erteilende Otto VII., seit 1204 Herzog von Meranien und Pfalzgraf von Burgund, ist daher mit großer Wahrscheinlichkeit der Landesherr, der die Siedlung zur Stadt erhoben hat. Man kann freilich seinen Vorgänger nicht grundsätzlich ausschließen und muß auch mögliche Aktivitäten seines Sohnes und Nachfolgers berücksichtigen, die dieser noch vor Ottos VII. Tod und sogar mit dessen Einverständnis gezeigt haben soll. Da wir aber über die Lebensdaten dieser Andechser nur ungenügend unterrichtet sind, ist der Anteil dieser Herzöge am Aufstieg Bayreuths zur Stadt nicht mehr genauer zu ermitteln.

Bemerkenswert und kaum zufällig ist aber, daß andechsische Stadterhebungen zwischen 1230 und 1240 sowohl im Obermaingebiet als auch im bairischen Stammland am Ammersee und in Tirol nachweisbar sind. 1230 erscheint in einer Urkunde Ottos VII. Scheßlitz erstmals als „civitas", 1231 Lichtenfels als „forum" (= Markt). Am 25. Juli 1231 stellt der gleiche Herzog in Giech unter Zustimmung seines Sohnes eine Schenkungsurkunde für Dießen aus, das in diesem Schriftstück als „civitas" und Hauptort erwähnt wird. Besonders beachtenswert ist aber die Stadterhebung von Innsbruck am 9. Juni 1239 durch Otto VIII., weil es der einzige Fall ist, in dem wir eine andechsische Stadtrechtsurkunde besitzen, die auf ähnliches auch im Falle von Bayreuth schließen läßt. Hier sei nur die Stelle eingefügt, die festlegte, wie man überhaupt Bürger werden konnte. Es heißt da: „Wenn eines andern Mann, er sei frei oder hörig, unsere Stadt betritt und in derselben das Bürgerrecht erwirbt und wenn ihn sein Herr innerhalb eines Jahres rechtmäßig zurückfordert, so soll er seinem Herrn dienen, wie es recht ist. Wenn ihn aber innerhalb eines Jahres niemand beansprucht, so soll er unangefochten bleiben."

Die Anlage eines Straßenmarkts mit einer Straßenführung, die sich in die als „karolingisch" bezeichnete Altstraße eingliedert, läßt ahnen, daß sich in diesem sicher ältesten Innenstadtbereich schon früh ein kleines Handelszentrum ausgebildet haben muß, für die Städter selbst, die noch überwiegend Ackerbürger waren, aber auch für das Umland. Wie weit der Einzugsbereich der Stadt anfangs reichte, läßt sich schwer sagen. Er war aber wesentlich kleiner als heute, da die meisten Käufer ihren Einkaufsort zu Fuß erreichen und am gleichen Tag auch wieder heimkommen wollten. Wann das Marktrecht verliehen wurde, ist nicht bekannt. Man darf wohl annehmen, daß die „civitas" Bayreuth 1231 auch bereits Märkte abhielt und diese vermutlich von Anfang an in der heutigen Maximilianstraße stattfanden. „Der Markt", wie ihn der Bayreuther heute noch kurz nennt, ist jedenfalls schon sehr früh das wirtschaftlich pulsierende Herzstück der Siedlung gewesen. Einen Hinweis, daß in der Meranierzeit ein Markt vorhanden war, liefert eine Bamberger Urkunde vom 2.12.1237, wo von einer „nova villa apud Baireute" (Neusiedlung bei Bayreuth) und einem in Bayreuth existierenden „domus in foro" (Haus auf dem Markt) die Rede ist. Die erwähnte „nova villa" ist Oberkonnersreuth. Mit dem Haus auf dem Bayreuther Markt ist ein uns nicht näher bekanntes Gebäude angesprochen, aber „Markt" ist bereits ein eindeutig von der Lage her fixierter Innenstadtbereich.

Im 14. Jahrhundert haben Markt und Marktrecht von Bayreuth bereits als Muster für andere Orte gedient. In der Urkunde, durch die Kaiser Karl IV. (1347-1378) Neustadt am Kulm 1370 das Marktrecht gewährte, wird das an Bayreuth verliehene Marktrecht als Vorbild bezeichnet. Damit verbunden drängen sich uns Fragen auf, die sich leider der Beantwortung entziehen, da es keinerlei Quellen mehr dafür gibt: Hat vielleicht Karl IV., dessen „Neuböhmen" weit nach Westen ins heutige Ober- und Mittelfranken ausgriff (man denke an den „Böheim(= Böhmen)stein" bei Pegnitz und an Erlangen als westlich vorgeschobenen Stützpunkt dieses Herrschers), auch für das damals schon burggräfliche Bayreuth ein kaiserliches Privileg ausgestellt? Oder hat es eine entsprechende Urkunde eines

Vorgängers gegeben? Fest steht nur, daß in Neustadt am Kulm die Händler beim Wochenmarkt alle Rechte, Gnaden und Freiheiten erhielten, wie sie denen der Stadt Bayreuth verbrieft waren.

Das Ende der Meranierzeit

Die beiden Herzöge Otto VII. – er regierte von 1204 bis zu seinem Tod 1234 – und Otto VIII., sein Sohn und Nachfolger, förderten offensichtlich gezielt die Entwicklung der für sie wichtigen Orte durch Erhebung zu Städten und Märkten. Obwohl Bayreuth zweifellos zu dieser Gruppe zählte, lassen sich unmittelbare persönliche Beziehungen dieser beiden Andechser zu ihrer Stadt am Roten Main nicht mehr erkennen. Otto VII. hatte am 21. Juni 1208 in Bamberg Beatrix von Burgund, eine Nichte König Philipps, geheiratet. Seine Frau brachte ihm als Landeserbin Burgund in die Ehe mit. Somit war Otto Herzog von Meranien und Pfalzgraf von Burgund. Die Freude über die enge Verbindung mit den Staufern wurde noch bei den Bamberger Hochzeitsfeierlichkeiten stark getrübt, als Pfalzgraf Otto von Wittelsbach den Stauferkönig ermordete. Der andechsische Otto VII. stand vor keiner leichten Lebensaufgabe. Obwohl schon seine Schwester Agnes (†1201) als Gemahlin Philipps II. August (1180–1223) Königin von Frankreich gewesen war, gelang es ihm nicht, in Burgund widerspruchslos von den französischen Adeligen anerkannt zu werden. Er mußte zwischen Adria, Obermain und dem Herzen Frankreichs viel unterwegs sein, um seine Herrschaftsrechte überall aufrechtzuerhalten.

Bei der weiten Verzweigung des Hauses Andechs in der damaligen Zeit war dies freilich nichts Ungewöhnliches, lebte doch sein Bruder Berthold als Patriarch in Aquileja bei Venedig, und sein Bruder Heinrich IV. (†1228) war Markgraf von Istrien. Von seinen Schwestern hatte Gertrud 1203 König Andreas von Ungarn geheiratet und Mechthild sich als Äbtissin ins Kloster Kitzingen zurückgezogen. In diesem fränkischen Kloster war auch die in Andechs geborene Schwester Hedwig erzogen worden, die Herzog Heinrich den Bärtigen von Schlesien heiratete und 1241 ihren Sohn in der Abwehrschlacht bei Liegnitz gegen die Mongolen verlor. Die fromme Herzogin überlebte ihren Bruder Otto. Sie starb 1243 und wurde 1267 heiliggesprochen: Als heilige Hedwig wurde sie die Lieblingspatronin der Schlesier. – Was konnte angesichts solchen europäischen Horizonts, den diese Geschwisterreihe andeutet, einem Mann wie Otto VII. eine kleine Stadt am Main bedeuten? Immerhin war er in Oberfranken viel stärker verwurzelt als seine Vorfahren.

Auch vom letzten Meranier, Otto VIII., weiß man nicht, ob er Bayreuth jemals betrat. Er war gleichfalls nicht nur Herzog von Meranien, sondern auch Pfalzgraf von Burgund und viel unterwegs. Sein Geburtsjahr ist uns nicht überliefert, seine Ehe mit Elisabeth von Tirol blieb kinderlos. Erst ab 1242 ist seine Anwesenheit in Oberfranken öfter belegt. Am häufigsten urkundete er in Weismain, zu Füßen seiner Burg Niesten. 1243 verbrachte er Weihnachten auf Burg Fürstenau bei Altenplos. Beide Meranierburgen sind längst verschwunden, nur ihre Standorte sind noch genau bekannt. Mit der noch heute gebräuchlichen Bezeichnung „Fürstenleite" im Wald östlich von Altenplos wird noch immer die Erinnerung an Otto und sein Geschlecht wachgehalten. Die Plassenburg, deren Vorläuferbau 1260 erstmals genannt wird, ist vermutlich von Otto begonnen worden. Ihre Fertigstellung erlebte er nicht mehr. Als der staufische Kaiser Friedrich II. vom Papst gebannt wurde, kehrte sich Otto von ihm ab. Vom Kaiser als Verräter gebrandmarkt, hatte Otto in der Folge wenig Glück mit seinen politischen Unternehmen. Als kranker Mann starb er, nachdem er sein Testament gemacht hatte, 1248 auf Niesten eines natürlichen Todes. Im Volke freilich, das seinen Tod von Geheimnissen umwittert sah, verbreitete sich die Sage von seiner angeblichen Ermordung durch einen Untergebenen namens Hager. Ein Reimspruch der Sage läßt Otto den Mörder anflehen:

Lieber Hager, laß mich leben,
ich will dir Berreuth geben
und Blassenberg, das neue,
daß dich's nicht gereue.

Mit Berreuth war zweifellos Bayreuth gemeint. Nach einer anderen, sogar häufiger zu findenden Variante des zitierten Versleins werden aber statt Berreuth Nordeck und Niesten genannt. Beide Versionen hätten, was das Versprechen anbetrifft, ihre Berechtigung. Sollte die Sage etwa einen Hinweis geben auf den steigenden Wert der noch recht bescheidenen Stadt Bayreuth?

Unter den Burggrafen von Nürnberg aus dem Hause Hohenzollern (1248/60 - 1420/30)

Mit Konrad IV. ist 1254 der letzte regierende Staufer zu Grabe getragen worden. Noch lebt sein Sohn Konradin in der Hoffnung auf die Nachfolge. Er weiß nicht, daß er vergeblich kämpfen und 1268 in Neapel sterben wird. Es ist die Zeit des Interregnums, die Friedrich Schiller (1759 - 1805) „die kaiserlose, die schreckliche Zeit" nennt. Im Jahr 1260 wird in Mainz eine erste Meistersingerschule gegründet, und etwa gleichzeitig entsteht ein großes Gedicht in Deutschlands Mitte, das erstmals den „Sängerkrieg auf der Wartburg" feiert, bei dem zur Ehre des Landgrafen von Thüringen Walther von der Vogelweide, Wolfram von Eschenbach und andere Sänger miteinander wetteifern und ein Zauberer Klingsor mitwirkt: Über ein halbes Jahrtausend später wird Richard Wagner diesen Stoff in seinem „Tannhäuser" zu neuem Leben erwecken.

1260 wird Bayreuth durch den Vertrag von Langenstadt am Main dem Burggrafen Friedrich III. von Nürnberg überlassen, der mit einer Schwester des letzten in Franken regierenden Meraniers verheiratet ist. Just um diese Zeit beginnen Ritter und Grafen ihre auf Schilde und Helme geführten Familienkennzeichen zu einem Wappenbild zu verbinden. Von Friedrich III. hat sich aus dem Jahre 1265 ein Siegelabdruck erhalten, der das schwarzweiße Geviert der Hohenzollern als ältestes bekanntes Zollernwappen zeigt. Mit den zwei Reuten bildet es bis heute das Bayreuther Stadtwappen.

Der erste Hohenzoller als Stadt- und Landesherr Bayreuths: Burggraf Friedrich III. von Nürnberg (1225 - 1297)

Nach dem Tod des letzten Andechs-Meraniers in Franken wurde das Erbe schon 1249 in einem Vertrag zu Scheßlitz unter den drei Schwestern und deren Männern verteilt: Der westliche Teil mit Giech, Scheßlitz und Baunach wurde Margarete und Friedrich von Truhendingen zugesprochen. Das große Mittelstück mit Kulmbach, Zwernitz und Gefrees sowie der Obervogtei im sog. Regnitzland um Hof erhielt Beatrix, die Witwe des Grafen Hermann von Orlamünde. Der Ostteil mit Bayreuth und Berneck fiel an Elisabeth und ihren Gemahl, den Burggrafen Friedrich von Nürnberg, einen Enkel des ersten Zollern, der 1192 in Nürnberg die fränkische Linie seiner Familie begründet hatte. Erst nach langjährigen Auseinandersetzungen und blutigen Kämpfen unter den Erbberechtigten und Bamberg fand diese Regelung im Vertrag zu Langenstadt am Main 1260 ihre Bestätigung.

Burggraf Friedrich hatte schon 1251 im heutigen Oberfranken die Stadt Creußen vom staufischen König Konrad IV. erhalten. Er besaß auch bereits die Cadolzburg und ihr Umland. Die Stadt Bayreuth wurde nun sein wichtigstes Machtzentrum für den weiteren Herrschaftsausbau. Früher als Ansbach und Kulmbach stand Bayreuth im Zeichen des Hohenzollernschilds. Noch war die schlimme Zeit des Interregnums nicht überwunden, in der mißgünstige Nachbarn einander ihr Besitztum abjagten. Nur unter kirchlichem Schutz war man vor solchen Übergriffen etwas sicherer. Das war wohl auch ausschlaggebend, daß Friedrich 1265 seinen Neubesitz der Abtei Ellwangen an der Jagst zu Lehen auftrug. Er war zu dieser Zeit noch ohne Stammhalter und wollte das Erbe für seine Tochter bewahren, aber auch alle Rechte für den erhofften männlichen Nachfolger erhalten. So ließ er sich von

Siegel des Burggrafen Friedrich III. (1265) und der Burggräfin Elisabeth, geb. Gräfin von Andechs

dem Ellwanger Abt bestätigen, daß die Lehenübertragung durch die Geburt eines Sohnes hinfällig werden solle.

Als Friedrich nach dem Tod seiner Gemahlin noch ein zweites Mal heiratete, seine zweite Frau war eine sächsische Prinzessin, sollte sich sein Wunsch erfüllen: 1281 wurde sein Sohn und Nachfolger Friedrich geboren. Die Bindung an Ellwangen bestand allerdings vorerst noch weiter, wenn auch nur auf dem Papier.

1273 war Friedrich einer der wichtigsten Wahlhelfer des neuen Königs Rudolf von Habsburg. Noch im gleichen Jahr bestätigte ihm der König seinen Neubesitz, den reichsfürstlichen Rang des Burggrafentums und erklärte ihn zum Inhaber des Kaiserlichen Landgerichts zu Nürnberg. Weiterhin ein treuer Parteigänger Rudolfs, gehörte er bald zum Kreis der Freunde und engen Vertrauten des Herrschers, der durch seine Hausmachtpolitik den Aufstieg seiner Familie zu einer der großen europäischen Dynastien eingeleitet hat. Ein kleines Abbild lieferte sein getreuer Vasall Burggraf Friedrich. Mit seinem Herrschaftsausbau um Cadolzburg und Bayreuth legte er den Grund für die späteren zollerischen Markgraftümer in Franken. Wiederholt weilte der erste zollerische Stadtherr in Bayreuth. Er übernahm mit dem meranischen Erbe auch die Verpflichtungen der Andechser. Noch 1283 leistete er von den Bayreuther Zolleinnahmen eine Abgabe nach Bamberg, in der es ausdrücklich heißt „an Stelle des weiland Herzogs von Meranien".

Im Kampf Rudolfs gegen seinen Widersacher Ottokar von Böhmen stand Burggraf Friedrich auf der Seite seines Königs. In der Entscheidungsschlacht auf dem Marchfeld 1278 trug er sogar die Reichssturmfahne. Friedrich starb 1297 in Cadolzburg, seine letzte Ruhe fand er in der Hohenzollerngrablege im Münster von Heilsbronn.

Die Stadtbefestigung

Das Jahrhundertwerk der spätmittelalterlichen und frühneuzeitlichen Stadtbefestigung ist nur schwer nachvollziehbar, kaum zu datieren und unmöglich in wenigen Sätzen zu beschreiben. Es darf aber bei der Darstellung der frühen stadtgeschichtlichen Epochen nicht fehlen. Wir nehmen hier bei den ersten Burggrafen

kurz darauf Bezug, weil die Ersterwähnung als „oppidum" (1265) von einer Stadt ausgehen läßt, die bereits über ein Verteidigungssystem verfügte.

Nicht unbegründet hat man als Vorläufer des Alten Schlosses einen „Turmhügel" vermutet. Die Burg oder das Schloß war immer am besten gesichert, lag es doch auch an der günstigsten Stelle über den Mainauen. Daß zum Schutz der Stadt und ihrer Bürger schon zu Zeiten der Andechs-Meranier auch eine Stadtbefestigung vorhanden war, dürfen wir als sicher annehmen. Freilich sollten wir keine zu hohen Erwartungen damit verbinden: Erdwälle, Holzpalisaden, Gräben und Hindernisse im Vorfeld, dazu das Obere und Untere Tor als gutbefestigte Torbauten mußten für die erste Zeit genügen, um feindliche Scharen abzuhalten.

Wenn uns die Namen einiger Türme überliefert sind, so zeugt dies von der Verteidigungsbereitschaft der Bürger. Wir wissen allerdings nicht genau, wann sie errichtet wurden. Vielleicht waren sie schon unter den ersten Burggrafen vorhanden, sicher jedoch bald nach dem Hussiteneinfall von 1430. Der bekannteste war wohl der „Teufelsturm", der heute noch zwischen Sophienstraße und Von-Römer-Straße versteckt festgestellt werden kann und in Stadtansichten genannt wird. Völlig verschwunden sind längst der „Pulverturm" und der „Schwertelturm". Von einem „Pfeilturm" wird berichtet, daß er der Aufbewahrung von Pfeilen und Armbrüsten diente. Ob auch der „Diebsturm" Verteidigungszwecken diente, soll dahingestellt bleiben. Sein Name läßt wohl mehr daran denken, daß er als Kerker (Turmverlies) für gefaßte Rechtsbrecher und Feinde benutzt wurde. Der Verlauf der Stadtmauer vom Schloß und Oberen Tor über die Kanzlei- und Sophienstraße zum Unteren Tor und dort über die Nordseite des Marktes zurück zum Schloß bestimmte die Stadt „innerhalb der Mauern". Außerhalb der Ummauerung lagen die ungeschützten „Vorstädte".

Bayreuth als Kleinstadt emporstrebender Landesherren

Unter den Söhnen des Burggrafen Friedrich III. war nach dem nur drei Jahre regierenden Johann I. der ihm folgende Bruder Friedrich IV. (1300 – 1322) der bedeutendere. Ihm gelang ein Jahr vor seinem Tod, von den

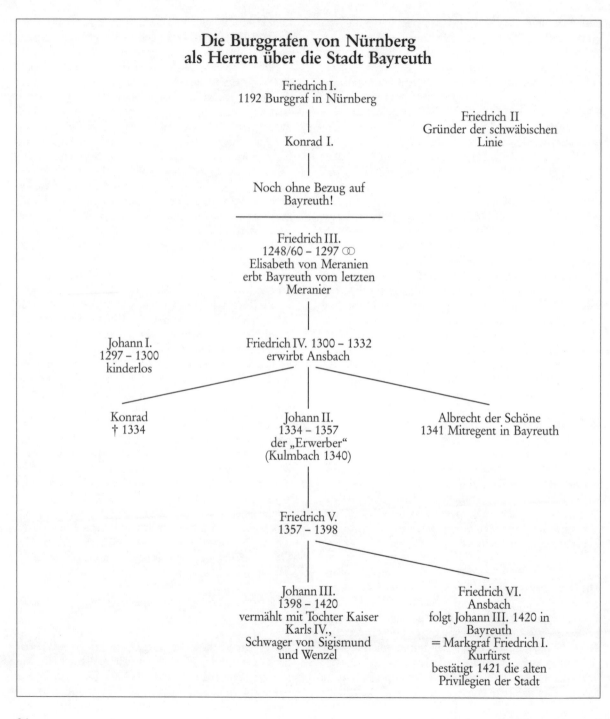

Grafen von Oettingen die Stadt Ansbach käuflich zu erwerben. In Bayreuth kam es in dieser Zeit nur zu kleineren Besitzerweiterungen: 1288 erhielten die zollerischen Burggrafen von den Grafen von Hohenlohe ein Gut „in Bairreut", und 1304 übertrug der Bischof von Bamberg frei gewordene Lehen der Herren von Wolfsberg an Friedrich IV. Von diesen Lehen heißt es, daß sie sich rings um die Stadt verteilten. Sie werden jedoch nicht genauer bezeichnet. Friedrichs Anwesenheit in Bayreuth ist für 1321 bezeugt, als er einem Ritter Heinrich von Trautenberg gestattete, seine Lehen nach Belieben an andere weiterzugeben. Friedrichs IV. Sohn Johann II. (1334 – 1357) konnte die Landesherrschaft auf das Erbe der Orlamünde ausdehnen, wodurch ihm die Herrschaft Plassenburg mit Kulmbach und Berneck zufiel. 1341 erzwang sein Bruder Albrecht der Schöne durch einen Hausvertrag die Mitregierung. Er erreichte, daß ihm die neuerworbenen Gebiete mit Ansbach und die Herrschaft Bayreuth zugestanden wurden. 1348 schloß er zusammen mit seinem Bruder Frieden mit Herzog Stefan von Baiern, mit dem die Zollern in Fehde gelegen hatten. Bei der vertraglichen Aussöhnung versprachen sich die Zollern und der Wittelsbacher, wieder gute Freunde zu sein. Der Beurkundungsort war Bayreuth. An Albrecht knüpft sich die Haussage der Zollern: Seinetwegen soll aus einem Mißverständnis heraus Kunigunde von Orlamünde ihre Kinder ermordet haben und zur Sühne als Weiße Frau in den Zollernschlössern spuken.

Mit dem Burggrafen Friedrich V. (1357 – 1398) erhielt Bayreuth einen Landesherrn, der durch seinen treuen Einsatz im Dienste des Reichs und seine persönlichen Beziehungen zu Kaiser Karl IV. den weiteren Aufstieg seiner Familie vorbereitete. Als Reichshauptmann führte er den Landfriedensbund in Franken an. Daß ein allgemeiner Landfrieden erreicht wurde, war zum großen Teil sein Verdienst. Kaiser Karl IV. erhob ihn auf dem Reichstag zu Nürnberg 1363 in den Reichsfürstenstand. Sein fränkisches Territorium erhielt unter ihm seine endgültige Gestalt. Er teilte es unter seine Söhne: Friedrich bekam das Unterland (Ansbach), Johann das Oberland (mit Kulmbach und Bayreuth). Auf Friedrich V. geht aber auch die Bestimmung zurück, daß das fränkische Hohenzollerngebiet keinerlei weitere Aufteilung erfahren dürfe.

Der letzte Burggraf, der als Landesherr über Bayreuth herrschte, nannte sich Johann III. (1398 – 1420). Vermählt mit Margarete, einer Tochter Kaiser Karls IV., war er ein Schwager der Könige Wenzel und Sigismund. Da seine Schwester Elisabeth König Ruprecht von der Pfalz heiratete, war er auch dessen Schwager. Während sein Bruder Friedrich, der spätere erste Hohenzollernkurfürst in Brandenburg, das Land unterhalb des Gebirgs mit Ansbach bekam, erhielt Johann Kulmbach und Bayreuth. Für ihn war die Plassenburg Residenz. Mit der Sorge für das ganze Fürstentum verband er auch tatkräftiges Mitwirken an der Entwicklung Bayreuths. Er ordnete das Land durch Anlage neuer Lehenbücher und förderte das Handwerk und das Wohl seiner Untertanen. Mit Bamberg in Streit liegend, entging das Land nur mit Mühe gewaltsamen Auseinandersetzungen. Mit Geldproblemen belastet, verpfändete der Burggraf einem Hans Zwergengrüner 1409 mehrere Schlösser und sicherte dem Gläubiger einen freien Sitz in Bayreuth zu, was ihm von der Stadt verbürgt werden sollte. Zwergengrüner hat aber offenbar von diesem Recht keinen Gebrauch gemacht. Für seine Tochter Elisabeth verpfändete Johann vorübergehend die ganze Stadt an Württemberg. 1424 konnte sein Bruder diese Verpfändung wieder rückgängig machen.

Amtsleute, Vögte und Pfleger

Als oberste landesherrliche Beamte zu Bayreuth, deren Amtssitz wohl immer die Stadt, deren Amtsbereich aber vermutlich von Anfang an ein mittelalterlicher „Landkreis" war, erscheinen seit dem Ende des 13. Jahrhunderts Vögte, denen auch die Stadt unterstand. Ein solcher „advocatus" oder Vogt war ein Vorläufer der späteren Landrichter: Er war Richter und zugleich oberster Beamter der staatlichen Verwaltung. Er mußte die Durchführung und Einhaltung der landesherrlichen Anordnungen überwachen. Als erster wird 1281 noch ohne Familiennamen ein Albertus „advocatus de Paieruth" erwähnt, vermutlich bereits der 1302 als Albert von Zirkendorf belegte Vogt, der aus der Familie stammte, die schon im 12. Jahrhundert für Seulbitz belegt ist. 1295 wird ein Hertwicus genannt Doner erwähnt, 1296 ein Heinricus (auch belegt als Henricus Henlein aus Kulmbach.)

35

1318 erscheint dann der erste Träger eines bedeutenden fränkischen Adelsnamens, nämlich der „Pfleger" Otto von Aufseß. Bei ihm kann es sich nur um den Senior des Geschlechts handeln, um den ältesten Aufseß, den wir überhaupt kennen. Er war Herr zu Aufseß, Neuhaus, Königsfeld, Krögelstein, Freienfels, Wolkenstein und Sachsendorf, erkannte aber den Burggrafen Friedrich von Nürnberg als seinen Lehensherrn an. Mit Ritter Friedrich von Seckendorf (die Schreibung des Familiennamens mit „ff" kommt in dieser Zeit noch nicht vor), der sich 1318 nach seinem Ansitz in Crottendorf bei Bindlach „Seckendorf von Krottendorf" nannte und von etwa 1318 bis 1335 Vogt von Bayreuth war, begegnen wir dem ersten namentlich bekannten Hausbesitzer in Bayreuth: Auf ihn dürfte das Seckendorf(f)er Burggut (Kanzleistraße 13) zurückgehen.

Nach ihm erscheint 1337 Burchard Hörauf von Seckendorf als Vogt „zu Bayerreut", wenn nicht sein Sohn, dann doch ein naher Verwandter. Als „Hauptmann und Pfleger unsers Lands zu Beiereut" amtierte 1359 Ritter Hermann von Weidenberg. Friedrich von Plassenberg (auch Fritz Plassenberger genannt) war 1402 und noch 1417 Amtmann von Bayreuth. Das von ihm geführte Spitzbergsiegel deutet darauf hin, daß er Nachkomme der andechsischen Ministerialen von Blassenberg war, deren Wappen als eigener Zweig auch die nur außerhalb von Bayreuth belegten Herren „von Bayreuth" führten.

Die erste Bayreuther Münzstätte

Bayreuths Bedeutung stieg, als es im 14. Jahrhundert eine eigene Geldprägestätte erhielt. 1361 erteilte Kaiser Karl IV. dem Burggrafen Friedrich V. das Münzrecht. Durch Urkunde vom 13. Dezember dieses Jahres wurde den Städten Bayreuth und Kulmbach zugesprochen, daß sie miteinander abwechselnd „gute Pfennige" schlagen dürften. Aus dem Jahre 1374 stammt die erste Urkunde für die Münzmeister Michel und Veit Maler. Im gleichen Jahr wurden auch die ersten Bayreuther Münzen geprägt. Es waren Silberpfennige. König Wenzel erteilte dann 1384 dem Burggrafen das Privileg, in Kulmbach oder Bayreuth auch Gulden, also echte Goldmünzen, prägen zu lassen. Da seit 1365 die Fürstenzeche in Goldkronach mit Erfolg die Goldgewinnung betrieb, nimmt man an, daß die Prägung echter Goldmünzen hauptsächlich in Bayreuth vorgenommen wurde. Es sind über 30 Guldenprägestempel bekanntgeworden, und bis zum Ende des Jahrhunderts müssen Bayreuther Gulden in größerer Zahl hergestellt worden sein, später jedoch nur noch ausnahmsweise. In Bayreuth wurden fünf verschiedene Sorten geprägt. Hohenzollernschild und Johannes der Täufer mit Kreuzesstab waren auf den meisten zu finden. Leider ist kein echter Bayreuther Gulden mehr bekannt. Es entzieht sich auch unserer Kenntnis, wo diese erste Münzwerkstatt war. Jedenfalls hat sich Maler schon eine gewisse Stellung sichern können. Sein Nachfolger Konrad Gademann, 1409 als Conrad Münzmeister bezeichnet, wurde Bayreuther Ratsherr und brachte es zu einem angesehenen und reichbegüterten Mann.

Ortschaften um Bayreuth (ca. 1390)

Aus der Zeit des Burggrafen Friedrich V. (1361 – 1397) existiert ein Landbuch, in dem der damalige Landschreiber Pfarrer Paul aus Kasendorf für alle Orte die Grundbesitzer verzeichnete. „Auf dem Lande im Amt Beyerreut" wurden von ihm folgende Ortschaften genannt, die in unserer Zeit längst zum Stadtgebiet gehören, in der Stadt aufgegangen sind oder unmittelbar angrenzen.

Nach heutiger Schreibweise waren es: Moritzhöfen (früher Marolts Hofe) mit einem Hof der Lyntner, Destuben, Rödensdorf, Thiergarten (früher Breitengraß), Geigenreuth, Mosing (früher auf Brandrodung deutend Asangen, Oberobsang), Oberpreuschwitz, Dörnhof, Oberkonnersreuth, Fürsetz, Meyernreuth, Laineck, Seulbitz, Colmdorf, die Röth (hier die Wüstung Hungernreuth), ferner die Altenstadt als Dorf bei Bayreuth, die Rückleinsmühle (im Landbuch Rutelhartzmühle), Meyernberg (das bis 1753 Poxreut hieß). Unabhängig vom Dorf Altenstadt auch die in nächster Nähe gelegenen Höfe von Klebs, das den Seckendorf gehörte, der spätere äußere Spitalhof und der Meyerhof (beide heute Landwirtschaftliche Lehranstalten). Als eigener Ort erscheint auch Laimbach (unterhalb des Matzenbergs).

Bemerkenswert für die Verflechtung von Stadt und

Umland ist, daß mehrere Bayreuther Bürger Höfe in solchen Orten hatten (so ein Zadler in Kulmleins bei Mistelgau) und umgekehrt mehrere Orte Reutzehnt an das Spital nach Bayreuth entrichteten (so z. B. Schobertsberg, Busbach, Theta, Forkenhof). Ins Gericht nach Bayreuth gehörten Niedereuben, Mistelbach, Glashütten, Donndorf, Pittersdorf u. a.

Die ältesten Bayreuther Personennamen

Da sich in Bayreuth selbst aus der Zeit vor 1430 so gut wie keine schriftlichen Quellen erhalten haben, kennen wir nur eine kleine Zahl von Einwohnernamen des 13. und 14. Jahrhunderts, die in Urkunden auswärtiger Archive überliefert sind. Die Zeugen und Begleiter des 1194 in „Baierrute" urkundenden Bischofs waren keine Bayreuther. Sie haben mit ihm den Ort wieder verlassen. Erst 1255 finden wir in einer Urkunde als Zeugen zwei Tuchmacher namens Eberhard und Heinrich aus Bayreuth erwähnt. Sie werden noch ohne Familiennamen aufgeführt. Weitere Namenbelege stammen erst aus der Zeit der Hohenzollernherrschaft.

In der 2. Hälfte des 13. und während des ganzen 14. Jahrhunderts ist in Würzburg, Bamberg und Kulmbach eine Familie der „Herren von Bayreuth" belegt, die zwar oft nur als „Bayreuther" benannt sind, aber auf einen Bayreuther Uradel zurückgeführt werden, der sich von den Ministerialen von Plassenberg abgezweigt hat. 1265 war ein Heinrich von Bayreuth als vornehmer Würzburger Bürger Zeuge eines Vertrags, den der Bischof von Würzburg mit der Stadt Würzburg schloß. Obwohl er 1274 persönlich aus der Mainmetropole verbannt wurde, stieg seine Familie dort zu reichen Patriziern auf. Ein Markwart von Bayreuth war 1299 Ratsherr, seine Familie wurde noch öfter im Zusammenhang mit Grundbesitz genannt. Die „Bayreuther" besaßen auch Weinberge am Würzburger Stein und in Randersacker. Auch in Bamberg kannte man 1292 einen „Heinricus dictus de Baierreut". 1355 wird ein Brunwart von Baierreut als Bürger von Bamberg auf dem Kaulberg erwähnt. Seine Söhne führten im Siegel die Bezeichnung „dicti Bayreuther", wobei der Name selbst freilich in verschiedener Schreibung wiedergegeben wurde. In Kulmbach besaß 1398 Hans Beyerrewter ein Burggut in bevorzugter Lage. Mit Grundbesitz sind die spätmittelalterlichen „Bayreuther" in Ortschaften zwischen Kulmbach und Bayreuth (z. B. in Partenfeld, Schlömen, Schwingen) nachzuweisen. Auch wenn man sie für Bayreuth selbst nicht belegt findet, sprechen alle Anzeichen dafür, daß sie auf eine Ministerialenfamilie der Andechs-Meranier zurückgehen, die hier einmal eine führende Rolle spielte.

Bürgerliche Namen werden auch aus dem 14. Jahrhundert nur gelegentlich überliefert. So findet sich beispielsweise 1348 in einem Bamberger Grundbuch ein Heinrich Phannensmit (Pfannenschmied) aus Bayreuth, dessen Name im Zusammenhang mit Grundbesitz im Bereich von Marktschorgast eingetragen wurde. Eine größere Zahl von Bayreuther Familiennamen erschließen uns erst das Landbuch des Amtes Bayreuth und das Lehenbuch des Burggrafen Johann III. aus dem Jahr 1398.

In diesen beiden amtlichen Verzeichnissen kurz vor 1400 erscheinen als Bayreuther Familiennamen: Ditreich (Dietrich), Fischer, Flyschmann (Fleischmann), Conrat, Arzt, Gadenmann, Gampuhler, Greyf, Grunauer, Hacker, Haßler, Hübscher, Kappler, Kergl, Kessel, Langenloher, Lintner (auch Lyntner), Marschalck, Milchgiß, Nankenreuther, Rothe, Schuster, Pezolt, Potensteiner, Sperschnabel, Ruzwurm (Rußwurm), Ott, Sneyder, Sneider (Schneider), Swarz (Schwarz), Ubelein, Wilde, Zickel, Zecher. In einigen Fällen kann man ohne weitere Hinweise nicht sagen, ob es sich nur um Berufsbezeichnungen oder schon um feste Familiennamen handelt, so etwa bei Eberhart Messerschmied und Heinz Koch.

Die Juden im mittelalterlichen Bayreuth

Im 14. Jahrhundert hatte sich auch bereits eine kleine jüdische Gemeinde gebildet. Soweit erkennbar, gab es aber nie ein Ghetto, einen abgetrennten Bezirk. Die heutige „Von-Römer-Straße", die vor ihrer Benennung nach der mildtätigen Karolina Freiin von Römer „Judengasse" hieß, war nach 1430 nicht mehr von Juden bewohnt. Eine Urkunde der Freiherren von Aufseß spricht 1349 von „ihrem Juden zu Bayreuth", der zu einer Geldauszahlung aufgefordert wird. Als vielleicht einer der ersten Bankiers der Stadt hatte er, wie ersichtlich, mit Geldgeschäften zu tun. Geldes wegen verklagte 1393 eine reiche Jüdin Samuel in Bayreuth einen Ritter, der ihr den verpfändeten Zehn von Oberölschnitz schuldete. Nach solchen Einzelnennungen sind die folgenden Urkunden von größerer Bedeutung, weil sie sich zweifelsfrei auf eine Gruppe ansässiger Juden beziehen. Im Judenschutzbrief des Burggrafen Friedrich V. werden 1372 ausdrücklich „alle unsre Juden ... in unserer Stadt zu Bayreuth" erwähnt. Gleichzeitig wird in einer anderen Urkunde ein „Judenmeister Meier" genannt, der mit allen seinen Schülern und Studenten burggräflichen Schutz erhält. 1377 bekamen zwei Wassertrüdinger Juden das gleiche Schutzrecht, „das die Juden zu Bayreuth und Kulmbach genießen". Auch die Stadt besaß sogenannte Judenhäuser, die sie an Juden und Christen vermietete, aber auch verkaufte. Im Stadtbuch von 1430 – 1463 werden die Einnahmen von „Judenhäusern" und auch eine „Judenschule" erwähnt.

Bayreuth als Landstädtchen unter den ersten Markgrafen (1420/30 – 1527)

Zu Anfang des 15. Jahrhunderts haben die Menschen des kaum mehr als 2000 Einwohner zählenden Städtchens Bayreuth sicher nicht viel von den weltgeschichtlichen Ereignissen ihrer Zeit erfahren. Selbst die Kunde vom Machtwechsel beim Tod eines Kaisers oder Königs konnte oft erst mit großer zeitlicher Verzögerung zur Kenntnis genommen werden. Das Auftreten von Gegenkönigen und Gegenpäpsten mußte zu Verunsicherungen führen und den Glauben an die Rechtmäßigkeit der weltlichen und kirchlichen Oberhäupter der Christenheit stark erschüttern. Wahrscheinlich hörten die meisten Bayreuther auch erst spät davon, daß im Jahr 1414 in Konstanz auf Veranlassung des Kaisers Sigismund (1410 – 1437) eine große Kirchenversammlung stattfand, die durch eine Reform der Kirche an Haupt und Gliedern eine feste Neuordnung herbeiführen wollte. Tatsächlich gelang es, die absolutistische Eigenmächtigkeit der damaligen Päpste zu beenden und einen wahrhaft unheiligen und unwürdigen Papst (Johannes XXIII.) zur Verzichterklärung zu bewegen. Erst in unserem Jahrhundert hat ein Papst diesen Namen erneut angenommen und damit den seines mittelalterlichen Vorgängers aus der Päpsteliste getilgt.

Das Konstanzer Konzil hat aber durch seine schroffe Ablehnung der Lehre des böhmischen Reformators Johannes Hus auch für Unruhen und Kämpfe im Herzen Europas gesorgt. Die Verurteilung von Hus als Ketzer und seine Verbrennung haben nicht nur Anhänger zum Widerstand getrieben, sondern auch die Mißbilligung vieler Christen in Deutschland gefunden, weil der Kaiser seine Zusicherung auf freies Geleit gegeben hatte. Als 1419 in Prag Altgläubige eine Prozession der Hussiten störten, erstürmten diese das Rathaus und warfen die Räte zum Fenster hinaus. Das war der „1. Prager Fenstersturz". Er wurde zum Vorbild für den ziemlich genau 200 Jahre späteren „2. Prager Fenstersturz", der zum Ausbruch des Dreißigjährigen Krieges beitrug. 1419 verschärfte sich die Lage zunächst nur in Böhmen, als im gleichen Jahr König Wenzel starb und ein stärkeres Eingreifen seines Bruders, des im Lande wenig geliebten Kaisers Sigismund, zu befürchten war. Ein offener Aufstand entbrannte. Es kam zur Verfolgung aller Deutschen. Die Hussitengefahr bedrohte von nun an auch die Nachbargebiete, besonders das östliche Franken. Es dauerte aber noch Jahre, bis der Hussitensturm losbrach.

Markgrafenstadt seit 1420

Das Burggrafenstädtlein Bayreuth wurde 1420 fast unbemerkt, jedenfalls ohne spürbare Zäsur zur Markgrafenstadt, als Burggraf Johann III. gestorben war und sein Bruder Friedrich auch das Fürstentum oberhalb des Gebirgs mit Kulmbach und Bayreuth übernahm. Friedrich war seit 1415 Markgraf von Brandenburg, Reichserzkämmerer und Inhaber der Kurwürde. Bei der Belehnung durch Kaiser Sigismund kniete er, wie bei solchen feierlichen Akten üblich, vor dem Herrscher nieder und empfing das Banner der Mark Brandenburg. Der rote Adler erscheint hier erstmals in der Hand eines Hohenzollern. Seither führten die fränkischen Hohenzollern die Bezeichnung „Markgrafen von Brandenburg", auch dann, wenn sie nur über fränkisches Territorium verfügten.

Bayreuths neuer Landes- und Stadtherr, als Markgraf Friedrich I. genannt, kannte die Stadt schon von früheren Besuchen her und hatte schon vor Antritt seiner Herrschaft eine Singmesse für die Stadtkirche gestiftet. Er löste Bayreuth aus der Verpfändung an Württemberg, mit der sein Bruder die Stadt belastet hatte. Vermählt mit der Wittelsbacherin Elisabeth, der „schönen Els" von Bayern-Landshut, wurde er in die Erbfolgestreitigkeiten dieses Herrscherhauses verstrickt. Noch 1420 kam es zum offenen Krieg der verfeindeten Parteien. Die Nürnberger Burggrafenburg wurde niedergebrannt und 1427 an die Reichsstadt Nürnberg verkauft. Offenkundig mit Finanzsorgen belastet, verschrieb der Markgraf seiner Frau für den Fall seines Todes die Steuereinnahmen „in der Stadt und auf dem Lande zu Bayreuth". 1426 vermachte er ihr Stadt und Amt Bayreuth, falls er nicht binnen Jahresfrist vier Ämter aus der Verpfändung lösen könne. Zu einer solchen Besitznahme durch die wittelsbachische Hohenzollerngemahlin ist jedoch nichts überliefert.

Familieninterne Planungen, Überschreibungen und testamentarische Bestimmungen dieser Art waren freilich auch bei anderen Fürsten- und Herrengeschlechtern in dieser Zeit nichts Ungewöhnliches. Von den diesbezüglichen Verfügungen des in die oberste Reihe der Reichsfürsten aufgestiegenen Hohenzollern bekam Bayreuth kaum viel zu spüren. Man kann sogar davon ausgehen, daß die meisten einfachen Bürger davon nicht einmal etwas erfuhren.

Die Einnahme und Zerstörung durch die Hussiten 1430

Seitdem man in Konstanz den Prager Professor Johannes Hus trotz des zugesicherten freien Geleits als Ketzer verbrannt hatte und seine Anhänger von Kaiser Sigismund unversöhnlich als Feinde verfolgt und zur Unterwerfung aufgefordert wurden, auch mit weiteren Hinrichtungen und Grausamkeiten an Hussiten die Volkswut in Böhmen angeheizt worden war, waren die unmittelbar angrenzenden deutschen Landesgebiete Sachsen und Ostfranken besonders gefährdet. Burggraf Friedrich von Nürnberg galt als Günstling und Paladin Sigismunds den Hussiten als besonders gefährlicher Gegner. Obwohl Friedrich auf dem Verhandlungswege versuchte, seine Lande vor einem Einfall zu bewahren, konnte er nicht verhindern, daß die Hussiten mit großer Heeresmacht unter Führung Prokops aus Sachsen von Zwickau aus über Plauen im Vogtland im Januar 1430 ins heutige Oberfranken einbrachen. Hof und Münchberg fielen ihnen in die Hände und wurden zerstört, Wunsiedel konnte ihnen standhalten. Ende Januar hielt sich der Markgraf selbst in Bayreuth auf. Wie erhaltene Äußerungen erkennen lassen, wollte er die Stadt selbst verteidigen, und wenn dies erfolglos sei, mit den Bürgern Bayreuths „sterben und verderben". Er ließ auch Verstärkung an Waffen und Leuten anfordern, die allerdings nicht rechtzeitig im verlangten Umfang eintraf. In der Nacht vom 29. auf den 30. Januar verließ der Markgraf die Stadt anscheinend mit der Absicht, Verhandlungen zu nützen und wieder zu den Verteidigern zurückzukehren.

Der folgende Ablauf der Ereignisse läßt sich aufgrund der unvollständigen und nur teilweise übereinstimmenden Quellenangaben nicht mehr zuverlässig rekonstruieren. Zwar versuchten zwei Sonderbeauftragte des Markgrafen, Hauptmann Friedrich Ratzenberger und der als Untervogt eingesetzte Ratsherr Thomas Kawtzsch, in einer Ratsversammlung die Lage zu beraten, eine organisierte Verteidigung durch die Bürger aber schafften sie nicht. Da mit dem Markgrafen auch die fürstlichen Truppen die Stadt verlassen hatten, flüchteten Hals über Kopf auch die wehrfähigen Männer und zogen sich in die umliegenden Wälder zurück. Falls man geglaubt hatte, damit die Stadt selbst zu retten, hatte man sich schwer getäuscht. Die Hussiten besetzten die Stadt kampflos; auf Widerstand stießen sie nicht. Sie plünderten, wo sie konnten, und setzten nicht nur die wichtigsten Gebäude in Brand, sondern schritten auch zu völlig sinnlosen Verwüstungen. Die Stadt wurde zwar nicht total in Schutt und Asche gelegt, aber sicher war es die schlimmste Katastrophe Bayreuths in früheren Jahrhunderten.

Die Vorstädte waren niedergebrannt und dem Erdboden gleichgemacht. Die hussitische Wut hatte es vor allem auf die Gotteshäuser abgesehen: Alle Kirchen (Stadtkirche, Spitalkirche, Heilig Kreuz, Nikolauskirche) wurden ein Opfer der Flammen. Das Rathaus und viele Bürgerhäuser lagen in Schutt und Asche. Merkwürdigerweise fehlt eine Nachricht über das Schloß. Auch dieses wird kaum verschont geblieben sein. Mit seinem Rathaus verlor die Stadt auch fast alle hier aufbewahrten Urkunden und Schriftstücke. Mit Brandspuren haben sich zwar einige wenige Stücke aus vorhussitischer Zeit retten lassen und sind bis heute erhalten geblieben.

Die Masse der für die Stadtgeschichte wichtigen Dokumente ging aber unwiederbringlich verloren. Durch die weitgehende Zerstörung der ältesten Stadtanlage und die Vernichtung der für die frühe Stadtgeschichte aufschlußreichen Archivalien ist das Jahr 1430 zu einem tiefen Einschnitt im Lebenslauf Bayreuths geworden: Alles, was vorher liegt, kann nur mit Hilfe von zufällig an anderen Orten erhaltenen Quellen betrachtet und beurteilt werden.

Städteordnung Markgraf Friedrichs I.

Wegen vorhandener „Irrungen" (Uneinigkeiten und Streitfälle) zwischen Rat und Bürgerschaft gab Markgraf Friedrich 1434 eine Städteordnung für die Städte und Gerichte der zollerischen Landesherrschaft in Franken heraus. Darin wurde festgelegt, daß der Stadtrat jährlich am „dritten Ostertag" aufgelöst und ein neuer nach genauer Anweisung eingesetzt werden solle. Dabei sollte jeweils der Vogt einen aus dem alten Rat auswählen, beide einen weiteren dazuziehen. Diese sollen mit dem Vogt drei aus dem Rat wählen. Die fünf neuen Räte sollen mit dem Vogt zusammen bevollmächtigt sein, den ganzen Rat zu wählen. Der vollständige Stadtrat soll dann zwei Bürgermeister wählen, die wie der Rat aber nur für ein Jahr im Amt sein durften. Die Bürgermeister hatten zu geloben, über Steuern und andere Einnahmen treulich zu wachen und Rechnung zu legen. In der Kirche sollte man ebenfalls Rechnung legen. Auch soll die „Gemeine" (Bürgerschaft) allen Gesetzen und Geboten gehorsam sein und im Übertretungsfall der Strafe verfallen sein. Über Bauvorhaben der Stadt sollen ein Ratsmitglied und ein Bürgervertreter zusammen mit dem Vogt bestmöglich Aufsicht führen.

Die Bestätigung der alten Privilegien der Stadt 1421 und 1439

1421 bestätigte Kurfürst Friedrich I. als Landesherr des Fürstentums Bayreuth in Rathenow (Mark Brandenburg) die Privilegien der Stadt. Diese Privilegien sind, wie ihre Vorläufer, nicht mehr erhalten, wohl aber der dazugehörige Vorspruch, aus dem hervorgeht, daß „die Bürgermeister unserer Stadt Beyreut" beim Kurfürsten erschienen waren, um ihre „alten Freiheiten, Briefe und Gewohnheiten" bestätigen zu lassen. Sie hatten als Beleg und Beweismittel einen gesiegelten Brief der Burggrafen Johann II. und Konrad († 1334) mitgebracht, aus dem die Erstverleihung durch einen Burggrafen Friedrich hervorgeht. Ob damit noch Friedrich III. oder erst dessen Sohn Friedrich IV. (1300 – 1332) gemeint war, ließ sich aus dieser Urkunde nicht mehr erkennen. Jedenfalls stammten die genannten städtischen „Freiheiten" aus den Anfängen der Hohenzollernherrschaft in Bayreuth. Es ist zu vermuten, daß der erste Burggraf dabei auf die Ursprünge des Stadtrechts der Meranierzeit zurückgriff. Da die Stadt Bayreuth 1430 durch die Hussiten alle ihre „Freiheit und Briefe" von Friedrich I. und seinen Vorfahren durch Brand verloren hatte, stellte der Kurfürst am 3. Mai 1439 eine neue Bestätigung aus. Sie wurde von den nachfolgenden Landesherren 1457, 1486, 1562 und 1639 erneuert. Die Privilegienurkunde enthält folgende Artikel:

1. Vom Stadtrecht und den damit verbundenen Pflichten für die Bürger ist niemand in der Stadt befreit, außer den Bewohnern der sog. „Freihäuser". Zu diesen wurden gerechnet: Fronhof, Pfarrhof, Haus der Liebfrauenmesse, Spitalwohnung, Haus der Messe zum heiligen Kreuz, das Nankenreuther Haus, die Plassenberger Hofstatt, das Seckendorffer Haus, „das der alten Ottschneiderin Hofstatt und Haus ist", und „unser Herrschaft Haus vor der Brucken". (Über diese „Freihäuser" folgt ein eigenes Kapitel!)
2. Innerhalb des Gerichtsbezirks der Stadt darf niemand die nur als städtische Hantierung zugelassene Tätigkeit eines Ledermachers, Gewandschneiders, Mälzers oder Brauers ausüben. – Diese Handwerkszweige bildeten damit für die Stadtbevölkerung die Grundlage für einen Handel mit dem Umland. Nicht gebunden an das städtische Braurecht waren Pfarrer und Edelleute, wenn sie nur für ihren Hausgebrauch brauten. Die Versorgung mit den Grundnahrungsmitteln wurde stadtintern geregelt (vgl. dazu Punkt 6!). Eine erste Bäcker- und „Fleischhauer"-Ordnung ist in den „Stadtbüchern" zu finden.
3. Auf dem Land darf innerhalb des Gerichtsbezirks von Bayreuth Wein und Bier nur von demjenigen ausgeschenkt werden, der diese Getränke von einem Bürger in Bayreuth gekauft und versteuert hat.
4. Gegenüber Geistlichen und Edelleuten können Bürger ihre Rechtsansprüche mit Hilfe des Stadtvogts durchsetzen.
5. Amtmann und Vogt dürfen keinen Fremden, der einem Bürger etwas schuldet, aus der Stadt weggehen lassen und freies Geleit geben, sofern nicht der betroffene Stadtbürger damit einverstanden ist.

6. Der Rat der Stadt Bayreuth hat das Recht, alle zum Wohl der Stadt, insbesonders des Handwerks nötigen Gebote und Verbote zu erlassen und zu überwachen. Diese städtische Teilautonomie wird allerdings eingeschränkt durch den Zusatz „mit dem Rat eines Vogts", d. h. unter Mitwirkung des fürstlichen Beamten.
7. Wenn ein Bürger einen Totschlag verübt und flüchtig wird, darf sein zurückgelassenes Hab und Gut nur im Beisein von zwei Ratsmitgliedern durch den fürstlichen Vogt geprüft und „aufgenommen" werden. Die inventarisierte Habe soll „unverrückt" bleiben „bis auf der Herrschaft Gnade".
8. An allen Sonn- und Feiertagen („Kirchtagen") soll in der Stadt wie von alters her Friede herrschen.
9. Wenn ein Bürger einer Straftat beschuldigt wird, aber Bürgschaft leistet und verspricht, sich dem Gericht zu stellen, soll er vor der Gerichtsverhandlung von keinem Amtmann oder Vogt festgenommen und ins Gefängnis gebracht werden dürfen. Ausgenommen sind davon die schweren Kriminalfälle, für die das Hochgericht zuständig ist.

Das Ratskollegium der Stadt Bayreuth

Einen Rat der Stadt mit einem Bürgermeister hat es in Bayreuth mit Sicherheit schon vor 1430 gegeben, doch ist darüber nichts Näheres überliefert. Die ersten schriftlichen Zeugnisse nach Abzug der Hussiten lassen erkennen, daß die Bürgerschaft mit ihrem Stadtrat nicht nur wegen dessen Verhalten 1430, sondern auch wegen weiter zurückliegender Eigenmächtigkeiten nicht zufrieden war und ein stärkeres Mitspracherecht forderte. Vor allem warf man dem Stadtrat vor, beim Nahen der Hussiten aus der Stadt geflohen zu sein und die Bürger um Hab und Gut gebracht zu haben. Die schon länger vorhandenen Spannungen und Meinungsverschiedenheiten entluden sich nach Rückkehr der Einwohner in die verwüstete Stadt in offenen Auseinandersetzungen.

Der 1432 von Markgraf Friedrich I. an die Stadt gerichtete „Einigungsbrief" ging auf die Beschwerden der Bürgerschaft ein. Auch dem Fürsten war es nicht entgangen, daß es der etablierte alte Rat sichtlich an „Bürgernähe" hatte fehlen lassen, während mitverantwortlich denkende, nach Ansehen und Besitz durchaus ratsfähige Bürger kein Mitspracherecht hatten. Dies änderte die neue Ratsverfassung, die einen „Inneren Rat" und einen „Äußeren Rat" mit je sechs Ratsmitgliedern vorsah. Der Äußere Rat wurde die eigentliche Gemeindevertretung, die eine gewisse Kontrolle des Inneren Rates ausübte. Die „Ratserneuerung" sorgte alljährlich im Mai für den Austausch von maximal drei Mitgliedern des Inneren Rates durch Selbstergänzung (Kooptation). Das aktive Wahlrecht hatten nur die Mitglieder des Inneren Rates. Über den Äußeren war aber das Vorrücken in den Inneren Rat möglich. Die Möglichkeit, in den Rat gewählt zu werden, hatte im Grunde jeder rechtschaffene Bürger, eine Wahl durch die Bürgerschaft selbst gab es jedoch nicht.

Die beiden Stadtbücher aus dem 15. Jahrhundert

Wertvolle, weil zugleich ergiebige und zuverlässige geschichtliche Quellen sind die sog. Stadtbücher, eine Sammlung von Urkundenabschriften, Listen und Eintragungen verschiedener Art, die für Arbeit und Organisation der Stadtverwaltung als wichtiges Nachschlagewerk eine unentbehrliche Grundlage lieferten.

Das *erste Stadtbuch* ist wahrscheinlich schon bald nach dem Hussitensturm begonnen und bis 1464 geführt worden. Es ist nicht bekannt, wer es anlegen ließ. Die Mitarbeit des ersten bekannten Stadtschreibers Johann Rauh ab 1445 gilt aber als gesichert. Nur noch fragmentarisch in Form von losen Blättern erhalten, ist diese älteste städtische Dokumentensammlung wohl nie ein gebundenes Buch gewesen. Sie verdient die Bezeichnung „Stadtbuch" als wichtiger Vorläufer des unmittelbar nachfolgenden zweiten, verbesserten und beträchtlich erweiterten Sammelwerks dennoch, werden doch viele Dinge (Gebäude, Einrichtungen, Namen) hier überhaupt erstmals genannt. Das Stadtbuch beginnt mit einer Kopie des Freiheitsbriefes vom 15. 12. 1430, mit dem Markgraf Friedrich 14 Jahre Steuerbefreiung gewährte. Enthalten sind ferner eine Handwerksordnung für Färber, Fleischhauer, Lederer, Schuster, Bäcker und Bierbrauer, eine Zusammenstellung der Pflichten der „Stadtknechte" und in städtischen Diensten stehenden Türmer, Flurknechte und Hirten. Das Gesundheitswesen ist durch einen Freibrief für den Wundarzt und eine Bestallungsurkunde der Hebamme vertreten. Es findet sich auch eine Regelung über die Besoldung des Schulmeisters und seiner Mitarbeiter. Bürgerlisten und Steuerlisten wurden ebenfalls aufgenommen. Weitere Eintragungen betreffen die Mühlen und die Versorgung mit Salz. Ergänzt wird die Sammlung schließlich noch durch eine Reihe von Testamenten, Erbauseinandersetzungen und Einträgen über Streitfälle.

Prächtiger, umfangreicher und wichtiger ist das *Stadtbuch von 1464*, dessen Original im Staatsarchiv Bamberg aufbewahrt wird. Sein Herausgeber Christian Meyer schreibt über die äußerst kostbare Handschrift: „Es ist ein mächtiger Band im größten Folioformat, mit 226 Papierblättern – nur ein einziges Pergamentblatt, und zwar Bl. 25, befindet sich mitten unter den Papierblättern – in eine mit Leder bezogene und mit Messingbuckeln versehene Holzdecke gebunden. Auf Bl. 25 findet sich eine in Farben ausgeführte Darstellung des Baireuther Stadtwappens, wie es der Stadt im Jahre 1457 von Markgraf Albrecht neuerdings verliehen worden war." In der Einleitung zur Handschrift wird erklärt, daß durch „Rat und Gemeinde", nämlich den sog. Inneren und Äußeren Rat, alle Freiheiten, Rechte, Gerechtigkeiten, Gewohnheiten, Gesetze, Ordnungen, Bücher und Briefe zusammengestellt, kritisch geprüft und in „der stat puch" aufgenommen werden sollten. Da man sich dabei auch auf mündliche Überlieferungen durch Befragung alter Bayreuther stützen mußte, liegt nahe, daß auch der Inhalt von Schriftstücken festgehalten werden sollte, die durch den Hussiteneinfall verlorengegangen waren.

Enthalten sind in dieser „Statutensammlung" alle für die Stadt wichtigen Dokumente und Regelungen: alte Privilegien, die Bestimmungen über den Stadtrat, die Pflichten und Rechte städtischer Bediensteter, die Satzungen der Zünfte, Angaben darüber, wer an das Gotteshaus (die Stadtkirche) und das Spital Zinsen zu leisten hatte, und anderes mehr. Man kann erkennen, daß das auf klarer Konzeption aufgebaute Werk im wesentlichen innerhalb eines Jahres zusammengestellt wurde. Eine Verteidigungsordnung wurde erst einige Jahre später (um 1472) eingefügt. Bei den „Gesetzen und Ordnungen" der Handwerker sind die Färber, Metzger, Bäcker, Müller, Lederer und Schuster zu finden. Warum nur diese und dazu in dieser Reihenfolge,

ist uns unerklärlich. Auch eine erste Schulordnung ist nicht vergessen.

Nicht jeder in der Stadt war Bürger. Und nicht jeder, der in die Stadt kam, konnte Bürger werden. „Wenn ein Fremder begehrt, Bürger zu werden, soll er zu seinem Bürgermeister kommen, das Bürgerrecht begehren und darum bitten." Vom Bürgermeister wurde er dann in eine Ratsversammlung vorgeladen, wo er seine Bitte erneut vortragen mußte. Im Rat wurde er nach seinem Beruf und seinen persönlichen Verhältnissen befragt. Besonders wurde geprüft, ob er nicht einer fremden Herrschaft verpflichtet war. Erst wenn man im Rat keine Bedenken mehr hatte, wurde dem Bewerber eröffnet, daß er das Bürgerrecht kaufen müsse. War er auch damit einverstanden, wurden ihm die Rechte und Pflichten eines Bürgers vorgelesen, an die er nun gebunden war. Auch für das Ausscheiden aus der Bürgerschaft bei Wegzug aus der Stadt gab es eine genau vorgeschriebene Regelung.

Besonders ausführlich beschrieben sind der Aufbau des Stadtrats und das wichtige Amt des Stadtschreibers. Da es schon seit langem auch Juden in der Stadt gab, sind auch für diese „Gesetze und Ordnungen" aufgenommen worden. Den Eid mußte ein Jude auf den Talmud ablegen. Genauestens geregelt waren die allgemeine Rechtsprechung und ihr Vollzug. Mittelalterliche Härte verspürt man bei der Auflistung der Todesstrafen: Verbrennung drohte den Mordbrennern, Kinds- und Giftmördern und Ketzern, das Rädern den anderen Mördern. Die Enthauptung war vorgesehen für Totschlag und Straßenraub, der Galgen für die schlimmen Diebe. Frauen, die ihr Leben verwirkt hatten, sollten lebendig begraben werden. Aber auch geringeren Übeltätern drohten noch schmerzhafte Strafen an „Haut und Haar": das Augenausstechen dem Fälscher, das Abschneiden eines Ohres oder auch beider Ohren den kleineren Dieben. Felddiebstahl sollte in der Regel nur mit Prügelstrafe und Prangerstehen geahndet werden.

Insgesamt betrachtet spiegelt das Stadtbuch wie kein anderes Schriftwerk das mittelalterliche Leben wider, indem es die Richtlinien markiert, die für jedermann, für rechtschaffene Bürger und Missetäter, gelten. Zu diesem Bild gehört auch, daß Frauen an den Formen des öffentlichen Lebens nur ausnahmsweise und vereinzelt (etwa als Hebammen) Anteil hatten.

Die Stadtschreiber

Wie in anderen Städten war auch in Bayreuth eines der wichtigsten Ämter das des Stadtschreibers, der für das gesamte Schreibwesen der Stadt verantwortlich war. Er besorgte nicht nur den Schriftverkehr, er verwaltete auch das gesamte Schriftgut mit Urkunden und Verordnungen, war Schriftführer beim Rat und Protokollführer bei Gericht. Seinen Pflichten wurden im Stadtbuch 1464 vier Seiten gewidmet. Die Stadtbücher und Urkundensammlungen wurden von ihm angelegt, kurz, er war der Organisator einer funktionierenden Stadtverwaltung. Als Jurist mit guten Lateinkenntnissen konnte er beratend mithelfen, wohl auch sein Amt mißbrauchen. Unstimmigkeiten zwischen ihm und dem Rat sind daher nicht selten und konnten zu seiner Ablösung führen.

Als erster Stadtschreiber läßt sich 1445 in Bayreuth ein Johann Rauh namentlich fassen. Ihm folgte Johann Beringer, der sich als „Notarius Publicus" bezeichnet. Längere Zeit übt in der zweiten Hälfte des 15. Jahrhunderts Jörg Peter aus Kronach das Amt aus. Ihm bezahlte man die Wohnung und ein Gehalt von etwa 10 Gulden. Daß mancher Stadtschreiber nicht nur als Vermittler zum Landesherrn eingesetzt, sondern gelegentlich auch im Auftrag des Fürsten anderswo bei auswärtigen Verhandlungen verwendet wird, zeugt vom Gewicht erfahrener und sachkundiger Inhaber dieses städtischen Hauptamts.

Das Rathaus auf dem Unteren Markt

Man darf annehmen, daß die kleine Stadtsiedlung Bayreuth schon vor der Zerstörung durch die Hussiten ein Rathaus besaß, wahrscheinlich sogar am gleichen Platz wie das erste durch Quellen belegte Rathaus, nämlich am Unteren Markt. Es ist als freistehendes Gebäude in der Platzmitte etwa zwischen den Einmündungen der Sophienstraße und der Schulstraße zu suchen. Das Marktplatzbild war mit dieser zentralen Stellung des kommunalen Verwaltungsgebäudes vergleichbar mit dem anderer nordbayerischer Straßenmärkte, so wie es sich heute noch in Creußen, Pegnitz und Weiden darbietet.

Die früheste Notiz über die Errichtung des Rathau-

Das Bayreuther Rathaus inmitten des Marktplatzes, 1446 (Rekonstruktion nach Carl Potzler)

ses findet sich im ältesten Stadtbuch und klingt noch sehr bescheiden: Für 1446 – 16 Jahre nach dem Hussitensturm – vermerkt der Stadtschreiber lediglich, daß die Ratsstube einen Ofen erhielt und die Fenster eingeglast wurden. Bekannt ist dann erst aus späterer Zeit, daß das Haus im Erdgeschoß Fleisch- und Brotbänke, also offene Verkaufsstellen für die Grundnahrungsmittel besaß. Auf der Giebelseite war ein Türmchen aufgesetzt, das 1583 erneuert werden mußte. Ein Brauhäuslein stand ebenfalls in nächster Nähe. Pranger und Galgen waren unweit für jedermann warnende Zeichen der Obrigkeit.

Während von Personen, die am Pranger stehen mußten, wiederholt berichtet wird, ist von Hinrichtungen nichts bekannt: Die Stätte des Hochgerichts lag außerhalb der Stadtmauer.

Wie es auf dem Marktplatz in Bayreuth am Ende des Mittelalters ausgesehen haben kann, versuchte 1912 der Bayreuther Carl Potzler zeichnerisch zu rekonstruieren. Das durch Steindruck verbreitete Bild ist recht anschaulich, zeugt auch von künstlerischem Einfühlungsvermögen, ist aber kein historisches Dokument.

Die „Freihäuser" und „Burggüter"

1439 bestätigte Markgraf Friedrich bei der Erneuerung der Stadtprivilegien von 1421 eine Befreiung von allen städtischen Steuern für neun Grundstücke und Gebäude, die schon vor 1421 eine solche Befreiung besessen hatten. Im einzelnen wurden genannt: der Pfarrhof und das Haus der Liebfrauenmesse (heute Kanzleistr. 11 und 9, ev.-luth. Dekanat und Pfarrhaus), das Haus der Heilig-Kreuz-Messe (im heutigen Stadtteil Kreuz), die Spitalwohnung, der Fronhof (heute Friedrichstr. 2, Vorläufer des Steingraeberhauses), der als herrschaftliches Lager der Aufbewahrung des „Zehnten", der Naturalabgaben der Untertanen, diente. Als „herrschaftliches Haus" wurde ein Gebäude an der Brücke beim Oberen Tor (Maxstr. 11) bezeichnet, in dem ein „Schütz" wohnte, der wohl für die Torbewachung verantwortlich war. Auch dieses Haus wurde als steuerfrei erklärt.

Neben der Spitalwohnung und den genannten kirchlichen und staatlichen Zwecken dienenden Gebäuden werden noch drei weitere erwähnt, die alle nach ihren adeligen Besitzern benannt sind: das Nankenreuther Haus (Kanzleistr. 15), das Seckendorffer Haus (Kanzleistr. 13) und die Plassenberger Hofstatt (Sophienstr. 22). Diese drei letztgenannten erscheinen vom 16. Jahrhundert an in Schriftstücken gelegentlich auch als sog. „Burggüter". Sie waren aber nie nachweislich in die Verteidigungsanlagen der Stadt einbezogen. Ihre Befreiung verdankten sie dem Umstand, daß sie als landesherrliche Lehen an adelige Dienstmannen vergeben waren. Denkbar wäre allerdings, daß die Erstbelehnung auf die Burggrafenzeit der Hohenzollern zurückgeht und die Erstbelehnten als Burgmannen geführt wurden. Über die wirkliche Verwendung dieser Grundstücke vor der Hussitenzeit und die Aufgaben ihrer Besitzer fehlen konkrete Unterlagen. Fest steht jedoch, daß jedes von ihnen eine wechselvolle Vergangenheit hat.

Das Nankenreuther Haus (heute „Braunbierhaus"), in Gert Rückels „Stadtführer Bayreuth" als „das wohl älteste Wohnhaus Bayreuths" bezeichnet, dürfte ursprünglich mit dem angrenzenden Eckgrundstück eine Einheit gebildet haben, auf der schon 1398 Hans Nankenreuther ein erstes Haus besaß. 1512 empfing dann Nikel Herdegen ein Burggut am Fronhof, das entweder von diesem oder vom Nankenreuther Besitz abgetrennt worden sein muß. Das verkleinerte Grundstück wird 1522 als „Burglehen" geführt, 1543 als „unbebaut" und erst 1576 als bebaut beschrieben.

Für das Seckendorffer Haus ist 1398 die Eintragung „Haus mit Hofrait und Garten" erhalten und sind 1424 Hans Ulrich und Burkhart von Seckendorff schon genau mit „Haus, Hofrait und Gärtlein zwischen Pfarrhof und Fronhof" belegt. Das möglicherweise 1430 zerstörte Haus wurde 1511 von der St.-Anna-Bruderschaft neu erbaut. Die heutige Fassadengestaltung stammt allerdings erst aus der Zeit nach dem Dreißigjährigen Krieg. Am Erker erinnern die Initialen FM und die Jahreszahl 1686 an den Hausbesitzer, den fürstlichen Tanzmeister Franz Maran.

Auch das Plassenberger Haus (Sophienstr. 22), als dessen älteste Eigentümer Friedrich von Plassenberg und Wolfhart Kergel genannt werden, ist als Gebäude erst spät (1461) belegt. Mit der Bezeichnung „Burggut und Haus" (1466) wurde seine Sonderstellung als steuerbefreiter Besitz verdeutlicht.

Zu den schon 1439 genannten kommen etwas später noch zwei weitere „Freihäuser": das Sparnecker Haus (Sophienstr. 29) und das sog. Salz-, Zeug- oder Rüsthaus (Sophienstr. 32). An der Stelle des Sparnekker Hauses stand 1490 nur eine Scheune. Kastner Hans Sendelbeck kaufte in diesem Jahr das Grundstück von Georg von Sparneck und wurde durch die Markgrafen Friedrich und Sigmund damit belehnt, was offenbar einer Steuerbefreiung gegenüber der Stadt gleichkam. Als die Stadt 1523 Steuern verlangte, wurde durch das Hofgericht die Befreiung festgestellt. Ende des 17. Jahrhunderts wohnte in diesem Haus der markgräfliche Leibarzt Dr. Adam Schaffer, an den eine lateinische Hausinschrift erinnert. Das kunstvolle Chronostichon verrät das Baujahr 1667. In freier deutscher Nachdichtung lauten die Verse: „Dem Schaffer aus Westfalenland, / dem hat das Glück sich zugewandt / und hat in bester Lage traut / ihm dieses Eckhaus aufgebaut." Nach 1718 diente das Haus als Hofpredigerswohnung.

Als letztes der steuerbefreiten Häuser ist noch das Salz-, Zeug- oder Rüsthaus zu nennen, das 1483 von der Stadt erworben wurde und zeitweilig als städtisches Lagerhaus, aber auch als Wohnhaus für städtische Bedienstete genutzt wurde. In diesem Haus wohnte um 1600 der Bayreuther Stadtschreiber und älteste Stadtchronist Hans Wolf Heller.

Die Stadtkirche Maria Magdalena im späten Mittelalter

Es ist unbestritten, daß die heutige evangelisch-lutherische Stadtpfarrkirche vor der Hussitenzeit einen (vielleicht sogar mehr) Vorläufer mit bescheidenerem Grundriß und nur einem Turm hatte. Von den beiden heutigen Türmen ist der Nordturm der ältere. Es ist allerdings kaum mehr möglich, zuverlässig nachzuweisen, ob und inwieweit Planungen für die gotische Kirche schon vor 1430 begonnen und ausgeführt waren. Für einen Baubeginn nach 1375 spricht eine letztwillige Verfügung der Burggräfin Elisabeth, der Mutter des ersten Markgrafen und Kurfürsten von Brandenburg. 1430 brannte die Stadtkirche völlig aus. 1433 bat Kurfürst Friedrich I. in einem „Bettelbrief" um Spenden für den Wiederaufbau, der in den folgenden Jahren begonnen wurde und sich über mehrere Jahrzehnte erstreckte. Erhaltene Gotteshausrechnungen erwähnen den Grundaushub 1437. Der Baubeginn am Westportal war bis 1886 durch eine lateinische Inschrift für 1439 belegt: „MCCCCXXXVIIII incepta est haec structura". Die Gesamtbauleitung für die Kirche lag in Händen des Bamberger Meisters Oswald. Nach Oswalds Tod 1445 folgte ihm sein bisheriger Bauführer Hans Pühl (Pull). Die Hauptarbeit galt zunächst der Fertigstellung von Chor und Langhaus. Die beiden Türme wurden als unvollendete „Stümpfe" 1450 mit einem Notdach abgedeckt. Die Anwesenheit des Bamberger Weihbischofs 1464 läßt darauf schließen, daß er zur Einweihung des Neubaus gekommen war. Die Baumaßnahmen waren aber damit noch nicht abgeschlossen. Die Türme wurden erst im frühen 16. Jahrhundert fertiggestellt. Baumeister Heinrich Teusing von Kulmbach führte den Nordturm, dann den Südturm hoch. Für den Türmer wurden beide Türme mit einer hölzernen Brücke verbunden. Die gotische Kirche besaß neun Altäre und eine reiche Ausstattung.

Eine Stadtpredigerstelle

1499 wurde in Bayreuth wie schon vorher in anderen Städten eine Stadtprädikatur geschaffen, die zwar formal den Meßstiftungen zugeordnet wurde, aber doch eine bemerkenswerte Neuheit war: Sie diente der deutschen Vermittlung des Wortes Gottes und kam damit einem Bedürfnis nach, das in allen Kreisen der Bevölkerung ständig im Wachsen war. Die Besetzung einer solchen Stelle blieb Bürgermeister und Rat vorbehalten; auch die Besoldung erfolgte durch die Stadt. In dieser Sonderstellung war der Stadtprediger vom Ortspfarrer und den anderen Priestern ziemlich unabhängig. Über die Abgrenzung der Zuständigkeiten im einzelnen sind wir leider nicht unterrichtet. Stifter der Stadtpredigerstelle wurde der humanistisch gebildete Bayreuther Dr. Johannes Bühl, wahrscheinlich der Sohn jenes Steinmetzen Hans Pühl, der am Neuaufbau der Stadtkirche wesentlich beteiligt war. Dr. Bühl hatte sich als Leibarzt eines bayerischen Herzogs in Landshut einen Namen gemacht und war vermögend genug, um in seiner Vaterstadt eine große Stiftung zu machen. Nach seinem Tod 1499 konnte die Einrichtung der Predigerstelle betrieben werden, als deren erster Inhaber Magister Nikolaus Schamel aus Mistelgau 1504 bis 1541 amtierte. Schamel war wie sein Adjunkt Johann Beheim reformatorisch gesinnt und kann als Vorläufer der Bayreuther Reformation gelten. Nach seinem Tod mußte die Stelle nicht mehr eigens besetzt werden: Im lutherisch gewordenen Fürstentum waren alle Geistlichen in erster Linie Prediger und Seelsorger.

Unter Markgraf Johann Alchymista (1440 – 1457)

Auf Grund des Hausvertrags von 1437 folgte nach dem Tod Friedrichs I. im Fürstentum ob dem Gebirg dessen ältester Sohn Johann, dem man wegen seiner Neigung zu naturwissenschaftlichen Experimenten den Beinamen Alchymista gab, der aber auf der Plassenburg zugleich auch humanistische Studien betrieb. Als Landesherr ließ er in Bayreuth die Wiederaufbauarbeit fortsetzen. Das Schloß an der Stelle des heutigen Alten Schlosses wird unter ihm überhaupt erstmals genannt, ja man hat Johann als Erbauer des ersten Zollernschlosses der Stadt bezeichnet. Er sorgte auch für eine neue Ummauerung und Befestigung. Schon im Kindesalter war ihm eine Tochter des Herzogs von Sachsen-Wittenberg zur Frau bestimmt worden, die nun als Markgräfin Barbara an Bayreuth besonderen Gefallen fand. Sie erbat sich das Schloß als Witwensitz und soll in der Stadtkirche 1465 beigesetzt worden sein. Ihre Tochter

Dorothea heiratete König Christian von Dänemark, der auch über Norwegen und Schweden herrschte. Markgraf Johann unterstützte 1449 seinen Bruder Albrecht im Kampf gegen die Reichsstadt Nürnberg. Zum militärischen Aufgebot gehörten auch Bayreuther Männer. Wie der Stadtschreiber notierte, mußte dazu im monatlichen Wechsel jedes Stadtviertel seine männlichen Bürger „ausziehen" lassen. 1457 entsagte Markgraf Johann der Regierung. Er lebte noch bis 1464 auf Schloß Scharfeneck bei Baiersdorf.

Wappen der Stadt Bayreuth 1457

Ein „schlichtes Wappen" besaß Bayreuth schon seit der Burggrafenzeit. Es war das schwarzweiße Geviert, das von der Grafschaft Zollern übernommen worden war. Markgraf Albrecht Achilles, der es „wohlbedacht" hatte, daß Bayreuth „der ältesten und wesentlichsten Städte eine in der Burggrafschaft Nürnberg" war, verlieh der Stadt am 22. Dezember 1457 ein „verbessertes und gemehrtes" Wappen: Im quadrierten Schild haben die Felder 1 und 4 das schwarzweiße Zollern-Geviert, die Felder 2 und 3 einen schwarzen Löwen auf Gold (Gelb) mit rotweißer Umrandung. Dies ist das Amtswappen der Burggrafen von Nürnberg. Bayreuth soll

Stadtsiegel aus dem 15. Jahrhundert (Stadtarchiv Bayreuth)

die einzige Stadt gewesen sein, die dieses burggräfliche Wappen erhielt. Diagonal durch den ganzen Schild gehen zwei gekreuzte Reuten, kleine dreieckige Schaufeln mit einem oben gekrümmten Stiel. Das waren die Werkzeuge, die man zur Beseitigung der beim Pflügen an der Pflugschar haftenbleibenden Erdklumpen benötigte. Die Reuten verweisen auf den Ortsnamen und die Entstehung der Siedlung in der Rodungszeit im hohen Mittelalter. Mit diesen Reuten besitzt Bayreuth ein sogenanntes „redendes Wappen".

Auf dem schräg geneigten Schild sitzt ein Stechhelm, der Turnierhelm eines Ritters. Die Helmzier, auch Wappenkleinod genannt, zeigt zwei rotweißgestückte Büffelhörner, zwischen denen wieder der schwarze burggräfliche Löwe mit den gekreuzten Reuten zu sehen ist. Der schwarze Löwe war dabei durchaus wappengerecht, die natürliche Farbe war für Wappentiere nicht zulässig.

Die Existenz eines Stadtsiegels ist uns seit Anfang des 15. Jahrhunderts bekannt und in Abdrucken ab 1429 überliefert. Es zeigt das Stadtwappen und in Minuskelschrift die Legende „Sigillvm civitatis in: bairewt". Man kann annehmen, daß die noch erhaltenen alten Abdrucke auf einen älteren Siegelstock zurückgehen.

Kurfürst Albrecht Achilles

Unter Albrecht Achilles, der als Chef des Hauses über die Mark Brandenburg gebietet und auch in Ansbach regiert, kommt es nach der Abdankung Johanns im Jahre 1457 zur Personalunion aller brandenburgischen Hohenzollernlande in der Mark und in Franken. Seinen Beinamen „Achilles" erhielt er von dem Humani-

Das Bayreuther Stadtwappen

sten Äneas Sylvius Piccolomini, dem späteren Papst Pius II.

Die Bayreuther verdankten ihm eine häufige Verpflichtung zur Kriegsteilnahme: Immer wieder mußten Aufgebote aus der Stadt an den Feldzügen in fremden Ländern teilnehmen, so im Jahre 1474 gegen Karl den Kühnen von Burgund und im Jahre 1478 gegen Matthias von Ungarn.

In Bayreuth belehnt er 1473 seinen Amtmann und Forstmeister Nickel von Weyer mit einem Haus beim Fronhof. Er selbst kommt nur selten in die Stadt. Eine Ausnahme bildet der winterliche Aufenthalt 1483/84: Auf der Flucht vor der Pest, die im Unterland wütet, kommt er mit seinem Gefolge von rund 100 Personen ins Bayreuther Schloß, das ihm für einige Wochen als „Notresidenz" dient. Die Notwendigkeit, die Stadt ausreichend mit Brennholz zu versorgen, hat er wohl bei dieser Gelegenheit selber erkennen müssen: 1484 bestätigt er der Stadt Bayreuth das Recht, aus dem Fichtelgebirge und den umliegenden Wäldern Holz nach Bayreuth zu flößen. Der Name „Flößanger" erinnerte noch vor wenigen Jahren an diese Form der Holzbelieferung.

Das Bürgerspital

Das älteste Kranken- und Pflegehaus der Stadt befand sich vor 1430 noch außerhalb der Stadt, und zwar am Mistelbach im Spitalhof (heute Ecke Kulmbacher Straße/Austraße). Für die seelsorgerische Betreuung war die Spitalmesse eingerichtet, die in einer eigenen Spitalkapelle abgehalten wurde. Die Spitalmesse stand unter dem besonderen Schutz des Landesherrn. Ein Spitalmeister besorgte mit einigen Helfern und Dienstboten die Verwaltung. Dieses erste Spital war ein Opfer des Hussitensturms geworden. Statt eines Neuaufbaus an gleicher Stelle suchte man nun einen Platz im Schutz der Stadtummauerung. Schon im Jahre 1435 konnte die Stadt von einem Bürger Sperschnabel das Grundstück erwerben, auf dem man die Spitalkirche und das Spitalgebäude errichtete. 1435 fand die Einweihung statt.

1558 wurde auch das Nachbargrundstück des Sattlers Hamman erworben und eine Erweiterung der Anlage eingeleitet, im wesentlichen also das bauliche Ensemble geschaffen, das mit Veränderungen späterer Zeit uns heute noch bekannt ist.

1542 wurde eine Spitalordnung erlassen, die Plätze für 24 Pfründner vorsah. Außer den im Spital wohnenden Pfründnern gab es auch solche, die außerhalb der Stadt wohnten und nur am Tage im Spital verpflegt wurden, dazu auch solche, die nur einmal in der Woche einen Laib Brot erhielten.

Der Leiter war der Spitalmeister, der vom Rat der Stadt eingesetzt wurde und selber dem Rat angehörte. Seine Besoldung bestand aus einer Geldsumme und genau festgelegten Naturalleistungen. Ihm unterstand das Personal: ein Großknecht mit weiteren Knechten, eine Großmagd mit Mägden und die Spitalköchin. Die Küche war im Rückgebäude untergebracht. Das Spital verfügte auch über ein Bad und ein „Siechenstüblein" (Krankenzimmer).

Das Bürgerspital war die wichtigste Wohlfahrtseinrichtung der Stadt im späten Mittelalter und in der frühen Neuzeit. Hauptsächlich für die Betreuung der Alten und Invaliden eingerichtet, erfüllte das Spital immer wieder auch andere, darüber hinausreichende Aufgaben. Vor allem war das Spital der größte Wirtschaftsbetrieb der Stadt, der außer den Abgaben zur Errichtung einer Spitalpfründe und damit verbundenen Schenkungen und Stiftungen auch über beträchtliche Einnahmen verfügte. Im 15. Jahrhundert zahlten 25 Ortschaften einen Spitalzehnten, 30 Bürger waren mit ihren Häusern und Grundstücken zinspflichtig. Dazu kamen noch die Erträge und Überschüsse der Spitalhöfe außerhalb der Stadtmauern.

Die 1439 eingeweihte Spitalkirche bot bereits für rund 200 Personen Platz, war daher von Anfang an nicht nur für die Pfründner geplant. Der Vordergiebel mit vier großen Fenstern zur Marktseite hatte nur links einen Eingang. Der Altar befand sich an der Innenseite. Als „Predigtstuhl" wurde 1559 die alte Kanzel der abgebrochenen Nikolauskirche aufgestellt. Eine Empore war bereits eingebaut. Unter den Bildern befand sich auch ein heiliger Christophorus. Auch die erste Spitalkirche hatte schon ein Türmlein mit einer Glocke. Vor der Reformation versah ein Spitalgeistlicher die Spitalmesse. Er wohnte im Spitalmeß- oder Spitalherrenhaus in der Breiten Gasse (Sophienstr. 28/30). Das Patrozinium der heiligen Elisabeth (19. November) wurde vermutlich von der ersten Spitalkapelle übernommen.

Bayreuths Ersterwähnung auf einer Landkarte (1421)

Es blieb dem deutschsprachigen Südosten vorbehalten, mit der kartographischen Erstnennung Bayreuths und Kulmbachs gleich ein ganzes Bündel oberfränkischer Ortsnamen in eine Karte aufzunehmen. Im Augustiner-Chorherrenstift Klosterneuburg bei Wien gründete Propst Georg Muestinger, ein gelehriger Schüler des berühmten Astronomen Johannes Schindel von Gmunden, im 15. Jahrhundert die älteste Kartographenschule auf deutschsprachigem Boden. In dieser Werkstatt war Frater Friedrich Amann von der Benediktinerabtei St. Emmeran in Regensburg tätig, der um 1421/23 im Auftrag des Propstes eine Karte anfertigte, die man als die damals beste von Europa bezeichnet hat. Meist Klosterneuburger „Fridericuskarte" genannt, erfaßte sie einen großen Teil Mitteleuropas und enthielt bereits eine Vielzahl von Orts- und Flußnamen. Das Original ist seit langem verschollen. Da aber Koordinatentafeln und Ortsverzeichnisse erhalten blieben, konnte 1954 Ernst Bernleithner eine Rekonstruktion herstellen, die dem Urbild sehr nahekommen dürfte: Auch die Namen konnten aus alten Vorlagen in der originalen Schreibung übernommen werden, weshalb die Nachbildung für den Nichteingeweihten als solche nicht erkennbar ist.

Wenn wir auf der Fridericuskarte Bayern nördlich der Donau (unser beigefügter Kartenausschnitt) betrachten, fällt auf, daß die Karte „gesüdet" war: Süden erscheint „oben" und Westen „rechts", genau im Gegensatz zu den heute üblichen „genordeten" Landkarten also. Die Donau mit Regensburg und Straubing ist demzufolge „oben" eingetragen. Der untere Teil unseres Ausschnitts zeigt dann das nordbayerisch-oberfränkische Gebiet. Bayreuth erscheint (leider nicht eindeutig lesbar, vermutlich wie bei „Nŭrenberg" = Nürnberg und „Tursenraŭt"=Tirschenreuth mit einem kleinen e über dem u) als „Pairaŭt". Weiterhin sind als Orte des heutigen Oberfrankens in alter Schreibweise zu finden: Bamberg, Berneck, Coburg, Forchheim, Gräfenberg, Hof, Hollfeld, Kronach, Kulmbach, Lichtenfels, Münchberg, Neustadt (am Kulm?), Staffelstein, Weismain, Weißenstadt und Wunsiedel. Vermissen wird man u. a. Creußen, Naila, Selb und Marktredwitz. Pegnitz erscheint nur als Flußname.

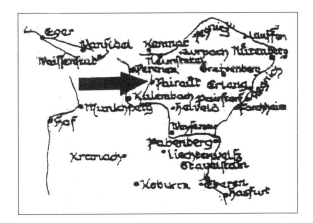

Ersterwähnung Bayreuths auf einer Landkarte 1421 (Der leicht retuschierte Ausschnitt aus der Klosterneuburger Fridericuskarte enthält in alter Schreibung mehrere Orte Oberfrankens und seiner unmittelbaren Nachbarschaft)

Die Klosterneuburger Kartographenschule wurde nach 1450 von Georg von Peuerbach weitergeführt. Dessen Schüler wurde Johannes Müller aus Königsberg in Unterfranken, der unter dem Namen Regiomontanus berühmt geworden ist und in Nürnberg eine ähnliche Schule gründete.

Mit einer 1492 einwandfrei datierten Nürnberger Umgebungskarte liegt uns dann erstmals eine Karte vor, die in einfacher Form Angaben über die politische Zugehörigkeit der enthaltenen Städte macht und neben Flüssen auch Hauptstraßen angibt. Sie gilt als Deutschlands älteste politische Landkarte. Den Entwurf schuf der Nürnberger Bürger Erhart Etzlaub, ein Zeitgenosse von Martin Behaim. Die Holzschnittplatten zur Vervielfältigung durch den Druck lieferte Georg Glockendon.

Etzlaubs Nürnberger Umgebungskarte enthält das Gebiet von Coburg bis zur Donau und von der Tauber bis zum Steigerwald, zeigt also Nordbayern und das östliche Franken. Wie alle Karten dieses Nürnberger Meisters ist sie „gesüdet". Eine vollständige Wiedergabe des Kartenblatts findet sich in Hans Vollets 1977 erschienenem „Abriß der Kartographie des Fürstentums Kulmbach-Bayreuth". Im Mittelpunkt einer Kreisfläche ist Nürnberg mit Stadtwappen und großer Schrift eingetragen. Ein beigefügter Buchstabe „r" weist auf die Reichsstadt hin. Bei Rothenburg und Dinkelsbühl finden wir den gleichen Hinweis. Kulmbach und Kadolzburg erscheinen mit einem „mg"-Zusatz: Damit sind sie als markgräfliche Residenzen ausgewiesen. Bamberg, mit „b" gekennzeichnet, wird für jedermann als Bistumssitz und bischöfliches Territorium erkennbar. Unter den übrigen eingetragenen Orten erscheinen ohne weitere Hervorhebung „Barreut" (Bayreuth), Pegnitz, Pottenstein, Hollfeld, Wunsiedel und Weißenstadt, nördlich von Nürnberg, Erlangen, Baiersdorf und Forchheim, während Fürth fehlt. Außer den Städten hat der Kartenzeichner auch Flüsse und einige Straßen aufgenommen. So kommt es, daß der Name Pegnitz zweimal, nämlich als Orts- und als Flußname, erscheint.

Die Nürnberger Umgebungskarte Etzlaubs ist der Vorläufer einer berühmt gewordenen Landkarte des gleichen Urhebers: Mit einer Wegkarte für die Rompilger hat er um 1500 eine Straßenkarte geschaffen, die seinen Ruhm begründete. Er wurde Arzt und Astronom an der Hohen Schule in Erfurt, beschloß aber sein Leben in Nürnberg als Lehrer der Schreib- und Rechenkunst.

Bayreuth unter Markgraf Kasimir

Mit dem Markgrafen Kasimir (1515–1527) regierte der letzte katholische Hohenzollernfürst in Franken. Als ältester Sohn Friedrichs kam er durch eiskalte Usurpation zur Nachfolge seines gesunden und durchaus regierungsfähigen Vaters, indem er diesen für geisteskrank erklärte, auf der Plassenburg gefangensetzte und zur Abdankung zwang. Versuchte er in kaiserlichen Diensten und als Krieger eine gute Figur zu machen, so blieb er als Landesherr hinter allen Vorstellungen vom guten Landesvater weit zurück. Seine zwiespältige, ja heimtückische Natur war geprägt von Berechnung, Rücksichtslosigkeit und Brutalität, die am deutlichsten in den verhängten Strafen für die im Bauernkrieg niedergeworfenen Bauern offen zutage trat: massenhaftes Augenausstechen, Abhacken von Gliedern und andere Verstümmelungen galten noch als die milderen Strafen. Die eigentlichen Hinrichtungsprozeduren waren finsterstes Mittelalter.

Als Vetter des Kardinals Albrecht von Mainz kam er dem Ablaßwesen Roms weit entgegen, als Wahlhelfer Kaiser Karls V. blieb er zeitlebens auf antireformatorischem Kurs. So kann es nicht verwundern, daß wir im Jahr von Luthers Thesenanschlag 1517 auch in Bayreuth Ablaßhändler finden. Tetzels Helfer und Kommissare des Bankhauses Fugger sammeln auch in Bayreuth Geld für den Bau des Peterdoms, wobei auch für die Bayreuther Kirche, gewissermaßen als „Saalmiete", einige Gulden abfallen.

In dieser Phase gibt es in der Stadt bereits viele reformatorisch gesinnte Menschen, allen voran der als Motor tätige, aus Hersbruck stammende Leonhard Schmalzing, der nach seinem Studium in Leipzig das Bayreuther Stadtschreiberamt von 1493 bis 1534 innehat. In einer Petition, die seine Handschrift trägt, bat der Bayreuther Stadtrat 1525 den Markgrafen, in Stadt und Land Reformen durchzuführen. Der Markgraf ging nicht darauf ein, ließ vielmehr zu, daß Schmalzings Sohn Georg, der wie sein Vater reformatorisch wirkte, verhaftet wurde und für drei Jahre ins bischöfliche Gefängnis nach Bamberg kam.

Bayreuth nach Einführung der Reformation (1528 – 1603)

Zur Finanzierung des Petersdoms ließ Papst Leo X. seit 1507 Ablaßbriefe verkaufen, die dem Erwerber den Nachlaß von zeitlichen Sündenstrafen versprachen. Die Handhabung des Ablaßhandels, vor allem die des Dominikaners Tetzel (Wenn das Geld im Kasten klingt, die Seele aus dem Fegfeuer springt), verschärfte in Deutschland die bereits vorhandene kritische Einstellung zum stark verweltlichten Papsttum der Renaissancezeit. Der Humanist Hieronymus Alexander, Rektor der Universität Paris, der 1516 in den Dienst der römischen Kurie trat und bald als Nuntius tätig wurde, schrieb über die deutschen Verhältnisse: „Viele, viele warten hier nur auf den richtigen Mann, um das Maul gegen Rom aufzutun." 1517 war dieser Mann plötzlich da: Martin Luther (1483 – 1546) mit seinen Thesen gegen den Ablaßhandel, die mit Windeseile im ganzen Land verbreitet wurden. „Was Luther aussprach, was er mit der unbändigen Kraft und dem politischen Instinkt des geborenen Umstürzlers formulierte, waren Dinge, die das deutsche Volk seit vielen Jahren bewegten, quälten...", so resümiert Helmut Diwald in seiner Lutherbiographie.

Weder der päpstliche Bann noch die ausgesprochene Reichsacht konnten Martin Luther zum Schweigen und zum Widerruf bringen. Seine neue Lehre wurde zwar nicht immer richtig verstanden, wie seine Schrift „Von der Freiheit eines Christenmenschen" im Bauernkrieg zeigte. Aber seine Forderungen und Gedanken beschäftigten viele Menschen. Auch Kaiser Karl V. mußte Zugeständnisse machen. Wollte man 1521 noch durch das Wormser Edikt Luthers Lehre in Bausch und Bogen verbieten, so bestimmte der Reichstag 1526, daß es hinsichtlich ebendieses Verbots bis zur Einberufung eines Konzils jeder Reichsstand halten solle, wie man es vor Gott und dem Kaiser verantworten könne. Zu diesem Zeitpunkt hatte das evangelische Lager begonnen, sich zu formieren. Der Kurfürst von Sachsen, Luthers Landesherr, hatte sich nicht nur schützend vor Luther gestellt, er führte auch Luthers Reformation in der kursächsischen Kirche ein. 1526 wurde auch Hessen evangelisch. Mehrere Reichsstädte folgten diesen Beispielen.

Im fränkischen Fürstentum Brandenburg-Ansbach-Kulmbach regierten seit 1515 die beiden Brüder Georg (in Ansbach) und Kasimir (in Kulmbach-Bayreuth). Als nach dem Tod Kasimirs Markgraf Georg, den die Geschichte „den Frommen" nennt, auch die Regierung im Oberland übernahm, suchte er eine Annäherung an die Reichsstadt Nürnberg, mit der man lange in Gebietsstreitigkeiten verwickelt war. Nach sächsischem Vorbild, das auf Luther selbst zurückging, begann man das Kirchenwesen neu zu ordnen. Am 11. Juni 1528 trafen sich nürnbergische und markgräfliche Abgeordnete in Schwabach. Das Ergebnis ihrer Beratungen war die gemeinsame Brandenburgisch-Nürnbergische Kirchenvisitation, mit der die Reformation offiziell in Nürnberg und dem fränkischen Hohenzollernland eingeführt wurde. Auch für die Stadt Bayreuth war damit entschieden, daß von nun an in allen Kirchen das Wort Gottes nach lutherischem Ritus verkündet wurde und für alle Untertanen als die einzige zugelassene Form eines religiösen Bekenntnisses gültig war. Der Augsburger Religionsfriede hat dies 1555 mit dem Grundsatz „Cuius regio, eius religio" (Wessen Land, dessen Glaube) bestätigt: Im Land eines lutherischen Landesherrn mußten alle „Landeskinder" den Glauben ihres Fürsten haben.

Mit der Lösung Luthers von Rom wurde in jedem evangelischen Fürstentum der Landesherr als „summus episcopus" (oberster Bischof) das kirchliche Oberhaupt, das nur lutherische Christen als seine Untertanen duldete. Das orthodoxe Luthertum bezog seine Pfarrer hauptsächlich aus Wittenberg, wohin man nun die zum Theologiestudium bestimmten Landeskinder schickte. Erst im 18. Jahrhundert kam mit der Aufklärung wieder mehr Toleranz gegenüber Andersgläubigen ins Land.

Bei unparteiischer Beurteilung wird man gegenüber der alten Kirche im lutherisch gewordenen Fürstentum Bayreuth positive und auch negative Veränderungen bemerken. Gottes Wort kam durch die deutsche Bibel den Menschen näher als vorher; der verheiratete Pfarrer mit Familie konnte Vorbildwirkung für die christlichen Mitbürger haben. Mit der Abschaffung des Heiligenkults wurde der Blick frei für das Wesentliche des christlichen Glaubens. Von Nachteil mußte freilich die Spaltung der Christen sein, wie sie nun in den deutschen Ländern sichtbar wurde. Unverständnis für die anderen Konfessionen mußte zu neuen Konflikten führen. Verloren gingen unersetzliche Kunstwerke, die bisher die alten Kirchen geschmückt hatten. Die farbenfrohe Buntheit der Festtage wie des Lebens überhaupt wich einer protestantischen Nüchternheit und Strenge. Die Gotteshäuser blieben noch für lange Zeit die alten. Aber die Kanzel hatte an Gewicht gewonnen. Der Priester war zum Prediger geworden.

Bayreuths Reformationsmarkgraf: Georg der Fromme (1527-1543)

Der 1484 in Ansbach geborene Georg übernahm 1527 nach dem Tod seines Bruders für dessen noch minderjährigen Sohn Albrecht die Regierung im Fürstentum Brandenburg-Kulmbach. Der Markgraf, der längere Zeit in Ungarn gelebt hatte und Besitz in Schlesien erwarb, nannte sich nach der Übernahme des Herzogtums Jägerndorf und weiterer schlesischer Herrschaften auch Herzog von Ratibor. Er sympathisierte schon früh mit der neuen Lehre und lernte Luther 1524 in Wittenberg persönlich kennen. Von 1523 bis an sein Lebensende stand er mit dem Reformator in brieflicher Verbindung. Luthers Rat war Georg immer wertvoll. Georg, der schon in seinen schlesischen Besitzungen die Reformation eingeführt hatte, zögerte nicht, dies auch im Markgraftum Brandenburg-Kulmbach zu tun, nachdem in Ansbach sein Kanzler bereits in dieser Richtung tätig war. Gemeinsam mit der Reichsstadt Nürnberg wurde in den Schwabacher Verhandlungen eine Regelung für den Übergang gesucht. Aber erst die Brandenburg-Nürnbergische Kirchenordnung führte 1533 zu einer dauerhaften Lösung. Schon 1529 gehörte Georg zu den Reichsfürsten, die auf dem Reichstag zu Speyer die gemeinsame „Protestation" unterzeichneten und sich zur Lehre Luthers bekannten. Vor Kaiser Karl V. erklärte der Markgraf, lieber wolle er niederknien und sich den Kopf abschlagen lassen, als Gott und sein Wort verleugnen und einer irrigen Lehre zustimmen. Der Kaiser soll ihm beschwichtigend geantwortet haben: „Löwer Fürst, nit Kopp ab!"

Obwohl nicht bekannt ist, ob Georg überhaupt einmal Bayreuth besuchte, wurde er mit seiner landesfürstlichen Entscheidung für Luther und gegen die altkirchliche Lehre auch für die Stadt Bayreuth und ihre Bevölkerung der bestimmende Wegweiser zu Beginn der Neuzeit, da ja der Landesherr allein die Religion seiner Untertanen bestimmen durfte. Obwohl er in seiner Jugend ein rechtes Renaissanceleben geführt hatte und ihm auch Zügellosigkeiten nachgesagt werden und obwohl er an der Absetzung seines Vaters mit beteiligt gewesen war, ist er in die Geschichte als „der Fromme" eingegangen. Ein mutiger Bekenner, wie man ihn nannte, ist er unbestritten gewesen. Er starb 1543 in Ansbach.

Das Schicksal des ersten Bayreuther evangelischen Pfarrers Georg Schmalzing (1491-1554)

Das Drängen des Volkes auf allgemeine Verbesserungen, der Wunsch nach einer verständlicheren Verkündigung des Wortes Gottes, aber auch die Unsicherheiten und Zufälligkeiten einer Übergangszeit spiegeln sich im ergreifenden Schicksal des Mannes, den man wohl nicht ganz zu Recht als „Bayreuther Reformator" bezeichnet hat. Daß Martin Luther der geniale Wortführer einer auch in Bayreuth vorherrschenden Stimmung und Überzeugung war, wird aber am Schicksal Schmalzings deutlich.

Der älteste Sohn des Stadtschreibers Leonhard Schmalzing war ein begabtes Kind. Ohne nachweisliche Schulbildung, sondern hauptsächlich durch häusliche Förderung und Selbstschulung wurde er schon mit 20 Jahren Schulmeister und Kantor in Bayreuth. 1515 soll er auch als Kaplan in der Stadtkirche ausgeholfen haben, 1517 wurde ihm die 14-Nothelfer-Messe übertragen. Dem Zug der Zeit entsprechend beschränkte er sich aber nicht allein auf das Messelesen. Seine Neigung zum Predigen wurde offenbar geduldet, seine Parteinahme für Luther entsprach der Haltung seines Elternhauses. Als Markgraf Kasimir durch eine „Interim" genannte Verordnung die Lehre Luthers im

Lande verbot, wurde Georg Schmalzing verhaftet. Er hatte inzwischen geheiratet.

Als Markgraf Georg die Regierung antrat, saß Schmalzing im bischöflichen Gefängnis zu Bamberg. Markgraf Georg und seine Frau versuchten, ihm seine Freiheit wieder zu verschaffen. Aber als der Markgraf einen Hauptmann mit einem persönlichen Bittschreiben zum Bischof schickte, wurde dieser überhaupt nicht vorgelassen. Erfolgreicher schien sein Vorstoß beim Domkapitel. Es legte sogar Fürbitte für Schmalzing ein, stieß aber auf die Ablehnung des Bischofs.

Schmalzing blieb auch in der Kerkerhaft lange seiner Überzeugung treu, obwohl man seinen Widerruf forderte. Er verfaßte hier als Bekenntnis seiner Glaubensstärke seine später in Zwickau gedruckte und in 12 Auflagen erschienene Psalmenübersetzung. Da er von den Veränderungen unter Markgraf Georg nichts erfuhr, erlag er aber nach dreijähriger Einkerkerung der Dialektik eines ihm akademisch überlegenen Inquisitors. Er durfte darauf nach Bayreuth zurückkehren. Schon nach kurzer Zeit ließ ihn aber der gleiche Hauptmann von Beulwitz, der ihn 1526 noch unter Markgraf Kasimir als Lutheranhänger dem Bischof ausgeliefert hatte, erneut verhaften und nun als Lutherverräter auf die Plassenburg bringen. In der dortigen Haft wurde er allerdings bald in einem Verhör vor einer theologischen Kommission voll rehabilitiert. Bei der Zusage, später im Fürstentum als evangelischer Geistlicher tätig zu sein, erhielt er ein Stipendium, das ihm ermöglichte, in Wittenberg sein Studium nachzuholen. Dort immatrikulierte er sich 1530 als „Georgius Schmaltzing de Barreit". Hier lernte er Luther und Melanchthon kennen, erlangte nach drei Semestern die Magisterwürde.

Nach Bayreuth zurückgekehrt, wurde er als Diakon und Stellvertreter des Stadtpredigers Schamel angestellt, seine weitere Laufbahn in der Heimatstadt schien gesichert. Als aber nach etwa einem Jahr Schmalzings Frau mit einem Adeligen, der als Günstling des erwähnten Hauptmanns von Beulwitz galt, in Streit geriet und diesen in aller Öffentlichkeit ungebührlich duzte, wurde sie vom Stadtvogt und Stadtrat zur Strafe des „Schmähsteintragens" verurteilt. Obwohl es Schmalzing auch in diesem Fall an Fürsprechern nicht fehlte, erschien er vielen nicht mehr tragbar. Er kündigte seinen kirchlichen Dienst, ob gänzlich freiwillig, sei dahingestellt. Die Stadt Kitzingen bot ihm sogleich die Stelle des Pfarrers an und holte, weil man seine Ablehnung befürchtete, auch noch Luthers Fürsprache ein. Bekannt ist Luthers Brief an den Kitzinger Stadtrat, dessen Kernsatz lautete: „Wie Euere Bitte gewesen ist, so habt ihr ihn, Euren Pfarrer Herrn Georg Schmalzing!" Der Bayreuther Lutherschüler starb 1554 als hochangesehener Geistlicher in Kitzingen.

Der Almosenkasten und die „Alte Kapelle"

Die Aufhebung der Klöster traf die Stadt Bayreuth nicht, da sie keines besaß. Das erst 1514 auf dem Oschenberg gegründete Franziskanerkloster St. Jobst wurde 1529 aufgelöst. Sein Bücherbestand kam ins Bayreuther Rathaus, blieb aber dort einfach gestapelt. Erst 1794 wurden diese Bücher der Universitätsbibliothek Erlangen übergeben.

Zu den erfreulichen Folgen der Reformation in Bayreuth gehörte eine neue, von vielen begrüßte Sozialhilfeeinrichtung: der Almosenkasten. Luther trat für soziale Fürsorge ein. Die Bettelei wollte er abgeschafft wissen. Allen wirklich Bedürftigen sollte durch öffentliche Altenpflege geholfen werden. So entstanden auf seinen Ruf 1522 in Wittenberg, dann auch in Nürnberg, Augsburg und anderen Städten die sog. Almosenkästen. 1525 errichtete der Bürger Ulrich Schneidenwind einen solchen auch in Bayreuth. Der Almosenkasten war eine städtische Einrichtung, die wie das Spital über einen eigenen Geldfonds und über Grundbesitz verfügte. Sein Vorsteher und sein Rechnungsführer wurden von der Stadt eingesetzt und unterlagen der Aufsicht durch Bürgermeister und Rat. Untergebracht wurde er in einem Gebäude, das an der Stelle des heutigen Obeliskenbrunnens bei der Stadtkirche 1508 als „Beinhaus" zur Aufbewahrung von Totengebeinen errichtet worden war. Im Obergeschoß befand sich eine Kapelle mit zwei Altären. Der eine war den 14 Nothelfern, der andere der heiligen Helena geweiht. Nach der Reformation wurde die „Alte Kapelle", wie sie noch lange bezeichnet wurde, in einen Betsaal umgewandelt. Im oberen Teil des Hauses bewahrte man fortan die als Naturalleistung gereichten Almosen auf, bevor sie an Arme und berechtigte Pfründner verteilt wurden. Kurz vor Errichtung des 1789 neugeschaffenen Brunnens wurde das alte Gebäude abgerissen.

*Unfrieden und Elend unter
Markgraf Albrecht Alcibiades (1541 - 1553)*

Als Albrecht, der Sohn des 1527 verstorbenen Markgrafen Kasimir, volljährig wurde, forderte er von seinem Onkel Georg dem Frommen die Landesteilung und Übergabe seines väterlichen Erbes. 1541 konnte der 19jährige mit Zustimmung des Regensburger Reichstags die Herrschaft im Oberland antreten. Seine Regierungszeit brachte diesem Gebiet neue Unsicherheit und Not. Da sich der junge Fürst als „gut katholisch" bezeichnete, geriet die neugeschaffene lutherische Landeskirche in Gefahr, wieder durch die altkirchlichen Formen abgelöst zu werden. Freilich stellte sich bald heraus, daß der junge Landesherr keineswegs ein religiöser Fanatiker, sondern ein in Glaubensangelegenheiten indifferenter Typ war. Deutlicher trat hingegen schon bald hervor, daß er gemäß seinem Wahlspruch „Viel Feind, viel Ehr" als kriegführender Condottiere zu Macht und Ansehen gelangen wollte, ohne dabei viel nach Parteien und Konfessionen zu fragen. Wiederholt zeigte er sich gut kaiserlich, bald darauf aber auch als Gegner. Wegen seines mehrfachen politischen Stellungswechsels hat man den ehrgeizigen und begabten, jedoch charakterlich ungefestigten Hohenzollern mit dem Athener Alkibiades verglichen und ihm dessen Namen als Beinamen hinzugefügt.

Für Bayreuth schien der Regierungsantritt Albrechts durchaus günstige Prognosen zu eröffnen. Der fürstliche Jüngling zog schon am 10. Oktober 1541 mit Gefolge in der Stadt ein, um sich huldigen zu lassen. Es sah ganz danach aus, als würde Albrecht sogar mehr Interesse für Bayreuth zeigen als sein Onkel, von dem keine engeren Beziehungen zur Stadt am Roten Main bekannt sind. Albrecht Alcibiades, der anfänglich Neustadt an der Aisch zu seiner Residenz machte, ließ 1542 die Hofkanzlei von der Plassenburg nach Bayreuth verlegen und in der Nähe des Schlosses unterbringen. Eine Verlegung der Residenz nach Bayreuth schien sich anzubahnen, wurde allerdings infolge der häufigen Abwesenheit des Fürsten nicht weiter verfolgt.

Schon im ersten Jahr seiner Regierung hatte Albrecht in Bayreuth und anderwärts die wehrhafte Mannschaft mustern lassen. Inwieweit er im bald darauf begonnenen Schmalkaldischen Krieg und später im sog. Markgräflerkrieg auch Bayreuther für sich beanspruchte, ist im einzelnen nicht bekannt. Überliefert ist aber, daß er Geld von der Stadt verlangte und dem Rat auch einen „Schadlosbrief" ausstellte, eine Art fürstliche Garantie. Was sein Schuldschein wert war, sollten die Bayreuther noch merken: Er wurde nie durch eine Rückzahlung eingelöst. 1548 ließ Albrecht im Lande offiziell das „Augsburger Interim" einführen, eine unbefriedigende Zwischenlösung, die den Protestanten den Laienkelch und die Priesterehe zugestand, aber ansonsten wieder altkirchliche Gottesdienstformen aufnahm. Die evangelischen Geistlichen widersetzten sich zwar der fürstlichen Weisung, der Bayreuther Stadtpfarrer Prückner glaubte indes, dem Interim entsprechend verfahren zu müssen. Als er aber einen Gottesdienst in der Stadtkirche nach alter Liturgie begann, verließ die Gemeinde geschlossen die Kirche. Von da an wurden, soweit sich erkennen läßt, keine Versuche mehr gemacht, die Form des lutherischen Gottesdienstes rückgängig zu machen.

Albrecht Alcibiades trat nur noch kurz ins Rampenlicht der großen Geschichte: Im Reichsfürstenaufstand auf seiten Moritz von Sachsens kämpfend, setzte er nach dem Passauer Vertrag eigenwillig die Kämpfe fort und wurde zum Reichsfriedensbrecher, über den man die Reichsacht verhängte. Der Reichsexekution verfallen, mußte der Geächtete, der eine Zeitlang den süddeutschen Bistümern und Reichsstädten Angst eingejagt hatte, hinnehmen, daß sein eigenes Land von den Verbündeten angegriffen und mit Krieg überzogen wurde. Unter Graf Heinrich Reuß von Plauen kam es 1553 auch zur Belagerung Bayreuths, das zwar in gutem Verteidigungszustand war, aber von einem Häuflein meuternder Landsknechte nur schlecht verteidigt wurde. Die Besatzung soll ihren eigenen Hauptmann im Brauhaus beim Schloß in Ketten gefangengehalten haben. Ein vorübergehender Abzug der Belagerer bringt keine Befreiung. Auch die Zerstörung der Vororte, die man dem Feind nicht als Stützpunkte überlassen will, kann den Fall und die Einnahme der Stadt nicht verhindern.

Albrecht versuchte vergeblich, seiner Feinde Herr zu werden. Während er außer Landes weilte, kapitulierte im Juni 1554 die Plassenburg. Sie wurde am 21. Oktober angezündet und ein Raub der Flammen. Die mit der Durchführung der Reichsexekution beauftragten Bundesstände (Bamberg, Nürnberg und Graf Reuß von Plauen) besetzten das ganze Fürstentum. Graf Reuß wurde der „Militärgouverneur" für die Städte Bayreuth, Hof und Wunsiedel. Plünderungen wurden geduldet, hohe Kontributionen den Besiegten auferlegt. Besonders hart getroffen wurden die Tuchmacher, denen man Wolle und Ware wegnahm. Der geächtete Markgraf, der zuerst nach Frankreich floh, bis er bei seinem Schwager, dem Markgrafen von Baden, Asyl fand, erlitt einen schweren körperlichen Zusammenbruch und wurde völlig gelähmt. Er starb am 8. Januar 1557 in Pforzheim, wo er auch beigesetzt wurde.

Albrechts Feinde atmeten auf. In Nürnberg verfaßte Hans Sachs ein Traumgedicht, das er ironisch als Himmelfahrt des Markgrafen Albrecht bezeichnete, in dem er aber Albrechts Fahrt in die Hölle beschrieb. Bezeichnenderweise blieb es ungedruckt, vermutlich um nicht den Markgräflern neuen Zündstoff zu liefern. In Bayreuth hatte man allerdings nach Albrechts Flucht und Tod andere Sorgen, als erneut zum Kampf gegen die Nachbarn aufzurufen. Die jungen Grafen Reuß, die nach dem Tod ihres Vaters die Besatzung anführten, zeigten die gleiche Härte gegenüber den Einwohnern der eingenommenen Städte. Auch der Wechsel an einen nürnbergischen Hauptmann als Kommandanten wirkte sich nicht mildernd aus. Nach Albrechts Tod wurde das Land unter kaiserliche Sequester gestellt. Graf Joachim Schlick, ein Böhme, wirkte als kaiserlicher Kommissär. Der rasche Wechsel der Machthaber und die erlittenen Schäden, Not und Unsicherheit ließen auch die Stadt Bayreuth und ihre Menschen nicht zur Ruhe kommen. Erst die Freigabe von Stadt und Land an den rechtmäßigen Fürsten, den Sohn Georgs des Frommen, sollte die Lage wieder zum Besseren wenden.

Martin Luther und Bayreuth

Luther ist, soweit wir unterrichtet sind, in seinem Leben nie nach Bayreuth gekommen. Dennoch gibt es eine unmittelbare Verbindung des Reformators hierher, die eine traditionsreiche Beziehung der kleinen Markgrafenstadt nach Wittenberg mitbegründen half: Luther setzte sich selbst in einem Schreiben vom 15. September 1545 für den aus Bayreuth stammenden Lorenz Stengel ein, damit dieser in Wittenberg studieren konnte. Der leider nicht mehr im Original erhaltene, aber im genauen Wortlaut überlieferte Brief war an Amtmann und Rat der Stadt Bayreuth gerichtet und erbat von diesen eine Finanzierungshilfe für Stengels Studium. Stengel war wegen Erfrierungen an den Händen körperlich behindert und anscheinend für ein Handwerk untauglich, durfte aber mit einer Unterstützung aus seiner Heimatstadt rechnen und hat wahrscheinlich „sein vermacht Geld" auch erhalten, nachdem Luther ihn für den kirchlichen Dienst befähigt erklärte und die zweckentsprechende Verwendung der Geldmittel zusicherte. Luthers Vermittlung scheint erfolgreich gewesen zu sein: Lorenz Stengel kehrte nach seinem Wittenberger Studium nach Bayreuth zurück, wo er im Schuldienst tätig war. Er wird sowohl als deutscher Schulmeister wie auch als Rektor der Lateinschule genannt.

Das Bayreuther Schulwesen nach der Reformation

1524 hatte Martin Luther mit seinem Brief „An die Ratsherren aller Städte" versucht, das Schulwesen mit Hilfe der verantwortlichen Bürger der Städte zu erneuern. Mit der Forderung „Der weltliche Stand braucht Schulen, die Bürger und Beamte bilden" trat er dafür ein, allen Bevölkerungsschichten die Möglichkeit zu bieten, ihre Kinder, sowohl Knaben als auch Mädchen, in einer Elementarschule im Lesen, Schreiben und Rechnen unterrichten zu lassen. Zur Unterscheidung von den „Lateinschulen" wurden die neuen Elementarschulen „Deutsche Schulen" genannt. Mit den vermittelten Grundkenntnissen konnte der Schulabgänger in allen Berufen vorankommen, er konnte aber auch selbst die Bibel auf deutsch lesen. Obwohl es noch keine Schulpflicht gab, schickten bald immer mehr Bürger ihre Kinder zum Deutschen Schulmeister. Ein städtisches Schulgebäude wurde aber für diese erste Grundschule noch nicht errichtet. Es waren Stadt- oder Bürgerhäuser, in denen zunächst eine „Schulstube" eingerichtet wurde. Hier hatte der Schulmeister in der Regel freie Wohnung, sonst aber nur eine kärgliche Besoldung in Form von etwas Bargeld und Naturalien.

Die erste *Deutsche Schule* läßt sich in Bayreuth für die Zeit von 1529 bis 1571 im Haus der 1449 gestifteten 12-Apostel-Messe nachweisen. Das war ein altes Stadtgut neben dem Plassenberger Burggut (heute Sophienstr. 22). 1571 wurde die Deutsche Schule bei der neuerrichteten Lateinschule am Kirchplatz untergebracht, nach dem 30jährigen Krieg bis 1657 in der Brautgasse. Von hier kam sie ins Haus Sophienstr. 7, wo sie bis zum Anfang des 19. Jahrhunderts verblieb. Als „Schulmeister" werden genannt: 1547 Friedrich Apel, 1557–64 Johann Hübner. Thomas von Hall war im Haus der 12-Apostel-Messe 1558 der erste als „Deutscher Schulmeister" verzeichnete Grundschullehrer der Stadt. Auf ihn folgten Georg Unmüßig (1567) und Magister Trautner (1575). 1584 lehrte Magister Matthäus Gambling Bayreuther Knaben und Mädchen getrennt in „zwei Stüblein" Lesen und Schreiben. Eine in Wunsiedel überlieferte „Maidleinschule" mit eigener „Schulmeisterin" hat es in Bayreuth nicht gegeben.

Die *Lateinische Stadtschule*, die bis in die Zeit vor 1430 zurückreicht und vermutlich seit ihrer Gründung im Eckhaus am Kirchplatz zur Brautgasse eingerichtet war, erhielt 1571 einen erweiterten Neubau. Ursprünglich standen auf dem Areal, welches heute das für das Stadtmuseum bestimmte, bis 1985 als Feuerwehrhaus benutzte Gebäude trägt, sieben kleine Häuser. Es muß hier darauf verzichtet werden, die verwickelte Bau- und Hausgeschichte des ganzen Komplexes nachzuzeichnen. Das herausragende Ereignis aber wird für jedermann sichtbar durch die älteste der angebrachten Inschriften festgehalten: A(nno) DO(mini) MDLXXI M. IUN. HAEC SCHOLA AEDIFICARI COEPIT (Im Jahre des Herrn 1571 wurde im Monat Juni mit dem Bau dieser Schule begonnen). Für das Mauerwerk lieferte der Geigenreuther Bruch die Quadersteine. Es wurde aber auch Altenstädter Abbruchmaterial verwendet, die Simssteine kamen vom „äußeren Spitalbruch". Die Bauleitung hatte der Bayreuther Maurermeister und Ratsherr Hans Steinhauser. Die Zimmererarbeiten führte Jobst Andreas aus.

In der Inschrift erwähnt wird die Freigebigkeit des Markgrafen Georg Friedrich und seines Amtmanns Johann Christoph von Wallenrode. Auch eine allseitige Beisteuer der Bürgerschaft blieb nicht ungenannt. Als erster Direktor und „Magister ludi" amtierte im neuen Schulgebäude Magister Conrad Trautner. Die Inschrift nennt außerdem für 1571 als Pfarrer Justus Bloch, als Bürgermeister Ulrich Ditz und als Hausverwalter Sebastian von der Grün. Die kirchliche Oberaufsicht hatte der evangelische Superintendent (Dekan). Neu war, daß die Planstellen für die Lehrkräfte nicht mehr vom Rat, sondern vom Markgrafen selbst oder seinen Räten besetzt wurden. Daran läßt sich eine Aufwertung des Lehramtes erkennen. Der Markgraf setzte für das Bildungswesen seines Landes darüber hinaus neue Zeichen: Der Grundsatz, daß nicht Geburt, sondern Leistung über den beruflichen Werdegang der Landeskinder entscheiden sollte, führte zu einer tatkräftigen Förderung der Begabten, die in Form des damals ins Leben gerufenen „Heilsbronner Stipendiums" noch heute besteht.

Die Entstehung des Stadtfriedhofes

Altenstädter und Bayreuther hatten noch in den ersten beiden Jahrzehnten nach Einführung der Reformation als gemeinsamen Friedhof den zur Altenstadt gehörenden „Gottesacker", der zwar auch schon an der heutigen Erlanger Straße, aber etwas weiter westlich, näher zur Nikolauskirche hin, lag. Alle Bayreuther wurden hier beerdigt, sofern sie nicht gegen Gebühr ein Sonderbegräbnis in oder bei einer der Kirchen erhielten. 1536 ist noch ein in der Altenstadt wohnender „Totenfuhrmann" in den Bayreuther Gotteshausrechnungen erwähnt.

1544 beschlossen Bürgermeister und Rat die Anlage eines neuen Gottesackers mehr „hereinwärts" zur Stadt. In ihrem Antrag an die Regierung schrieben sie: „Nachdem wir bisher unseren Gottesacker von Bayreuth aus gen der Altenstadt gehabt und die Entschlafenen von fern, auf schlechten Wegen auf einem Karren in einer Truhe hinaus führen haben lassen müssen, haben wir mit Willen und Wissen des Amtmanns Wolf Christoph von Redwitz, des Kastners und Vogts zu Bayreuth, uns entschlossen, einen Gottesacker etwas näher zuzurichten..."

Der Plan konnte umgehend verwirklicht werden: Am 3. November 1545 wurde Anna Leutoldin als erste im neuen Gottesacker gegenüber dem Siechhaus begraben. Von dieser Zeit an wurde der Altenstädter als „äußerer" vom Bayreuther „inneren Gottesacker" unterschieden. Der alte Friedhof bestand weiter, seine Mauer wurde noch 1572 ausgebessert, obwohl beide Friedhöfe offenbar aneinandergrenzten. Die Trennmauer wurde 1624 von Maurermeister Hans Frank abgetragen. Von diesem Jahr an erscheint in allen Bayreuther Schriftstücken nur noch ein einziger Bayreuther Gottesacker: der heutige Stadtfriedhof.

Bayreuth unter Markgraf Georg Friedrich

Am 27. März 1557 konnte Georg Friedrich (1539 – 1603), der 18jährige Sohn Georgs des Frommen, die Stadt als obergebirgische Residenz in Besitz nehmen. Er zog mit einem Gefolge und hundert Pferden in Bayreuth ein, begleitet von seinem Ansbacher Statthalter Hans Wolf von Knöringen und anderen Würdenträgern. Der obergebirgische Landschreiber Pankraz Salzmann und die Beamten der alten Kanzlei wurden in ihren Ämtern bestätigt. Die Stelle des Hauptmanns auf dem Gebirg erhielt Wolf von Schaumberg auf Emtmannsberg, der bis zu seinem Tod 1562 in Abwesenheit des Fürsten obergebirgischer Provinzialstatthalter war. Auf ihn folgte Hans Friedrich von Künsberg.

Markgraf Georg Friedrich (1539 – 1603)

Die Verwaltung des Fürstentums organisierte Georg Friedrich völlig neu. Dazu kam auch eine Neuordnung des Kirchenwesens. Die Pfarreien wurden nun in Superintendenturen (Dekanaten) zusammengefaßt. Höchster Geistlicher des Fürstentums war ein Generalsuperintendent, oberster Bischof aber der Landesherr. Bayreuth war seit 1558 Sitz einer Superintendentur. Sie war verbunden mit der 1. Pfarrstelle der Stadtkirche Maria Magdalena. Der erste Superintendent, Justus Bloch, wirkte von 1561 bis 1586. Als kirchliche Oberbehörde wurde das Konsistorium geschaffen. Die Kanzlei des Fürstentums blieb bis 1563 in Bayreuth, kehrte dann aber nach Kulmbach zurück.

In sichtlichem Gegensatz zum friedlichen Neuaufbau von Stadt und Land steht Intoleranz gegenüber Nichtchristen. Auch Hexenwahn und Aberglaube trieben noch traurige Blüten: 1558 wurde ein Schäfer von Mosing verbrannt. Anna Brendel, der man Zauberei vorwarf, kam 1560 auf den Scheiterhaufen, ebenso 1563 Margareta Schmied(in).

Das baufällige Schloß ließ der Markgraf mit einem Kostenaufwand von 32 000 Gulden erneuern. 1564 wird von Caspar Vischer, dem Wiedererbauer der Plassenburg, auch der Bayreuther Schloßturm genannt. Sein Schwiegersohn Georg Matthes aus Freiberg in Sachsen erbaut den achteckigen Turm, der zu Bayreuths Wahrzeichen wird.

Mit seiner ersten Gemahlin Elisabeth, einer Prinzessin von Brandenburg-Küstrin, war der Landesherr am 27. Juni 1565 in Bayreuth. Nach deren Tod heiratete er Sophie von Braunschweig-Lüneburg 1579. Ihr überließ er am 6. 4. 1580 Schloß, Stadt und Amt Bayreuth als Wittum. Sie wohnte aber nach Georg Friedrichs Tod zunächst in Ansbach, ab 1632 in Nürnberg und wurde 1639 in der Lorenzkirche beigesetzt, wo ihr Grabmonument noch erhalten ist.

Zur Versorgung der Stadt mit Wasser, Holz und Grundnahrungsmitteln

1585 erteilte Markgraf Georg Friedrich Bayreuth die Erlaubnis, im Osten der Stadt am Main einen Flößweiher anzulegen und ein Flößhäuschen zu errichten. Mit dieser Urkunde besitzen wir einen datierten Beleg für die Entstehung des Flößangers, dessen Name noch

1966 eine Behelfsheimsiedlung an der Äußeren Badstraße führte. Stadtschreiber Hans Wolf Heller erinnerte in seiner um 1600 verfaßten Stadtchronik daran, daß „der neuen Stadt Aufnehmen und daran gelegte Landstraß samt der Flöß aus dem Fichtelberg" Anlaß für die Anlage der neuen Stadt überhaupt gewesen sei. Es ist daher anzunehmen, daß die Holzversorgung über die Steinach bis in die Stadtgründungszeit zurückgeht, mit Sicherheit aber schon vor dem Hussiteneinfall eine Rolle spielte. Am Hang des Ochsenkopfes gab es in früheren Jahrhunderten mehrere Flößweiher, in denen man Flößholz sammelte, um es auf dem Wasserweg nach Bayreuth zu schicken. Der kleine Badeweiher bei Fleckl, der früher Neuweiher hieß, gilt als der letzte noch existierende Flößweiher dieses Flößereisystems.

Wenn auch die Flößerei seit langem eingestellt ist, besitzt der Wasserweg der Steinach für die Stadt Bayreuth bis heute große Bedeutung: Vom „Bayreuther Wassersammler" oberhalb von Warmensteinach aus versorgt seit 1909 die 27 km lange Fichtelgebirgswasserleitung über den Hochbehälter auf der Hohen Warte die Stadt Bayreuth mit Wasser. Erst nach dem 2. Weltkrieg mußte man infolge der stark angestiegenen Bevölkerungszahl neue Versorgungsmöglichkeiten einbeziehen. Die Versorgung der Einwohner mit Wasser, Holz und den Grundnahrungsmitteln, eine Voraussetzung für das Leben überhaupt, spielte zu allen Zeiten eine wichtige Rolle. Sie kann aber hier nur im Überblick kurz aufgezeigt und angesprochen werden. Über die Jahrhunderte hinweg gab es wohl Verbesserungen und Erweiterungen, im großen und ganzen bestanden aber die alten Gegebenheiten bis zur Industrialisierung im 19. Jahrhundert.

Die erste Wasserleitung erhielt die Stadt von einem der ersten Markgrafen, der das Wasser von einem Brunnen bei den Quellhöfen zum Fronhof und von dort in den Innenhof des Alten Schlosses führen ließ, wo es den dortigen Brunnen speiste. 1577 wurde diese Wasserleitung von der Stadt erworben. Die zweite Wasserleitung kam vom Rodersberg. Sie lieferte ebenfalls Wasser für das Schloß, versorgte aber auch einen Brunnen vor dem Oberen Tor. Neben den öffentlichen Brunnen, die meistens Ziehbrunnen ohne besonderen Schmuck waren, gab es auch viele private Brunnen. Häuser mit eigenem Brunnen galten bereits als komfortabel. Der älteste öffentliche Brunnen am Marktplatz war der heutige Herkulesbrunnen. Über die städtischen Brunnen hatte ein Brunnenmeister die Aufsicht.

Eine Wasserleitung besonderer Art, die auch noch bis ins späte Mittelalter zurückgeht, war der Tappert. Er wurde von einem natürlichen Bach gespeist, der aus einigen Quellbächen von Unternschreez und Bauerngrün gebildet wird und über Fürsetz, Oberkonnersreuth zur Dürschnitz fließt. Im Stadtbereich wurde er abgeleitet und mit seiner Hauptader über den Rennweg und über den Markt geführt, den er beim Mühltürlein verließ, um von dort aus in den Roten Main einzumünden. Der Tappert, der noch verzweigte Nebenarme in der Innenstadt besaß, diente zur Versorgung mit Löschwasser im Falle eines ausbrechenden Brandes und zugleich als Abwasserleitung, die man mit einer Bohlenabdeckung sicherte. Noch auf Marktplatzbildern des 19. Jahrhunderts ist der abgedeckte Tappert deutlich zu erkennen. Zur Kontrolle des städtischen Tappert war ein eigener Wärter aufgestellt, der die Hohlmühle bei Oberkonnersreuth bewohnte.

Am natürlich die Stadt umfließenden, noch nicht begradigten und regulierten Roten Main, auch am Mistelbach lagen die Mühlen des alten Stadtgebiets, von denen die meisten auch bereits im 14./15. Jahrhundert genannt werden. Sie wechselten oft mit dem Besitzer den Namen, kommen auch in recht unterschiedlicher Schreibweise in alten Schriftstücken vor. Die älteste war wohl die Pleitnermühle an der Stelle des alten Schlachthofes bei der Rotmainhalle. Sie war auch die größte Mühle, wird schon 1398 als „Pleydenmühle" erwähnt und war bis 1877 in Betrieb. Daß der Rote Main noch zu Beginn unseres Jahrhunderts in einem Bogen zur Unteren Au floß, ist bereits weitgehend aus dem Bewußtsein der Bayreuther verschwunden. Der Straßenname „Am Mühltürlein" erinnert aber noch an das Bauwerk dieses Namens und zugleich an die alte Mühle, die man von hier aus erreichte.

Die mainabwärts gelegene Herzogmühle wird erst 1698 genannt und bestand bis 1901. Mehrere alte Mühlen befanden sich im Mainabschnitt an der Badstraße und Münzgasse: die Münz- oder Herrenmühle, 1402 erstmals genannt, etwa am Anfang der Wölfelstraße gelegen, mußte 1903 den „Wölfelsneubauten" weichen. In der Münzgasse gab es weiterhin die schon 1421 erwähnte Fuchs-, Braun- oder Specknermühle und die

1495 ersterwähnte Krazer-, Waas- oder Urbanmühle, in der Badstraße die Lohmühle (1448 bis 1920), der im 18. Jahrhundert eine Schleif- und Poliermühle gegenüberlag. Unter dem Namen Zetzner-, Grüner- und Bubsche Mühle erscheint die in der Münzgasse (Nr. 11) 1447 erwähnte sog. Mittelmühle, die bis 1906 arbeitete. Ein alter Hausstein mit dem Stadtwappen und der Jahreszahl 1570 verweist mit den Initialen P. Z. auf den damaligen Besitzer Zetzner. Die heute meist noch als Prellmühle bekannte Anlage in der Äußeren Badstraße 9 wurde 1696 nach ihrem Erstbesitzer Dellermühle genannt.

Neben diesen Mainmühlen sind noch zwei mit Mistelbachwasser betriebene Mühlen zu erwähnen: die sog. Obere Mühle im Stadtteil Kreuz (99 Gärten 1), die schon im 15. Jahrhundert nachgewiesen ist und als Steinmühle bis 1955 in Betrieb war, und die Spiegel- oder Spitalmühle, die auch als Heilig-Kreuz-Mühle und Schaubmühle bezeichnet wurde, schon 1398 belegt ist und 1943 endgültig ihren Betrieb einstellte.

Die Anfänge der Residenzzeit (1603 – 1655)

Das Jahr 1603 ist kein Epochenjahr der Weltgeschichte. Im Heiligen Römischen Reich regiert Kaiser Rudolf II. (1576 – 1612), der von Wien aus den deutschen Katholizismus repräsentiert. Auch in Spanien herrscht unangefochten der alte Glaube. In Frankreich regiert Heinrich IV. (1589 – 1610), der mit dem 1598 erlassenen Edikt von Nantes den Reformierten Glaubensfreiheit garantiert. Trotz des Augsburger Religionsfriedens in Deutschland wird immer wieder deutlich, daß der Streit zwischen den Konfessionen noch nicht entschieden oder beigelegt ist.

In England vollzieht sich 1603 ein Machtwechsel von großer Tragweite: Auf die protestantische Königin Elisabeth I. folgt der Sohn ihrer erbitterten Feindin Maria Stuart, so, als wäre es eine späte Rache der Hingerichteten. Das Wechselspiel der Politik durchschaut aus poetischer Sicht niemand besser als der große Zeitgenosse Shakespeare (1564 – 1616), der im gleichen Jahr sein Werk „Ende gut, alles gut" herausbringt und am „Othello" arbeitet.

In dieser Phase der ausklingenden Renaissance wird Bayreuth Aktionsort der Geschichte, zwar nur ein kleiner, aber doch ein in den nächsten zwei Jahrhunderten immer häufiger genannter: Es wird Residenz.

Residenzstadt sein bedeutet Identifikation mit dem jeweiligen Landesherrn und seiner Dynastie, im Falle der Stadt Bayreuth mit den Hohenzollern und den regierenden Markgrafen der jüngeren Linie in Franken. Mit dem Regierungsantritt zweier Söhne des Kurfürsten von Brandenburg in Ansbach und Kulmbach-Bayreuth begann in der deutschen Geschichte sichtbar eine Umkehr in der Richtung des politischen Agierens.

Waren 1415 die fränkischen Hohenzollern und mit ihnen viele Franken nach Norden gezogen, um im alten Kolonisationsgebiet die Machtstellung ihrer Dynastie auszubauen, so trat nun eine Wirkung in Nord-Süd-Richtung ein. Der mächtige Norden brachte dem alten Stammland im Süden eine Blutsauffrischung, die mit stärkerer Verpflichtung gegenüber dem ranghöheren Chef des Fürstenhauses verbunden war.

Regierungsantritt Christians 1603

Mit Markgraf Christian (1603 – 1655) kam im Fürstentum Brandenburg-Kulmbach die jüngere Linie der Hohenzollern zur Regierung, die der kurfürstlichen Linie entstammte. Christian, 1581 in Cölln an der Spree (Berlin) geboren, war der Sohn des Kurfürsten Johann Georg von Brandenburg und Bruder von Joachim Ernst, der gleichzeitig mit ihm in Ansbach zur Regierung kam. Beide waren Urururenkel des Kurfürsten und Markgrafen Albrecht Achilles, der im 15. Jahrhundert noch in beiden Fürstentümern regiert hatte und zuletzt auch noch Kurfürst und Markgraf von Brandenburg wurde, also den gesamten fränkischen und märkischen Besitz der Hohenzollern in seiner Person vereinigt hatte. Christian war 22 Jahre alt, als er Landesherr des Fürstentums Brandenburg-Kulmbach wurde. Er hatte als 17jähriger die Universität Frankfurt an der Oder besucht und bereits einige Auslandsreisen hinter sich. Mit seinem Bruder nahm er nach dem Tod des Markgrafen Georg Friedrich an den Beisetzungsfeierlichkeiten in Ansbach teil. Danach begab er sich in sein neues Fürstentum.

Am 4. Juli 1603 traf er mit seinem Gefolge, von Erlangen her kommend, in Bayreuth ein. „Draußen im weiten Feld auf der Hohen Straße" erwartete ihn eine städtische Abordnung mit Bürgermeister und Rat. Stadtschreiber Heller hielt eine Begrüßungsrede und wünschte „glückselige Wohlfahrt". Christian bezog zwar anschließend zunächst die Plassenburg, feierte in Kulmbach auch seine Hochzeit am 29. April 1604 mit Maria, einer Tochter des Herzogs Albrecht Friedrich von Preußen, hat aber sehr bald den Entschluß gefaßt, seine Residenz nach Bayreuth zu verlegen.

Bayreuth soll Residenzstadt werden

Was letztlich ausschlaggebend war, die Residenz zu wechseln, ist nicht bekannt. Es scheinen sich aber dem Strom der Zeit entsprechende allgemeine Überlegungen mit rein persönlichen verbunden zu haben.

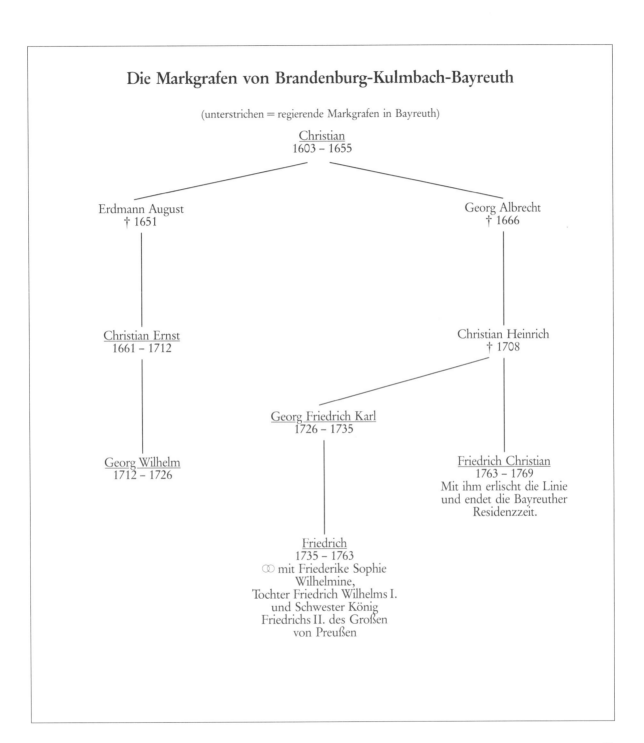

Obwohl die Plassenburg beim Regierungsantritt Christians wieder voll erstanden und um den „Schönen Hof" bereichert worden war, wurde es längst üblich, besser und bequemer in einer Schloßresidenz im Tal hofzuhalten, wo mit dem Schloß auch Parkanlagen und Zubehörbauten nach Belieben errichtet werden konnten. Nach fast einem halben Jahrhundert friedlicher Regierung unter dem Vorgänger war auch die Furcht vor erneut ausbrechenden kriegerischen Auseinandersetzungen gerade zu Beginn des Jahrhunderts ziemlich gesunken.

Eine nicht unbedeutende Rolle bei Christians Entscheidung hat vermutlich auch der Einfluß seines Kanzlers gespielt. Als er im Herbst 1603 seinem aus der Mark mitgebrachten Vertrauten Friedrich Hilderich von Varell das Schloßgut Altentrebgast übertrug und ihn zum obersten Beamten des Fürstentums machte, war wohl auch schon der Gedanke gereift, das Schloß in Bayreuth zum Residenzschloß auszubauen. Ob auch die junge Markgräfin die Entscheidung für Bayreuth beeinflußte, wissen wir nicht. Da aber beide fürstlichen Ehepartner aus dem flacheren deutschen Norden ins hügelige Ostfranken kamen, lag ihnen wohl der weite Talkessel Bayreuths dem Wesen nach näher als der Burgberg ob Kulmbach. Zudem spricht es für den Unternehmungsgeist des jungen Markgrafen, lieber einer weniger bekannten kleinen Stadt sein persönliches Gepräge zu geben, als „im Schatten" der Vorgänger ohne spürbare Entfaltungsmöglichkeiten leben zu müssen. Daß Christian deswegen Kulmbach und die Plassenburg nicht vernachlässigte, zeigen seine dortigen Bauten. Er ahnte auch bei seinem Regierungsantritt noch nicht, daß er noch viele Jahre mit der Plassenburg vorliebnehmen sollte.

Bedenken der Bürgerschaft gegen Christians Residenzplan halfen wenig, er setzte beharrlich seinen einmal gefaßten Entschluß durch. Bayreuths Bürger erkannten zwar durchaus, daß mit der Erhebung der Stadt in die Reihe der Residenzstädte Deutschlands das Ansehen des Orts und der Bekanntheitsgrad des Stadtnamens sich heben würden. Auch waren einige Vorteile aus der Hauptstadteigenschaft nicht zu übersehen. Man fühlte sich allerdings nicht genügend gerüstet und sah sich der neuen Aufgabe zu überraschend ausgesetzt.

Als der Markgraf durch seine Beauftragten wegen der Unterbringung des Hofgesindes Forderungen stellte, antworteten Bürgermeister und Rat am 3. 3. 1604 durch ein langes Schreiben, aus dem hervorgeht, daß die Residenzverlegung bereits als unumstößlich galt. Man wies aber, sichtlich übertreibend, auf große Schwierigkeiten hin. Die Stadt Bayreuth sei mit ihren 200 Häusern innerhalb der Ringmauer für eine Hofhaltung wenig geeignet. Auch gehe von alters her keine Landstraße durch die Stadt, sie führe vielmehr daran vorbei. Außer dem Bierbrauen sei kein Handwerk besonders bemerkenswert. Die Bürger lebten meistens von Feldbau, Viehzucht und Handwerk, und man behelfe sich mit schlechten und geringen Häusern, habe keine überzähligen Stallungen, Holzlegen und anderen Gebäude, die ein Hof brauche. Der an den Markgrafen von Leuten des Hofes herangetragene Vorwurf, die Bayreuther seien unhöflich, wurde mit Hinweisen auf die Besorgnisse zurückgewiesen, die aus den zu erwartenden Belastungen erwachsen waren. Einige Hausbesitzer erhöhten allerdings sofort so spürbar die Mieten, daß der Markgraf eine Mäßigung bei „Tax und Hauszins" verlangte, damit es „beide Teile ertragen und beisammen bleiben könnten".

Der Stadtbrand von 1605

Markgraf Christian hatte kaum begonnen, den Ausbau seiner Residenzstadt tatkräftig voranzutreiben, als ein Großfeuer die Aufwärtsentwicklung der Stadt auf viele Jahre hemmte. Der Brand brach am 21. März 1605 in einem Haus der Brautgasse aus. In einer einzigen Nacht wurden in der Innenstadt 137 Wohnhäuser samt den Nebengebäuden und den gelagerten Vorräten vernichtet. Ein Opfer der Flammen wurden auch die Stadtkirche, die Lateinschule und die Deutsche Schule. Die Häuser an der Marktnordseite und in der Kanzleistraße auf der Seite der Kanzlei blieben unversehrt. Aber die eng aneinandergereihten und mit Schindeln gedeckten Giebelhäuser der Gassen waren schutzlos den Flammen preisgegeben und nicht zu retten. Glücklicherweise war auch das Spital nicht betroffen: Es konnte in den Folgejahren dem Stadtrat, dem Stadtschreiber und der Lateinschule als Notunterkunft dienen. Obwohl der Brand auch das Schloß verschont hatte, begab sich der Markgraf mit der gesamten Hofhaltung wieder nach Kulmbach, wohin ihm auch die Kanzlei und das Konsistorium folgten. Für den Wiederaufbau stellte der Markgraf alsbald Bauholz zur Verfügung. Eine im ganzen Land erhobene Brandsteuer sollte der Stadt Geldhilfe gewähren. 1610 konnte Markgraf Christian wieder ins Bayreuther Schloß übersiedeln. Auch die Landesbehörden kamen zurück.

Die Stadtkirche wird fürstliche Hofkirche „Zur Heiligen Dreifaltigkeit" (1614)

Die beim Großbrand 1605 zerstörte Stadtkirche Maria Magdalena, bei der Teile des Mauerwerks, Gewölbe und Chorbogen eingestürzt waren, wurde 1611–1614 von dem markgräflichen Baumeister Michael Mebart aus Straßburg wieder aufgebaut, für die Zwecke einer Residenzstadt eingerichtet und völlig neu ausgestattet. Die Kirche war nunmehr Hofkirche und Hauptkirche des Fürstentums. Markgraf Christian bestimmte sie auch zur Grabkirche seiner Familie und ließ die Fürstengruft einbauen. An den Seitenschiffen wurden Emporen für den Hofadel angebracht. Am 1. Adventssonntag 1614 wurde die Kirche mit dem neuen Namen „Zur Heiligen Dreifaltigkeit" neu eingeweiht. Maria, die Gemahlin des Markgrafen Christian, stiftete den Hochaltar, dessen Gehäuse der Bildhauer Hans Werner schuf. Hofmaler Bollandt schuf die Altartafeln mit Motiven aus der Passionsgeschichte. Der Altar war im ganzen dem Leiden Christi gewidmet. Den oberen Abschluß bildet das sogenannte „Wappen Christi", auf dem Leidenswerkzeuge und Passionssymbole zu sehen sind. Die nicht mehr zeitgemäß erscheinenden Tafelbilder wurden im 19. Jahrhundert durch Gemälde des Bayreuther Malers August Riedel ersetzt. Eine Kanzel mit Simson als Kanzelträger stiftete der Kammerherr Johann Casimir von Lynar. Sie wurde 1620 am 2. Pfeiler der Südreihe angebracht. Sie stammt ebenfalls von Hans Werner, der auch den Taufstein schuf. 1624 erhielt die Kirche drei Glocken aus der Werkstatt von Georg Herold in Nürnberg. Das mit einem guten Orgelwerk ausgestattete Gotteshaus konnte nun auch für kirchenmusikalische Veranstaltungen außerhalb der Gottesdienste benutzt werden.

Das erste Bayreuther Gesangbuch gab Dr. Johann Stumpf, seit 1626 Superintendent in Bayreuth, unter

Das erste Bayreuther Gesangbuch, gedruckt 1630 in Coburg (Titelseite)

folgendem Titel heraus: „Markgräflich Brandenburgisches Gesangbuch, Darinnen außerlesene Psalmen und Geistliche Lieder Herrn Dr. M. Luthers und anderer Gottesgelahrter zu finden, welche in christlicher Gemein der Fürstlichen Residenzstadt Bayreuth und sonsten in dem löblichen Markgrafthume Brandenburg das ganze Jahr gebraucht werden." Es enthielt 257 Lieder und war im Bayreuther Fürstentum das erste, das auf Anordnung des Landesherrn als obersten Bischofs erschien. Da Bayreuth noch keine Druckerei besaß, wurde es in Coburg gedruckt.

Der Stadtbrand von 1621

Am 16. Juni 1621 brach nahezu gleichzeitig an zwei verschiedenen Stellen Feuer aus, das sich in Kürze zu einem verheerenden Großbrand ausweitete. Die gerade neu ausgestattete Stadtkirche kam mit einem Dachbrand relativ glimpflich davon. Verschont blieben auch das Schloß, die Pfarrhäuser, das Spital, der Fronhof, die Fronveste, der Almosenkasten und die alte Kanzlei. Nahezu alle Bürgerhäuser der Innenstadt wurden aber ein Opfer der Flammen. 203 Hausbesitzer waren wegen Brandschadens nicht in der Lage, ihre fällige Steuer zu entrichten, davon 72 an der Hauptstraße.

Das Stadtbild Bayreuths zu Beginn der Residenzzeit

Aus dem frühen 17. Jahrhundert ist ein Stadtplan erhalten, der Bayreuth aus der Vogelschau zeigt. Die Federzeichnung des unbekannten Künstlers ist nicht datiert. Eine Aufschrift, von anderer Hand hinzugefügt, lautet „Bayreuth, wie es vor dem Brand 1621 gestanden". Da die Stadtkirche bereits den Namen „Zur Heiligen Dreifaltigkeit" führt, den sie 1614 erhielt, wird der Plan zwischen diesem Jahr und 1621 entstanden sein. In seiner Art nimmt er heutige Bild-Stadtpläne vorweg, die durch ihre Anschaulichkeit ein gutes Zurechtfinden ermöglichen. Der Plan ist schon wiederholt nachgezeichnet, dabei manchmal auch willkürlich verändert worden. Da das Originalblatt mit allen seinen Einzelheiten ein besonders aussagekräftiges Dokument ist, bringen wir auf dem Vorsatz des Buches eine originalgetreue Wiedergabe.

Die Stadt mit ihrem glockenförmigen Grundriß, die Stadt „intra muros", ist für jedermann sichtbar vollständig von Stadtmauer, Stadtgraben und Wehranlagen umgeben. Nur zu der dem Beschauer zugewandten Nordseite hin wird auf den Graben verzichtet, da die Mainaue deutlich tiefer liegt und der Fluß mit seinen beiden Armen bereits einen natürlichen Schutz bietet.

Spätere Nachbildung des ältesten Bayreuther Stadtplans (Stadtmuseum Bayreuth)

Das Obere Tor mit Zugbrücke, Stadtgraben und Ravelin, unter Albrecht Achilles erbaut, 1736 abgebrochen

Die Bezeichnung „Straße" wird ganz im Sinne eines Fernverbindungsweges verwendet und erscheint nur ein einziges Mal: Die „Hohe Straße" führt von Westen her kommend über das Kreuz in die Stadt, die man beim Unteren Tor erreichte. Auch die von der „Alten Stadt" (der heutigen Altstadt) Kommenden betreten hier die Innenstadt. Die Durchfahrt führt über die „Hauptgasse", den Marktplatz. Das Obere Tor liegt unweit des Schlosses ungefähr an der Einmündung der heutigen Maxstraße in den Sternplatz, von dem aus verschiedene Wege weiterführen. Außer den beiden Toren existiert nur noch ein einziger Durchlaß beim Mühltürlein.

„Innerhalb der Mauern" gibt es in der Stadt als Verkehrswege nur Gassen. Die „Hauptgasse" ist die heutige Maximilianstraße, in der schon in alten Zeiten der Markt abgehalten wurde. Die Hauptgasse bildete zusammen mit der Breiten Gasse (Sophienstraße) und der Schmiedgasse (Kanzleistraße) den ältesten „Stadtkernring", von dem aus man leicht alle anderen Gassen und Gäßlein erreichen konnte. Während die Brautgasse, die vom Markt zur Brauttüre der Stadtkirche führende Gasse, bereits ihren heute noch üblichen Namen führte, wurde die heutige Kirchgasse als Ochsengasse geführt. Diesen Namen hatte sie bis ins 19. Jahrhundert. Die Judengasse ist die heutige Von-Römer-Straße.

In der Stadt, die seit 1603 Residenzstadt ist und rund 3000 Einwohner zählt, nehmen die Gebäude der Landesherrschaft den ersten Rang ein. Das bedeutendste weltliche Bauwerk ist das (heutige Alte) Schloß mit seinen vier Flügelbauten und dem achteckigen Schloßturm. Mit seinen Renaissancegiebeln ist das Schloß das kunstvollste und repräsentativste Profanbauwerk der Stadt. Die Alte Kanzlei (heute Maxstraße 17, das Haus mit dem Roten Adler) und die Neue Kanzlei (der älteste Teil der Regierungsgebäude in der Kanzleistraße) sind als Verwaltungsgebäude des Fürstentums und als Sitz der Landesregierung ausgewiesen. Der Fronhof mit einem Fronstadel markiert die Sammelstelle für die aus dem Umland eingehenden Abgaben des „Zehnten".

Die Stadtkirche ist sichtlich das Zentrum eines kirchlich bestimmten Bezirks. Gleich neben ihr steht die

„Alte Kapelle", die im 16. Jahrhundert als Beinhaus errichtet und dann als Almosenkasten verwendet wurde. Im Umkreis der beiden Gotteshäuser befinden sich Kirchhof und Pfarrhof, das Pfarrhaus und die Lateinschule.

Als freistehendes Gebäude beherrscht das Rathaus die Hauptgasse. Gleich daneben steht das städtische Brauhaus, in der Nähe auch noch die Stadtwaage. Ein Galgen diente als Zeichen der hohen Gerichtsbarkeit. Die eigentliche Richtstätte lag außerhalb der Stadtmauern. Aber der ebenfalls nahe Pranger diente zur Bestrafung: Wohl demjenigen, der mit der Schande des Prangerstehens allein davonkam. Auch zum Tod Verurteilte wurden hier „ausgestellt", bis man sie auf dem Armesünderkarren zur Richtstatt brachte.

Die meisten Bürgerhäuser standen im 17. Jahrhundert mit der Giebelseite zur Straße. Die Dächer wurden noch vielfach mit Schindeln oder Stroh gedeckt, obwohl die nahe Ziegelei bereits Dachziegel lieferte. Die öffentlichen Stadtbrunnen sind auf dem Stadtplan noch durchwegs einfache Ziehbrunnen.

Ungeschützt liegen außerhalb der Ummauerung die „Vororte": Moritzhöfen mit dem „Gänshügel", das Kreuz mit seiner Kapelle, die Ziegelgasse (heutige Badstraße) und die Altenstadt, die auf dem Plan als „Alte Stadt" bezeichnet wird. Nördlich des Mains liegt der „Neue Weg", eine Kleinsiedlung mit meist einfachen Häusern und Hütten, in denen die Unterprivilegierten wohnen.

Zur Hofhaltung gehören außerhalb der Stadtmauer die Hofbäckerei, das Jägerhaus und das Gebäude für den markgräflichen Wagenpark. Am Rennbahnweg (heutige Ludwigstraße) liegt die Rennbahn für Reiterspiele. Dahinter öffnet sich der fürstliche „Lustgarten", der Vorläufer des späteren Hofgartens.

Herrschaftlich ist auch die Münzstätte, deren Gebäude in der Münzgasse heute noch existiert. Als Mühlen finden wir am Main die Herrenmühle, am Mistelbach die Spitalmühle. Das Spital, das über reichen Grundbesitz verfügt, hat hier auch den „Inneren Spitalhof" (Ecke Au-/Kulmbacher Straße).

Die Ziegelhütte und ein „Holzgarten" im Bereich des heutigen Luitpoldplatzes dienten zur Versorgung mit Baumaterial. Der Feuerweiher war vermutlich ein Stauweiher, dessen Wasser beim Ausbruch eines Großfeuers abgelassen wurde, um über den Tappert oder einen Mainarm für die Feuerwehr zur Verfügung zu sein. Der Flößweiher am Flößanger weist auf den jahrhundertelang bedeutsamen Flößereibetrieb hin, durch den die Stadt auf dem Wasserweg mit Bau- und Brennholz versorgt wurde.

Das Siechhaus (Krankenhaus) in der Erlanger Straße bestand als Gebäude bis in unser Jahrhundert. Außerhalb der Stadtmauer ist aber im Bereich des unteren Graben noch ein Lazarett verzeichnet, von dem wir nicht wissen, ob es schon als Militärkrankenhaus Verwendung fand.

Der Gottesacker liegt bereits an der Stelle des heutigen Stadtfriedhofs in der Erlanger Straße. Er ist mit seinem ältesten Teil an der Ecke zur heutigen Carl-Burger-Straße eingetragen, und man sieht den schlichten Vorläuferbau der heutigen Gottesackerkirche. Hierher begleiteten die Bürger der Stadt, aber auch die Bewohner der Vororte die Toten auf ihrem letzten Weg. Auf dem Küffnerschen Epitaph in der Stadtkirche ist auf dem mit unserem Stadtplan etwa gleichzeitig entstandenen Panoramabild Bayreuths ein solcher Leichenzug zu erkennen, der gerade am Gottesacker angelangt ist.

Die Anfänge der Residenzstadt

Das Stadtbürgertum hatte an den Folgen der beiden Stadtbrände lange zu tragen. Durch den Verlust des Rathauses hatte der Rat schon äußerlich an Ansehen verloren. Obwohl der Markgraf den Wiederaufbau förderte, galt sein Hauptinteresse doch dem Bestreben, seiner Residenz das zeitübliche repräsentative Gepräge zu geben.

Das schon von seinem Vorgänger mit dem Schloßturm zur weltlichen Stadtmitte erhobene (Alte) Schloß wurde unter dem aus Straßburg stammenden Baumeister Michael Mebart weiter ausgebaut. Saalbau und Kurfürstenbau (heute Landbauamt) wurden erweitert und mit Reliefmedaillons geschmückt. Die ältesten am Kurfürstenbau stammen vermutlich von dem Schlesier Abraham Graß. Auch im Inneren erhielt das Schloß Kostbarkeiten, die leider beim späteren Schloßbrand vernichtet wurden. So gab es einen Raum, der auf Tafeln fremdländischer Hölzer biblische Szenen im Halbrelief „ganz nach Albrecht-Dürerischer Manier" aufwies.

Der aus Meißen stammende fürstliche Baumeister Abraham Schade errichtete 1621 das Kanzleigebäude, das einst mit drei Säulengängen prachtvoll ausgestattet war und ein von Graß geschaffenes Portal erhielt, der es mit den Allegorien der Mäßigung und Gerechtigkeit schmückte.

Auch beim Wiederaufbau der Stadtkirche blieb der künftige Verwendungszweck bestimmend: Die Kirche sollte Hauptkirche für das gesamte Fürstentum sein, als Hofkirche benutzt werden und zugleich als Grablege für die Angehörigen des zollerischen Fürstenhauses dienen.

Einrichtungen einer fürstlichen Hofhaltung

Sie gehen größtenteils auf den Markgrafen Christian zurück, wurden aber später wiederholt verändert und erweitert. Aus dem Lustgarten an der Rennbahn (heute Ludwigstraße) wurde der Bayreuther Hofgarten. In der heutigen Münzgasse wurde 1620 die fürstliche Münzstätte neu angelegt. Für die fürstliche Jägerei errichtete man ein Jägerhaus im Neuen Weg, neben diesem ein dazugehöriges Wagenhaus. Den Küchenbedarf ins Schloß lieferten die Hofbäckerei und die Hoffischerei, während man nach einem Hofmetzger vergeblich Umschau hält. Für die Versorgung der Hofkellerei brauchte man Weinlieferanten, vor allem aber eigene Brauhäuser.

Als im Jahre 1623 die Gemahlin des Markgrafen, die offenbar selbst um Speise und Trank besorgte Markgräfin Maria, gleich zwei kleine Brauhäuser unterhalb des Spitals errichten wollte, kam es zum Einspruch der Bürgerschaft. Bürgermeister Conrad Küffner berichtet in seinem „Hausbuch", daß er selbst in einer Audienz beim Markgrafen auf der Plassenburg die Beschwerde vorgetragen habe.

Der Fürst versicherte, daß er der Stadt keineswegs das Braurecht entziehen werde, was die Ratsherren anscheinend befürchtet hatten. Von den beiden bereits im Bau befindlichen Brauhäusern sollte das eine gegen eine Entschädigung an die Stadt übergehen, das andere wurde aber für die Hofhaltung bestimmt, „wie es bei fürstlichen Residenzen üblich ist". Damit erhielt Bayreuth 1623 auch sein Hofbräuhaus, wenn auch nicht unter dieser Bezeichnung.

Die Leidensjahre 1632 – 1634

Mit einem Aufstand und dem „2. Prager Fenstersturz" hatte 1618 der Dreißigjährige Krieg begonnen. Aber weder durch den ersten Abschnitt, den Böhmisch-Pfalzischen Krieg bis 1623, noch durch seine Fortsetzung im Dänisch-Niedersächsischen Krieg (1625 – 1629) war das Fürstentum Bayreuth zum Kriegsschauplatz geworden. Dank der Neutralitätspolitik des Markgrafen Christian schien es bis 1630 so, als ob das Land ganz aus dem Kriegsgeschehen herausgehalten werden könnte. Obwohl der Fürst nicht ständig in Bayreuth weilte, machte der Ausbau zur Residenz Fortschritte. Ein großes Ereignis für Bürgerschaft und Hof war das Festschießen, das 1628 in Bayreuth veranstaltet wurde. Herzog Johann Casimir von Coburg erwiderte einen Besuch, den der Markgraf mit Bayreuther Schützen abgestattet hatte. Der Coburger kam mit großem Gefolge und einer Gruppe Schützen nach Bayreuth, wo auch Abordnungen von Hof, Wunsiedel, Pegnitz, Creußen, Berneck und Gefrees, dazu auch eine Kulmbacher Schützenkompanie eingetroffen waren. Da gab es nicht nur volksfestartiges Treiben auf dem Schützenplatz vor dem Unteren Tor (im Bereich der heutigen Dammallee) und ein eigenes Fürstenzelt, sondern auch Empfänge im Schloß. 1629 konnte im Schloß der große „Rittersaal" als Festraum für 1200 Personen feierlich eingeweiht werden. Er war mit Bildern der alten Grafen von Zollern geschmückt.

Nach dem Eingreifen der Schweden in das Kriegsgeschehen 1630, vor allem nach dem Sieg Gustav Adolfs in Breitenfeld bei Leipzig 1631 änderte sich die Lage. Die Schweden waren im Anmarsch auf Süddeutschland. Der Markgraf konnte nicht länger neutral bleiben. Er mußte sich entscheiden, ob er als Lutheraner der evangelischen Sache unter schwedischer Führung folgen oder als Reichsfürst dem katholischen Kaiser gehorchen wollte. Nach einem Treffen mit evangelischen Fürsten in Selb und Leipzig bereitete er den Anschluß an den Schwedenkönig vor. Ende Mai 1631 ließ er in Kulmbach und Bayreuth Musterungen durchführen und einige Kompanien für den Ernstfall aufstellen. Von den Landständen wurde das nötige Geld bewilligt. Anfang Oktober traf als Gesandter Gustav Adolfs der Hofrat Martin Chemnitz in Bayreuth ein, zu dessen Verstärkung noch ein Oberstleutnant von

Crailsheim mit einer Botschaft des Schwedenkönigs ankam. Im November wurde das Bündnis perfekt, das dem Fürstentum Bayreuth gegen ein fragwürdiges schwedisches Schutzversprechen eine hohe Kontributionssumme von 25 000 Talern aufbürdete.

Für die Kaiserlichen war damit Bayreuth Feindesland. Die Stadt sollte dies in den nächsten drei Jahren in äußerster Härte zu spüren bekommen. Der Markgraf versuchte wohl vergeblich, den Schwedenkönig in Nürnberg zu Schutzmaßnahmen für das Fürstentum zu bewegen, zog sich dann aber mit seiner Familie nach Dresden zurück. Im Grunde blieb die Stadt Bayreuth schutzlos den feindlichen Truppen ausgeliefert. Für die Verteidigung der Stadt reichten, wie die folgenden Ereignisse zeigen sollten, die aufgestellten militärischen und bürgerlichen Einheiten nicht aus. Am 20. September 1632 besetzte auf Befehl Wallensteins der Oberst Caretto Marchese de Grana mit seinen Truppen die Stadt. Es wurde geplündert und Geld erpreßt. Als die Brandschatzung nicht die verlangte Summe erbrachte, ließ de Grana 23 Bürger als Geiseln fortführen. Unter ihnen befand sich der Superintendent Dr. Johann Stumpf, der zwar wie die meisten anderen nach einem Vierteljahr heimkehrte, aber wenige Tage darauf an den Folgen der Strapazen und Mißhandlungen starb.

Auch im Jahr 1633 kamen mehrere kaiserliche Militäreinheiten durch Bayreuth, so die des Generals Manteuffel und die gefürchteten Reiter des Feldmarschalls Heinrich Graf Holk. Schiller erwähnt sie in „Wallensteins Lager", in dem er auch Bayreuth als „Tatort" anführt. Die Stadt selbst konnte der bayerische General Werth im gleichen Jahr mit seinen Soldaten zwar nicht einnehmen, aber er ließ die völlig ungeschützten Vororte niederbrennen. Das schlimmste Jahr wurde für die Bevölkerung 1634. Die angerückten Truppen des Generals von der Wahl begannen ohne langes Zögern mit der Beschießung der Stadt. Eine Kanonenkugel traf den Chor der Stadtkirche. Die Einschlagstelle im Mauerwerk neben einem Fenster wurde erst bei der letzten Kirchenrenovierung beseitigt.

Auch 1634 wurde die Stadt dem Feind übergeben, der sie wieder plündern ließ. Im dritten Leidensjahr forderten die lang dauernden Entbehrungen und Strapazen bei der Bevölkerung ihren Tribut. Viele erkrankten an der Pest. J.W. Holle, der eine ausführliche Studie über diese Zeit in Bayreuth verfaßt hat, beziffert die Zahl der Toten im Jahre 1634 auf 1927. Viele erhielten keine ordentliche Beerdigung, sondern wurden ohne jegliches Zeremoniell in den Friedhof gekarrt und begraben. Rund die Hälfte der Einwohnerschaft soll in diesem Schreckensjahr ums Leben gekommen sein oder die Stadt verlassen haben. Als 1635 Kursachsen den Prager Frieden zustande brachte, schloß sich Markgraf Christian an. Ein Schutzbrief des Kaisers bewahrte die Stadt fortan vor Übergriffen der kaiserlichen Truppen. Aber Bayreuth war nun für Schweden und Franzosen feindliches Gebiet. Neue Truppenstationierungen, Durchzüge und Einquartierungen belasteten die bereits schwer angeschlagene Stadt. 1640 kamen die Schweden unter Baner und Wrangel. Selbst Franzosen unter Führung des Marschalls Guébriant, der Truppen des Herzogs von Weimar befehligte, erschienen in der letzten Kriegsphase in Bayreuth. 1642 kehrte aber auch der Markgraf mit seiner Hofhaltung in die Stadt zurück, was dazu beitrug, die Lage zu stabilisieren und langsam wieder Hoffnung zu schöpfen. Aber erst der Westfälische Friedensschluß 1648 befreite die Menschen von den Alpträumen immer neuer Qualen.

Die Mohrenapotheke

1609 kaufte der aus Apolda in Thüringen stammende Johann von Gera von Johann Pürckhel die „Hofstatt am Eck der Breiten Gasse" samt zwei angrenzenden Grundstücken. Die hier befindlichen Häuser waren 1605 ein Opfer des Stadtbrands geworden. Im Auftrag des neuen Grundstücksbesitzers errichtete der am Bau des Schlosses und des Schloßturms tätige Architekt Michael Mebart 1610 das dreigeschossige Sandsteingebäude, das mit seinem Renaissanceerker das stattlichste Bürgerhaus am Markt wurde. Am Erker liest man die Inschrift: „Wo der Herr nicht das Haus bauet, so arbeiten umsonst, die daran bauen." Diesem Bibelvers ist noch beigefügt: „Wer will bauen an die Straßen, der muß die Leut reden lassen." Außer der Jahreszahl 1610 sind auch die Anfangsbuchstaben des Bauherrn zu finden: „J.V.G.A." Seit damals bis zur Gegenwart als Apotheke betrieben, ist das Haus „das älteste Apothekengebäude in Bayreuth" (Horst Fischer). Die Apotheke wurde vom Stadtrat überwacht und visitiert.

1621 erteilte Markgraf Christian dem Apotheker ein fürstliches Privileg. Als Johann von Gera 1637 starb, führte sein Schwiegersohn die Apotheke mit erneuertem Privileg weiter.

Ein geflügelter Greif mit Mörser über dem Portal macht verständlich, warum sie zuerst „Greifsapotheke" hieß. Zur Unterscheidung von der als „Obere Apotheke" bezeichneten Adlerapotheke wurde sie auch als die „Untere Apotheke" geführt, bis sie den Namen „Drei-Mohren-" und schließlich „Mohrenapotheke" erhielt. Sie war von Anfang an die der Stadtbevölkerung dienende Stadtapotheke im Gegensatz zu einer auch bereits unter Markgraf Christian nachweisbaren ersten Hofapotheke. Diese befand sich anfangs noch außerhalb der Stadtmauer. Sie war im Vorläuferbau der „Münze" in der Münzgasse untergebracht. Als erster Hofapotheker wird Abraham Kranz genannt. Im Gebäude Maxstr. 47 (Adlerapotheke) wohnte 1615 Baumeister Mebart. Die Apotheke ist in diesem Gebäude seit 1680 belegt.

Das barocke Bayreuth (1655/61 – 1735)

Mit dem Friedensschluß zu Münster und Osnabrück war 1648 der unselige Dreißigjährige Krieg beendet worden, an dessen Folgen in Deutschland die Menschen auf viele Jahrzehnte zu tragen hatten. Das Heilige Römische Reich bestand zwar dem Namen nach noch weiter, mußte aber viele Einbußen hinnehmen. Bei der geschwächten kaiserlichen Zentralmacht war es „einem Monstrum ähnlich", wie der Staatsrechtler Samuel Pufendorf (1632 – 1694) den Zustand umschrieb. 350 „Vaterländer" (Territorien) behaupteten ihre vertraglich zugesicherte Souveränität. In Frankreich regierte seit 1643 für den 1638 geborenen, noch unmündigen Ludwig XIV. Kardinal Mazarin als erster Minister. Auch in Bayreuth war von 1655 bis 1661 eine Zeit des Übergangs: Als Markgraf Christian 1655 starb, war sein ältester Sohn schon tot. Der für die Nachfolge bestimmte Enkel Christian Ernst (geboren 1644) erhielt in seinem Onkel Georg Albrecht einen Vormund, der vorerst die Regierungsgeschäfte besorgte.

Das Epochenjahr, mit dem zunächst ohne jeden erkennbaren Zusammenhang in Frankreich und auch im Fürstentum Bayreuth etwas Neues begann, war das Jahr 1661. In diesem Jahr erklärte Ludwig XIV. nach dem Tode Mazarins seinen Ministern, daß er von nun an selbst regieren werde, und zwar so, daß seine Minister nur noch Ratgeber und Befehlsempfänger wurden. Der königliche Diktator handelt nach seinem berühmten Leitsatz: Der Staat bin ich. Das Zeitalter des Absolutismus in seiner uneingeschränkten Form hat begonnen. Im gleichen Jahr übernimmt in Bayreuth Christian Ernst die Landesregierung. Obwohl sich seine politischen Anfänge weit weniger selbstherrlich zeigen, wird bald auch in der Residenz erkennbar, daß sich vieles ändert und der Kaiser und Reich treu ergebene Reichsfürst und zum Marschall aufsteigende Markgraf die Repräsentationsformen seiner Zeit liebt.

Es ist das Barockzeitalter, das die Lebensformen weitgehend nach der Mode Frankreichs prägt. Der „Sonnenkönig" in Versailles ist das große Vorbild auch für die kleinen deutschen Fürsten. So wird auch ein Markgraf zum absoluten Mittelpunkt seines Hofes und seines Landes. Die Residenzstadt wird von ihm bestimmt, die bürgerliche Stadt der Untertanen ist nur noch Ambiente zum Schloß, eine unentbehrliche, aber doch untergeordnete Zutat. Deutlicher Beweis in Bayreuth: Man kommt gerade in dieser Epoche ohne Rathaus ganz gut aus.

In Bayreuth folgt 1712 auf den ein halbes Jahrhundert regierenden Christian Ernst sein Sohn Georg Wilhelm, der schon als Erbprinz eine eigene Kleinresidenz mit dem Städtchen St. Georgen am See gegründet hat. In seine Regierungszeit fallen Schloßbauten in der Umgebung der Stadt: Bereits 1718 wußte Liselotte von der Pfalz, die Schwägerin des französischen Königs, vom neuesten Werk: „Man bauet zu Bareith ein dolles eremitage." Neben der älteren Eremitage entstand auch Schloß Thiergarten. Georg Wilhelm war wie sein Vater als kaiserlicher General häufig länger abwesend von Bayreuth. Er hielt sich in seiner Residenzstadt ein Bataillon Grenadiere und eine Eskadron Husaren als stehende Truppe. Da Georg Wilhelm 1726 ohne männlichen Erben starb, mußte man für die Thronfolge auf einen Enkel jenes Georg Albrecht zurückgreifen, der einmal als Vormund Christian Ernsts einige Jahre Landesregent gewesen war. Georg Friedrich Karl (1726 – 1735), wie sein Vorgänger ein Urenkel des ersten in Bayreuth residierenden Markgrafen Christian, war ein braver Sparer und frommer Pietist, der für Prunk nichts übrig hatte. Für eine nachhaltige Verbesserung der Sitten, für die er sich einsetzte, reichte seine Regierungszeit nicht aus. Nur seine Fürsorge für die Waisenkinder hatte länger Bestand.

Markgraf Christian Ernst (1661 – 1712)

Der 1644 in Bayreuth geborene Enkel Markgraf Christians, der erste gebürtige Bayreuther unter den Hohenzollern, die zu Landesregenten aufstiegen, hat in dem halben Jahrhundert seiner Regierung Bayreuth als Residenzstadt und Markgrafenstadt wesentlich geprägt. Die Zeit vom Ende des Dreißigjährigen Krieges bis zum Tod Christians 1655 war noch eine Zeit der Sta-

Markgraf Christian Ernst

gnation gewesen. Da Christians ältester Sohn, Erbprinz Erdmann August, schon 1651 verstorben war, mußte für den jungen Christian Ernst 1655 zunächst eine Vormundschaftsregierung eingesetzt werden. Erst nach seiner Bildungsreise durch Frankreich und Italien durfte Christian Ernst selbst die Regierungsgeschäfte übernehmen. Trotz der europäischen Kriege erlebte die Stadt Bayreuth unter ihm eine Epoche des Aufbaus und Fortschritts.

Der Fürst, der seine Regierung im gleichen Jahr antrat wie Ludwig XIV. in Frankreich, war dreimal verheiratet. In erster Ehe hatte er die sächsische Prinzessin Erdmuth Sophie heimgeführt, für die er auf dem nahen Kulmberg das Schlößchen Sophienburg errichten ließ. Die auch schriftstellerisch tätige Markgräfin starb bereits 1670, ihr Schlößchen ist längst verfallen, aber der Sophienberg hält die Erinnerung an sie bis heute wach. 1671 heiratete Christian Ernst die württembergische Prinzessin Sophie Luise, die ihm 1678 den Erbprinzen und Nachfolger Georg Wilhelm gebar. Nach dem Tod dieser Markgräfin verehelichte sich der Markgraf 1703 noch ein drittes Mal, nämlich mit Elisabeth Sophie, einer Tochter des Großen Kurfürsten.

Christian Ernst war, wie schon sein Großvater, Kreisobrist des Fränkischen Reichskreises. Die damit verbundene Aufgabe, die Kreistruppen zu führen und im Krieg mit ihnen für Kaiser und Reich gegen den Feind zu ziehen, erfüllte er mit großer Einsatzbereitschaft. An der Befreiung Wiens durch die Schlacht am Kahlenberg 1683 nahm er an der Spitze der fränkischen Kavallerie teil. Als kaiserlicher Generalfeldmarschall kämpfte er im Pfälzischen Erbfolgekrieg gegen die Truppen Ludwigs XIV. – 1704 erreichte er die höchste militärische Würde seiner Zeit: Als evangelischer Reichsgeneralfeldmarschall trat er an die Seite des legendären „Türkenlouis", des Markgrafen Ludwig von Baden. Er war stets ein pflichtbewußter Offizier und Truppenführer. Ein großer Feldherr war er jedoch nicht: Als Oberbefehlshaber am Oberrhein versagte er, wobei ihm aber auch das nötige Glück abging. In seinen letzten Lebensjahren lebte er mit seiner dritten Gemahlin fast ausschließlich im Schloß zu Erlangen.

Noch auf der Höhe seines Ruhms hatte er den Auftrag für den großen Markgrafenbrunnen erteilt, der ursprünglich im Ehrenhof des Alten Schlosses und erst 1748 an seinem heutigen Platz vor dem Neuen Schloß aufgestellt wurde. Obwohl er in seiner barocken Übertreibung der Verherrlichung eines Landesfürsten kaum zu überbieten und in seiner künstlerischen Gestaltung umstritten ist, verdient er doch als eines der bedeutsamsten Denkmäler der Stadt eine ausführlichere Beschreibung und Würdigung.

Der Markgrafenbrunnen: Weltbild und Reichsidee im Spiegel der barocken Residenz

Der „große Brunnen", den Elias Räntz laut Vertrag von 1699 für den Schloßhof schuf, spiegelt sowohl das geistige als auch das geographische Weltbild Markgraf Christian Ernsts. Angelehnt an den „Erdspiegel" des Jenenser Professors Erhard Weigel ist es noch der alte „Erdcreiß", der in der Brunnenfassung symbolisiert und durch die Allegorien der (damals bekannten) vier Erdteile ausgedrückt wird. Der Sockel in der Brunnenmitte mit seinen angedeuteten Felsen ist das Fichtelgebirge als zentraler Gebirgsstock, von dem die vier Flüsse Eger, Naab, Main und Saale in die vier Himmelsrichtungen fließen. Mit dem „Fichtelgebirge" wird aber zugleich auch das Fürstentum Brandenburg-Bayreuth angesprochen, dessen Landesherr durch das große Reiterstandbild verherrlicht wird. Der Türkensieger, der über einen liegenden Türken hinwegreitet, verherrlicht den Reichsfürsten, den Befehlshaber der fränkischen Kreistruppen und General der Kavallerie, der 1683 erfolgreich am Entsatz der Reichshauptstadt Wien mitgewirkt hatte.

Nicht unwichtig für die Deutung des Brunnens dürfte dabei sein, daß die „Europa", gemäß griechischer Mythologie als Frauengestalt auf einem Stier reitend, einen großen Lorbeerkranz bereithält, der nur dem als Sieger gefeierten Fürsten hoch zu Roß zugedacht sein kann. Damit wird aus der Huldigung des Künstlers eine symbolische Ehrung von kontinentaler Bedeutung. In einer Zeit, in der ein neues Reichsbewußtsein von Wien ausgehend ganz Deutschland erfaßte, gehörte Markgraf Christian Ernst sicher nicht zufällig dem kaiserlichen Collegium Artis Consultorum an, das den neuen „Reichsstil" (Hans Sedlmayr) bestimmte, der in Schönbrunn bei Wien als einem geplanten „Über-Versailles" seine gewaltigste Verkörperung erfahren sollte, aber auch auf die Residenzen der Landesfürsten Auswirkungen haben mußte. Der Markgraf Christian Ernst ist daher auch in der Bayreuther Residenzkunst immer zugleich als Reichsfürst zu verstehen. Der Statthalter des Kaisers ist das Oberhaupt eines Territoriums, das wenige Jahre vor der Errichtung des Brunnens Magister Will als „Das Teutsche Paradeiß in dem vortrefflichen Fichtelberg" (1692) zu rühmen wußte.

Läßt sich aus dem Markgrafenbrunnen die Rolle des Fürsten in seiner Umwelt relativ leicht erkennen und deuten, so daß wir hier auf eine eingehendere Interpretation verzichten können, so ist die Einbeziehung der übrigen Skulpturen in eine „Ensemble-Deutung" keineswegs einfach. Wir bleiben auf Vermutungen angewiesen, können diese allerdings durch Beispiele aus der zeitgenössischen Literatur stützen. Mit gewissen Vorbehalten läßt sich ein Deutungsversuch in Kürze folgendermaßen formulieren: Liefert der Brunnen selbst den Rahmen für das geographische Weltbild um 1700, so können die Medaillonporträts an der Fassade des

Markgraf Christian Ernst hoch zu Roß als Türkensieger (Elias Räntz, 1705)

Alten Schlosses gewissermaßen als mythologischer und historischer Hintergrund aufgefaßt werden. Sie vertreten die Vergangenheit und den Faktor Zeit. Damit wird der Markgraf als gefeierter Held zum Schlußmann der Geschichte, so wie er im Brunnendenkmal in barocker Übertreibung zum Mittelpunkt der Welt geworden ist. Bei einer solchen Darstellung ist nicht zu erwarten, daß die Medaillons chronologisch den Ablauf der Geschichte aufzeigen, es ist auch nicht nötig, daß man die einzelnen Steinbildnisse realistisch identifizieren kann. Da aber durchwegs Heroen und römische Cäsaren, mittelalterliche Kaiser und vitale Frauen in bunter Reihe erscheinen, sind sie symbolisch als die Vorbilder aufzufassen, denen der regierende Markgraf nacheifert. Tatsächlich bestätigen zeitgenössische Schriften aus Bayreuth, daß man damals den Markgrafen des öfteren übertrieben schmeichelhaft mit antiken Heroen verglich. „Du, Herkules in Christians Gestalt", rief ein Lateinlehrer in einer Laudatio dem Markgrafen zu.

Wie überschwenglich man den Markgrafen in der Publizistik des Fürstentums darzustellen bemüht war, zeigt ein panegyrischer Geburtstagsglückwunsch von 1699, im Jahr des Beginns der Arbeiten für den Markgrafenbrunnen. Leider ist die Schrift nicht mehr auffindbar. Wir kennen nur den vielsagenden barocken Titel „Hocherschallendes, und durch ganz Europa hin und her hallendes, aber in der Welt nimmermehr verhallendes ECHO, welches in etwas verständiget (= verständlich macht) den unbeschreiblichen Ruhm, und zu Gott noch ruffet um gnädigen Leibs- und Seelen-Wachstum des ganzen Chur- und Hochfürstl. Hauses Brandenburg, bevorab des Durchleuchtigsten Fürsten Christian Ernst, einfältig ausgesonnen, doch herzlich frohlockend erklungen." So wurde mit Worten eine Laudatio angekündigt, die hinsichtlich ihrer Aussage wohl weitgehend mit der des Hofbildhauers Räntz übereinstimmte!

Dem Ruhm des Barockmarkgrafen und der Ausgestaltung der Residenzstadt hatte im Grunde bereits 1676 der von Georg Wießhack gestaltete Herkulesbrunnen am Marktplatz gedient. Man hatte dabei die habsburgischen Kaiser nachgeahmt, die schon früher die Kraft des Herkules zu einer in Kunstwerken wirksamen Demonstration ihrer Macht verwenden ließen. Eine besondere Aufgabe erhielt in Bayreuth die 1708 aufgestellte „Fama". Sie wurde zur Verkünderin des markgräflichen Glanzes bestellt als der Ruhmesengel, der den Stadt- und Marktbesucher auf das steinerne Loblied für den Markgrafen vorbereiten mußte, so wie es sich in der Schloßplastik des Ehrenhofes für den Kundigen vernehmen ließ. Geblieben ist davon seit der Brunnenversetzung nur ein schwacher Abglanz. Aber noch der Torso hat 1875 Adolph Menzel angeregt, die Bayreuther „Fama" zu zeichnen.

Der Markgrafenbrunnen, die Medaillons am Schloß und die beiden oberen Marktplatzbrunnen können als Programmeinheit verstanden werden. Problematisch bleibt dann nur, ob man den erst Jahrzehnte später aufgestellten Neptunbrunnen noch einbeziehen darf oder nicht. Daß sich überhaupt nicht alles in schönster Geschlossenheit präsentiert, hat sicher recht verschiedene Gründe. Einmal sind die barocken Skulpturen

Der Famabrunnen (1708)

der Bayreuther Innnenstadt eben nur zu einem Teil von Elias Räntz und seiner Werkstatt geschaffen worden, zum anderen wurde durch die Brunnenversetzung ein angestrebtes Gesamtwerk rücksichtslos auseinandergerissen, das schon in der Entstehungszeit nur in Andeutungen erkennbar war.

Bemerkenswert und auch immer noch spürbar ist das Zusammenwirken von Schloß und Stadt. Während im Erlanger Schloßgarten wenig später ein ähnliches Programm isoliert vom Stadtbereich verwirklicht wurde, kann man in Bayreuth durch die Rolle der Fama von einer Wechselwirkung zwischen Schloßbereich und Stadt sprechen. Wir nehmen es als Anzeichen dafür, daß das Skulpturenensemble vom Schloß auf die Residenzstadt und weiter auf das ganze Markgrafentum ausstrahlen sollte.

Zeigt das barocke Repertoire an antiken Helden und Göttern wie ein Spiegel das fürstliche Selbstverständnis, wie es Elias Räntz vor Geschichte und Gegenwart künstlerisch ausdrückte, so ist doch eine christliche Tradition noch nicht ausgesprochen worden, an die ebenfalls ganz offensichtlich (bloß bisher kaum erkannt) angeknüpft wurde. Wir meinen die Kreuzzugsidee des Mittelalters und den markgräflichen Georgskult.

Es ist für das Verständnis dabei von einiger Bedeutung zu wissen, daß gerade in der Zeit, in der Räntz den Markgrafenbrunnen schuf, Christian Ernsts Sohn Georg Wilhelm mit Wissen und Genehmigung des Vaters seine Erbprinzenstadt vor den Toren Bayreuths mit dem Namen „St. Georgen am See" gründete und ganz offiziell in einem evangelischen Land den heiligen Georg zum Namenspatron machte. Im Nachlaß Georg Wilhelms fand sich übrigens sogar ein St.-Georgs-Amulett.

Der Georgskult war im 17. Jahrhundert auch in anderen nicht mehr katholischen Ländern noch durchaus lebendig. Bemerkenswert war allerdings, daß man die alte Legende vielfach aktualisiert hatte. So gab es in England Spiele, in denen St. Georg keinen Drachen, sondern einen türkischen Ritter besiegte. Diese Version der Georgslegende in einem Land, das mit den Türken kaum in Berührung kam, läßt vermuten, daß man nach der Befreiung Wiens bei der Darstellung des fränkischen Kreisobristen Christian Ernst ganz ähnlich empfand. Man muß daher mit Recht fragen, ob der Markgraf auf dem Brunnendenkmal wirklich nur als Türkensieger verstanden werden soll. In der Tat lassen sich mehrere Details als Anspielung auf St. Georg deuten. Daß die Türken in der frühen Neuzeit als größte Gefahr des Reichs und der Christenheit verstanden wurden und konkret an die Stelle des legendären Drachen traten, läßt sich schon in der Epoche Kaiser Maximilians I. belegen, der sich selbst als St. Georg darstellen ließ und gern vom „mohammedanischen Drachen" sprach. Kein Wunder, daß auch in den Türkenkriegen um 1700 ein Wiener Künstler den Kaiser Leopold und Elias Räntz den Bayreuther Markgrafen mit einem liegenden Türken zeigten und die Türkensieger mit dem Drachentöter identifiziert wurden.

Zieht man zum Vergleich die mittelalterliche Jürgengruppe von Bernt Notke in Stockholm heran, dann erfährt man, daß schon im Mittelalter ein großer militärischer Sieg Anlaß zur Georgsdarstellung in der Kunst war. Und bei Henning von der Heide und anderen Künstlern findet man in Anlehnung an die Legende neben St. Georg eine kleine betende Prinzessin. Diese Beobachtung legt die Vermutung nahe, den Kammerzwerg des Markgrafen beim Reiterstandbild nicht nur als Kontrastfigur zum alles überragenden Helden zu sehen, sondern auch als betonte St.-Georgs-Reminiszenz zu verstehen. Man kann den Gedanken sogar noch fortsetzen und sagen, daß an die Stelle des Gebets der Prinzessin ein Spruchband des Zwerges getreten ist, das den frommen Wahlspruch des mit St. Georg vergleichbaren Markgrafen enthält: „Pietas ad omnia utilis" (Frömmigkeit ist zu allem nütze).

Vergleiche mit anderen Kunstwerken und Studien an Texten der zeitgenössischen Literatur bestätigen, daß zumindest unterschwellig in verschleierter Mehrdeutigkeit im Markgrafenbrunnen St. Georg und die Kreuzzugsidee lebendig sind. So bildet das Kunstwerk des Elias Räntz sowohl eine Darstellung der Zeit um 1700 mit barocker Übertreibung als auch eine Rückblende in die Vergangenheit. Erst wenn wir beides im Zusammenhang sehen, kommen wir der vollen Deutung näher.

St. Georg und Christian Ernst, Kreuzzugsheiliger und Türkensieger, Patron des Reichs und kaiserlicher Generalfeldmarschall, „miles christianus" und evangelischer Offizier, Legende und Wirklichkeit verschmelzen zu einer Einheit, um den Landesherrn des Markgrafentums Brandenburg-Bayreuth als Inkarnation des Gottesgnadentums und als Ausdruck gottgewollter Obrigkeit den Zeitgenossen und der Nachwelt im pathetischen Stil des Barock zu präsentieren.

Christian Ernst und die Stadt Bayreuth

Es entsprach dem militärisch betonten Regierungsstil des Markgrafen, daß er sich gleich nach der Regierungsübernahme der Befestigung der Stadt widmete und die Bürgerwehr neu organisierte. Obwohl sich die Einwohnerzahl während seiner Regierung nahezu verdoppelte und damit dem Bürgertum neben dem markgräflichen Hof zahlenmäßig wachsende Bedeutung zukam, blieben den Bürgern nur sehr begrenzte Möglichkeiten zu einem über ihren Beruf und ihre Familien hinausgehenden Handeln. Ein Rathauswiederaufbau oder -neubau wurde nicht ernsthaft erwogen, die Rats-

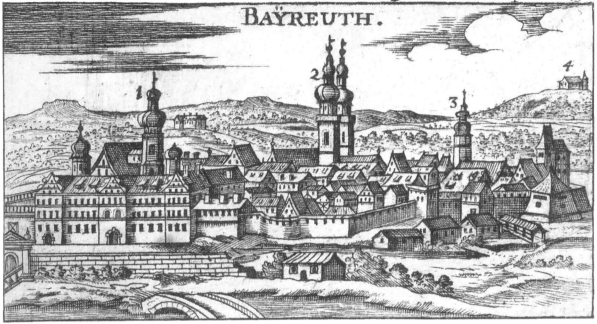

Bayreuth 1686 (Kupferstich). Älteste druckgraphische Stadtansicht (Stadtmuseum Bayreuth)

sitzungen mußten im Nebengebäude des Spitals stattfinden. Das orthodoxe Luthertum, vertreten durch die oberste geistliche Behörde, das Konsistorium, überwachte außer den Schulen auch die Sitten und Bräuche. Markgräfliche Erlasse belegten schon relativ kleine Delikte mit schweren Strafen. Flucher und Gotteslästerer wurden mit der demütigenden Ehrenstrafe des Prangerstehens belegt. Ehebrechern soll ein Schandmal aufgebrannt werden, Dieben sollen die Augen ausgestochen, Meineidigen und Verrätern die Zunge ausgerissen werden. Auch das Abhauen einer Hand, das Abschneiden der Ohren werden noch als Strafmaß vorgesehen. Zu den Todesstrafen gehörten das Enthaupten, Strangulieren, Ertränken, Rädern, Vierteilen und Lebendigbegraben. Freilich liegen uns im einzelnen keine Zahlen vor, wie oft es noch zu solchen Bestrafungen kam. Mit Sicherheit war noch regelmäßig die Folter vorgesehen, und es fehlt nicht an Zeugnissen für ihre Anwendung: Noch im Sterbejahr Christian Ernsts wurde ein neues Torturgewölbe beim Unteren Tor eingerichtet. Auch der unbescholtene Bürger ist vielen Pflichten unterworfen, die seine persönliche Freiheit beschränken: Er muß sich nach der vorgegebenen Kleiderordnung richten, er muß die Feuerordnung beachten, ist für die Sauberkeit der Gassen verantwortlich und muß die Polizeistunde (im Sommer 22 Uhr, im Winter schon 21 Uhr) strikt einhalten. 1686 wurden die Einwohner der Stadt registriert.

Die Stadtratssatzung von 1672

Einen Einblick in die Aufgaben des Rats und die Pflichten der Ratsmitglieder gewährt die Satzung, die sich Bürgermeister und Rat der Stadt Bayreuth am 1. Juni 1672 unter der Bezeichnung „Raths-Leges und Ordnung" selbst gaben. Als gutes Beispiel sollten die Ratsmitglieder die Gottesdienste besuchen und in der Kirche ihren eigenen „Ratsstuhl" einnehmen. Tadelfreie Lebensführung wurde erwartet, an unlauteren

Geschäften (genannt wird Wuchern und Schachern) soll sich kein Ratsmitglied beteiligen. Ratstage waren Montag und Donnerstag, Teilnahme an den Sitzungen Pflicht. Der Amtsbürgermeister sollte eine Art Tagebuch (Memorial) über die Rats- und Gerichtssachen führen. Wichtig war die Regelung, daß in den Ratssitzungen nur städtische und bürgerliche Angelegenheiten behandelt werden durften. Gerichtliche und die Herrschaft betreffende Fragen sollte dienstags und freitags ohne den Rat der Amtsbürgermeister mit dem Stadtschreiber und einem Schöffen besprechen und entscheiden. Nur über Bier-, Brot- und Fleischpreise „und andere dergleichen gemeinnützliche Dinge" sollte auch bei den Ratssitzungen gesprochen werden.

Selbstverständlich waren alle Ratsmitglieder dem Gemeinwohl verpflichtet. Sie sollten unparteiisch handeln und waren zur Verschwiegenheit verpflichtet. „Parteien" (hier im Sinne bürgerlicher Interessengruppen aller Art) sollten vor dem Rat nur erscheinen dürfen, wenn sie beim Amtsbürgermeister angemeldet und vorgeladen waren. Untereinander sollten sich die Ratsmitglieder achten, ein „einheitliches Corpus" sein, „zusammenhalten und das gemeine Beste dieser Stadt und Bürgerschaft suchen, fördern und handhaben". Für die Stadtsteuer-, Bau-, Kammer-, Gotteshaus- und Hospitalrechnungen wurde eine strenge Revision vorgeschrieben, desgleichen für die Kesselrechnungen, die sich in beträchtlichem Umfang aufgrund der bürgerlichen Brauhaus- und Braukesselbenutzung der zum Bierbrauen berechtigten Bürgerschaft vorfanden. Natürlich waren auch die Inhaber weiterer städtischer „Ämterlein", wie die Vorsteher des Almosenkastens und des Quellhofs, zu termingerechter Abrechnung verpflichtet, „damit auch gemeiner Stadt Rechnungswerk" aufs beste durchgeführt werde.

Das Gymnasium illustre Christian-Ernestinum (1664)

Da die im 16. Jahrhundert für die damals vereinigten beiden fränkischen Markgraftümer eingerichtete Fürstenschule in Heilsbronn seit 1603 außerhalb der Landesgrenzen, das Hofer Gymnasium aber für die Residenzstadt bereits zu weit entfernt lag, war Bayreuth im Bildungswesen in einen Rückstand geraten.

Dieser zeigte sich um so deutlicher, da die Verhältnisse der alten Bayreuther Lateinschule nach dem Dreißigjährigen Krieg höchst unbefriedigend waren. Christian Ernst, der auf seinen Reisen den Wert guter Universitäten und Schulen erkannt hatte, schritt daher schon bald nach Regierungsantritt zur Gründung eines Gymnasiums in seiner Residenzstadt. Spiritus rector des Unternehmens war sein einstiger Lehrer, der nunmehrige Generalsuperintendent und Oberhofprediger Dr. Caspar von Lilien, dem auch die Leitung übertragen wurde und die Unterweisung der Zöglinge in Theologie oblag. Am 27. Juli 1664, dem Geburtstag des Markgrafen, fand in dessen Anwesenheit die feierliche Einweihung der neuen Schule statt, die in der erweiterten alten Lateinschule untergebracht wurde.

Als hauptamtliche Lehrkräfte wurden vier Professoren ernannt: Magister Johann Wolfgang Rentsch für Philosophie, Magister Ludwig Liebhard für Geschichte, Magister Johann Caspar Oertel für Griechisch und Hebräisch und Magister Johann Fikenscher für Latein. Sie erhielten eine feste Besoldung und dazu einen jährlichen Zuschuß in Form von Naturalien (Korn, Gerste und Holz). Mit seinem Unterricht in den alten Sprachen war das Gymnasium die ideale Vorbereitungsstätte für das Studium der Theologie, aber auch der Medizin und der Rechte. Als „Fundament der Kirche und des Staates" sollte die Schule für künftige Pfarrer und Staatsbeamte die Grundlagen vermitteln, zugleich aber mit den Fächern Französisch, Fechten, Tanzen und Reiten die Voraussetzungen für das Leben an einem Fürstenhof zeitgemäß erfüllen. Die Schule erhielt den Namen ihres fürstlichen Stifters. Die Bezeichnung „illustre" machte deutlich, daß die Schule bereits als eine Vorstufe zur Universität verstanden werden sollte. Innerhalb des Fürstentums besaß das neue „Gymnasium illustre" eine Vorrangstellung vor allen anderen Schulen.

Bayreuths erster Verleger und Buchdrucker

Für Bayreuths kulturelle Entwicklung war es von größter Bedeutung, daß sich rund ein Jahrzehnt nach dem Ende des Dreißigjährigen Krieges ein junger Verleger hier niederließ: Johann Gebhard, der wahrscheinlich aus Wien in die kleine Residenzstadt am Roten Main kam, erhielt 1660 das fürstliche Privileg für eine Buchdruckerei. Noch im gleichen Jahr erschien in der „Gebhardschen Offizin" eine deutsche Übersetzung der Rede über „Die Künste einer guten Regierung", die Markgraf Christian Ernst 1659 in lateinischer Sprache gahalten hatte. Gebhard wurde 1666 Bayreuther Bürger und starb 1687, sein Sohn und Nachfolger überlebte ihn nur um drei Jahre. Unter anderem Namen bestand die Druckerei noch bis 1734. Sie befand sich beim Tod des Gründers am unteren Markt (heute Maxstr. 73). Nur ein paar Häuser weiter (in der heutigen Von-Römer-Straße) lag die Werkstatt des Buchbinders Josef Kretschmar, mit dem Gebhard zusammenarbeitete.

Das *erste größere Buch*, von dem wir wissen, daß es in Bayreuth gedruckt wurde, ist Gottlieb Warmunds „Geldmangel in Teutschlande und desselben gründliche Ursachen", das auf dem Titelblatt Erscheinungsjahr (1664) und Drucker (Johann Gebhard) nennt. Es hat den stattlichen Umfang von 821 Seiten. Obwohl das Original heute zu den bibliophilen Raritäten zählt, ist das Buch für jedermann leicht erhältlich, seitdem es vom Topos-Verlag 1984 in Liechtenstein in unverändertem Neudruck herausgebracht wurde. Der Neudruck spiegelt zugleich wider, daß man der Schrift wirtschaftsgeschichtliche Bedeutung zuerkennt. Der Verfasser hatte mit dem weitschweifigen Barocktitel eine „Anleitung des wahrhafften Verlaufs des in unserm Vaterlande von etlichen vielen Jahren her verführten Wesens und Wandels" angekündigt und auch versprochen, daß sein Werk mit alten und neuen anmutigen Geschichten, nützlichen politischen Regeln und Lehren sowie allerhand erbaulichen Nebendiskursen, Rechts- und anderen Fragen „ausgezieret" sei. Im wesentlichen waren es aber 22 Kapitel, in denen er jeweils eine Ursache erläuterte, die für den Geldmangel verantwortlich zu machen sei.

An erster Stelle wird der 30jährige Krieg genannt, dann die Abnahme der Einwohnerzahl, die Beute, die von fremder Soldateska gemacht wurde, was ihm wiederum Anlaß war, auf die ungenügende Sicherheit in deutschen Städten hinzuweisen. Neben solchen mehr von politischen Ereignissen bestimmten Gründen nannte er hauptsächlich moralische Gründe: Müßiggang, den bei vielen verspürten „Verdruß und Abscheu vor der Arbeit", „etlicher Haderkatzen Zanksucht", ungenügende „Kinderzucht", unersättlichen Geiz,

Titelseite des ersten in Bayreuth gedruckten Buches

Mangel an Glaube und Frömmigkeit, Wucher, für den er Christen und Juden in gleicher Weise verantwortlich macht. Dazu kommen dann noch die wirtschaftlichen Versäumnisse und Schwächen seiner Zeit, so wie er sie sieht: schlechte Haushaltsführung sowohl an großen Höfen als auch beim einfachen Volk, Vernachlässigung des Bergbaus, der daniederliegende Handel, Münzfälschungen, ungenügende Beaufsichtigung „verbotener Abfuhr des Geldes in fremde Lande", das Nachahmen fremder Mode, letztlich aber „gottloses Leben und Wesen", durch das nicht nur Reichtum und Vermögen, sondern „aller Segen verschwinden und zerfließen muß".

Der unter dem Pseudonym Gottlieb Warmund schreibende Autor war Erasmus Francisci (1627 – 1694), ein gebürtiger Lübecker, der anstelle des Adelsnamens „von Finx" den bürgerlichen Namen Francisci angenommen hatte und auch noch unter anderen Pseudonymen Schriften veröffentlichte. Er lebte in Nürnberg, wo er bei Endter, dem damals größten Verlag Deutschlands, tätig war. Er erwarb sich einen Ruf als Autor und Polyhistor. Johann Christoph Gottsched zählte ihn zu den einflußreichsten Schriftstellern der Barockzeit.

Die ersten Buchhandlungen

In Gebhards Druckerei waren wohl alle Neuerscheinungen vorrätig, die in seinem Haus gedruckt wurden. Wir erfahren aber nichts darüber, ob bei ihm möglicherweise auch andere Bücher zu haben waren. Da zur Entstehung des Bayreuther Buchhandels unmittelbare Quellen nicht vorliegen, müssen wir uns hauptsächlich auf die Nachrichten verlassen, die der Regierungsregistrator Johann Georg Heinritz im 19. Jahrhundert in seinem „Versuch einer Geschichte der k. B. Kreishauptstadt Baireuth" aus Urkunden und eigenen Forschungen zusammengetragen hat. Demnach waren es bis 1685 vor allem Nürnberger Buchhändler, die mehrmals im Jahr Bücher mitbrachten und zum Kauf anboten. Erst in diesem Jahr wurde Johann Christoph Weidener aus Schneeberg in Sachsen ein fürstliches Privileg erteilt, das ihm erlaubte, in Bayreuth eine Buchhandlung zu eröffnen. 1712 wurde Andreas Löffler gestattet, seine Bücher zum Verkauf in der Kanzlei auszulegen, „jedoch sollte er für diese Konzession jährlich einen brauchbaren Autoren zur Hofraths-Stube liefern". 1713 etablierten sich in Bayreuth nach Heinritz zwei weitere „Buchführer". Mit welchem Erfolg und wie lange sie Buchhandel trieben, ist ebenso unbekannt wie ihr Bayreuther Kundenkreis und die gelieferten Titel.

Johann Fikenschers „De fatis Baruthi" (1674): Die erste gedruckte Bayreuther Stadtgeschichte

Im Rahmen der alljährlichen Geburtstagsfeierlichkeiten für den regierenden Markgrafen hielt Professor Johann Fikenscher 1674 in der Aula des Gymnasiums unter dem Titel „De fatis Baruthi" eine lateinische Rede über die Geschicke der Stadt Bayreuth. Bei Gebhard im gleichen Jahr gedruckt, umfaßt sie 68 Seiten. Sie ist durchgehend in Latein verfaßt, freilich auch durch deutsche Quellenzitate bereichert und mit wissenschaftlichen Nachweisen in Fußnoten gut fundiert. Von den Anfängen der Stadt konnte Fikenscher beim damaligen Erkenntnisstand zwar gerade noch Otto, den letzten Meranier, nennen, seine eigentliche Abhandlung beginnt aber erst mit dem Jahr 1248 und dem Burggrafen Friedrich von Nürnberg, der als erster Hohenzoller Bayreuths Landesherr wurde. Wenn auch die äußeren, nicht vorherbestimmbaren Ereignisse (Stadtbrände, Kriegszeiten, Seuchen) allein schon einen breiten Raum seiner Ausführungen einnehmen und von der sonstigen Stadtgeschichte nur die Kirchen- und Schulgeschichte eine besondere Würdigung findet, so liefert Fikenschers barocker Traktat doch eine wertvolle Zusammenschau des Stadtgeschehens über rund ein halbes Jahrtausend hinweg. War Bayreuth schon 1457 unter Markgraf Albrecht Achilles „der ältesten und wesentlichsten Städte eine in der Burggrafschaft Nürnberg" genannt worden, so bezeichnete sie Fikenscher nun im Untertitel seiner Schrift als „urbs primaria" im oberen Burggraftum Nürnberg, d. h. als die Stadt, welche die erste Stelle behauptete. Bei deutlicher Anlehnung an die ältere Formulierung drückte dies auch den Stolz aus über die erreichte Residenz- und Hauptstadtrolle.

Hugenotten in Bayreuth: Die Entstehung der evangelisch-reformierten Gemeinde

Die Gründung einer reformierten Gemeinde in Bayreuth geht auf die gastfreie Aufnahme französischer Glaubensflüchtlinge durch Markgraf Christian Ernst gegen den erklärten Willen der lutherischen Geistlichkeit zurück. Während aber in Erlangen Hugenotten in großer Zahl planmäßig angesiedelt wurden, war es nur eine kleine Schar, die sich in der markgräflichen Residenzstadt niederließ. Immerhin zählte man Ende 1686 schon rund hundert. Die Zahl verdoppelte sich bald, ging aber nach dem Tod des Markgrafen merklich zurück. Als erster Refugié in Bayreuth wird Jacob Denty genannt, ein Handelsmann aus Nîmes. Er erwarb 1684 das Bürgerrecht und wohnte in der Breiten Gasse. In diesem Haus (heute Sophienstr. 8) fanden auch die ersten privaten Gottesdienste zusammen mit den anderen Hugenotten statt. 1687 wird als erster Prediger Jean Antoine de la Roquette genannt. Die „Gemeinde der vertriebenen reformierten Franzosen" durfte zunächst ein Gemeindehaus nur im Vorstadtbereich einrichten. Sie erwarb ein solches in der Altenstadt, dann am Mühltürlein an der alten Mainbrücke, das 1731 abgebrochen werden mußte. Markgraf Friedrich erneuerte 1738 die Privilegien für die evangelisch-reformierte Gemeinde, schenkte ihr auch einen Bauplatz an der Rennbahn, wo 1744 die Grundsteinlegung für eine Reformierte Kirche stattfand. Diese Kirche mußte aber wieder aufgegeben werden, weil sie im Jahrzehnt darauf in den Bau des neuen Schlosses einbezogen wurde. 1755 konnte die Gemeinde von der Familie von Gleichen das Haus in der Erlanger Straße 29 erwerben, das ihr heute noch als Kirche und Pfarrhaus dient.

Die Bayreuther Hochzeit Augusts des Starken

Unter den festlichen Ereignissen des Bayreuther Hofes im 17. Jahrhundert nur selten erwähnt, aber nennenswert, ist die Bayreuther Hochzeit von Christian Ernsts ältester Tochter Christiane Eberhardine. Am 20. Januar 1693 wurde die Bayreuther Prinzessin mit dem 23jährigen Prinzen Friedrich August von Sachsen getraut, der schon ein Jahr später nach dem Tod seines Bruders Kurfürst von Sachsen wurde. Der Brautwerber hatte die Bayreutherin überschwenglich als schönste Prinzessin der Welt umschwärmt und sich in Briefen (von sächsischer Mundart geprägt und von Orthographie gänzlich unbelastet) als ihr „gedreister (= getreuester) knecht" bezeichnet. Was er von ehelicher Treue hielt, ist hinlänglich bekannt: Der sächsische Prinz war August der Starke, der 1697 zur katholischen Kirche übertrat, um König von Polen zu werden, und durch die Vielzahl seiner Liebschaften und Mätressen bekannt wurde. Christiane Eberhardine gebar dem Hause Wettin den Stammhalter und Thronfolger, lebte dann aber, ihrem lutherischen Bekenntnis treu bleibend, getrennt von ihrem Ehemann und starb 1727 in Pretzsch bei Wittenberg.

Gründung von St. Georgen am See

Der Brandenburger Weiher

Das Landbuch von Bayreuth aus dem Jahre 1499 enthält einen Eintrag, in dem der Vorschlag gemacht wird, zwischen Bindlach und Bayreuth einen großen Weiher anzulegen. Dieser Plan muß bald darauf durchgeführt worden sein, denn schon 1508 sind der „Brandenburger Weiher" und ein dazugehöriges „Weiherhaus" urkundlich nachweisbar. Es ist die gleiche Zeit kurz vor der Reformation, als vom damaligen Markgrafen Friedrich IV. auf dem Oschenberg das Franziskanerkloster St. Jobst gegründet wird. 1515 besagt eine Urkunde der beiden Söhne Friedrichs IV., nämlich der Markgrafen Kasimir und Georg, daß dieses Kloster jährlich drei Zentner Karpfen „aus unserem großen Weiher, der Branberger genannt, zwischen Baireuth und Bindlach uffm Brand (d. h. auf dem Brand)" erhalten soll. Die gesamte jährliche Abfischung des Weihers soll durchschnittlich 200 Zentner Fische ergeben haben. Mit dem „Brand" und dem „Brandberg" ist das durch Brandrodung urbar gemachte Gebiet unterhalb der Hohen Warte, eben der Bereich des Weihers, gemeint. Der neue Weiher wurde mit 565 Tagwerk Fläche eines der bedeutendsten stehenden Gewässer der Markgrafschaft Bayreuth. Die Tatsache, daß er offenbar von Anfang an immer „herrschaftlich" war, also als Domäne unmittelbar der markgräflichen Hofhaltung unterstand, war wohl der ausschlaggebende Grund, warum man im offiziellen Sprachgebrauch schon im 16. Jahrhundert nicht Brandberger Weiher, sondern Brandenburger Weiher sagte: Es war eben ein wichtiger Besitz der Markgrafen von Brandenburg.

Soweit die Nachrichten erkennen lassen, diente der Brandenburger Weiher bis zum Ende des 17. Jahrhunderts ausschließlich als Fischweiher. 1596 wird im ältesten Bindlacher Kirchenbuch das „Brandenburger Fischhaus" erwähnt, das am Nordufer des früheren Weihers lag, ziemlich genau dort, wo der frühere Weiherdamm an die heutige Bahnlinie heranführte. Die Bewohner des Weiher- oder Fischhauses standen vermutlich durchwegs im Dienste der markgräflichen Fischerei. Auch 1617, kurz vor Ausbruch des Dreißigjährigen Krieges, werden Bewohner des Weiherhauses genannt. Nach dem großen Krieg hat man 1652 den Weiher trockengelegt und sein Gelände besät. Das Ergebnis war wohl unbefriedigend, denn schon im Jahre darauf wurde der Weiher wieder gefüllt. 1677 wird in einem Schriftstück der Fischknecht Heinrich Greimb vom Brandenburger Weiher erwähnt, der dem markgräflichen Haushofmeister unterstellt war. Dieser Sachverhalt macht die Nutzung des Gewässers für den markgräflichen Hof auch zur Zeit des Markgrafen Christian Ernst erkennbar. Kontrollen und Instandsetzungsarbeiten aus dieser Zeit verraten uns, daß der Weiher große wirtschaftliche Bedeutung hatte.

Markgraf Georg Wilhelm hat dem herrschaftlichen Weiher einen neuen Stellenwert gegeben, als er ihn für seine Schiffe befahrbar machen ließ. Er wertete ihn auf, indem er ihm die Bezeichnung „Brandenburger See" verlieh. Dieser „See" findet sich tatsächlich auch in vielen Lexika und Reisebeschreibungen des 18. Jahrhunderts. Wenn er auch in solchen Werken oft neben ausgedehnten Gewässern genannt wird, so ist er doch in Wirklichkeit ein relativ bescheidener größerer Weiher geblieben. Der Plan des Ingenieurhauptmanns Riediger zeigt 1745 eine ungefähr birnenförmige Grundfläche. Die größte Ausdehnung hatte der See vom Schloß St. Georgen bis zum Weiherhaus (ca. 1,5 km). Die große Zeit des Sees war in der ersten Hälfte des 18. Jahrhunderts, als die Bayreuther Markgrafen „Seeschlachten" darauf austrugen und den See als natürliche Kulisse für ihre Feste und Opern verwendeten. Es sind die ersten Jahrzehnte nach der Gründung der Stadt St. Georgen am See.

Erbprinz Georg Wilhelm

Der Gründer von St. Georgen am See war Erbprinz Georg Wilhelm. Er wurde als Sohn des Barockmarkgrafen Christian Ernst am 16. November 1678 in Bayreuth geboren. Samuel Kripner, der Verfasser einer ersten kleinen Gründungsgeschichte St. Georgens, schrieb 1735: „Georg Wilhelm hatte schon als Erbprinz an diesem Weiher und seiner Umgebung ein besonderes Wohlgefallen und vergnügte sich öfters mit seinen Soldaten allda. Anno 1695 baute er ein Schloß nur von Holz dahin, gab dem Weiher den Namen einer See und ließ vier Schiffe 1698 von unterschiedlicher Größe darauf bauen." Diese frühesten Anfänge unter dem noch jugendlichen Erbprinzen lassen sich nicht mehr aus genügend zuverlässigen Quellen überprüfen, doch finden sich immerhin mehrere glaubwürdige Hinweise für Aktivitäten vor 1700. So wird der Bau von Schiffen für 1695 auch durch die Bayreuther Turmknopfnachrichten (Dokumente, die – ähnlich der noch heute üblichen Gewohnheit bei Grundsteinlegungen – in einem besonders gesicherten Behälter, hier eben im Turmknopf der Kirche, aufbewahrt wurden) besonders vermerkt. Auch der Bayreuther Chronist König bestätigt diese Angaben. Er weiß auch noch zu berichten, daß der junge Georg Wilhelm im Gelände am See ein mehrtägiges Manöver mit Bayreuther Soldaten durchführte,

Erbprinz Georg Wilhelm

bei dem ein Oberstleutnant die als Festung betrachtete Schanze in der Nähe des Schlosses zu verteidigen hatte. Der Erbprinz, von Jugend an nicht nur zum Landesherrn, sondern auch zum Offizier und Heerführer des Fränkischen Kreises bestimmt, übernahm den Angriff, wozu insgesamt 2000 Soldaten, aber auch Bürger herangezogen wurden. Es klingt dabei freilich wie bittere Ironie, wenn mitgeteilt wird: „Bei diesem Lustspiel (!) sind durch die hölzernen Granaten und durch Fechten mit hölzernen Säbeln viele hart verwundet worden, so daß ein paar Soldaten darüber starben." Interessant ist hingegen, daß ein Leutnant im Boden des Schloßbereiches alte Münzen gefunden haben soll.

Insgesamt läßt sich für die Zeit unter Georg Wilhelm bis 1700 sagen, daß der Bereich am Südufer des großen Weihers nicht viel mehr war als das sommerliche Spiel- und Übungsgelände des Markgrafensohnes. Auf die Jugenderlebnisse Georg Wilhelms in der Bayreuther Umgebung folgte eine große Bildungsreise nach England und in die Niederlande. Von seinem Aufenthalt bei Wilhelm von Oranien in London hat der Bayreuther Hohenzoller sein Leben lang zu erzählen gewußt. Wie sein Zeitgenosse Zar Peter der Große von Rußland war er fasziniert von der Seefahrt und von dem blühenden Handel und dem reichen Lebensstandard der Seemächte.

Wie Peter der Große bei den Holländern in die Schule ging (man denke an „Zar und Zimmermann"!) und anschließend seine neue Hauptstadt St. Petersburg an der Ostsee gründete, so hat ganz ähnlich, wenn auch in den Dimensionen unendlich bescheidener, der Bayreuther Erbprinz eine neue Stadt am Ufer eines kleinen Sees geschaffen. Wo der russische Herrscher aber für sein Volk einen richtungweisenden Entschluß größter Tragweite faßte, blieb es bei dem Bayreuther Landesherrn lediglich eine fürstliche Marotte und bloße Spielerei.

Als Georg Wilhelm am 16. Oktober 1699 die Prinzessin von Sachsen-Weißenfels heiratete, dachte man zunächst daran, das Erbprinzenpaar könne das neue Schloß in Erlangen beziehen. Dieser Plan wurde jedoch bald aufgegeben. Ein neues Projekt wurde erwogen, ausgewählt und verwirklicht: St. Georgen. Man sollte dabei die Situation des 21jährigen Erbprinzen bedenken, der davon ausgehen mußte, daß der 56jährige, noch recht gesunde Vater Christian Ernst noch mindestens ein Jahrzehnt regieren könnte, wie es ja auch der Fall war.

Für diese Erbprinzenjahre wollte Georg Wilhelm bereits sein eigener Herr sein. Das führte zur Gründung einer Art Erbprinzenresidenz am Brandenburger See, die allerdings in erster Linie als sommerlicher Aufenthalt gedacht war. Anbauten am Alten Schloß in Bayreuth, die Schloßflügel Sophien- und Wilhelmburg (heute Finanzamt), lassen annehmen, daß das Erbprinzenpaar den Winter in der Regel in der Stadt Bayreuth verbrachte.

Die Anstrengungen, dem jungen Paar eine kleine Hofhaltung zu geben, wurden noch verstärkt, als der alte Markgraf nach dem Tod der Markgräfin Sophie Luise (1702) bald noch einmal heiratete und die neue Gemahlin Elisabeth Sophie, eine Tochter des Großen Kurfürsten, so energisch in die Landesregierung eingriff, daß man ihr bald nachsagte, sie habe mehr zu sagen als der ergrauende Serenissimus.

Die barocke Stadtgründung

Daß die Idee zur Errichtung einer eigenen Stadt schon in der Zeit kurz nach der Hochzeit Georg Wilhelms, also noch 1699, geboren wurde, läßt sich durch zwei zeitgenössische Angaben belegen. Johann Christoph Volkamer schreibt in seinem 1714 erschienenen Buch „Continuation der Nürnbergischen Hesperiden", daß vor 15 Jahren Schloß, Garten und die neue Stadt begonnen wurden. Dieses Werk, in welchem sich auch der bekannte Kupferstich von Schloß, Stadt und See befindet, legte deutlich einen barocken Gesamtplan zugrunde. Das Geburtsjahr für die Planung, 1699, läßt sich – in Übereinstimmung mit Volkamer – noch deutlicher und zuverlässiger aus den lapidaren Notizen des Bayreuther Schulmeisters Erdmann Johann Creta bestätigen, der zum Geburtstag des Markgrafen 1721 für alle Lebensjahre Georg Wilhelms in Sinnbildern und knappen Texthinweisen festhielt, was das jeweilige Hauptereignis gewesen war. Da der Markgraf diese „Kurzbiographie" sicher selbst zu Gesicht bekam, ist kaum daran zu zweifeln, daß Cretas Angaben stimmen. Creta schreibt für 1699: „Ein Grundriß einer Stadt", was das Studium der Bauplanung angibt. Für 1700 heißt es: „In diesem Jahr wurde die Erbauung der Stadt St. Georgen angefangen." Man darf dies freilich nicht auf das 1. Haus beziehen (dieses wurde erst 1702 begonnen), man muß diese Stelle vielmehr so interpretieren, daß aus Cretas Rückblick die gesamte neue Siedlung gemeint ist, die mit dem Schloßbau den Anfang machte.

Wem aber gehörte bis zu diesem Zeitpunkt das Baugelände für die neue Stadt? – Bei Anlegung des Brandenburger Weihers im 16. Jahrhundert war die Stadt Bayreuth für die Abtretung der dafür benötigten Fläche dadurch entschädigt worden, daß sie eine sogenannte Hutweide, also eine Weidefläche zum Hüten des Viehs, an der Hohen Warte erhielt. Die Stadt Bayreuth besaß aber kurz vor 1700 immer noch das Südufer des Weihers, die sog. „Hutweide auf dem Brand". Der Schloßbereich und die Ostseite des heutigen Straßenzuges St. Georgen, also die Häuser auf der Seite der Ordenskirche, wurden auf diesem Grund errichtet. Hinter der erwähnten Hutweide lag noch der sog. „Hirtenacker" der Stadt Bayreuth; die Grundstücke der heutigen Häuser 11, 13, 17, 19, 21, 23 und 25 gehörten zum „Fluhreracker" der Stadt Bayreuth.

Privatbesitz war das Gelände südlich des Schlosses, das man für den Schloßgarten brauchte. Es gehörte dem Bayreuther Bürger Hans Detzer vom Neuen Weg, der es für 360 Gulden dem Erbprinzen verkaufte. Die Grundstücke westlich davon, das Gebiet des späteren Zuchthauses, waren Eigentum eines Bürgers namens Dörfler. Den für Schloß und Stadt wichtigsten Anteil hatte eindeutig die Stadt Bayreuth abzutreten, wofür Markgraf Christian Ernst dem Rat der Stadt eine entsprechende Entschädigung in Aussicht stellte. Man kann auch davon ausgehen, daß der alte Markgraf eine korrekte Erledigung ernsthaft wünschte. Es ist aber schon angedeutet worden, daß Christian Ernst in seinem letzten Lebensjahrzehnt immer weniger Anteil an der Regierung hatte. Die Stadt Bayreuth mußte jedenfalls zunächst vergeblich warten. Für Bayreuth und seine Bürger war die Verzögerung einer angemessenen Sachentschädigung um so schmerzlicher, als den Bayreuthern in dieser Zeit durch einen markgräflichen Forstmeister auch noch die Benutzung der alten Hutplätze an der Hohen Warte verboten war. Wenigstens diese Erlaubnis zurückzuerhalten, d. h., den Status des 16. Jahrhunderts zu retten, versuchte der Bayreuther Stadtrat dadurch zu erreichen, daß er den Erbprinzen um Vermittlung bat. Auch diese Aktion brachte vorerst nicht das gewünschte Ergebnis. Erst viele Jahre später kam es zu einem Vergleich. Gegenüber der Herrschaft war die Stadt Bayreuth die Schwächere. Daß Samuel Kripner 1735, selber im Dienst eines Markgrafen und Rechtsnachfolgers von Georg Wilhelm stehend, diese Vorgänge überhaupt nicht erwähnte, ist nicht weiter verwunderlich.

Haben wir damit ein wenig erquickliches Kapitel absolutistischer Herrschaft berührt, das uns zeigt, daß für den Stadtbürger das Vorhandensein einer Residenz auch mancherlei Nachteile und Verzicht bedeutete, so erweist die Geschlossenheit der folgenden Maßnahmen auch die Vorteile und Möglichkeiten dieser Zeit. Es läßt sich für die Anlage der Stadt St. Georgen eine in ihrer Einheitlichkeit und Regelmäßigkeit großzügige Gesamtplanung erschließen, die als typisch barock bezeichnet werden kann und heute nur von wenigen noch voll erkannt wird. Wie bei der Schloßanlage von Versailles steht das Schloß selbst im Mittelpunkt. Die Hauptachse des Schloßgartens ging durch die Schloßmitte über die Insel und den See zum Weiherhaus am nördlichen Ufer, ja sie führte weiter ziemlich genau zur alten Bindlacher Kirche hin. Die Matrosengasse wurde so angelegt, daß ihre verlängerte Baulinie zur Schloßmitte weist. Östlich und westlich des Schloßgartens sollten je 24 Häuser in schönster „Regularität" entstehen: Erst diese spiegelbildliche Ausrichtung des Plans macht die ursprüngliche Konzeption des Planers deutlich. Gebaut wurden bekanntlich nur die 24 Häuser des östlichen und ersten Bauabschnitts. Warum der 2. Bauabschnitt nicht verwirklicht wurde, wird später noch kurz zu erörtern sein.

Zunächst stellt sich die Frage: Wer entwarf diesen Plan für die Erbprinzenstadt? Da keine Entwürfe und auch keine Verträge zwischen Bauherren und Architekten erhalten sind, muß man sich mit indirekten Hinweisen begnügen. Es kann demnach eigentlich nur der leitende fürstliche Baumeister in Frage kommen. Das war von 1697 bis 1702 der aus der Nähe von Lugano stammende Antonio della Porta. Im Juli 1701 erwähnt ein Dokument, daß der Erbprinz „ein Haus bei der Insel am Brandenburger Weiher aufrichten" wolle. Bauarbeiter sollten sich beim Oberbaumeister Porta melden. Damit ist die führende Rolle Portas im ersten Baustadium nachgewiesen. Er hatte schon vor seiner Bayreuther Zeit Schlösser gebaut. Im Dienst der Fürsten Lobkowitz entwarf er in Böhmen mehrere Schloßbaupläne, auch in Sagan (Schlesien) ist ein Palais von ihm geschaffen worden. Er war auch in Neustadt an der Waldnaab tätig und ist im Dienste Christian Ernsts besonders als Architekt des Erlanger Schlosses bekannt. Ihm ist wohl auch der Reißbrettentwurf für St. Georgen zuzuschreiben. In den Akten erscheint allerdings schon sehr früh der aus Graubünden stammende Johann Cadusch als Bauleiter und Bauinspektor. Da dieser jedoch nirgendwo erkennbar als Künstler in Erscheinung trat, kann er zwar als vielbeschäftigter Manager Georg Wilhelms gelten, aber wohl kaum als der Schöpfer und Planer der neuen Stadt.

Das Erbprinzenschloß
Wir müssen davon ausgehen, daß das Schloß der Gründungszeit nicht das heute existierende ehemalige Schloß, sondern dessen Vorläufer ist. Was läßt sich über dieses längst verschwundene Gebäude und seine Anlage noch ermitteln? – Ein Schreiben in den Bauakten vom 6. Juli 1701 enthält eine Materialanforde-

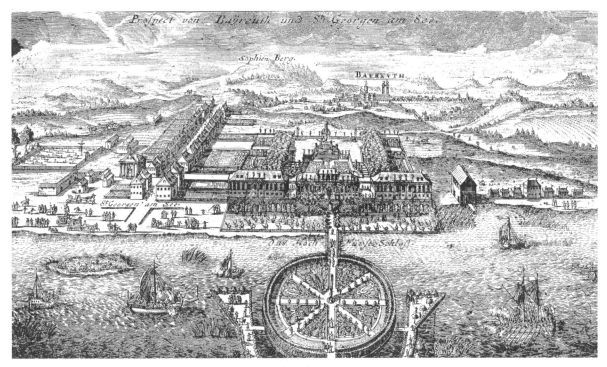

„Prospect von Bayreuth und St. Georgen am See" (Kupferstich um 1710)

rung für des Erbprinzen „neues Haus", was wiederum darauf schließen läßt, daß die älteren schon erwähnten Vorgänger „von Holz" abgerissen wurden.

1704 ist erstmals von des Erbprinzen „drei Häusern zu St. Georg am See" die Rede, häufig erscheint auch noch die Ortsbezeichnung „St. Georg am Teich". Die drei Gebäude, welche das eigentliche Schloß darstellten, sind im „Prospect von Bayreuth und St. Georgen am See", einem Vogelschaubild aus der Zeit um 1710, relativ getreu abgebildet. Schon bei diesem Schloß besaß das mittlere Gebäude einen großen oder „schönen Saal", der als Ritter- und Ordenssaal und als Raum für sonstige große Empfänge und Feste diente.

Bereits 1702 sollte Elias Räntz ein Modell zu einem Portal auf der Insel anfertigen. Im gleichen Jahr wurde das Inselufer befestigt, vermutlich auch der See in diesem Bereich vertieft, um für die Schiffe des Markgrafen Anlegemöglichkeiten zu bieten. Wie aus dem Katasterblatt zu entnehmen ist, erhielt die kreisrunde Insel einen Durchmesser von genau 100 m. Sie war durch einen etwa 85 m langen Steg mit dem Vorgarten des Schlosses verbunden. „Auf dieser Insel", schreibt Johann Sebastian König, „ist ein angenehmer Lustgarten samt einem sogenannten Philosophengang ringsherum angelegt, von den wegen der Menge darauf gepflanzter Rosen ist sie lange Zeit die Roseninsel benannt worden. Neben herum gehen zwei Arme, die eine Art eines Seehafens ausmachen, darinnen der Wassergrund am tiefsten ist und sonst die Schiffe vor Anker gelegen." Schon 1695 soll der in Schweden im Schiffsbau geschulte Ruckdeschel aus Münchberg eine erste Fregatte gebaut haben, ab 1708 wird eine Schiffshütte in der Nähe des Weiherhauses genannt. Als Schiffe aus Georg Wilhelms Erbprinzenzeit sind uns dem Namen nach noch das Hauptschiff „Neptunus" und die Jachten „Löwe" und „Bacchus" bekannt. Das größte Schiff, das je auf dem Brandenburger See fuhr, „St. Georg", war 100 Schuh lang und wurde 1722 gebaut. Als Personal für die Betreuung und Bedienung der Schiffe unterhielt Georg Wilhelm bekanntlich eine Gruppe von

Das Ordensschloß in St. Georgen. Zeichnung von Sixtus Jarwart

Matrosen. Schon 1703 wird ein Kostenvoranschlag gemacht für ein Schiffer- und Gärtnerhaus. Als man diesem noch je drei kleinere Häuser an die Seite stellte, war die Matrosengasse geschaffen.

Schon 1706 ist in den Schloßbauakten von „schleuniger Verlängerung (Vergrößerung) des Theaters" zu lesen. Das erste in St. Georgen erwähnte Theater, bald auch Opernhaus genannt, stand westlich des Schlosses und grenzte mit seiner nördlichen Giebelseite unmittelbar an den See, in den ein Landesteg hinausführte. Bereits Volkamer berichtet: „Im Opernhaus werden die schönsten theatralischen Vorstellungen präsentiert..." Es lassen sich aber leider für die Erbprinzenzeit keine Werke mehr nachweisen, die zur Aufführung kamen. Erst aus Georg Wilhelms Regierungszeit (1712 – 1726) existieren einige Textbücher. Aus ihnen wird ersichtlich, daß man in raffinierter Weise die Seekulisse in das Spiel einbezog.

See und Theater spielten für das Erbprinzenpaar ohne jeden Zweifel eine größere Rolle als der Schloßgarten südlich des Schlosses, den man mehr als selbstverständliches Zubehör betrachtete. Zum Schloß gehörten auch noch verschiedene Stallungen im Osten der neuen kleinen Stadt. Vor dem Schloß befand sich die Hauptwache, die man auch „Schweizerhäuslein" nannte, weil Georg Wilhelm eine kleine Schweizer Wache unterhielt. Großen Wert legte er auf seine Garde. 1708 wurde der Grundstein zur Kaserne der Grenadiergarde gelegt, deren Kommandeur der Obristwachtmeister Georg Christoph Erdmann von Benkendorff war. Die Kaserne erhielt einen eigenen Offiziersbau, Mannschaftsräume, eine Krankenstube und Rüst- und Waffenkammern. Noch 1714 wurde an der Kaserne gebaut, 1720 waren bereits Reparaturen nötig. Im Kern ist die Bausubstanz bis heute erhalten.

Alle genannten Gebäude und Anlagen waren herrschaftlich und sind als Ergänzung des Schloßbereichs zu verstehen. Es wäre aber verfehlt, den im folgenden zu betrachtenden Stadtbereich als rein bürgerliche Anlage aufzufassen. Auch dieser Teil der barocken Gründung war im wesentlichen Zubehör zum fürstlichen Schloß. Schon das erste Haus macht dies deutlich: 1702 wurde es (heute Nr. 29 Feulner) im Auftrag der Erpprinzessin gebaut und als ihr Haus eingerichtet.

Eine „Rittertafel" im Ordensschloß St. Georgen 1722 (Nicht signierter Kupferstich im Ev.-Luth. Pfarramt Bayreuth-St. Georgen)

Die Stadt St. Georgen am See

Von der Stadt St. Georgen ist in den Quellen bis 1702 überhaupt nicht die Rede. In seinem Dekret vom 28. März 1702 an den Stadtrat von Bayreuth spricht Markgraf Christian Ernst lediglich davon, daß sein Sohn „verschiedene Gebäude" am Brandenburger Weiher errichten lassen wolle. 1704 erwähnt Cadusch, der Kammerdiener und Bauleiter Georg Wilhelms, die drei Häuser (Schloßgebäude) zu St. Georg am See. Er betont zwar, die geplante Mühle sei für die Stadt und das ganze Land eine verträgliche Sache. Ob er dabei mit der Stadt schon St. Georgen meinte, ist jedoch nicht sicher. Einwandfrei steht die Bezeichnung Stadt für 1705 fest: Bei der Stiftung des Ordens der Aufrichtigkeit (sincérité) betont Erbprinz Georg Wilhelm, daß er „diesen Unsern Orden an Unserm Namenstag, und zwar zum Gedächtnis der von uns angefangenen Neuen Stadt zu St. Georgen gestiftet" habe. Es ist demnach nicht Markgraf Christian Ernst, sondern eben sein Sohn der treibende Teil gewesen, möglicherweise sogar im Widerspruch zum alten Markgrafen. Tatsächlich wird von dieser Zeit an Johann Cadusch auch als

Das Ordenskreuz des 1705 von Erbprinz Georg Wilhelm gestifteten Ordre de la sincérité, des Vorläufers des Roten-Adler-Ordens

Stadtinspektor, Johann Conrad Creutzer als Stadtschreiber bezeichnet. Strenggenommen war dies eine Eigenmächtigkeit, denn es liegen keine diesbezüglichen Entscheidungen Christian Ernsts vor. Rechtlich konnte sich der Erbprinz nur auf die Privilegien vom 22. März 1702 stützen, in denen aber noch nicht von einer Stadt gesprochen wird.

Diese Privilegien für St. Georgen haben eine eigene seltsame Geschichte. In der Gesetzessammlung der Markgrafschaft, dem „Corpus Constitutionum Brandenburgico-Culmbacensium" von 1745, sind Privilegien für St. Georgen vom 30. Januar 1724 abgedruckt, in deren Vorwort es heißt: „Da die von Markgraf Christian Ernst ... erteilten Declarationspunkte aus Verschulden derjenigen, welche selbige zu Händen bekommen, gänzlich verloren gegangen" seien, mußten neue Privilegien erteilt werden. Schon in der späten Regierungszeit Georg Wilhelms galten also die ersten Privilegien für verschollen. Ob dabei eine Absicht interessierter Kreise mitspielte, läßt sich zumindest nicht ausschließen. Bei der Durchsicht der einschlägigen Akten im Stadtarchiv Bayreuth konnte der Verfasser von diesen ersten Privilegien eine Abschrift entdecken, die als originalgetreu und glaubwürdig gelten kann, denn sie wurde schon 1718 amtlich beglaubigt, zu einem Zeitpunkt, als es das Original noch gegeben haben muß.

Es handelt sich um sieben Punkte, die dem bescheidenen Anfang St. Georgens recht gut entsprechen. Da der altertümliche Text nur schwer verständlich ist, wird der Inhalt der Privilegien verkürzt und vereinfacht wiedergegeben:

1. Was der Stadt Bayreuth an Hutweide verlorengeht, soll an anderer Stelle ersetzt oder sonstwie entschädigt werden.
2. Der Landesherr verspricht den Bauherren waldzinsfreie Abgabe des Bauholzes, erwartet aber, daß mindestens das Erdgeschoß aus festem Mauerwerk errichtet wird.
3. Die Häuser sollen unter Beachtung der „Regularität" mindestens 2 Stockwerke haben, mit Ziegeln gedeckt werden und 10 Jahre steuerfrei sein.
4. Die Niederlassung von Handwerkern wird erlaubt. Diese sollen sich mit denen der Residenzstadt Bayreuth in der Zunft zusammenschließen. Besonders erwünscht ist dem Markgrafen die Ansiedlung solcher Handwerker und Künstler, von denen noch keine ansässig sind.
5. Bier und Wein sollen 6 Jahre lang umgeldfrei sein.
6. Der Erbprinz erhält für die neue Siedlung die niedere Gerichtsbarkeit.
7. Vor Baubeginn soll ein „verständiger Baumeister" alles in Augenschein nehmen. Er soll gehört werden, woher man frisches Wasser bekommen und „ob an Kellern die Nothdurft daselbst erbaut werden könne".

Diese Punkte verlangen einen ausführlichen Kommentar, auf den wir hier verzichten müssen. Hervorgehoben sei jedoch: Von Hugenotten ist keine Rede, wenn auch nicht ausgeschlossen war, daß bei den Künstlern und Handwerkern französische Flüchtlinge Aufnahme hätten finden können. Wie Samuel Kripner berichtet, bestätigte Markgraf Georg Wilhelm nach dem Tod seines Vaters schon am 20. 6. 1713 dessen Willensäußerungen.

Häuser und Straßen

Die 24 Häuser der heutigen St.-Georgen-Straße waren alle typengleich geplant und bis 1709 erbaut. Das erste Haus (heute Nr. 29) gehörte der Erbprinzessin, sechs Häuser wurden von adeligen Bauherren erbaut, die meisten anderen Häuser besaßen bürgerliche Personen, die in einem Dienst- oder Abhängigkeitsverhältnis zum Erbprinzen und späteren Markgrafen standen. Dieser Sachverhalt rechtfertigt die Bezeichnung Erbprinzenstadt. Die angeführten Namen sind fast durchwegs deutsch. Eine Ausnahme bilden die Namen Cadusch und Ratiborsky. Auch die Mieter und Untermieter, die sich noch anhand alter Listen ermitteln lassen, waren überwiegend Deutsche. Hugenotten spielten in der Gründungszeit (und auch später) keine Rolle.

Schon 1709 erwähnt Stadtschreiber Creutzer, daß ein Rathaus geplant sei. Es sollte gegenüber der Ordenskirche zu stehen kommen, im freien Bereich zwischen den Häusern Nr. 27 und 25, so zurückgesetzt, daß zwischen Kirche und Rathaus die Platzform erhalten geblieben wäre. Es wurde nie gebaut. Nur der Brunnen, den es bis vor wenigen Jahren noch gegeben hat, wurde als Stadtbrunnen angelegt.

Eine Ziegelei errichtete Johann Fritz Köhler bereits 1705 auf Grund eines markgräflichen Dekrets hinter der Kirche in der Nähe des Friedhofs. Schon 1704 bemühte sich ein gewisser Hans Macheleith aus Mainleus beim Erbprinzen darum, „bei St. Georg am See unter dem sog. Lainecker Hölzlein am Main" eine Mühle mit Rohrschmiede, Stahl- und Zainhammer" einrichten zu dürfen. Warum er seinen Plan nicht verwirklichen konnte, läßt sich aktenmäßig nicht erkennen. 1706 kaufte Johann Müller, der vorher die Herzogsmühle in Bayreuth besaß, die sog. Mannawiese am Main und erhielt 1706 das Privileg für eine Mühle, die man anfangs Neue Herzogsmühle, später nach dem Lainecker Hölzlein die Hölzleinsmühle, zeitweilig auch Stöckigsmühle nannte. Sehr gut sorgte man in St. Georgen von Anfang an für das Brauereiwesen. Schon 1706 ist bei den Stallungen hinter der Kirche ein erstes (kommunales) Brauhaus erbaut worden. 1718 war ein zweites nötig, um alle Gebräue herstellen zu können.

Zu den 24 Häusern der Hauptstraße kamen am Rande der Siedlung bald mehrere Trüpfhäuser, kleinere Häuser, die nicht mehr dem Gebot der „Regularität" unterlagen und auch rechtlich nicht so gut wegkamen wie die Häuser des ersten planmäßigen Bauabschnitts. Ein Feuerweiher und ein Bleichflecklein (wohl eine öffentliche Wiese zum Wäschebleichen) sind ebenfalls noch in der Erbprinzenzeit bis 1712 in der frühesten Anlage St. Georgens zu erkennen. Ein besonderes Kapitel stellen die Felsenkeller dar, deren Problematik hier leider nicht behandelt werden kann. Schon in den Schloßbauten von 1706 wird ein „Felskeller" erwähnt. Es ist wohl der gleiche, der 1709 als Zubehör des Schlosses genannt wird. Er war rund 50 m lang, hatte ein eigenes „Kellerhaus" und einen Wasserabzug. Es ist zu vermuten, daß er den Anfang zu den Kellern im Bereich der heutigen Kellerstraße bildete. Südlich des Schloßgartens lassen sich schon 1709 19 verschiedene Keller nachweisen, die Hausbesitzern der 24 Typenhäuser gehörten. Zu den privaten Felsenkellern kam noch ein „Stadt-Felsenkeller", der 1720 erwähnt wird.

Die ersten Straßennamen sind längst wieder vergessen. Der heute „St. Georgen" genannte Straßenzug mit der Ordenskirche wurde 1709 als „Bayreuther Gaß" bezeichnet, weil von seinem Südausgang die damals noch einzige Wegverbindung nach Bayreuth führte. Bei der Kaserne stand lange Zeit ein Schlagbaum. Man sprach aber im Bereich der 24 Häuser auch schon bald vom Markt, weil 1708 der St.-Georgs-Jahrmarkt dekretiert worden war und hier abgehalten wurde. Er fand seitdem in jedem Jahr zur Brandenburger Kirchweih statt und war noch in der ersten Hälfte unseres Jahrhunderts im eigentlichen St. Georgen anzutreffen. Zum St.-Georgen-Jahrmarkt kam 1716 noch ein Viehmarkt hinzu. Das Verbindungsstück zwischen der heutigen Bernecker Straße und Kellerstraße, die obere Markgrafenallee, hieß 1709 die „Untere Gaß", die jetzige Kellerstraße war anfangs nur ein Fuhrweg.

Die Ordenskirche

Kirchenbaurechnungen, die eine brauchbare Vorstellung vom Baufortschritt erkennen lassen, existieren erst ab 1705. Schon 1702 aber erwähnt der Erbprinz in einem Brief an seine Mutter, daß diese, Markgräfin Sophie Luise, eine geborene Württemberger Prinzessin, die Absicht habe erkennen lassen, „auf dem Brandenburger" eine Kirche zu bauen. Sie starb noch im gleichen Jahr, hinterließ ihrem Sohn aber eine größere zweckgebundene Summe. Der Erbprinz nahm den Wunsch der Mutter als Verpflichtung. Er sorgte zunächst dafür, daß der Stiftungsfonds noch durch namhafte Geldbeträge vergrößert wurde. 1705 konnte man mit dem Bau beginnen. Der Erbprinz gab der Kirche den Namen Sophienkirche zum Gedenken an die Mutter des Stadtbegründers, aber auch zur Ehre seiner Frau und seiner Tochter, die ebenfalls beide Sophie hießen.

Baupläne oder Schriftstücke des leitenden Architekten sind nicht mehr bekannt. Trotzdem kann mit großer Sicherheit Gottfried von Gedeler als Schöpfer der Kirche gelten. Die wichtigsten Argumente, die für Gedeler sprechen, sind:

1. Gottfried von Gedeler (1660 – 1718), ein Sohn des nach 1671 am Bayreuther Schloßbau beschäftigten markgräflichen Baumeisters Elias Gedeler, hatte 1702 die Nachfolge Portas als hochfürstlicher Oberbaumeister angetreten und auch in Erlangen die von Porta begonnenen Bauten fortgesetzt.
2. Er erscheint 1704 als Taufpate bei einem Kind des am Kirchenbau beteiligten Malers Gabriel Schreyer und läßt selbst am 25. März 1705 in St. Georgen eine Tochter Elisabeth taufen, anscheinend in einer provisorischen Schloßkapelle.
3. Die stilistischen Merkmale sprechen für Gedeler, der als Schüler von Martin Grünberg und Johann

Die Ordenskirche in St. Georgen. Zeichnung von Sixtus Jarwart

Arnold Nering die Berliner Baukunst vertrat und fortsetzte, wie sich aus Bild- und Planvergleichen nachweisen läßt.

Der Grundriß zeigt die Form eines griechischen Kreuzes. Die Kirche ist nicht geostet, sondern in die Stadtplanung einbezogen. Ihre Grundsteinlegung war 1705, die Einweihung am Georgstag 1711, zu einem Zeitpunkt, als die Kirche offenbar bereits dringend benötigt wurde, aber noch nicht fertiggestellt war. Sie hatte zur Zeit der Einweihung nur einen provisorischen Turm. Den heutigen Kirchturm baute 1716–18 Johann David Räntz. Für die protestantische Predigtkirche bildete die Kanzel den zentralen Punkt. Der Kanzelaltar von Elias Räntz aus dem Jahr 1712/13 ist zwar nicht der älteste Altar dieser Art in der Markgrafschaft, es ist aber der erste des großen Bayreuther Barockbildhauers und sicher einer der eindrucksvollsten. Die Orgel auf der Empore über dem Altar schuf 1714 Daniel Felix Streit, den schweren Stuck Bernardo Quadri. Die Deckengemälde sind das Werk von Gabriel Schreyer und Johann Martin Wild. Den Mittelpunkt der Kirche unter dem Bild von der Taufe Christi bildet der Taufstein, der die Initialen des Markgrafen und das Jahr 1716 zeigt. Die Doppelempore schuf 1712 Johann Eberhard Müller. Die Markgrafenloge und der Kanzelaltar betonen den Charakter des Baues als Markgrafenkirche. An den unteren Emporen befinden sich über 80 Wappen von Trägern der beiden markgräflichen Ritterorden, des Ordre de la sincérité und seines Nachfolgers, des Roten-Adler-Ordens. Als Kirche der Ordensritter, deren Ordensmeister der jeweils regierende Markgraf war, erhielt sie die Bezeichnung Ordenskirche.

Besonders herausgestellt werden sollte die Bedeutung dieser Kirche im ehemaligen Fürstentum Bayreuth. Schon Christian Ernst hatte nach dem Dreißigjährigen Krieg (1668) eine neue Schloßkirche erbauen lassen. Diese hatte aber einen mittelalterlichen Vorläufer. Zudem wurde sie 1753 beim Schloßbrand zerstört, so daß wir über diese Schloßkirche nichts Gesichertes mehr aussagen können. In Erlangen ist lediglich die französisch-reformierte Kirche älter als unsere Ordenskirche. In Hof, Kulmbach, Wunsiedel, Neustadt/Aisch, den anderen sog. „Hauptstädten" der Markgrafschaft, gab es keine älteren, rein evangelischen Kirchenbauten. So darf man hervorheben, daß die Ordenskirche der erste repräsentative evangelisch-lutherische Kirchenneubau der Markgrafschaft ist, das erste große Gotteshaus, das im Herrschaftsbereich der fränkischen Hohenzollern von Kulmbach und Bayreuth für lutherische Christen gebaut wurde.

Die Errichtung der Pfarrei St. Georgen
Von der Einweihung der Ordenskirche an betreute Pfarrer Georg Albrecht Stübner die evangelische Gemeinde St. Georgens von Bayreuth aus. Er wurde jedoch schon 1712 abgelöst und starb 1723 als Oberhofprediger. Bei der Errichtung der Pfarrei St. Georgen wurde Matthäus Purucker Pfarrer in der kleinen Stadt am See. Er blieb bis 1717 und war anschließend in Eckersdorf tätig. Für ihn kam Stephan Friedrich Pflaum (1717–23). Noch bis 1721 hatte die Gemeinde

kein eigenes Pfarrhaus. Pfarrer Purucker wohnte in seiner Amtszeit im Haus Cadusch (heute Nr. 25) zur Miete.

Die neue Pfarrei umfaßte außer der neuen Stadt St. Georgen 1. den sog. Neuen Weg diesseits des Mains, 2. die Dörfer Wendelhöfen, Cottenbach, Conradsreuth-Unterkonnersreuth, Weißlareuth oder die Hahnenhöfe, 3. die Einöden Hammerstatt, Hölzleinsmühle, Weiherhaus, Grüner Baum, Martinsreuth (damals meist noch der „Bau" genannt) und drei weitere Höfe. Eine Liste des Stadtschreibers macht uns für 1714 die Größenverhältnisse zur Zeit Markgraf Georg Wilhelms deutlich. St. Georgen umfaßte 41 Häuser und 228 Seelen, der Neue Weg 83 Häuser und 639 Personen. Insgesamt zählte die Pfarrei ohne die Soldaten bereits 1013 Gemeindeglieder.

Der Kirche unterstanden wie auch andernorts die Schule und das Kantorat. Die erste Schule mußte sich begreiflicherweise mit einem einzigen Schulzimmer begnügen, der Lehrer hatte also alle Jahrgangsstufen zu unterrichten. Wir wissen, daß das Inventar dieser ersten nachweisbaren Schule aus einem einzigen großen ovalen Tisch, 6 Stühlen und zwei Bänken, einer roten und einer schwarzen Tafel bestand und daß der Raum Platz für etwa 15 – 20 Kinder bot. So ärmlich die Ausstattung war, so besaß die Schule doch auch bereits einige Utensilien für das damals beliebte Weihnachtsumsingen und für das Gregorifest. Eine Schilderung des ersten Gregorifestes lieferte uns der Stadtschreiber Creutzer, der diese Veranstaltung zusammen mit dem ersten Schulmeister Johannes Lincke organisierte. Nach einem Umzug unter Absingen von Chorälen durften die Kinder am Nachmittag auf den Schiffen des Erbprinzen fahren.

Der erste Friedhof wurde schon 1709 auf dem sog. Bayreuther Hirtenwieslein südöstlich der Kirche angelegt, mit einem Zaun umgeben und am 29. Juli anläßlich der ersten Beerdigung von Hofprediger Ellrod feierlich eingesegnet. Da sich dieser auf dem „Prospect von Bayreuth und St. Georgen am See", einem um 1710 entstandenen Kupferstich, noch eingetragene Gottesacker schon sehr bald als zu klein erwies, wurde 1715 hinter der Kaserne der zweite Friedhof angelegt, der erste bald aufgelassen. Dieser erwähnte neue Friedhof ist der älteste Teil des jetzt noch verwendeten Friedhofs in St. Georgen.

Nach über 100 Jahren endlich wieder ein Rathaus

Das mag 1724 bei vielen Bayreuther Bürgern das Fazit ihrer kommunalpolitischen Bemühungen gewesen sein. Nach dem Stadtbrand von 1621 hatte man das zerstörte mittelalterliche Rathaus auf dem Markt abgerissen. An eine Neuerbauung hatte man wegen der Kriegsereignisse des 17. Jahrhunderts, aber auch wegen der Not der Nachkriegszeit nicht zu denken gewagt. In Kreisen des Hofes und der Regierung hielt man wohl auch andere Dinge für vordringlicher. So wurden die Sitzungen im Spital abgehalten. Erst unter Markgraf Georg Wilhelm gelang es den Stadtvätern, wieder ein eigenes Verwaltungszentrum zu schaffen. Es wurde kein Neubau, sondern man mußte damit zufrieden sein, daß der Markgraf sein Einverständnis dazu gab, ein Gebäude am Markt zu erwerben und umzubauen: das Haus, das heute als Maximilianstr. 33 eingetragen ist.

Einen Vorläuferbau besaß vom 16. Jahrhundert an längere Zeit die Familie von der Grün. Nach dem Dreißigjährigen Krieg kam das Haus dann in adeligen Besitz, nach 1679 wurde es zum Palais umgebaut und

Markgraf Georg Wilhelm zu Pferd (Kupferstich mit Stadtansicht)

Bayreuth um 1720 (Kupferstich von Johann Peter Demleutner)

mit den beiden heute noch eindrucksvollen zweistöckigen Erkern versehen. 1685 erwarb es der Geheime Hofrat Sigismund von Hohenfeld. Dessen Tochter Christiane Sophie heiratete 1708 einen Kammerjunker Wolf von Sponheim. Nach dessen Tod 1720 verkaufte die Witwe das Gebäude für 6000 Gulden an die Stadt, der für den Kauf die Mittel vom Spital vorgeschossen wurden. Der Umbau im Zusammenhang mit dem Rückgebäude an der Brautgasse verschlang das Vierfache der Kaufsumme. Repräsentativ gestaltet wurden durch die Bildhauerwerkstatt Räntz die beiden Portale: Das Hauptportal an der Maximilianstraße erhielt das in Stein gehauene Stadtwappen, das Seitenportal ein Giebelfeld mit Löwen und einer Inschrift, die auf die Baumaßnahmen von 1724 hinweist. An der Seite der Brautgasse wurden die Räume an Bäcker, Stadtkoch und Stadtkellerei verpachtet, der rückwärtige Teil beherbergte die Amtsräume des Stadtgerichts. Im Hause befanden sich auch die Wohnungen des Stadtsyndikus und des Ratsdieners. Das 2. Stockwerk war zeitweilig Bürgermeisterwohnung. Nahezu 200 Jahre lang war das Gebäude ununterbrochen das Rathaus der Stadt, und nach dem 2. Weltkrieg war es noch einmal für ein Vierteljahrhundert der Amtssitz des Oberbürgermeisters.

Die Bayreuther Fayencemanufaktur

1716 gründete Markgraf Georg Wilhelm eine fürstliche (staatliche) Fayencemanufaktur, die in St. Georgen eingerichtet wurde. Sie hieß zwar bereits „Porcellain Fabrique", war aber natürlich noch keine mit Maschinen arbeitende Fabrik, sondern nur ein Betrieb mit einfacher Arbeitsteilung. Sie stellte auch noch kein echtes Porzellan her, sondern „Fayence", eine nach der italienischen Stadt Faenza benannte Tonware, bei der ein gebrannter Tonscherben mit Zinnglasur überzogen wird. Der künstlerische Leiter war anfangs der Hofkupferstecher Johann Peter Demleutner (1677 – 1726), dessen Bandelwerkdekor zu einer Art Warenzeichen wurde. Als Schmuck waren auch Monogramme, Wappen, Jagdszenen und chinesische Motive (Chinoiserien) beliebt. Der technische Fachmann war Samuel Kempe, der aus Meißen kam und bei Tschirnhaus und dem Erfinder des deutschen Porzellans Johann Friedrich Böttger (1682 – 1719) als Famulus gearbeitet hatte. Das Geheimnis der Porzellanherstellung brachte er noch nicht mit, aber das damals in Sachsen beliebte „Böttgersteinzeug" wurde von ihm in Bayreuth in der „Braunen Ware" nachgeahmt. Bald wurde diese durch die „Weiße Ware" übertroffen. Ein Bayreuther Stil mit besonderer Blaumalerei entwickelte sich, „Bayreuther Blau" wurde zum Begriff.

Zur braunen und weißen kam später auch noch „gelbe Ware". Hergestellt wurden hauptsächlich Walzen- und Enghalskrüge, Tafelgeschirr aller Art, „Türkenkoppchen" (henkellose Tassen), Tintenzeug für den Schreibtisch, Uhrengehäuse und in geringem Umfang auch Statuetten und Figuren. Nebenher lief als eigener Zweig eine nicht unbeträchtliche Produktion von Tabakspfeifen. Von dieser Gebrauchsware ohne künstlerischen Wert (wahrscheinlich nur Tonpfeifen) sind keine Stücke erhalten. Aber die bemalte Bayreuther Fayence ist noch heute in Museen und Sammlungen der ganzen Welt geschätzt. Bekannte Maler der ersten Periode waren Adam Clemens Wanderer und Johann Anton Fichthorn. 1736 kam von Meißen Adam Friedrich Löwenfinck. Von etwa 1735 bis 1751 wurde in Bayreuth von dem Porzellan-Hausmaler Johann Friedrich Metzsch echtes Meißner und Wiener Porzellan bemalt, das durch seine Signatur „F M Bayreith" erkennbar ist.

Der Manufakturbetrieb florierte, als ihn Johann Georg Knöller 1729 zunächst als Pächter, dann als Besitzer weiterführte und vom einfachen Kammerdiener zum Kommerzienrat aufstieg. Nach seinem Tod und der Periode Fränkel-Schreck folgte wieder eine bedeutende Unternehmerpersönlichkeit: Johann Georg Pfeiffer (1718 – 1768), der von 1747 an zwanzig Jahre lang die Manufaktur besaß und leitete. Als Hoflieferant brachte er es zum Hofrat. Mit dem Ende der Residenzzeit geriet das Unternehmen in Absatzschwierigkeiten, die Entwicklung war rückläufig. Ab 1788 wurde im wesentlichen nur noch Gebrauchssteingut hergestellt. Trotzdem versäumte im 18. Jahrhundert fast kein Durchreisender, die Manufaktur in St. Georgen zu besuchen. In einer ganzen Reihe von Reiseberichten wird sie anerkennend erwähnt. Auch ein internationales Standardwerk unseres Jahrhunderts (W. B. Honey) rühmt die Bayreuther Fayencemanufaktur als „eine der bedeutendsten deutschen Manufakturen der Periode des späten Barock".

Der Tiergarten der Bayreuther Markgrafen

Schon 1606 soll Markgraf Christian angeordnet haben, einen großen Bereich im Süden der Stadt als Tiergarten einzuzäunen, zu dem auch der eingegangene Würnshof im Amt Schreez gehörte. Diese Anfänge liegen aber noch recht im dunkeln, über die Grenzen des Tiergartens kann kaum etwas Verbindliches gesagt werden. Nachweisbar ist aber, daß im Bereich von Unterthiergarten eine Ortschaft Breitengraß existierte, die aus einem Bauernhof, einem Söldengut, einem Jägerhaus mit Wirtschaftsgerechtigkeit, einer Schmiede und einer Ziegelhütte bestand. Es ist überliefert, daß dieser Ort nach dem Dreißigjährigen Krieg „einging", d. h. wohl infolge des allgemeinen Bevölkerungsrückgangs unbewohnt blieb und verfiel.

Die vorhandenen herrschaftlichen Liegenschaften im Süden Bayreuths wurden nach 1666 noch erweitert und fanden die besondere Aufmerksamkeit Markgraf Christian Ernsts. Es ist die Zeit, in welcher der Kulmberg in Sophienberg umbenannt und für die Markgräfin Erdmuth Sophie die Sophienburg errichtet wird. Das Sendelbachtal am Fuße des Berges trug damals die Bezeichnung „Sophiental". Schloß Unternschreez, früher im Besitz der Nankenreuther, war ebenfalls markgräflicher Besitz geworden. Georg Albrecht, der Onkel und Vormund Christian Ernsts, ist dort gestorben. Auch die Spukromantik fehlte nicht: In den Schlössern Unternschreez und Sophienburg soll die Weiße Frau erschienen sein.

Der Barockfürst Christian Ernst sorgte für die bessere Ausgestaltung seines Tiergartens. Zur Abtrennung des Wildparks von den umliegenden bäuerlichen Besitzungen wurde die schon vorhandene Einzäunung durch eine Mauer ersetzt. Insgesamt sechs Tore führten in den Tiergarten, aber nur eines war besonders präch-

Das „Bayreuther Tor" zum Tiergarten (Historischer Verein für Oberfranken in Bayreuth)

tig gestaltet. Es war das „Bayreuther Tor" am Haupteingang. Sein Standort befand sich an der heutigen Straße, die über den Studentenwald nach Unternschreez führt, und zwar dort, wo der Weg nach Unterthiergarten abzweigt.

Bildhauer Elias Räntz, der Schöpfer des Markgrafenbrunnens, hat Skulpturen für das Tor entworfen, die der Symbolisierung der Jagd dienten. Über dem Tor thronte Hubertus, mit Jagdhorn und Saufeder ausgerüstet. Ihm zu Füßen lag ein Jagdhund. Zwei Hirsche vervollständigten die Gruppe. Ob Hubertus die Züge des Markgrafen trug, wie der Chronist König behauptet, können wir nicht mehr nachprüfen. Der Jagdheilige stand aber stellvertretend für den Jagdherrn, dessen Tiergarten sich hier öffnete. Alle Skulpturen waren vermutlich aus heimischem Sandstein, nur die Geweihe der beiden Hirsche sollen von erlegten Tieren gestammt haben. Im Giebelfeld des Barockportals waren das markgräfliche und das württembergische Wappen mit den Initialen CEMZB und SLMZB angebracht, ein sicheres Zeichen, daß die Errichtung des Tores und der gesamten Einfassung des Jagdparks in der Zeit von Christian Ernsts Ehe mit Sophie Luise von Württemberg vorgenommen wurde, also in den Jahren zwischen 1671 und 1702. Neben dem Tor befand sich noch ein kleiner Durchlaß. Das Tor blieb nicht fest verschlossen. Es war aber durch ein Hinweisschild allen Passanten bei Strafe verboten, es offenstehen zu lassen. Wenn wir die lichte Höhe des seitlichen Durchlasses mit zwei Metern annehmen, müßte das Portal mit den Skulpturen insgesamt rund zehn Meter hoch gewesen sein. Es ist wahrscheinlich, daß noch unter Christian Ernst auch damit begonnen wurde, den Jagdgarten nach den Vorstellungen der barocken Jagdklassiker anzulegen. Die „noch übrigen Gebäude" von Breitengraß wurden in dieser Zeit weggerissen.

Ein neues größeres Jagdschloß (bzw. Schloß) erhielt der Tiergarten unter Markgraf Georg Wilhelm. 1715, im Jahr des Baubeginns für das Alte Schloß in der Eremitage, schritt der Bayreuther Landesherr zu wichtigen Baumaßnahmen. Er ließ auf der Anhöhe „fast mitten im Thiergarten" ein ansehnliches massives Jagdschloß errichten, als dessen Architekt Johann David Räntz gilt. Es wurde aus der „Schatulle", also aus der Privatkasse des Markgrafen bezahlt. Soldaten, die am Bau mitarbeiteten, erhielten eine Zulage zu ihrer Löhnung.

Durch die Überlieferung wissen wir, daß der Grundriß dem Ordenskreuz des 1705 gegründeten Ordre de la sincérité nachgestaltet werden sollte. Der achteckige Mittelbau hat aber nach den erhaltenen Plänen aus späterer Zeit nur einen Ost- und einen Westflügel besessen. Ob der Schloßbau unvollendet blieb oder von Anfang nur mit zwei Flügeln (und vielleicht zwei gärtnerisch gestalteten Kreuzarmen) konzipiert war, läßt sich nicht mit Sicherheit sagen. Die Jagdgäste konnten aber auf ursprünglich vorhandenen Galerien Platz nehmen, so daß der Turm die Funktionen eines „Rendez-vous de chasse" erfüllen konnte, wie es später Carl von Gontard (1731 – 1791) für das markgräfliche Jagdgebiet bei Kaiserhammer im Fichtelgebirge entworfen hat. Der Mittelbau diente aber zugleich als Festsaal. Über den Türen, die in die Zimmer führten, waren Logen für die Musik angebracht. Zur Innenausstattung gehörte ein großes Deckenbild. Die Stuckarbeit stammt von Andrea Domenico Cadenazzi. Jagdembleme und Kartuschen mit dem Monogramm des Bauherrn zeugen noch heute von dem einst viel reichhaltigeren künstlerischen Schmuck. Im Saal waren Jagdtrophäen, hauptsächlich Hirschgeweihe, an den freien Wänden angebracht und mit Täfelchen versehen, welche in goldener Inschrift angaben, wie groß die erlegten Tiere waren und wer sie geschossen hatte.

Neben dem Schloß wurde ein niedriges Gebäude errichtet, in dem die herrschaftliche Küche, die Kastellanswohnung und verschiedene Gewölbe untergebracht wurden. Außer der Schloßanlage ließ Georg Wilhelm in etwa einem Kilometer Entfernung ein Forsthaus und eine dreiflügelige Stallung errichten, die vom Bayreuther Tor aus leicht erreicht werden konnte. Bei diesen Bauwerken handelt es sich um die in Unterthiergarten im alten Kern noch vorhandene Bausubstanz.

Ein alter Plan im Staatsarchiv Bamberg, wahrscheinlich von Johann Friedrich Weiß aus der 2. Hälfte des 18. Jahrhunderts, zeigt uns noch die Gesamtanlage des Tiergartens mit Einfriedung, Toren, alten Wegen, den beiden Baugruppen um Schloß und Stallung, Weihern und Sendelbach. Er läßt aber auch in Andeutung einige geradlinige Wege erkennen, die radial vom Schloßmittelpunkt ausgingen. Außer dem Bayreuther Tor gab es noch ein Fürsetzer, Wolfsbacher, Neuenreuther, Destubener und Schreezer Tor, die aber keinen künstlerischen Schmuck trugen.

Im Gelände stadtwärts vor dem Tiergarten, im Bereich Karolinenreuth-Plantage, schloß sich zwischen Bayreuther und Fürsetzer Tor der Fasanengarten an, er umfaßte ca. 45 Tagwerk Land. Für den Fasanenmeister wurde ein eigenes Gebäude mit Stall und Stadel errichtet. Der Fasanengarten besaß eine „Einfassung von eingelassen liegenden Balken". Er war nach der Markgrafenzeit eine Weile im Besitz des Landjägermeisters von Hardenberg, eines Bruders des bekannten preußischen Ministers.

Markgraf Friedrich bereicherte den Tiergarten noch um eine „Stuterei". So konnte man in seiner Regierungszeit Fohlen und Wild nebeneinander frei im Gelände herumlaufen sehen. Dem Gemahl der Wilhelmine wird nachgesagt, daß er das Jagdschloß durch eine Allee mit der Friedrichstraße verbinden wollte. Daß die nach ihm benannte markgräfliche Prachtstraße Schloß Tiergarten als point de vue anvisierte, wurde freilich schon durch seinen Vater festgelegt, der mit der Errichtung des Waisenhauses die Baulinie der neuen Straße bestimmt hatte.

Im Tiergarten wurden vor allem Damhirsche gehegt. Der letzte Markgraf der Bayreuther Linie, Friedrich Christian (1763–69), hat den Tiergarten nur noch selten besucht und kein Interesse an der Jagd gefunden.

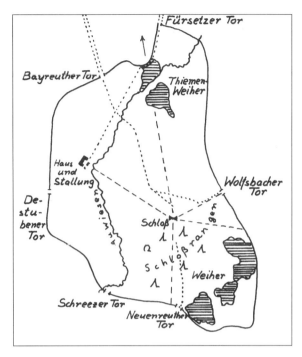

Der markgräfliche Tiergarten (Modernisierte Skizze von Karl Müssel nach einem Plan des 18. Jahrhunderts im Staatsarchiv Bamberg)

Bald nachdem 1769 Markgraf Alexander von Ansbach aus auch die Regierung über die Bayreuther Lande angetreten hatte, wurde der „geliebte Lustort" der vorhergehenden Regenten „mit seiner kostbaren Einfassung verwüstet, das Holzwerk nach Klaftern verkauft, die Steine wurden nach und nach weggefahren, die Hirschgeweihe vom Hauptportal weggenommen, die Bildhauerei zerbrochen, alle Tore eingerissen, das Wild zerstreut ...". Die fast zahmen Tiere sollen, „ungewohnt, ihre Nahrung in der Wildnis zu suchen, öfters bis an die Häuser der Bauern" gekommen sein und Nahrung begehrt haben. Die weitere Entwicklung, Zerschlagung und Privatisierung kann hier nur ganz knapp angedeutet werden.

Das Schloß selbst kam zunächst an einen Forstkommissär Grabner zu Blankenburg und noch im gleichen Jahr 1770 an den Kammerkommissär und Kastenamtmann Johann Sigmund Feez aus Sparneck. 1780 erwarben die Juden Meyer und Gunzenhäuser den ehemaligen Tiergarten, den sie „zertrümmerten", d. h. in kleineren Grundstücken weiterverkauften. Eine Zeitlang besaß die Firma Osmund und Uhlfelder das Schlößchen. Ob zu diesem Zeitpunkt der Westflügel schon abgebrochen war, ist unbekannt. Jedenfalls gehörte die Schloßanlage vorübergehend Jean Pauls Freund Emanuel, der es aber wohl nur als Handelsobjekt betrachtete und schon 1841 mit etwa 50 Tagwerk Grund an den Bauern Christoph Thiem verkaufte. Dessen Sohn Heinrich besaß es noch in den ersten Jahrzehnten unseres Jahrhunderts. Da der Eigentümer die Reparaturen nicht mehr tragen konnte, war der Abbruch bereits in naher Sicht.

1922 wurde das Schloß von Geheimrat Bayerlein erworben. Ihm und später seinem Sohn Dr. Fritz Bayerlein ist es zu verdanken, daß es vor dem weiteren Verfall gerettet wurde. Mehrere Umbauten und Restaurierungsarbeiten wurden seitdem vorgenommen und haben das Bild der heutigen Bauanlage geprägt, die nun schon seit Jahrzehnten als „Schloßhotel Thiergarten" historische Eigenart und den Reiz einer anmutigen Umgebung mit gepflegter Gastlichkeit verbindet.

Schon 1801 hatte sich ganz in der Nähe des alten Tiergartens der preußische Hauptmann J. C. E. von Reiche seinen kleinen Landsitz „Sorgenflieh" erbaut. Er ist als Verfasser eines Bayreuth-Buches und eines Stadtplans noch heute bekannt. Ober- und Unterthiergarten, das erwähnte Sorgenflieh und der im Gelände des Tiergartens entstandene Hof Römersberg bildeten mit den alten Orten Destuben, Rödensdorf und Heinersberg und den jungen Ortsteilen Bauerngrün, Krodelsberg und Weiherhaus die Gemeinde Thiergarten, die zwar mehr als 30 landwirtschaftliche Betriebe umfaßte, aber ohne gewachsenes Zentrum blieb. Am 1. Juli 1976 schloß sich die Gemeinde Thiergarten der Stadt Bayreuth an.

Bayreuth unter Markgraf Georg Friedrich Karl (1726 - 1735)

Da Markgraf Georg Wilhelm keinen Sohn hinterließ, hätte nach dem 1703 abgeschlossenen Vertrag von Schönberg (bei Lauf) das Königreich Preußen das Fürstentum Brandenburg-Bayreuth in Besitz nehmen können, wenn nicht die damit von der Erbfolge ausgeschlossene Nebenlinie der Weferlinger (benannt nach ihrem kleinen Wohnort bei Halberstadt) erfolgreich im Berliner Vergleich 1722 ihr Erbrecht durchgesetzt hätte. So konnte 1726 der 48jährige Georg Friedrich Karl, ein Sohn des Weferlinger Prinzen Christian Heinrich und Urenkel des Markgrafen Christian, die Regierung in Bayreuth antreten. Preußen verlangte dafür allerdings mehr als eine halbe Million Gulden, und bei Nichtbezahlung sollte der Vergleich wieder hinfällig sein. Der Fränkische Kreis, der daran interessiert war, daß Preußens Einfluß in Franken nicht vergrößert wurde, war zwar bereit, die Abfindungssumme vorzuschießen, die Abtragung der Schulden dauerte aber bis 1784. Zu dieser Hypothek hatte der neue Landesherr auch noch die Staatsschulden seines Vorgängers zu übernehmen.

Georg Friedrich Karl begann mit harten Sparmaßnahmen in der Hofhaltung und bei der fürstlichen Repräsentation. Der Hofstaat wurde drastisch verkleinert, das Theater aufgelöst, die Schauspieler entlassen. Anstelle des bisherigen „selegierten Landregiments", einer stehenden Truppe, begnügte er sich mit dem von Untertanen gebildeten „Landausschuß".

Stark beeinflußt vom halleschen Pietismus, berief der Markgraf Johann Georg Silchmüller als Hofprediger und höchsten Geistlichen des Fürstentums. Unter diesem vollzog sich das, was die Gegner höhnisch „die Verwandlung der Markgrafschaft in ein Bethaus" nannten. Zur Heiligung des Sonntags wurde der Verzicht auf Spiele, Tanz und Wirtschaftsbesuch von jedermann verlangt. Mit schweren Strafen versuchte man, Unsittlichkeit und Ehebruch einzudämmen. Aber auch harmlose Freuden fielen unter die Verbote, so etwa die „Spinnstube", das Treffen junger Leute bei abendlicher Heimarbeit in Privathäusern, bei dem man erzählte und sang.

Eine nachhaltige Tat vollbrachte der Fürst durch die Errichtung eines Waisenhauses nach dem Muster von Halle. Es wurde 1731 in der späteren Friedrichstraße begonnen. Den Neubau (zunächst nur die rechte Hälfte des späteren Bauwerks) plante und leitete Johann David Räntz. Im Giebelrelief ließ er die Allegorien der Mildtätigkeit und Barmherzigkeit anbringen, über dem Portal wird die Caritas versinnbildlicht durch eine mütterliche Frau mit zwei Kindern. Eine lateinische Inschrift verkündet die Vollendung dieser „Werkstatt der Gottseligkeit" im Jahr 1732. 30 eltern-

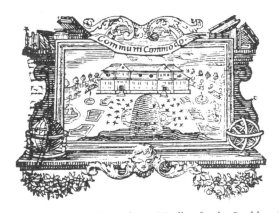

Das markgräfliche Waisenhaus (Titelkupfer des Buchhandlungskatalogs des Waisenhauses), 1737. Das Gebäude ist noch ohne Dachreiter, der erst 1768 aufgesetzt wurde

lose Kinder fanden in diesem Haus ihre Wohnung, 150 wurden in ihm in der „Armenschule" unterrichtet. Zum Lehrstoff der Armenschule gehörten christliche Lehre, Lesen, Schreiben und Rechnen, aber auch praktische Unterweisungen.

Zur Gründung der Kanzleibibliothek oder Geheimen Ratsbibliothek konnte der Markgraf noch kurz vor seinem Tod die nötige Verfügung erlassen. In die Tat umgesetzt wurde diese Einrichtung erst unter dem Nachfolger, der 1736 im wesentlichen die Anweisungen bestätigte. Da es an öffentlichen Mitteln für diesen Zweck mangelte, wurde allen Staatsdienern eine Sonderabgabe auferlegt. Noch im Laufe des 18. Jahrhunderts entwickelte sich die neugeschaffene Institution zu einer öffentlichen Bibliothek, die bis zu ihrer teilweisen Vernichtung 1945 die größte Büchersammlung am Ort war. Der gerettete Restbestand befindet sich heute in der Universitätsbibliothek Bayreuth.

Der städtische Haushalt war zur Zeit Georg Friedrich Karls wohlgeregelt. Da der Fürst sich mit 700 Gulden jährlich aus Steuergeldern begnügte, war die Stadtkasse schuldenfrei. Der jährliche Überschuß konnte dem Allgemeinwohl zugute kommen. Die Bürger durften daher mit der fürstlichen Finanzpolitik durchaus zufrieden sein.

Mit der Verheiratung seines Sohnes mit der preußischen Prinzessin Wilhelmine erhoffte sich Georg Friedrich Karl eine baldige Sanierung seines Fürstentums. 1732 traf Wilhelmine in Bayreuth ein. Georg Friedrich Karl erwarb für sie das neben der Eremitage gelegene neue Haus „Monplaisir". Am 30. August 1732 gebar Wilhelmine ihr einziges Kind, die Tochter Elisabeth Friederike Sophie.

Der schon seit 1733 kränkelnde Markgraf ließ 1734 noch den Hausorden seines Vorgängers unter der neuen Bezeichnung des brandenburg-bayreuthischen Roten-Adler-Ordens erneuern. Er starb am 17. Mai 1735 und wurde nach seinem eigenen Wunsch in Himmelkron beigesetzt.

Höhepunkt und Ausklang der Bayreuther Markgrafenzeit (1735 – 1791)

Während sich nach 1730 in Preußen Kronprinz Friedrich auf die Nachfolge vorbereitete und in Wien die junge Maria Theresia heranwuchs, vollzog sich im kleinen Fürstentum Brandenburg-Bayreuth 1735 ein Regierungswechsel, der für das gesamte Land, aber im besonderen auch für die Stadt Bayreuth, von großer Tragweite war und eine neue Ära einläutete. Der leutselige, weltaufgeschlossene Erbprinz Friedrich, der seit 1731 mit der preußischen Königstochter Wilhelmine verheiratet war, folgte seinem Vater auf dem Markgrafenthron. Mit einer aus dem Geist der Aufklärung geborenen Lebensauffassung gelingt es ihm, seine Residenz einem kulturellen Höhepunkt zuzuführen. Der Bayreuther Zenit der Markgrafenzeit wird zwischen 1748 und 1758 erreicht: Das große Opernhaus öffnet seine Tore, die in Bayreuth gegründete Friedrichsakademie wird in Erlangen als Landesuniversität weitergeführt, eine Kunstakademie entsteht. Bayreuth wird im Glanze des Rokoko der Künste Sitz.

Der ernüchternde Rückschritt folgt stufenweise: 1758 stirbt Wilhelmine, 1763 der „vielgeliebte" Markgraf. Viele Staatsschulden sind ungetilgt. Nachfolger Friedrich Christian (1763 – 1769), ein Onkel des Markgrafen Friedrich, ist den Problemen und Anforderungen nicht gewachsen. Mit seinem Tod endet die Residenzzeit. Das Fürstentum Bayreuth wird von Alexander, dem Ansbacher Markgrafen, bis zu dessen Abdankung 1791 mitregiert. Die Stadt Bayreuth, der neue Impulse weitgehend fehlen, droht in Lethargie zu versinken.

Markgraf Friedrich von Brandenburg-Bayreuth (1735 – 1763)

Nach ärmlichen Kindheitsjahren als Sohn eines Apanageprinzen hatte Friedrich (* 1711) von dem Augenblick an eine bessere Ausbildung und Erziehung bekommen, als feststand, daß sein Vater (und somit auch er als dessen ältester Sohn) einmal Reichsfürst und Landesherr in Bayreuth werden würde. Acht Genfer Studienjahre haben ihm so ziemlich alles gegeben, was für den Fürstensohn des 18. Jahrhunderts nötig war: französische Sprachkenntnisse, staatsrechtliche und kameralistische Grundlagen, Geschichts- und Weltkenntnis, Verständnis für Kunst und Wissenschaft. Als Kunstdilettant liebte er zeit seines Lebens die Malerei. Flöte zu spielen war ihm wie seinem großen Berliner Schwager immer eine Herzensangelegenheit. Vorliebe für Reiten und Jagd ist ihm von Jugend an zu eigen gewesen.

Seine Kavalierstour führte ihn an den Hof von Versailles. In Frankreich, Belgien und Holland studierte er auf seiner Durchreise eifrig die neuesten wirtschaftlichen, militärischen, verwaltungsmäßigen und kulturellen Errungenschaften dieser Länder. Seine Zeitgenossen nannten ihn den Leutseligen und den Vielgeliebten, aber auch den Bayreuther Augustus. Wenn Bayreuth in seiner Zeit eine erste europäische Geltung bekam, so war es neben Wilhelmines unbedingt auch sein Verdienst. Er förderte nachhaltig die private Bauinitiative in seiner Residenz und ist bei den meisten höfischen Bauten seiner Ära in einem Atemzug mit seiner Gemahlin zu nennen. Auch sein Anteil an der Gründung der Erlanger Universität beschränkte sich nicht nur auf die Namengebung. Ein Naturalienkabinett wurde von ihm eingerichtet. Als „Bayreuther Justinian" ließ er die Landesgesetze sammeln.

Bei seinem weltoffenen, kosmopolitischen, toleranten Denken war es nicht verwunderlich, daß er seine Künstler und Berater nicht nur aus dem Reichsgebiet holte. Franzosen und Italiener bevölkerten den Hof. Beziehungen nach Sardinien, Dänemark und Schweden brachten für die Bayreuther Residenz mannigfache Wechselwirkungen, genauso wie die verwandtschaftliche Bindung an Preußen, Hannover, Weimar, Braunschweig, Ansbach, Stuttgart und Ostfriesland und die reichsfürstliche an den Wiener Kaiserhof. Besonders tatkräftig kümmerte er sich um seine Akademie der Künste, aber auch um die Wirtschaft seines Landes, um das Bergwesen, die Manufakturen.

In der schwierigen Situation des Siebenjährigen Krieges gelang es ihm freilich nur mit Not, sein Land aus den kriegerischen Ereignissen herauszuhalten. Gemessen an Friedrich dem Großen ist er von Prunksucht und Verschwendung nicht freizusprechen. Eine spürbare Landesverschuldung, steuerliche Belastung der Bevölkerung zugunsten einer flotten Hofhaltung trüben das Andenken des trotzdem von seinen Untertanen geschätzten Fürsten. Doch haben die von ihm geschaffenen Werte, Bauten und Institutionen, die heute einer großen Zahl von Bayreuth-Besuchern neben den Erinnerungsstätten Wagners und Jean Pauls einen bleibenden Eindruck vermitteln, vieles in ein überzeitliches Licht gerückt und gerechtfertigt. In der langen Markgrafengeschichte des Bayreuther Landes stellt die Regierungszeit des Markgrafen Friedrich unbestreitbar einen Höhepunkt dar.

Stadterweiterungen des 18. Jahrhunderts:
Die Friedrichstraße

Im Zuge der Öffnung der alten Stadt in Richtung auf das neuerrichtete Waisenhaus wurde noch unter Markgraf Georg Friedrich Karl mit dem Bau einer neuen Straße begonnen, deren Baulinie von der Einmündung der heutigen Sophienstraße am Eck zur Kanzleistraße in Richtung Moritzhöfen verlief. Die schnurgerade Straße wurde auf das in der Ferne liegende Schloß Thiergarten ausgerichtet. Da das Waisenhaus und auch das Thiergärtner Markgrafenschlößchen unter der Planung und Leitung des Hofarchitekten Johann David Räntz entstanden sind, darf man mit großer Wahrscheinlichkeit annehmen, daß auch die vorgenommene Stadterweiterung und Straßenführung auf ihn zurückgehen. Die Verwirklichung blieb allerdings dem Markgrafenpaar Friedrich und Wilhelmine und ihren Baufachleuten vorbehalten.

Die 340 Meter lange Straße wird in ihrer Mitte durch den heutigen Jean-Paul-Platz unterbrochen, der sie mit seiner Anlage im Ausmaß von 75 auf 45 Metern wirkungsvoll gliedert. Mit ihrer Gesamtlänge erreicht die Friedrichstraße zwar nicht einmal die Länge der Front des Schlosses von Versailles, aber im Verhältnis zur älteren Stadtbausubstanz zeigte sie doch repräsentativ den Willen zu großzügiger Stadtentwicklung außerhalb der alten Stadtmauern. Auch die Breite von durchschnittlich 16 Meter, die heute eher bescheiden wirkt, wenn man den Stadtring und die Ausfallstraßen betrachtet, sollte man vom „Gassengedärm" (Jean Paul) der alten Innenstadt her sehen, in der die Sophienstraße bereits die „Breite Gasse" war. Da am Eingang zur neuen Straße ein kleines neues Tor errichtet wurde, nannte man anfangs die entstandenen Neubauten die Vorstadt vor dem Friedrichstor. Der Stadtplaner Riediger bezeichnete sie 1745 bereits als Friedrichstraße. Nach 1752 wurde das Friedrichstor beim alten Fronhof abgerissen und ans andere Ende der Straße bei Moritzhöfen versetzt: ein Zeichen dafür, daß man zu dieser Zeit die neue Häusergruppe bereits voll integriert hatte.

Die Bebauung der Grundstücke an der Friedrichstraße war durch markgräfliche „Baugnaden" (Steuerbefreiung) merklich gefördert worden. Es waren allerdings in der Hauptsache nur die Reichen der Hofprominenz, die hier als Bauherren auftreten und wohnen konnten. Unter ihnen finden wir den Minister von Ellrodt, der sich neben dem Wohnhaus auch noch einen stattlichen „Gartenportikus" errichten ließ. Gegenüber (heute Nr. 12) baute der Schatullier Eichler, der Leiter der fürstlichen Privatkasse. 1754 baute der Kämmerer Liebhardt sein prächtiges Palais (heute Steingraeberhaus), 1761 der Oberhofmeister von Künßberg das Haus Friedrichstraße 18: Hier mußte allerdings das Vorblenden einer Stuckfassade verbergen, daß man nur einen älteren Zweckbau (Mälzerei) dem neuen Straßenbild anpaßte. Die einflußreichen Bauherren nutzten die Möglichkeit, mit Hilfe der Hofarchitekten standesgemäße Wohnhäuser zu erhalten, die an Vornehmheit das sonst in der Stadt Übliche übertrafen. So entstanden unter der Planung und Mitwirkung von Joseph St. Pierre, Rudolf Heinrich Richter und Carl Gontard bemerkenswerte Stadtpalais, die in ihrer Vielfalt und im Kontrast zu schlichteren, lückenfüllenden Nachbarhäusern einen städtebaulichen Höhepunkt darstellten, der neben den Schlössern am deutlichsten das Stadtbild der Markgrafenzeit prägte und noch prägt. Die Mischung mit stadtbürgerlichen Bauten späterer Zeit darf freilich nicht darüber hinwegtäuschen, daß in den von Hofleuten und Beamten bewohnten Häusern noch ein „herrschaftlicher" Lebensstil herrschte. Dem Hauspersonal blieben nur die Räume in den Mansarden und in den Nebengebäuden der Hinterhöfe.

Carl von Gontard (1731 – 1791)

Freizügigkeit und Einfallsreichtum haben baukünstlerische Akzente geschaffen, die weit mehr bieten, als eine „uniformierte" Straßenbebauung je bieten kann. Gemeinsam sind fast allen Gebäuden der Zeitstil und das Baumaterial, die Quader aus heimischem Sandstein. Die meisten Häuser sind nur zweigeschossig, haben die gleiche Traufhöhe und besitzen Mansardendächer mit Dachgauben. Statt willkürlicher Aneinanderreihung entstand dadurch eine architektonische Einheit als „Abbild einer Ordnung" (Hans Vollet), das schönste typisch bayreuthische Gebäude- und Straßenensemble der Markgrafenzeit.

Die Anfänge des Bayreuther Zeitungswesens

Es ist bezeichnend für das fortschrittliche und aufklärerische Denken des Markgrafen Friedrich, daß die Bayreuther Zeitungsgeschichte kurz nach seinem Regierungsantritt einsetzt. Im August 1735 ließ Johann Caspar Brunner, ein Mann unbekannter Herkunft, in der Stadtkirche seinen Sohn Friedrich taufen, für den der junge Markgraf die Patenschaft übernahm. Brunner wurde zum Kommerzienrat für das bayreuthische Zeitungswesen ernannt. Er hatte sich offensichtlich bereits die fürstliche Sympathie erworben. Er erhielt das nötige Privileg, trug aber persönlich das unternehmerische Risiko und wurde zum ersten Zeitungsverleger Bayreuths. In markgräflichen Diensten brachte er es zum Bayreuther Hofkammerrat. Brunner überlebte den Markgrafen nur um wenige Monate: Er starb im 65. Lebensjahr am 2. August 1763 in Neustadt an der Aisch, wo noch heute in der Martinskirche ein Epitaph an ihn erinnert. Brunner wurde zum ersten großen Hauptdarsteller der Bayreuther Pressegeschichte, die 1993 von Wilfried Engelbrecht erstmals ausführlich gewürdigt wurde. Aus der Vielfalt der Zeitungstitel und Details können wir im folgenden nur auf die wichtigsten eingehen.

Die Geburtsstunde der Bayreuther Zeitungen schlug am 13. Februar 1736. An diesem Tag erschien ein Nachrichten- und Informationsblatt, das den umständlichen Titel „Bayreuthische Policey-, Commercien, und andere dem Publico dienliche Zeitungen" trug. Als „Bayreuther Intelligenzzeitung" bestand dieses Nachrichtenblatt, das in gewisser Weise ein Vorläufer der Amtsblätter war, bis 1808. Seinen Namen erhielt es nach den über England und Frankreich auch nach Deutschland verbreiteten „Intelligenzbüros", wo man anfangs diverse Nachrichten in aufliegenden Blättern einsehen und lesen konnte, bis ab 1720 in Preußen ein Intelligenzblattzwang eingeführt wurde und man zum gedruckten und in größerer Auflage erscheinenden Intelligenzblatt überging.

1738 erhielt Brunner vom Markgrafen das Privileg für den Druck einer regelmäßig erscheinenden „ordentlichen Postzeitung". Unter dem Titel „Bayreuther Zeitungen" und mit dem fürstlichen Wappen im Zeitungskopf lieferte sie den Bayreuthern auf einigen Seiten im Quartformat meist politische Nachrichten aus anderen Ländern und Residenzen, die (manchmal mit wochenlanger Verspätung) auf dem Postweg oder durch Boten in das Zeitungskontor gelangt waren. Sie erschien an drei Wochentagen. Einen Lokalteil besaß sie noch nicht.

In den folgenden Jahren wurden in Bayreuth und im Fürstentum noch mehrere Versuche mit Zeitungen und Zeitschriften unternommen. Obwohl Brunner wiederholt Klage darüber führte, daß er zuwenig Abonnenten habe, weil sich viele Bayreuther angeblich fremde Gazetten hielten, die einheimische Zeitung aber lieber kostenlos bei guten Freunden lasen, konnten sich die „Bayreuther Zeitungen" doch behaupten. Brunner probierte es auch mit Zeitungen in französi-

Titel der Bayreuther Moralischen Wochenschrift (1751)

scher Sprache. 1741 erschien die „Gazette de Bareith". „Merkwürdige Begebenheiten" aus aller Welt versprachen die ab 1754 ebenfalls in Bayreuth gedruckten „Evénemens intéressans". Da aber der drucktechnisch und wohl auch hinsichtlich der Sprachkenntnisse dafür nicht gerüstete Hofbuchdrucker Dietzel den Fortdruck ablehnte, wurde dieses Blatt schon bald in Erlangen gedruckt, erschien aber weiterhin auf Kosten und im Auftrag des Büros der „Gazette de Bareith".

1751 wagte ein Unbekannter durch ein Konkurrenzblatt einen Einbruch in Brunners kleines „Zeitungsimperium". Die neue Zeitschrift, die Brunners Unmut auslöste, war den Moralischen Wochenschriften zuzuordnen, schlug einen kritischen Ton an, ist uns aber nur in zwei Nummern überliefert. In Anlehnung an den englischen „Mirror" war sie die erste deutsche Zeitschrift mit dem Titel „Der Spiegel". Indirekt erlaubte sich der ungenannte Herausgeber, auch dem Bayreuther Hof mit seiner Verschwendungssucht einen Spiegel vorzuhalten. Bei prominenten Lesern fand „Der Spiegel" offenbar wenig Anklang, und eine Breitenwirkung konnte er nicht erzielen. Er verschwand so schnell, wie er gekommen war.

Die Gründung der Freimaurerloge 1741

Nachdem 1737 in Hamburg die erste deutsche Freimaurerloge gegründet worden war, hatte sich der preußische Kronprinz wenig später offen zum Freimaurertum bekannt. In seine auf Schloß Rheinsberg gegründete Loge wurde 1740 der Bayreuther Markgraf Friedrich zusammen mit seinen beiden Begleitern, dem Oberstleutnant Friedrich Wilhelm von Gleichen-Rußwurm und dem Geheimen Rat und Leibarzt Dr. von Superville, aufgenommen. Bereits am 21. Januar 1741 gründete der Bayreuther mit diesen Männern in seiner Residenzstadt eine streng elitäre Schloßloge, in der als Unterhaltungs- und Schriftsprache nur Französisch zugelassen war. Als Räume wurden ihr im 2. Stock des heutigen Alten Schlosses, und zwar im später ausgebrannten und nicht mehr errichteten mittleren Verbindungstrakt, einige Zimmer zugewiesen. Der Markgraf wurde der erste Großmeister, Gleichen-Rußwurm 1. Aufseher und Superville Schatzmeister und Schriftführer. Atheisten wurden nicht aufgenommen, über Politik und Religion durfte nicht diskutiert werden. Wohl aber widmete man sich den Fragen zur Verbesserung der Gesellschaft und der allgemeinen Sitten sowie der Pflege von Kunst und Wissenschaft.

Schon im Dezember 1741 trat neben die Schloßloge eine zweite, die sogenannte „Stadtloge", in der auch deutsch geredet werden durfte. Ihre Mitglieder trafen sich im Gasthof „Zum Goldenen Adler" (Reichshof) am Markt. Gleichen-Rußwurm wurde ihr erster Obermeister. Als „Freimaurer-Bauhütte" für eine schönere Zukunft konnte sie sich besser verständlich machen, aber auch sie bestand in der Hauptsache aus adeligen Mitgliedern. Es fanden sich in ihr aber auch namhafte Bürgerliche: Der Musiker Johann Pfeiffer, Kompositionslehrer der Markgräfin, war ihr Mitbegründer, auch der Hofprediger Johann Christian Schmidt und der Kämmerer Liebhardt traten dieser Loge bei. Nach dem Brand des Schlosses 1753 vereinigten sich beide Logen zur Bayreuther Großloge „Zur Sonne".

Die Friedrichsakademie 1742

Ein bildungspolitischer Markstein ersten Ranges wurde die Gründung der nach dem Markgrafen benannten „Academia Fridericiana". Anläufe zu einer Bayreuther Hochschule und Landesuniversität hatte es seit Luthers Zeiten wiederholt gegeben. Die Aufhebung der Heilsbronner Fürstenschule 1736 und der Verfall der Erlanger Ritterakademie legten die Notwendigkeit einer neuen Bildungsstätte in der Residenz nahe. Entstehen konnte diese jedoch nur, weil der Landesherr und die Markgräfin auch den Mann fanden, der willens und fähig war, eine solche Institution zu verwirklichen. Dieser Mann war Daniel von Superville, der 1696 als Sohn eines Hugenotten in Rotterdam geborene Mediziner, der seit 1726 Professor für Anatomie und Chirurgie in Stettin war und durch Heilerfolge bei König Friedrich Wilhelm I. in Berlin bekannt wurde. Als Wilhelmine 1738 einen Arzt benötigte, schickte ihr Kronprinz Friedrich diesen Mann nach Bayreuth. Am Bayreuther Hof wurde er der Leibarzt des Markgrafenpaares, bald wegen seiner über das rein Fachliche weit hinausgehenden Kenntnisse auch Geheimer Rat, Direktor des Bergwesens und Direktor des Gymnasiums Christian-Ernestinum.

Als Inhaber des letztgenannten Amtes faßte er den Gedanken, das Gymnasium, das bisher die Vorbildung für die künftigen Pfarrer und Beamten im Fürstentum vermittelt hatte, zu einer Akademie auszubauen. In völliger Übereinstimmung mit dem Markgrafenpaar sollte die künftige Schule für eine umfassendere Bildung der Landeskinder sorgen. Trotz Finanzierungsschwierigkeiten und des Widerstands in streng konservativen Kreisen gewann der Plan bald feste Umrisse. Am 14. März 1742 wurde der Stiftungsbrief veröffentlicht. In ihm war zu lesen, daß man bisher bei dem teuren Studium der Landeskinder an außerhalb des Markgraftums gelegenen Orten viele „Ignoranten und untüchtige Subjecta" zurückbekommen habe, weshalb man gewillt sei, „eine Academie in unserer Residenzstadt Bayreuth zu errichten, dergestalt, daß daselbst nicht nur allein alle höheren Disciplinen und Wissenschaften ordentlich und vollkommen dociret und profitiret, sondern auch die französische Sprache und Exercitia als Reiten, Fechten und Tanzen gründlich excoliret werden können".

Am 21. März 1742 fand in der Aula des Gymnasiums, d. h. im ersten Stock der alten Lateinschule, die feierliche Einweihung statt, zu der die markgräfliche Familie, der gesamte Hofstaat und die Räte der fürstlichen Behörden erschienen. Anwesend waren außer den neuernannten Professoren auch 31 erstmatrikulierte Studenten, von denen man 24 einfach aus der Oberklasse des Christian-Ernestinums übernahm. Nach dem musikalischen Auftakt, für den Hofkapellmeister Pfeiffer eine eigene Komposition mit italienischem Text zum Vortrag brachte, hielt Superville die Eröffnungsrede in lateinischer Sprache. Er dankte dem Landesherrn und führte den ersten Rektor, Theologieprofessor Samuel Kripner, in sein Amt ein. Nachdem auch den anderen Professoren ihr Amt übertragen worden war, erteilte Superville den Studenten die Erlaubnis, als Zeichen ihrer akademischen Zugehörigkeit einen Degen zu tragen, forderte sie aber zugleich auf, sich so zu benehmen, wie es ernsthaft Studierenden zukomme und zur Ehre der Wissenschaften gereiche. Markgräfin Wilhelmine huldigte er mit einer kleinen französischen Ansprache. Nach einer lateinischen Rede des neuen Rektors wurden Gedächtnismünzen verteilt und die Feier mit einem Tedeum beschlossen.

Die neue Hochschule hatte eine theologische, philosophische, medizinische und juristische Fakultät. Es war Superville auch gelungen, tüchtige Lehrer zu gewinnen. Aus Bayreuth selbst stammten der Mediziner Kasimir Christoph Schmidel (1718 – 1792), von vielen als einer der führenden Ärzte in Deutschland betrachtet, und German August Ellrod (1709 – 1760), ein Bruder des Ministers Philipp Andreas von Ellrod(t), „berühmt als trefflicher Humanist, großer Redner, ungemeiner Moralist und guter Theologus".

Da die Akademie noch über kein eigenes Gebäude verfügen konnte, erwarb der Markgraf das erst 1738 errichtete Gebäude Friedrichstraße 15 (Postei), wo man sofort die Hörsäle und die Anatomie einrichtete und auch eine Sternwarte vorsah.

Das Gymnasium Christian-Ernestinum sollte auf die Akademie vorbereiten und blieb Superville als Direktor weiterhin unterstellt. Die Professoren hatten den Unterricht zu überwachen. Schon der Stiftungsbrief für die Friedrichsakademie ließ keinen Zweifel daran, daß der Markgraf und Superville den Ausbau zu einer Universität anstrebten. Für eine solche fehlten

Oben: Markgraf Christian und seine Gemahlin Maria, von Heinrich Bollandt 1625 (Universitätsbibliothek Bayreuth, Kanzleibibliothek)

Mitte: Die älteste farbige Stadtansicht, ein Gemälde auf der Predella des Küffnerschen Epitaphs (heute in der Stadtkirche). Links ein von der Stadt kommender Leichenzug vor der alten Gottesackerkirche am Stadtfriedhof

Rechts: Schnitzrelief am Küffnerschen Epitaph mit einer Darstellung der Heiligen Drei Könige (um 1520)

Links oben: Markgräfin Wilhelmine um 1750 nach Antoine Pesne (Schloßverwaltung Ludwigsburg, Staatl. Schlösser und Gärten)

Rechts oben: Markgraf Friedrich. Ölgemälde von Carl Johann Georg Reis, 1757 (Stadtmuseum Bayreuth)

Links unten: Siegelabdruck auf einem Schreiben des Direktors der Bayreuther Friedrichsakademie (Stadtarchiv Bayreuth)

Die Eremitage mit dem Sonnentempel im 19. Jahrhundert. Nach einem Stahlstich von Johann Poppel (1807 – 1882)

Das Markgräfliche Opernhaus

Oben: Der Italienische Bau am Neuen Schloß (Ölgemälde von Kurt Wilhelm 1989) – Unten links: Ein Teilstück des Markgrafenbrunnens von Elias Räntz: Die auf einem Stier reitende „Europa" überbringt dem Markgrafen Christian Ernst einen Lorbeerkranz – Unten rechts: Bayreuther Fayencekrug

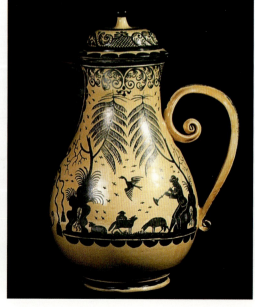

zunächst noch die kaiserlichen Privilegien. Als sie am 21. 2. 1743 von Kaiser Karl VII. verliehen wurden, konnte die Friedrichsakademie über die gleichen Rechte verfügen, wie sie die Universitäten Köln, Heidelberg, Halle und Göttingen besaßen: Man hätte alle akademischen Grade in Bayreuth erlangen können.

Schuld daran, daß die Friedrichsakademie in der Residenzstadt Bayreuth nur wenig länger als ein einziges Jahr bestand, waren weder der Markgraf noch die Organisatoren, auch nicht die Lehrtätigkeit der Professoren, sondern das Verhalten der Studenten. Neben den fleißig Studierenden, die dankbar die neueröffneten Möglichkeiten nützten, gab es bald auch einige junge Leute, die in der Öffentlichkeit unangenehm auffielen und die ganze Akademie in Verruf brachten. Obwohl die Zahl eigentlich niedrig blieb, lösten die Unruhestifter immer wieder neuen Ärger bei der Bevölkerung und am Hofe des Markgrafen aus. Gelage in den Wirtshäusern und in den Wohnungen waren an der Tagesordnung. Mit nur 31 Studenten war die Hochschule eingeweiht worden, 66 erreichte sie im ersten Jahr. Trotzdem gaben diese wiederholt Anlaß zu Beschwerden. Degentragende Studenten gerieten in Streit mit Offizieren, einfachen Soldaten, Hofleuten und auch Handwerkern. Raufereien und Ausschweifungen machten nachts die Straßen unsicher.

Eine öffentliche ernsthafte Ermahnung durch ein markgräfliches Edikt vom 10. 12. 1742 blieb ohne positive Resonanz. Die „Schulpurschen", wie die Bayreuther die Jungakademiker nannten, waren in der Bürgerschaft bald ziemlich verrufen. Der Markgraf ordnete daher die Verlegung nach Erlangen an. Am 4. Juli 1743 wurde die bereits mit Rechten einer Universität ausgestattete Friedrichsakademie geschlossen. Die Professoren und Studenten mußten nach Erlangen umziehen, wo am 4. November 1743 im Gebäude der Ritterakademie die neue Friedrichsuniversität eingeweiht wurde.

Bayreuth als Residenz der Markgräfin Wilhelmine

Von allen Bayreuther Fürstinnen die bedeutendste, hat Wilhelmine, die Tochter des preußischen „Soldatenkönigs" Friedrich Wilhelm I., auch von allen am meisten für die fränkische Hohenzollernresidenz am Roten Main getan. Als Lieblingsschwester Friedrichs des Großen hat sie 26 Jahre, mehr als die Hälfte ihres Lebens, in der Stadt verbracht, die ihr zum Schicksal wurde, seitdem sie dem väterlichen Befehl gehorchend den Bayreuther Erbprinzen Friedrich geheiratet hatte. Über zwei Jahrzehnte lang hat sie an dessen Seite und oft auch ganz eigenwillig die Residenzstadt mitbestimmt, das Stadtbild erneuernd mitgestaltet und anspruchsvolle höfische Kultur mit dem Namen Bayreuth verbunden. Es ist daher durchaus berechtigt, vom Bayreuth der Markgräfin Wilhelmine oder von der Wilhelmine-Ära zu sprechen, nur sollte man dabei nicht – wie nicht zufällig in der deutschen Kaiserzeit der Hohenzollern geschehen – den Bayreuther Landesherrn einfach als unbedeutenden Gemahl einer bedeutenden Frau abstempeln.

Als die 22jährige Erbprinzessin Wilhelmine 1732 in Bayreuth einzog, war das alte Stadtschloß im Inneren baulich und ausstattungsmäßig mehr als vernachlässigt, ja heruntergekommen. Über den desolaten Zustand berichtete Wilhelmine später in ihren Memoiren voll bitterer Ironie. Als aber der alte Markgraf 1735 die Augen schloß, ging das junge Markgrafenpaar mit großem Elan ans Werk, um aus der verschroben-altmodischen Duodezresidenz eine zwar kleine, aber feine und weltoffene Hauptstadt des Fürstentums zu machen. In wenigen Jahren vollzog sich die Hinwendung zum modernen Zeitstil. Das „Bayreuther Rokoko" wurde geboren, dessen eigenwillige dekorative Raffinessen wir vor allem in den beiden Schlössern der Eremitage, im Neuen Schloß in Bayreuth und in Schloß Fantaisie finden, die sich aber auch in Kirchenbauten und an Bürgerhäusern äußern sollten.

Wilhelmines Opernhaus

Das Bauwerk, das in der Stadt Bayreuth selbst neben dem Neuen Schloß wie kein zweites hauptsächlich auf Wilhelmine zurückgeht, von ihr initiiert und nach ihren Vorstellungen geplant und gebaut ist, wurde das Markgräfliche Opernhaus. Die Bauplanung einschließlich der dem Mittelbau des Neuen Schlosses ähnlichen Fassade lag in Händen von Joseph St. Pierre, einem Piemontesen, der nach Wilhelmines eigenen Worten die Quintessenz des italienischen und französischen Stils vereinigte. Das Opernhaus wurde zum europäischen

Kulturdenkmal ersten Ranges. Durch die innenarchitektonische Leistung der auch in Wien, Dresden und Berlin tätigen Galli-Bibiena (Vater und Sohn) entstand eines der schönsten Theater seiner Zeit, dessen Bühne mit 72 Metern Tiefe auch heute noch stark beeindruckt. Das Juwel des Ganzen wurde aber der Zuschauerraum, der als spätbarocker Festraum eine Schöpfung von einmaliger Pracht darstellt und bei den damals unter Kerzenlicht stattfindenden Aufführungen mit seiner überreichen Dekoration an Bildern, Vasen, Putten, Hermen und Engeln eine euphorische Feststimmung erzeugen konnte.

Wilhelmine hatte schon seit 1737 die Oberleitung der Bayreuther Oper. Das neue Opernhaus sollte die Krönung werden, mit der sie 1748 anläßlich der Hochzeit ihrer Tochter mit Herzog Karl Eugen von Württemberg alle Gäste überraschen wollte. Auch der Preußenkönig war dazu geladen; es kamen freilich nur seine jüngeren Brüder. Bei seinem letzten Aufenthalt in Bayreuth 1754 besuchte Friedrich der Große auch das Opernhaus, als Wilhelmine hier die Oper „L'Huomo" mit der Musik von Andrea Bernasconi aufführen ließ. Das Textbuch hatte sie selbst nach einer älteren Vorlage verfaßt.

Über der Fürstenloge des Opernhauses erinnert noch heute eine Inschrift an die Muse Bayreuths: „Pro Friederico et Sophia", für Friedrich und Friederike Sophie Wilhelmine war das Haus gebaut, in dem ihr königlicher Bruder die von ihr komponierte Cavatine vom „buon genio", vom guten Geist der Menschen, erstmals hörte.

Es wäre bei der Vielseitigkeit Wilhelmines noch vieles zu nennen, was sie in und für Bayreuth geleistet hat. Neben der Innenarchitektin wäre auch die Gartengestalterin von Format zu würdigen. Erich Bachmann hat sie als „wahrscheinlich die bedeutendste, sicher aber die originellste Gartenkünstlerin Deutschlands im zweiten Drittel des 18. Jahrhunderts" bezeichnet. Im Hofgarten, dessen Planung und Ausführung freilich von beauftragten Fachleuten vorgenommen wurden, hat sie ganz nach ihrem Geschmack den sog. „Indianischen oder Mohrengarten" anlegen lassen, jenen Teil, der vor dem Italienischen Bau des Schlosses wieder landschaftsgärtnerisch nachgestaltet worden ist. Einen intimen Privatgarten besaß sie im nördlichen Teil der Hofgartenanlagen in der Nähe des heutigen Verwaltungsbaus. Dieser Bezirk war ein vom übrigen Park abgetrennter, für Fremde unzugänglicher botanischer Garten mit seltenen exotischen Gewächsen. Als „Hoheitengärtlein" lebt er im Bewußtsein der alten Bayreuther heute noch fort.

Wilhelmine wäre aber nicht das geworden, was sie über ihre stadtgeschichtliche Rolle hinaus noch heute bedeutet, sie hätte die geographische und zeitliche Fernwirkung nicht erreicht, wäre sie nicht als Schriftstellerin tätig gewesen. Diesem Sachverhalt muß man jedoch unbedingt hinzufügen, daß sie abgesehen von ihren Aktivitäten für Oper und Singspiel gar keine Veröffentlichung ihrer Schriften wünschte und dies zu ihren Lebzeiten auch nicht zuließ. Ihre berühmtberüchtigten Memoiren, die sie auf französisch verfaßte, waren mit dem ausdrücklichen Vermerk versehen, daß sie nicht publiziert werden sollten. Erst 1810 sind sie im Druck erschienen und seitdem auch in deutscher Übersetzung mehrmals nachgedruckt worden. Diese Lebenserinnerungen reichen allerdings nur bis 1742, behandeln also nur das erste Bayreuther Jahrzehnt. Sie galten aber als sensationelle Enthüllungen über die Zustände am Berliner Hof zur Zeit ihres Vaters, des „Soldatenkönigs", und haben mit ihren bitterbösen und ironischen Übertreibungen für Aufsehen gesorgt. Eine französische Ausgabe von 1967, zu der ein Mitglied der Académie Française das Vorwort schrieb, nennt Wilhelmine eine „wilde, realistische und mitleidlose Memoirenschreiberin".

Ganz anders die Briefschreiberin Wilhelmine. Die ausführliche Korrespondenz mit ihrem Bruder, dem Kronprinzen und späteren König, wurde Ausdruck lebenslanger freundschaftlicher Verbindung, die trotz der zeitweiligen Krise in ihren Beziehungen zu einer bis heute aufschlußreichen kulturgeschichtlichen Quelle geworden ist. Hinterlassen hat uns Wilhelmine auch noch ein Tagebuch von ihrer großen Reise durch Frankreich und Italien (1754/55). Als Tagebuchautorin bleibt sie freilich nüchtern und trocken. Aber sie hielt knapp und sachlich alle nennenswerten Details von Sehenswürdigkeiten und Begegnungen mit großer Genauigkeit fest und bewies mit diesem Dokument die große Variationsbreite ihres Denkens und Schreibens.

Ihre Memoiren werden auch heute immer noch gedruckt. Überrascht von dem guten Französisch schrieb im 19. Jahrhundert der bedeutende französische Literaturkritiker Sainte-Beuve: „Das ist ein französischer Schriftsteller mehr!" Dieses hohe Lob läßt sich zwar nicht mehr voll aufrechterhalten, da man nach heutiger Textkritik von stilistischer und formaler Überarbeitung ihrer Lebenserinnerungen ausgehen muß. Trotz dieser nötigen Einschränkungen bleibt Wilhelmine als Autorin aber das, was Sainte-Beuve seiner Bewunderung hinzufügte, eine Autorin, die „unsere ganze Aufmerksamkeit verdient".

Die Eremitage

Der von Markgraf Georg Wilhelm 1715 – 1719 mit einem Schloß ausgestattete Park bei St. Johannis gehörte in der Markgrafenzeit nicht zum Stadtgebiet. Daß wir ihn 1745, ebenso wie St. Georgen mit dem „Brandenburger See", auf Johann Adam Riedigers Spezialkarte der Residenz Bayreuth eingezeichnet finden, demonstriert aber zur Genüge, welch große Rolle beide Orte für die Bayreuther Hofgesellschaft spielten. Als Sommerresidenz und Lustschloß gehörte die Eremitage auch zum Besuchsprogramm für prominente Gäste. Erwähnt seien hier nur Friedrich der Große und Voltaire. Von der Stadt aus konnte man die Eremitage mit einem Zwei- oder Vierspänner leicht in einer halben Stunde erreichen. Als „Königsweg" führte eine neue Straße über die Dürschnitz zu Wilhelmines Landsitz. Der Name Königsallee erinnert noch heute an die Besuche des preußischen Königs (1740, 1743 und 1754) und an die enge Verbindung zwischen Residenzstadt und Sommerschloß. Da die Eremitage nach 1810 auch im Königreich Bayern auf staatliche Denkmalpflege nicht verzichten mußte, ist trotz mancher Veränderungen die Gesamtanlage im wesentlichen erhalten geblieben.

Das Interesse Wilhelmines für den Eremitagepark reicht bis in ihr erstes Bayreuther Jahr zurück. Markgraf Georg Friedrich Karl, ihr Schwiegervater, schenkte ihr das Landhaus am Rande des Parks, das sie „Monplaisir" nannte. Nach seiner Regierungsübernahme erhielt sie von ihrem Gemahl, Markgraf Friedrich, schon 1735 die gesamte Eremitage mit Schloß und Park als Geburtstagsgeschenk. Bereits 1736 begann Wilhelmine, dem Schloß Georg Wilhelms zwei Anbauten hinzuzufügen. In dem für sie selbst vorgesehenen Damenflügel richtete sie sich originell und stilvoll ein. Der größte und auch als Gesellschaftstreffpunkt dienende Raum wurde am prächtigsten ausgestattet: das Musikzimmer. Es gilt mit Recht als Juwel des Bayreuther Rokoko. Neben dem Musikzimmer war Wilhelmines Lese- und Schreibkabinett der Raum für ihre schöpferischen Mußestunden. Hier schrieb sie ihre berühmt-berüchtigten Memoiren.

Zum glanzvollen architektonischen Höhepunkt der gesamten Parkanlage gestaltete Wilhelmine von 1749 – 1753 das Neue Schloß mit dem Sonnentempel. Hatte sie schon beim Erweiterungsbau des alten Eremitageschlosses mit ihrem Bruder gewetteifert, der gleichzeitig in Rheinsberg in der Mark Brandenburg am Werke war, so wurde sie hier erneut als Bauherrin zu einer Konkurrentin ihres Bruders. Dieser hatte 1747 in Potsdam Schloß Sanssouci als privaten Ruhesitz beziehen können. Was seine Bayreuther Schwester an Grandiosität nicht überbieten konnte, das suchte die ehrgeizige Markgräfin im kleineren Rahmen durch Originalität und Geschmack auszugleichen. Das nach Plänen von Joseph St. Pierre erbaute Neue Schloß der Eremitage wurde ein unübertrefflicher Glanzpunkt in der Reihe deutscher Orangerieschlösser des 18. Jahrhunderts. Mit seinen drei isoliert stehenden Bauten, dem „Sonnentempel" und den beiden halbkreisförmig angereihten Arkadengängen, beherrscht das Neue Schloß das unterhalb der Freitreppe liegende Parterre und den gesamten Park. Mittelpunkt ist aber das große Bassin, in dem Tritonen, Putten, Delphine und Fabelwesen (Bildhauerarbeiten von Johann Gabriel Räntz und Johann Schnegg) 56 Fontänen zum Schauspiel der Wasserkünste vereinigen. Der Sonnentempel und die beiden Flügelbauten haben durch Verwendung von Tuffgestein und Inkrustination (Einlegearbeit) verschiedenfarbiger Steinchen und Glasstückchen eine besondere Note erhalten. Der Kuppelbau des Sonnentempels ist dem Licht- und Sonnengott Apollo geweiht. Er wird gekrönt von einem goldenen Sonnenwagen.

Im Zeitalter des fürstlichen Absolutismus war es üblich, daß sich der Herrscher als Apoll verherrlichen ließ. Auch im alten Eremitageschloß waren die Darstellungen Apolls Anspielungen auf den Markgrafen, die eine Glorifizierung des Fürsten zum Ziele hatten. Wenn Wilhelmine diesem Zeitgeist Rechnung trug, ist damit nicht gesagt, daß sie als Bauherrin nur ihrem

Gemahl ein Denkmal schaffen wollte. Hatte doch ihr Bruder Friedrich bei seinem Besuch 1743 den Wunsch geäußert, den er sogar in Versen wiedergab: „Diese Stätte laß ewiglich uns zum Tempel der Freundschaft weihn!" Es ist daher nicht unbegründet, das Neue Schloß der Eremitage als Wilhelmines Huldigung an Friedrich den Großen zu verstehen. Freilich sollte man auch eine allgemeinere Deutung nicht ausschließen. Wilhelmine lieferte selbst den Beweis, daß ihr solches Denken nicht fremd war. In ihrer Oper „L'Huomo" („Der Mensch"!) triumphiert das Licht über die Finsternis. Der Sieg des Lichts, symbolisiert durch Apoll, entsprach dem Optimismus des Aufklärungszeitalters. Auch die Neue Eremitage trägt als Kunstwerk diese Hoffnung weiter: Sie ist eine Manifestation des über die Finsternis siegenden Lichtes.

Schloßbrand 1753

Am 26. Januar 1753 brach abends nach 8 Uhr im (Alten) Schloß ein Brand aus, dem nahezu das gesamte Bauwerk zum Opfer fiel. Im obersten Stock des vom Markgrafen bewohnten Flügels, der damals noch einen geschlossenen Trakt im Innenhof zur Mainaue hin bildete, befand sich ein Gemäldekabinett des Fürsten. Wie berichtet wird, hat der Markgraf vergessen, eine Kerze zu löschen, als er den Raum verließ. Das Feuer breitete sich mit Windeseile aus. Die Brandbekämpfung, in dieser Zeit ohnehin noch eine recht hilflose Sache, war äußerst erschwert, weil nur primitive Spritzen zur Verfügung standen, das Wasser rasch gefror und der Feuerwehreinsatz im wesentlichen dem Militär überlassen blieb.

Der Markgraf ließ schließlich im Schloßhof Artillerie auffahren und eine Bresche zwischen den im Brand stehenden Schloßbereich und den noch unversehrten Westteil schießen. Ein Übergreifen auf den westlichen Flügel und damit auf die Stadt wurde dadurch verhindert. In der einen Nacht wurde der ein geschlossenes Viereck bildende ältere Schloßbereich mit Schloßkirche und Schloßturm ein Opfer der Flammen. Nur die Gemäuer blieben teilweise stehen. Der Markgraf verlor nahezu alles, was er an persönlichem Hab und Gut besaß. Markgräfin Wilhelmine konnte hingegen neben ihrem wertvollsten Mobiliar auch ihre Bücher, Noten und Instrumente ziemlich vollständig in Sicherheit bringen lassen.

Der Wiederaufbau wurde sofort erwogen, besonders auch von Friedrich dem Großen befürwortet. Obwohl auch schon Baupläne vorlagen, zog man es jedoch vor, so bald wie möglich an anderer Stelle einen Neubau erstellen zu lassen. Bei der späteren Wiederherstellung blieb der Mitteltrakt als Provisorium bis heute zurück. Das Alte Schloß hatte als Residenz ausgedient. Auch der Schloßturm erhielt wieder ein Dach: Es wurde ein schlichtes Behelfs- und Zweckdach.

Die Schloßkirche

Durch den Schloßbrand 1753 war auch die unter Markgraf Christian Ernst errichtete Schloßkirche zerstört. Es wird berichtet, daß man an der Brandstätte in der Nähe des Altars eine unversehrte Bibelseite mit dem Mosetext fand: „Und dieser Stein, den ich als Malstein aufgerichtet habe, soll ein Gotteshaus werden." Sicher hat diese merkwürdige Begebenheit dazu beigetragen, daß die neue Schloßkirche wieder am gleichen Platz errichtet wurde. Noch 1753 konnte das Richtfest für den Neubau gefeiert werden.

Als Architekt gilt Joseph St. Pierre, der Erbauer des Opernhauses. Der vorher in Ludwigsburg tätige neue Leiter des Hofbauamts hatte wenige Jahre vorher auch den Neubau der Spitalkirche geleitet. Er gestaltete die Schloßkirche im Stil einer evangelischen Markgrafenkirche: Sie erhielt einen Kanzelaltar und eine große Fürstenloge. Den Stuck schuf Giovanni Battista Pedrozzi, der abstrakte Rocailleformen kunstvoll mit Rankenwerk und figürlichem Schmuck vermischte. Leicht zu erkennen sind drei Engelchen an der Deckenmitte: Mit den Beigaben Kreuz, Ring und Anker personifizieren sie die christlichen Tugenden Glaube, Liebe und Hoffnung. Drei Deckengemälde des Hofmalers Wilhelm Ernst Wunder stellten Geburt und Himmelfahrt Christi sowie die vier Evangelisten dar. Leider sind diese Gemälde nicht mehr erhalten. Verschwunden sind auch Kanzelaltar und Fürstenloge. Als Pfarrkirche der katholischen Gemeinde (seit 1813) erhielt die Schloßkirche einen Hochaltar, den eine Madonna mit einem traubentragenden Jesuskind ziert: die Traube als Symbol für Glück und Freude im diesseitigen und jenseitigen Leben. Den Platz der alten Fürstenloge nimmt eine Orgel ein. Unter dieser befindet sich die von Carl von Gontard erbaute klassizistische Grabkapelle, die die Sarkophage des Markgrafen Friedrich und seiner Gemahlin Wilhelmine und 1780 auch den ihrer Tochter aufnahm.

Das Neue Schloß

Am 6. Juli 1753 erklärte Markgraf Friedrich, daß er nach der „Einäscherung des Residenzschlosses in die Notwendigkeit gesetzt sei, sein Unterkommen in anderen konvenablen Häusern zu suchen und solche zum neuen Schloß einrichten zu lassen". Der leitende Architekt für den Schloßbau wurde Joseph St. Pierre, der schon seit 1744 mit der Platzgestaltung an der Rennbahn begonnen hatte. Hier war am Rand des Hofgartens die Reformierte Kirche vor ihrer Fertigstellung. Nördlich von dieser standen bereits das dazugehörige Predigerhaus und das Haus des 1747 verstorbenen Hofrats Haag. Südlich grenzten an die Kirche das Palais des Kammerdirektors Adam Anton von Meyern und ein weiteres Bürgerhaus. Der Hofarchitekt wurde nun vor die Aufgabe gestellt, soweit möglich unter Beibehaltung der schon vorhandenen Bausubstanz kostensparend einen Schloßneubau zu errichten.

Gemessen an diesen Auflagen gelang ihm sein Werk sogar recht gut, wenn es auch eine Kompilation bleiben mußte, die nicht alle Forderungen der Symmetrie und Regularität erfüllen konnte. Der Saalbau der Kirche wurde für den Mitteltrakt verwendet, der den großen Festsaal erhielt, zu dem man über ein großes Treppenhaus gelangt. Der vorspringende Mittelrisalit nimmt genau die Breite der Reformierten Kirche ein, erhielt drei Toreinfahrten, Balkon und eine Balusterattika mit Skulpturenschmuck: Die sechs Statuen sollen Prudentia (Klugheit), Fortitudo (Tapferkeit) und die vier Elemente darstellen.

Während die Front zum Schloßplatz an der heutigen Ludwigstraße bei den genannten Schwierigkeiten einen relativ hohen Grad von Geschlossenheit erreichte, begnügte man sich auf der Hofgartenseite mit einer weit weniger anspruchsvollen Verbindung der vorhandenen Gebäude. Zumindest zur Seite des Markgrafenbrunnens hin wurde aber das Neue Schloß zum repräsentativen Bauwerk der markgräflichen Residenz. Hans Hubert Hofmann, der ein Buch über „Burgen, Schlösser und Residenzen in Franken" (1961) schrieb, bezeichnete den Stil als „barocken Klassizismus französischer Prägung". Mit seiner Meinung, daß sich der barocke Markgrafenbrunnen des Elias Räntz mit dem Stil des Schlosses nicht recht vertrage, steht er nicht allein. Härter urteilte noch Friedrich der Große, der bei seinem letzten Besuch 1754 den Schloßneubau überhaupt nicht besichtigte. Seine Ablehnung soll er mit dem Ausspruch verbunden haben: „Weiß schon, (es ist ein) Schafstall!"

Hätte der Preußenkönig die Innenaustattung des Neuen Schlosses gesehen, wäre sein Urteil sicher anders ausgefallen. Während sich der Markgraf im Südflügel neben den Repräsentationsräumen seine Wohnung einrichtete, bezog seine Gemahlin Wilhelmine den Nordflügel. Über ihre eigenen Wohnräume schrieb sie an ihren Bruder: „Ich habe mir das Vergnügen gemacht, den Plan meines ‚Palastes' selbst zu entwerfen. Er ist zwar puppenhaft, wird aber sehr bequem."

Wenn man, vom großen Festsaal kommend, die drei Gobelinzimmer durchschritten hat, steht man überrascht in einem Raum höchst exquisiter Prägung, im Spiegelscherbenkabinett. Anders als im Spiegelkabinett der Eremitage befinden sich aber die Spiegel nur an der Decke. An den Wänden waren bei der Ersteinrichtung nicht die jetzigen Porträts, sondern drei Pastelle aufgehängt, die Wilhelmine selbst gemalt hat, vielleicht die erhaltenen Bilder der Lukrezia, Kleopatra und Pero, die jetzt im Bilderzimmer des Markgrafenflügels hängen. Damit hatte Wilhelmine dem Raum einen tragisch-heroischen Akzent gegeben, von dem aus man vielleicht auch das Thema der Stuckdecke verstehen kann. Zunächst blickt man verwirrt auf das irrealistisch-phantastische Programm mit Chinoiserien, Delphinen, Löwen und Drachenköpfen. Spiegel bizarren Zuschnitts und wechselnder Größe werden als Bildelemente verwendet. Eine Frauengestalt in einem sänfteartigen Gefährt wird von knienden Chinesen in devoter Haltung verehrt. Unter den Menschen und dem Land- und Wassergetier ist diese Frau zweifellos die zentrale Figur, wahrscheinlich Kuan Yin, die Göttin der Barmherzigkeit.

Als Meister der Stuckdecke gilt wie auch in vielen anderen Räumen des Neuen Schlosses der vom Luga-

Das Neue Schloß (Nach einer Zeichnung von Heinrich Stelzner um 1860)

ner See kommende Jean Baptiste Pedrozzi, der seine auch in Bayreuth tätigen Kollegen Andrioli und Albini an Ideenreichtum und Können weit übertrifft. Er erscheint in Bayreuth um 1750, nachdem er seine Kunst schon jahrelang an anderen Höfen zur Reife entwickelt hat. Als genialer Verzauberer der Räume gibt er dem Bayreuther Rokoko die besondere Note. Die Rocaille tritt mehr und mehr zurück. Naturalistische und phantastische Ornamente in immer neuen Kombinationen überraschen den Besucher, die Wände blühen im Japanischen Zimmer, Ranken hängen frei in den Raum, fliegende Vögel beleben die Phantasienatur.

Das Neue Schloß hat gleich zwei Musikzimmer, von denen das ältere durch ein Flair besonderer künstlerischer Extravaganz ausgezeichnet wird. Abwechselnd höher und tiefer angebrachte Stuckrahmen zeigen im Brustbildformat Pastellporträts von Sängern, Balletttänzern und Schauspielern, die am Hofe glänzten: eine Bayreuther Starparade! Drei Pastelle, die der Kastraten Zaghini und Leonardi und der Sopranistin Cellarina, sind Werke des schwedischen Rokokomalers Alexander Roslin. Etwas einsam nimmt sich unter den Komödianten und Virtuosen ein Schriftsteller aus, den man an Feder und Buch erkennt: Es ist Voltaire!

Über den Bilderrahmen sehen wir goldene Lorbeerkränze. Voltaire wird damit gewissermaßen zum „poeta laureatus" des Bayreuther Hofes. Naturalistische Blütengirlanden schwingen sich von Bild zu Bild. Wieder ist es Pedrozzi, der unter völligem Verzicht auf die Rocaille den festlichen Raum gestaltet hat, in dem die Farben Weiß und Gold herrschen. Musikalische Trophäen wachsen aus den Bilderrahmen, in der Hohlkehle der Decke hängen Flöten, Violinen, Celli, Lauten, Trommeln und Trompeten. Das Deckengemälde Wilhelm Wunders zeigt den leierspielenden Orpheus, dem die Tiere lauschen.

Im Südflügel des Schlosses, dem das alte von Meyernsche Palais inkorporiert wurde, liegen die Audienz- und Staatszimmer sowie die Wohnräume des Markgrafen. Eine der eigenwilligsten und bedeutendsten Schöpfungen des Bayreuther Rokoko ist das Palmenzimmer, an dessen Festtafel sich einst die illustre Hofgesellschaft versammelte. Nach Ideen der Markgräfin gestaltete Hofschreiner Johann Spindler die Wandvertäfelung aus Nußbaum. „Eine solche Bevorzugung des inländischen Nußholzes, das auf einfache Weise vergoldet wird, gegenüber exotischen Hölzern wie z. B. der Zeder, die etwa durch Appliken aus feuervergoldeter Bronze eine weitere Veredelung erfahren, kann als Charakteristikum der Bayreuther Hofkunst gelten: Das Stilprinzip resultiert aus erzwungener Sparsamkeit." So urteilt Lorenz Seelig in seinem Buch über die Kunst am Bayreuther Hof.

Im Sockelbereich der Wände wachsen Schilf und Blumen. Künstliche Palmen gliedern wie Säulen die Wand. Darüber wölbt sich im Plafond ein zartblauer Himmel, mit Stuck von Pedrozzi belebt, der fernöstliche Fabelwesen aus dem südländischen Palmenhain auftauchen läßt und damit eine phantastische Impression schafft. Vor allem nachts, wenn flackerndes Kerzenlicht den Raum ins Unwirkliche rückt, wird eine zauberhafte Stimmung erzeugt, die das Markgrafenpaar an die Nächte in Italien erinnern konnte, die es auf seiner großen Reise erlebt hatte. Mit den ostasiatischen Elementen wird darüber hinaus wohl auch noch ein Stück der weiten, unbekannten Welt in den kleinen Raum eingefangen und reflektiert. Was hätte wohl ein Menzel daraus gemacht, wenn er nach dem Flötenkonzert in Sanssouci ein Festmahl im Bayreuther Palmenzimmer gemalt hätte!

Kaum weniger bemerkenswert ist das angrenzende Spalierzimmer, in dem man glaubt, in einer Gartenlaube zu sein. Insgesamt gibt es nicht weniger als sechs Garten- und Spalierzimmer im Neuen Schloß!

Der Italienische Bau

Ein Jahr nach dem Tod Wilhelmines heiratete Markgraf Friedrich 1759 die Braunschweiger Prinzessin Sophie Karoline Marie, die eine Nichte Wilhelmines und Schwester der Anna Amalia von Weimar war. Für diese zweite Gemahlin ließ der Markgraf von Carl Gontard und Rudolf Heinrich Richter ein Gartenschlößchen errichten, das sich mit seiner schönsten Seite zum Hofgarten hin öffnet. Es wurde erst nach dem Tod des Markgrafen mit dem Schloß verbunden. Mit seiner verputzten Außenfassade war es nach der Zeit der Sandsteinquader für Repräsentativbauten eines der ersten Gebäude dieser Art. Obwohl zur Dekoration noch Rocaillekartuschen verwendet wurden, ist der Italienische Bau bereits stark dem Klassizismus verpflichtet. Die Innenausstattung wird aber noch wesentlich vom Bayreuther Rokoko bestimmt. Den letzten Raum im Erdgeschoß, das Blumenkabinett, rechnete Erich Bachmann, der Erforscher und langjährige Betreuer der Bayreuther Schlösser, „zu den vollkommensten Schöpfungen der Spätphase des Bayreuther Rokoko".

In den Wandfeldern wechseln Spiegel und Bilder miteinander ab. Blumenstücke des Hofmalers Wunder werden von der heiteren Stuckdecke mit Blütenranken überspielt, welche Schmetterlinge umgaukeln. Dieser Raum kennt keine fremdländischen Elemente. Rosen und Tulpen, Glockenblumen und Vergißmeinnicht blühen in ihren natürlichen Farben. Die einheimische Flora ist in das Zimmer eingedrungen, während umgekehrt die bildende Kunst ins Freie weiterwirkt: Eine Sandsteinplastik der zur Göttin gewordenen Flora träumt nur wenige Schritte vom Schlößchen entfernt zwischen den Blumen und dem Gebüsch des Hofgartens. Ursprünglich war der Flora sogar ein eigenes Tempelchen geweiht. Die Blumengöttin war eine Heilige des Rokoko. Am Hof Ludwigs XV. läßt sich eine Königstochter als Flora malen. Blumen galten als Metaphern der Anmut und Jugend. Auch Wilhelmine und ihre Tochter sind auf Bildern von Antoine Pesne mit Blumen und Blütengirlanden geschmückt zu lächelnden Schönheitsköniginnen geworden.

Die Kunstakademie

Den Anstoß zur Gründung einer markgräflichen Kunstakademie gab die große Italienreise des Markgrafenpaares 1754/55. Verbunden mit dem Besuch vieler Kunststätten war auch ein Besuch in der römischen Kunstakademie. Eine weitere Anregung kam aus Augsburg, wo 1755 eine Akademie der freien Künste und Wissenschaften entstanden war. Zum Akademiegebäude wurde das Adelspalais Meyern (Friedrichstr. 16) bestimmt, das der Markgraf für den neuen Zweck als geeignet ansah. Am 10. Mai 1756, dem

Geburtstag des Markgrafen, fand die Eröffnung statt.

Man feierte den Tag mit Gala, Cour, großer Festtafel und einer Opernaufführung. Erstaunlich, daß man schon im ersten Jahr 150 Akademieschüler zählen konnte, weit mehr als das Doppelte der Zahl, die an der Friedrichsakademie 1742/43 erreicht wurde. Auch der Geburtstag der Markgräfin, der 3. Juli, wurde als großes Akademiefest gefeiert. Schon sechs Wochen vorher hatte man einen Künstlerwettbewerb ausgeschrieben. Am Geburtstag selbst wurden durch eine Jury die Preisträger ermittelt. Ein Architekturschüler und ein junger Bildhauer erhielten Goldmedaillen, die eigens für diesen Tag geprägt worden waren. Ein begeisterter auswärtiger Gast berichtete ausführlich in der „Reisenden und correspondierenden Pallas", einer Augsburger Kunstzeitschrift, über die vorbildliche Bayreuther Einrichtung und ihre Tätigkeit. Georg Friedrich Seiler (1733 - 1807), der später als Erlanger Theologieprofessor und Schriftsteller bekannt wurde, besang die Residenz als „Baireuth, der Künste Sitz, da Friedrich regiert". Auch der begonnene Siebenjährige Krieg konnte das Fortbestehen der Kunstakademie nicht erschüttern, was einen Lehrer des Gymnasiums zu einer lateinischen Rede anspornte, in der er davon schwärmte, daß in Bayreuth die Künste in einer Zeit blühten, wo man allerorts zu den Waffen greife.

Über die Aufnahmebedingungen wird berichtet, daß jedermann Probearbeiten einreichen konnte. „Alles war hierdurch aufgemuntert, die Academie zu besuchen und das Zeichnen zu erlernen. Kinder von allen Ständen waren hier versammelt, die alles, was sie benötigten, unentgeltlich erhielten." Der Markgraf selbst war es, der besonders auf junge Talente achtete, indem bei seinen fast täglichen Besuchen sein Interesse „dem Taglöhnersohn in bloßen Füßen ebenso gnädig zuteil war als dem jungen Edelmann".

Auf dem Stundenplan standen die Fächer Architektur, Perspektive, Fortifikation, Anatomie und Zeichnen nach dem Leben. Jeden Donnerstagnachmittag wurde zwei Stunden modelliert. Dem Französischunterricht waren zehn Wochenstunden gewidmet. Eine längere Ferienzeit gab es nur vom 24. Juni bis zum 10. Juli. Der erste Leiter, Protektor genannt, war Louis Alexandre de Riquetti Graf von Mirabeau, der Onkel jenes Mirabeau, der in der Französischen Revolution als Volkstribun und Vorkämpfer für die konstitutionelle Monarchie Schlagzeilen machte. Ähnlich wie Superville erreichte der Bayreuther Mirabeau eine Vertrauensstellung besonderer Art. Wilhelmine verwendete ihn 1757 sogar als Vermittler zwischen dem Preußenkönig und der einflußreichen Mätresse des Königs von Frankreich, der Pompadour. Graf Mirabeau heiratete in Bayreuth eine Adelige, Wilhelmine Julia Dorothea von Künßberg, starb aber schon 1761. Er wurde als Katholik im oberpfälzischen Kloster Speinshart begraben. Nach Mirabeaus Tod übernahm Markgraf Friedrich selbst das Protektorat der Akademie. Mit dem Titel eines Direktors der Akademie mehr für die inneren Angelegenheiten zuständig war Friedrich Wilhelm de la Chevallerie, der Enkel eines Hugenotten. Vorsteher der Akademie und als solcher der Sprecher der aktiven Künstler und Lehrer wurde der Thüringer Rudolf Heinrich Richter, der schon seit 1735 in Bayreuth wirkte. Er lehrte an der Akademie Malerei und Zeichenkunst.

Die Lebensläufe der Lehrer an der Akademie lassen etwas von den internationalen Beziehungen spüren, die den damaligen Markgrafenhof prägten. Carl Johann Georg Reis, ein gebürtiger Bayreuther, der ausdrucksvolle Bildnisse schuf (darunter das gutgelungene des Markgrafen), blieb als einer der wenigen dem Fürstentum treu: Er wurde nach der Bayreuther Akademiezeit Universitätszeichenmeister in Erlangen. Johann Schnegg stammte aus Tirol, ging 1763 nach Potsdam und kehrte 1769 in seine Heimat zurück. Girolamo Bon, ein Theatermaler aus Bologna, war schon längere Zeit in St. Petersburg tätig gewesen, als man ihn als Lehrer für Baukunst und Perspektive nach Bayreuth berief. 1761 trat an seine Stelle Carl von Gontard, der sich durch seine Tätigkeit in Bayreuth und später am Hof Friedrichs des Großen in Potsdam und Berlin den Ruhm eines großen Architekten seiner Zeit erwarb. Bartolomeo Follin, ein Kupferstecher aus Venedig, wurde nach seiner Bayreuther Lehrtätigkeit zur weiteren Ausbildung nach Rom geschickt und arbeitete nach des Markgrafen Tod in Dresden und Warschau. Als Mosaikdirektor und Hoftapetendrucker wurde Silverio de Lellis an die Akademie berufen. Auf Empfehlung des Malers Roslin konnte 1762 der bedeutende schwedische Bildnismaler Per Krafft als Professor für Malerei gewonnen werden. Er lehrte in sieben Wochenstunden Aktzeichnen, Muskellehre und Malen. Nach seiner Bayreuther Zeit wirkte er in Italien

Bayreuths schönster Gontardbau war das im Jahre 1945 zerstörte Reitzenstein-Palais am Luitpoldplatz (Zeichnung von Heinrich Stelzner, um 1860)

und Warschau und schuf nach seiner Rückkehr nach Stockholm noch viele hervorragende Bildnisse.

Erfolg und Fernwirkung der Akademie lassen sich am Lebenswerk einiger Meisterschüler ablesen. Jakob Spindler, der erste Preisträger für Architektur, stieg vom einfachen Schreiner zum Dekorationsinspektor der Oper und Leiter des Hofbauamtes in Bayreuth auf. Christian Friedrich Spindler ließ sich nach der Bayreuther Lehrzeit als Maler in Frankreich weiter ausbilden und erhielt von der Kunstakademie in Rouen einen Preis. Der Kupferstecher Johann Gottfried Köppel ist als Gestalter vieler fränkischer Stadt- und Landschaftsmotive und als Verfasser der „Briefe über die fränkischen Fürstentümer Bayreuth und Ansbach" bis heute unvergessen. Friedrich Kirschner brachte es zu einem kunstfertigen Porzellanmaler in Ludwigsburg. Johann Leonhard Hoffmann wurde Hoftheatermaler in Dresden. Zu nennen ist auch Johann Dominicus Fiorillo, der als talentiertes Kind eines markgräflichen Kapellmeisters für die Akademie entdeckt wurde und später in Rom weiterstudieren durfte. Er wurde als Maler für den Braunschweiger Hof tätig und 1799 Professor für Philosophie in Göttingen. Als bedeutendsten Schüler der Akademie wird man wohl den Bayreuther Georg Christian Unger (1743 – 1810) ansprechen dürfen, der insbesondere von Gontard lernte und diesem 1763 nach Berlin folgte. In Potsdam schuf er 1770 zusammen mit Gontard das von Friedrich dem Großen entworfene dortige Brandenburger Tor. Wenn Unger und Gontard zusammen mit weiteren Bayreuther Künstlern in Preußen so einflußreich werden konnten, daß man in der Berliner Architektur nach 1763 sogar von der „Bayreuther Zeit" sprach, dann macht dies wohl erkennbar, daß die Bayreuther Akademie weit über die Grenzen des Markgrafentums hinweg eine nicht unbedeutende Rolle spielte.

Der Tod Markgraf Friedrichs löste das rasche Ende der Kunstakademie aus. Der Nachfolger betrachtete die Institution als kostspieligen Luxus und ließ am 30. Juni 1763 die Akademie schließen.

Stadtplan des Ingenieurhauptmanns Johann Adam Riediger (1745)

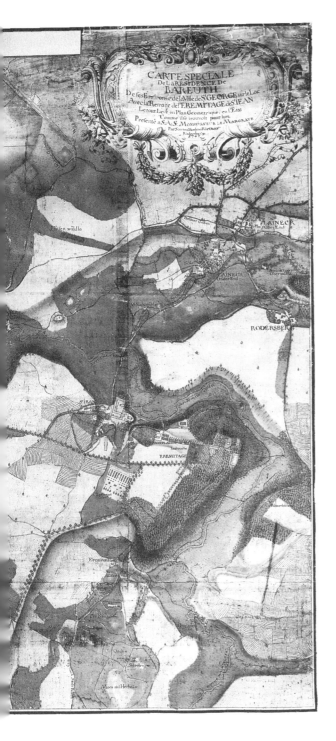

Der Riediger-Plan

1743 wurde von Markgraf Friedrich der vorher in Bern und Stuttgart tätige Johann Adam Riediger (1680 – 1756), ein Meister der Kartographie, als Ingenieurhauptmann verpflichtet. Sein erster Auftrag war ein Plan der Residenzstadt Bayreuth und ihrer Umgebung, den er 1745 dem Markgrafen unter französischem Titel (Carte spéciale de la résidence de Bareuth) vorlegte. Der im Original erhaltene Plan ist eine Hauptquelle zur Baugeschichte der Stadt im 18. Jahrhundert. In der topographisch exakten und in der Gestaltung noch heute beeindruckenden Karte ist auch die Stadt St. Georgen am See mit dem Brandenburger See und die Anlage der Eremitage enthalten. Von den Vororten werden Rodersberg, Laineck, Eremitenhof, Moritzhöfen, Birken, der Neue Weg und die Hammerstadt dargestellt. Das Gebiet der Altstadt ist vermutlich absichtlich weggelassen, um keinen Zweifel am eigentlichen Schwerpunkt im Residenzzentrum aufkommen zu lassen.

Die Karte zeigt zehn Jahre nach Regierungsantritt des Markgrafen bereits die Stadterweiterungen dieser Ära, insbesondere die neue Prachtstraße, die als „Friedrichstraße" höher eingestuft ist als die breite „Marktgasse". Das (Alte) Schloß, der Hofgarten mit der Bahn für das höfische Mailspiel, Rennbahn und Kasernen lassen erkennen, daß die Betonung der Stadtsiedlung auf „Residenz" liegt. Am Hofgarten steht als Neubau die Reformierte Kirche, das Neue Schloß ist noch nicht geplant. Insgesamt vermittelt der Plan den Bauzustand Bayreuths 1745. Er konnte als wichtige Orientierungshilfe und als Grundlage für Neuplanungen dienen.

Das Ende der Residenzzeit: Bayreuth unter Markgraf Friedrich Christian (1763 – 1769)

Als 1763 Markgraf Friedrich „der Vielgeliebte" ohne männlichen Leibeserben starb, wurde sein nur drei Jahre älterer Onkel Friedrich Christian, der jüngste Bruder des Markgrafen Georg Friedrich Karl, Regierungsnachfolger und Landesherr im Fürstentum Brandenburg-Bayreuth. Friedrich Christian ist der letzte in Bayreuth residierende Markgraf. Dem seit langem von seiner Frau, einer anhaltischen Prinzessin, getrennt lebenden, söhnelosen 55jährigen Sonderling und letzten Prinzen aus der „Weferlinger Linie" der fränkischen Hohenzollern eilte der Ruf voraus, das schwarze Schaf der Familie zu sein.

Tatsächlich hat er es mit der Hilfe seiner Tante, der dänischen Königin Sophie Magdalene, nur mit Mühe zu einem standesgemäßen Leben gebracht: Er lebte als dänischer Generalleutnant in Wandsbek bei Hamburg und war für die Regierungsaufgaben im Fürstentum Bayreuth nicht vorbereitet. Er konnte auch nur mit Mühe dazu bewogen werden, das Bayreuther Erbe überhaupt anzutreten. Zweifellos war er von redlichsten Absichten getragen, seiner neuen Verantwortung gerecht zu werden, aber weder als Staatsmann noch als Mensch fähig, die Dinge im Fürstentum zum Wohle der Gesamtheit zu ordnen und positiv zu gestalten. Sein Wille zu sparen und die damit verbundenen Einschränkungen in der Hofhaltung genügten dazu nicht. Er entließ den alten Minister Ellrodt, den mächtigsten Mann aus den Tagen des Markgrafen Friedrich, weil man ihm die Verschuldung des Landes anlastete. Friedrich Christian unterlag aber selbst den Machenschaften seiner Günstlinge. Neben dem fast allmächtigen, zum Minister aufgerückten Quacksalber und Leibarzt Schröder und dem St. Georgener Stadtschreiber Wunschold spielte bald der vom Kammerherrn zum Minister avancierte Johann Christian Trützschler von Falkenstein eine recht undurchsichtige Rolle.

Um Kosten zu sparen, wurden schon kurz nach Regierungsantritt die Kunstakademie geschlossen und der Hofstaat verkleinert. Viele Künstler wanderten ab. Trotz Sparmaßnahmen gelang es aber nicht, die Finanzen fest in den Griff zu bekommen. Auch eine Geheime Landesdeputation, die ab 1764 im Italienischen Bau des Neuen Schlosses zusammentrat, konnte die Verhältnisse nicht bessern. Die verworrenen Zustände in Bayreuth blieben auch dem preußischen König nicht verborgen. Ein Brief Friedrichs des Großen aus dem Jahre 1766 an den Bayreuther Verwandten enthielt bittere Vorwürfe. Dem König war zu Ohren gekommen, daß „der Medicus Schröter und ein gewisser Wunschold das ganze Land mit Räuberei und Plackerei erfüllen" und schuld daran seien, daß die Bayreuther Münzen schlecht im Kurs stünden. Als der Markgraf in seinem Antwortschreiben zugab, daß er von Intriganten umgeben war, schickte der Preußenkönig als Sonderbeauftragten seinen Staatsminister von Plotho nach Bayreuth. Es war der gleiche Plotho, der 1757 auf dem Reichstag in Regensburg einen kaiserlichen Notar eigenhändig zur Treppe hinuntergeworfen hatte, als dieser ein Schreiben übergeben wollte, das den preußischen König als Friedensbrecher vor den Reichstag lud. Im Bayreuth Friedrich Christians konnten aber weder der so energische und bei seinem König hoch im Kurs stehende Plotho noch dessen Nachfolger die Verhältnisse verbessern.

Der Markgraf selbst lebte sehr zurückgezogen. Als er die Bibliothek des Geheimen Rats, die allen Regierungsbeamten zugänglich sein sollte, ganz für sich allein beanspruchte, zeigten die meisten Staatsdiener für diese Maßnahme begreiflicherweise wenig Verständnis. Regierungsrat Georg Wilhelm Wipprecht veranlaßte daher die Gründung einer neuen Bibliothek für das Regierungskollegium. Als einzige bauliche Veränderung während seiner Regierungszeit ließ Friedrich Christian auf dem Waisenhausgebäude (heute Staatliches Gesundheitsamt) den Dachreiter anbringen und stiftete dafür ein Glockengeläut. Durch Zuwendungen und Stiftungen sorgte er auch unmittelbar für die Waisen und Armen der Stadt. Friedrich Christian starb am 20. Januar 1769 in Bayreuth. Er wurde in Himmelkron beigesetzt.

Der Ausklang der Markgrafenzeit unter Markgraf Alexander

Da Friedrich Christian keinen Sohn als Nachfolger hinterließ, kam es laut Hausvertrag von 1752 (Pactum Fridericianum) zu einer Wiedervereinigung der beiden fränkischen Fürstentümer, die seit 1603 getrennte Wege gegangen waren. Der Ansbacher Markgraf Christian Friedrich Carl Alexander, der 1736 geborene Sohn des Markgrafen Carl Wilhelm Friedrich aus seiner Ehe mit Friederike, einer Schwester der Bayreuther Markgräfin Wilhelmine, regierte in Ansbach bereits seit 1757. Er übernahm nun in Personalunion auch das Fürstentum Brandenburg-Bayreuth. Dieses bestand zwar dem Namen nach weiter, behielt auch seine eigene Regierung und Verwaltung, hörte aber auf, die Dauerresidenz eines Fürsten zu sein: Alexander traf seine Anordnungen von Ansbach aus.

Markgraf Alexander (1736 – 1806) regierte ab 1757 in Brandenburg-Ansbach, ab 1769 auch in Brandenburg-Bayreuth und dankte 1791 zugunsten Preußens ab

Das Ende der Mißwirtschaft unter Friedrich Christian wurde nur von denen bedauert, die für sich daraus Vorteile gezogen hatten. Am 25. Januar 1769 wurde der mächtigste Mann der alten Herrschaft, der Geheime Rat Schröder, entlassen. Das gleiche Schicksal ereilte kurz darauf fast alle anderen Spitzenbeamten. Bayreuth verlor seine gesamte alte Führungsmannschaft. In der Bevölkerung wurde dies weitgehend mit Genugtuung aufgenommen, da sich viele Günstlinge des alten Fürsten unbeliebt gemacht hatten. An der Stadtkirche wurde von einem Unbekannten ein Zettel mit folgendem Verslein angeschlagen: „O Wunder! Was hört man jetztunter? Carl Alexander jagt sie auseinander. Ihr Herren haltet besser Haus, sonst müßt ihr all zum Tor hinaus!"

Schon am 27. Januar trafen zwei Geheime Räte aus Ansbach (Georg Hartmann von Erffa und Jacob Carl Schegk) in Bayreuth ein, Ansbacher Husaren mußten Eilbotschaften überbringen. Zunächst hielt man noch die Hoftrauer strikt ein. Am 6. Februar wurde die einbalsamierte Leiche Friedrich Christians im Neuen Schloß auf einem Paradebett aufgebahrt. Die Bevölkerung erhielt Gelegenheit, den Toten noch einmal zu sehen. Am 8. März wurde Friedrich Christian nach Himmelkron überführt, wo er an der Seite seines Vaters und seines Bruders Georg Friedrich Karl die letzte Ruhestätte fand.

Die Auflösung der immer noch reichlich mit Personal besetzten Hofhaltung begann mit der Abdankung der Kammerherren. Dann wurden der Oberstallmeister und 82 Stallbedienstete entlassen. Pferde, Wagen und Stallvorräte wechselten durch Versteigerung ihren Besitzer. Als einen Tag des Schreckens und Elends für den größten Teil der Stadt empfand es der Bayreuther Justizrat König, als anschließend alle Hofbediensteten ebenfalls ihre Entlassung mitgeteilt erhielten. Durch eine rasch gebildete Kommission wurden auch viele bisher markgräfliche Immobilien an Privatleute veräußert, darunter ein Haus am linken Flügel des Schlosses, die Schloßapotheke, das Münzgebäude, in St. Georgen das Prinzessinnenhaus, dazu große Grundstücke wie die „Herrenwiese" und der fürstliche „Holzgarten". Da kein fürstlicher Hof mehr zu beliefern und zu versorgen war, wirkte sich der Regierungswechsel für das Wirtschaftsleben negativ aus. Für viele Menschen bedeutete der Regierungsantritt Alexanders einen Schock. Regierungspräsident wurde der ansbachische Geheime Rat Wilhelm Ernst von Schönfeld († 1779), dessen Grabmal an der Gottesackerkirche noch erhalten ist. Mit großem Unmut vermerkte man aber in der Bayreuther Bevölkerung, daß nahezu alle maßgeblichen Stellen und Ämter nun von Männern aus dem Fürstentum Ansbach besetzt wurden. Nach dem Urteil des schon erwähnten Justizrats König war Bayreuth vom Regen in die Traufe gekommen.

Am 17. Mai traf der Markgraf endlich selbst zu seinem ersten Besuch als Landesherr in Bayreuth ein. Er kam mit großem Gefolge, besuchte zunächst in Schloß Fantaisie Wilhelmines Tochter, die Herzogin von Württemberg, die seine Kusine und nächste Verwandte im Fürstentum war. In Bayreuth stieg er im Neuen Schloß ab. Begrüßt und beglückwünscht wurde er von einem großen Bayreuther Aufgebot, dessen Vertreter für „die sämtliche unterthänigst-treuverschworne Burgerschaft" ein Gedicht überreichte.

Völlig überraschend wurde am 12. Juni das bereits aufgelöste Hofmarschallamt wieder eingerichtet, freilich auf ein Minimum reduziert und ohne Hofmarschall. Die Leitung wurde dem Hofrat und Hof-Secretarius Johann Heinrich Wucherer übertragen, der die Aufsicht über die (offenbar für die Besuche des Fürsten) beibehaltene Hofdienerschaft erhielt. Ungefähr um die gleiche Zeit wurde auch ein Oberbergdepartement errichtet, dessen Einrichtung erkennen läßt, daß sich die neue Regierung einiges vom Fürstentum Bayreuth als Bergbauland versprach. Am 19. Juni wurde die bisherige Geheime Landesdeputation zur Geheimen Landesregierung umbenannt. „Übrigens war der Fürst während seines Hierseyns gegen jedermann freundlich u. sehr höflich, besahe alles, u. besuchte sogar einmal eine Session des Cammer-Collegiums. Einige Bittende erhielten theils Confirmations-, theils Pensions-Decrete."

Am 17. Juni reiste der Markgraf abends über Donndorf wieder nach Ansbach zurück. Zu einem nochmaligen Kurzaufenthalt kam es in diesem Jahr noch bei seiner Rückreise von Berlin. Er traf am 26. September in Bayreuth ein, begab sich aber sofort nach Donndorf. Am folgenden Morgen fuhr er in die Jägerstraße zur Kaserne, wo er das Bataillon in seinen neuen Uniformen besichtigte. Da die neuen Farben Blau und Schwarz waren, nannten die Bayreuther die Soldaten „Kohlmeisen". Nach der Besichtigung besuchte er Minister von Erffa, in dessen Räumen ihm die Großen ihre Aufwartung machten.

Bayreuth nach dem ersten Besuch Alexanders

Hatten die Bayreuther anfangs befürchtet, mit Alexander einen Despoten zu bekommen, so hatte man ihn bei seinen Besuchen als „einen leutseligen, gütigen und einsichtsvollen Herrn" schätzengelernt. Bis 1776 kam der Markgraf jährlich im Frühjahr nach Bayreuth und blieb meist mehrere Wochen im Fürstentum. Bayreuth mit seinen Schlössern war zwar keine ansbachische Sommerresidenz geworden, aber als des Ansbacher Landesherrn „Residenzstadt auf Zeit" in eine Nebenrolle gedrängt. Von 1776 an änderte sich Alexanders Verhalten. Er mied es von nun an für viele Jahre, überhaupt nach Bayreuth zu kommen. Der Chronist berichtet von einem Bruch zwischen ihm und der Herzogin, über die wahren Hintergründe liegen aber nur Vermutungen vor.

Obwohl Bayreuths „residenzlose Zeit" schon 1769 begonnen hatte und der einst pulsierende Ort nur noch „stille Provinzstadt" war, wurde die Bezeichnung „Residenzstadt" im Sprachgebrauch der Behörden und auch der örtlichen Zeitung noch teilweise beibehalten. So wurde in der Ausschreibung für den Landtag 1769 von „Bayreuth als der Residenzstadt des Fürstenthums Culmbach" gesprochen und diese Bezeichnung auch noch 1771 verwendet. 1774 sprach der Schreiber für den „Bayreuther Stadt- und Historien-Calender" „von der jetzigen Residenzstadt, so am Mayn liegt", und 1782 wurde eine neue Feuerlöschordnung „für die Obergebürgische Residenzstadt Bayreuth" zum Druck gebracht.

Obwohl die Bayreuther 1769 festgestellt hatten, daß der neue Fürst sympathischer war, als man allgemein angenommen hatte, konnten sie sich mit der neugeschaffenen Situation auch weiter nicht abfinden. Die vielen Entlassungen der im Hof- und Militärdienst beschäftigten Personen und der teilweise Abzug nach Ansbach bewirkten längerfristig eine große Entvölkerung der Stadt. Die Mieten fielen, weil viele Wohnungen leer standen. Nach der zeitlich leider nicht exakt festgelegten Feststellung des Justizrats König nahm die Bevölkerungszahl Bayreuths seit dem Tod des Markgrafen Friedrich am Ende der Residenzzeit um rund ein Viertel ab.

Mit vielen Neuerungen waren auch die verbliebenen Bayreuther keineswegs glücklich. Der alte Bayreuther Nachtwächterruf wurde auf Anordnung des neuen Regierungspräsidenten durch einen „Gesang nach Ansbacher Art" ersetzt. Mißtrauisch und ablehnend blieben die meisten Bayreuther vor allem bei solchen Maßnahmen, von denen man glaubte, daß sie nur zur Geldbeschaffung für den Ansbacher Hof dienen würden. Solches witterte man hinter den Verboten der „Privat-Copulationen", Haustaufen und „Chaisenleichen", für die eine Sondererlaubnis leicht gegen eine entsprechende Zahlung erhältlich war. Sichtlich mit Unwillen vermerkte König, daß die Beamten (hier war er selbst ein Betroffener) die Untertanen überreden sollten, im „Anspach-Bayreuthischen Lotto" zu spielen, und er glaubte, man habe diesen Namen mit dem Zusatz „bayreuthisch" nur gewählt, „um die hiesigen [Beamten] desto mehr durch Ehrgeiz dazu zu ermuntern".

Weitere Anordnungen waren nicht geeignet, die aufgebaute Spannung zu beheben. So entstand beispielsweise durch eine neue strenge Waldordnung ein Engpaß in der Holzversorgung. Der zuständige, aus Ansbach gekommene Obristjägermeister Schilling von Canstatt wurde wegen seines unpopulären Verhaltens zu einem der meistgehaßten Männer im ganzen Lande. Nach Königs Bericht wurde 1769 kein herrschaftliches Holz mehr für die Bevölkerung bereitgestellt, Pfarrern und Bauern wurden ihre sogenannten Gnadenhölzer abgesprochen, und sogar Besitzer von Privatwald durften nur noch streng begrenzt nach Vorschrift Bäume fällen. Da in Bayreuth auch der Flößanger gesperrt wurde, war Brennholz äußerst rar und dementsprechend teuer.

Knapp, aber anklagend notierte König schließlich noch in seine Stadtchronik, daß im November die Anwerbung von Soldaten „hier u. im ganzen Lande von neuem an[ging], u. obgleich die Land- und Burgerschaft dringend Vorstellung dawider eingaben, war doch alles ohne Unterschied u. mit Gewalt ausgehoben; nur durch Erkauf der Freyscheine konnte sich mancher ledig machen".

Für seinen Besuch 1771 in Bayreuth ließ Markgraf Alexander in St. Georgen ein großes Seefest veranstalten. Die noch aus der Zeit des Markgrafen Friedrich vorhandenen Schiffe wurden repariert, entlassene Matrosen nochmals für diese Zeit in Dienst genommen. Alexander verbrachte den Sommer in der Eremitage und traf sich wiederholt mit Wilhelmines Tochter, der von ihrem Gatten getrennt lebenden Herzogin Elisabeth Friederike Sophie von Württemberg. Ihre Begegnung im Schloß St. Georgen wurde zum Schwanengesang der Markgrafenzeit am Brandenburger See. Die letzten Repräsentanten der beiden fränkischen Hohenzollernlinien genossen am 25. Juli mit einer kleinen Hofgesellschaft die letzte „große Wasserfahrt auf dem Brandenburger". Am Abend speisten die Gäste im Ordenssaal. Ein Gewitter mit Hagelschauer bereitete dem Fest im Freien ein rasches Ende. Die Lichter am See erloschen. Nur im großen Saal des Schlosses brannten sie bis zum Morgen.

Als 1775 der Brandenburger See wieder abgefischt werden sollte, befahl die Ansbacher Regierung die Trockenlegung. Schon 1776 konnte er größtenteils besät werden. Nach der Trockenlegung wurde das Weihergelände vermessen und zur Verpachtung angeboten. Der jüdische Kammeragent David Seckel erwarb das Pachtrecht für drei Jahre. Er legte eine Fabrik für holländischen Käse und Schnupftabak an und bebaute fast die ganze Fläche mit Tabak. Weil er aber damit offenbar wenig Erfolg hatte, wurde das Weihergelände auf Kosten der Regierung mit Weizen, Gerste und Hafer besät. Da die Stadt St. Georgen wenig Neigung erkennen ließ, das Areal käuflich zu erwerben, entschloß man sich, es zu parzellieren und die einzelnen Teilstücke an die Meistbietenden zu verkaufen. Die ehemalige Insel erwarb Zuchthausverwalter Otto Heinrich Tornesi, die Schiffhütte Glockengießer Himmler. Das Weiherhaus am Nordufer des Sees, am ehemaligen Damm gelegen, wurde von der Gemeinde Bindlach übernommen und wenig später abgetragen. Ein Bayreuth-Besucher konnte 1780 bereits berichten, daß der große Brandenburger Weiher ausgetrocknet und zu Ackerfeld gemacht war.

Bayreuther in Amerika

Zu den deprimierenden Erfahrungen, die Bayreuths Einwohner unter Markgraf Alexander machen mußten, gehörte die Rekrutierung und Abstellung von Bürgersöhnen für den Kriegsdienst im Solde Englands. Als 1776 die englischen Kolonien in Nordamerika um ihre Unabhängigkeit kämpften und sogar ein markgräflicher Untertan, General Johann Kalb aus Hüttendorf bei Erlangen, als der „fränkische Steuben" an der Seite Washingtons die Sache der Freiheit vertrat, bekundeten bekanntlich mehrere deutsche Fürsten ihre Solidarität mit dem englischen König dadurch, daß sie ihm eigene Truppen für den Kampf in Amerika zur Verfügung stellten. In einem umstrittenen Subsidienvertrag erklärte sich auch Markgraf Alexander bereit, Soldaten aus den fränkischen Fürstentümern für den Kriegseinsatz auf englischer Seite abzustellen. Insgesamt waren es mehr als 2300 Männer, die auf diese Weise über England ins nordamerikanische Kriegsgebiet beordert wurden. Daß Alexander die Geldsummen, die er als Gegenleistung erhielt, nicht für Privatzwecke verwendete, zeigt allerdings, daß er nicht der verwerfliche Typ eines Fürsten war, den Schiller in seinem Drama „Kabale und Liebe" schildert. Der Handel mit Menschen, die fast wie eine Ware verladen und verfrachtet wurden, bleibt trotzdem ein Faktum, welches das Andenken des letzten Markgrafen belastet. Von den Abkommandierten kamen nicht viel mehr als die Hälfte zurück, die meisten erst nach 1783.

Es ist nicht bekannt, wie viele Stadt-Bayreuther unter den unfreiwilligen Amerikafahrern waren. Aber aus den zahlreichen Freistellungsanträgen wird ersichtlich, daß sehr viele Familien 1777 um ihre Angehörigen bangten. Zur Auffüllung der Einheiten des Bayreuther Regiments unter Oberst von Seybothen (1735 – 1786) fanden auch in Bayreuth Aushebungen statt, denen sich offenbar nicht wenige durch ein „Untertauchen" entzogen. Es gibt aber auch menschlich rührende Gesuche an den Magistrat um Freistellung, die dieser nicht entscheiden, sondern nur weiterleiten konnte. So versuchte ein im städtischen Dienst seit 18 Jahren tätiger Bierkärrner, der auf Alter und Krankheit verwies, seinen einzigen Sohn dadurch vom Militärdienst befreien zu lassen, daß er beim Magistrat ein Gesuch einreichte, diesen bei der Notlage der ganzen Familie als dringend benötigten Mithelfer und Nachfolger einzustellen und für unabkömmlich zu erklären.

Die durch Rekruten ergänzten Bayreuther Truppen mußten Ende Februar 1777 nach Ansbach marschieren. Von dort aus führte man das gesamte für Amerika bestimmte markgräfliche Aufgebot nach Ochsenfurt. Die fränkischen Soldaten wurden mit Mainschiffen nach Holland gebracht, von dort weiter nach England. Von Portsmouth aus erreichten sie nach wochenlanger Seefahrt ihr Bestimmungsziel. Noch auf dem Landweg durchs Frankenland war es zu einer Meuterei gekommen, bei der es Verwundete gab und etwa 40 Soldaten desertierten. Nach einem in Bayreuth eingegangenen Bericht vom 10. Juni 1777 befand sich unter diesen ein Johann Kolb von der Saas und ein Johann Meyer von Fürsetz, die aber „wieder beigebracht und den Regimentern nachgeschickt" wurden. In Amerika desertierten über 600, hauptsächlich einfache Soldaten. Es werden fast nur Musketiere und Grenadiere genannt. Viele von ihnen blieben für immer in Amerika, da sie in ihrer Heimat mit Bestrafung rechnen mußten. Noch 25 Jahre später, bereits in preußischer Zeit, wurde in Bayreuth eine lange Liste veröffentlicht, welche die Namen der Deserteure enthielt. Zur Meldung bei den Regimentsgerichten aufgefordert wurden auch 20 Bayreuther. Die bei ihrer Truppe Verbliebenen gerieten in Amerika in Gefangenschaft. Wieviel Bayreuther die Heimkehr erlebten, wissen wir nicht. Unter ihnen befand sich aber der Kommandeur des Bayreuther Regiments, Oberst von Seybothen. Nach seinem Tod 1786 ließen ihm Bayreuther Offiziere im Friedhof St. Georgen ein Grabdenkmal errichten, das noch erhalten ist.

Während viele von den schon 1777 nach Amerika gebrachten Bayreuther Soldaten sechs und mehr Jahre auf ihre Heimkehr warten mußten, hatte es ein junger Leutnant besser getroffen. Er befand sich unter den Nachschubtruppen von 1782, die zwar noch über die Art der Kriegsführung in Amerika genau unterrichtet wurden, aber nicht mehr zum Einsatz kamen. Der junge Offizier, der damit ein Stück von der Welt gesehen hatte und nach seiner Rückkehr von Ansbach nach Bayreuth versetzt wurde, war August Neithardt (1760 – 1831), der spätere preußische Feldmarschall und Militärreformer Graf von Gneisenau. Zusammen mit anderen jungen Offizieren war er im Salon der Frau von Trützschler ein gerngesehener Gast. Frau von Trützschler war die Witwe des unter Markgraf Friedrich Christian genannten Bayreuther Ministers Johann Christian Trützschler von Falkenstein, der Schloß Colmdorf erworben hatte. Gneisenaus Liebelei mit der jüngsten Tochter Caroline blieb nur eine kurze Romanze seines Lebens. Noch zu Lebzeiten Friedrichs des Großen bewarb er sich für den preußischen Militärdienst, in dem er dann erfolgreich Karriere machte.

Bauten unter Markgraf Alexander

An *staatlichen Bauten* ist aus der Zeit Alexanders in Bayreuth nicht viel zu erwähnen. Wenn auf einer Tafel am Gymnasium 1781 in lateinischer Inschrift „die überaus glückliche Regierungszeit des allergnädigsten Alexanders" rühmend genannt und von ihr behauptet wurde, daß sie „des Vaterlands Wunden heilte", so wird dies sicher mancher des Lateinischen Mächtige als bittere Ironie empfunden haben, wenn er an die verkauften Landeskinder, an den wirtschaftlichen Rückgang in der Stadt und die leerstehenden und verfallenden Gebäude der alten Residenz dachte. Neu fertiggestellt wurde lediglich der letzte Flügel der markgräflichen Kanzlei, der in einer steinernen Kartusche über dem Portal die große Initiale „A" (für Alexander) erhielt. Sie ist ähnlich auch über dem Torbogen zu finden, durch den man noch heute vom sog. Ehrenhof des Alten Schlosses in den inneren Schloßhof gelangt. Dort verrät auch die Jahreszahl „1780", daß es sich um eine Baumaßnahme aus der Regierungszeit Alexanders handelt, nachdem man darauf verzichtet hatte, den 1753 abgebrannten, ursprünglich dreigeschossigen Flügelbau wieder zu errichten. Die beigefügten Initialen „RCP" deuten auf den Auftraggeber, die fürstliche Kammer (= Regierung), und sind vermutlich mit „Reconstruxit (oder: Restauravit) Camera Portam" (= Die Kammer baute das Tor wieder auf) aufzulösen.

Der *letzte Sakralbau* der Markgrafenzeit in Bayreuth wurde die Gottesackerkirche, die Friedhofskirche im Stadtfriedhof. An die Stelle der kleinen, alten Friedhofskirche aus dem 16. Jahrhundert, die noch auf einem von Heinrich Bollandt gemalten Bild des Küffnerschen Epitaphs zu sehen ist, trat im letzten Jahrzehnt der Markgrafenzeit die von Johann Gottlieb Riedel entworfene Kirche mit Dachreiter, die lange Zeit auch als Gemeindekirche der Pfarrgemeinde Altstadt diente. Der 1779 begonnene Bau wurde von Maurermeister Johann Trips und Zimmermeister Ulrich Gerstner errichtet und erhielt einen in den „Markgrafenkirchen" üblichen Kanzelaltar. Der Orgelprospekt stammt von Johann Gabriel Räntz. Daß er die Jahreszahl 1748 trägt, ist dadurch zu erklären, daß das Orgelgehäuse zuerst für die Spitalkirche bestimmt war. Im Innern und an der Außenwand der Nordseite besitzt die Gottesackerkirche mehrere barocke Grabdenkmäler, darunter auch das des Barockdichters Joachim Heinrich Hagen aus der Werkstatt von Elias Räntz.

Die Abdankung des letzten Markgrafen (1791)

Mit Markgraf Alexander, der seit 1757 in Ansbach regierte und 1769 das Fürstentum Bayreuth in Personalunion übernommen hatte, ging 1791 die Bayreuther Markgrafenzeit zu Ende.

„Von Gottes Gnaden Wir Christian Friedrich Carl Alexander" – beginnend mit dieser Formel und der vollen Titulatur diktierte am 2. Dezember 1791 der letzte in Franken regierende Markgraf in Bordeaux seine Abdankungsurkunde. Er teilte allen seinen Untertanen, Lehensleuten, Beamten und Dienern mit, daß er aus eigenem Antrieb den Entschluß gefaßt habe, der Regierung zu entsagen. Sie gehe nun nach den gültigen Hausverträgen an den König von Preußen über. „Wir trennen Uns von Unsern geliebten Unterthanen nicht ohne das zärtlichste Gefühl der herzlichsten Dankbarkeit für die Uns bewiesene Treue und Ergebenheit; und wie ihre Wohlfahrt und Glückseligkeit allezeit das vornehmste Augenmerk Unserer landesväterlichen Sorgen und Bestrebungen gewesen ist, so werden Wir auch in Zukunft an dem beglückten Zustande derselben und an den Schicksalen dieser Lande allezeit wahren Antheil nehmen."

Zur Beantwortung der Frage, warum der Markgraf abdankte, müssen mehrere Beweggründe genannt werden. Der bekannte Historiker Golo Mann hat den Entschluß des Markgrafen folgendermaßen erklärt: „Sicher ist, daß er des Regierens müde war und sich den Lebensabend eines kultivierten Epikuräers wünschte. Sicher, daß Lady Craven (seine Lebensgefährtin, die er nach dem Tod der Markgräfin heiratete) ihn in dieser Neigung bestärkte. Dazu kam nun – und es mag für die Wahl des Moments entscheidend gewesen sein – seine tiefe Erschütterung durch die Französische Revolution, deren weittragende Folgen er wie wenige andere voraussah: Mit des Reiches Herrlichkeit, und so auch mit seinen Fürsten, ganz sicher mit den kleineren und kleinsten, würde es demnächst ein Ende nehmen: Allenfalls ein mächtiges Königreich wie Preußen würde seine Länder Ansbach-Bayreuth, und was er für sie getan hatte, noch beschützen können. Er fand es besser, freiwillig zu gehen, als demnächst sich schmählich vertreiben zu lassen, und zu gehen unter so günstigen Bedingungen, wie aus einer freiwilligen Abdankung herauszuholen waren."

Mit den angesprochenen Abmachungen war die jährliche Leibrente in Höhe von 300 000 Talern gemeint, zu deren Zahlung sich Preußen verpflichtet hatte. Preußen bestimmte allerdings auch, was nun zu geschehen hatte. Wer glaubt, daß noch vor Weihnachten 1791 alle Untertanen in den beiden Markgrafschaften und die Weltöffentlichkeit über den Schritt des letzten Markgrafen unterrichtet worden seien, ist im Irrtum. Die Abdankung wurde erst Ende Januar 1792 im Zusammenhang mit der tatsächlichen Besitzergreifung durch Preußen öffentlich bekanntgegeben.

So fragt man sich unwillkürlich, wie denn die Bayreuther Bürger damals die Zeitereignisse erlebten und beurteilten. Immerhin war Alexander in den ersten Jahren nach 1769 jährlich mindestens einmal in Bayreuth gewesen. 1771 hatte er in St. Georgen auf dem Brandenburger Weiher noch das letzte große Seefest gefeiert und seinen Sommerurlaub in der Eremitage verbracht. Erst nach 1776 waren seine Bayreuth-Besuche selten geworden. Die Durchreise zu seinen Verhandlungen in Berlin ließ ihn noch einige Male in Bayreuth einen kurzen Aufenthalt nehmen. Da aber kaum mehr etwas bekannt ist über seine letzten Kontakte zur hiesigen Bevölkerung, greifen wir auf die Aufzeichnungen des Bayreuther Chronisten und Justizrates Johann Sebastian König zurück.

Im Stadtkern Bayreuths waren 1791 an einigen repräsentativen Bauwerken die Zeichen von Alexanders Regierung sichtbar. Eine Tafel am Gymnasium lobte in einer lateinischen Inschrift seine „überaus glückliche Regierungszeit, die des Vaterlands Wunden heilte, allen Ständen und Lebenseinrichtungen zu einer besseren Form verhalf ... und für der Nachwelt Sicherheit sorgte". Bei einer Teilrestaurierung des Alten Schlosses erhielt das Tor vom Ehrenhof zum inneren Schloßhof eine große Kartusche mit Girlanden und der Initiale „A". In ähnlicher Weise war auch die Toreinfahrt zum letzten Anbau der markgräflichen Kanzlei geschmückt. Die „Bayreuther Zeitungen" erschienen mit dem Wappen des Fürsten, auch sonst waren die Symbole seiner Herrschaft allenthalben zu sehen. Nur er selbst ließ sich bei den Bayreuthern im letzten Regierungsjahrzehnt so gut wie überhaupt nicht mehr blicken. Aus seinem Privatleben war bekannt, daß er viel auf Reisen unterwegs war und Markgräfin Friederike Caroline, seine angetraute Gemahlin, getrennt von ihm in Unterschwaningen lebte. Es war auch nicht unbekannt geblieben, daß er die mit einem englischen Lord verheiratete Elisabeth Craven zur Lebensgefährtin gemacht hatte.

In Bayreuth war man im Grunde dankbar, daß er die alte Regierung für das obergebirgische Fürstentum noch beibehalten hatte und die Stadt als eine Art Zweitresidenz respektierte. Aber auch in Bayreuth hatte es Veränderungen gegeben, die man nicht gerne hinnahm und mit dem Einfluß der Lady Craven in Verbindung brachte. Nachdem schon 1787 in Ansbach der verdiente Minister Christoph Albrecht von Seckendorff entlassen worden war, wurde auch dessen Bayreuther Bruder in den Strudel der höfischen Intrigen hineingezogen. Friedrich Carl Freiherr von Seckendorff, seit 1770 dirigierender Minister des Fürstentums Bayreuth, war der mächtige Statthalter des Landesherrn in Bayreuth.

Alexanders letzter Besuch

„Trotz seiner großen Verdienste um Fürst und Land" – so Günther Schuhmann in seinem großen Markgrafenbuch – „fiel der Minister im Frühjahr 1790 den Kabalen der englischen Lady zum Opfer. Er mußte seinen Abschied nehmen, als der Markgraf beim Durchstöbern der Papiere im Schreibtisch seines Kabinettsekretärs Schmidt einen belastenden Brief von ihm fand." So erwartete und empfing den Markgrafen kein Bayreuther Resident, als er 1791 zum letztenmal nach Bayreuth kam.

Er hatte in Berlin am 16. Januar den Geheimvertrag mit Preußen unterzeichnet, der die Abtretung der beiden Fürstentümer Ansbach und Bayreuth an Preußen enthielt und nur den Zeitpunkt noch offenließ. Auf der Rückreise von Berlin nach Ansbach traf Markgraf Alexander am 19. Februar gegen 17 Uhr in Bayreuth ein. In seiner Begleitung befanden sich Lady Craven, ihr Sohn Keppel und einige Kavaliere. Man speiste nach 18 Uhr im Schloß an einer Tafel mit zwölf Gedecken. Nach dem Essen wurde dem Fürsten die Nachricht überbracht, daß am Tag zuvor in Schloß Unterschwaningen seine Gemahlin Friederike Caroline verstorben war. Die Mitteilung über das Ableben der Markgräfin traf ihn sehr. Der Chronist König berichtet, Alexander sei darüber heftig erschrocken. Die Nachricht verbreitete sich rasch in der Stadt, da ab sofort das Orgelspiel in der Kirche unterbleiben mußte und alle Theateraufführungen und Konzerte abgesagt wurden. Betroffenheit und eine tödliche Stille überwältigten die meisten Menschen, als man sichtlich verwundert feststellte, daß die Nachricht den Markgrafen keineswegs zur sofortigen Weiterfahrt nach Ansbach bewegte. Blieb er sogar absichtlich noch etwas länger in Bayreuth?

Am 24. Februar kamen von Kulmbach 76 Rekruten, die sich der Markgraf am Abend im großen Saal des Neuen Schlosses vorstellen ließ. Sie mußten schon einen Tag später um 7 Uhr früh nach Ansbach abmarschieren, von wo aus sie zu den Truppen in Holland abkommandiert wurden. An einem der folgenden Tage seines Bayreuther Aufenthalts wurden die Metzger der Stadt mit einer Bittschrift bei ihrem Landesherrn vorstellig. Ihnen war seit längerem die Hundehaltung verboten, weil es mit den Metzgerhunden bei der Bevölkerung immer wieder Ärger gegeben hatte. Die Tiere galten als besonders bissig und gefährlich. Die Metzger erreichten die Zusage, daß sie wieder Hunde halten dürften, wenn diese Maulkörbe trügen. Eine Woche nach seiner Ankunft, am 26. Februar, verließ der Markgraf Bayreuth. Es war ein glanzloser Abgang und ein Abschied für immer. Die Bevölkerung nahm von der Abreise fast keinerlei Notiz, nur einige Metzger ritten zum Dank für die gewährte „notwendige Gnade" ein Stück zur Begleitung mit.

Die übliche Landestrauer für die verstorbene Markgräfin wurde bis zum 28. März eingehalten. Tägliches Trauerläuten und Gottesdienste erinnerten an die unglückliche Fürstin. Der Markgraf, der am 19. Mai mit der Lady auch Ansbach für immer verließ, blieb den Untertanen durch ein angeordnetes Kirchengebet in Erinnerung. Konsistorialrat Lang sprach darin den Wunsch aus, „daß Gott die Seele des Fürsten im Bündelein der Lebenden eingebunden lassen möge".

Unter preußischer Herrschaft (1792 – 1806)

Der letzte Markgraf von Ansbach-Bayreuth, der 1791 abgedankt hat, ist mit seiner Frau nach England gegangen, um dort als Privatmann zu leben. Das Ehepaar erwirbt an der Themse in der Nähe von London einen Grundbesitz, den es Brandenbourgh-House nennt. Hier und in Schloß Benham in der Grafschaft Berkshire lebt Exmarkgraf Alexander noch bis 1806.

Am 28. Januar 1792 übernimmt Karl August Freiherr von Hardenberg als Minister das ehemalige Fürstentum Bayreuth für Preußen, das damit ein lang erwartetes Erbstück endlich erhält. Das bisherige Wappentier der Markgrafen, der Rote Adler Brandenburgs, muß als Hoheitszeichen dem preußischen Schwarzen Adler weichen. Bayreuth hat einen neuen Landesvater: den preußischen König Friedrich Wilhelm II., einen Neffen Friedrichs des Großen. Dieser läßt den Bayreuthern durch Hardenberg ankündigen, daß er noch im gleichen Jahr zur Huldigung nach Bayreuth kommen wird. Er kommt allerdings weder in diesem Jahr noch in den Folgejahren.

Drei Jahre nach Ausbruch der Französischen Revolution erklärt das neue Frankreich den Krieg an Österreich, das sich mit Preußen verbündet. Es beginnt der Koalitionskrieg, dessen Auswirkungen auch Bayreuth zu spüren bekommen sollte, wenn auch nicht unmittelbar kriegerisch: Rekrutierungsmaßnahmen und Abkommandierung treffen viele Familien. Die Koalitionsarmee dringt zwar ein Stück nach Frankreich ein, tritt aber nach der Kanonade von Valmy in der Champagne den Rückzug an, der einer psychologischen Niederlage gleichkommt. Goethe schreibt als Kriegsteilnehmer den berühmten Satz nieder: „Von hier und heute geht eine neue Epoche der Weltgeschichte aus." Bald danach beschließt der französische Nationalkonvent die Abschaffung des Königtums. Grotesk genug ist, daß Bayreuth just in diesem Jahr „königlich" (wenn auch preußisch) wird.

In Berlin folgt auf König Friedrich Wilhelm II. sein 27jähriger Sohn Friedrich Wilhelm III. (1797 – 1840), der sich mit seinem menschenfreundlichen und bürgernahen Verhalten zusammen mit seiner sympathischen Gemahlin, der aus dem Haus Mecklenburg-Strelitz stammenden Königin Luise, großer Beliebtheit erfreut und seinem Volk kaum Anlaß zu revolutionärem Denken bietet. In Frankreich übernimmt nach den Schreckensereignissen und Terrorakten der Revolution der Korse Napoleon Bonaparte die Macht. 1799 wird er in der neuen Republik Erster Konsul, 1804 krönt er sich selbst zum Kaiser der Franzosen. Ganz Europa gerät in den Bann seiner imperialistischen Politik. Mit dem „Rheinbund" schafft er ein Vorfeld von Frankreich abhängiger deutscher Staaten. Zu den 16 Gründungsmitgliedern gehört auch Bayern, bald folgen weitere, nicht aber Preußen, Braunschweig, Kurhessen und Österreich. Die Rheinbundstaaten erklären sich für souverän und sagen sich vom Reich los. Das Ende des Heiligen Römischen Reichs ist gekommen. Der in Wien regierende Habsburger Franz II. (1792 – 1806) legt die Kaiserkrone nieder, bleibt aber Kaiser von Österreich (als dieser Franz I. 1806 – 1835).

Bayreuth wird preußisch

Der durch die Hausgesetze der Hohenzollern seit langem vorausgesehene Fall der Erbfolge in den fränkischen Markgraftümern trat nach der Abdankung des letzten regierenden Markgrafen Alexander ein: Die beiden unter ihm in Personalunion vereinigten Fürstentümer Ansbach und Bayreuth fielen an Preußen. Am 19. Mai 1791 verließ der letzte Markgraf sein Land für immer, am 2. Dezember 1791 unterzeichnete er in Bordeaux die Abdankungsurkunde. Karl August Freiherr von Hardenberg, der schon seit 1790 durch preußische Vermittlung von braunschweigischem Staatsdienst in den Dienst des Markgrafen übernommen worden war und sich von dieser Zeit an in das Amt des Dirigierenden Ministers eingearbeitet hatte, wurde nun zum preußischen Minister ernannt. Am 5. Januar 1792 unterzeichnete in Berlin König Friedrich Wilhelm II. die Besitzergreifungsurkunde.

Am 28. Januar nahm Hardenberg in Bayreuth die offizielle Übernahme im Namen des Königs vor. Das Militär wurde vor dem Neuen Schloß vereidigt, die gesamte Beamtenschaft hatte sich im Festsaal des Neuen Schlosses versammelt, wo auch sie nach einer kurzen Ansprache Hardenbergs den Eid auf den König ablegte. Als erste Gunsterweisung ließ der König in der Stadt die Summe von 2000 Gulden an die Armen verteilen. Er selbst hat Bayreuth nie besucht. Hinsichtlich der Hauptstadt für die fränkischen Fürstentümer hielt es Hardenberg wie der letzte Markgraf: Er regierte im wesentlichen von Ansbach aus, besuchte aber Bayreuth wiederholt für längere Zeit und behandelte es auch weiterhin als den zentralen Verwaltungsort des obergebirgischen Fürstentums. Bei seinen Sommeraufenthalten bevorzugte er die Eremitage, in der Stadt im Neuen Schloß den südlichen Teil und den Italienischen Bau, während er den Nordflügel dem Herzog Friedrich Eugen von Württemberg überließ, der, von französischen Revolutionstruppen aus Montbéliard vertrieben, in Bayreuth für ein paar Jahre die rein repräsentativen Aufgaben eines vom preußischen König eingesetzten Gouverneurs innehatte. Die Bezeichnung Residenz Bayreuth kommt daher sogar in preußischer Zeit noch vor. Der Hauptstadtcharakter eines selbständigen deutschen Territoriums war aber endgültig verloren.

Zur Sozialstruktur der Bayreuther Einwohnerschaft (1792)

Nach Angaben des Justizrats König wohnten 1792
  in Bayreuth 7844 Zivilisten und 1359 Militärpersonen,
  in St. Georgen 840 Zivilisten und 11 Militärpersonen,
in Bayreuth insgesamt also 9203 registrierte Einwohner, mit dem noch immer selbständigen St. Georgen bereits mehr als 10 000 Menschen. Die überwiegende Zahl der Bewohner war evangelisch-lutherisch, Zahlen für die anderen christlichen Konfessionen liegen uns nicht vor. Den Anteil der jüdischen Bevölkerung beziffert König mit 389 Personen. Als Ausländer wurden 9 Franzosen, 4 Italiener und 3 Tiroler geführt.

Über die berufliche Tätigkeit notiert König zunächst, daß 3 inländische und 8 ausländische „Kapitalisten" in der Stadt lebten, die von ihrem Geld und den Zinserträgen leben konnten. Beim öffentlichen Dienst waren 242 „königliche" (staatliche) und 35 städtische Bedienstete. Dazu kamen noch 24 Personen im kirchlichen und im Schuldienst.

In der Stadt lebten zu Beginn der Preußenzeit 68 Kaufleute, 17 Fuhrleute und 7 Holzhändler. Es gab 14 Gastwirtschaften und außerdem sechs „Zapfenwirte", die nur Bierausschank betrieben. In den vier Apotheken waren neben den Apothekern noch sechs „Gesellen" beschäftigt. 11 Chirurgen und Bader unterhielten in ihrem Beruf noch Gesellen. Ohne Einordnung bei einer größeren Berufsgruppe werden mit einer Art Sonderstatus erwähnt ein Bildhauer, ein „Mechanicus" und ein französischer Sprachmeister.

Alle übrigen Berufstätigen ordnete J. S. König dem Handwerk zu. Nach seiner Übersicht errechnen sich nicht weniger als 460 Meisterbetriebe. Im Nahrungsmittelgewerbe werden 56 Bäckermeister mit 65 Gesellen und 8 Lehrjungen, 10 Müllermeister und 39 Metzgermeister, 8 Brauer, drei Köche, drei Konditoren, die damals noch als „Zuckerbäcker" geführt wurden, und neun Lebküchnermeister genannt. Für Kleidung und Herstellung des Zubehörs sorgten 65 Schneidermeisterbetriebe, 52 Schuhmacher und neun Hutmacher. Fünf Kürschner bearbeiteten Felle und Pelze. Zulieferer waren die Gürtler, Schnallenmacher und Knopfmacher. Wie hoch damals noch die Perücke im Kurs stand, zeigen die Zahlen für die Perückenmacher: 11 Meister und 12 Gesellen. Für Luxus und Vergnügen arbeiteten acht Goldschmiedemeister und ein Juwelier, acht Tanzmeister und ein Pfeifenmacher. Es gab drei Uhrmacher, einen Orgelbauer und einen Instrumentenmacher. Zwei Buchdruckermeister beschäftigten 10 Gesellen. Der Häute- und Lederverarbeitung widmeten sich die neun Loh- und sieben Weißgerber, sechs Sattlermeister und zwei Riemer.

Das Baugewerbe war mit sieben Maurer- und acht Zimmermeistern vertreten. Zu diesen kamen 63 Gesellen bei den Maurern und 51 bei den Zimmerleuten. An Meisterbetrieben hatten die Glaser sechs, die Ziegler zwei, die Schreiner 15. Neben fünf Malermeistern gab es auch zwei Tapezierer. Dagegen reichte anscheinend ein einziger Schieferdeckerbetrieb für die ganze Stadt. Gebraucht wurden aber 11 Schlossereien.

Weitere Handwerksbetriebe lieferten Haushalts- und Gebrauchsgegenstände, die heute maschinell produziert werden: Wir finden mehrfach vertreten die Häfner, Kesselschmiede, Kupferschmiede, Lichterzieher, Bürstenbinder, Kammacher, Korbmacher, Nadler, Nagelschmiede und Siebmacher. Für den damaligen Fahrzeugbau sorgten sechs Wagnermeister. Zwei Büchsenmacher stellten Gewehre her. Sieben Seilermeister, drei Gärtner, vier Flaschner, drei Beutler, fünf Zinngießer, ein Glockengießer, 11 Häckler, ein Schleifer und ein Sporer vervollständigten das handwerkliche Angebot.

Besonders bemerkenswert waren aber die 190 Wollenspinner und 35 Webermeister, die 69 Gesellen und 10 Lehrjungen beschäftigten. Dazu kamen noch 11 Zeugmachermeister mit ihren Gesellen und einige Tuchmacher. Wir erkennen hier eine manuelle Vorstufe der im 19. Jahrhundert einsetzenden Textilindustrie.

Der preußische Hauptmann Reiche macht leider keine Angaben, wie groß die Zahl preußischer Zuwanderer zu beziffern ist. Soweit wir erkennen können, haben die Preußen zwar in Spitzenpositionen der Staatsverwaltung und des Militärs eine wichtige Rolle gespielt, doch scheint auf die Personenzahl bezogen der preußische Einfluß doch relativ bescheiden gewesen zu sein. Über die Einheimischen berichtet Reiche, daß es den Kanzlei- und Regierungsbeamten nicht schlechtgehe, jedoch bei ihrem Tod nach Ablauf der Zahlung eines Gnadengeldes keine Versorgung der Witwen und Waisen bestand. Da ihm offenbar mehrere Fälle echter Not bekanntwurden, machte er selbst Vorschläge für eine Abhilfe. Neben dem üblichen Handwerk, das allerorten anzutreffen ist, fiel ihm auf, daß es ziemlich viele Weber gab. Als „ärmere Volksklasse" erwähnt er Taglöhner, die durch Holzhacken und Baumwollspinnen ihr Brot verdienen, auch Mietkutscher und Gärtner. Bei den Gärtnern weiß er allerdings, daß es auch viele Leute von Stand gibt, die diese Tätigkeit als Liebhaberei betreiben. Trotz erkennbarer Betriebsamkeit im Gartenbau müsse die Stadt aber noch von Bamberg vor allem mit Obst beliefert werden. Als kaum ins Gewicht fallend bezeichnet er den Handel, hebt aber hervor, daß die wenigen Fabriken bis in ferne Gegenden lieferten. Beträchtlich war nach seiner Beurteilung immer noch der Anteil an Ackerbau und Viehzucht, also die Rolle der „Stadtbauern", die ihre Höfe auf Stadtgrund, ihre Felder aber längst teilweise außerhalb der Stadtgrenze hatten.

An Besonderheiten notierte Reiche die Laternenbeleuchtung der Stadt im Winter sowie die Sicherung der herrschaftlichen Gebäude und eines Teils der Bürgerhäuser mit einem Blitzableiter. Auch das Vorhandensein von großen Felsenkellern in St. Georgen, am Markt und vor dem Kulmbacher Tor „auf dem Herzog" sowie die sog. „Kellerhäuser" in der Erlanger Straße waren für ihn bemerkenswert.

Die gegenrevolutionäre öffentliche Meinung in preußischer Zeit

Die öffentliche Meinung wurde auch unter Hardenberg weitgehend von oben bestimmt. Die offizielle Beurteilung allgemein interessierender Fragen stand nur den Beamten und Geistlichen zu. Thron und Altar blieben die Säulen des Staates und galten als die unbestrittenen Garanten für Ruhe und Sicherheit der Untertanen.

Diese Haltung spiegelten schon die ersten Nummern der „Bayreuther Zeitung" nach Hardenbergs Regierungsübernahme 1792. In der Person des Kanzleisekretärs Christian Hagen besaß das Bayreuther Blatt einen Redakteur, der den Lesern Gedankengut und Ereignisse der Französischen Revolution als „Triumph des Betrugs" auslegte und die Frage an die Bevölkerung weitergab: „Warum sollten wir uns nicht dem wilden Strom entgegenstemmen, der aus Frankreich die Verfassung unseres Vaterlandes und mit ihr unser häusliches und öffentliches Glück zu unterwühlen droht?" Andersdenkende hatten keine Chance, mit ihrer Stimme Gehör zu finden.

Als im März 1794 Unbekannte am Markt einen „Aufruf an Bayreuths Sklaven" anschlugen, denen vorgeworfen wurde, sich „von einer partheiischen, verabscheuungswürdigen Zeitung zudem noch mit albernen, geschmacklosen und sinnlosen Unwahrheiten" betrügen und verdummen zu lassen, distanzierte sich alsbald die Bürgerschaft im Rathaus von dem Pamphlet, indem sie öffentlich ihre Loyalität bekundete. Vielleicht noch größeren Einfluß auf konservative und kirchentreue Bayreuther hatten die Sonntagspredigten, in denen zu vernehmen war, daß Gleichheit und Freiheit nur schöne Träume seien, Vaterlandsliebe und Pflichterfüllung aber Ruhe, Schutz und damit das Glück des einzelnen am sichersten garantierten.

Bayreuth als preußische Garnisonsstadt

Am 15. März 1792 traf aus dem seit 1680 preußischen Halle ein Füsilierbataillon in der Stadt ein, das hierher verlegt worden war. Es wurde von der Bevölkerung stürmisch begrüßt: Bayreuth war nun preußische Garnisonsstadt. Die bald darauf erfolgende Zwangseinquartierung von 140 Soldatenfamilien, die viele Kinder mitbrachten, fand weniger Beifall bei den betroffenen Bürgern. Auch benahmen sich, wie Augenzeugen berichten, die in der Mainkaserne untergebrachten Soldaten recht wenig preußisch-diszipliniert. Sie wurden allerdings schon bald durch eine neue Militäreinheit abgelöst. Unter Oberst von Bonin bezog ein aus Wesel kommendes Infanterieregiment die Bayreuther Kasernen. Zum Oberkommandanten der preußischen Truppen in Franken war der alte, schon mit Markgräfin Wilhelmine aus Preußen nach Bayreuth gekommene Generalleutnant August Wilhelm von Treskow ernannt worden. Standortkommandant wurde aber Generalmajor von Grevenitz, ein als hart, ja grausam geschilderter Mann.

Der Krieg Preußens mit Frankreich ließ für friedliche Neuordnung in Bayreuths erstem Preußenjahr wenig Spielraum. Vordergründig dominierten die militärischen Maßnahmen. Über die Pfingstfeiertage wurden alle im militärpflichtigen Alter stehenden jungen Männer gemustert, viele davon auch bald danach eingezogen. Auch alle Pferde aus Privatbesitz wurden im Rathaus registriert. Die Pferdebesitzer mußten auf Anordnung ihre Tiere auf den Schloßplatz bringen, wo sie von einem preußischen Taxator geschätzt und für das Militär gekauft wurden. Am 30. Juni erfolgte der Abmarsch der Truppen an den Rhein. Neue Truppendurchzüge sorgten aber weiterhin für Unruhe. Auch die Rekrutierung ging weiter. Ein Bayreuther Zeitgenosse spricht von „täglich drei bis vier Deserteuren" unter den zum Militär Einberufenen. Über die Gegenmaßnahmen berichtet der Bayreuther Justizrat König, daß man hinter dem Jagdzeughaus (Nähe Jägerhaus, heute Tunnelstraße) eine Lärmkanone abfeuerte, wenn man die Flucht eines Soldaten bemerkte. Die Unteroffiziere mußten dann zusammen mit Bauern der Umgebung den Deserteur suchen. Die Pfarrer wurden verpflichtet, beim Gottesdienst Bürger und Bauern von der Kanzel aus aufzufordern, alle Deserteure gegen eine Belohnung von sechs Talern an das Militär auszuliefern. Den eingefangenen Deserteuren drohte das berüchtigte Spießrutenlaufen, das in diesem Jahr in Bayreuth das erste Mal genannt wird.

Während die Namen der einzelnen preußischen Militäreinheiten und ihrer Offiziere heute kaum mehr genannt werden, sind doch einige mit der Stadtgeschichte verbundene Offiziere erwähnenswert, nämlich Blücher, Götze und Reiche.

Blücher, der als Held der Befreiungskriege bekannte „Marschall Vorwärts", weilte freilich nur ganz kurz als Gast in der Stadt: Er kam im Dezember 1805 für eine Woche nach Bayreuth und befehligte ein Armeekorps von rund 15 000 Mann, das bereit war, gegen die Franzosen anzutreten. Napoleons Sieg bei Austerlitz über die Österreicher ließ jedoch Preußen keine andere Wahl, als kampflos die Forderungen Napoleons anzunehmen. Blücher erhielt am 16. Dezember den Befehl zum Rückzug. Bürgermeister Hagen wußte später zu berichten, daß Blücher beim Besuch eines Balls in der „Harmonie" seinen Unwillen darüber zum Ausdruck brachte. Sein Bayreuther Absteigquartier war das Hotel „Sonne" (heute Richard-Wagner-Str. 2). Eine angebrachte Gedenktafel wurde nach den Umbaumaßnahmen der Nachkriegszeit nicht mehr übernommen. Kaum mehr bekannt und doch für Bayreuth nicht unwichtig war Friedrich Wilhelm Graf von Götzen, von dem im Kapitel über Bayreuths Franzosenzeit noch die Rede sein wird. Götzen kam als preußischer Husarenoffizier nach Bayreuth, lieferte eine ausführliche Schilderung über die Lebensverhältnisse der Stadt, deren Lage und Bauweise ihm sehr gefiel: „Keine Stadt Deutschlands von der Größe Bayreuths kann so viele und so reizende Promenaden aufweisen."

Jobst Ernst Christoph von Reiche, der als junger Offizier nach Bayreuth versetzt wurde, war von der Stadt am Roten Main so begeistert, daß er in seiner Freizeit ein heute noch lesenswertes Buch über die Stadt schrieb, das 1795 in Bayreuth erschien. Mehrere selbstgefertigte Zeichnungen ließ er als Kupferstiche beifügen. „Mannigfaltig und segenvoll ist das weite Tal, in dessen sanftem Schoße Bayreuth eine ungestörte Glückseligkeit genießt. Große und fischreiche Weiher, angenehme Waldungen, sich sanft erhöhende segenvolle Fluren sind der reiche Inhalt dieses Lusttals, um welches fernere, holztragende Gebirge ihren hohen

Kreis ziehen." Wir haben seine alte Schreibung hier modernisiert. Reiches historische Angaben, auch seine geographischen Kenntnisse waren nicht fehlerfrei (der Rote Main kam nach seinen Angaben aus dem Fichtelgebirge!). Dennoch ist sein Büchlein heute noch lobens- und lesenswert, finden sich bei ihm doch auch viele bemerkenswerte Dinge, die er als Zeitgenosse notierte. Zitiert sei hier nur sein Urteil über die Bayreuther seiner Zeit: „Man findet sehr viele artige Leute in Bayreuth, die es sich zu einer Pflicht machen, einander mit Treue, Rechtschaffenheit, Liebe, Höflichkeit und Gefälligkeit zuvorzukommen. Besonders findet der Fremde, wenn derselbe nicht stolz und unhöflich ist, die beste Aufnahme."

Allerdings bedauert Reiche, daß die Adeligen und Bürgerlichen in der Stadt noch zu wenig für eine Überwindung der Standesschranken unternähmen. „Anstatt daß beide Teile mit gleichem Schritte einander zur edlen Vereinigung, ohne die der Wohlstand eines Staates doch nicht fortdauern kann, entgegenkommen, entfernen sie sich, dieser (der Adel) mit noch weiteren Schritten als jener voneinander." Hardenbergs Bemühungen zur Annäherung der beiden Schichten bezeichnete er als vergeblich. Als Augenzeuge berichtete er, daß er selbst in Anwesenheit Hardenbergs Adel und Bürgertum nur in strenger Trennung erlebt habe. „Hierin ist Bayreuth also gegen viele andere Städte Deutschlands noch sehr zurück, und wird es, wie ich fürchte, auch lange noch bleiben."

Alexander von Humboldt in Bayreuth (1792 – 1796)

Als königlicher Beauftragter für das Bergwesen der Fürstentümer Ansbach und Bayreuth kam nach seinem Studium an der Bergakademie Freiberg der 22jährige Berliner Alexander von Humboldt nach Bayreuth, wo er eine große Wohnung mietet und mit seinem Freund Leutnant Reinhard von Haeften bewohnt. Im Hause des für das Bergbauwesen zuständigen Hofkammerrates Otto Heinrich Tornesi ist er für auswärtige Freunde erreichbar, die ihm Briefe schreiben. Sein Bayreuther Aufenthalt wird immer wieder unterbrochen durch seine Tätigkeit in den Bergbauorten des ehemaligen Fürstentums (Goldkronach, Steben, Arzberg,

Der junge Alexander von Humboldt

Goldmühl) und durch andere Reisen. Seine Bayreuther Briefe, unter denen sich auch Goethe und Schiller als Adressaten befinden, spiegeln auch den öffentlichen Bekanntheitsgrad des jungen Gelehrten wider, so, wenn er 1794 schreibt: „In Bayreuth, wo jeder Gassenbube mich kennt." Rückblickend berichtet er am 17. 7. 1796 aus Ingelfingen auch von Bayreuther Studien: „Ich habe überhaupt in Bayreuth sehr fleißig gearbeitet."

Leben in der Preußenzeit

Äußeres Wachstum der Stadt war in den Jahren unter preußischer Herrschaft kaum zu bemerken. Städtebaulich gab es keine nennenswerten Veränderungen. Ein im Bauwesen tätiger Beamter vermerkte, früher habe man viel gebaut und wenig geschrieben, jetzt werde wenig gebaut, aber um so mehr geschrieben. Die Besucher der Stadt hoben neben den Bauten fast immer die Vielfalt der Alleen hervor (Königsallee, Dammallee, „Schwarze Allee" in der späteren Kanalstraße). Die Stadtverwaltung mußte ihre alten Privilegien in Berlin überprüfen lassen, wobei einige alte Sonderrechte gestrichen wurden. Das bisher zulässige

Fischen im Main, das den Bürgern der Stadt zweimal in der Woche erlaubt war, wurde verboten. Ein „Narrenhäuslein" auf dem Markt, für laute Störenfriede vorgesehen, wurde abgebrochen.

Seit dem Ende der Residenzzeit hatte sich die Sitte eingebürgert, daß man sich in den Abendstunden nach getaner Arbeit zu einem „Bummel" auf dem Markt traf. Heinrich Zschokke berichtete 1796 als erster davon, daß die Bayreuther „partienweise" auf und ab schwärmten. Dieses Sehen und Sichsehenlassen, Treffen und Kennenlernen wurde zur Tradition, die sich bis zum Anfang des 2. Weltkriegs erhielt.

Die Kleidung der Bayreuther Bürger am Ende des 18. Jahrhunderts

Johann Gottfried Köppel hat die Kleidung der Bayreuther Bürger in seinem Werk „Malerische Reise durch die fränkischen Fürstenthümer" beschrieben. Ein gewisser Luxus zeigte sich nach seiner Beobachtung bei „der wohlhabenden Bürgerklasse". Die Männer trugen eine bis an die Knie reichende Weste und eine Jacke mit ziemlich großen Aufschlägen, die von oben bis unten mit schweren Buckelknöpfen besetzt war. Unter der halboffenen Weste war meist noch eine zweite, kostbare weiße Weste, die ebenfalls mit schönen steinernen, in Silber gefaßten Knöpfen versehen war. Die Tracht der Frauen fand Köppel nicht weniger kostbar, aber keineswegs praktisch und empfehlenswert, „denn der schönste Wuchs, der beste Körperbau wird nicht nur durch die langen Lappen ihrer Leibchen oder Kamisöler unscheinbar, sondern es verunstalten ihn auch die vielen Röcke, deren sie gewöhnlich fünf bis sechs aufeinander tragen, nicht zu gedenken, daß unter den großen, obschon öfters sehr kostbaren Haubenflügeln manches schöne Gesicht versteckt wird. Der Hals ist meistenteils mit einer goldenen Kette oder einem Gehänge von guten Perlen geziert, woran drei bis vier Dukaten ... über den Busen herabhängen." Sehr beliebt waren bei den Frauen auch „steife Schnürleiber", die mit silbernen Haken und Ketten zusammengehalten wurden. Zum Kirchgang trug die vornehme Bürgerin ebenso wie die Bauersfrau ein „Mardermüffchen", das so klein war, daß kaum die Fingerspitzen darin Platz hatten.

Langermanns „Psychische Heilanstalt" (1805 – 1810)

Eine unter preußischer Initiative eingeleitete begrüßenswerte Neuerung ist aus dem Gesundheitswesen zu berichten. Hatte man Irre und psychisch Kranke im „Irrenhaus" einfach mehr oder weniger sicher verwahrt und den Zuchthäuslern gleichgestellt, so änderte sich dies im Sinne eines Pflege- und Heilverfahrens grundlegend. Der junge Arzt Dr. Johann Gottfried Langermann (1768 – 1832), ein gebürtiger Sachse, der in Jena über Geisteskrankheiten promoviert und in Bayreuth praktiziert hatte, wurde nach mehrjährigem, erfolgreichem Wirken in Torgau auf Veranlassung Hardenbergs nach Bayreuth berufen, wo er 1805 das Irrenhaus in St. Georgen als neuer Leiter in eine „Psychische Heilanstalt für Geisteskranke" umwandelte. Seine Erfolge wurden bald bekannt. Die preußische Regierung honorierte seine Leistungen: Er wurde in Berlin Staatsrat

„Bayreutherinnen in Festtracht" zeigt eine Lithographie von Heinrich Stelzner (1833 – 1910)

und Leiter des gesamten preußischen Gesundheitswesens. Der Ruf, den die Bayreuther Heilanstalt unter seiner Leitung erwarb, konnte leider nach seinem Weggang nicht gesichert werden.

Die ersten Geselligkeitsvereine: Ressource und Harmonie

In der Folge der Französischen Revolution bildeten sich nach dem englischen Vorbild der Clubs auch in Deutschland örtliche Vereine, die zwar unpolitisch waren, aber ein Sichnäherkommen der verschiedenen Gesellschaftskreise anstrebten. Adelige und Bürgerliche trafen sich zum gemeinsamen Dialog und veranstalteten Feste und künstlerische Darbietungen. 1796 wurde im preußischen Bayreuth als erste solcher Gesellschaften die Ressource gegründet. Ihre Mitglieder trafen sich im oberen Stockwerk des Rathauses zu Gesprächen, Lektüre und Spielen. Dieser Verein wechselte bald vom Rathaus in den Goldenen Anker und von dort in ein Lokal in der Maxstraße und bestand bis 1849.

Als es aber innerhalb der eigenen Reihen Streitigkeiten gab, gründeten am 1. März 1803 54 Mitglieder eine neue Gesellschaft mit dem Namen Harmonie. „Harmonie" nannten sich damals auch in anderen Städten Verbindungen „aller gebildeten Männer einer Stadt zum Zweck des geselligen Vergnügens" (E. Ch. Hagen). Mit diesem Bildungsanspruch versammelte der Verein von vornherein eine städtische Elite: Neben Männern aus dem vermögenden Großbürgertum und der Beamtenschaft trafen sich Adelige und Offiziere der Garnison. Nach Bayreuth versetzte Preußen suchten den Gedankenaustausch mit den alteinheimischen Franken. Als erste Stätte der Zusammenkünfte diente der Casinosaal des Alten Schlosses, den Kammerpräsident von Schuckmann zur Verfügung stellte. Als Mitbegründer und Vorsteher traten hervor der Oberlandjägermeister Georg Freiherr von Hardenberg, ein Bruder des Ministers, und der Arzt Dr. Johann Gottfried Langermann.

1805 erwarb die Gesellschaft das von Gontard erbaute ehemalige Palais d'Adhémar am Schloßberglein. Hier war Gelegenheit zu täglicher Zusammenkunft beim Gespräch am Runden Tisch abends zwischen 5 und 9 Uhr. In einem Lesekabinett wurden auswärtige Zeitungen und andere Lektüre bereitgestellt. Für Karten-, Schach- und Damespieler standen Spieltische bereit, eine Kegelbahn wurde eingerichtet. Auch Theateraufführungen und große Bälle gehörten zum Vereinsprogramm. Zu den prominenten Mitgliedern zählte auch Jean Paul. Zum 50jährigen Bestehen konnte Bürgermeister Hagen als Mitglied eine Festschrift herausgeben, die einen stolzen Rückblick lieferte.

Emigranten und Flüchtlinge

Viele französische Emigranten fanden im preußischen Bayreuth ein sicheres Asyl und eine ausreichende Unterbringung, da hier die Schlösser und Nebengebäude zu einem großen Teil leer standen. Ein unbekannter Flüchtling ließ 1796 am Matzenberg eine Inschrift anbringen, in der er dem preußischen König und seinem Minister Hardenberg dafür dankte, daß er mit vielen anderen „in diesem glücklichen Lande" eine Freistatt fand. Für einige dieser Heimatvertriebenen wurde Bayreuth zur letzten Station ihres Lebens. Noch heute erinnert daran ein erhaltenes Grabmal im Stadtfriedhof. Zu denen, die in Bayreuth nur für kürzere Zeit untergebracht waren, gehörte die Familie Chamisso aus der Champagne. Das 15jährige Söhnlein Adelaide mußte damals in Bayreuth als „Blumenverfertiger und -verkäufer" Geld hinzuverdienen, bis die Familie nach Berlin übersiedeln durfte. Unter dem Namen Adelbert von Chamisso (1781 – 1831) erwarb er sich später literarischen Ruhm als deutscher Dichter. Seine Märchennovelle „Peter Schlemihl" – die Geschichte eines Mannes, der seinen Schatten verkauft – spiegelt in poetischer Form manches von seinem persönlichen Schicksal zwischen zwei Völkern.

Auch deutsche Flüchtlinge kamen aus den linksrheinischen Gebieten nach Bayreuth. Unter ihnen war auch Maximilian von Pfalz-Zweibrücken, der spätere König von Bayern, der hier eine Zeitlang auf preußische Kosten lebte. Der Fürst von Nassau-Weilburg, der einen Einmarsch der Franzosen in seinem kleinen rechtsrheinischen Fürstentum befürchtete, erhielt vom preußischen König sogar die Erlaubnis, mit einem kleinen Hofstaat nach Bayreuth zu kommen, wo er mit

Familie und Untergebenen im Sommer in der Eremitage, im Winter im Neuen Schloß wohnte. Seine Tochter Henriette kam 1797 in der Eremitage zur Welt. Sie heiratete 1815 Erzherzog Karl von Österreich und starb 1829 in Wien, wo sie als einzige Protestantin in der Kapuzinergruft beigesetzt wurde.

Zusammen mit dem Fürsten von Nassau-Weilburg und seinem Hof war 1796 auch der Geheime Rat Hans Christoph von Gagern mit seiner Familie nach Bayreuth gekommen, wo ihnen der preußische König Asyl gewährte. Gagerns Ehefrau war die Hofdame der Fürstin. Ihr in Bayreuth am 22. August 1799 geborener Sohn Heinrich von Gagern wurde der spätere Präsident der ersten deutschen Nationalversammlung in der Paulskirche in Frankfurt 1848. In Bayreuth hat er nur sein erstes Lebensjahr verbracht: Schon 1800 kehrte der Weilburger Hof in seine nassauische Residenz zurück.

Heinrich von Gagern, Präsident der deutschen Nationalversammlung 1848

Das französische Intermezzo (1806 – 1810)

Die folgende französische Okkupation Bayreuths bildet zweifellos eine eigene Epoche, obwohl sie nur vier Jahre dauerte. Trotz ihrer Kürze trägt sie ihren besonderen Stempel. Sie war aber nicht nur eine Besatzungszeit fremder Truppen. Unter der französischen Herrschaft gab es eine fundamentale Veränderung in den Besitzverhältnissen. Durch den Frieden von Tilsit wurde das Fürstentum Bayreuth ein Bestandteil des französischen Kaiserreichs. Darüber hinaus erfaßte ein französischer Sonderbeauftragter namens Ambert den staatlichen Grundbesitz, die Domänen, mit ihrem Inventar und erklärte am 31. Oktober 1807 vor dem Bayreuther Kammerkollegium, daß alle Domänen Napoleons Privatbesitz geworden seien. Für Bayreuth, Fulda, Erfurt und Hanau wurde ein eigener Domänendirektor eingesetzt, der nicht dem Generalintendanten unterstellt war. An eine endgültige Einverleibung des ehemaligen Fürstentums Bayreuth in das französische Staatsgebiet dachte man allerdings nicht. Napoleon betrachtete die genannten Sondergebiete vielmehr als willkommene Tauschobjekte (pays réservés). Französische Hoheitszeichen und französische Amtsschilder ersetzten aber die bisherigen preußischen. Auf die militärische Besetzung folgte die französische Verwaltung durch einen Zivilbeamten.

Der Einmarsch der Franzosen 1806

Nach der Niederlage der Preußen bei Jena und Auerstädt wurde auch Bayreuth als feindliche Stadt von den Franzosen besetzt. In den Vormittagsstunden des 7. Oktober rückte das 30 000 Soldaten zählende Armeekorps des Marschalls Soult über die Dürschnitz in die Stadt ein. Steinwürfe eines Maurers, der unerkannt untertauchen konnte, führten zwar zu verschärften Kontrollen, blieben aber ohne nachteilige Folgen für die Bevölkerung. Das preußische Militär hatte die Stadt schon vor Ankunft der Franzosen geräumt. Während der Marschall mit seinem Stab im Neuen Schloß Quartier nahm und Offiziere in Bürgerhäusern einquartiert wurden, mußte ein großer Teil der Soldaten vor der Stadt Biwak beziehen. Plünderungen und Ausschreitungen, Requisitionen von Vieh und Nahrungsmitteln folgten. Die Truppen von Soult zogen schon am nächsten Tag weiter. Es folgten ihnen aber ein anderes Korps und eine bayerische Division. Am 9. Oktober traf der aus dem Elsaß stammende Brigadegeneral Le Grand ein, der als Militärgouverneur bald dafür sorgte, daß weitere Ausschreitungen unterblieben.

Bayreuth unter französischer Verwaltung

Zunächst war das ehemalige Fürstentum Bayreuth ein Gebiet, das die Franzosen als besetztes Feindesland betrachteten. Der Militärgouverneur Le Grand war der mächtigste Mann. Schon am 8. November 1806 wurde ihm jedoch für die Verwaltung des Landes ein Zivilist an die Seite gestellt: Der französische Generalintendant Daru berief den jungen südfranzösischen Baron Camille de Tournon (1778 – 1833) zum Intendanten des Fürstentums Bayreuth. Ihm waren die Überwachung der Steuereinnahmen, die Verwaltung der Domänen und die Kontrolle über den richtigen Eingang der Kontributionen anvertraut, was nicht mehr und nicht weniger bedeutete, als daß er aus dem besetzten Land möglichst viel Geld herausholen sollte. Tournon verkündete auch bereits in der ersten Sitzung der ehemals preußischen Kriegs- und Domänenkammer, daß Napoleon 2,5 Millionen Francs als Kriegskontribution verlange. Auf den Einspruch des Direktors Tornesi hin machte er zwar deutlich, daß er von dieser Summe nicht abweichen könne, deutete aber auch seine Bereitschaft zu einem persönlichen Entgegenkommen an. Man erkannte bald, daß sich mit der Bestimmtheit und Entschlossenheit seines Auftretens auch Verständnis und Menschlichkeit verbanden. Durch sein Eintreten beim Gouverneur bewahrte er Bayreuth und seine Bewohner vor noch größeren Härten. An der großen Kontribution wurde allerdings nichts zurückgenommen. Nach der Bezahlung des ersten Drittels geriet man im ganzen Land in größte Schwierigkeiten. Im Einvernehmen mit den Landstän-

Camille de Tournon (1811)

den wurde schließlich bestimmt, was jeder Kreis und jede Stadt noch aufzubringen hatte. Die Stadt Bayreuth hatte dabei von den unmittelbaren Städten den größten Beitrag zu leisten. Bis auf einen kleinen Rest wurde aber alles noch bis Ende 1807 abbezahlt.

Schon mit dem 9. Juli 1807 war für Bayreuth eine wichtige Änderung eingetreten: Im Frieden von Tilsit hatte Preußen Bayreuth an Frankreich abgetreten. Bayreuth wurde als „pays réservé", d. h. als für Sonderzwecke Napoleons bereitgehaltenes Land behandelt, ein Schicksal, das es mit Erfurt, Fulda und Hanau teilte. Die Domänen wollte Napoleon zu seiner persönlichen Verfügung haben.

Verwaltungsmaßnahmen 1806

Das Land Bayreuth wurde sofort nach dem Einmarsch der Franzosen in das System der Kontinentalsperre gegen England einbezogen. Alle Bediensteten bei Post und Zoll sowie alle Polizeidienststellen wurden zur strikten Einhaltung verpflichtet. Eine völlige Entwaffnung der einheimischen Bevölkerung wurde angeordnet und aus Forstbediensteten eine Art Gendarmerie gebildet. Ab Dezember 1806 wurden von Berlin aus alle möglichen Steuern angekündigt. Die „Kammer" als Landesverwaltungsbehörde erhielt die französischen Auflagen, stand „zwischen dem Volke und den feindlichen Autoritäten" als „ein gezwungenes Werkzeug der letztern und Vermittler und Schützer der erstern".

In der entstandenen Notlage besann man sich auf das alte Landschaftsratskollegium der Markgrafenzeit. Die Landstände waren zwar 1795 bei Einrichtung der Kriegs- und Domänenkammer nicht sofort aufgehoben, aber doch außer Kraft gesetzt worden. Die Kontributionsforderungen der Besatzungsmacht waren Anlaß, sich wieder an den Landtag zu erinnern, ihn als Beirat zu befragen und als „Repräsentation des Volkes" den Franzosen gegenüberzustellen. Ende November 1806 trat in Bayreuth ein Landtag zusammen und erschien so geordnet, als hätte es nie eine Unterbrechung über viele Jahre gegeben. Als erster Landstand erschien Graf Giech, die Ritterschaft entsandte drei Deputierte, dazu kamen die Abgeordneten der Städte, und auch die Bauern waren durch einen Syndikus vertreten. Man beschloß, ein Drittel der Kontribution „auszuschreiben" (einzufordern?), zwei Drittel „durch Vorlehen aufzubringen" (= als Darlehen aufzunehmen?) und eine Deputation an Kaiser Napoleon abzusenden, die wegen Erleichterungen vorstellig werden sollte (nach Weltrich).

Ein gescheitertes Befreiungsunternehmen für Bayreuth (1807)

Mit der Einnahme Bayreuths durch die Franzosen schienen einigen Patrioten Stadt und Land noch keineswegs für dauernd verloren. Noch war der Krieg nicht zu Ende. Erst im Juli 1807 sollte der Friede zu Tilsit geschlossen werden. So wurden Ende 1806 und Anfang 1807 im besiegten preußischen Lager noch manche Pläne geschmiedet. Eines dieser Unternehmen zielte auf die Befreiung Bayreuths, um dann von hier aus die Franzosen weiter zurückdrängen zu können. Major Friedrich Wilhelm Graf von Götzen, Generalgouverneur für Schlesien, der in Bayreuth Hauptmann gewesen war und Freunde besaß, wurde nun in Schlesien zum Haupt der Gruppe, die den Gegenschlag gegen die napoleonischen Truppen führen wollte. Um ihn sammelten sich mehrere ehemalige Offiziere der preußischen Garnison und auch einige Zivilisten. Unter letzteren war der wichtigste Mann Johann Bein, der bis zum Einmarsch der Franzosen Redakteur der „Bayreuther Zeitung" gewesen war.

Man bildete den Stamm für ein Freikorps aus und hoffte, durch Befreiung preußischer Soldaten, die in französische Kriegsgefangenschaft geraten waren, die unbedingt nötige Kampfstärke erreichen zu können. Eine Führerrolle übernahm unter den ehemals bayreuthischen Offizieren Leutnant Karl Friedrich Wilhelm von Falkenhausen, ein Enkel des vorletzten Ansbacher Markgrafen aus dessen nicht standesgemäßer Verbindung mit einer Bürgerlichen. Ein erster Versuch, mit dem Kader der Freischar ins besetzte Fürstentum Bayreuth einzudringen, scheiterte im März 1807. General Le Grand, Napoleons Militärgouverneur, ließ die Grenze nach Böhmen so gut überwachen, daß man das Vorhaben vorerst verschieben mußte. Als man Anfang Juni Nachrichten erhielt, daß im Bayreuther Land eine große Zahl von Preußen als Gefangene gehalten würden, aber nach Westen abtransportiert werden sollten, glaubten die Freischärler mit der Befreiung ihrer Kameraden auch die Rückeroberung Bayreuths erreichen zu können. Sie gelangten in einem Tagesmarsch bis auf $1\frac{1}{2}$ Meilen an Bayreuth heran. Als aber ein französischer Posten Generalalarm auslöste, mußten Falkenhausens Leute aufgeben: Mit 40 gegen 3000 antreten zu wollen wäre aussichtslos gewesen. Es gelang aber der Rückzug über die böhmische Grenze.

Tournon und die Stadt Bayreuth

Die Stimmung in der Bayreuther Bevölkerung zur Zeit der französischen Besetzung ist nur schwer auf einen Nenner zu bringen. Die alte Gräfin Giech, deren Familie die Wintermonate in Bayreuth verbrachte, schrieb 1808 in einem Brief an Hans Christoph von Gagern: „Herr von Tournon ist viel bei uns, er liebt die Gesellschaft, und man wünscht ihn gern in ihrer Mitte." Und bei seinem Abschied ein Jahr später schrieb sie: „Er hat getan, was in seiner Macht stand, um das Land zu unterstützen. Unser Haus verliert in ihm einen Freund, der uns wohlwollte." Sie lernte auch noch seinen Nachfolger Combe-Sieyès kennen, der mit einer Nichte jenes Sieyès verheiratet war, der die berühmte Schrift „Was ist der dritte Stand?" verfaßt hatte. Von einer neuen Zeit für den dritten Stand sprach man im Kaiserreich Frankreich und im besetzten Bayreuth 1808 nicht. Das einfache Volk hatte die Lasten der Einquartierungen zu tragen. „Das gute Bayreuth", so Gräfin Giech, „bietet ein trauriges Asyl, es gibt dort nichts, worüber man entzückt sein könnte, die wahre Fröhlichkeit fehlt. Wo ist sie schon zu finden in diesen Zeiten, die so reich sind an Ereignissen und so gering an Vergnügen!"

Wenn sich in Bayreuth mit der französischen Besetzung positive Erinnerungen verbinden, ist dies vor allem auf den humanen und deutschfreundlichen Intendanten Tournon zurückzuführen, der manche Härte der Militärs und der höheren Verwaltungsinstanzen zu mildern verstand. Überrascht waren die meisten Bayreuther, als Tournon nicht mit dem Hochmut eines Siegers Distanz zur Bevölkerung hielt, sondern sogar vertrauensvoll Kontakte suchte. Als ihm das Neue Schloß als Wohnung angeboten wurde, lehnte er ab. Er logierte sich statt dessen zunächst im ehemaligen Ellrodtpalais (Ludwigstr. 26) bei der Witwe des verstorbenen Regierungsrates Bär ein, die er einem Freund in Anspielung auf die heilige Gertrud von Nivelles als „eine wahre Gertrud" lobte. Erst im März 1807 zog er in das Neue Schloß um. Er lernte in Bayreuth fleißig Deutsch und versammelte an den Winterabenden einen kleinen Kreis von Deutschen zu Gespräch und Gedankenaustausch.

Über die Bayreuther schrieb er nach Frankreich: „Ich lebe inmitten der allerruhigsten Leute. Ich habe keinen Soldaten, keinen Adjutanten; ein einziger General stellt mit mir zusammen die ganze französische Nation dar. Unsere Schildwachen sind brave Landsleute, die trotz ihrer Kittel und ihres rauhen Äußeren eine erstaunliche Ordnungsliebe und einen bemerkenswerten Verstand haben." Als guter Zeichner fertigte er auch zwei Ansichten von Bayreuth an, von denen leider unbekannt ist, ob sie noch existieren. In der Eremitage gefiel ihm die Lage. Ruinen und Statuen fand er „gleichermaßen lächerlich und gleichermaßen bewundert". Gründlich studierte er das ganze Land und seine Verwaltung. Nach dem Muster französischer Departementsbeschreibungen verfaßte er selbst eine Abhandlung über das Bayreuther Fürstentum. Eine Abschrift dieser „Statistique" ist im Besitz der Bayreuther Kanzleibibliothek erhalten.

Titelseite der „Statistique" des Bayreuther Exemplars (Universitätsbibliothek Bayreuth, Kanzleibibliothek)

In seiner Beschreibung des Fürstentums findet Tournon für die Stadt und ihre Lage lobende Worte, die sicher seine ehrliche Meinung widerspiegeln, da er sonst ziemlich sachlich und nüchtern schreibt. „Baireuth situé dans un superbe et vaste bassin, traversé par le Mein, est une des plus jolies villes de l'Allemagne." In der Übersetzung von L. v. Fahrmbacher heißt es: „Bayreuth liegt in einer herrlichen, weiten Mulde, welche vom Maine (Mein) durchzogen wird; es ist eine der schönsten Städte Deutschlands." Den Bauwerken konnte er freilich nicht viel abgewinnen: „Im Mittelpunkt der Stadt ist das alte Schloß gelegen, ein großes Gebäude ohne Schönheit, teilweise durch eine Feuersbrunst zerstört ... Die Hauptkirche ist nicht sehr alt und hat nichts Beachtenswertes; aber ihre beiden, gleich hohen Türme bieten einen malerischen Anblick."

Es war mehr Bayreuths Lage, die den Franzosen begeisterte: „Es ist auf einer sanften Bodenerhebung gebaut und scheidet sich in die Stadt und in die Vorstadt Brandenburg oder St. Georgen. Eine schöne Allee von Kastanien und Linden verbindet beide Teile. Die Gärten um die Stadt, die Wiesen längs des Mains, die schönen Promenaden in der und um die Stadt geben ihr ein ebenso malerisches als angenehmes Aussehen." Als Berufsgruppen der Einwohner nennt er Handwerker, Kaufleute und Bauern. „Die Beamten der Regierung mit verschiedenen Titeln machen einen großen Teil aus." Über die Menschen schreibt er: „Die Bayreuther sind mittelgroß, aber wohlgestaltet, mager und sehnig; selten hohe Gestalten, aber noch seltener Dickbäuche. In den Gesichtszügen keinen vorherrschenden Charakter, der sie von den anderen deutschen Volksstämmen unterschiede ... Das weibliche Geschlecht ist eher unter als über Mittelgröße, hübsch gebaut, obwohl etwas zu stark in ihrer Jugend. Häufiger als unter den Männern sieht man besonders schön gewachsene Figuren." Diesem Lob schloß Tournon die Beobachtung an, daß die Verheiratung „der Zeitpunkt für das Verschwinden jeder Spur von Schönheit" sei, was er „bei den Frauen aus dem Volke" auf harte häusliche Arbeit, Wochenbett und Kinderstillen zurückführt. Über die Kinder berichtet Tournon, daß viele an Auszehrung infolge Vererbung oder schlechter Ernährung sterben.

Das Bayreuther Exemplar der „Statistique" hat einen „Lebenslauf" hinter sich, der erwähnenswert ist, weil er mit Tournons weiterem Schicksal zu tun hat und auf ungewöhnliche Weise zu Bayreuth als Buchstandort und Endstation hinführte. Dr. Rainer-Maria Kiel, der Betreuer der Altbestände der Universitätsbibliothek, hat diese nicht alltägliche Buchgeschichte ermittelt.

Bei einem Vorstoß österreichischer Truppen wurde Tournon am 11. 6. 1809 gefangengenommen, doch schon wenig später gegen einen hohen österreichischen Beamten ausgetauscht. Napoleon ernannte ihn bald darauf zum Präfekten von Rom. Erst hier in Italien hat Tournon die „Statistique" vollendet und die Abschrift anfertigen lassen. Das Original nahm er mit nach Frankreich, als er dorthin zurückkehrte. Es befindet sich heute im Archiv von Schloß Génélard (Departement Saône-et-Loire). Die Kopie schickte Tournon 1810, als Bayreuth bayerisch geworden war, an Minister Graf Montgelas mit der Bitte, sie dem bayerischen König Max I. Joseph vorzulegen. Ein französischer Offizier, der 1816 im Auftrag des Königs in Oberfranken Vermessungen durchführte, erbat sich die Abschrift aus München zur Einsichtnahme und gab sie an einen Mitarbeiter weiter, der sie nach München zurückleiten sollte. Dieser übergab sie aber erst 1856 – nach vierzig Jahren (!) – der Regierung von Oberfranken, wo sie bis auf weiteres verblieb. In die Kanzleibibliothek gelangte die Abschrift vermutlich erst 1895, als die Regierung von Oberfranken der Bibliothek rund 160 Bände übergab. Seit 1898 wird sie im Bestand der ehemaligen Kanzleibibliothek geführt. L. v. Fahrmbacher brachte 1900 eine Übersetzung in Wunsiedel zum Druck, die mangels einer kritischen Edition oder Neuübersetzung noch heute von Bedeutung ist.

Hausnummern und Einquartierungsnummern

Eine Numerierung der Häuser hatte sich schon mit der Einführung der Brandversicherung nach 1777 als zweckmäßig und notwendig erwiesen. Ein Verzeichnis von 1783 erfaßte fortlaufend vom 1. Viertel beginnend (49 Häuser) einschließlich der Altstadt (Nummern 743 – 791), St. Georgen (792 – 856), Wendelhöfen und Obsang insgesamt 871 Anwesen. Im „Bayreuther Intelligenzblatt" 1800 finden wir diese Hausnummern, die damals noch im Innern des Hauses angebracht sein mußten. Johann Sebastian König hat diese vom Magistrat um 1800 angeordneten Hausnummern noch in einer handschriftlichen Liste erfaßt. Das erste gedruckte Hausnummernbüchlein erschien 1807, als Bayreuth der französischen Verwaltung unterstand. Die in dieser Zeit häufigen Einquartierungen von Soldaten durchziehender Truppenteile führten zu einer eigenen, von der übrigen Numerierung abweichenden Zählung mit „Einquartierungsnummern", die auf Blechtafeln am Haus angebracht sein mußten.

Das Jahr 1809

1809 wurde für Bayreuth ein dramatisches Jahr, in dem die Stadt mehrmals gefährliche Wechselbäder überstehen mußte. Als Erzherzog Karl von Österreich die Deutschen zum Kampf gegen Napoleon aufrief und die österreichische Volkserhebung begann, zogen im Frühjahr die Soldaten der französischen Division plötzlich nach Süden ab. Auch in Franken wurde nun für Freikorps geworben. Intendant Tournon hielt es angesichts des sich zusammenbrauenden Gewitters für ratsam, mit den Kassen nach Würzburg abzuziehen. Er kehrte indes schon bald zurück und blieb dann bei der Meldung von nahenden Feinden in Unterschätzung der Gefahr dieses Mal zu lange. Als er sich erneut nach Westen absetzen wollte, wurde er bei Donndorf gefangengenommen und nach Prag geschafft.

Am 12. Juni zog der österreichische General Radivojevich mit 4300 Soldaten in Bayreuth ein, kurz darauf auch der Feldmarschall Kienmayer. Am 14. und 15. Juni erließen Radivojevich und Major Nostiz aus dem „Hauptquartier Bayreuth" Aufrufe an die Bayreuther in der Stadt und im ganzen Fürstentum, in denen sie die männliche Bevölkerung aufforderten, sich unter österreichischen Fahnen gegen Napoleon zusammenzuschließen. Hauptmann Ernst Adolf von Pfuel, ein Freund des Dichters Heinrich von Kleist, ließ in Bayreuth die „Baireuther Kriegs-Blätter" drucken, die zum offenen Widerstand gegen die Franzosen aufriefen. Auf die Nachricht vom Herannahen französischer Truppen zogen sich die Österreicher zurück. Am 7. Juli erschien Marschall Junot plötzlich mit französischen Soldaten in der Stadt, verließ sie aber ebenso schnell, wie er gekommen war, da seine Truppen zwischen Berneck und Gefrees eine Niederlage einstecken mußten. Am 8. Juli zog der Herzog von Braunschweig in Bayreuth ein, verlangte auch sofort ein Landesaufgebot der wehrhaften Männer, zog aber bereits am 10. Juli wieder ab.

Die Willkürherrschaft des Herzogs von Abrantes

Am 15. Juli rückte wieder Marschall Junot mit seinem Armeekorps in Bayreuth ein. Seine Soldaten bezogen zunächst ein Lager bei St. Georgen, wurden dann aber in Privatquartieren in der Stadt untergebracht. Im Gegensatz zum humanen Regiment des Intendanten Tournon bekamen die Bayreuther jetzt die Knute eines Eroberers zu spüren, der sich für die vorausgegangene Niederlage rächen wollte. Schon seine Bekanntmachung vom 24. Juli 1809 an die Einwohner der Stadt und des Fürstentums Bayreuth ließ erkennen, daß er bereit war, mit Härte und Rücksichtslosigkeit gegen alle vorzugehen, die es gewagt hatten, in irgendwelcher Weise eine franzosenfeindliche Einstellung zu zeigen. Unter Androhung der Todesstrafe verlangte er die sofortige Auslieferung aller Aufrufe der Freiheitskämpfer, insbesondere die der „Baireuther Kriegs-Blätter". Außer einer hohen Kontribution von

900 000 Francs mußte die Stadt für seinen persönlichen Luxus und die Unterbringung seines Stabes aufkommen. Sein Hauptquartier war Schloß Eremitage, wo er üppige Feste feierte und kostspielige Bälle veranstaltete.

Schon seinem Namen waren Furcht und Schrecken vorausgeeilt, galt er doch in der französischen Armee als „General Ungewitter". Er war der Sohn eines Bauern aus Burgund, war schon bei der Belagerung von Toulon Napoleons Waffenbruder und Freund geworden, hatte sich aber als Offizier zweimal in den Kämpfen eine schwere Kopfwunde zugezogen, die mit Gehirnverletzungen verbunden waren. Jähzornig und unberechenbar, war er ein Schrecken für alle Feinde Napoleons, der ihn als den Eroberer von Lissabon zum Herzog von Abrantes erhoben hatte. Verhaftungen, Hinrichtungen und Verschleppungen versetzten auch die Bevölkerung Bayreuths in Furcht und Schrecken, und man atmete auf, als Junot Ende Oktober 1809 mit seinen Truppen die Stadt wieder verließ. Sein Tod in geistiger Umnachtung 1813 läßt den Rückschluß zu, daß auch die Bayreuther Zeit bereits von den Auswirkungen seiner Gehirnverwundungen überschattet wurde.

Andoche Junot, Herzog von Abrantes

Die königlich-bayerische Kreishauptstadt (1810 – 1871)

Napoleon ist 1810 auf der Höhe seiner Macht. Er heiratet in diesem Jahr die 19jährige österreichische Kaisertochter Marie Luise. Der korsische Emporkömmling glaubt, das Erbe aller alten Dynastien Europas antreten zu können. Die Vasallendienste des bayerischen Wittelsbachers tragen Früchte. Max I. Joseph (1806 – 1825), König von Bayern durch Napoleons Gnaden, hat in Franken schon 1803 das Fürstbistum Bamberg und 1806 das frühere Fürstentum Ansbach sowie die Reichsstadt Nürnberg an Bayern bringen können. Er erhält 1810 auch das ehemalige Fürstentum Bayreuth. Wie sich hier der Übergang vollzog, werden wir im folgenden ausführlicher berichten. Lange trauerten viele Bayreuther noch der Verwaltung unter Hardenberg und der preußischen Zeit nach. Erst nach dem Ende der Napoleonischen Kriege und dem Wiener Kongreß 1815 stabilisieren sich die Verhältnisse.

Durch den bayerischen „Staatsbaumeister" Montgelas werden viele Weichen im Staat neu gestellt. Eine Mitbestimmung durch das Volk kommt in seiner staatsabsolutistischen Ära allerdings nicht in Frage. Eine Kreiseinteilung – die Bezeichnung „Kreis" wurde im 19. Jahrhundert für die heutigen Regierungsbezirke verwendet – macht Bayreuth zur Regierungshauptstadt des Mainkreises, aus dem 1817 der Obermainkreis und nach einer Gebietsreform 1838 Oberfranken hervorgeht. Ein Gemeindeedikt bringt 1818 eine in der Präambel angestrebte „Wiederbelebung der Gemeindekörper durch Wiedergabe der Verwaltung der ihr Wohl zunächst berührenden Angelegenheiten". Bayreuth wird eine Stadt mit einem Stadtmagistrat. Das überwiegend evangelische Bayreuther Gebiet erhält mit Max I. Joseph nach 300 Jahren wieder einen katholischen Landesherrn. Die katholische Kirchengemeinde steht nun gleichberechtigt neben der evangelischen. Die neue Evangelische Landeskirche in Bayern bekommt in Bayreuth den Sitz eines Konsistoriums.

Nach und nach gelingt es der bayerischen Regierung, die neubayerischen Gebiete im neuen Staat zu integrieren, wobei man im Fall von Bayreuth nicht versäumt, im Geiste der Romantik an die durch den Ortsnamen ausgewiesene bayerische Gründung zu erinnern. Eine bayerische Verfassung 1818 wahrt das monarchische Prinzip, bringt aber Zugeständnisse an den Fortschritt. Bei dem sich allmählich verschärfenden Gegensatz zwischen dem konservativen Regieren „von oben" und dem Prinzip der Volkssouveränität (Alle Macht geht vom Volke aus) wandelt sich der neue König Ludwig I. (1825 – 1848) vom anfangs liberalen zum immer strenger konservativen Herrscher. Unter seinem reaktionären Minister und Regierungschef Abel und durch die Liebesaffäre mit der spanischen Tänzerin Lola Montez verliert er an Vertrauen in breiten Schichten der Bevölkerung. Im Zusammenhang mit den politischen Ereignissen von Vormärz und Revolution dankt er 1848 ab. Auf ihn folgt sein Sohn Max II. (1848 – 1864), der wieder eine liberalere Politik verfolgt. Dessen Nachfolger wird dann der „Märchenkönig" Ludwig II.

Bayreuth wird bayrisch

Schon 1806, anläßlich der Erwerbung Ansbachs, schrieb Montgelas, der leitende bayrische Staatsminister 1799 - 1817: „Nunmehr war uns auch Bayreuth versprochen worden." Seit diesem Jahre war es Verhandlungsgegenstand zwischen Franzosen und Bayern, zuerst allerdings ein Objekt, „welches dem derzeitigen Besitzer entrissen werden mußte, wenn das Versprechen in Wirksamkeit treten sollte". Montgelas argumentiert als kluger Baumeister der bayrischen Monarchie: „Es war auch wirklich von höchster Wichtigkeit, Preußen völlig aus Franken zu entfernen, da die bayrische Landesherrschaft sich erst von dem Augenblick an befestigen konnte, wo dieser Staat dort nichts mehr besitzen würde, bis dahin aber stets alles ungewiß und zweifelhaft blieb." Seitdem durch den Reichsdeputationshauptschluß 1803 das Land vielfältig erweitert worden war, versuchte Montgelas eine großzügige Abrundung.

Das preußische Fürstentum Bayreuth war durch seine Exklaven und seine ansbachischen Grenzstreitigkeiten noch ein hemmender Klotz für die moderne Organisation des neubayrischen Nordens.

Erst auf dem Erfurter Fürstentag 1808 – Bayreuth war inzwischen französisch geworden – gelangte der bayrische Anspruch einen Schritt voran. Montgelas schreibt dazu: „Sodann kam der Kaiser auf die Markgrafschaft zu sprechen, von welcher er eine Summe von 25 Millionen zu seiner beliebigen Verfügung zurückbehalten wollte. Ich konnte nicht umhin, darauf zu bemerken, daß uns die Erwerbung zwar ebenso erwünscht sei wie jene Regensburgs, jedoch Seine Kaiserliche Majestät einen sehr hohen Preis dafür verlange, und daß, wenn er mich selbst unter diesen Bedingungen zum Markgrafen von Bayreuth machen wollte, ich kaum annehmen könnte, in Anbetracht alles dessen, was dieses Ländchen bereits erlitten und geleistet hat."

Erst nach mehrjährigem Tauziehen zwischen Frankreich und dem Rheinbundkönigreich Bayern kam am 28. Februar 1810 der Pariser Vertrag zustande, durch den Bayern Salzburg, Berchtesgaden, das Innviertel, einen Teil des Hausruckviertels und die Fürstentümer Bayreuth und Regensburg erhielt. Als Gegenleistung hatte es – neben dem Dienst an Napoleons Seite – Südtirol abzutreten, das Napoleon als König von Italien verlangte, ferner Schweinfurt und ein Stück am Main an den Großherzog von Würzburg und mehrere kleinere Gebietsteile an Württemberg. In einem Geheimartikel wurde die Domänenfrage festgelegt: 15 Millionen Franken mußten zur Ablösung der Bayreuther Domänen gezahlt werden.

Der bayrische König Max I. Joseph, der im Winter selbst in Paris weilte, war schon wieder abgereist, als sein Minister Montgelas und der französische Außenminister Champagny das endgültige Vertragswerk unterzeichneten. Am 3. März setzte der König in Straßburg seinen Namenszug unter das Dokument, Napoleon signierte es vier Tage später. Am 11. März wurden die Urkunden getauscht.

Wenn nun bayrischerseits sofort Maßnahmen zur Übernahme des ehemaligen Fürstentums Bayreuth getroffen wurden, so bedurfte es doch der Zeitspanne eines Vierteljahres, bis es zur Besitznahme kam. Wohl erfolgte bald die Übergabe Regensburgs durch den französischen General Graf Jean Dominique de Compans. Als sich aber der bayrische Beauftragte, der Wirkliche Geheime Rat Freiherr von Rechberg, an diesen wandte, erfuhr er zunächst, es sei noch keine Anweisung für die Übergabe Bayreuths da.

Erst am 7. Mai zeigte sich Compans unterrichtet. Er trat nun mit Rechberg in Verbindung, freilich mit der Einschränkung, erst mit dem französischen Zivilbeamten, dem Intendanten Combe-Sieyès, konferieren zu müssen. Er blieb sichtlich bemüht, zugunsten Frankreichs noch möglichst viel aus dem vertraglich schon abgetretenen Gebiet herauszuholen. Als er sogar Bedingungen aufstellte, die im Widerspruch zum Vertragstext standen – er wollte z. B. alles militärische Inventar Bayreuths dem Kaiser vorbehalten wissen –, stieß er auf den Einspruch Rechbergs, entgegnete aber in der Tonart des Stärkeren: „Wir werden uns noch verständigen. Sie werden unterschreiben, oder Sie bekommen Bayreuth nicht." Seine Weisungen lauteten indessen dahingehend, Bayreuth im Zustand vom 1. April 1810 zu übergeben. Die französischen Unterbeamten, die sich im Besatzungsland wohlversorgt wußten, hintertrieben aber die rechtzeitige Durchführung der gegebenen Anordnungen.

Erst am 30. Juni 1810 erfolgte im Neuen Schlosse zu Bayreuth die offizielle Übergabe, bei der General Compans als Vertreter Napoleons, Rechberg als Beauftragter des bayrischen Königs fungierte. Erst jetzt konnte das Besitzergreifungspatent öffentlich bekanntgegeben werden. An zehn Stellen der Stadt Bayreuth wurde das kgl. bayrische Wappen angeschlagen, nämlich an den sechs Stadttoren, am Neuen Schloß, am Rathaus, am Kanzleigebäude und in St. Georgen. Polizeikommissar Prell verlas als Herold gekleidet die Proklamation in feierlicher Weise auf allen größeren Plätzen.

König Max Joseph und Bayreuth

1811 schrieb Gneisenau an Frau von Trützschler nach Bayreuth: „Von Zeit zu Zeit habe ich Nachrichten über Ihr Haus und über die Leiden des armen Bayreuth erhalten ... Ein Land, ohnedies nicht reich, und einer unsicheren Verwaltung übergeben! Möge die jetzige Regierung die vergangenen Leiden mildern können und sich Ihr neuer Regent der gastfreundlichen

Aufnahme erinnern, die er einst als Flüchtling dort gefunden hat." Diese Briefstelle spielt auf das Jahr 1800 an, in dem Maximilian Joseph München hatte verlassen müssen. Während die Franzosen unter Moreau in Bayern einrückten, war Max Joseph über Landshut, Straubing, Cham und Amberg „zuletzt nach Baireuth" gekommen und hatte (nach Montgelas mit seinem ganzen Hofstaat) ziemlich genau zehn Jahre vor der Erwerbung Bayreuths in der Eremitage ein Asyl gefunden, in dem er bis nach dem Frieden von Lunéville verblieb.

Er war somit den Bayreuthern kein Unbekannter mehr. Ja, wir fragen nicht unberechtigt, wieweit wohl die persönliche Kenntnis der alten Markgrafschaft und ihrer Residenzstadt mitgewirkt haben mag, daß er in den Besitz des Gebietes kam. Auch den ehemaligen Bayreuther Gouverneur Friedrich Eugen von Württemberg hatte er schon von früher her gekannt. Dem Dichter Jean Paul ließ er seit 1815 eine Pension zahlen, die dieser bis 1813 vom Fürstprimas von Dalberg erhalten hatte. Nach 1810 war ihm in der unruhigen Zeit so schnell kein offizieller Besuch in Bayreuth möglich. Erst für 1823 ist uns ein solcher bekannt. Zu Ehren des Königspaares wurde eine festliche Verzierung an der Fassade des Rathauses aufgebaut. Unter dem im Giebelfeld angebrachten Spruch „Heil dem Könige!" thronte die Bavaria mit Füllhorn, von Löwen flankiert. Daß man sich nun gern an die Gründung Bayreuths unter den Grafen von Andechs erinnerte, zeigt der Satz, den man der Bavaria in den Mund legte: „In grauer Vorzeit schuf ich diese Stadt." Von diesem Festschmuck kündet heute nur noch ein Blatt in den Sammlungen des Historischen Vereins für Oberfranken. Bleibende Erinnerung an den Königsbesuch aber schuf die Umbenennung des Marktes in Maximilianstraße.

Kreishauptstadt Bayreuth

Mit der Verordnung vom 23. 9. 1810 wurde das Königreich Bayern in neun Kreise eingeteilt, die dem französischen Departementvorbild folgend nach Flüssen benannt wurden. Der neugeschaffene Mainkreis vereinigte die Kerngebiete des Hochstifts Bamberg und des ehemaligen Fürstentums Bayreuth mit fünf ober-

Friedrich Karl Graf von Thürheim (1762 – 1832)

pfälzischen Landgerichten (Eschenbach, Kemnath, Waldsassen, Tirschenreuth und Neustadt an der Waldnaab). In diesem Verwaltungsgebiet besaß Bayreuth eine gute, nämlich fast zentrale Lage und war damit gegenüber Bamberg im Standortvorteil. So wurde Bayreuth als Sitz des Generalkreiskommissariats die Kreishauptstadt des neuen Mainkreises, während Bamberg ein Appellationsgericht als oberste Gerichtsinstanz des Kreises erhielt.

Der erste Generalkommissar (und als solcher ein Vorläufer der späteren Regierungspräsidenten) wurde Friedrich Karl Graf von Thürheim (1762 – 1832). Der gebürtige Schwabe, der mit Friedrich Schiller die Karlsschule besucht und Rechtswissenschaft studiert hatte, konnte bereits auf wertvolle Erfahrungen im bayerischen Staatsdienst zurückblicken, als er nach Bayreuth kam: Er hatte 1806 als bayerischer Bevollmächtigter das Fürstentum Ansbach von Preußen übernommen und war 1808 als Generalkommissar des Pegnitzkreises in Nürnberg tätig gewesen. Als Generalkommissar des Mainkreises fungierte er von 1810 bis 1817. Seine Ernennung zum bayerischen Innenminister zeigt, daß seine Bayreuther Amtsführung erfolgreich war und in München gebührende Anerkennung fand. Es war sein Verdienst, die schwierige Integrationsphase der neuen Landesteile im nördlichen Bayern gemeistert zu haben.

Die ersten Jahre unter der bayerischen Krone

Die ersten Jahre nach 1810 waren nicht dazu angetan, den Bayreuthern viel Hoffnung auf mehr Freiheit und Gleichheit zu machen. Noch war Napoleon auf der Höhe seiner Macht und der König von Bayern sein Vasall. Die Regierungsweise „von oben", ohne Mitwirkung der Bürger, wurde im wesentlichen fortgesetzt, nur mit dem Unterschied, daß in den Spitzenfunktionen jetzt mehrere Altbayern waren.

Vorteilhaft erschien, daß in den Städten Jurisdiktion und Exekutive getrennt blieben, so wie man es in Bayreuth schon seit preußischer Zeit gewohnt war. Auch in Bayreuth wurde neben dem Polizeikommissariat ein eigenes Stadtgericht gebildet. Erster Stadtrichter war Johann Karl Schweizer. Aber über den neuen Polizeidirektor erfuhren die Bayreuther sehr schnell, wer in der Stadt das Sagen hatte. Generalkommissar Graf Thürheim holte sich dazu aus München Matthias von Lutzenberger, der vorher im Dienst der gräflichen Familie gestanden hatte. Eine solche Besetzung mußte als Signal für strenge staatliche Oberaufsicht genommen werden.

Eine Selbstverwaltung der Stadt war noch in weiter Ferne. Selbst eine Mitverwaltung bestand wahrscheinlich mehr im Anhören der Bürgervertreter als in ihrer echten Mitwirkung. Über Wahlmänner mußte zwar ein sogenannter Municipalrat gewählt werden, der sich aus vier Mitgliedern zusammensetzte, er durfte aber nur auf Berufung der Polizeibehörde zusammentreten und nur unter deren Aufsicht und Genehmigung Beschlüsse fassen. Als Mitglieder dieser Institution wurden am 7. Dezember 1811 vier Männer bestätigt, die schon vorher städtische Ämter innehatten. Diese neuen Municipalräte waren der bisherige Bürgermeister und Kaufmann Eisenbeiß, der Senator und Bäckermeister Florschütz in St. Georgen, der Senator und Mühlinspektor Buchta und der Senator und Kupferschmied Amos. Der bisherige Polizeidirektor Seggel wurde auf den Posten des provisorischen Kommunaladministrators abgeschoben. Lutzenberger war der eigentliche Stadtregent. Auch die Leitung der Bayreuther Post übernahm ein Altbayer: Oberpostmeister Anton Graf Taufkirchen.

Die Eingemeindung von St. Georgen und der Altenstadt

St. Georgen und die Altenstadt lagen in der Gemarkung der Stadt Bayreuth, waren aber als selbständige Siedlungen noch durch weite unbebaute Flächen von der innerhalb der alten Mauern liegenden und inzwischen erweiterten Stadt getrennt. Nach neuer bayrischer Gemeindeordnung sollten alle Vororte innerhalb einer Stadtrainung zur Stadt gehören und keinerlei selbständige Rechte mehr besitzen. Das traf am härtesten St. Georgen. Eine Entschädigung für die Eingemeindung bestand darin, daß die bisherigen Bürgermeister St. Georgens als Municipalräte übernommen wurden. Der Verlust der bisherigen Rechte, vor allem die Herausgabe des Gemeindevermögens, wurde allerdings von den Bürgern St. Georgens nicht widerspruchslos hingenommen. Als sich durch die bayrische Verfassung und das neue Gemeindeedikt abzeichnete, daß man nun nur noch als Bestandteil einer weit größeren Stadt existieren würde, kam es zu einem Bürgerprotest, der immerhin zu mehreren Eingaben an den König führte.

Am 12. 6. 1818 verfaßten die Gemeindevertreter St. Georgens ein „Unterthänigstes Gesuch der Gemeinde des Städtchen Sct. Georgen", in dem sie um Wiederherstellung des eigenen Magistrats und Wiederüberlassung des Gemeinde- und Stiftungsvermögens baten. Da sie damit keinen Erfolg hatten, ließen sie am 28. 11. 1819 ein weiteres Schreiben folgen, in dem sie unter Berufung auf die Selbständigkeit „der Stadt St. Georgen von ihrer Entstehung an" die Selbstverwaltung – dieses Wort taucht hier erstmals auf – zurückforderten. Dieses Gesuch lag in München dem bayerischen Innenminister Graf Thürheim vor, dem früheren Generalkommissar des Mainkreises. Dieser empfahl seinem Bayreuther Amtsnachfolger, den Bürgern von St. Georgen in einer „geeigneten Entschließung" einen ablehnenden Bescheid zugehen zu lassen. Das erste Hausnummernbüchlein Bayreuths aus bayerischer

Zeit (1820) führte die „Vorstadt St. Georgen" inzwischen bereits als 13. Distrikt.

Aus Gründen, die uns nicht mehr voll ersichtlich sind, wurde die Altenstadt anders behandelt als St. Georgen und erst 1840 eingemeindet. Diese ebenfalls selbständige Gemeinde wurde zwar nicht wie St. Georgen gleich nach 1811 durch Municipalräte vertreten, behielt aber dafür auch ihr Vermögen und die eigene Verwaltung. Für das Jahr 1807 ist ein Altenstädter „Gemeindehaus" (Nr. 779, heute Wallstr. 20/22) belegt, das vermutlich auch noch bis zur Eingemeindung diesem Zweck diente. Die Altenstadt unterhielt aus eigenen Mitteln die Armen des Orts und leistete dem Lehrer einen Zuschuß zu dem ihm gesetzlich zustehenden Schulgeld. Erst als neue staatliche Steuern verordnet wurden – genannt wird ein Getreideaufschlag, der Städter und Landbevölkerung in gleichem Maße traf –, fühlte man sich in der Altenstadt benachteiligt, indem man auf die örtlichen Eigenleistungen verwies. Da sich im Laufe der Jahre auch andere „Kollisionen" mit der Stadtverwaltung ergeben hatten, wuchs die Neigung der Altenstädter, mit gleichen Rechten als Bürger zur Stadt zu kommen, um den „Zwitterzustand zwischen städtischer Gemeindeparzelle und Landgemeinde" zu überwinden. Der Wunsch kam also von der Gemeinde selbst. Man fand aber beim Magistrat Bayreuths offene Ohren und volles Verständnis und erreichte auch die Zustimmung der Gemeindebevollmächtigten. Mit der Übernahme als Stadtteil und neuer Distrikt wurde allerdings auch der Name geändert: Aus der „Altenstadt" wurde nun die „Altstadt". Als man 1904 die Lokalbahn nach Hollfeld eröffnete, wurde der Bahnhof „Bayreuth-Altstadt" oder einfach Bahnhof-Altstadt genannt.

1837: Kreishauptstadt des neugeschaffenen bayerischen Kreises Oberfranken

Durch eine Verordnung vom 29.11.1837 wurde im Königreich Bayern eine neue Kreiseinteilung vorgenommen. Die Kreise (wie die heutigen Regierungsbezirke damals genannt wurden) erhielten durch eine Gebietsreform neue Grenzen und neue Namen. In Abkehr von der dem französischen Vorbild folgenden Benennung nach Flüssen brachte man wieder die Stammesnamen stärker zum Tragen. Der bisherige Obermainkreis wurde in Oberfranken umbenannt, mußte jedoch auch Gebietsveränderungen hinnehmen, die diesem Namen besser entsprechen sollten. Er verlor die Landgerichtsbezirke Eschenbach, Kemnath, Neustadt an der Waldnaab, Tirschenreuth und Waldsassen an die Oberpfalz, erhielt andererseits den Bezirk des Landgerichts Herzogenaurach vom bisherigen Rezatkreis.

Oberfranken (noch ohne die Teile des erst 1920 angeschlossenen Herzogtums Coburg) bekam damit bereits im wesentlichen als Verwaltungseinheit einer Mittelbehörde die Gestalt, die es heute noch hat. Der Verlust der nordoberpfälzischen Landgerichte rückte allerdings die Stadt Bayreuth deutlich mehr an den Südostrand. Kein Wunder, daß die von oben beschlossenen und von München verordneten Änderungen in Bayreuth bei der Bevölkerung die Befürchtung wach werden ließen, die Stadt könne ihre Funktion als Kreishauptstadt verlieren. Da man damit verbunden im Rat der Stadt Verluste und Nachteile kommen sah, wurde eine Bayreuther Abordnung unmittelbar bei König Ludwig I. mit einem Bittgesuch vorstellig. Auf dem Behördenweg über Innenminister Abel und die von diesem beauftragte Regierung von Oberfranken erfuhr der Bayreuther Magistrat gegen Ende Januar 1838, „daß von einer Verlegung des Sitzes der Kreisregierung von Oberfranken nie [doppelt unterstrichen!] die Rede gewesen sey".

Jean Paul und Bayreuth

Das erste Viertel des 19. Jahrhunderts steht in Bayreuth im Zeichen eines Bürgers, der mit seiner geistigen Ausstrahlung als Dichter und Weltbürger Geschichte macht. Es ist der am 21. März 1763 in Wunsiedel geborene Johann Paul Friedrich Richter, der im Sommer 1804 von Coburg nach Bayreuth übersiedelt, das er bis zu seinem Lebensende zum Dauerwohnsitz macht. Er kommt mit seiner Frau Karoline, einer Berlinerin, ins damals preußische Bayreuth. Es war die einstige Hauptstadt des kleinen Fürstentums, als dessen Untertan er das Licht der Welt erblickt hatte. Hier in Bayreuth übersteht er die Zeit der französischen Besatzung, hier wird er nach anfänglicher Skepsis (1811 sprach er noch von „bayrischer Despotie") zum überzeugten bayerischen Staatsbürger, der 1821 als Mitglied in die Bayerische Akademie der Wissenschaften berufen wird. Unter dem Dichternamen Jean Paul erlangte er literarischen Weltruhm.

Bayreuth kannte er seit 1781, als er vor dem Konsistorium, der für Bildungsfragen zuständigen Kirchenbehörde, eine Prüfung ablegen mußte, um in Leipzig studieren zu dürfen. Jean Pauls große Liebe zur Markgrafenstadt am Roten Main erwachte in den frühen 90er Jahren, in denen er sich wiederholt für mehrere Tage innerhalb ihrer Mauern aufhielt. Es war das glückliche Zusammentreffen verschiedener für ihn erfreulicher Faktoren, das ihm Bayreuth zur Stadt seiner Wünsche und Träume werden ließ. Da war zunächst die Hofer Jugendliebe Renate Wirth, die ihre Verwandten in Bayreuth hatte und gern besuchte. Von größtem Einfluß war dann die Freundschaft mit dem wesensverwandten jüdischen Kaufmann Emanuel Osmund, in dessen Wohnung in der Bayreuther Friedrichstraße sich der junge Schriftsteller nach der Hofer Enge und Armut sichtlich wohl fühlte. Äußerst positiv berührte ihn zudem die Erfahrung, daß er in Bayreuth als junger Autor nicht mehr unbekannt war: „Hier ist's anders als in Hof, wo man jedem das Buch schenken muß, damit er's liest!"

Zur vorhandenen Resonanz beim Leserpublikum kam für den um Anerkennung ringenden jungen Schriftsteller noch das Erfolgserlebnis, daß er in dem Bayreuther Buchhändler Lübeck einen wohlmeinenden Verleger fand, der seinen „Quintus Fixlein" drucken ließ. Nicht zuletzt lockte Jean Paul auch die Kanzleibibliothek, deren fleißiger Benutzer er wurde. Daß er von den leiblichen Genüssen, welche die Stadt zu bieten hatte, besonders das Bayreuther Bier schätzte, belegen viele Briefstellen. Es gab also genug Gründe, die Jean Paul noch in seiner Hofer Zeit dazu brachten, Bayreuth gefühlsmäßig mit „Glück" gleichzusetzen und als das „gelobte Land" seiner Träume zu verstehen.

Jean Pauls Liebe zu Bayreuth äußerte sich in vielen Zitaten in seinen Werken und Briefen. „Daß du gewiß in Bayreuth selig sein wirst, so sehr sind dessen Häuser und Berge zu loben", schrieb er im Roman „Siebenkäs". Die abwechslungsreiche Umgebung der Stadt (besonders Eremitage und Fantaisie) hatte es ihm immer wieder angetan: „Bayreuth find' ich eigentlich außer Bayreuth, nämlich im Zaubergürtel seiner Gegend." Zur schönsten Laudatio wurde wohl eine Briefstelle von 1793, in der er seiner Wunschstadt in direkter Anrede zurief: „Du liebes Bayreuth, auf einem so schön gearbeiteten, so grün angestrichenen Präsentierteller von Gegend einem angeboten – man sollte sich einbohren in dich, um nimmer heraus zu können." – Was er bekanntlich später tat!

Eine feine Liebeserklärung und ein damit verbundenes Bekenntnis des Dichters überlieferte Richard Otto Spazier in seinem „Biographischen Kommentar": „Bayreuth gab mir Glauben, Hoffnungen, Morgen voll Nebel und Entzückungen." Diese glaubhafte Versicherung, die Jean Paul seinem alten Schulfreund Christian Otto in einem Brief mitgeteilt haben soll (der Brief ist nicht mehr erhalten), spiegelt die Hochstimmung, in der er die Atmosphäre Bayreuths genoß, läßt aber auch die Wirkung erkennen, die sie auf ihn ausübte. Wie keine andere Stadt gab ihm Bayreuth das nötige Selbstwertgefühl und ließ ihn hoffnungsvoll in die Zukunft blicken. Selbst die „Nebel" können durchaus als positive Metapher verstanden werden. Das Bild frühherbstlicher Morgennebel schließt, verbunden mit den folgenden „Entzückungen", in übertragenem Sinne eine Steigerung zu bewußterem Erleben ein. Man kann freilich diese Worte auch ganz wörtlich nehmen: Jean Paul freute sich jedesmal, wenn die Sonne die Nebelschleier zerriß und die alte Markgrafenstadt im Wechselspiel von Natur und Baukunst entzückende Bilder und Ausblicke schenkte. Bayreuth, kleiner als Berlin, aber größer als Weimar und Coburg, war die Stadt, die ihm so recht zum Leben und Schaffen bestimmt schien. Man darf wohl rückblickend bestätigen: Sie war es! Hier spürte er, daß er eine geachtete Persönlichkeit war.

Seine Wohnung hat er freilich mehrmals gewechselt: 1804 zog er in den 1. Stock von Haus Maxstraße 9. Dann wohnte er eine Zeitlang in der Dürschnitz und in der „Stein"(jetzt Kulmbacher)straße und im Haus des heutigen Jean-Paul-Cafés, bis er im „Schwabacher Haus" (Friedrichstraße 5) im 2. Stock die für die Familie geeignete Wohnung fand, von der aus er im Sommer bequem die Gartenlaube des Hausgartens erreichen und benutzen konnte. Hier in der Friedrichstraße empfing er Gäste aus nah und fern, unter ihnen die Dichter

143

Jean Pauls Wohn- und Sterbehaus im 19. Jahrhundert

August von Platen und E. T. A. Hoffmann oder die Philosophen Fichte und Schelling. Seitdem 1809 Frau Rollwenzel, eine Hutschdorferin, in der Königsallee eine Wirtschaft eröffnet hatte, wanderte Jean Paul häufig mit Knotenstock und Umhängtasche und von seinem Hund begleitet zur „Rollwenzelei", wo er im Obergeschoß in einem kleinen Studierzimmer die Muße fand, die er zum Schreiben brauchte. Er selbst hat sie mit der Dreiheit „Berge, Bücher, Bier" als seine geliebten drei B angesprochen. Gerne weilte er auch im Garten des Landschaftsrates Miedel (Dürschnitz) und im Gartenhäuschen des Bürgermeisters Hagen in Moritzhöfen. Als Bayreuther Bürger wurde er Mitglied der Gesellschaft „Harmonie", in der er hauptsächlich das Lesekabinett besuchte und Unterhaltungen pflegte. Ehrenamtlich im Vorstand der Rumfordschen Suppenanstalt tätig, verteilte er auch an vielen Tagen eigenhändig Gratissuppe an die Armen der Stadt. Viele Honoratioren legten Wert auf seine Bekanntschaft, und eine Reihe liebenswürdiger Anekdoten verbindet sich mit seinem Leben in Bayreuth.

In Bayreuth schrieb und vollendete Jean Paul seine Erziehungslehre „Levana", seine Humoreske „Des Feldpredigers Schmelzle Reise nach Flätz", den komischen Roman „Dr. Katzenbergers Badereise", das

Jean Paul im Miedelspark. Nach einer Zeichnung seines Schwiegersohnes Ernst Förster

Das Jean-Paul-Denkmal nach einer Zeichnung von Heinrich Stelzner um 1860

„Leben Fibels", seine reifste Idylle, und eine Reihe von Abhandlungen, die in der Aufsatzsammlung „Herbst-Blumine" enthalten sind. Unter dem Titel „Selina" erschien seine Studie über die Unsterblichkeit der Seele. In den letzten Lebensjahren arbeitete er an einem großen Roman, der den Titel „Der Komet" erhalten sollte, aber unvollendet blieb. Es ist die Geschichte des Apothekers Nikolaus Marggraf, der zwar genau weiß, daß er der illegitime Sohn eines Fürsten ist, jedoch nicht erfährt, wer wirklich sein Vater ist. Auf der ständigen Suche nach diesem unterliegt er der Torheit seines Lebens, überall mit fürstlichen Ansprüchen auftreten zu wollen.

Jean Paul starb am 14. November 1825 in Bayreuth. Die für ihn veranstaltete Trauerfeier ging in die Stadtgeschichte ein. „In seiner Leichenbestattung", so berichtet der Neffe Spazier, „suchte die Stadt Baireuth, von geistreichen Männern angeregt, selbst über Erwarten die Ehre und Achtung an den Tag zu legen, die sie ihm im Leben oft versagte." Gymnasiasten trugen im Trauerzug auf Kissen einige seiner Werke mit, das Manuskript der „Selina" wurde mit einem Lorbeerkranz auf den Sarg gelegt. Im Trauerzug ging der katholische Pfarrer Österreicher „in friedlicher Eintracht mit den evangelischen Geistlichen" hinter dem Sarge her, ein für die damalige Zeit noch seltenes Zeichen überkonfessionellen, ökumenischen Christentums. Die Rede am Grab hielt Dr. Georg Andreas Gabler, der Rektor des Bayreuther Gymnasiums.

Seit 1863 markiert ein großer Granitblock aus dem Fichtelgebirge die Grabstätte. 1841 wurde am Jean-Paul-Platz das von Schwanthaler geschaffene, überlebensgroße Bronzestandbild des Dichters aufgestellt, der nach dem Urteil Stefan Georges „die größte dichterische Kraft der Deutschen" überhaupt war.

Max Stirner (1806 – 1856)

Der Rektor des Bayreuther Gymnasiums Dr. Georg Andreas Gabler (1786 – 1853), der nach 18jähriger Lehrtätigkeit 1835 in Berlin den Lehrstuhl des Philosophen Georg Wilhelm Hegel († 1831) erhielt, ist heute weitgehend vergessen. Immer noch genannt wird aber der in Bayreuth geborene Johann Kaspar Schmidt, der 1826 unter Gablers Rektorat das Abitur ablegte und unter dem Pseudonym Max Stirner in die deutsche Geistesgeschichte einging. Sein Geburtshaus (Maximilianstr. 31) mußte einem Neubau weichen, aber die Stadt Bayreuth hat eine Straße (Verbindung von Pottensteiner-/Schopenhauerstraße) nach ihm benannt.

Stirner, der zur sog. hegelianischen Linken gerechnet wird, erregte 1845 mit seiner Schrift „Der Einzige und sein Eigentum" großes Aufsehen. Der Philosoph Ludwig Feuerbach beurteilte sie anerkennend: „Es ist ein höchst geistreiches und geniales Werk und hat die Wahrheit des Egoismus – aber excentrisch, einseitig, unwahr fixiert – für sich. Er [= Stirner] ist gleichwohl der genialste und freieste Schriftsteller, den ich kennen gelernt." Auch Gabler hat das Erscheinen von Stirners Buch noch erlebt. Ein Urteil von ihm ist leider nicht überliefert. Marx und Engels schrieben unter dem Titel „Sankt Max" ein Pamphlet gegen Stirner, das aber erst 1903 gedruckt wurde. Nietzsches Werk „Also sprach Zarathustra" ist von Stirner beeinflußt worden. Enthusiastisch zum Genius des Jahrhunderts erhoben wurde Stirner durch den deutschstämmigen Schotten John Henry Mackay (1864 – 1933), der in Bayreuth die Gedenktafel am Geburtshaus anbringen ließ, die auch am Nachfolgebau wieder zu finden ist.

Auch in der deutschen Literatur hat Stirner Spuren hinterlassen. Im Berliner Verein „Durch", dem Mackay angehörte und der durch die Mitgliedschaft von Arno Holz, Johannes Schlaf und Gerhart Hauptmann zu einer Keimzelle des literarischen Naturalismus wurde, erregte Stirners Werk die Gemüter. Auch im Schaffen von Frank Wedekind und Ricarda Huch spiegelt sich das Denken des 1856 in Berlin verstorbenen Bayreuthers. Noch heute provoziert und schockiert er mit seinem absoluten Egoismus die Leser: „Mir geht nichts über Mich!"

Erhard Christian von Hagen: Erster rechtskundiger gewählter Bürgermeister (1818 – 1848)

Der gebürtige Bayreuther (1786 – 1867), Sohn eines Regierungsbeamten, hatte das Gymnasium absolviert und in Erlangen und Halle Rechtswissenschaft studiert. Als 1818 nach neuer bayrischer Verfassung im Vollzug des Gemeindeedikts ein Stadtmagistrat und ein Gemeindekollegium geschaffen wurden und als neues Stadtoberhaupt erstmals ein rechtskundiger 1. Bürgermeister gesucht wurde, fiel die Wahl auf den erst 32jährigen Juristen. In seiner Antrittsrede rühmte Hagen die deutschen Städte als die alten Kulturträger,

Erhard Christian von Hagen (1786 – 1867)

von denen ein besseres Leben ausgehen werde. Dies zu realisieren war drei Jahrzehnte lang sein redliches Bestreben. Es war ein Stück persönlicher Tragik, daß es ihm trotz sozialen Engagements und Eintretens für den industriellen Fortschritt seiner Zeit nicht gelang, für die gesamte Bürgerschaft eine tragfähige Infrastruktur zu schaffen.

Seine Bayreuther Stadtwohnung Friedrichstraße 17 stattete er mit einer wertvollen Privatbibliothek und einer kleinen Gemäldesammlung aus; in Moritzhöfen besaß er das „Hagengut". 1837 vom bayerischen König in den Adelsstand erhoben, vertrat er lange Zeit die Interessen Bayreuths auch als Landtagsabgeordneter in München.

Als 1848 die Märzforderungen dieses Revolutionsjahres auch in Bayreuth erhoben wurden und eine Bürgerversammlung im Sonnensaal eine Petition an den König beschloß, sperrte sich Hagen aus Loyalität gegenüber dem Monarchen gegen die in seinen Augen zu weit gehenden Forderungen nach Pressefreiheit und neuem Wahlrecht. Weil er die Unterschrift verweigerte, verlangte eine weitere Bürgerversammlung am 13. März im Sonnensaal seinen Rücktritt. Da sich Hagen nicht mehr vom Vertrauen der Bürgerschaft getragen fühlte, bat er schon kurz darauf um seine Ruhestandsversetzung. Im Juni wurde durch eine Regierungsentschließung seine „Beurlaubung" bekanntgemacht.

„In Bayern entstand der erste historische Verein in hiesiger Stadt"

1827 gründete Bürgermeister Hagen zusammen mit Gleichgesinnten den ersten Historischen Verein im Königreich Bayern. Zunächst als Verein für bayreuthische Geschichte ins Leben gerufen, übernahm er im königlichen Auftrag 1830 die Geschichtspflege für den Obermainkreis, ab 1838 für Oberfranken. Aus dem seit 1828 erscheinenden „Archiv für bayreuthische Geschichte" wurde das „Archiv für Geschichte von Oberfranken", das seitdem (von kriegsbedingten Unterbrechungen abgesehen) kontinuierlich erscheint. Viele Einzelstudien, Forschungsbeiträge, aber auch historische Quellentexte zur Geschichte der Stadt Bayreuth sind im Jahrbuch des Historischen Vereins veröffentlicht worden. Der Aufbau einer eigenen regionalgeschichtlichen Bibliothek, die Einrichtung einer vor- und frühgeschichtlichen Sammlung und einer graphischen Sammlung mit Unterbringung im „Vereinslokal" im Neuen Schloß machten den Bayreuther Geschichtsverein noch zu Hagens Lebzeiten zum zentralen Treffpunkt aller an oberfränkischer Geschichte Interessierten. Zum 25jährigen Bestehen konnte Hagen 1852 nicht ohne Stolz rückblickend sagen: „In Bayern entstand der erste historische Verein in hiesiger Stadt."

Die Bürgerressource (1828)

1828 gründeten 48 Bayreuther den Geselligkeitsverein Bürgerressource, der bald in allen Kreisen der Bevölkerung lebhaft Widerhall fand. Das erste Vereinslokal war im Goldenen Reichsadler. Schon 1829 erwarb man aber das Gut des Hofgärtners Örtel in der Dürschnitz, dessen Haus man meist in Eigenarbeit zum Gesellschaftsheim einrichtete. Mit einem schön angelegten Garten und einer Kegelbahn war es bald ein besonderer örtlicher Anziehungspunkt. Eine Musikgruppe veranstaltete im Sommer Gartenmusik, in der schlechteren Jahreszeit musikalische Darbietungen im Saal. Besonders erfolgreich entfaltete sich von Anfang an die Theatergruppe, die mit Stücken von Grillparzer, Kotzebue und Theodor Körner hervortrat. In der Vorstandschaft waren hauptsächlich Bayreuther Handwerksmeister zu finden. Die Zahl der Mitglieder verdoppelte sich in Jahresfrist und erhöhte sich bald weiter. 1852 wagte man bereits die Aufführung der Oper „Freischütz", 1883 erstellte man einen Theaterbau. Unvergessen in der Vereinsgeschichte bleibt aber der Ball vom 5. November 1866, zu dem überraschend auch der bayerische „Märchenkönig" Ludwig II. erschien, leutselig mit den Mitgliedern plauderte und Bayreuther Bürgertöchter zum Tanz aufforderte.

Der Liederkranz Bayreuth (1844)

Aus dem Vereinsleben vor dem 1. Weltkrieg nicht wegzudenken war der 1844 gegründete Liederkranz Bayreuth, der erste namhafte Gesangverein der Stadt, der schon in seiner ersten Veranstaltung auf der Bürgerreuth mit seinen Darbietungen begeisterte Zuhörer und bald viele aktive und passive Mitglieder fand. Wie die „Erinnerungsblätter" des Vereins zu seiner 50-Jahr-Feier zeigen, war nicht nur die Eigenproduktion mit Liederabenden und Konzerten beachtlich, sondern auch die Beteiligung an fast allen größeren Festen, Jubiläumsanlässen und auch bei Besuchen hoher Gäste. Bei den auswärtigen Sängerfesten vertrat der Liederkranz auf seine Weise immer auch in würdiger Form die Stadt: Als Beispiel sei hier nur erwähnt, daß 1877 auf dem großen Sängerfest in Regensburg die Bayreuther mit dem Matrosenchor aus Richard Wagners „Fliegendem Holländer" reichlich Beifall ernteten. Der Liederkranz bestand bis 1970.

Marksteine im Schulwesen des 19. Jahrhunderts

Deutliche Fortschritte hatte seit Beginn der bayerischen Zeit das Schul- und Bildungswesen zu verzeichnen. Sie verbinden sich gleich in der ersten Phase mit dem Namen von Dr. Johann Baptist Graser (1766 – 1841), der 1810 als Kreisschulrat Leiter der Schulabteilung bei der Regierung geworden war. Der in Eltmann geborene katholische Unterfranke war zuerst Priester, dann Professor für Philosophie und Pädagogik in Landshut gewesen und schon 1804 für den Aufbau des Schulwesens in Bamberg eingesetzt worden. In Bayreuth wirkte er bis 1825. Schon 1813 richtete er ein

Dr. Johann
Baptist Graser
(1766 – 1841)

Institut für Lehrerbildung ein, 1819 fanden erstmals Prüfungen nach seiner Methode statt. Für Stadt und Land wurden nun Volksschullehrer systematisch ausgebildet. Die ehemalige markgräfliche Münzstätte – heute Iwalewa-Haus – wurde auf Kosten der Stadt zum Schulhaus eingerichtet. Graser, der sich als Schriftsteller hohes Ansehen erwarb, wohnte selbst bis zu seinem Tod in diesem Haus. Seit 1820 mußten in Bayreuth die von der Volksschule entlassenen 14–18jährigen eine „Sonntagsschule" besuchen. Sie hatten nach dem Gottesdienst eine Stunde Elementarunterricht und nachmittags eine Stunde „Christenlehre". 1823 wurde als private Gründung eine von Lehrer Poland geleitete Taubstummenanstalt in der Stadt eröffnet. Graser, der sich sehr dafür interessierte, lieferte eine Abhandlung zum Taubstummenunterricht. Seit 1824 gab es neben dem Münzschulhaus auch eine israelitische Schule.

Unter den veränderten Lebensbedingungen des Industriezeitalters erkannte man auch in Bayreuth, daß man sich nicht mehr mit einer einzigen weiterführenden Bildungsanstalt, dem humanistischen Gymnasium, begnügen konnte. 1833 entstand die zunächst nur mit drei Klassen eingerichtete Kreis-Landwirtschafts- und Gewerbeschule, die man im Rückgebäude des Alten Rathauses unterbrachte. Ihr erster Schulleiter, Erhard Saher, lehrte bezeichnenderweise Technisches Zeichnen.

Die staatliche Oberaufsicht lag aber beim Direktor der Königlichen Studienanstalt, wie das Gymnasium damals hieß. 1877 wurde die Gewerbeschule in eine sechsklassige Realschule umgewandelt. Eine allgemeine bürgerliche Bildung sollte die auf „Realien" ausgerichtete Schule vermitteln, die zwar noch nicht zur Hochschulreife führte, aber für Kaufleute, Ingenieure, Architekten und mittlere Beamte bei Bahn, Post, Zoll und in städtischem Dienst die schulmäßigen Voraussetzungen lieferte.

1863 wurde mit der Errichtung einer Kreisackerbauschule auch den in der Landwirtschaft Tätigen eine bessere Berufsausbildung ermöglicht. Diese Schule wurde 1864 auf dem ehemaligen „äußeren Spitalhof" eröffnet: Aus ihr sind die Landwirtschaftlichen Lehranstalten hervorgegangen, die sich heute noch im gleichen Gelände befinden. Auch für die Fortbildung der Mädchen wurde eine eigene Schule geschaffen: 1867 wurde im einstigen Küchenbau des Neuen Schlosses die „höhere Töchterschule" eingeweiht. Dies waren die Anfänge des heutigen Richard-Wagner-Gymnasiums.

Dr. Johann Georg August Wirth (1798 – 1848)

Einen wichtigen Lebensabschnitt vor seinem großen Auftritt als einer der Hauptredner des Hambacher Festes 1832 verbrachte Dr. Johann Georg August Wirth in Bayreuth. Hier vertrat er erstmals öffentlich seine liberaldemokratischen Gedanken. Der gebürtige Hofer hatte als Klassenkamerad von Karl Ludwig Sand das Gymnasium seiner Heimatstadt besucht, wegen dessen Umwandlung in eine reine Zubringerschule aber schon 1811 einen Schulwechsel an die Studienanstalt (wie das Bayreuther Gymnasium damals hieß) vollzogen und war über weitere Umwege schließlich zum Studium der Rechtswissenschaften in Erlangen gekommen. Als junger Jurist trat er 1823 in die Kanzlei des Bayreuther Rechtsanwalts Keim ein.

Stark beeindruckt von den Ereignissen der Pariser Julirevolution, ließ er mit Beginn des Jahres 1831 in Bayreuth auf eigene Kosten die Zeitschrift „Kosmopolit" drucken, deren erste Aufsätze aus seiner Feder manchen Bayreuther aufhorchen ließen: Pressefreiheit, kritische Andeutungen über den Zustand Bayerns und

Dr. Johann Georg August Wirth (1798 – 1848)

die „Rückschritte der bayerischen Regierung" ließen ihn in der zunehmend absolutistischer werdenden Monarchie Ludwigs I. als unerwünschten Oppositionellen erscheinen. Als die Kreisregierung von seiner Zeitschrift Kenntnis erhielt, wurde der Stadtkommissär beauftragt, ihn wegen seiner politischen Haltung zur Verantwortung zu ziehen. Bei einer Vorladung erklärte Wirth aber mutig zu Protokoll: „Eine Regierung, welche die Verfassung verletzt und darum sich selbst zu verantworten habe, könne ein Gleiches nicht von dem Verteidiger des Rechts und Gesetzes fordern." Eine solche Sprache hatte man auf einer Bayreuther Amtsstube noch nie vernommen. Man ließ ihn jedoch unbehelligt. Er zog es aber vor, bald darauf die Stadt zu verlassen.

Daß er selbst destruktivem Denken abhold war, lediglich Verbesserungen anstrebte, belegt deutlich eine glaubwürdige Passage seiner Memoiren: „Ich zog immer das Schaffen dem Zerstören, das Hervorbringen dem bloßen Beurteilen oder Kritisieren vor. Manchmal muß man freilich einreißen, um zu bauen; doch soll man zuvor immer wissen, was. Darum konnte ich niemals eine Opposition leiden, welche die Handlungen der Regierung tadelt, ohne anzugeben, wie man es besser machen soll. Da ich diesen Mangel zuweilen auch an den freisinnigeren Zeitschriften bemerkte, so hütete ich mich um so mehr davor."

Wirth gründete in München eine neue Zeitschrift „Das Inland". Auf dem Hambacher Fest trat er für Volksfreiheit und deutsche Einheit ein. Bald darauf wurde er verhaftet, aber es gelang ihm, nach einer glänzenden Verteidigungsrede über die Rechte des deutschen Volkes von der Anklage des Hochverrats freigesprochen zu werden. Dennoch mußte er nach einem neuen Verfahren eine zweijährige Gefängnisstrafe verbüßen. Als er auch nach der Freilassung der Polizeiaufsicht unterworfen blieb, floh er 1836 ins Elsaß. Erst 1847 kehrte er von der Schweiz aus in seine Heimat zurück. 1848 zog er als Hofer Abgeordneter der ersten deutschen Nationalversammlung in die Paulskirche in Frankfurt ein. Bald darauf wurde er am 28. Juli 1848 neuem Tätigsein durch den Tod entrissen.

Gottlieb Friedrich Ferdinand Keim:
Ein Leben für Einigkeit und Recht und Freiheit

Eine Persönlichkeit, deren Leben ein Stück Stadtgeschichte in Verbindung mit der deutschen Geschichte der ersten Hälfte des 19. Jahrhunderts widerspiegelt, war der Bayreuther Rechtsanwalt und Notar Keim (1783 – 1868). Der gebürtige Kulmbacher hatte in Erlangen studiert und dort 1803 die Bayreuther Landsmannschaft, das Corps Baruthia, gegründet. Im Jahre 1806 legte er in Berlin die große juristische Staatsprüfung ab.

Beeindruckt von der fortschrittlichen Entwicklung der fränkischen Fürstentümer in der Ära Hardenberg und von Sympathien für Preußen getragen, nahm er es nur mit Widerwillen zur Kenntnis, daß Bayreuth 1810 dem mit Napoleon verbündeten neuen Königreich Bayern angegliedert wurde. Eine Übernahme in den bayerischen Staatsdienst lehnte er daher ab, was man ihm in München nie verzieh. Im Haus Ludwigstraße 25 eröffnete Keim eine florierende Anwaltskanzlei.

Auch im Rat der Stadt wirkte Keim bald aktiv mit. Als Vorstand der Gemeindebevollmächtigten oblag ihm die Vertretung der Bürgerschaft. Sein unbestechliches Eintreten für das Gemeinwohl trug ihm hohe Achtung und Anerkennung der Mitbürger ein. Die Bayreuther wollten Keim schon 1835 zum Ehrenbürger machen. Dem bereits eingebrachten Vorschlag wurde jedoch die damals nötige Genehmigung der

Regierung versagt. Da die „Bayreuther Zeitung" aber bereits von der bevorstehenden Ehrung berichtet hatte, wurden die Stadt und die Redaktion von der königlichen Regierung aufgefordert, eine Berichtigung zu drucken.

Bürgermeister Hagen, der selbst in Keims Kanzlei tätig gewesen war und die Ehrenbürgerschaft unterstützte, kam der Verpflichtung zwar nach, ließ aber die Leser zwischen den Zeilen auch den Hintergrund erkennen: In der Zeitung wurde nun bekanntgegeben, „daß der Appellationsgerichtsadvokat Keim keineswegs das Ehrenbürgerrecht erhalten hat, welches ja nur mit allerhöchster Genehmigung erteilt werden darf". Gegen die Verleihung des Bürgerbriefs, die nun vorgenommen wurde, konnte auch die königliche Regierung nichts mehr unternehmen.

Vergeblich bemühten sich Hagen und Keim gemeinsam, die wirtschaftlich bedingte Verschlechterung der Lebensverhältnisse in Bayreuth aufzuhalten. Die neuen Verkehrswege der Eisenbahn führten nicht über Bayreuth. Alle Eingaben nach München blieben letztlich ohne Erfolg. Eine Untersuchungsakte des bayerischen Innenministeriums von 1844, die auch Ludwig I. vorlag, erhielt den Aktenvermerk des Königs: „An Minister Abel. Mir scheint wegen Bayreuth ist nichts zu machen."

So blieb für Bayreuth und Keim nur die Hoffnung, daß die erste deutsche Nationalversammlung in Frankfurt 1848 eine positive Änderung ermöglichen werde. Im Wahlbezirk Bayreuth wurde von 125 „Wahlmännern" Keim mit 120 Stimmen zum Abgeordneten gewählt.

Keim trat in Frankfurt ein für Pressefreiheit, Zweikammersystem und Grundrechte für alle Deutschen. Erst als sich erkennen ließ, daß diese Ziele nicht zu erreichen waren, auch „Meinungsverschiedenheiten mit den maßgebenden politischen Persönlichkeiten Bayreuths" entstanden, angeblich auch, weil „der Patriotische Verein sich gegen ihn wende", trat Keim als Abgeordneter zurück.

1850 gab er auch seine berufliche Tätigkeit auf. Im Ruhestand widmete er sich privaten Studien. Heimatliebe und Freundschaft, Ideale der Baruthia, erfüllten seinen Lebensabend. Rückschauend schrieb er 1853: „Die Zeit hat nur einen Hauptredakteur, den Geist, der ihr innewohnt."

Das Jahr 1848

Das Jahr verlief zwar in Bayreuth weniger aufregend und spektakulär als in den Hauptstädten Berlin, Wien und München, auch undramatischer als in Frankfurt, Bamberg und Würzburg, aber doch entschieden ereignisreicher als viele Jahre vorher und auch danach, so daß es in seiner herausragenden Bedeutung auch stadtgeschichtlich eine Sonderbetrachtung verdient. Die Nachrichten von der Februarrevolution in Paris und den Vorgängen in den anderen großen Städten verhallten nicht ungehört. Viele sahen sich auch in Bayreuth in der Hoffnung getäuscht, daß sich die schlechte wirtschaftliche Lage und die Lebensqualität verbessern würden. Daß König Ludwig I. seine liberalen Versprechungen unter der Regierung des stockkonservativen Ministers Abel zugunsten eines anachronistischen Staatsabsolutismus aufgegeben hatte, war auch in der Kreishauptstadt Oberfrankens nicht mit Begeisterung aufgenommen worden. Revolutionäre Ideen fielen nur bei wenigen auf fruchtbaren Boden. Aber eine Mehrheit wünschte zweifellos spürbare Änderungen, wie sie von der deutschen Einheits- und Freiheitsbewegung variantenreich diskutiert wurden.

Bei allen Unterschieden im Denken war den meisten Menschen gemeinsam, daß sie den „dritten Stand" trotz Verfassung als benachteiligt und in seinen Rechten zu stark eingeschränkt betrachteten. Örtliche Vorfälle trugen dazu bei, daß nicht nur die städtische Verwaltung, sondern auch das Staatssystem als korrupt angesehen wurde. Da es noch keine politischen Parteien gab, spiegeln sich die bürgerlichen Aktivitäten nur dürftig in den kommunalen Protokollen und Schreiben wider. Dennoch darf von einem politischen Erwachen des Bürgertums gesprochen werden: Die von mehreren Hunderten von Bürgern unterzeichneten Petitionen an die deutsche Nationalversammlung in Frankfurt legen dafür deutlich Zeugnis ab. Das markanteste Ereignis des Jahres in Bayreuth war die Ablösung des Juristen Hagen im Bürgermeisteramt. Eine neue stadtgeschichtliche Epoche mit einschneidenden Veränderungen brachte das Jahr aber nicht.

Die in der Bevölkerung seit langem schlummernde Unzufriedenheit offenbarte sich zu Beginn des Jahres in ihrer Brisanz an kleinen, eigentlich ziemlich harmlosen Vorfällen. Seitdem sich im Februar zwei städtische

Bedienstete in einem Gasthaus nach der Übergabe und Überprüfung der sogenannten Leihhauskasse gegenseitig der Unterschlagung und Korruption beschuldigt hatten, verbreitete sich in der Stadt wie ein Lauffeuer das Gerücht, daß städtische Beamte Steuergelder der Bürger veruntreuten. Diese Entwicklung führte dazu, daß am 13. März bei einer öffentlichen Versammlung im Sonnensaal mehr als 800 Bürger vom Bürgermeister Rechenschaft verlangten und ihm schließlich das Vertrauen entzogen. Der Hauptbeschuldigte war zwar der wenig beliebte Magistratsrat Ordnung, der Hauptverantwortliche aber der amtierende Bürgermeister. Schon am folgenden Tage zogen die beiden Beschuldigten die Konsequenz, indem sie ein Gesuch um Versetzung in den Ruhestand einreichten. Das Gesuch wurde vom Regierungspräsidenten befürwortet. Noch vor der am 20. März verkündeten Abdankung König Ludwigs I. trat Hagen zurück. Sein Rücktritt war allerdings nicht nur eine Folge dieser kommunalpolitischen Affäre.

Schon am 4. März hatte eine Volksversammlung beschlossen, eine Adresse an den König zu richten, die ähnliche Forderungen enthielt, wie sie auch von Münchner Bürgern formuliert worden waren: mehr Rechte für die Bürger, Verbesserungen in der staatlichen Verwaltung und Aufhebung der Adelsprivilegien. Diese Eingabe wurde zwei Tage später von 500 Bürgern, dem Magistrat und den Gemeindebevollmächtigten unterzeichnet. Hagen verweigerte wohl in erster Linie aus Loyalitätsgefühl die Unterschrift. Es ist aber keine Frage, daß dieses Verhalten in der Einwohnerschaft ganz wesentlich dazu beitrug, daß schon am 13. März Hagens Rücktritt verlangt wurde.

Revolutionäre Gefahr drohte in Oberfranken, als sich am Obermain um Kulmbach und im Frankenwald unzufriedene Bauern, arbeitslose Flößer und Waldarbeiter zusammenrotteten, um gegen ihre adeligen Grundherren vorzugehen. Ein vom Aufstand besonders bedrohter Ort war Thurnau, der Stammsitz der Grafen Giech. Das Militär der Garnison Bayreuth (Infanterie und Chevaulegers) wurde in Marsch gesetzt und für längere Zeit im Unruhegebiet stationiert. Um die Stadt Bayreuth selbst vor revolutionären Gruppierungen zu schützen, erging auf Anordnung des Regierungspräsidenten ein Aufruf „An die braven Bürger Bayreuths", sich für eine „Sicherheitswache" zu melden. Schon am 20. März konnte der Landwehrinspektor von Regemann berichten, daß diese Sondereinheit gebildet sei. Kommandant wurde der Kaufmann Karl Kießling, der bereits als Hauptmann der Landwehr gedient hatte. Wachmannschaften wurden am Oberen und Unteren Tor, am Friedrichstor, im Neuen Weg, in der Altstadt und in St. Georgen postiert, und Patrouillen durchstreiften regelmäßig das Stadtgebiet. Zu einem Eingreifen und Vorgehen gegen demonstrierende oder gar aufständische Menschenansammlungen ist es jedoch nicht gekommen.

Die Schar der Radikalen und der einen Sturz der Monarchie fordernden Anarchisten blieb klein. Ihr Forum waren nicht die Plätze und Straßen, sondern die Wirtshäuser. Der bekannteste Fall dieser Gruppe war der entlassene Pfarrer Diez (Vater des Malers Wilhelm von Diez), der im Juni, als König Ludwig I. längst abgedankt hatte, wegen Majestätsbeleidigung verhaftet wurde. Als gefährlichster Volksaufwiegler galt der Skribent Ulrich Nietsche. Er hatte ein Flugblatt deutscher Auswanderer in Philadelphia auf eigene Kosten in 2000 Exemplaren drucken und verteilen lassen. Es enthielt die Forderung „Verjagt alle Fürsten, und schafft vollkommen freie Republiken!" Nietsche und Schlossermeister Sammet, der als sein Komplize galt, wurden verhaftet.

Die beim Hambacher Fest 1832 zuerst gezeigte Trikolore Schwarz-Rot-Gold, die 1848 zur deutschen Nationalversammlung von der Paulskirche in Frankfurt wehte, wurde auch in Bayreuth 1848 erstmals als Fahne gehißt. Die Bürger Bayreuths verfolgten die Ereignisse in Frankfurt mit großem Interesse. Bei der Nachricht vom Zusammentreten des ersten deutschen Parlaments zogen sie am Unteren Tor am Hause des Weißgerbers Martin (damals Nr. 635) unter den Klängen der Stadtmusikanten eine schwarzrotgoldene Fahne hoch. Das Deutschlandlied war damals in der Stadt noch unbekannt, man spielte die bayerische Hymne und das Lied „Was ist des Deutschen Vaterland?" Patriotische Bürger St. Georgens hißten am 23. April, dem Georgs- und Kirchweihtag, die deutsche Fahne auf dem Turm der Ordenskirche. Am 25. April wurden je eine deutsche und eine bayerische auch an den Türmen der Stadtkirche und an den Erkern des Rathauses gehißt. Als zur Huldigung für den Reichsverweser Erzherzog Johann von Österreich am 6.

August das Militär mit der Landwehr auf dem Exerzierplatz beim Hofgarten angetreten war, hefteten Bayreuther Frauen eine Schleife mit den Farben Schwarz-Rot-Gold an die Bataillonsfahne.

Bayreuther Petitionen an die Nationalversammlung

Von den wenigen Radikalen und ihren Sympathisanten abgesehen blieb die Bevölkerung Bayreuths 1848 besonnen und diszipliniert. Daß sich aber die Bayreuther keineswegs nur passiv treiben ließen und auch nicht politisch gleichgültig blieben, geht aus mehreren Petitionen an die Frankfurter Nationalversammlung hervor. In diesen Bittschriften wurde das verbalisiert, was maßgebliche Gruppen der Bürgerschaft erörtert hatten. Sie zeigten, daß der politische Horizont nicht durch die kommunalen Grenzen und auch nicht durch die königlich-bayerischen Grenzpfähle eingeengt blieb. Bedauerlicherweise sind nur fünf von mindestens zehn unmittelbar aus Bayreuth eingereichten Petitionen im Wortlaut erhalten. Verloren ist eine gegen die Verurteilung des Demokraten Robert Blum abgesandte Eingabe. Wir wissen daher auch nicht, wer den Mut hatte, einen solchen Protest zu bekunden.

Als aktive politische Gruppen, die Eingaben nach Frankfurt sandten, traten der Patriotische Verein und der Gewerbeverein auf. Eine Petition des Patriotischen Vereins, die gegen die Einverleibung von Schleswig-Holstein durch Dänemark protestierte, war von Männern unterzeichnet, die auch sonst in der Geschichte Bayreuths eine Rolle spielten: Wir finden die Unterschrift Friedrich Feustels neben der von Dr. Käfferlein, der als Abgeordneter nach Keims Rücktritt im Herbst 1848 ins Frankfurter Parlament einzog und am 28. 3. 1849 bei den Abgeordneten dabei war, die (vergeblich) den preußischen König Friedrich Wilhelm IV. zum deutschen Kaiser wählten. Bezeichnend und beachtenswert ist, daß neben anderen Unterzeichnern wie Rose und Eisenbeiß als erster Dr. Aub zu finden ist, der jüdische Rabbiner, der seit 1829 in Bayreuth wirkte. Am 15. Januar 1849 entschloß sich auch der Gewerbeverein zu einer Eingabe an die „Hohe deutsche constituierende Nationalversammlung". Es war ein Protest gegen den „nach dem Freihandelssystem entworfenen Zolltarif", der die Bayreuther Gewerbetreibenden befürchten ließ, durch ausländische billige Ware zugrunde zu gehen. Unterzeichnet war diese Petition von Kaufmann Dilchert, der 1851 Bürgermeister wurde.

Als bemerkenswerte Dokumente politischer Willensbildung sind zwei Bayreuther Petitionen hervorzuheben, die nicht nur zeitlich dicht beieinanderlagen, sondern auch eine große Zahl von Unterzeichnern gemeinsam haben. Nicht weniger als 476 Bayreuther Bürger unterschrieben am 31. August 1848 eine Forderung, die bestehenden bayerischen Realrechte und Konzessionen aufzuheben, die als Sonderrechte den Adel begünstigten. Man forderte statt dessen „die Gleichstellung der Rechte aller deutschen Staatsbürger" und wollte die Privilegien beseitigt wissen, „unter deren Drucke Millionen seufzen". „Die Realrechte, ebenso ungerecht als verderblich, ersticken seit einer langen Reihe von Jahren die edelsten Kräfte und Talente der durch Geburt und Vermögensumstände minder bevorzugten Bürger. Die Realrechte sind ein Krebsschaden am Herzen des Volkes, und ihr Fortbestand würde unverkennbar fortdauernd Tausende von Arbeitskräften zum thatenlosen Hinwelken verdammen."

Ein „soziales Vorparlament", bestehend je zur Hälfte aus Arbeitgebern und Arbeitnehmern, erstrebte eine Petition vom 1. September mit fast ebenso vielen Unterschriften. Sie begann mit den Worten: „Das Bedürfniß einer Neugestaltung aller bestehenden Verhältnisse, seit langem schon von den zahlreichsten Schichten aller Völker lebhaft empfunden, war der mächtigste, wenn nicht der einzige Hebel der jüngsten Erschütterungen Europas, und die politische und sociale Reform sind die beiden eng verflochtenen Zeitfragen geworden, welche mit verwandten Ansprüchen nach Lösung ringen." Als „ernste Forderung der Zeit" wünschte man Staatseinrichtungen, „welche einer freien naturgemäßen Selbstbestimmung aller Glieder der bürgerlichen Gesellschaft keine Fesseln mehr anlegen". Soweit erkennbar, entstammten die meisten Unterzeichner dem Mittelstand. Um das Gewicht dieser Meinungs- und Willenserklärungen richtig einzuschätzen, muß man berücksichtigen, daß im damals rund 18 000 Einwohner zählenden Bayreuth nur die erwachsenen männlichen Bürger das Wahlrecht und das Recht zu solcher Stimmabgabe hatten.

Oben: Bayreuth von Westen. Ölgemälde um 1832, dem Bayreuther Philipp Heinel (1800 – 1843) zugeschrieben (Stadtmuseum Bayreuth) – Unten: Bayreuth von Osten. Von Carl Friedrich Heinzmann (1795 – 1846) geschaffenes Aquarell (Stadtmuseum Bayreuth)

Linke Seite, oben: Die Bayerleinsche Bierbrauerei über der Mainaue beim „Herzog", Vorläuferin der Bayreuther Bierbrauerei AG, gezeichnet und lithographiert von Heinrich Stelzner

Oben: Die Friedrichstraße. Gemälde von Karl Walther 1930 (Stadtmuseum Bayreuth)

Linke Seite, unten: Zwei Tassen mit Bayreuth-Motiven. In der Mitte eine prächtige Brosche mit einem Miniaturbild der Bürgerreuth aus dem 19. Jahrhundert (Stadtmuseum Bayreuth)

Links: Jean Paul. Pastell von Johann Lorenz Kreul 1822 (Stadtmuseum Bayreuth)

Richard Wagner. Gemälde von Franz von Lenbach 1871 (Nationalarchiv der Richard-Wagner-Stiftung Bayreuth)

Enttäuschte Hoffnungen der Demokraten

Die Gemeindebevollmächtigten konnten in Bayreuth 1848 zweifellos einen Erfolg verbuchen: Sie erreichten, daß am 20. Oktober 1848 erstmals in Bayreuth eine öffentliche und gemeinsame Sitzung von Magistrat und Gemeindekollegium stattfand. Auf diese Weise gewann die Stadtbevölkerung über ihre Vertreter mehr Einfluß auf die Verwaltung. Im ganzen gesehen verliefen aber die politischen Bestrebungen 1848/49 mit ihren Fehlschlägen enttäuschend für die demokratisch Gesinnten, die dem Volk mehr Rechte eingeräumt wissen wollten.

War man 1848 staatlicherseits gegen alle Radikalen und Monarchiegegner hart vorgegangen, so verfuhr man im Jahre darauf nach Beruhigung der Lage doch wesentlich milder, als es die Anklagen hätten erwarten lassen. Nur einer soll in Abwesenheit verurteilt worden sein: Es war der einer jüdischen Familie entstammende Dr. Julius Würzburger, der als Redakteur der „Bayreuther Zeitung" immer wieder deutlich das Recht der Pressefreiheit für sich beansprucht und nach Meinung der Behörden mißbraucht hatte. Seine kritischen Artikel gegen das Übergewicht der Fürsten und gegen die bestehenden Privilegien des Adels, vermutlich auch Äußerungen in Richtung auf eine deutsche Republik hatten zu seiner steckbrieflichen Verfolgung geführt. Er hatte sich dieser aber schon Ende 1848 durch Auswanderung nach Amerika entzogen.

Als im Sommer 1849 im Neuen Schloß der Schwurgerichtsprozeß gegen die in Untersuchungshaft einsitzenden und unter der Anklage des Hochverrats stehenden Aufrührer Nietsche, Sammet und Diez eröffnet wurde, wurden die angeblichen und tatsächlichen Vergehen schnell heruntergespielt. Die Majestätsbeleidigung durch Diez, als „besoffene Wirtshausmette" deklariert, wurde mit einer Woche Gefängnis bestraft. Die Verhandlung gegen Nietsche und Sammet endete sogar mit Freispruch.

Carl Dilchert

Über die Person und Amtszeit von Bürgermeister Friedrich Carl Dilchert (1851 – 1862) ist nicht mehr besonders viel bekannt. Nicht einmal ein Bild von ihm ist erhalten. Nur auf einer Ansichtskarte vom Sternplatz, die 1860 nach einem farbigen Original angefertigt wurde, ist unter den über 20 Personen auch der leutselige Bürgermeister nicht vergessen. Nach den Ereignissen des Jahres 1848 war es nicht leicht, einen Nachfolger für Hagen zu finden. Nach dem ersten rechts-

Der Sternplatz um 1860. Neben stadtbekannten Personen wird unter Nummer 17 auch eine Gruppe „Kutscher und Eckensteher" abgebildet. Der Herr mit Zylinder am rechten Bildrand ist Bayreuths Bürgermeister Carl Dilchert

kundigen Bürgermeister Bayreuths kam nun ein Kaufmann, der nicht allzu viele Vorkenntnisse in der Kommunalpolitik besaß. Er war schon 1842 Ersatzmann für das Kollegium der Gemeindebevollmächtigten, bald darauf Mitglied, 1845 auch Magistratsrat geworden, aber als solcher nur ehrenamtlich tätig gewesen. „Gegen meinen Willen", so schreibt er selbst, „gegen meine Vorstellungen und Bitten wurde ich am 16. November 1848 als Vorstand des Armenpflegschaftsrates und bei der Gemeindeersatzwahl 1851 als Bürgermeister und Magistratsvorstand gewählt." Als stadtbekannter „Spezereihändler" (für Gemischtwaren, Lebensmittel, Gewürze) war er für wirtschaftliche Belange besonders aufgeschlossen. Als er im September 1862 zurücktrat, ließ er über sein Wirken einen großen Rechenschaftsbericht „für einige Bürgerfreunde" drucken, in dem seine Bemühungen und seine Tätigkeit für die Entwicklung von Handel und Industrie, für den Eisenbahnbau, für die Verbesserung der Stadtverwaltung und Verschönerung der Stadt und seine Maßnahmen für Erziehung und Unterricht detailliert aufgeführt sind. Dilchert starb 1879 auf Gut Grunau und vermachte der Stadt eine ansehnliche Stiftung.

Dilcherts Name ist nicht nur mit der Stadt, sondern auch mit der Entwicklung der oberfränkischen Wirtschaft eng verbunden. Durch ein königliches Dekret wurde 1843 in Bamberg die „Handelskammer für Oberfranken" ins Leben gerufen. Sechs ihrer Mitglieder, auch die beiden Vorstände, waren Bamberger. Neben vier Hofern gehörten noch zwei Bayreuther dem neuen Wirtschaftsgremium an: Spezereihändler Carl Dilchert und Baumwollwarenfabrikant Kolb. Als 1850 der Bayreuther Magistrat die Errichtung einer Kammer in Bayreuth beantragte, hatte er vorerst nur einen Teilerfolg: Es wurde ein untergeordneter Gewerbe- und Handelsrat genehmigt, mit dem man sich aber nicht zufriedengab. Nach Auflösung der wenig effektiven Bamberger Kammer 1851 wurde durch eine königliche Verordnung 1853 die Errichtung einer „Kreis-Gewerbs- und Handelskammer für Oberfranken" vorbereitet, die am 24. 12. 1854 mit Sitz in Bayreuth genehmigt wurde.

Ihre Mitglieder waren zunächst die Vorsitzenden der älteren Gewerbe-, Fabrik- und Handelsräte und ihre Stellvertreter. Der erste Präsident wurde ein Hofer Fabrikant, sein Stellvertreter der Bayreuther Kaufmann F. A. Keim. Am Aufbau dieser neuen Institution, die eine Konzentration von Industrie, Handel und Gewerbe (das Handwerk hatte noch keine eigene Organisation auf Regierungsbezirksebene) mit dem gemeinsamen Ziel der Förderung des regionalen Wirtschaftslebens bildete, hatte Dilchert noch verdienstvollen Anteil, auch wenn sein Name in seiner Bürgermeisterzeit nicht mehr hervortritt. Mit dem Sitz der Kammer in Bayreuth verband sich auch die Leitung durch Bayreuther Präsidenten: 1868–1874 Louis Rose, 1875–1885 Kommerzienrat Kolb, 1886–1893 Fabrikbesitzer Otto Rose, 1894–1922 Kommerzienrat Carl Schüller. Diese Reihe wurde im 20. Jahrhundert fortgesetzt.

Bayreuths Anschluß an die Eisenbahn

Nachdem 1835 zwischen Nürnberg und Fürth die erste deutsche Eisenbahnlinie in Betrieb genommen worden war, verfolgte man auch in Bayreuth aufmerksam die weitere Entwicklung. Sowohl Bayreuther Kommunalpolitiker als auch führende Männer der Wirtschaft erkannten die Chance, die sich für die Stadt aus der Einbeziehung der ehemaligen Residenzstadt in die künftigen Hauptschienenwege ergeben konnte. Schon 1836 bemühte sich Bürgermeister Hagen, daß Bayreuth in die Nürnberger Projekte einbezogen würde, welche eine Verbindung nach Sachsen vorsahen. Aber auch Bamberger Bürger waren in der gleichen Absicht aktiv. Sie wollten die künftige Nord-Süd-Verbindung über Bamberg geführt wissen. Die geographischen Vorteile begünstigten dabei die Domstadt, die auf günstige Baubedingungen im Tal von Rednitz und Obermain, aber auch auf die Anschlußmöglichkeiten zum Ludwig-Donau-Main-Kanal verweisen konnte.

Trotzdem versuchte Bayreuth nachdrücklich, in die Trassenführung der Hauptlinie aufgenommen zu werden. Dem Bayreuther Beratungsausschuß gehörten an die Fabrikanten Sophian Kolb, Dr. Schmidt und Philipp Amos, die Kaufleute Christian Münch und Adolph Degen und der Buchhändler Heinrich Grau. Trotz beachtlicher Aktivitäten war den Bayreuther Bemühungen kein Erfolg beschieden. Der Bau der Hauptstrecke von Nürnberg über Bamberg, Lichten-

Bayreuths erster Bahnhof um 1860. Nach einer Zeichnung von Heinrich Stelzner

fels, Neuenmarkt nach Hof war nicht aufzuhalten. Somit blieb für Bayreuth nur die Möglichkeit, durch eine Anschlußbahn in die Verkehrsentwicklung einbezogen zu werden. 1844 wandte sich der Bayreuther Magistrat erneut an die bayerische Eisenbahnkommission; in Bayreuth wurde ein neues Eisenbahnkomitee gebildet. Auch die oberfränkische Kreisregierung unterstützte das Projekt der Zweigbahn, die von Neuenmarkt über Bayreuth nach Amberg führen sollte. Hatte Hagen 1836 noch von der schweren Benachteiligung Bayreuths gesprochen, die dazu führen müßte, daß das Handels- und Fabrikwesen seinem gänzlichen Untergang entgegengehen „und Tausende von Menschen dadurch ganz nahrungslos werden würden", so sprach man nun in der Begründung bereits wie selbstverständlich davon, daß Bayreuth und seine Umgebung „zu den ärmsten des Königreichs gehörten".

Mit diesem Unternehmen hatte man endlich Erfolg. Freilich wurde die Zweigbahn Neuenmarkt keine Staatsbahn, sondern eine Pachtbahn: Aufgrund eines Pachtvertrages für 50 Jahre, der zwischen dem bayerischen Staat und der Stadt geschlossen wurde, hatte die Stadt die baulichen Lasten, der Staat aber die Betriebskosten zu tragen. Obwohl viele Bayreuther Gewerbetreibende den Bahnhof möglichst in Marktnähe gewünscht und einen Standort in der „Schwarzen Allee" (etwa bei der heutigen Einmündung der Kanalstraße in den Hohenzollernring) bevorzugt hätten, wurde schließlich als Bahnhofsstandort das Gelände beim Brandenburger Tor (im Bereich des heutigen Hauptbahnhofs auf dem Weg nach St. Georgen) bestimmt.

Am 28. 11. 1853 wurde die Eisenbahnlinie feierlich eröffnet. Die in einer Eßlinger Maschinenfabrik gebaute Lokomotive (Modell im Nürnberger Verkehrsmuseum) trug den Namen „Bayreuth" und hatte eine Höchstgeschwindigkeit von 70 Stundenkilometern. Der Tag – es war zudem der Geburtstag des bayerischen Königs – wurde in der ganzen Stadt festlich begangen. Von diesem Tag an verkehrte der Zug Neuenmarkt – Bayreuth täglich dreimal, ab 1861 bereits achtmal. Erst 1856 wurde die Genehmigung für ein Bahnhofsgebäude erteilt. Heinrich Stelzner hat dieses erste Bayreuther Bahnhofsgebäude im Bild festgehalten. Am 1. 12. 1863 konnte auch die 58 km lange Bahnstrecke Weiden – Bayreuth eröffnet werden, die

Die Bahnhofstraße mit dem ersten Bahnhof nach einer Zeichnung von Louis Sauter

über Kirchenlaibach, Seybothenreuth und Aichig nach Bayreuth führt. Auch sie war eine Privatbahn. Ihr Träger war die Bayerische Ostbahnaktiengesellschaft. Die Bahnlinie endete zunächst am sog. „Ostbahnhof" (in der Nähe des Bahnhofs Bayreuth – Neuenmarkt) und wurde mit diesem durch Geleise verbunden.

Die Anfänge der Industrialisierung in Bayreuth

Das erste Unternehmen, das die Bayreuther Wirtschaftsgeschichte als eine Fabrik in modernem Sinn verzeichnet, war die Zuckerfabrik Schmidt in St. Georgen. Die Brüder Dr. Johann Christian und Florentin Theodor Schmidt unterhielten in Wunsiedel eine kleine Zuckerraffinerie. Johann Christian erwarb 1826 in St. Georgen die Leerssche Fayence- und Steingutmanufaktur und holte sich 1834 die Erlaubnis zur Zuckerherstellung ein. Anfangs wurde noch Rohrzucker verarbeitet. Die Umstellung auf Rübenzucker gelang erst dem Nachfolger Louis Rose. 1900 wurde das Unternehmen wegen Unrentabilität eingestellt.

Mit der Nutzung der Dampfkraft durch die Dampfmaschine und dem Anschluß an die Eisenbahn in der Mitte des 19. Jahrhunderts eröffnete sich für mehrere junge Unternehmen dieser Zeit eine Chance auf wirtschaftlichen Aufstieg und Erfolg. 1846 gründete Sophian Kolb die erste mechanische Flachsspinnerei in Laineck. Kolb war der Sohn eines Bayreuther Unternehmers, der bereits viele Weber an handbetriebenen Webstühlen beschäftigt hatte. Mit der Flachsspinnerei begann für Bayreuth ein neuer Zeitabschnitt der Leinenindustrie. Da es im Osten Oberfrankens genügend Flachsanbau gab und billige Arbeitskräfte leicht zu finden waren, gelang es Kolb, mit einem Staatsdarlehen von 200 000 Gulden einen florierenden Musterbetrieb zu errichten, der mit den modernsten englischen Maschinen ausgestattet war. Kolbs Sohn führte den Betrieb weiter, seine Tochter heiratete einen Lehrling der Firma, der es als vielseitiger Wirtschaftsexperte zu hohen Ehren bringen sollte: Friedrich Feustel. Dieser wurde schon als 30jähriger Gründungsmitglied der Mechanischen Baumwollspinnerei, die von Ludwig August Riedinger als erste größere und lebensfähige Aktiengesellschaft in Bayreuth ins Leben gerufen wurde. Ihr fünfgeschossiges Fabrikgebäude mit seinem hohen Schornstein in nächster Nähe des Bahnhofs wurde zum sichtbaren Zeichen des Fortschritts. Die erste Dampfmaschine löste 1855 bei Besuchern Bewunderung und Grauen zugleich aus.

Die Arbeitersiedlung „Burg"

Die „Burg" – Bayreuths erste Arbeitersiedlung

Die Mechanische Baumwollspinnerei begann 1861 damit, für Betriebsangehörige eine eigene Wohnsiedlung zu schaffen. Bis 1866 entstanden in der Nähe der Fabrik 80 Arbeiterwohnungen. Zwischen 1888 und 1909 wurden mehr als hundert weitere gebaut. Nach dem Baustil sprach man von „Schweizerhäuschen" oder „Holländerhäuschen". Jede Familie konnte eine Doppelhaushälfte beziehen, die auch über einen kleinen Garten verfügte. Mit 52 Quadratmetern pro Wohnung waren die hier wohnenden Arbeiterfamilien für damalige Wohnverhältnisse recht gut untergebracht. Niemand weiß mehr, wer der Siedlung den Namen „Burg" gab. Da es keinen historischen Vorläufer an dieser Stelle gab, ist anzunehmen, daß der oder die Namengeber (vielleicht die Bewohner selbst?) dankbar zum Ausdruck bringen wollten, daß sie ihre gemeinsame Wohnstatt in der unmittelbaren Nähe ihres Arbeitsplatzes mit einer „festen Burg" verglichen sehen wollten, die ihnen Geborgenheit sicherte. Im Vergleich zu den Wohnverhältnissen der Großstädte hatten sie auch allen Grund, über diese zur Mitte des vorigen Jahrhunderts noch äußerst seltenen Sozialleistungen ihres Betriebs glücklich zu sein. Zuletzt bildeten 73 werkseigene Häuser mit 283 Wohnungen eine städtische Wohnviertellieinheit, die sogar eine eigene Kirchweih organisierte. Es ist höchst bedauerlich, daß im Zuge neuer Stadtplanung 1980 auch die letzten dieser Arbeiterhäuschen abgerissen wurden, so daß in unserer Zeit nur noch der Straßenname an die ehemalige Arbeiter-„Burg" erinnert.

Weitere Industriebetriebe

1852 gründete der thüringische Instrumentenmacher Eduard Steingraeber eine Hofpianoforte- und Flügelfabrik, die sich bald zur größten Klavierfabrik Bayerns entwickelte. Richard Wagner hat die hohe Qualität ihrer Erzeugnisse bestätigt. Beständiger als eine 1860 gegründete Zinnblechfabrik erwies sich das heute noch florierende Unternehmen der mit einem Eisenwerk verbundenen Maschinenfabrik Hensel (1861). Ihr Begründer August Hensel entstammte einer Bayreuther Schlosserfamilie. Seine Firma produzierte anfangs Landmaschinen und landwirtschaftliche Geräte. Der technisch begabte Unternehmer konstruierte eine

Nähmaschine, von der 1870 schon 200 gebaut wurden. Bald konnte dem Werk eine eigene Gießerei angegliedert werden.

1862 wurde die Malzfabrik Hoffmann gegründet. 1867 eröffnete Friedrich Christian Bayerlein die Mechanische Spinnerei und Weberei F. C. Bayerlein. Seine Familie stammte aus Mittelfranken, war aber schon seit 1809 in Bayreuth ansässig. Nachdem er 1853 im ehemaligen Schloß Neudrossenfeld mit der Baumwollverarbeitung begonnen hatte, führte er seinen Betrieb vergrößert in Bayreuth weiter. Der weitere Ausbau war jedoch erst seinem Sohn Eduard vorbehalten und erfolgte am Ende des Jahrhunderts. Für das Baugewerbe von Bedeutung war noch die Errichtung der Dampfziegelei der Gebrüder Wölfel 1870.

Verbunden mit der Entwicklung der Fabriken war die Entstehung und rasche zahlenmäßige Zunahme der Fabrikarbeiterschaft. 1863 zählte man in Bayreuth über tausend Facharbeiter und ungefähr gleich viel ungelernte Arbeiter, aber nur rund 600 in Bayreuth wohnhafte Fabrikarbeiter: Schon damals müssen viele als Tagespendler vom Umland in die Stadt gekommen sein. Die Arbeiter machten insgesamt bereits über drei Fünftel der Beschäftigten aus. Neben den mehr als 2000 Arbeitern gab es 1863 in Bayreuth noch 118 Landwirte, 796 Kaufleute, Handwerksmeister und Fabrikanten. 352 Berufstätige waren auf Beamtenschaft, Angestellte und freie Berufe verteilt.

„Gasfabrik" und Gasbeleuchtung

Nachdem Freiburg im Breisgau als erste deutsche Stadt 1816 eine Gasfabrik errichtet hatte und in Bayern die drei Großstädte München, Nürnberg und Augsburg mit gleichen Anlagen gefolgt waren, unterbreitete 1852 der Augsburger Ingenieur Riedinger dem Magistrat den Vorschlag, auch in Bayreuth die Gasbeleuchtung einzuführen und zu diesem Zweck eine Gasfabrik zu bauen. Die Gebrüder Schürer, Augsburg, erhielten die Konzession und gründeten eine Aktiengesellschaft. Die zunächst nur für Holzgas eingerichtete Gasfabrik war also anfangs ein Privatunternehmen. Die bereits auf dem Gelände des späteren städtischen Gaswerks an der Jean-Paul-Straße erbaute „Holzgasanstalt" wurde schon 1858 auf die Eigenerzeugung und Versor-

Das Gaswerk um 1910

gung mit Steinkohlengas umgestellt. Am 30. April 1853 waren die Straßen der Stadt erstmals von Gaslaternen beleuchtet. 1863 waren es nach einem Bericht des Bürgermeisters Dilchert 267 Gasflammen, und die Versorgung galt für damalige Verhältnisse als vorbildlich.

Viele Einwohner standen der Neuerung jedoch skeptisch gegenüber. Auf Widerstand stieß auch die Finanzierung, die ausschließlich von den Hausbesitzern und Geschäftsleuten zu tragen war. Die Beleuchtungsart setzte sich aber bald durch. 1858 wurden die alten „Pechpfannen" abgebaut, die immer noch an Ketten über den Straßen hingen und mit Öl gefüllt worden waren. Bis in die Zeit vor dem 2. Weltkrieg gehörten die Gaslaternen zum Straßenbild. Als man 1890 den Bau eines neuen Gaswerkes plante, gelang es der Stadt, das Unternehmen zu erwerben und in eine kommunale Einrichtung umzuwandeln. Der Versorgung der Straßen mit Leuchtgas folgte die Belieferung der Häuser und Wohnungen. Die städtische Eigenerzeugung von Gas endete erst mit der Umstellung auf Ferngas 1965.

Das Alte Rathaus um 1860

Gontardhäuser und Altes Schloß um 1860. Zeichnung von Heinrich Stelzner

*Gründung des Turnvereins
und der freiwilligen Turnerfeuerwehr*

In weiten Kreisen der Stadt wurde längst lebhaft bedauert, daß um die Jahrhundertmitte immer noch lediglich für die Schüler der Studienanstalt ein Turnplatz und eine Möglichkeit für turnerische Übungen vorhanden war. Es war auch nicht zufällig ein Lehrer dieser Schule, der zum Gründer des Turnvereins wurde: Studienlehrer Georg Hoffmann, der, zum Vorstand gewählt, mit einem Turnwart, Zeugwart (Geräteverwalter) und „Säckelwart" (Kassier) den Verein schnell und gut zu organisieren verstand. Der erste Turnplatz konnte noch 1861 mit klingendem Spiel eingeweiht werden. Über weißblauen Fahnen wehte ein großes Banner mit den Farben Schwarz-Rot-Gold, den Farben des Deutschen Bundes. Der Zweck des Vereins war die Ausbildung und Kräftigung des Körpers durch regelmäßige Turnübungen. Zum Turnplatz in Moritzhöfen gesellte sich bald eine erste provisorische Turnhalle im „Graben".

Besonderes Ansehen in der Öffentlichkeit und das Wohlwollen des Magistrats erwarb sich aber die Bayreuther Turnerschaft, indem sie das Angenehme mit dem Nützlichen verband und eine freiwillige Turnerfeuerwehr bildete, die noch im Gründungsjahr 120 Mitglieder erreichte und mit ihren Übungen ihre Einsatzfähigkeit unter Beweis stellte. 1863 konnte bereits das 2. bayerische Turnfest in Bayreuth stattfinden. 1865 wurde eine aus Gemeindemitteln erbaute neue Turnhalle in der Dammallee eingeweiht.

Bayreuth im Kaiserreich: Die Anfänge der Festspielstadt (1871 – 1918)

Von der Reichsgründung am 18. Januar 1871 bis zu seiner Entlassung bestimmt Otto von Bismarck als Reichskanzler die deutsche Politik. Auf den alten Kaiser Wilhelm I. folgt 1888 sein todkranker Sohn, der als Friedrich III. nur 88 Tage regiert. Den Thron besteigt nach ihm der 29jährige Wilhelm II. (1888 – 1918). Im Zeichen des herrschenden Imperialismus der Großmächte wetteifert das Deutsche Reich mit England und Frankreich: Es erwirbt Kolonien in Afrika und in der Südsee. Der für die Deutschen siegreiche Ausgang des Deutsch-Französischen Krieges von 1870/71 bringt den Wirtschaftsaufschwung der „Gründerjahre". Trotz sozialer Spannungen und Veränderungen bleibt die Epoche in Deutschland selbst von einem konservativen Beharrungsvermögen geprägt. 1899 kommt es in Den Haag zu einer ersten großen internationalen Friedenskonferenz: Der Haager Schiedsgerichtshof wird gebildet, der internationale Streitigkeiten regeln und Kriege humanisieren soll. Henri Dunant, der Gründer des Roten Kreuzes, erhält 1901 den ersten Friedensnobelpreis. Trotz dieser und weiterer Friedensaktivitäten gerät die Welt zu Beginn des 20. Jahrhunderts in neue Konflikte und Krisen. Als am 28. Juni 1914 in Sarajewo der österreichische Thronfolger Franz Ferdinand und seine Gemahlin von Mitgliedern eines serbischen Geheimbundes ermordet werden, weitet sich binnen weniger Wochen der österreichisch-serbische Konflikt zum großen Krieg aus: Der 1. Weltkrieg bringt weltweit 10 Millionen Menschen den Tod.

Das „Deutsche Reich" war nach der Verfassung eine konstitutionelle Monarchie, wurde aber in der Praxis doch allein von der Monarchie getragen. Dies allerdings mit einer Machtverteilung, die den Kaiser als Staatsoberhaupt und Repräsentanten des Reichs über den Kanzler stellte, den Kanzler aber zum eigentlichen Machthaber werden ließ. Diese tatsächliche „Kanzlerdiktatur" bestätigte Bismarck selbst durch sein Bekenntnis: „In allem, nur nicht dem Namen nach, bin ich Herr in Deutschland." Der Kanzler war nicht an das Vertrauen des Reichstags gebunden. Er konnte nur durch den Kaiser berufen und abberufen werden, was Bismarck bei seiner Entlassung 1890 geschah. Politisches Wahlrecht besaßen nur die Männer. Die Abgeordneten konnten nur sehr bedingt das Volk vertreten und blieben meist mehr oder weniger Statisten auf der politischen Bühne. Bismarcks Obrigkeitsstaat machte die Beamten und Offiziere zu Befehlshabern in Zivil und Uniform, denen nur Befehlsempfänger gegenüberstanden.

An der Stelle des mit den anderen gleichberechtigten Staatsbürgers stand de facto der „Untertan", wie ihn Heinrich Mann trotz seiner Überzeichnung in literarischer Freiheit zutreffend schilderte. Über die ihn bestimmende Untertanenmentalität schreibt Hans-Ulrich Wehler („Das Deutsche Kaiserreich", 1973): „Sie gebot, Willensakte, auch Übergriffe der Staatsgewalt passiv hinzunehmen, mit übervorsichtigem Stillschweigen auf die kleinen Schikanen des Alltags zu reagieren ... mithin sich eher zu fügen als zu protestieren." In diesem Staat bangten Handwerker und Arbeiter um ihre Existenz, weil die Fabriken billigere Fertigwaren liefern und die Fabrikherren ihre Arbeiter lange Zeit ohne Angabe von Gründen entlassen konnten. In den Anfängen des Industriezeitalters gab es keinerlei Rechtsschutz für den Arbeiter. Die von dem Drechsler August Bebel und dem Journalisten Wilhelm Liebknecht 1869 in Eisenach gegründete Sozialdemokratische Arbeiterpartei wurde im Kaiserreich von Anfang an als staatsgefährdend eingestuft, durch das Sozialistengesetz 1878 auf 12 Jahre verboten. Bismarcks Sozialgesetze (Kranken-, Unfall-, Alters- und Invaliditätsversicherung) waren ein „staatssozialistischer" Anfang, in ihrer Wirkung aber ein Tropfen auf den heißen Stein. Auch Kaiser Wilhelms II. Bemühungen um einen sozialpolitischen Ausgleich (Arbeiterschutzgesetze 1891/92) konnten Not und Unsicherheit der Arbeiter nicht beseitigen, stärkten aber die Sozialdemokraten, die nach der Verbotszeit deutlich an Stimmen und Bedeutung gewonnen hatten.

Nach Jahrzehnten der Stagnation ist ab 1871 auch in

Bayreuth wieder eine allgemeine Aufwärtsentwicklung zu bemerken: Im Zuge der fortschreitenden Industrialisierung werden neue Betriebe gegründet. Neuerrichtete Kasernen und Militäranlagen kennzeichnen Bayreuths Bedeutung als Garnisonsstadt. Mit den ersten Festspielen wird der Fremdenverkehr zu einem wichtigen Wirtschaftsfaktor. Bismarck kam nie nach Bayreuth. Die Berliner Hohenzollern jedoch, die um die gemeinsame Vergangenheit ihres Hauses im Zeichen Brandenburg-Preußens wissen, erweisen der Stadt die Ehre eines Kaiserbesuchs. Friedrich III. kommt 1873 noch als Kronprinz, Kaiser Wilhelm I. aber als Reichsoberhaupt zur Eröffnung der ersten Festspiele. Sein Enkel, Wilhelm II., der mit seiner jungen Gemahlin am 17. August 1888 mit einem Sonderzug in Bayreuth eintrifft, wird hier vom Prinzregenten Luitpold und vielen Honoratioren empfangen und erlebt im Festspielhaus Aufführungen der „Meistersinger" und des „Parsifal".

Im Reichstag in Berlin ist auch Bayreuth durch Abgeordnete vertreten. Es ist in dieser Ära aber auch eine königstreue bayerische Stadt. Die Regierungspräsidenten sind die staatlichen Repräsentanten im Regierungsbezirk. Die Landtagsabgeordneten in München vertreten die Angelegenheit der Bürger und Gemeinden. Kennzeichnend für den Stellenwert des königlich-bayerischen Elements in der Stadt ist vielleicht folgendes: Eine 1894 fällig gewesene 700-Jahr-Feier der Stadt hat es nicht gegeben. Wohl aber wird die 100jährige Zugehörigkeit Bayreuths zu Bayern 1910 zu einem großen Fest.

Festspielstadt im Kaiserreich

Als am 30. Juni 1871 das 7. Infanterieregiment von Frankreich mit der Eisenbahn in seine Heimatgarnison Bayreuth zurückkehrte, war in der Bahnhofstraße eine große Ehrenpforte aufgebaut, auf der eine überlebensgroße Germania einen Siegeskranz bereithielt. Als Garnisonsstadt sollte Bayreuth auch weiterhin eine nicht unbedeutende Rolle spielen. Mit der Gründung des Deutschen Reichs hatten aber auch für Bayreuth die Gründerjahre begonnen, die verbunden mit wirtschaftlichem Aufschwung viele sichtbare Akzente setzten. Freilich ahnte bei der Rückkehr der Soldaten kein Bayreuther, daß bald ein einziger Mann das Gepräge der Stadt mehr verändern würde als alle fleißigen Unternehmungen, an die sich die Alteingesessenen nun wagten.

Am 5. März 1870 hatte in ihrem Heim in Tribschen bei Luzern Frau Cosima Wagner den Lexikonartikel „Baireuth" gelesen und ihren Mann Richard Wagner darauf aufmerksam gemacht, daß es an diesem Ort ein Opernhaus gab. Das Ehepaar Wagner, auf der Suche nach einem Festspielhaus für die Opern des Meisters, durfte bei der Wahl dieser Stadt auf die Zustimmung König Ludwigs II. hoffen, lag doch die Stadt in seinem Königreich. Nachdem man sich erstes Informationsmaterial, darunter auch eine Stadtgeschichte, hatte kommen lassen, machte das Ehepaar Wagner am 17. April eine gemeinsame Erkundungsfahrt nach Bayreuth. Nach der Übernachtung im Hotel „Sonne" besichtigten Richard und Cosima die Stadt und das Markgräfliche Opernhaus. Man fand zwar, daß Wilhelmines Barocktheater für die Aufführung des „Ring des Nibelungen" nicht geeignet war, gewann aber einen äußerst günstigen Gesamteindruck von der Stadt und ihrer Lage. Die Wahl Bayreuths war damit nur von einer Bedingung abhängig, die große Anstrengungen erforderte, aber auch optimale Möglichkeiten eröffnen konnte: Man mußte einen Theaterneubau wagen. Obwohl sich in den nächsten Monaten bekannte Städte wie Baden-Baden, Bad Reichenhall und Darmstadt mit günstigen Angeboten an den Komponisten wandten, blieb dieser dem einmal gefaßten Entschluß treu, trotz aller Widerstände in Bayreuth sein Festspielhaus zu bauen.

Am 14. Dezember 1871 besichtigte Wagner das von der Stadt vorgeschlagene Grundstück am Stuckberg. Als dieses nicht erworben werden konnte, weil der Eigentümer nicht zum Verkauf bereit war, war er zwar vorübergehend verstimmt, aber es taten sich ihm bald bessere Wege und Möglichkeiten auf. Es war dabei ein Glücksfall, daß es in Bayreuth einen Mann gab, den Wagner von Anfang an nicht nur akzeptierte, sondern in seine Planungen fest einbezog: Es war der Gemeindebevollmächtigte und vielseitige Bankier Friedrich Feustel. Er überzeugte auch den zur Sparsamkeit und Nüchternheit neigenden Bürgermeister der Stadt Theodor Muncker. Durch den Einfluß dieser beiden Männer wurden bald viele Stadträte und weitere Honoratioren für die Festspielidee gewonnen.

Schon am 1. Februar 1872 konnte Wagner das Gelände besichtigen, auf dem seine Pläne verwirklicht werden sollten. Noch war es eine weite unbebaute Fläche zwischen Bahnhof und Hoher Warte, ein kahler Hügel, der erst mit dem Festspielhaus zum „Grünen Hügel" werden konnte. Dazu erwarb Wagner das Grundstück am Hofgarten, auf dem er sein Wohnhaus errichten wollte: Wahnfried. Somit waren die Weichen gestellt, als Wagner im April 1872 seinen bisherigen Schweizer Wohnort für immer verließ. Die Familie siedelte nach Bayreuth über, wo sie zunächst außerhalb der Stadt im Hotel Fantaisie, dann aber im Haus Dammallee 7 einstweilige Unterkunft fand.

Am 22. Mai 1872 war die Grundsteinlegung zum Festspielhaus. Im Anschluß daran dirigierte Richard Wagner im Markgräflichen Opernhaus zur Weihe des Tages Beethovens 9. Symphonie.

Theodor von Muncker

Der 1823 in Bayreuth geborene Sohn eines Kreiskassedieners war nach einem mit großen Entbehrungen verbundenen Jurastudium in Erlangen und München in seine Vaterstadt zurückgekehrt und seit 1851 im Dienste der Stadtverwaltung. 1863 wurde er als erster rechtskundiger Bürgermeister der Amtsnachfolger von Dilchert. Die Verhandlungen für den Eisenbahnanschluß und die neue Wasserleitung von der Saas, die eine Versorgung der Häuser in der Stadt mit Trinkwasser ermöglichte, die Kanalisierung der Hauptstraßen, die Mainregulierung und damit verbundene Baumaßnahmen zur Bannung der Hochwassergefahr und weitere fortschrittliche Aktivitäten dieser Jahrzehnte wurden entscheidend von ihm getragen. Er förderte das Schul- und Gesundheitswesen. Mit dem Bau einer Turnhalle in der Dammallee und einer städtischen Badeanstalt im Main wurden auch Möglichkeiten zur körperlichen Ertüchtigung geschaffen.

Über die rein kommunale Tätigkeit weit hinaus reichte aber sein Einsatz für Richard Wagner, der in Muncker von seinem ersten Besuch an einen zuverlässigen Helfer für seine Festspielidee fand. Den Platz für das Festspielhaus am Grünen Hügel hat Muncker selbst ausgesucht, nachdem sich vorausgegangene Planungen zerschlagen hatten. Auch sonst hat er es

Theodor von Muncker (1823 – 1900)

nicht fehlen lassen, dem Neubürger Wagner in Bayreuth den Boden zu bereiten. Durch die Verleihung des bayerischen Kronenordens wurde er 1887 in den persönlichen Adelsstand erhoben, 1891 wurden ihm Rang und Titel eines Hofrats verliehen. Den Ruhestand suchte Muncker nicht; er blieb bis zu seinem Tod im Amt und starb nach kurzer Erkrankung am 14. Februar 1900 im Alter von 77 Jahren nach einer Amtszeit von 37 Jahren als Bürgermeister.

Friedrich von Feustel (1823 – 1891)

Eine andere herausragende Persönlichkeit unter den Repräsentanten des Bayreuther Bürgertums im 19. Jahrhundert war Friedrich von Feustel. Der katholische Altbayer schien zunächst kaum dafür prädestiniert, in Bayreuth besonders hervorzutreten. Als Schwiegersohn Sophian Kolbs, des Gründers der Flachsspinnerei in Laineck, wuchs er aber in die beginnende Industrialisierung Bayreuths hinein und wurde mit Riedinger und Louis Rose zum Mitbegründer der Mechanischen Baumwollspinnerei. Unter seiner Obhut ging aus der Bayerleinschen Brauerei 1871 die Bayreuther Bierbrauerei AG hervor. 1849 – 52 beeinflußte er als Redakteur der „Bayreuther Zeitung" bereits die ganze

Friedrich von Feustel (1823 – 1891)

Kommunalpolitik. Als Gemeindebevollmächtigter, Landtagsabgeordneter und seit 1871 auch als Reichstagsabgeordneter vertrat er die Interessen der Bayreuther Bürgerschaft. Als Bankier und Unternehmer kannte er die finanzpolitischen Sorgen der Stadt, aber auch die Nöte der Arbeiterschaft und wußte meistens Rat, wenn Not am Mann war.

Größte Bedeutung für Bayreuth und seine Weiterentwicklung erlangte Feustel als Mittelsmann Richard Wagners. Als Richard und Cosima Wagner 1871 Bayreuth besuchten und zur Festspielstadt erwählten, fehlten ihnen zunächst alle persönlichen Beziehungen, die ihre Pläne in Bayreuth fördern konnten. Wagners Leipziger Schwester Ottilie Brockhaus aber machte auf Feustel aufmerksam, mit dem sie sogar entfernt verwandt war. Wagners Brief vom 1. November 1871 an Feustel eröffnete eine lange und bleibende Freundschaft beider Männer. Feustel und Muncker wurden die beiden namhaftesten Wagnerpioniere der Stadt. Feustel, der in Bayreuth zur evangelischen Kirche übertrat, auch als Großmeister der Freimaurerloge eine Rolle spielte und auf dem Riedelsberg seinen Sommersitz hatte, erhielt wie Muncker den persönlichen Adel. Er starb 1891.

Haus Wahnfried

Sein Bayreuther Wohnhaus ließ Richard Wagner nach seinen persönlichen Vorstellungen von dem Berliner Architekten Wilhelm Neumann planen und von dem Bayreuther Baumeister Carl Wölfel abgeändert und verbessert ausführen. Während der Bauzeit nannte es Wagner wegen mancher Unstimmigkeiten mit Handwerkern und Lieferanten sein „Ärgersheim". Am 28. April 1874 zog die Familie in das noch nicht fertige Haus ein. Cosima begann in ihrem Tagebuch eine neue Seite mit der Überschrift „Im Hause". Sie berichtet, daß sie in der ersten Nacht bei Mondschein mit ihrem Mann auf den Balkon getreten sei und dieser das Haus „Zum letzten Glück" benannt wissen wollte. Wenig später, kurz vor seinem Geburtstag, fand er den bleibenden Namen, der von Wagners sprachschöpferischer Phantasie zeugt. Den Anstoß zu dieser Namengebung hatte Wagner allerdings von einem echten deutschen Ortsnamen erhalten. Es war das hessische Städtchen Wanfried (Kreis Eschwege), dessen Name schon früher sein Interesse geweckt hatte. „Dieser Ort Wanfried", sagte er zu Cosima, „hat mich immer mystisch berührt, diese Zusammensetzung der beiden Worte und was dahintersteht: ‚Wahn und Fried'." Als der Name feststand, bestimmte Wagner auch den Text für die Inschrifttafeln an der Vorderfront des Hauses: „Hier, wo mein Wähnen Frieden fand, Wahnfried sei dieses Haus von mir benannt."

In Wahnfried fand Wagners Schaffen seinen krönenden Abschluß: Am 21. November 1874 vollendete er mit der „Götterdämmerung" die Ring-Partitur. 1877 begann er den „Parsifal", mit dessen Fertigstellung am 13. Januar 1882 ihm sein letztes großes Werk gelang. Richard Wagners positives, ja „inniges Verhältnis" (so Karl Hartmann) zu Bayreuth spiegelt aus den letzten Lebensjahren ein aus Italien an Feustel gerichteter Brief wider. Nicht als gezieltes „Stadtlob", sondern als Ergebnis nüchterner Selbstprüfung bei der Rückschau auf die Bayreuther Zeit schrieb Wagner: „Überblicke ich im ganzen das Verhalten der Mitwelt zu mir seit den letzten zehn Jahren, so gestehe ich, daß die Waagschale des Dankgefühls fast einzig und voll auf die Seite meiner damals gewonnenen Freude fällt und hiemit der Name Bayreuth mir das Liebste nennt, was mir neben meiner Familie zuteil geworden ist."

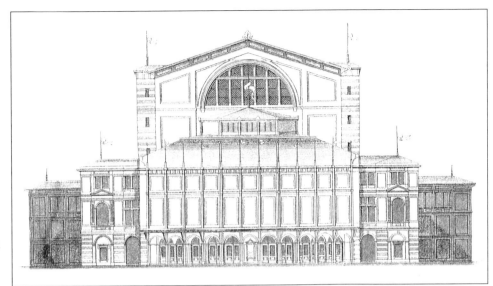

Planzeichnung für das Festspielhaus. Vorderansicht noch ohne das Königsportal

Das Festspielhaus

Die Notwendigkeit, mit größter Sparsamkeit zu planen, schloß einen prunkvollen Repräsentationsbau von vornherein aus. Ein bühnentechnisch funktionierender, speziell für Wagners Opern geeigneter Zweckbau war das Ziel. Als Architekten gewann man den Leipziger Otto Brückwald (1841 – 1904), der bereits das Stadttheater seiner Heimatstadt entworfen hatte und an Gottfried Sempers Theaterbauten anknüpfte. Dieser verpflichtete den jungen Karl Runkwitz als Bauleiter. Für die technische Ausgestaltung lieferte als Fachmann der Darmstädter Maschinenmeister Karl Brandt wertvolle Ideen. Von 1872 bis 1876 entstand der äußerlich schlichte Backsteinbau, der im Inneren mit seinem Orchestergraben und dem verdoppelten Proszenium einen „nahtlosen" Übergang vom Zuschauerraum zur Bühne schuf. Am 2. 8. 1873 konnte Richtfest gefeiert werden. Erst 1881 wurde noch der „Königsbau" an der Hauptfassade mit seinem Balkon vorgeblendet. Diesen ebenfalls von Brückwald entworfenen schmückenden Bau errichtete der Bayreuther Baumeister Carl Wölfel.

Als Episode aus der Bauzeit sei ein Vorfall erwähnt, der rückblickend als amüsant, ja kurios erscheinen mag, aber seinerzeit Wagner und seine Hauptakteure am Bau in höchste Aufregung versetzte. Camillo Sitte, ein Wiener Architekt, versuchte allen Ernstes, in einer Schrift den Nachweis zu erbringen, das Bayreuther Festspielhaus könne nie als Musiktheater benutzt werden. Er vertrat die Meinung, daß wegen der Größe und Bauweise des Zuschauerraums das Echo zu stark sein und eine miserable Akustik zur Folge haben müsse. Runkwitz schlug Wagner eine Probe aufs Exempel vor. Zu einem Klangtest holte man Soldaten und Musiker des Bayreuther Chevaulegersregiments. Das Experiment wurde die erste Festspielprobe auf dem Grünen Hügel. Hans Richter dirigierte vor vollbesetztem Haus das Vorspiel aus „Siegfried". Man war überrascht und zufrieden: Die Akustik war besser als erwartet. Das bald weltberühmte „Klangwunder" des Hauses war bereits gelungen.

„Das Verdienst, in gemeinsamer Arbeit dem Haus auf dem Hügel Gesicht und greifbare Gestalt gegeben zu haben", schreibt Zdenko von Kraft in seiner Geschichte des Festspielhauses neben dem Architekten und seinem Bauführer Runkwitz dem Bayreuther Bau- und Maurermeister Carl Wölfel, dem Bau- und Maurermeister Hans Weiß aus St. Georgen und dem Bayreuther Zimmermeister Christian Vogel zu. Am Bau waren ferner noch folgende Handwerker und

Das Festspielhaus 1876

Betriebe aus Bayreuth beteiligt: Zimmermeister Christian Haendel, die Schreinermeister Georg Zimmermann und Christian Querfeld, Schlossermeister Conrad Hensel, Tünchermeister Johann Kummer und Glasermeister Johann Hopfmüller. Die Möbelfabrik Eyßer sorgte für die Bestuhlung und lieferte das Mobiliar. Aus der näheren Umgebung kamen Maurermeister Johann Teupner (Weidenberg) und die Zimmermeister Anton Reichenberger (Fichtelberg) und Konrad Köhler (Bindlach).

Die ersten Wagnerfestspiele 1876

Der sichtbare Ausdruck für den Beginn einer neuen Epoche der Bayreuther Stadtgeschichte durch Richard Wagner wurde die feierliche Eröffnung des neuen Festspielhauses am 14. August 1876. Das gewaltige Echo, das von diesem Tag an die Bayreuther Aufführungen der Musikdramen Richard Wagners in der Weltpresse gefunden haben, zeigt deutlich, wie sehr von diesem Zeitpunkt an in zunehmendem Maße Bayreuth überhaupt mit Wagners Werk gleichgesetzt wird. Wir müssen es uns hier versagen, die Stimmen zum Kunsterlebnis in unsere Betrachtung einzubeziehen. Zitieren möchten wir aber, was Wilhelm Mohr für die „Kölnische Zeitung" an diesem denkwürdigen Tag über Bayreuth schrieb: „Der große Augenblick ist da. In Scharen zog es seit Mittag hinauf über den eigens angelegten breiten Weg zu des neuen Wotans Walhall, wie sie von Holz und Ziegel gebaut, in rötlichem Lichte weit hinaus über das kleine Baireuth und das liebliche Tal erglänzt. Des Kaisers harrend, hatte die Menge sich auf dem breiten Plan des niederen Hügels ergangen. Man hatte einander gemustert, tausend alte oder neue Bekannte gegrüßt, wie sie aus allen Teilen der Welt zum großen Werke zusammengeströmt waren; hatte das Auge an den blonden Schönen des Landes erfreut und in den Restaurationen rechts und links vom Bühnenhaus zur Stärkung vor der Arbeit ein Glas Bier getrunken. Da war vom Theater her ein zarter Ruf erklungen: der Ruf des Wolkensammlers Donner, von den Trompetern geblasen und zum Eintritt einladend."

Und als Schlußbilanz schrieb ein Berichterstatter des

Bühnenbildentwurf zu „Götterdämmerung" (2. Aufzug) 1876 (Nationalarchiv der Richard-Wagner-Stiftung, Bayreuth)

„Neuen Wiener Tagblatts" über den letzten Aufführungstag: „Heute finden die Bühnenfestspiele zu Bayreuth ihren Abschluß – zum dritten Male ist die Trilogie in Szene gegangen, die dritte Serie der Festgäste geht mit dem beglückenden Bewußtsein heim, an der Geburtsstätte einer neuen Kunst geweilt zu haben..."

Cosima Wagner und Wahnfried nach dem Tode des Meisters

Daß die Festspiele in Bayreuth nach dem Tod Richard Wagners fortbestanden und in der Tradition der Gründerzeit ins 20. Jahrhundert weitergetragen wurden und lebendig blieben, ist in erster Linie das Verdienst seiner Frau Cosima. Die Tochter Franz Liszts, die als verständnisvolle, opferwillige Frau und als kongeniale Partnerin das Werk ihres zweiten Mannes begleitet und unterstützt hatte, sah sich nun plötzlich mit 45 Jahren allein auf sich gestellt als die hauptverantwortliche Trägerin des Bayreuther Werkes. Mit dem Tod König Ludwigs II. und dem Hinscheiden ihres Vaters, der in Bayreuther Erde bestattet wurde, hatte sie 1886 auch noch zwei einflußreiche Förderer des Werks für immer verloren. Sie besaß zwar in Feustels Schwiegersohn Adolf von Groß einen tüchtigen Geschäftsführer, aber sie hatte außer der Festspielleitung letztlich alles allein zu meistern: Sie mußte in Wahnfried repräsentieren, Kontakte mit Künstlern und Wagnerfreunden pflegen, Verträge schließen, die Erschließung des Nachlasses

Franz Liszt

überwachen, den Aufbau des Wahnfriedarchivs unterstützen, dazu noch Kinder erziehen und den Sohn an das Werk heranführen. Daß sie diese Aufgaben meisterte, trug ihr den Ruf der „Herrin von Bayreuth" ein.

„Es war ein produktives Wirken, wie es bisher einer Frau noch nicht gelungen war." Diese Worte eines Gratulanten zu Cosimas 80. Geburtstag müssen sicher in ihrer Ausschließlichkeit eingeschränkt werden. Sie machen aber das Außergewöhnliche an Cosima offenbar, das ihr nach Wagners Tod zu einem eigenen Nimbus verhalf. Strenges Festhalten an Formen und Stil der ersten Festspieljahre, Unduldsamkeit gegenüber Änderungsvorschlägen ließen aber auch Vorwürfe aufkommen und kritische Stimmen laut werden. Unbestritten bleibt aber, daß es ihr gelang, dem Festspielhaus den Ehrenplatz unter den Aufführungsstätten Wagnerscher Musikdramen ungeschmälert zu erhalten, ja Bayreuths Ruf und Rang als eine der Musikmetropolen der Welt überhaupt zu sichern. Unterstützt wurde sie von einer großen Schar von Getreuen, die noch dem Meister selbst ihren Aufstieg verdankten. Die Dirigenten Dr. Hans Richter, Felix Mottl und Anton Seidl sind dabei ebenso zu nennen wie der Chordirigent Julius Kniese, der Schöpfer einer Bayreuther Stilbildungsschule und des sprichwörtlichen „Chorwunders von Bayreuth".

Dazu gehören aber auch Engelbert Humperdinck – er unterrichtete Wagners Sohn Siegfried – und Richard Strauß. 1896 durfte Siegfried erstmals neben Richter und Mottl einen Ringzyklus dirigieren. Aber erst 1909 übertrug ihm die Mutter die Festspielleitung. Auch im „Altenteil" auf Wahnfried blieb sie die getreue Hüterin des großen Erbes und die eigentliche „Hüterin des Grals", wie sie in Verehrung genannt wurde.

„Der Bayreuther" Hans von Wolzogen

Mehr als sechs Jahrzehnte wirkte in Bayreuth Hans Freiherr von Wolzogen (1848 – 1938), der sich die Vermittlung und Verbreitung von Wagners Werk und die Pflege des Bayreuther Festspielgedankens zur Lebensaufgabe gemacht hatte. Winfried Schüler, der Verfasser eines Buches über den „Bayreuther Kreis" (1971), schreibt über Wolzogen: „Nach dem Meister selbst und Cosima nimmt er die wichtigste Stelle in der Hierarchie des Bayreuther Kreises ein."

Der gebürtige Potsdamer, Sohn eines preußischen Beamten und Enkel des großen Architekten Karl Friedrich Schinkel, hatte in Berlin Vergleichende Sprachwissenschaften und Geschichte studiert, neigte aber mit reicher Phantasie und viel Gemüt mehr zum Schriftsteller und Künstler als zum Wissenschaftler. Obwohl er Nichtmusiker war, begeisterte ihn Wagner, den er 1875 in Bayreuth erstmals besuchte. Schon 1877 übersiedelte er auf Dauer nach Bayreuth, wo er nach Erbauung des Hauses Wahnfriedstr. 9 in nächster Nähe von Wahnfried sein Heim besaß. Wagner, der schon vor seiner Bayreuther Zeit an eine eigene Zeitschrift zur Verbreitung seines Werks gedacht hatte und ursprünglich Friedrich Nietzsche als Schriftleiter gewinnen wollte, fand in Wolzogen den befähigten Mann, der diese Aufgabe übernehmen konnte. Mit der Herausgabe der „Bayreuther Blätter" vom Januar 1878 bis 1937 hat sich Wolzogen als „der Bayreuther" dieser Aufgabe unterzogen. Seine Zeitschrift war Mitteilungsblatt für Wagnervereine und -freunde in aller Welt, aber auch „Verständigungsstelle der engeren Gesinnungsgenossen".

Der empfindsame Schwärmer, der sich im Alter mehr und mehr um religiöse Erneuerung bemühte, suchte im Geiste Richard Wagners eine Verknüpfung von Deutschtum und Christentum und eine enge Verbindung von Kunst und Religion. Als besinnlicher Mystiker und romantisierender „Einsiedler" besaß er wenig Sinn für die politischen Realitäten. Der naiv hitlergläubige „Hauptstatthalter des geistigen Bayreuth" (Winfried Schüler) fand indes auch bei Hitler selbst keine Gegenliebe. Dieser soll Wolzogen einen „Flachkopf" genannt haben, weil er den „Parsifal" aus christlicher Mitleidsphilosophie fehlinterpretiert habe.

Aus dem Weltecho zum Bayreuth Richard Wagners

Im folgenden seien einige Stimmen herausgegriffen, die sich zur Stadt selbst äußerten. Schon 1872, als das Festspielhaus noch im Bau war, schrieb die „Gartenlaube", die bekannte Zeitschrift des liberalen Bürgertums: „Noch stolzer als auf seinen toten Jean Paul ist gegenwärtig Bayreuth auf seinen lebenden Richard

Wagner. Es erblickt in ihm die Gewähr einer glänzenden Zukunft, erwartet von ihm gewaltige Thaten, welche mit einem bunten, festlichen Getümmel froher Gäste von nah und fern die stille, dem Weltverkehr entrückte Stadt erfüllen sollen."

Ein lesenswertes Urteil über Bayreuth besitzen wir aus einem Brief von Theodor Fontane an seine Frau. Von einer Kur in Bad Kissingen kam Fontane 1889 auch zu einem Kurzaufenthalt in die Festspielstadt. Er besuchte die Aufführung des „Parsifal", die er aber bereits nach der Ouvertüre verließ. „Ich konnte es in dem geschlossenen, mit 1500 nassen Menschen (vorher Wolkenbruch) angefüllten Raume nicht aushalten... In dem geschlossenen Scheunen-Tempel saß ich wie als Kind in einer zugeschlagenen Apfelkiste. Hundert Mark waren futsch. Trotzdem thut mir die Reise nicht leid; die Fremdenliste zu lesen – hat mich aufs Höchste interessiert; aus New York und Boston war gar nichts; Siam, Shanghai, Bombay, Colorado, Nebraska, Minnesota, das waren die Namen..." Ähnlich auch seine Gesellschaftsstudie über Bayreuth selbst: „Die Stadt und das Leben hier sind hochinteressant: vergorene Residenz, malerisches Drecknest und dazwischen das denkbar feinste und intelligenteste Publikum. Engländer aller Arten und Grade, sehr vornehme und daneben kolossale Karikaturen. Bierkneipen und Hotels 1. Ranges, in deren einem ‚Zum Reichsadler' (mit einem alten, malerischen Brunnen in Front), ich eben gegessen habe... Ich freue mich, daß ich hier bin, sehe aber ein, daß die ganze Geschichte doch nur für Lords und Bankiers inszeniert ist. So daß man eigentlich nicht hineingehört. Wer mit keinem Tonnengewölbekoffer ankommt, ist von vornherein unten durch."

Einer, der uns die Stadt kurz vor dem 1. Weltkrieg beschrieb, war der Sozialkritiker und Kulturphilosoph Theodor Lessing. Unter dem Titel „Gralfahrt" hat er 1909 in der „Schaubühne" seine Bayreuther Eindrücke festgehalten. 33 Jahre nach den ersten Bayreuther Festspielen war sein erster Eindruck von der Wagnerstadt immer noch Vorläufigkeit und Notstandsquartier. „Nichts erscheint verwurzelt, nichts angewachsen... Glücklicher Wind hat allerlei hergeweht..." Zum Stadt- und Straßenbild und über die Einwohner lieferte er eine Schilderung, die gegenüber seiner kurzen Charakterisierung des biedermeierlichen Bayreuth zur Zeit Jean Pauls („Träumereien in der deutschen Nachtmütze") kaum Fortschritte erkennen läßt:

„Bayreuth, das natürliche, eigentliche, ist ein verschlafenes bayrisches Nest mit sechs Gasthöfen, in denen der Herr Postadjunkt mit dem Herrn Lehrer im Winter tarockt, im Sommer Kegel schiebt. Die autochthone Bevölkerung sieht etwa aus wie die Nachkommenschaft aus dem Ehebette des deutschen Oberlehrers Adam mit einer königlichen Offizialstochter Eva. Auf den Straßen zwischen Pflastersteinen grünt das Gras, balgen sich die Kinder, weiden Ziegen. Ungezählte Katzen liegen umher... Die Bevölkerung lebt und webt in Gott. Sie führt ein angenehm kontemplativ-intuitiv-vegetatives Dasein, glückselig unbewußt, durch nichts erregbar, als etwa durch Steigen der Bierpreise." Zwischen barfußigen Kindern jedoch, zwischen Katzen, Hunden und Ziegen „wandelt wogend in einer Wolke exotischer Odeurs der Strom internationaler Zeitgenossen". Diese „Gralpilgergenossenschaft" der Festspielzeit teilte er in drei Gruppen: die Interessanten, die Kultursnobs und die „hellbegeisterten Oberlehrer", eine gründliche und korrekt begeisterte Gruppe von Menschen.

Die städtebauliche Entwicklung

Die städtebauliche Entwicklung des 19. Jahrhunderts und der Zeit bis 1914 ist am besten im Zusammenhang zu betrachten. Das neu Entstandene ist ziemlich gut dem kurz vor dem 1. Weltkrieg gedruckten „Monumentalplan Bayreuth" zu entnehmen, muß aber auch kurz beschrieben werden. Schon um die Mitte des 19. Jahrhunderts war neben den neuen Industrieanlagen ein bauliches Wachstum der Stadt zu bemerken. Der Bayreuther Baumeister Carl Wölfel führte in den 60er Jahren die Bebauung der Dammallee durch, wo ein regelrechtes Ensemble entstand, in dem Fabrikanlagen und moderne Villen mit einfacheren Wohnhäusern und Zweckbauten kombiniert waren. In einer dieser Villen des damaligen „Neubaugebiets" fand Richard Wagner seine erste Bayreuther Wohnung. Mit den „Wölfelbauten" entstand unter Leitung des gleichen Baumeisters ab 1875 ein Wohn- und Geschäftsblock an der Wölfel- und unteren Opernstraße auf der ehemaligen Herrenwiese. Neben Baumaßnahmen „auf grüner Wiese"

Das „Mühltürlein" um 1890

waren aber auch die baulichen Veränderungen im Innenstadtbereich von Bedeutung. Die Eingriffe in die alte Bausubstanz entsprachen weitgehend den Erfordernissen der Zeit. Auf denkmalpflegerische Überlegungen wurde noch wenig Rücksicht genommen.

Zu nennen sind zwei wichtige Umgestaltungsmaßnahmen am Marktplatz, der auf der Nordseite von einer zusammenhängenden Reihe bebauter Grundstücke begrenzt war. Schon 1864/65 hatte die Stadt durch den Kauf und Abriß eines Hauses zwischen den beiden heute von den Kaufhäusern Hertie und Quelle eingenommenen Eckhäusern eine Bresche geschlagen, die für eine neue Straße zur Schwarzen Allee (der jetzigen Kanalstraße) genutzt wurde. Als an dieser das Zentralschulhaus (Graserschule) errichtet wurde, erhielt die neue Verbindung nach Norden den Namen Schulstraße. Neben den Umbauten und Veränderungen im Bereich des ehemaligen Oberen und Unteren Tores ist vor allem der Abbruch des Mühltürleins 1895 zu erwähnen. Das romantisch-verwinkelte und malerische Bauwerk zwischen Spitalkirche und der ehemaligen „Fronfeste", einem Gefängnis, bildete den einzigen Durchgang zu den Mainauen, war aber für größere Fahrzeuge nicht zu benutzen. Als Verkehrshindernis wurde es im Zusammenhang mit der Fronfeste der Spitzhacke geopfert, obwohl sich nicht wenige Bürger und auch der Historische Verein für den Erhalt einsetzten. Die heutige Straßenbreite wurde aber erst beim Bau eines neuen Sparkassengebäudes 1934 erreicht. Geblieben ist vom Mühltürlein nur der Name, der auf die einst im Schlachthofgelände liegende Plei-

Die „Schulstraße". Im Jahre 1863 erwarb der Stadtmagistrat das sog. Lotholz-Haus (damals Maximilianstr. 82), das abgerissen wurde. Der neue Straßenzug vom Markt zur Schwarzen Allee, der heutigen Kanalstraße, erhielt 1874 nach Errichtung des Zentralschulhauses (Graserschule) den Namen „Schulstraße"

denmühle zurückweist. Erhalten ist auch noch der Wappenstein über dem Torbogen: Er hängt jetzt über dem Eingang zum Spitalhof.

Bauliche Aktivitäten der Stadt aus dieser Zeit gab es zum Wohl der Bürger auf vielen Gebieten. Aus dem Schulbereich seien genannt: Höhere Töchterschule (1892) als Vorläuferin des Richard-Wagner-Gymnasiums, die Altstadtschule (1912), die Luitpoldschule. Nachdem das bisherige Krankenhaus in der Wolfsgasse zu klein und veraltet war, wurde an der Kulmbacher Straße (1903 – 05) ein neues Städtisches Krankenhaus gebaut. Auch Behörden und Institutionen zeigten ihre Baufreudigkeit. Die Gebäude der heutigen Landesversicherungsanstalt (LVA) und der Post (1899) in der Kanzleistraße reihen sich hier an. Durch den Bau des Postamtes verschwanden zwei Giebelhäuser, darunter die auch von Richard Wagner gern besuchte Wirtschaft Angermann.

Aus privater Initiative war im Westen der Stadt 1907 das schloßartige Kurhaus Mainschloß, das spätere Sanatorium Herzoghöhe, entstanden. Die imposante, damals hochmoderne Anlage war Werk und Eigentum des jüdischen Hofrats Dr. Albert Würzburger, der die Anstalt zusammen mit seinem Schwiegersohn Dr. Bernhard Beyer leitete. Der um Bayreuth verdiente Mann gehörte auch dem Stadtrat an. Er starb 1938 kurz vor der „Reichskristallnacht".

Beeindruckend sind die staatlichen Bauten der Kaiserzeit, die mit dem Prunk des Neubarock an den Stil des 18. Jahrhunderts anzuknüpfen suchten. Als Repräsentativbau ist die 1895 eingeweihte Lehrerbildungsanstalt an der Königsallee zu nennen. Sie wurde nach einer Verfügung des bayerischen Kultusministeriums als rein protestantische Ausbildungsstätte geführt. Das katholische Gegenstück stand in Bamberg. Die Lehrerbildung sah damals nach 7jährigem Besuch einer Volksschule drei Jahre an einer Präparandenschule und zwei Seminarjahre vor. Dem Leiter Dr. Georg Hübsch standen acht Seminarlehrer zur Verfügung. Neben dem Hauptfach Erziehungs- und Unterrichtskunde wurden die Seminaristen auch in Landwirtschaft, Gemeindeschreiberei und im Abfassen amtlicher Schriftstücke unterrichtet. Als pädagogisches Vorbild galt Johann Friedrich Herbart (1776 – 1841).

1904/05 erbaute das Landbauamt den von Hugo Hoefl entworfenen Justizpalast (heute Land- und Amtsgericht am Wittelsbacherring). Der wirkungsvolle Eckpavillon des neubarocken Bauwerks, über dessen Freitreppe man das Hauptportal erreicht, wurde zum Blickfang für den Betrachter, der sich von der Friedrichstraße über die damals neu angelegte Heldstraße dem Gebäude nähert. Benannt wurde letztere nach Dr. Johann Christoph von Held, der von 1835 – 1867 das angrenzende Gymnasium im Geiste des Neuhumanismus geleitet hatte. Nach dem 2. Weltkrieg wurde die Heldstraße nach Bayreuths großer Markgräfin umbenannt. Wilhelmine hat sie freilich nie gesehen.

Dem Justizgebäude gegenüber liegt das ebenfalls im Prunkstil dieser Zeit erbaute Offizierskasino. Als staatlicher Bau wurde 1910 am Schützenplatz die „Königliche Kreisoberrealschule" eingeweiht. Der Bauplatz war von der Stadt kostenlos zur Verfügung gestellt worden. Die neunklassige Oberrealschule war die erste in Oberfranken.

Verschönerungsverein Bayreuth

1884 gründeten 52 Bayreuther Bürger den „Verschönerungsverein" mit dem Ziel der Ortsverschönerung. Kaufmann J. N. Blank als 1. Vorsitzender, Stadtbaurat Schlee, die Magistratsräte Baumeister Wölfel und Kaufmann Christian Herold und weitere aktive Mitglieder erreichten, daß der Verein 1890 bereits über 800 Mitglieder zählte. Die Schaffung der Röhrenseeanlagen wurde zum ersten großen Verdienst von bleibendem Wert. Bereits 1891 waren die beiden älteren Weiher miteinander vereinigt. Spazierwege wurden angelegt, eine Gaststätte nahm ihren Betrieb auf. Kahnfahrt im Sommer, Eislauf im Winter wurden zu attraktiven Vergnügungen der Stadtbevölkerung. Sogar der Anfang zu einem kleinen Zoo mit Affen, Rehen, Füchsen, Schwänen und Fasanen wurde damals gemacht. In einer Zeit, die andere Wintersportmöglichkeiten noch kaum kannte, wurden die großen „Eisfeste" mit Lampions und Musik zu attraktiven Stadtereignissen. Steinerne Trophäen der Markgrafenzeit, die im Bauhof gelagert waren, fanden eine neue Verwendung, Bänke und ein Kinderspielplatz machten die Anlagen zum Anziehungspunkt für viele. Erst die Zerstörungen am Ende des 2. Weltkriegs haben den Anlagen in ihrer alten Gestalt ein Ende gesetzt.

Soziale Verhältnisse im Kaiserreich

Die gesellschaftlichen Veränderungen des Industriezeitalters erfaßten Bayreuth bereits in der ersten Hälfte des 19. Jahrhunderts. Sie wurden erst in jüngster Zeit gründlich untersucht: Über „Struktur und Dynamik der industriellen Entwicklung Bayreuths im 19. Jahrhundert" legte Günter Roß 1990/91 eine grundlegende Veröffentlichung vor. Wir müssen uns bei einer kurzen Betrachtung dieses vielschichtigen und für die städtische Weiterentwicklung höchst wichtigen Bereichs im folgenden mit einer groben Skizzierung der einzelnen Phasen begnügen.

Der industriellen Entwicklung war es hauptsächlich zuzuschreiben, daß sich die Einwohnerzahl Bayreuths von 1852 (rund 14 000) bis zum Ende des Jahrhunderts fast verdoppelte. Da aber bei starker Zuwanderung auch eine durchaus nennenswerte Abwanderung zu verzeichnen war, blieb der Anteil der Seßhaftwerdenden besonders in den unteren Bevölkerungsschichten relativ gering. Die Stiefkinder der Nation waren im Kaiserreich die Fabrikarbeiter, unter ihnen insbesondere die weiblichen Arbeitskräfte, die meistens bei gleicher Leistung erheblich weniger Lohn erhielten als die Männer. Die Fabriken konnten als Großbetriebe auch in Bayreuth nicht ohne genau festgelegte „Arbeitsordnungen" auskommen. Diese waren von Betrieb zu Betrieb unterschiedlich, lassen aber insgesamt die Härte der Arbeitsbedingungen erkennen, die damals üblich war. 1874 betrug beispielsweise die Arbeitszeit in der Flachsspinnerei täglich 12 Stunden, nämlich von früh 5 Uhr bis abends 18.30 Uhr bei 1½ Stunden Pause. Die anderen Betriebe lagen nur geringfügig darunter. Über Jugendschutzbestimmungen wurde oft hinweggegangen, obwohl für 14 – 16jährige immer noch ein Zehnstundentag durchaus erlaubt war. Geldstrafen, Lohnabzüge, Leibesvisitationen gehörten zu den Disziplinierungsmitteln, vor allem aber die Drohung mit fristloser Entlassung. Auch die Aufforderung an jeden Arbeitnehmer, gegen Belohnung Arbeitskollegen zu denunzieren, die ihr Soll nicht erfüllten, trug dazu bei, daß ein gutes Arbeitsklima nicht entstehen konnte.

Hinzu kam, daß der Fabrikarbeiter keinen auch nur einigermaßen ausreichenden Rechts- und Versicherungsschutz besaß. Bei einem Lebensstandard am Rande des Existenzminimums mußten sich die Fabrikarbeiter in vielen Fällen mit einer Billigstwohnung begnügen. Arbeiterviertel entwickelten sich im Neuen Weg, in St. Georgen, in der Altstadt, Hammerstatt und im Stadtteil Kreuz.

Aktivitäten, die Lage der Arbeiter zu verbessern, gingen in der ersten Zeit hauptsächlich von den Betrieben aus. Jede Fabrik mußte daran interessiert sein, ein eingearbeitetes Stammpersonal zu erhalten. So haben auch die Bayreuther Textilfirmen schon bald in dieser Richtung nennenswerte Leistungen für ihre Arbeiter erbracht. Die Mechanische Baumwollspinnerei, die schon allein durch die Anlage ihrer Arbeitersiedlung „Burg" genannt werden muß, wurde auch anderweitig zum Vorreiter und Vorbild für betriebliche Sozialleistungen. Sie besaß schon 1874 einen Ganztagskindergarten, in dem eine Diakonisse die Arbeiterkinder betreute. Wenn auch die einzige Fürsorgerin mit zeitweilig 120 Kindern überfordert wurde, so war doch ein Anfang gemacht. Die Einrichtung einer Näh- und Strickschule für Mädchen und einer ersten Werksbibliothek gehörten ebenfalls zu den sozialen Errungenschaften der „Mechanischen". Von staatlichen oder städtischen Hilfestellungen für die Industriearbeiter wird im Jahrzehnt nach der Reichsgründung noch nichts überliefert. Die Bildung von Selbsthilfeorganisationen war den Arbeitern noch nicht gestattet. Neben den Fabrikarbeitern gab es weitere Berufsgruppen, die über Not und soziale Ungerechtigkeit klagten. Das waren vor allem die Handwerkszweige, die die Folgen von billiger maschineller Produktion von Fertigwaren zu spüren bekamen: Schneider, Schuster, Schreiner, Drechsler, Schlosser. Aus ihren Reihen gingen noch vor einer rein politischen Gruppierung die „Fachvereine" als erste Gewerkschaften hervor.

Die Arbeiterschaft wird politisch aktiv

Ein 1863 in St. Georgen unter Leitung des Pfarrers Friedrich Baum gegründeter Evangelischer Arbeiterverein löste sich 1871 wegen zu geringer Beteiligung wieder auf. Mehr Erfolg hatte der 1872 von Kaufmann Jakob Bettmann gegründet Arbeiter-Bildungs-Verein, der das Bildungsniveau der Arbeiter heben wollte und daher als nicht politisch eingestuft wurde, aber bereits zwei sozialdemokratische Aktivisten als Mitglieder besaß, die in Bayreuth noch eine Rolle spielen sollten. Carl Wendel gründete im gleichen Jahr mit den Kleidermachern Adam Lauterkorn und Albert Schweitzer einen „Zweigverein der Schneider-Gewerksgenossenschaft". Sie stellten auch eine engere Verbindung zu den Nürnberger Sozialdemokraten her, die in ihrer Organisation schon weiter als die Bayreuther waren.

Trotzdem glaubte man im Bayreuther Magistrat, daß die Sozialisten auf Dauer in Bayreuth „keinen Anklang" finden würden. Dies änderte sich allerdings, als der Nürnberger Sozialdemokrat Karl Grillenberger bei einer Volksversammlung in Bayreuth eine Rede hielt, die „Ausbeutung des Arbeiters" anprangerte und Verbesserungsvorschläge machte. Unter der offiziellen Gegenpropaganda konnte der sozialdemokratische Kandidat Julius Baumann bei der Reichstagswahl 1877 nicht einmal 2 Prozent der Stimmen erringen. Infolge des Verbots der sozialdemokratischen Organisationen 1878 wurden in Bayreuth die Schneider-Gewerksgenossenschaft, der Bund der Tischler, der Gesangverein Arbeiterliedertafel und ein Krankenunterstützungsbund der Schneider-Gewerksgenossenschaft aufgelöst.

Aus einem „Wahlverein" entsteht die Bayreuther SPD

Das Sozialistengesetz, das alle sozialdemokratischen Aktivitäten untersagte, blieb bis 1890 in Kraft. In dieser Verbotszeit wurde beim Stadtmagistrat ein Schreiben eingereicht, das der Stadtobrigkeit mitteilte, daß sich am 31. Mai 1885 ein „Wahlverein" gegründet habe. Erstunterzeichner war der Schreiner Jean Purucker. Als Aufgabe des „Wahlvereins zur Erzielung volksthümlicher Wahlen" wurde angegeben, „Mitglieder zu gewinnen, die dahin wirken, bei Reichs-, Landtagssowie Gemeindewahlen etc. Männer in die betreffenden gesetzgebenden und Vertretungskörper zu wählen, welche Sparsamkeit im Haushaltsetat zu erzielen suchen sowie das Wohl des gesamten Volkes im Auge behalten und dem gedrückten, hilfesuchenden Arbeiter-, Handwerker- und Bauernstand kräftig zur Seite stehen".

Bei dieser Zielsetzung konnte die Genehmigung nicht verweigert werden. Man stufte allerdings den sog. Wahlverein sogleich als politischen Verein ein, was als Auflagen die Anmeldung aller Versammlungen bei der Polizeibehörde und den Ausschluß der Frauen und Kinder von diesen Versammlungen zur Folge hatte. Am 21. Juni 1885 fand in der Gastwirtschaft „Goldener Stern" in St. Georgen in Anwesenheit eines Polizeibeamten die erste öffentliche Mitgliederversammlung statt. 1892 konnte auf die Tarnung verzichtet werden. Von diesem Jahr an bekannte sich der „Sozialdemokratische Wahlverein" voll zu den politischen Zielen der wieder zugelassenen Arbeiterpartei.

Nun erreichten auch die Bayreuther Sozialdemokraten, durch eine vielgliedrige Organisation zur Massenpartei der Arbeiterschaft zu werden. Mit Carl Hugel (1865 – 1937) gelang es ihr 1912, erstmals einen Bayreuther Abgeordneten in den Reichstag zu entsenden. Die Schaffung von Konsumvereinen bot nun den Arbeitern ein Stück Selbsthilfe. Neue gewerkschaftliche Gruppen entstanden. 1897 bildete man ein Gewerkschaftskartell. 1898 wurde mit dem Bau der Zentralhalle im Stadtteil Kreuz eine sozialdemokratische Versammlungsstätte realisiert. 1902 kam es zur Gründung der „Fränkischen Volkstribüne", deren erster Geschäftsführer Carl Hugel und erster Redakteur Friedrich Puchta waren. Auf einer Protestversammlung 1901 erklärten die Bayreuther Sozialdemokraten, sie wollten nicht „Bürger II. Klasse" sein.

Wohn-Elend um die Jahrhundertwende

Angesichts der heute noch beeindruckenden Repräsentativbauten, der fortschrittlichen Anlagen und der Wohnungen des gehobenen Bürgertums, das z. B. in der Lisztstraße in Wahnfriednähe neue Häuser baute, darf man nicht übersehen, daß es in Bayreuth auch ausgesprochene Elendsviertel gab. Eine Studie über Arbeiterwohnungen (Ernst Cahn, 1902) hat die Wohn- und Lebensverhältnisse statistisch ausgewertet und festgehalten, die in Bayreuth im 11. Distrikt herrschten. Das war das Wohngebiet nördlich des Mains mit Main-, Mittel- und unterer Schulstraße sowie der Brunnengasse. 235 untersuchte Wohnungen hatten 1043 Personen zu beherbergen. Über die Hälfte dieser Wohnungen hatte nur zwei Räume. Nur in einem Viertel der Wohnungen besaß jede Person ein eigenes Bett. In 41 Haushalten stand zwei Personen ein Bett zur Verfü-

Ein Gäßchen im Neuen Weg (Brunnengasse). Zeichnung von Hans Schaefer

gung. Nicht weniger als 22 Haushalte waren noch schlechter daran. Ähnlich katastrophal waren die hygienischen Verhältnisse. Nur 19 Familien von 232 verfügten über einen eigenen Trockenabort, 55 mußten ihn mit weiteren Familien teilen. Für den Rest lagen die Verhältnisse noch schlechter. 214 Wohnungen (90 %) konnten nur ein Zimmer beheizen.

Bei diesen Angaben ist es müßig, noch die Zahlen für den Mindestluftraum pro Person mitzuteilen, die der Verfasser errechnete. Bemerkenswert erscheint hingegen, daß beim Vergleich mit einem Berliner Arbeiterviertel der Neue Weg wesentlich schlechter abschnitt. Man weiß allerdings nicht, ob das Berliner Viertel (Sorauerstraße) zur schlechtesten Kategorie zu rechnen war. Der Neue Weg war sicherlich das schlechteste Wohngebiet in Bayreuth, wurde aber hier nur zum Teil erfaßt. Als Berufe der Haushaltsvorstände des 11. Bezirks werden genannt: ungelernte Arbeiter, Taglöh-

ner, Dienstleute. Auch viele Witwen wohnten hier. Mahnend stellte der Verfasser der Studie fest: „Es läßt sich nicht sagen, welche Unsumme von Schmutz, Unbequemlichkeit, Anreiz zum Wirthausbesuch diese Zahlen bedeuten, wieviel sittlich bedenkliche Erscheinungen sich in diesen Wohnungen zeigen, inwieweit sie Herde oder Verbreiter von ansteckenden Krankheiten sind, wie das Familienleben und die Kindererziehung in diesen Wohnungen beschaffen sind."

Im Vergleich zu den 214 Arbeiterwohnungen war die Situation der im unteren Staatsdienst beschäftigten Haushaltsvorstände bereits erheblich besser. Es konnten im 11. Distrikt jedoch nur 14 solcher Wohnungen registriert werden. Vier davon bewohnten Paketboten der Post, 2 „Ablöswärter" und die anderen je ein Bürodiener, Stationsdiener, Hilfspostbote, Hilfsbremser, Güterlader, Stationstagelöhner, Lokomotivheizer und Meßgehilfe. Auch hier hatten aber nur vier Haushalte für jeden Bewohner ein Bett. Zu den ungünstigsten Wohnverhältnissen kam noch die Überschwemmungsgefahr dieses mainnahen Stadtgebiets. Eine Verbesserung brachten hier die Mainregulierung 1913/14 und der Bau der Ludwigsbrücke.

Die Bayreuther Geschäftswelt um 1880

Noch ohne ersichtliche Auswirkungen der ersten Festspiele spiegelt das Bayreuther Adreßbuch für 1881 die Geschäftswelt. Die Gastronomie vermerkt zwar 75 Bierwirte und dreizehn Gastwirte, aber noch keine Hotels, sondern nur vier Gasthöfe: Goldener Anker, Reichsadler, Schwarzes Roß und Goldene Sonne. Dazu kommen sieben „Caffeeschenken" und 23 Traiteure (Speisewirte). Die zunehmende Industrialisierung mit Arbeitsteilung und Spezialisierung lassen die Baumwoll- und Leinenfabrikanten, die Mechanische Weberei, die Zwirnereien und weitere Fabriken für Blechwaren, Essig, Likör, Mineralwasser, Wäsche, Zuckerwaren und Brot erkennen. Einen besonderen Rang besitzt die Pianofortefabrik von Steingräber. Für die zehn Bauunternehmer sind die Ziegeleien und die Basaltsteinaktiengesellschaft von Bedeutung. Burger, Gießel und Poeßl betreiben drei Buchdruckereien. Drei Unternehmer nennen sich Maschinenfabrikanten.

Im Handwerk versorgen 55 Bäcker und 44 Metzger

die Einwohner mit den Grundnahrungsmitteln Brot und Fleisch. Neben den häufig vertretenen Schlossern, Schreinern, Sattlern, Schneidern, Schuhmachern, Dach- und Schieferdeckern, Flaschnern, Müllern, Büttnern, Schmieden finden wir noch die inzwischen ausgestorbenen Berufe wie Riemer, Säckler, Feilenhauer, Posamentierer (Besatzartikel- und Bortenhersteller), Seiler und Siebmacher. Es fehlt auch nicht an Berufsmusikern, Bildhauern, Büchsenmachern, Hut- und Kappenmachern, Zinngießern und Scherenschleifern, Maurern und Pflasterern.

Der Versorgung mit Lebensmitteln dienen 8 „Viktualien"-Geschäfte, 2 Butterhändler, 5 Gemüsehändlerinnen, 9 Getreide- und Landproduktenhändler, 1 Käsehändler, 6 Mehlhändler, 19 Obsthändler, 4 Südfrüchtegeschäfte, 3 Delikatessengeschäfte, 5 Fischhändler, 1 Wildbrethändler, 5 Weinhandlungen und 4 Zuckerwarengeschäfte. Im Zeichen der Belieferung aus den Kolonien nennen sich 11 Geschäfte stolz Kolonialwarengeschäfte, während sich 58 noch mit dem alten Namen Spezereiwaren begnügen. In der Stadt gibt es 13 Viehhändler und 1 Pferdehändler, 18 Holz-, aber noch keinen Kohlenhändler.

Für die Bekleidungsbranche tätig sind 5 Damenkonfektionsgeschäfte, 6 Strumpfwaren- und 7 Modewarenhändler. Dazu kommen 6 Galanteriewaren- und 3 Parfümeriehändler.

Die Stadt hat vier Apotheken, aber nur eine „Drogenhandlung" (Drogerie), 8 Bankgeschäfte, 4 Buchhandlungen, darunter ein Antiquariat, 2 Musikaliengeschäfte, 2 Kunsthändler, 6 Papier- und 7 Schreibwarenhändler, 4 Spielwarengeschäfte, 6 Glas- und Porzellanläden, ferner mehrere Kurzwaren-, Schnittwaren-, Farben-, Seifen- und Lederläden. Zehn Lumpen- und Knochenhändler sorgen für die Wiederverwertung. 3 Glasperlen-, 2 Nähmaschinengeschäfte und 3 Samenhandlungen ergänzen das spezielle Angebot.

Firmengründungen der Kaiserzeit

Eine Reihe neuer Fabriken und fabrikähnlicher Betriebe wurde in den letzten drei Jahrzehnten des 19. Jahrhunderts gegründet. Obwohl es in Bayreuth eine stattliche Zahl von kleinen Brauereien gab, konnten sich zwei neue Unternehmen bis heute erfolgreich behaupten: seit 1872 als erste Großbrauerei der Stadt die „Actienbrauerei" (Bayreuther Bierbrauerei AG), seit 1887 die Exportbrauerei der Gebrüder Maisel, die ein länger haltbares Bier als die Hausbrauereien produzierte. Als weitere Fabrik im Textilbereich wurde 1889 die Neue Baumwollspinnerei AG gegründet. Die Zahl der Beschäftigten in der gesamten Textilindustrie Bayreuths stieg von 754 im Jahre 1875 bis 1907 fast auf das Vierfache. Allein die Mechanische Baumwollspinnerei zählte 1898 bereits 2200 Arbeiter. Einen noch größeren Zuwachs an Beschäftigten verzeichnete nur das Baugewerbe, das in dieser Zeit noch äußerst arbeitsintensiv ohne Maschinen auskommen mußte. Auch das Metallgewerbe zeigte neue Firmengründungen: 1874 begann in St. Georgen die Maschinenfabrik Kaiser ihre Produktion. Auch die Farbenfabrik Julius Rotter, die 1881 gegründet wurde, und die 1899 zu Füßen des Grünen Hügels errichtete Porzellanfabrik „Walküre" nutzten die Zeichen der Zeit. Neben den Textilerzeugnissen wurden in Bayreuth hauptsächlich Konsumgüter wie Bier, Brot, Süßwaren (Lebkuchen) und Möbel fabrikmäßig hergestellt. Jede der mit Dampfkraft betriebenen Fabriken erhielt einen hohen, aus roten Ziegeln erbauten Fabrikschornstein. Die vielen Geschäfte, Handwerksbetriebe und Gaststätten, die von 1871 bis zum Ausbruch des 1. Weltkriegs in Bayreuth eröffnet wurden, können hier nicht einzeln genannt werden. Erwähnt seien aber folgende größere Unternehmen, die entweder heute noch bestehen oder unvergessen sind: die Lebkuchenfabrik Teuscher in St. Georgen, die „Insel"-Schokolade- und Zuckerwarenfabrik, die Buchdruckereien Neumeister (1874) und Emil Mühl (1880), die Aktienziegelei Bayreuth (1887) in der Altstadt, die Bayreuther Metallwarenfabrik auf der Burg (1895), das Franka-Werk (Bau von Fotoapparaten, 1910), das Betonwerk Werner Zapf (1913).

Verbesserungen für Bayreuth im Eisenbahnverkehr nach 1872

1875 konnte mit dem Bau der Zweigbahn von Bayreuth nach Schnabelwaid begonnen werden, die den Anschluß an die Strecke nach Nürnberg herstellte und am 15. Juli 1877 ohne besondere Feiern eröffnet wurde. Es war nun zwar über die Bahnhöfe in Neuenmarkt,

Kirchenlaibach und Schnabelwaid die Anbindung an die Hauptlinien gesichert, der Weg dorthin jedoch umständlich. Erst 1899 wurde Bayreuth auch von Schnellzügen angefahren. Die Benachteiligung Bayreuths blieb jedoch weiterhin in den Kursbüchern leicht ablesbar. In der Stadt Bayreuth selbst wurde die Situation der Bahn insofern verbessert, als man 1875 den schienengleichen Bahnübergang nach St. Georgen beseitigte, da sich dieser als eine Behinderung vor allem an Viehmarkttagen erwies. Durch den Bau der Tunnelstraße und ihre Unterführung durch einen Tunnel wurde eine neue Verbindung nach dem Stadtteil St. Georgen hergestellt. Für Fußgänger errichtete man 1885 dazu noch einen „Eisernen Steg", über den man vom Bahnhofsplatz aus zur Brandenburger Straße und zur Markgrafenallee gelangen konnte. Dieser Steg wurde erst nach dem 2. Weltkrieg wieder entfernt.

1879 wurde das jetzige Bahnhofshauptgebäude errichtet, das neben seinen Diensträumen für das Personal mit drei Wartesälen und einem Raum „für allerhöchste Herrschaften", Waschkabinetten und Aborten dem damaligen Bedarf an Reisekomfort Rechnung trug und in einem Billetzimmer (Fahrkartenschalter), Gepäckraum und Telegrafenbüro das Reisegeschäft abwickelte. Auch die Bahnsteigunterführung wurde gebaut. Das alte Bahnhofsgebäude wurde vom Postamt übernommen. Der Bahnhofsplatz erhielt einen Droschkenstandplatz, so daß der Anreisende jederzeit per Fiaker weiterfahren konnte. 1889 wurde die bisherige Jägerstraße in Bahnhofsstraße umbenannt. Im Bahnhofsbereich baute man in dieser Zeit auch mehrere große Hotels und Gasthöfe.

Mit Stichbahnen wurde um die Jahrhundertwende das Bayreuther Umland besser erschlossen. Bayreuth wurde Lokalbahnknotenpunkt. 1892 bis 1896 baute man die Bahnlinie über Bahnhof St. Georgen und die Haltestelle Laineck nach Warmensteinach. 1904 wurde die Bahn nach Hollfeld fertiggestellt, eine Weiterführung in Richtung Bamberg ließen die Geländegegebenheiten der Fränkischen Schweiz nicht zu. 1904 bis 1909 konnte die Bahnlinie nach Thurnau gebaut werden, die über Kasendorf auch die Verbindung nach Kulmbach herstellte. Für eine Bahnfahrt nach Hollfeld oder Thurnau ab Bayreuth-Hauptbahnhof mußte die Lokalbahn allerdings eine Art „Ehrenrunde" um die Stadt einlegen: Sie fuhr über die Haltestellen Kreuzstein und Röhrensee zu dem mit Anschlußgleisen ausgestatteten Bahnhof Altstadt, zur Haltestelle Herzoghöhe und ging erst dann „auf Kurs". Diese Linienführung erwies sich zwar für Sonntagsausflügler und Vergnügungsreisende als praktisch und idyllisch, war aber zeitlich und kostenmäßig von Nachteil. Für die 8-Kilometer-Bahnstrecke bis zur Herzoghöhe benötigte der Zug rund eine halbe Stunde.

Die ersten Autos in Bayreuth

Im Juli 1900 machte der Fahrradhändler Conrad Hensel mit einem Motor-Dreirad in Bayreuth den Anfang. 1911 konnte er bereits eine Kraftwagenhalle Ecke Bad-/Romanstraße eröffnen. Zu dieser Zeit hatten die Spinnereibetriebe bereits eigene Lastautos. Die private Motorisierung blieb allerdings, als Luxussport betrachtet, zunächst nur wenigen reichen Bürgern vorbehalten. Trotzdem sah sich schon 1902 der Stadtmagistrat veranlaßt, mit Rücksicht auf den Verkehr zu verlangen, daß Motorfahrzeuge nicht schneller fahren dürften als die Fuhrwerke. Eine Überschreitung von 12 Stundenkilometern (!) war verboten.

Conrad Hensel, Großkaufmann und stadtbekannter „Schnauferldoktor", mit Frau Margarete 1904 in seinem Auto Marke „Lutzmann"

Ein Zeppelinbesuch zu Luft und zu Lande (1909)

Dem Reichsgründer Bismarck, dem man vielerorts große Bismarcktürme und Denkmäler errichtete, war in Bayreuth nur die Ehre eines Straßennamens beschieden. Schneller als er wurde ein anderer als Nationalheld gefeierter Mann zum Taufpaten für eine neue Straße: Ferdinand Graf Zeppelin (1838 – 1917). Am 30. Mai 1909, dem Pfingstsonntag, überflog er zum ersten Mal mit seinem von ihm selbst gesteuerten Luftschiff in geringer Höhe die Stadt, der er auf einer abgeworfenen Karte „herzlichste Grüße" schickte. Mehrere Ansichtskarten hielten das spektakuläre Ereignis fest, das für Bayreuth den Eintritt ins Zeitalter der Luftfahrt markierte. Der Stadtrat sah sich veranlaßt, schon vier Tage später die Straße an der neuerbauten Oberrealschule nach dem Luftpionier zu benennen und eine Gedenktafel anbringen zu lassen.

Schon Anfang Juni 1909 kam der 70jährige Graf, General und Doktoringenieur auch auf dem Landweg per Auto nach Bayreuth, um einen befreundeten Offizier in Donndorf zu besuchen. Daß mit dem Privatbesuch militärische Planungen verbunden waren, blieb so gut wie unbekannt. Eine Ansichtskarte des Bayreuther Fotografen Georg Ulrich zeigt Zeppelin am 6. 6. 1909, wie er sich von Hauptmann Wilke (in Zivil) verabschiedet. Der Nachricht eines glaubwürdigen Kartenschreibers verdanken wir die Kenntnis, daß dieser Hauptmann eine Luftschiffkanone konstruiert hatte, die vielleicht das wichtigste Gesprächsthema der Begegnung war, aber niemals Verwendung fand.

Hochkarätige Jugendstilkunst im Gebäude der Regierung von Oberfranken

Nach der Jahrhundertwende mußten zwei Bürgerhäuser, die in der Ludwigstraße unmittelbar gegenüber dem Neuen Schloß lagen, dem Neubau weichen, den man als Erweiterung des alten Regierungsgebäudes, der „Kanzlei", errichtete. Das dreigeschossige Gebäude, für dessen Entwurf und Ausführung das Landbauamt zuständig war, sollte einen Gegenpol zum Schloß bilden und den Schloßplatz harmonisch abschließen. Zur Fassadengestaltung verwendete man daher barocke Bauelemente, trug aber zugleich auch dem zeitgenössischen Jugendstil Rechnung: Die Balkongitter sind typischer Neubarock, die großen stilisierten Köpfe auf den Lisenen des Mittelrisalits entsprechen dem Stil der Bauzeit. Der Neubau bekam einen L-förmigen Grundriß, das dreigeschossige Gebäude am Schloßplatz wurde durch einen schlichten, überdachten Gang im ersten Obergeschoß mit dem Altbau an der Kanzleistraße verbunden. Dieser Verbindungstrakt erhielt im Volksmund die scherzhafte Bezeichnung „Beamtenlaufbahn" und ist erst im Zuge der Innenhofumgestaltung mit Errichtung eines Hochhauses verschwunden.

In den Hauptbau gelangt man durch eine breite Toreinfahrt. Von der Durchgangshalle aus erreicht man die Diensträume des Erdgeschosses und das Treppenhaus, dessen Wände und Decken mit goldbemaltem Stuck stilvoll dekoriert sind und mit Säulen und prachtvollem Treppengeländer ein gelungenes Ensemble bilden. Drei Innenräume, die hauptsächlichen Repräsentationsräume, sind kunsthandwerkliche Spitzenprodukte ihrer Zeit: das Arbeitszimmer des Regierungspräsidenten, entworfen von Bruno Paul, das große Empfangszimmer der Brüder Franz und Josef Rank und der Landratssaal, eine Schöpfung von Martin Dülfer aus Dresden, für die die Bayreuther Firma Eyßer die Schreinerarbeiten ausführte. Diese drei Innenausstattungen waren dazu ausersehen, vor ihrem Einbau das deutsche Kunstgewerbe bei der Weltausstellung 1904 in St. Louis zu vertreten. Sie haben dort hohe Auszeichnungen erhalten und sind heute noch im wesentlichen unverändert erhalten, „Kleinodien der Zeit um die Jahrhundertwende" (Sonja Günther).

Bayreuth als königlich bayerische Garnisonsstadt

Schon bei der Übernahme des ehemaligen Fürstentums durch Bayern 1810 war Bayreuth eine bayerische Garnison geworden. Die Stadt war Standort des 13. Linieninfanterieregiments und einer Abteilung „leichter Reiter" (Chevaulegers). An die Stelle dieser Einheiten trat nach dem Krieg von 1866 das 7. Infanterieregiment, bei dem fortan die meisten Bayreuther aus Stadt und Umland ihren Militärdienst leisteten. Die „Siebener" wurden daher zum mit der Bevölkerung verbundenen Hausregiment. Zu den Infanteristen kam

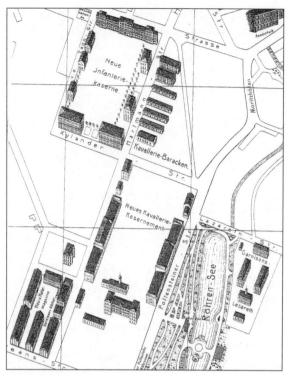

Das Kasernenviertel um 1900

1866 noch das 6. Chevaulegers-Regiment. Die Kavalleriekaserne war bis Ende des Jahrhunderts noch die alte markgräfliche Kaserne am Geißmarkt, und als Infanterie-Kaserne diente die Mainkaserne. Nach dem Krieg von 1870/71 begann aber die Erschließung und Bebauung eines großen noch unbebauten Gebietes südlich der Erlanger Straße, in dem das „königliche Militär-Ärar" eine große Fläche beanspruchte. 1898 waren in der neuen „Kasernstraße" bereits eine neue Bataillons- und „Verheiratetenkaserne" (!) sowie das Gebäude für das Bezirkskommando vorhanden.

Es folgten weitere Kasernenbauten für die Infanterie und Kavallerie, die Errichtung eines Offizierskasinos, einer Standortkommandantur und weiterer Bauten, die zur Versorgung des Militärs nötig waren. Ein Garnisonslazarett wurde beim Röhrensee in der Lazarett-Straße (heute Hegelstraße) eingerichtet. Da sich die bisherigen Exerzierplätze als zu klein erwiesen, erwarb die Stadt Bayreuth 1896 zwischen Birken und Karolinenreuth ein Areal von 150 000 Hektar, das an die Standortverwaltung für militärische Übungen als neuer großer Exerzierplatz verpachtet wurde. Das neue Kasernenviertel im Süden der Stadt verriet auch durch die Straßennamen seinen militärischen Charakter: Moltke, Roon, von der Tann und andere erinnerten augenfällig an die siegreichen Heerführer von 1870/71, Weißenburg, Wörth und Sedan markierten die Stationen der Kämpfe.

Selbst die Gaststätten des Kasernenbereichs trugen im Namen der neuen Zeit Rechnung: Neben dem „Deutschen Kaiser" gab es den „Fürst Bismarck", und der „Prinz Leopold" erinnert bis heute an den Regimentsinhaber der Siebener, einen bayerischen Prinzen. Die hauptberuflichen Soldaten wohnten in der Stadt. In den Adreßbüchern finden wir außer den Offizieren die Zahlmeister, Regimentssattler, -musiker, -registratoren, Bataillonsbüchsenmacher und Feldwebel.

Elektrizität seit 1892: Die Anfänge der Versorgung mit elektrischem Strom

1892 wurden von der AEG in Bayreuth die ersten 22 Bogenlampen für die Straßenbeleuchtung aufgestellt und mit Strom vom Pumpwerk „C'est bon" (errichtet 1891) am Röhrensee versorgt. 1908 beschloß man, ein städtisches Elektrizitätswerk zu errichten, das bereits ein Jahr später in der Eduard-Bayerlein-Straße in Betrieb genommen wurde. Bei der Planung hatte man zunächst mit einer Versorgung von höchstens 6000 Glühlampen gerechnet. Schon im ersten Jahr mußten aber fast 11 000 Glühlampen mit Strom versorgt werden, dazu noch über hundert Motoren. Um eine bessere Versorgungskapazität zu erreichen, beschloß man 1912, durch ein Überlandwerk und den Anschluß an das Großkraftwerk Arzberg eine dauerhafte Lösung zu finden. 1917 konnte die Umformstation in Betrieb genommen werden. Das Elektrizitätswerk deckte nun zwar weiterhin einen Teil des Bedarfs aus eigener Erzeugung, die Versorgung der Stadt erfolgte aber in den kommenden Jahren weitgehend aus Arzberg. 1924 waren in Bayreuth 38 360 Glühlampen und 109 Bogenlampen registriert, die Zahl der Anschlüsse für sonstigen Stromverbrauch war bereits erheblich gestiegen.

Die ersten Bayreuther Kinos

Nachdem seit der Jahrhundertwende Wanderkinos des „fahrenden Volks", sogenannte „Bio-Kinematographen", ihre Vorstellungen meist „am Mainplatz" gegeben hatten, erhielt Bayreuth 1908 sein erstes ortsgebundenes Lichtspieltheater. Es war das von Joseph Mengele und Christof Frank in der Wölfelstraße erbaute „Central-Theater" (abgerissen 1964). Am Sonntag, 18. Oktober, wurde Bayreuths „erstes, größtes und vornehmstes Theater lebender Photographien" eröffnet. Das Programm umfaßte sieben kurze Stummfilme in bunter Mischung: Auf ein Automobilrennen folgte ein ernstes Stück („Der Denunziant"), die humoristischen „Erlebnisse einer kinematographischen Aufnahme", dann als Anfänge des Kulturfilms eine Bilderfolge „Kleingewerbe in Tunis", gefolgt von Naturaufnahmen aus Sizilien. Ein Märchen wurde bereits „mit farbigen, wunderbaren Bildern" angekündigt, die freilich noch nicht Anfänge des Farbfilms, sondern handkolorierte Streifen waren. Die Tageszeitung konnte von Anfang an über einen sehr guten Besuch berichten. Das Programm wurde bei täglichen Vorführungen für jeweils eine Woche beibehalten. 1910 errichtete Max Köppel in der Kanalstr. 15 das „Union-Theater" (abgebrochen 1963). Von 1911 an veröffentlichten die beiden Lichtspielhäuser ihre getrennt laufenden Wochenprogramme in gemeinsamen Zeitungsanzeigen.

Leopold von Casselmann

Von Casselmann wurde Bayreuths letzter Oberbürgermeister der Kaiserzeit. Er war 1858 in Fischbeck (Hessen) geboren. Sein Vater kam als Kreissekretär des Landwirtschaftlichen Vereins nach Bayreuth, mit der Familie auch der 13jährige Sohn Leopold, der hier das Gymnasium absolvierte. Er studierte in Marburg Rechtswissenschaft, wurde Reserveoffizier, war von 1886 an in Bayreuth als Rechtsanwalt tätig und wurde 1891 in städtischem Dienst Magistratsrat. Nach dem Tod Munckers wurde er 1900 zum rechtskundigen Bürgermeister gewählt, 1907 erhielt er die Amtsbezeichnung Oberbürgermeister. Er war Mitglied der Nationalliberalen Partei und ein überzeugter Monarchist und Patriot. Von 1897 bis 1918 war er Mitglied des Bayerischen Landtags, zuletzt als Fraktionsvorsitzender seiner Partei. Als Nachfolger Feustels zog er 1891 in den Reichstag ein. In der „Münchner Post", einer sozialdemokratischen Zeitung, wurde er zu den schärfsten Gegnern der Sozialdemokraten gezählt, im gleichen Text aber als Gentleman im persönlichen Verkehr gewürdigt. Geadelt wurde Dr. Leopold von Casselmann 1917 noch Vizepräsident des Bayerischen Landtags und 1918 noch designierter Justizminister. Er war der letzte vom Magistrat, nicht von der wahlberechtigten Bürgerschaft gewählte Bürgermeister Bayreuths, eine „ritterliche Erscheinung voll Menschenfreundlichkeit und herzgewinnender Liebenswürdigkeit" (so sein Nachfolger Albert Preu), aber auch ein „mitreißender Volkstribun", der frühzeitig „taktisches Fingerspitzengefühl" (Bernd Mayer) bewies.

Dr. Leopold von Casselmann

Städtische Baupläne und die Umwandlung des Reitzenstein-Palais in ein „Neues Rathaus" (1914 – 1917)

Von mehreren Bauprojekten, die zu Beginn des Jahrhunderts in Bayreuth entwickelt wurden und Beachtung verdienen (darunter mehrere Vorschläge für die Errichtung eines städtischen „Saalbaus" und der Entwurf für ein monumentales Bismarck- und Krieger-Denkmal in der Nähe des Festspielhauses), sind vor allem die weitgediehenen und durchaus realisierbaren Pläne für ein neues Rathaus erwähnenswert, die einen Baukomplex vorsahen, der neben Rathausplatz und Anlagen den gewünschten Saalbau und weitere Zweckbauten einbezog. Als 1912 die Mainkaserne von der Stadt erworben werden konnte, wollte Oberbürgermeister Casselmann das erworbene Areal in repräsentativer Form für ein neues Rathaus genutzt wissen. Er war sich des Mangels wohl bewußt, daß Bayreuth immer noch mit einem alten Privathaus in der Maximilianstraße auskommen mußte, während kleinere Städte schmucke Stadt- und Gemeindehäuser aufweisen konnten. Eine Denkschrift von 1913 vertrat daher den berechtigten Standpunkt: „Das Rathaus gibt in seiner äußeren Gestalt ein Bild von dem Geiste, der in der Bürgerschaft einer Stadt wohnt, von dem Geiste vor allem, der die zur Verwaltung der städtischen Interessen berufenen Männer erfüllt."

Wäre nicht bereits im folgenden Jahr der 1. Weltkrieg ausgebrochen, hätte man diese Pläne wohl großzügig weiter verfolgt und verwirklicht. Stadtbaurat Hans Schlee wollte in Übereinstimmung mit vielen Stadträten die Mainkaserne gänzlich abreißen lassen, aber im Gelände zwischen Jägerhaus, Bahnhofstraße und nördlichem Mainufer ein Ensemble errichten, in dem das Rathaus in historisierender Bauweise die alte Fassadengliederung der markgräflichen Kaserne übernommen und einen Rathausturm erhalten hätte. Wagemutiger und origineller schlug der Münchner Stadtplaner Theodor Fischer vor, auf einer Mainbettüberbauung am heutigen Annecyplatz einen Saalbau zu errichten und unter Beibehaltung der alten Bausubstanz der Kaserne eine ansprechende Neugestaltung zu erreichen. Obwohl er auch noch ein zweites Projekt vorlegte, stieß er auf Ablehnung. Aber auch Schlees Pläne blieben unverwirklicht.

Als am 31. März 1915 die Frau von Meyernberg, die morganatische Lebensgefährtin des Herzogs Alexander von Württemberg, gestorben war, ging ihr Haus, das von Gontard erbaute ehemalige Reitzenstein-Palais am Luitpoldplatz, in den Besitz der Stadt über. Bei Verzicht auf alle vorliegenden Neubaupläne konnte man nun kostensparend für „nur" 100 000 Goldmark die Umfunktionierung für die Zwecke der Stadt erreichen und sogar noch einen Verbindungsbau zum Nachbargebäude, dem Layritzhaus, einfügen lassen. Am 3. Oktober 1916 zeigte Casselmann den städtischen Bürgervertretern erstmals die neuen Räume. Von 1917 bis zur Zerstörung 1945 diente dann das ehemalige „Herzogspalais" der Stadt als „Neues Rathaus". Wiederum hatte Bayreuth „nur" einen nicht für Rathauszwecke geplanten Altbau, immerhin aber einen der schönsten der Markgrafenzeit.

Kriegsausbruch und 1. Weltkrieg (1914 – 1918)

Die Weltereignisse seit Ermordung des österreichischen Thronfolgers am 28. Juni 1914 in Sarajewo blieben auch in der Stadt am Roten Main nicht ohne Widerhall. Zu den im Juli beginnenden Festspielen erwartete man wieder ein Publikum aus aller Welt. Wegen der internationalen Spannungen blieben aber manche gleich fern, so der in Bayreuth beliebte Zar Ferdinand von Bulgarien. August Wilhelm, ein Sohn des deutschen Kaisers, reiste ab, als der österreichisch-serbische Krieg ausbrach. Zur festlichen Einweihung des Wittelsbacher Brunnens sollte das bayerische Königspaar kommen. Dieses ließ sich jedoch durch den Prinzen Alfons vertreten, so daß wenigstens die Feier mit Festakt im Opernhaus wie geplant stattfinden konnte. Am 1. August wurde in der Stadt die Erklärung des Kriegszustandes „durch Tamboure ausgetrommelt und von Schutzleuten verlesen". Am 2. August gab man die Mobilmachung der bayerischen Truppen bekannt. Ein Bayreuther Augenzeuge berichtet: „Auf dem Markt war alles schwarz von Menschen... Vaterländische Lieder klangen auf... Das lebhafte Treiben in den Straßen dauerte bis spät in die Nacht hinein... Immer wieder erklang, entblößten Hauptes gesungen, die Wacht am Rhein..." Mit einer „Parsifal"-Aufführung wurden bereits am 1. August die Festspiele beendet. Siegfried Wagner berichtet in seinen „Erinnerungen": „Ein jähes Ende bereitete der ausbrechende Weltkrieg. Von den zwanzig geplanten Aufführungen konnten mit Mühe acht stattfinden... Nach der Siegfriedvorstellung reisten die ungarischen Gäste ab, bald folgten die österreichischen."

Schon am ersten Mobilmachungstag fand im Hof der neuen Kavalleriekaserne die erste „Pferdeaushebung" statt. Zu diesem Vorgang erfahren wir aus dem Städtischen Verwaltungsbericht, daß es in der

Stadt im zivilen Bereich 412 Pferde gab, von denen 298 „gestellungspflichtige" gegen Entschädigung an das Militär abgegeben werden mußten. Seit der Mobilmachung trafen auch die einberufenen Reservisten in Scharen in der Stadt ein. „Die Unterbringung der Truppenmassen", so vermerkte der Verwaltungsbericht, „nahm ihren Anfang. Es waren sämtliche Schulklassen, Turnhallen, Versammlungslokale und Gesellschaftsräume belegt." Am 8. August zogen die Bayreuther „Siebener" feldmarschmäßig zum Bahnhof. Sie wurden mit der Eisenbahn an die Westfront gebracht. Auch das Bayreuther Chevaulegersregiment rückte „ins Feld". Am 27. August erschien im „Bayreuther Tagblatt" die Todesanzeige für den ersten Gefallenen.

Mit der Erklärung des Kriegszustandes ging die vollziehende Gewalt in der Stadt an den Standortältesten Generalmajor Hagen über. Die „Fränkische Volkstribüne", die Tageszeitung der Sozialdemokraten, wird schon kurz nach Kriegsbeginn „bis auf weiteres verboten". Als Vorwand diente, daß Redakteur Puchta die Wahrheit einer Meldung angezweifelt hatte, die von einer halbamtlichen Presseagentur eingegangen war. Der wahre Grund war jedoch allem Anschein nach, daß man dem Sozialdemokraten längst zu Leibe rücken wollte, weil er schon 1913 über das Verhalten des deutschen Militärs im Elsaß kritisch berichtet und zudem noch am 29. Juli auf einer Volksversammlung erklärt hatte: „Wenn wir schon einmal sterben müssen, dann für ein Ziel, das uns des Sterbens wert erscheint!" Bei dem herrschenden Siegesoptimismus und „Hurrapatriotismus" erschien eine solche Äußerung bereits als staatsfeindliche Erklärung. Aber auch das „Bayreuther Tagblatt", das sich einer vaterländischen Sprache befleißigte, wurde im Laufe der Kriegsjahre hinsichtlich der Siegesaussichten zurückhaltender. Es stellte beim Vergleich mit dem Krieg von 1870/71 beispielsweise fest, Deutschland stehe „allein gegen eine Welt in Waffen". Nach den „deutschen Siegesjahren 1914/15" – diesen Aufdruck finden wir auf einer Bayreuther Verwundeten-Ansichtskarte – wurde die Stimmung gedrückter.

Wenn die Stadt auch vom eigentlichen Kriegsgeschehen unberührt blieb, bekam doch bald jedermann die Folgen der Kriegsführung zu spüren. Bereits im Dezember 1914 wurde angeordnet, zur Herstellung von Roggenbrot auch Kartoffelmehl zu verwenden. Die Rationierung der Lebensmittel begann 1915 mit der Ausgabe von Brotmarken. 1916 folgten Fleischmarken, dann Zucker- und Seifenmarken. Ein Kriegslazarett wurde in der Luitpoldschule eingerichtet, ein Teillazarett auch im Neuen Schloß, wo im Juli 1915 die bayerische Königin Verwundete besuchte. Ein großes Barackenlager wurde für 1200 französische Kriegsgefangene angelegt. Die Bevölkerung rief man wie überall zu Opfern für die Soldaten im Feld auf. Todesanzeigen für Gefallene waren in der Tageszeitung immer häufiger zu finden. Ungezählte Bayreuther verbluteten an der Westfront in Frankreich. Fremde Soldaten (Franzosen, Russen, Rumänen u. a.) starben in Bayreuth an den Folgen einer Verwundung oder Erkrankung und fanden im Stadtfriedhof ihr Grab.

Bayreuth in der Weimarer Republik (1918 – 1933)

Am 11. November 1918 beendete der Abschluß des Waffenstillstands den 1. Weltkrieg. Die Jahre 1918/19 bilden nahezu das totale Gegenstück zu 1871, nicht nur für Deutschland als Ganzes, sondern auch für Bayreuth. November 1918: ein Monat, der das ruhmlose Ende des Kaisertums und der Fürstenstaaten in Deutschland besiegelt und kaum Hoffnung aufkommen läßt für einen Neuanfang. Da der Vertrag von Versailles Deutschland schwer belastet und keine versöhnlichen Beziehungen zu seinen Nachbarstaaten und der Welt ermöglicht, hat die junge Republik keine echte Chance.

Die demokratische Grundform wird zwar in der Weimarer Verfassung verankert und mit dem nötigen Instrumentarium ausgestattet, aber sie kann ohne sichtbare Erfolge nicht wachsen und wird auf die Dauer von keiner breiten Mehrheit getragen. In den 1920 gegründeten Völkerbund wird Deutschland erst 1926 aufgenommen. „Der neue Rechtsbegriff – daß die Völker über sich selbst bestimmen sollten – wurde eingesetzt, wo er Deutschland schaden konnte, anders nicht." (Golo Mann)

Von Kriegsschäden ist die Stadt Bayreuth verschont geblieben. Aber die Bevölkerung bekommt die drückenden Lasten in voller Härte zu spüren. Unter dem Druck der Reparationsleistungen wird Deutschland zum Armenhaus. Die Inflation nimmt gerade den älteren Menschen, die nicht mehr arbeiten können, den letzten Spargroschen. Viele Menschen sind ohne Rentenversicherung plötzlich mittellos. Die Zahl der Gefallenen und Vermißten ist auch in Bayreuth hoch. Überlebende Kriegsopfer (Kriegsblinde, Bein- und Armamputierte) gehören, oft um Almosen bittend, zum Straßenbild. Hunger und Entbehrung prägen in den ersten Nachkriegsjahren das Leben der meisten Menschen. Erst mit Einführung der Rentenmark im Jahre 1924 weiß jeder, was er hat, oder besser, wie wenig er hat.

Nach einer Phase allmählicher Stabilisierung gerät Deutschland gegen Ende der 20er Jahre in den Sog der Weltwirtschaftskrise (1932 wurden sechs Millionen Arbeitslose registriert).

Das Kriegsende 1918 in Bayreuth

In der Nacht vom 8. zum 9. November wurde in Bayreuth wie in anderen Städten ein Arbeiter-, Bauern- und Soldatenrat gegründet, der in einem Aufruf erklärte, die Macht zu übernehmen und als „neue Ordnung" für Sicherheit zu sorgen. Dem Arbeiterrat, der eigentlichen Arbeitervertretung, gehörten nur Mitglieder der Sozialdemokratischen Partei an. Ein Bauernrat existierte nur dem Namen nach. Der Soldatenrat bestand aus Vertretern aller Kompanien der Garnison. Bald sprach man nur noch vom Arbeiter- und Soldatenrat. Kommissarischer 1. Vorsitzender wurde der Redakteur Hacke. Als eine der ersten Maßnahmen beschloß man, die Beamten zu verpflichten, weiterhin ihren Dienst zu tun, was die Beamtenschaft „zum Wohle der Stadt" auch zusicherte. Magistrat und Gemeindekollegium traten weiterhin wie bisher zu ihren Sitzungen zusammen. Die wichtigste Entscheidung fiel in der Bayreuther Garnison, wo man die Stelle des Garnisonsältesten durch einen Zivilkommissar besetzte. Generalmajor Keim, der ranghöchste Bayreuther Offizier und bisherige Kommandeur und Garnisonsälteste, wurde beurlaubt. Die Einrichtung des Soldatenrats (der Gesamtrat zählte 75 Mitglieder) vollzog sich friedlich, jedoch nicht ganz reibungslos. Am 10. November erschien eine Abordnung, bestehend aus Offizieren, Unteroffizieren und Arbeitern, beim Verleger des „Bayreuther Tagblatts" und gab ihm den „freundschaftlichen Rat", die Sprache des Blatts zu ändern, weil andernfalls die Zeitung ihr Erscheinen einstellen müsse. Schriftleiter Albert Hoffmann bezeichnete dieses Vorgehen als einen Versuch der Unterdrückung der Pressefreiheit und kündigte in der nächsten Nummer der Zeitung an, daß das „Bayreuther Tagblatt" ab sofort nur noch als „reines Nachrichtenblatt" erscheinen werde.

Obwohl Oberbürgermeister Dr. Casselmann erklärte, er könne als überzeugter Monarchist nicht über Nacht zum Republikaner werden, sah er bei der gegebenen Situation keine andere Möglichkeit als eine Zusammenarbeit mit den neuen Kontrollinstanzen.

Da, abgesehen von vereinzelten Übergriffen, beide Seiten eine harte Konfrontation vermieden, blieben der Stadt Blutvergießen und massive Auseinandersetzungen erspart. Als der Arbeiter- und Soldatenrat dem Bürgerverein das Angebot machte, auch zwei Bürger mit Sitz und Stimme in den Gesamtrat aufzunehmen, wurden Magistratsrat Aichinger und Schneidermeister Sack als „Bürgerräte" bestimmt. Ohne eigenen Behördenapparat aber war der Soldatenrat nicht in der Lage, alle an ihn gerichteten Anfragen zu bearbeiten.

Trotz der allgemeinen Not traf man in der Stadt Vorbereitungen für einen würdigen Empfang der heimkehrenden Soldaten. Als am 11. Dezember die „Siebener" von der Front kommend in Bayreuth eintrafen, wurden sie am Bahnhofsplatz vom Sprecher des Soldatenrats Johann Panzer und an zweiter Stelle von Oberbürgermeister Casselmann begrüßt. Stadt und Bürger hatten die Häuser mit den alten Fahnen geschmückt. Eine Beflaggung von Regierung, Schloß und Justizgebäude mit roten Fahnen wurde von den meisten unwillig hingenommen. Vom Dezember 1918 bis Ende Januar 1919 kamen rund 1000 Angehörige des 7. Infanterieregiments und Soldaten des 23. Infanterieregiments, des 6. Chevaulegersregiments und des Grenzschutzbataillons 52 nach Bayreuth. Die Massenentlassung der Soldaten bewirkte eine enorme Zunahme der Arbeitslosigkeit, der man durch beschlossene „Notstandsarbeiten" (Mistelbach- und Mainregulierung, Straßen- und Kanalarbeiten) nur begrenzt Abhilfe schaffen konnte.

*Die Bayreuther Februarunruhen 1919
und Casselmanns Rücktritt*

Am 17. und 18. Februar 1919 kam es erstmals seit Kriegsende in der Stadt zu Ausschreitungen, als radikale Gruppen der Bevölkerung hauptsächlich aus Furcht um die Versorgung mit Nahrungsmitteln lautstark zu demonstrieren begannen. Einige hundert Demonstranten zogen vom Mainflecklein aus am Nachmittag zum „Bayreuther Tagblatt", wo sie vom Redakteur die Rücknahme einer gegen Kurt Eisner, den sozialdemokratischen ersten Ministerpräsidenten des Freistaates Bayern, gebrauchten Formulierung erzwangen. Dann marschierten sie zum Neuen Rathaus. Eine Abordnung begab sich zu Oberbürgermeister Casselmann und legte ihm einige Forderungen vor. Man verlangte Rechenschaft über die angebliche Verschiebung von Lebensmitteln in andere Städte und bestand darauf, die staatlich angeordnete Verringerung der Erwerbslosenunterstützung zu unterlassen. Der Forderung nach Rücktritt vom Oberbürgermeisteramt setzte Casselmann entgegen, daß er dies den städtischen Gremien vortragen werde. Als er vom Balkon aus zu den Demonstranten sprechen wollte, wurde er niedergeschrien. Die Menge begann das Rathaus zu stürmen, drang auf den Oberbürgermeister ein und konnte nur mit Mühe von ihm abgehalten werden. In der Nacht raubten Demonstranten im Proviantamt eine größere Menge Speck und Brot; auch aus dem Reservelazarett im Lehrerseminar wurden Lebensmittel entwendet. Wegen dieser Plünderungen gingen die Ereignisse als „Speckputsch" in die Stadtgeschichte ein.

Ein Spartakistenputsch war es nicht. Auch am 18. Februar wurde wieder demonstriert, von den mitgeführten Plakaten trug eines die Aufschrift „Nieder mit Casselmann". Obwohl Casselmann in der Stadtratssitzung das volle Vertrauen ausgesprochen wurde und die Rädelsführer der Ausschreitungen bald darauf verurteilt wurden, kündigte Casselmann an, daß er zum 1. 7. zurücktreten und in Ruhestand gehen werde. Die Stadt ehrte ihn mit der goldenen Bürgermedaille und dem Ehrenbürgerrecht. Er lebte im Ruhestand noch bis 1930.

Die ersten demokratischen Wahlen 1919

Die ersten Wahlen seit 1914 zeigten zwei wichtige Neuerungen: Das Wahlalter war von 26 auf 21 Jahre herabgesetzt, und erstmals durften auch die Frauen wählen. Bei den überregionalen Wahlen für den Landtag und eine neue deutsche Nationalversammlung, die im Januar stattfanden, wurden die Sozialdemokraten die klaren Gewinner. Ganz anders sah das Ergebnis der Kreis- und Gemeindewahlen im Juni 1919 aus. Erstmals wurde für einen Stadtrat neuer Ordnung gewählt, nachdem das über hundert Jahre gültige Zweikammersystem (mit einem Magistrat einerseits und einem Kollegium der Gemeindebevollmächtigten andererseits) ausgedient hatte. Bei den Wahlen in der

Monarchie hatten 1911 in Bayreuth von rund 32 000 Einwohnern nur 1800 wählen durften, weil das Wahlrecht das Bürgerrecht voraussetzte, dieses aber nur unter der Voraussetzung gewährt wurde, daß der Bewerber 15 Jahre am Wohnort tätig war und eine nicht für jedermann zumutbare Gebühr zahlte. In der Regel hatte sich daher ein Arbeiter den Luxus des Bürgerwerdens nicht leisten können. Diese Dinge hatten sich nun schlagartig gewandelt. Die politische Heimat der Arbeiterschaft blieb die Sozialdemokratie, die auch bei den heimgekehrten Soldaten viele Anhänger hatte.

Als im Frühsommer 1919 der Stadtrat gewählt wurde, hatte sich aber das bürgerlich-konservative Lager gefestigt, während sich viele anfänglich zur Sozialdemokratie neigende Wähler nach den vorausgegangenen Ereignissen im Februar in ihren Erwartungen getäuscht sahen. Von den 30 Sitzen im Bayreuther Stadtrat erhielten die SPD acht, die während des Kriegs gebildete, von der SPD abgespaltene und radikalere USPD nur sechs, die sog. Mittelstandsliste mit Rechtsanwalt Frölich ebenfalls sechs, die von Bayerischer und Deutscher Volkspartei (BVP und DVP) getragene Bürgereinheitsliste aber zehn. Mit zusammen 16 Sitzen hatte damit das konservative Lager gegenüber den Sozialisten die Oberhand. Unter den Stadträten war zum erstenmal auch eine Frau: die Fabrikarbeiterin Christine Gick (USPD). Warum sie schon 1920 ihr Mandat niederlegte, ist nicht mehr bekannt.

Albert Preu, Oberbürgermeister von 1919 bis 1933

Bayreuths erster direkt von der Bevölkerung gewählter Oberbürgermeister wurde im Juli 1919 Albert Preu. Der aus Unterfranken stammende langjährige Mitarbeiter Casselmanns ließ mit 60 % der Stimmen seinen Gegenkandidaten Karl Hugel (SPD) klar hinter sich. Unter dem konservativen neuen Stadtoberhaupt wird der Bayreuther Hugel ehrenamtlicher 2. Bürgermeister. Preus ausgleichende Kommunalpolitik war aber in den Folgejahren nicht immer erfolgreich. Toleranz gegenüber politischen Gegnern war nur selten an der Tagesordnung. Immerhin gelang es ihm aber, daß in der ersten Stadtratsperiode bis 1924 90 % der Beschlüsse einstimmig gefaßt wurden. Eine unrühmliche Episode war der Flaggenstreit nach dem Tod des ersten sozial-

Albert Preu

demokratischen Reichspräsidenten Friedrich Ebert. Als die Stadtverwaltung Trauerbeflaggung veranlaßte, forderte die bürgerliche Mehrheit des Stadtrats sofortige Entfernung. Preu erinnerte daran, daß man auch im Krieg toten Gegnern Ehre erwiesen habe, was ihm den Vorwurf eintrug, es an vaterländischer Gesinnung fehlen zu lassen.

Bayreuther Notgeld 1918 bis Ende 1923

Da während des Krieges Gold- und Silbermünzen aus dem Verkehr gezogen wurden und nach und nach auch die Nickel- und Kupfermünzen aus dem Geldumlauf verschwanden, sahen sich die Städte gezwungen, zur Aufrechterhaltung des Geschäftslebens selber Zahlungsmittel herauszugeben. Auch Bayreuth gehörte zu den rund 600 deutschen Gemeinden, die zur Selbsthilfe griffen und eigenes Notgeld drucken ließen. Im Oktober 1918 wurde der Druck von 50-Pfennig-, 5-Mark- und 20-Mark-Scheinen im Gesamtwert von 1,1 Millionen Reichsmark beschlossen. Auch einige Firmen brachten eigene Geldscheine heraus. Die fortschreitende Inflation ließ in den Jahren bis Ende 1923 die Nennwerte rasch zu astronomischen Zahlen steigen. Auf die Millionen- und Milliardenscheine folgten Ende

Höhepunkt der Inflation: Bayreuther Geldgutschein über eine Billion Mark

1923 die Billionen: 20 000 Scheine zu 1 Billion Papiermark trugen die Aufschrift „Kreishauptstadt Bayreuth" und die Faksimileunterschriften des Oberbürgermeisters und des Stadtkämmerers. Zur Linderung der größten Not ließ der Kommunalverband Bayreuth für die Ärmsten Brotgutscheine ausgeben. Der Gutschein hatte einen Nennwert von 250 Milliarden Mark, das Pfund Brot kostete aber schon 260 Milliarden! Hunger und Entbehrungen ließen für die Bevölkerung Weihnachten 1923 zum trostlosesten Christfest des ersten Nachkriegsjahrzehnts werden. Ein US-Dollar entsprach zu dieser Zeit 4,2 Billionen Papiermark. Erst durch die Währungsreform (Umstellung von 1 Billion Papiermark auf 1 Rentenmark) wurde ab 1924 eine Stabilisierung erreicht.

Die neuen Einrichtungen zur Volksbildung: Volkshochschule und Stadtbücherei

Dem Aufruf zur Gründung einer hauptsächlich der Persönlichkeitsbildung dienenden, von Vorbildung und Beruf unabhängigen Volkshochschule folgten im Sommer 1919 viele Bürger. Schon am 6. Oktober 1919 konnte der Lehrbetrieb eröffnet werden. Träger war ein rechtsfähiger Verein, dessen Vorsitzender als Seele des Unternehmens auch die Leitung der Institution übernahm: Dr. Georg Jost (1882 – 1959). Gefördert wurde die neue Fortbildungsstätte durch Spenden von Privatpersonen und staatliche Zuschüsse. Auch die Kirchen, Parteien und Gewerkschaften unterstützten das Unternehmen. Die Stadt Bayreuth stellte Unterrichtsräume und Lehrmittel unentgeltlich zur Verfügung, die Stadtverwaltung übernahm auch die Geschäftsführung. Nicht zuletzt trug wesentlich zum Erfolg und Fortbestand bei, daß es gelang, geeignete Dozenten für die Vorträge, Arbeitsgemeinschaften und heimat- und naturkundlichen Ausflüge zu gewinnen.

Nachdem der Stadtrat im Dezember 1920 die Gründung einer Stadtbücherei beschlossen hatte, wurden im Alten Rathaus Räume bereitgestellt, in denen die neue Institution schon am 16. Juni 1921 unter Leitung von Dr. Georg Jost ihre Tätigkeit aufnehmen konnte. 1928 zog die Stadtbücherei ins Haus Friedrichstraße 19, 1936 in Räume der Friedrichschule (Friedrichstraße) um. Die ursprünglich nur für Erwachsene gedachte Einrichtung erweiterte schon 1924 ihren Benutzerkreis auch auf Jugendliche. Seit 1928 war sie an den Leihverkehr der deutschen Bibliotheken angeschlossen. Bis 1933 war eine jährliche Steigerung der Leserzahl festzustellen, die Jahresausleihe für 1932 überschritt 53 000 Bücher.

Die Einrichtung eines Stadtmuseums

Die ersten Initiativen zur Gründung eines städtischen Museums lassen sich Ende des 19. Jahrhunderts nachweisen. 1894 betrieb eine Gruppe von Bayreuther Bürgern den Erwerb einer größeren Wagnersammlung und deren Aufstellung in Bayreuth, hatte aber damit keinen Erfolg, weil Cosima Wagner dem Projekt wenig Gegenliebe entgegenbrachte. Erreicht wurde aber, daß der Stadtmagistrat am 5. Dezember 1894 einen ersten Beschluß zur Errichtung eines städtischen Museums herbeiführte und in der Folgezeit einen bescheidenen Finanzfonds anlegte. Da anfänglich die geeigneten Räume fehlten, kam man vor dem 1. Weltkrieg über das Sammeln von Geschenken und Spenden nicht wesentlich hinaus. Seit 1911 war der Baurat Oskar Brunner mit dem Aufbau eines Stadtmuseums betraut. 1912 begann man zwar, im Haus Friedrichstraße 19 mit Bildern aus dem Besitz von Carl Gießel und einer Sammlung ostafrikanischer Waffen aus Privatbesitz einen Anfang zu machen, aber diese Räume mußten nach dem Krieg wegen der Wohnungsnot aufgegeben werden. Der Plan für eine großzügige Lösung in einem eigenen Museumsbau hatte sich zerschlagen.

Erst 1923 konnte durch Anmietung der sog. Piuszimmer im 2. Stock des Neuen Schlosses die Aufstellung der Sammlungen realisiert werden. Im August 1924 öffnete das Stadtmuseum seine Austellungsräume für die Besucher. Gemeinsam mit dem Historischen Verein für Oberfranken, der seine reichhaltigen Sammlungen zur Verfügung stellte, zeigte das neue Stadtmuseum in 13 Räumen Exponate der Bayreuther Vor- und Frühgeschichte, Waffen, Bayreuther Fayence und Creußener Krüge, Ausstellungsstücke des bäuerlichen und bürgerlichen Lebens, Kunstgegenstände der Markgrafenzeit sowie viele Pläne und Bilder von Altbayreuth.

Ein Raum war ganz Jean Paul gewidmet. Jean Pauls Urenkel, der in Bayreuth lebende Schriftsteller Friedrich Kallenberg, stiftete die von Schwanthaler modellierte Statue des Dichters und überließ der Stadt auch seine Afrika- und Asiensammlung, deren Exponate heute teilweise im Völkerkunde- und im Jagdmuseum München aufbewahrt werden.

Neugründung eines Stadtarchivs

Nach allen Verlusten aus früherer Zeit hätte man annehmen können, daß schon zur Zeit des Bürgermeisters Hagen die alten Urkunden und Akten der Stadt gesichert, geordnet und bereitgestellt worden wären, sprach man doch überall von der Öffnung der Archive.

Die Einrichtung eines Stadtarchivs begann aber erst nach dem 1. Weltkrieg. Erster ehrenamtlich bestellter Stadtarchivar war Gymnasialprofessor Dr. Wilhelm Brunco, der von 1885 bis 1905 am Bayreuther Gymnasium tätig war und als Ruheständler dieses Amt übernahm. Er unterzog sich seiner Verpflichtung mit Bienenfleiß, starb jedoch schon 1922. Von dieser Zeit an bis zu seinem Tod wirkte ebenfalls ehrenamtlich Karl Hartmann.

Ohne Helfer haben beide Männer gesammelt, geordnet, auch ausgewertet und anderen Forschern bereitgestellt. Unter Arbeitsbedingungen, die sich heute kaum mehr jemand vorstellen kann, haben beide Herren in den feuchten, damals unbeheizbaren und schlecht beleuchteten Gewölben des Spitals die alten Archivalien gesichtet und vor Verfall durch Nässe, Schmutz und Würmer zu retten und zu erhalten versucht, was ihnen auch weitgehend gelang.

Gesundheitliche Fürsorge durch die Stadt

1919 wurde ein „Stadtarzt" bestellt, dessen Arbeitsgebiet die Fürsorge für Lungenkranke und Alkoholiker umfaßte und dazu die schulärztliche Überwachung der Volksschulen vorsah. Außerdem wurden ihm die ärztliche Versorgung der Armen und die Leitung einer neugeschaffenen Beratungsstelle für Geschlechtskranke übertragen. Als erster Stadtarzt wurde Dr. Hermann Künzel bestellt, der sein Amt bis 1949 ausübte. Dank seiner Tätigkeit wurde erreicht, daß die Tuberkulosesterblichkeit, die in Bayreuth im ersten Jahrzehnt des Jahrhunderts noch durchschnittlich 106 Todesfälle pro Jahr bei einer Einwohnerschaft von 34 000 ergab, deutlich zurückging. Maßnahmen und Erziehung zur Hygiene schon in den Volksschulen führten eine wesentliche Verbesserung der gesundheitlichen Verhältnisse in der Stadt herbei.

Berufsgliederung und Wirtschaftsstruktur 1924

Einen Einblick in die berufliche Gliederung der Bevölkerung und die Wirtschaftsstruktur gewährt der erste städtische Verwaltungsbericht nach dem 1. Weltkrieg (1924). Neben den Beamten und Angestellten der Behörden, die in der Kreishauptstadt relativ stark vertreten sind, und den im Verhältnis zur Gesamtbevölkerung angemessen vertretenen Ärzten, Geistlichen und Anwälten erscheinen 12 Architekten, 4 Apotheker und 10 Bauunternehmer. Das Handwerk läßt erkennen, daß noch viel im Einzel- und Kleinbetrieb hergestellt wird, was heute Fabriken liefern. Für die Bereitstellung von Grundnahrungsmitteln sorgen 85 Bäckereien und 59 Metzgereien. Es gibt 37 Gärtnereibetriebe und 14 Konditoreien, 35 Viehhändler und 2 Pferdeschlächtereien. 23 Milchhändler beliefern die Bevölkerung mit Molkereiprodukten, 131 Kolonialwarenhändler stellen neben echten „Kolonialprodukten" alles bereit, was die Hausfrau braucht.

Im Bereich der Bekleidungsherstellung bieten 129 Schneidereien ihre Dienste an, zu denen noch 94 Kleidermacherinnen (Damenschneiderinnen) hinzukommen. In 13 Putzgeschäften erhalten die Damen Hüte und den nötigen Kleinbedarf. 37 Friseurgeschäfte stehen zur Verfügung. Noch gibt es 109 Schuhmacherbetriebe. Hauptsächlich aus dem Umland beliefert werden die 71 Gemüse- und Obsthändler. 34 Tabakhändler halten neben Pfeifentabak auch Zigarren und die beliebten Glimmstengel bereit. 14 Uhrmacher verkaufen noch mehr Taschen- als Armbanduhren. Neben 28 Malerbetrieben existieren bereits 33 Tapezierer. Noch gibt es 17 Buchbindereien, 20 Häfner, 12 Korbmacher und 10 Sattler. Zu den 25 Installateuren kommen 19 Mechaniker und 15 Elektrotechniker. Noch gibt es aber 23 Schlossereien und 12 Schmieden. 31 Kohlenhändler und 4 Holzhändler liefern Brennmaterial. Das Kaminkehrerhandwerk verzeichnet vier Betriebe. Handwerklich hergestellte Erzeugnisse liefern 7 Seifensieder, 5 Seiler, 5 Gerber. Die Musikstadt Bayreuth hat auch 6 Musikinstrumentenmacherbetriebe. Im Verkehrsgewerbe sind 23 Lohnfuhrwerke und 4 „Lohnautobesitzer" (Taxis) gemeldet. Dazu kommen in diesem Zweig noch 8 Dienstmänner und 5 Spediteure. In der Stadt laden 23 Gasthöfe und Hotels, 10 „Kaffeeschenken", 151 Bier- und 10 Weinwirtschaften zum Besuch ein. Es sind 31 Musiker und 4 Tanzlehrer gemeldet. 6 Buchhandlungen, 25 Papierwarengeschäfte sind in der Stadt zu finden. Während nur 4 Betriebe ausschließlich „elektrische Apparate" verkaufen, gibt es doch bereits 16 Autohändler. Trotz der vielen Handwerksbetriebe ist bereits die Belieferung mit Fertigprodukten im Kommen: 13 Herrenkonfektionsgeschäfte beweisen, daß die Männer leichter zur Ware von der Stange greifen als die Frauen, denen aber auch bereits 8 Läden fertige Kleider anbieten. Beliebt sind noch die 74 Kurzwarengeschäfte, die das Schneiderzubehör (Knöpfe, Zwirn usw.) bereithalten. Schuhe bieten 21 Geschäfte an. Es gibt auch schon 5 Spielwarengeschäfte. Immerhin 9 Fischhändler und 17 Delikatessenhändler stehen für Feinschmecker bereit. Liköre und Spirituosen gibt es in 10 Fachgeschäften. 17 Zukkerwarenhändler, 9 Weinhändler können gut existieren. Für Hobby und Freizeit sorgen 4 Sportartikelgeschäfte und 2 Briefmarkenhändler. Für alles aber braucht man Geld: 11 Bankgeschäfte halten es bereit.

Die Arbeiterschaft

Die zahlenmäßige Verteilung der beschäftigten Arbeiter in den verschiedenen Industriezweigen ergab 1924 folgendes Bild: Die meisten Arbeiter waren in der Textilindustrie zu finden, wo 1535 Frauen und 1198 Männer gezählt wurden. Vor allem viele ungelernte Frauen arbeiteten um geringen Lohn „in der Fabrik". An zweiter Stelle stand die Gruppe der Steine und Erden mit 358 männlichen und 287 weiblichen Arbeitern. Das Baugewerbe war noch fast ausschließlich Männersache (Verhältnis 317:2). Mehr Frauen fanden sich schon bei der Nahrungs- und Genußmittelindustrie, wo neben 369 Arbeitern auch 112 Frauen gezählt wurden. Im Holz- und Schnitzstoffgewerbe war das Verhältnis 402 zu 77. Für die Wasserversorgung, die Gas- und Elektrizitätsgewinnung benötigten die Stadtwerke 134 Arbeiter und eine einzige Arbeiterin. Insgesamt wurden 6455 Arbeiter registriert (4017 Männer und 2438 Frauen).

Die genaue Zahl der in der *Landwirtschaft* Beschäftigten ist nicht bekannt. Im Stadtbezirk existierten jedoch noch 120 landwirtschaftliche Betriebe mit einer Gesamtanbaufläche von 1348 ha. Auf 28 Besitzer verteilten sich 76 ha Privatwald. An Vieh wurden 319 Pferde, 1287 Stück Rindvieh, 444 Schafe, 474 Schweine, 1118 Ziegen und 13 980 Stück Federvieh gezählt.

Die Anfänge von Hitlers Partei in Bayreuth

In der Misere der ersten Nachkriegsjahre, in denen weithin große Not herrschte, hatten es die demokratischen Kräfte trotz erkennbarer Bemühungen und Teilerfolge schwer, eine konstruktive Kommunalpolitik in Bayreuth durchzusetzen und in der Bevölkerung Vertrauen zu gewinnen. Bald sammelten sich auch in Bayreuth diejenigen, welche die Revolution von 1918 als ein Verbrechen am deutschen Volk ablehnten. Die Behandlung Deutschlands bei den Friedensverhandlungen in Versailles stärkten den nationalen und demokratiefeindlichen Kräften den Rücken. In Bayreuth bildete sich ein „Deutschvölkischer Schutz- und Trutzbund" mit deutlich antisemitischer Tendenz, der 1922 eine Sonnwendfeier auf dem Rodersberg abhielt. Im

November 1922 wurde eine Ortsgruppe der NSDAP gegründet, deren erster Führer der spätere Landtagsabgeordnete Emil Löw war.

Als am 18. März 1923 der Nürnberger Julius Streicher (später als „Frankenführer" hochstilisiert und als Judenhasser und Herausgeber des „Stürmer" bekannt) bei einer Versammlung im Sonnensaal sprach, hatte die Partei bereits 300 Mitglieder. Im Anschluß an die Veranstaltung kam es zu einer ersten großen Straßenschlacht zwischen Hitleranhängern und -gegnern in Bayreuth. Eine Hundertschaft der Polizei war eingesetzt, um die Straßen zu räumen und Ruhe und Ordnung wiederherzustellen. Bald darauf, im Mai 1923, kam Adolf Hitler ganz privat zum erstenmal nach Bayreuth. Der 34jährige Parteiführer wurde in Wahnfried von Winifred Wagner empfangen. Seinen ersten großen politischen Auftritt hatte er beim „Deutschen Tag" am 30. September 1923. Damals trafen sich viele Parteimitglieder aus Nordbayern und veranstalteten einen Umzug durch die Stadt. Bekannt ist das Bild mit der Spitzengruppe, die über den Sternplatz zieht. In der alten markgräflichen Reithalle, dem historischen Vorläufer der jetzigen Stadthalle, hielt Hitler seine erste große Bayreuther Rede, bei der er vor einer „Weltkatastrophe" warnte.

Der von seinen Zuhörern mit Heilrufen gefeierte Rhetor wurde wieder in Wahnfried empfangen. Dieses Mal sollte er auch Siegfried und die greise Cosima Wagner, dazu noch den todkranken Houston Stewart Chamberlain kennenlernen, der ihn als den gottgesandten Nothelfer der Deutschen mit Lobeshymnen feierte. Daß beider Herrenrasse-Denken und die von Hitler praktizierte Politik die Welt in eine Katastrophe stürzen würde, hat damals kaum jemand geahnt. Bei der Großveranstaltung zum „Deutschen Tag" lernte Hitler auch den jungen Volksschullehrer Hans Schemm kennen, einen 1891 in Bayreuth geborenen Schusterssohn, der bald als Parteiführer Karriere machen sollte.

Trotz dieses Auftakts rückten die erhofften Erfolge für die Nationalsozialisten kurz darauf in weite Ferne. Das Scheitern des Hitlerputsches am 9. November 1923 in München und das Verbot der Partei sorgten dafür, daß die Rechtsextremen zunächst von aktiver Mitwirkung im politischen Bereich ausgeschlossen blieben. Der Bayreuther Stadtrat hatte 1925 12 Mitglieder aus den Reihen der SPD und namhafte Vertreter der bürgerlichen Einheitsliste, aber keinen Nationalsozialisten. Erst 1929 zieht mit acht weiteren Nationalsozialisten Hans Schemm in den Bayreuther Stadtrat ein. Nach Neugründung der NSDAP werden auch in Bayreuth NS-Formationen gebildet: uniformierte SA- und SS-Einheiten, die Männer der „Sturmabteilung" und der „Schutzstaffel", traten bei Kundgebungen und auf den Straßen als paramilitärische Marschkolonnen auf. Schemm wurde 1928 Gauleiter des NS-Gaus Oberfranken, den er von Bayreuth aus leitete. Als Herausgeber der Zeitung „Kampf" (mit dem Zusatz „für deutsche Freiheit und Kultur") organisierte er die Propaganda für Hitler, wobei er als Schriftleiter und Redner nicht mit Provokationen seiner Gegner sparte. Die Auseinandersetzungen im Stadtrat gipfelten in der tumultuarischen Sitzung vom 22. September 1930, bei der sich Nationalsozialisten und Sozialdemokraten zwar in der Sache (Ablehnung einer Notverordnung Brünings) einig waren, aber wegen beleidigender Polemik so in die Haare gerieten, daß die Polizei die Prügelei beenden mußte.

Die Wiederaufnahme der Festspiele 1924

Als 1924 nach zehnjähriger Unterbrechung auf dem Grünen Hügel wieder Festspiele stattfanden, standen die „Meistersinger", der „Ring" und „Parsifal" auf dem Programm. Dirigenten waren Karl Muck und Fritz Busch. Regie und Dekoration orientierten sich noch am Vorbild von 1876. Über das Publikum und das äußere Erlebnis schrieb der Kritiker Karl Holl in der „Frankfurter Zeitung": „Ein Blick auf die diesjährige Besucherschaft zeigt gegen früher eine starke Abnahme des ausländischen Zustroms und eine entsprechende Stärkung des deutschen Elements, die durchaus zu begrüßen wäre, wenn man dabei nicht entdeckte, daß auch von den Deutschen die geistig Freiheitsbedürfigen aus dem Wagnertempel fast gänzlich verschwunden sind. Das gesellschaftliche Bild zeigt eine breite Bürgerlichkeit, in der Vertreter der Großindustrie und des Feudalismus den Ton angeben und wo das Bayreuth hörige engere Akademikertum als kulturelles Bindemittel erscheint." Neu war die „demonstrativ zur Schau getragene politische Gesinnung"

Cosima und Siegfried Wagner

(Susanna Großmann-Vendrey): Auf dem Festspielhaus wehte die alte schwarzweißrote Reichsfahne, General Ludendorff und Prinz August Wilhelm von Preußen wurden mit Heilrufen begrüßt und mit Ovationen gefeiert, und am Ende der „Meistersinger"-Aufführung sang man alle Strophen des Deutschlandliedes.

Auf Grund der weitgehend negativen Reaktion in der Weltöffentlichkeit ließ man die Festspiele 1925 politisch deutlich neutraler ablaufen. Daß Adolf Hitler ganz privat eine „Meistersinger"-Aufführung besuchte, wurde damals nicht weiter registriert. 1927 kamen auch wieder mehr Gäste aus dem Ausland. Schon 1925 aber hatte sich der „Bayreuther Bund der deutschen Jugend" gebildet, der zur Sicherung der Festspiele als erklärtes Ziel „die Pflege der deutschen Kunst" hatte und von den Nationalsozialisten als gleichgerichteter Bundesgenosse akzeptiert wurde. Der nächste Schritt war der Beitritt des Bayreuther Kreises zu Alfred Rosenbergs „Kampfbund für deutsche Kultur".

Der „Bayreuthianer" zwischen Wagner und Hitler: Houston Stewart Chamberlain (1855 – 1927)

Der in Frankreich und in der Schweiz aufgewachsene, seit 1885 in Dresden, seit 1889 in Wien lebende Engländer wurde als Kulturphilosoph und Schriftsteller zum umstrittensten Exponenten des von Wagner geprägten geistigen Bayreuth. Seitdem er die Uraufführung des „Parsifal" miterlebt hatte, war er ein fanatischer Verehrer des Bayreuther Meisters. Bei seiner ersten Begegnung mit Cosima Wagner 1888 in Dresden apostrophierte er sich selbst aber nicht als Wagnerianer, sondern als „Bayreuthianer", womit er sich zu einer über die Musikdramen Wagners hinausgehenden Ausstrahlung Wagnerbayreuths bekannte.

Mit seinem in vielen Auflagen erschienenen Werk „Die Grundlagen des 19. Jahrhunderts" erzielte er internationalen schriftstellerischen Ruhm. Er löste damit aber auch einen öffentlich ausgetragenen Konflikt unter den Wagnerianern aus: Der Kunsthistoriker Henry Thode, Ehemann von Cosimas ältester Tochter Daniela aus der Ehe mit Bülow, beschuldigte Chamberlain, ein Plagiat an Richard Wagner begangen zu haben und Wagners Gedanken als die eigenen darzustellen, ohne Wagner zu nennen. Erst als 1908 Chamberlain Wagners jüngste Tochter Eva heiratete und nach Bayreuth übersiedelte, kam es zu einer Aussöhnung.

Es unterliegt keinem Zweifel, daß Chamberlains Leitgedanken für sein „Grundlagen"-Buch von Wagner stammten. Chamberlain verherrlicht in seinem Werk das Germanentum, dem er nach seiner Deutung von Gobineaus Lehre über die Ungleichheit der Rassen die höchste Stufe zuerkennen will. Selbst Christus wollte er nur als nordischen Menschen verstehen. Mit seiner über Wagners Gedankenwelt hinausgehenden, übersteigert einseitigen Anthropologie beeinflußte er die Rassenlehre des Dritten Reichs. Alfred Rosenberg, der Chefideologe des Nationalsozialismus, hat Chamberlains Gedanken in seinem Buch „Mythus des 20. Jahrhunderts" im Sinne von Hitlers Weltanschauung weiterverarbeitet. Hitler besuchte den bereits todkranken Chamberlain 1923 in Bayreuth. Im Dritten Reich wurde der 1927 verstorbene Schwiegersohn Wagners als „Wegbereiter" und „Seher" gefeiert. Erst nach dem 2. Weltkrieg mit seinem schweren Unrecht an „Nichtariern" wurde die verhängnisvolle Rolle des Mittlers zwischen Wagner und Hitler besser erkannt.

Entstehung und Gestaltung des „Grünen Hügels" (1927)

Zu den nach dem 1. Weltkrieg wiederaufgenommenen Festspielen mit glanzvoller Auffahrt der Besucher paßte nicht, daß die Zufahrtsstraße vom Festspielhaus durch ein ungepflegtes und unbegehbares Waldgelände führte. Dazu kam, daß am Fuße des „Hügels" die Porzellanfabrik „Walküre" entstand, am Waldrand hinter dem Festspielhaus eine Ziegelei Schornstein- und Fabrikanlagen errichtete und weitere Fabrikschlote die Umgebung verunzierten. Obwohl Cosima und Siegfried Wagner sich schon vor dem Krieg an den Verschönerungsverein mit der Bitte um Unterstützung gewandt hatten, gelang es erst 1927, die Umgestaltung nach Plänen des Berliner Gartenbauarchitekten Allinger durchzuführen. Parkwege, Teich mit Springbrunnen, Steingarten, Rosarium und alte und neue Steinplastiken ließen ein anmutiges Vorfeld des Festspielhauses entstehen.

Der Anschluß Bayreuths an den Flugverkehr

Am 2. August 1925 konnte Oberbürgermeister Preu den ersten Bayreuther Flugplatz mit seiner Flughalle östlich der Bindlacher Allee seiner Bestimmung übergeben. Für 15 Mark wurden den Besuchern die ersten Rundflüge von 15 Minuten Dauer angeboten. Der Kurzstreckenverkehr von Nürnberg nach Leipzig und Dresden konnte nun Zwischenlandungen in Bayreuth vorsehen. Über die ersten Landungen des Kriegshelden und Kunstfliegers Ernst Udet wurde in der Bayreuther Presse stolz berichtet. Wachsende Bedeutung erlangte der Flugplatz, als die Deutsche Lufthansa für die Festspielzeit auf der Strecke Berlin – München Zwischenlandemöglichkeit für Bayreuth einrichtete.

Gut Grunau und die Familie Warburg

Das südlich der Königsallee in der Nähe der Rollwenzelei liegende Gut Grunau gehörte bis 1972 zur Gemeinde Oberkonnersreuth. Daß wir es im Kapitel über die Jahre der Weimarer Republik in der Stadt Bayreuth einblenden, liegt daran, daß von Ende 1925 an bis 1936 hier eine Frau lebte und ein Tagebuch führte, das trotz seiner privaten Zweckbestimmung und subjektiven Darstellung für die politischen und gesellschaftlichen Verhältnisse in diesem Jahrzehnt, also auch noch in den ersten Jahren des Dritten Reiches, eine aufschlußreiche Quelle darstellt. Wie bei den Memoiren der Markgräfin Wilhelmine kann man allerdings nicht von einem absoluten Wahrheitsgehalt der geschilderten Vorgänge ausgehen, vor allem dort nicht, wo die Verfasserin auf bloßes Hörensagen angewiesen blieb. Aber das örtliche Milieu und die Atmosphäre Bayreuths spiegeln sich in ihren Aufzeichnungen in bemerkenswerter Weise, weil sie die Ereignisse aus kritischer Distanz verfolgte. Es war Lotte Warburg (1884 – 1948), die als Halbjüdin, trotz ihrer Zugehörigkeit zur evangelischen Kirche, durch den wachsenden Antisemitismus und Rassismus in eine Außenseiterrolle gedrängt wurde und nie Stadtbürgerin geworden ist, obwohl sie es nicht ungern gewesen wäre. Unter dem Titel „Eine vollkommene Närrin durch meine ewigen Gefühle" hat Wulf Rüskamp die über das rein Persönliche hinausgehenden Tagebucheinträge, die die Verfasserin noch bis 1947 weiterführte, 1989 in Auswahl herausgegeben.

Die Anfänge von Gut Grunau sind noch wenig erforscht. 1745 befanden sich hier, wie im Riedigerplan ersichtlich ist, Wiesen und Felder, aber kein Gutshof. Dessen Anlage geht vermutlich auf den Major Franz von Arnim (1780 – 1825) zurück, an den ein Grabdenkmal im Park erinnert. Arnims Witwe heiratete 1834 den Rittmeister Carl Leopold Wiethaus, dessen in Bayreuth geborene Schwester Anna Luise (1797 – 1857) seit 1821 mit dem Dichter und Professor Friedrich Rückert (1788 – 1866) verheiratet war. Die Wiethaus-Hochzeit 1834 fand auf Gut Grunau statt. Das Dichterehepaar gehörte sicher zu den vornehmsten Hochzeitsgästen.

Bei der kurzen Rückblende ins 19. Jahrhundert darf noch ein weiterer Mann nicht unerwähnt bleiben: Der

Bayreuther Bürgermeister Carl Dilchert verlebte von 1862 bis 1879 hier seinen Ruhestand. 1925 erwarb der einer Amsterdamer Kaufmannsfamilie entstammende Gottfried Meyer-Viol (1878 – 1944) Gut Grunau von Major a. D. Julius Krauß. Meyer-Viol war mit Lotte Warburg verheiratet. Mit dem Einzug seiner Familie in Gut Grunau begannen auch engere Beziehungen der Gelehrtenfamilie Warburg zu Grunau und Bayreuth. Lotte nahm auch ihre Eltern bei sich auf. Ihr Vater war der namhafte Physiker Emil Warburg (1846 – 1931), der es vom jungen Ordinarius in Heidelberg zum Präsidenten der Physikalisch-Technischen Reichsanstalt in Berlin gebracht hatte und sich bei Einstein hoher Wertschätzung erfreute. Sein Schüler, der Nobelpreisträger James Franck, würdigte ihn als Meister der Experimentierkunst, sein Lehrbuch erreichte zu seinen Lebzeiten 22 Auflagen. Emil Warburg war getaufter Jude, seine Ehefrau evangelische Christin. Ihre Kinder wurden evangelisch getauft und erzogen. Lottes Bruder, der Krebsforscher Otto Warburg (1883 – 1970), erhielt 1931 den Nobelpreis für Physiologie und Medizin.

Lotte Warburg war bemüht, sich auf der Suche nach ihrer eigenen Identität als Schriftstellerin einen Namen zu machen, hatte aber mit Veröffentlichungen wenig Glück. Ihre Tagebucheinträge schrieb sie in einer schon zu ihrer Zeit veralteten Kurzschrift nieder, was wesentlich dazu beitrug, daß sie erhalten blieben, aber erst in unserer Zeit ausgewertet wurden. Aus ihrer totalen Ablehnung Hitlers machte sie kein Hehl. Siegfried und Winifred Wagner nannte sie „die Könige von Bayreuth". „Und die Bayreuther sprechen von dem Haus Wagner wie von einem Fürstenhaus, mit Andacht und Selbstverleugnung und Ergebenheit. Sie suchen einen Popanz." Bayreuth selbst ist für Lotte Warburg in diesen Jahren „eine unbedingt tote Stadt mit einigen wenigen lebendigen Menschen".

In den Jahren der zunehmenden Arbeitslosigkeit und Wirtschaftskrise ist Lotte Warburg eine kritische Beobachterin vor Ort, die nicht nur über Korruptionsskandale Notizen macht, sondern auch die Gesamtlage anspricht: „Geschäftlich sieht es überall wüst aus, und in Bayreuth kracht jeden Tag ein anderes Geschäft zusammen." Sie berichtet über den politischen Aufstieg Hans Schemms und die Erfolge der Nationalsozialisten. Ausführlich schildert sie eine Veranstaltung im Sonnensaal mit einer Rede von Julius Streicher. In den Tagen der Machtergreifung 1933 notierte sie: „Hier in Bayreuth spricht man von nichts anderem als von Hitler..." und „die Bayreuther sind ebenso wagnertoll wie hitler-toll. Es geht auch dies vom Haus Wahnfried aus, mit dem wir nichts zu tun haben." Immer mehr als „Nichtarierin abgestempelt", verließ sie mit ihrer Familie 1936 Deutschland.

Nach ihrem Aufenthalt in der Schweiz und in Holland kehrte sie 1945 nach Bayreuth zurück. Auch in der Fremde und in den Nachkriegsjahren hielt sie noch viele Begegnungen und Zeitereignisse in ihrem Tagebuch fest, die auch die Bayreuther Zeitgeschichte widerspiegeln. In der Grabstätte ihrer Eltern im Stadtfriedhof fand Lotte Warburg 1948 ihre letzte Ruhe.

Bayreuth verliert die Regierung von Oberfranken

In der Zeit der Weltwirtschaftskrise um 1930 erfaßten die Einsparungsmaßnahmen der Brüningschen „Notverordnungen" auch den Freistaat Bayern. Bayerischer Finanzminister war von 1931 – 1933 Dr. Fritz Schäffer (1888 – 1967), der Vorsitzende der Bayerischen Volkspartei. (Er wurde 1945 der von den Amerikanern eingesetzte erste bayrische Nachkriegs-Ministerpräsident und 1949 – 57 unter Adenauer Bundesfinanzminister.) Die von Schäffer eingeleitete „Staatsvereinfachung" sah in Bayern eine Verwaltungsreduzierung im Bereich der staatlichen Mittelbehörden vor und führte zunächst zur Verlegung der niederbayerischen Regierung von Landshut nach München und deren Vereinigung mit der Regierung von Oberbayern. § 46 der dazu erlassenen „2. Verordnung zum Vollzug des Staatshaushalts" vom 30. 10. 1931 sah aber bereits für den 1. 1. 1933 auch die Zusammenlegung der Regierungen von Ober- und Mittelfranken mit dem Sitz in Ansbach vor. Daß man für Oberfranken einen späteren Zeitpunkt wählte, hing mit den dafür nötigen Vorarbeiten zusammen, wahrscheinlich aber auch mit der auslaufenden Amtszeit des oberfränkischen Regierungspräsidenten. Otto Ritter von Strößenreuther, 1865 in Bayreuth als Sohn eines Staatsanwalts geboren, war seit 1916 Chef der Regierung von Oberfranken und konnte 1933 in den Ruhestand entlassen werden.

Die Nachrichten vom drohenden Verlust der Regierungsbehörde lösten nicht nur in Bayreuth, sondern

Otto Ritter von Strößenreuther

auch in weiten Teilen Oberfrankens heftige Proteste aus. Der Bayreuther Stadtrat befaßte sich wiederholt mit der Frage, wie die angekündigte Maßnahme abzuwenden sei. Schließlich legten die Stadt Bayreuth und der Kreistag (Vorläufer des Bezirkstags von Oberfranken) eine Verfassungsbeschwerde ein, der sich auch die Stadt Coburg anschloß. In aufgelegte Beschwerdelisten trugen sich im Sommer 1932 6942 wahlberechtigte Bayreuther ein, ein deutliches Zeichen für die in der Bayreuther Bevölkerung vertretene Einstellung. Die Nationalsozialisten verstanden es, die „Degradierung" Bayreuths durch die bayerische Staatsregierung (so Hans Schemm) für sich auszunützen. Die Rede ihres Abgeordneten Dietrich im Juli 1932 im Bayerischen Landtag veröffentlichte das „Bayreuther Tagblatt" über drei Nummern verteilt im vollen Wortlaut. Am 23. 11. 1932 druckte die „Bayreuther Zeitung" den Antrag der NS-Landtagsfraktion ab, „die Verlegung der Regierung von Oberfranken bis zur Neuregelung der Regierungsbildung zurückzustellen".

Alle Versuche, die Verlegung zumindest zu stoppen, schlugen fehl. In der Stadtratssitzung am 28. November 1932 mußte Oberbürgermeister Preu berichten, daß die seitens der Stadt unternommenen Bemühungen erfolglos geblieben seien. Seine Bitte, mit einer Bayreuther Abordnung beim Ministerpräsidenten Held vorstellig werden zu dürfen, war mit der Begründung abgelehnt worden, dieser sei „leider am Empfang verhindert". Nur mit Mühe gelang es der Bayreuther Delegation, bei Innenminister Dr. Stützel einen Termin zu erhalten. Der Abordnung gehörten die Bayreuther Stadträte Frölich, Götz, Hildenbrand, Keil und Panzer sowie einige oberfränkische Abgeordnete an. Einmütig trugen diese ihre Meinung vor, es sei eine „rechtliche Unmöglichkeit, vor Erledigung der von der Stadt Bayreuth, dem Kreistag und der Stadt Coburg eingereichten Verfassungsbeschwerde" die Verlegung durchzuführen. Leider ist uns nicht bekannt, ob und wie diese genannte Verfassungsbeschwerde „verbeschieden" wurde. Es blieb beim Termin 1. 1. 1933. Regierungspräsident von Strößenreuther trat in den Ruhestand. Mit ihm verabschiedete sich der letzte staatliche Repräsentant der königlich-bayerischen Zeit und der Weimarer Republik. Am 3. 2. 1933 berichtete das „Bayreuther Tagblatt" aus dem Regierungsgebäude in der Ludwigstraße, daß der Umzug nach Ansbach „schon ziemlich beendet" sei.

An diesem Tag hielt der Ansbacher Regierungspräsident, Staatsrat Dr. Rohmer, einen ersten „Sprechtag" in Bayreuth ab und empfing eine Abordnung des Stadtrats. Dazu war im „Bayreuther Tagblatt" zu lesen: „Bürgermeister Popp hat in entschiedener und freimütiger Weise kein Hehl daraus gemacht, daß für die Stadt Bayreuth die Regierungsverlegung eine schwere Benachteiligung ist. Er hat auch mit dem erforderlichen Ernst auf die Stimmung in der Bevölkerung hingewiesen." – Eine nachhaltige Resonanz fand diese Vorsprache nicht. Rohmer wurde in Ansbach noch im gleichen Jahr abgelöst.

Die Gauhauptstadt Bayreuth (1933 – 1945)

Am 30. Januar 1933 wird Adolf Hitler Reichskanzler. Durch das sog. „Ermächtigungsgesetz" erreicht er, daß die Reichsregierung eigenmächtig Gesetze erlassen darf, was laut Verfassung nur dem Reichstag zusteht. Was als Ausnahmeregelung auf vier Jahre befristet angekündigt wird, gilt nach Ablauf dieser Zeit als selbstverständlich. Nach dem Tod des Reichspräsidenten von Hindenburg 1934 gehen dessen Befugnisse auf den „Führer und Reichskanzler Adolf Hitler" über. Der Weg in die totale Diktatur bedeutet das Ende der jungen Demokratie, der Parteien und des Föderalismus.

Bayreuth als Sitz einer NS-Gauleitung wird Gauhauptstadt. Der Gauleiter wird der höchste politische Repräsentant der Stadt. Was aber als „nationale Erhebung" gefeiert und von vielen in Erwartung einer besseren Zeit mehr oder weniger begeistert mitgetragen wird, erweist sich als ein Weg in die internationale Isolierung. Im Oktober 1933 tritt das Deutsche Reich aus dem Völkerbund aus. Die Gleichschaltung der Presse sorgt dafür, daß die Deutschen über das, was in der Welt geschieht, nur noch durch die Brille der Staats- und Parteizensur informiert werden. Nach der rigorosen Ausschaltung der Opposition übernimmt die NSDAP, „die Partei", mit ihren Funktionären die Lenkung und Überwachung aller Behörden und Institutionen. Bis auf Alte, Kranke, Juden und Ausländer werden fast alle Menschen in NS-Organisationen (SA, SS, Hitlerjugend u.a.) erfaßt. Der erwachsene Deutsche steht auch außerhalb seines Berufs noch im „Dienst" am Volk, die private Freizeit des einzelnen wird stark eingeengt. Nach dem Verbot der Gewerkschaften werden Arbeitgeber und Arbeitnehmer in die „Deutsche Arbeitsfront" eingegliedert. Auch das Wirtschaftsleben wird von Sonderkommissaren überwacht und gesteuert. Zunehmende Uniformierung ist überall feststellbar. Marschkolonnen und Großkundgebungen im Freien mit Lautsprecherübertragungen von Führerreden sind an der Tagesordnung. Bei der häufig angeordneten Beflaggung auch der bürgerlichen Häuser verschwinden die Landesfarben. Auch die schwarz-weißroten Fahnen weichen bald dem allein noch vorherrschenden Hakenkreuz.

Bayreuth 1933

Am 31. Januar 1933, einen Tag nach der „Machtergreifung" Hitlers, feierten Tausende von Menschen auch in Bayreuth das Ereignis als „Aufbruch der Nation". Gauleiter Schemm versprach vom Balkon des Neuen Rathauses seinen Zuhörern den „Bau des neuen deutschen Domes". Die NS-Zeitung „Fränkisches Volk" bezeichnete den Tag als den größten Tag Bayreuths nach den Augusttagen von 1914: Die in diesem Vergleich mitenthaltene Vorwarnung wollte fast niemand hören oder sehen. Die demokratischen Kräfte gaben sich aber noch nicht geschlagen. Die sozialdemokrati-

Hans Schemm (1891 – 1935)

sche „Volkstribüne" bezeichnete den Siegesrausch der NSDAP als „Tanz des Irrsinns". Eine große Gegendemonstration wurde von sozialistischer Seite am 6. Februar organisiert. Sie sollte das „arbeitende Bayreuth" mobilisieren, stieß aber in der Innenstadt auf den Widerstand der neuen Machthaber und endete in einer Straßenschlacht.

Nach der Reichstagswahl vom 9. März wurden auf Befehl des neuen Reichsstatthalters von Epp die Funktionäre der SPD und KPD verhaftet. In Bayreuth waren es der Reichstagsabgeordnete Friedrich Puchta, der Redakteur der „Volkstribüne" Georg Hacke, die Stadträte Hans Panzer, Adam Seeser, Oswald Merz und Gewerkschaftssekretär Karl Dietz, insgesamt 18 Sozialdemokraten und 19 Kommunisten. Bis September erhöhte sich die Zahl auf rund 150 Personen. Die NS-Propaganda beschönigte die Verhaftungswelle. Es gelte, die Festgenommenen vor der Volkswut zu schützen. In Wirklichkeit waren die „Schutzhaftmaßnahmen" bewußt durchgeführte und mit menschenunwürdigen Erniedrigungen verbundene Aktionen zur Ausschaltung der politischen Gegner. Für viele der in Bayreuth Verhafteten war das Landgerichtsgefängnis nur eine Zwischenstation. Sie kamen von dort aus ins Konzentrationslager Dachau. Von den Schikanen und Mißhandlungen der Häftlinge erfuhr die Bevölkerung freilich nichts; entlassene KZler waren zum absoluten Schweigen verpflichtet.

Im Juni 1933 schrieb das „Bayreuther Tagblatt": „Den jetzt glücklich verschwundenen sozialdemokratischen Funktionären wird niemand eine Träne nachweinen. Denn sie sind diejenige Schicht deutscher Zeitgenossen, die als die Träger des bisherigen parlamentarisch-demokratischen Systems in erster Linie angesehen werden müssen und die einer gründlichen und langwährenden Erziehung bedürfen."

Vom Verbot ideologisch unbequemer Vereinigungen war auch die Freimaurerei in Bayreuth schwer getroffen: Das Deutsche Freimaurer-Museum in Bayreuth wurde aufgelöst, das Inventar verschleudert oder vernichtet. Die Bibliothek mit über 10 000 Bänden und vielen Manuskripten von einmaligem Wert, eine Zeitungssammlung und weitere Dokumente vor allem des 18. Jahrhunderts gingen verloren. Als Verluste waren ferner die Medaillen, Schurze und Schärpen sowie Teppiche und Wanddekorationen zu verzeichnen. Selbst ein wertvolles Ölgemälde von der Aufnahme des Markgrafen Friedrich durch Friedrich den Großen 1740 verschwand. Ein einmaliges Museum, zu dessen Vielfalt auch eine Siegel- und Stempelsammlung, freimaurerische Gläser und Meißner Porzellan gehörten, hörte auf zu bestehen.

Am 17. März 1933 wurde Hans Schemm bayerischer Kultusminister. Noch am gleichen Tag gab er aus seinem Ministerium einen Erlaß gegen marxistische Tendenzen in Erziehung und Schule heraus. Verwirrend für viele war, daß seine Grundsatzerklärung in dem Satz gipfelte: „Unsere Religion heißt Christus, unsere Politik heißt Deutschland." Schemms Worte, die auch außerhalb Bayerns Beachtung fanden, täuschten viele Menschen über die wahren Absichten der Machthaber im neuen „Führer-Staat". Sogar der vatikanische „Osservatore Romano" druckte Schemms Grundsatzrede mit positivem Kommentar ab.

Der „Tag von Potsdam" am 21. März, bei dem anläßlich eines Staatsaktes in der Garnisonskirche Hindenburg und Hitler symbolisch die Verbindung zwischen dem alten und dem neuen Deutschland besiegelten, fand wie im ganzen Reich auch in Bayreuth großen Widerhall. Als Beispiel sei die Ansprache des Leiters der Oberrealschule erwähnt, der nach der im gleichen Jahr erschienenen Festschrift der Schule „den Geist von Potsdam als den Geist der Pflichterfüllung und Einordnung dem falsch verstandenen Geist von Weimar" gegenüberstellte. Das wenige Tage später erlassene „Gesetz zur Behebung der Not von Volk und Reich", bekannt als „Ermächtigungsgesetz", weil es die Gesetzgebung der Reichsregierung überließ, wurde weder in Reden gefeiert noch in seinen Konsequenzen diskutiert. Seine Befristung auf 4 Jahre geriet bald in Vergessenheit.

Die Veränderungen im Rathaus 1933

Nach den neuen Verfügungen wurde im April 1933 der alte Stadtrat aufgelöst. Am 21. April wurden unter Vorsitz von Oberbürgermeister Preu die Stadtratssitze weisungsgemäß nach dem Anteil der Parteien bei der letzten Reichstagswahl vergeben. Nach dieser Regelung erhielten die NSDAP 14, die Kampffront Schwarz-Weiß-Rot 2 und die SPD 7 Sitze, während die

Bayerische Volkspartei nur mit einem Sitz vertreten sein sollte. Da Preu gerade sein 65. Lebensjahr vollendet hatte und die Versetzung in den Ruhestand erwartete, war auch die Stelle des Oberbürgermeisters neu zu vergeben. Die für den 26. April angeordnete Festsitzung im Evangelischen Gemeindehaus offenbarte deutlich, wer nun das Sagen im Stadtparlament hatte.

Im Großen Saal des Evangelischen Gemeindehauses war die Bühne mit Fahnen geschmückt, unter denen eine große Hakenkreuzfahne in zentraler Stellung die flankierenden Reichs- und Landesfarben zurücktreten ließ. Die Nationalsozialisten erschienen in den braunen Uniformen der Parteiorganisationen. Neuer Oberbürgermeister wurde der von den Nationalsozialisten nominierte Dr. Karl Schlumprecht, ein Fürther Jurist, der erst 32 Jahre alt und in Bayreuth völlig unbekannt war. Er wurde ohne Gegenkandidaten mit 18 von 22 Stimmen „gewählt" und zeigte von der ersten Stunde an, daß wirklich „völlig neue Verhältnisse geschaffen" waren, wie die Zeitung „Fränkisches Volk" schrieb. Begleitet von den Sieg-Heil-Rufen seiner Parteifreunde verkündete Schlumprecht: „Was in die Vollsitzung kommt, muß angenommen werden." Nach Verbot und Selbstauflösung der Parteien gab es schon kurze Zeit später keine demokratischen Stadtratssitzungen mehr. An die Stelle der von den Bürgern gewählten Stadträte traten fortan „berufene" Bayreuther Bürger, die nun „Ratsherren" genannt wurden. Von ihnen wurde bei Beschlüssen Einstimmigkeit erwartet. Auch im Rathaus galt im Dritten Reich das „Führerprinzip". Damit hörte das Rathaus auf, ein Haus echter Beratungen zu sein. Auch am alten Reitzenstein-Palais, dem damaligen Neuen Rathaus, wurden Hakenkreuzfahnen gehißt. Oberbürgermeister Preu wurde als Ehrenbürger verabschiedet.

Bayreuth als Gauhauptstadt der „Bayerischen Ostmark"

Da seit Anfang 1933 der Regierungsbezirk Oberfranken von Ansbach aus gemeinsam mit Mittelfranken verwaltet wurde, verlor Oberfranken als Region deutlich an Eigengewicht. Diese Entwicklung wurde noch verstärkt durch die neue Gaueinteilung der NSDAP. Noch vor der Machtergreifung, am 19. Januar 1933, ordnete Adolf Hitler persönlich an, das bisherige Gaugebiet Niederbayern-Oberpfalz mit dem Gau Oberfranken zu vereinigen. „Der neue Gau trägt den Namen ‚Bayerische Ostmark'. Mit der Leitung des Gaues ‚Bayerische Ostmark' wird Gauleiter Pg Schemm beauftragt." Nach Hitlers Willen sollte dadurch im bayerischen Osten „ein Bollwerk gegen die Slawengefahr" errichtet werden. Bayreuth wurde die Gauhauptstadt des neuen Gaues, der von Coburg im Nordwesten bis Passau im Südosten reichte und im Osten die deutsch-tschechische Grenze hatte. Von einer zentralen Lage der Gauhauptstadt konnte dabei keine Rede sein, eine solche konnte Bayreuth lediglich im nördlichen Drittel für sich beanspruchen.

Das „Braune Haus" am Sternplatz, vormals Pfefferkorn, 1933 von der NSDAP erworben und zum Sitz der Gauleitung umgebaut. 1945 zerstört und nicht wieder aufgebaut. Am Fenster des 1. Stocks Hans Schemm bei einer Rede

Das „Haus der deutschen Erziehung"

Bereits am 28. Januar hielt Schemm eine Gaugründungstagung in Regensburg. In Bayreuth richtete er die Dienststellen des neuen Großgaues ein. Im Haus Maxstraße 2 (vormals Simon Pfefferkorn), das von der NSDAP käuflich erworben wurde und in wenigen Wochen eine bauliche Umgestaltung erfuhr, wurde die Gauleitung untergebracht. Außer dem Amtssitz des Gauleiters und seines Stellvertreters wurde hier für das Gesamtgebiet des Gaues ein Organisationsamt, Personalamt, Schulungsamt, Presseamt und ein Rechtsamt eingerichtet, ein Gauschatzmeister ernannt und ein Gaugericht geschaffen. Die Gaupropagandaleitung und Kulturhauptstelle waren im Haus Wölfelstraße 4 untergebracht. Im Erdgeschoß des Gauhauses eröffnete man eine „Deutsche Buchhandlung", die bevorzugt und sichtlich gesteuert NS-Schrifttum anbot. Im verlassenen Regierungsgebäude Ludwigstraße 20 zog die Kreisleitung Bayreuth-Eschenbach ein. Der Sitz der SA-Gruppe Bayerische Ostmark und des SS-Abschnitts war im Alten Schloß. Für die Gebietsführung der Hitlerjugend erwarb man das Haus Jean-Paul-Str. 18.

Das „Haus der deutschen Erziehung"

Das beherrschende Bauwerk unter den Neubauten des Dritten Reichs wurde das „Haus der deutschen Erziehung". Initiator war Hans Schemm, der bereits am 24. September 1933 den Grundstein legen konnte. Nach Entwürfen von Hans Reissinger entstand ein Gebäudekomplex, dessen Fertigstellung der stagnierenden Bauwirtschaft für längere Zeit Auftrieb gab und den Anspruch erhob, in der „Gaustadt" das Statussymbol der neuen Zeit zu sein. Das dominierende Hauptgebäude, ein Monumentalbau mit einem überdimensionalen Schieferwalmdach, nahm in der „Weihehalle" als Sinnbild deutscher Erziehung die Steinplastik einer Mutter mit drei Kindern und eine große Orgel auf. „Ausgangspunkt der Grundrißentwicklung war das Symbol des neuen Deutschland: das Hakenkreuz." Die Einweihung fand am 12. Juli 1936 anläßlich der Reichstagung des NS-Lehrerbundes statt, zu der rund 30 000 deutsche Lehrer und Lehrerinnen nach Bayreuth kamen und 600 Fahnen in einer nächtlichen

Feierstunde ihren Einzug in die „Weihehalle" hielten. Aus den gleichen Rätsandsteinquadern entstanden an der Kanalstraße der Verwaltungsbau des NSLB, eine Turnhalle und ein Bibliotheks- und Ausstellungshaus sowie in nächster Nähe ein Haus für „Wirtschaft und Recht" und das „Haus der deutschen Kurzschrift", in dem auch eine Zentrale für Lichtbild und Ton untergebracht wurde (die spätere Landesbildstelle).

Die Bedeutung des NSLB für Bayreuth

Im 1927 in Hof gegründeten Nationalsozialistischen Lehrerbund (NSLB) wurden alle deutschen Erzieher und Erzieherinnen ohne Unterschied organisiert. Er umfaßte die Lehrer aller Schularten vom Volksschullehrer bis zum Universitätsprofessor. Daß sowohl der Gründer Hans Schemm als auch sein Nachfolger Wächtler aus dem Volksschullehrerstand hervorgegangen waren, erklärt die rasche und große Breitenwirkung. Für die Stadt Bayreuth brachte der NSLB eine spürbare Aufwertung, weil sie im neuen Staat auf Reichsebene zur Zentrale eines großen Berufsverbandes geworden war, der zwar keine „Gliederung" der NSDAP war, aber mit seinem Reichswalter eine Institution für das gesamte Reich darstellte, die in der Stadt eine Reihe von Dienststellen unterhielt. Der NSLB trat auch mit eigenen Publikationen hervor und gab u. a. die Zeitschrift „Der deutsche Erzieher" heraus, in der die Führungsrolle Bayreuths immer wieder betont wurde. In einem Bayreuth-Artikel dieses Blattes wurde beispielsweise überschwenglich festgestellt, daß Berlin des Reiches Hauptstadt, Hamburg des Reiches Tor zur Welt, Nürnberg die Stadt der Reichsparteitage, München des inneren Reiches Hauptstadt sei; „Bayreuth aber ist des Reiches erste Kultur- und Erziehungsstätte".

Deutsche Eintracht mit kirchlichem Zwiespalt

Von den christlichen Konfessionen waren in Bayreuth 1933, der geschichtlichen Entwicklung entsprechend, die Lutheraner die zahlenmäßig größte und stärkste Gruppe, gefolgt von den Gläubigen der römisch-katholischen Kirche und den Evangelisch-Reformierten. Wie die Kirche im Dritten Reich in Gefährdung, Bedrängnis und Zwiespalt geriet, spiegeln am deutlichsten die Vorgänge in der evangelisch-lutherischen Kirchengemeinde Bayreuths wider.

Nach der Machtübernahme Hitlers wurde in Bayreuth auch in Kreisen der evangelischen Kirche der „Aufbruch der Nation" überwiegend positiv aufgenommen, erhoffte man sich doch davon auch eine Überwindung der kirchlichen Schranken. Seitdem Hitler rechtmäßig Reichskanzler geworden war und der Reichspräsident die neue Regierung bestätigt hatte, galt das Gebot „Jedermann sei untertan der Obrigkeit" als selbstverständliche Verpflichtung. So schwenkten auch die kirchlichen Vertreter voll auf den nationalen Kurs des Staates ein. Im März 1933 hißten die Pfarrhäuser der evangelischen Gemeinden Bayreuths schwarzweißrote Fahnen, was zwar noch kein Bekenntnis zu Hitlers Partei und zum Hakenkreuz war, aber eine Absage an den alten Weimarer Staat und sein Schwarz-Rot-Gold. Am 5. März hielt Oberkirchenrat Prieser in der Stadtkirche eine Predigt zum Thema „Fall und Wiederaufstieg unseres Volkes". Am 12. März, der zum Volkstrauertag erklärt war, kam es zu einem Gottesdienst, bei dem die vaterländischen Verbände mit Fahnen in die Stadtkirche einzogen und ein SA-Musikzug das niederländische Dankgebet intonierte. Zum Staatsakt am 21. März 1933 in Potsdam läuteten auch in Bayreuth die Kirchenglocken. Die Optimisten, die allerdings daran glaubten, daß sich das im Parteiprogramm der NSDAP versprochene „positive Christentum" zum Wohle von Staat, Volk und Kirche verwirklichen lasse, sahen sich schon bald maßlos getäuscht.

Am 6. Mai 1933 wählte die im Bayreuther Gemeindehaus tagende Landessynode den Direktor des Nürnberger Predigerseminars, Oberkirchenrat Hans Meiser (1881 – 1956), zum Landesbischof. Bisher hatte immer ein „Kirchenpräsident" die bayerische Landeskirche geleitet. Meiser wurde der erste bayerische Landesbischof, hatte aber als solcher gleich die Autonomie seiner Landeskirche zu vertreten und verteidigen. Mit der bayerischen Landeskirche geriet unter seiner Führung auch die Bayreuther Kirchengemeinde in die Auseinandersetzungen des sogenannten „Kirchenkampfes". Eine neuentstandene Reichskirchenbewegung mit einem Reichsbischof an der Spitze versuchte, eine Nationalkirche zu schaffen. Die von Hitler befürwortete und begünstigte neue Organisation fand auch sogleich Anhänger bei seinen Parteigenossen, konnte aber nicht über die Mitglieder der evangelisch-lutherischen Landeskirche verfügen. Der Versuch, gewaltsam eine Einverleibung der Landeskirchen durchzusetzen, scheiterte am Widerstand Bayerns und Württembergs. Eine Eingliederung wurde von der bayerischen Landessynode 1934 abgelehnt. Die Einrichtung eines „Kirchenkreises Bayreuth-Ostmark" mißlang. Landesbischof Meiser, der zu Bittgottesdiensten aufgerufen hatte, konnte nach zeitweiliger Inhaftierung seine Arbeit wiederaufnehmen. Am 31. März predigte der Landesbischof in der Bayreuther Stadtkirche. Die Erhaltung der Landeskirche erschien gesichert. Die kleine Gruppe der Reichskirchenanhänger nahm dies allerdings zum Anlaß, am 5. April 1935 eine eigene Gemeinde der „Deutschen Christen" zu bilden. Am 16. Juni hielt ein Ansbacher Pfarrer in der Spitalkirche den ersten Gottesdienst.

Da die Spitalkirche Eigentum der Hospitalstiftung war und dem Verfügungsrecht der Stadt unterstand, konnte die alte Stadtkirchengemeinde mit ihren Protesten nichts bewirken. Von 1936 bis 1945 wurden in der Spitalkirche Gottesdienste und kirchliche Handlungen (Taufen, Konfirmationen und Trauungen) nach dem Ritus der Deutschen Christen abgehalten. Das Glaubensbekenntnis ließ sich mit der als Schlagwort gebrauchten Formel umschreiben: Ein Volk, ein Führer, ein Glaube. Es wurde zum Gehorsam gegenüber Führer und Staat aufgerufen und die Verbundenheit mit Blut und Boden herausgestellt. Christliche Lehre, die Sündenvergebung um Christi willen, wurde nicht mehr verkündigt.

Die Erwartungen, die Reichsbischof Müller mit seinem Bayreuth-Besuch im Mai 1937 (Rede in der Sieberthalle) verband, nämlich eine Mehrheit jener Bayreuther zu gewinnen, „die mit der (bisherigen) Kirche nichts mehr anfangen können", erfüllten sich nicht. Es ließen sich jedoch in der Folgezeit weit mehr als tausend Personen in Bayreuth bei den „Deutschen Christen" aufnehmen. Bei der Bildung der lutherntreuen Bekenntnisgemeinschaft hatten sich aber über 8000 eingetragen! Im gesamten Kirchenkreis Bayreuth zählte man Mitte der 30er Jahre rund 76 000 eingetragene Gemeindemitglieder der Bekennenden Kirche und 2380 bei den „Deutschen Christen". Schwer erschüttert wurde die alte evangelisch-lutherische Gesamtgemeinde durch einen Schlag, der aus dem Hinterhalt gegen ihr Oberhaupt geführt wurde. Eine bis heute anonym gebliebene Verleumdung verdächtigte im Sommer 1936 Oberkirchenrat Prieser, unsittliche Handlungen an Minderjährigen begangen zu haben. Prieser kam in Untersuchungshaft, damals als „Schutzhaft" bezeichnet. Als sich die Unhaltbarkeit der Vorwürfe herausstellte, konnte Prieser seine Tätigkeit wiederaufnehmen: Zum Erntedankfest 1936 hielt er die Festpredigt in der Stadtkirche. Mit Beginn des Jahres 1937 trat er in den Ruhestand.

Eine Aushöhlung der kirchlichen Arbeit zeigte sich in fast allen Bereichen, in denen bisher die evangelische Kirche Sozialarbeit geleistet hatte: Das Winterhilfswerk wurde verstaatlicht, die Jugendarbeit ausschließlich der Hitlerjugend zugeordnet. 1937 mußten die im Städtischen Krankenhaus tätigen Krankenschwestern (Diakonissinnen) durch NS-Schwestern ersetzt werden. 1941 wurde die kirchliche Presse eingestellt. Die Verhältnisse zwangen dazu, das Gemeindehaus an die Deutsche Arbeitsfront zu verkaufen.

Die Machthaber Bayreuths im Dritten Reich

Der gebürtige Bayreuther Hans Schemm (1891 – 1935), ein „Alter Kämpfer" der Partei, die sich 1933 zu *der* (d. h. einzigen noch geduldeten) Partei machte, war als Gauleiter des neuen Großgaues Bayerische Ostmark und Reichswalter des NS-Lehrerbundes Hitlers Schlüsselfigur für Nordostbayern schlechthin und damit tonangebend auch in der Stadt Bayreuth, die nach Verlust des Sitzes der Regierung von Oberfranken ihre neue Zentralfunktion als Gauhauptstadt zu erfüllen hatte. Der Fürther Dr. Karl Schlumprecht, der im April 1933 mit 32 Jahren Oberbürgermeister wurde (der jüngste im ganzen Reich), lenkte zwar den neuen Stadtrat ganz im Stile des Führerprinzips und nach den Maximen der NS-Ideologie und war in der Öffentlichkeit nur in schwarzer SS-Führer-Uniform zu sehen, stand aber gänzlich im Schatten des großen Demagogen Schemm, der sich als Einheimischer in der Stadt großer Popularität erfreute. Nach Schemms Tod durch Flugzeugabsturz am 5. März 1935 ernannte Hitler

Fritz Wächtler, Schemms Nachfolger als Gauleiter und Reichswalter des NS-Lehrerbundes

einen Thüringer mit ähnlicher Parteikarriere zu Schemms Nachfolger.

Fritz Wächtler, wie Schemm 1891 geboren und ehemaliger Volksschullehrer, war Mitglied der NSDAP seit 1925 und Mitbegründer des NSLB und schon vor der Machtübernahme Minister für Volksbildung in Thüringen. Er erschien Hitler wohl wegen der Personalunion von Gauführung und Leitung der Lehrerschaft als die geeignete Persönlichkeit für eine bruchlose Fortsetzung im Stile Schemms. In Bayreuth fand Wächtler jedoch nur geringe Resonanz. Selbst im eigenen Lager hatte er nur wenige Freunde. Sein Stellvertreter als Gauleiter, der schon als Schemms Kampfgenosse bekannte Ludwig Ruckdeschel, gehörte nicht dazu. Als Wächtler immer deutlicher erkennen ließ, daß er als oberster Parteimann auch die Führungsrolle in Bayreuth selbst beanspruchte, stieß er auf Widerstand, der vor allem am Beispiel der für die damaligen Machtverhältnisse bezeichnenden Bayreuther Ärzteaffäre offenbar wurde.

Für den totalen Nationalsozialisten Wächtler war es ein Dorn im Auge, daß zwei führende Bayreuther Ärzte, Dr. Wolfgang Deubzer und Dr. Hermann Koerber, auf deutliche Distanz zur Partei gingen und keine Parteigenossen wurden. Als Schlumprecht die beiden durch den Stadtrat, aber ohne Zustimmung des Gauleiters, zu Chefärzten des Städtischen Krankenhauses machte, erschien Schlumprecht für Wächtler als Oberbürgermeister der Gaustadt nicht mehr tragbar. Schlumprecht konnte sich einer weiteren Auseinandersetzung entziehen, indem er in München die Stelle eines Ministerialdirektors übernahm. Die Suspendierung der beiden Ärzte, denen Wächtler „Sabotage am Volksgesundheitswerk" vorwarf, und die vorübergehende Verhaftung der beiden, Vorgänge, die sich nicht verheimlichen ließen und in Bayreuth bei vielen auf Ablehnung stießen, trugen nicht dazu bei, Wächtlers Ansehen zu stärken.

Der von Wächtler als neuer Mann protegierte Dr. Otto Schmidt, der vom Amt des Oberbürgermeisters in Coburg nach Bayreuth wechselte, konnte das Dilemma nicht bereinigen. Er war nur wenige Monate, vom 27. 7. 1937 bis 3. 5. 1938, Bayreuther Oberbürgermeister. Als auch er vor Wächtler kapitulierte und einen Dienstort außerhalb Bayreuths vorzog, glaubte Wächtler, durch Übernahme der Amtsgeschäfte sich durchsetzen zu können. Seine eigenmächtige Einsetzung als kommissarisches Stadtoberhaupt fand jedoch nicht die Billigung Hitlers, dem die Bayreuther Verhältnisse bekanntgeworden waren. Hitler sprach Wächtler gegenüber die Erwartung aus, daß bis zu Beginn der Festspiele 1938 ein neuer Oberbürgermeister im Amt

Dr. Fritz Kempfler

sei. Dies kam einem Führerbefehl mit Ultimatum gleich.

Am 1. Juli 1938 trat Dr. Fritz Kempfler sein Amt als Oberbürgermeister an, das er bis kurz nach der Besetzung der Stadt durch die Amerikaner innehatte. Der gebürtige Niederbayer gehörte seit 1932 der NSDAP an. Der 33jährige Jurist, Stipendiat des Maximilianeums in München, hatte bereits als junger Bürgermeister in Fürth erste kommunalpolitische Erfahrungen gesammelt. Ihm gelang es besser als seinen Vorgängern, sich in der Wagnerstadt zu profilieren und neben dem Gauleiter zu behaupten.

Vergrößerung des Stadtgebiets durch Eingemeindungen 1939

Als seinen ersten sichtbaren Erfolg verbuchte Kempfler die Eingemeindungen, durch die mit Wirkung vom 1. April 1939 das Stadtgebiet wesentlich vergrößert und die Einwohnerzahl um 2200 erhöht werden konnte. Kempfler legte Wert darauf, daß diese Maßnahmen nach langen Verhandlungen ohne Zwang erreicht wurden. „Nie mehr wird Bayreuth in die Ruhe eines kleinen geruhsamen Provinzstädtchens zurücksinken." Eingemeindet wurden Colmdorf, St. Johannis und Meyernberg sowie Gemeindeteile von Bindlach, Crottendorf, Cottenbach und Oberkonnersreuth. In einigen neueingemeindeten Gebieten war die Bebauung Bayreuths längst in das Areal der Nachbargemeinden hineingewachsen, so zum Beispiel im Norden bei der Bürgerreuth, am Schießhaus und beim Krankenhaus an der Hohen Warte. Durch die Gebietsreform vergrößerte sich das städtische Areal um rund 1000 Hektar. Das war fast die Hälfte des alten Stadtgebiets. Kempfler zufolge soll Reichsstatthalter von Epp ihm mitgeteilt haben, er möge doch noch einen kleinen Teil Oberfrankens außerhalb Bayreuths belassen.

Die Bayreuther Festspiele im Dritten Reich (1933 – 1939)

1933 lag die Gesamtleitung der Festspiele zum zweiten Male in den Händen von Winifred Wagner. Große Dirigenten waren Garanten des hohen Niveaus: Richard Strauss, Wilhelm Furtwängler, Arturo Toscanini. Daß letzterer als Jude bald eine Absage schickte, wurde zwar als Mißklang und Verlust empfunden, konnte aber die Euphorie der Veranstalter nicht wesentlich dämpfen. Wußte man doch, daß der „Führer" selbst als fanatischer Wagnerianer die Festspiele förderte: Aus seinem persönlichen Fonds belohnte er jede Neuinszenierung mit einem namhaften Geldbetrag. So wurde, wie Michael Karbaum 1976 in seinen „Studien" zum 100jährigen Jubiläum resümierte, die Geschichte der Bayreuther Festspiele zwischen 1933 und 1944 „zu einem guten Teil die Geschichte der Beziehungen zwischen Hitler und Bayreuth". Thomas Mann nannte das Festspielhaus „Hitlers Hoftheater". Im Theater verbat sich Hitler zwar alle Ovationen mit der Begründung, daß es „keine herrlichere Äußerung deutschen Geistes als die unsterblichen Werke des Meisters selbst" gebe, aber während der Auffahrt und vor dem Festspielhaus ließ er sich gern stürmisch umjubeln, und vom Fenster neben dem Balkon zeigte er sich auch für Augenblicke der Menge.

Aus Anlaß der Tausendjahrfeier des Reichs wurde als besonderes Geschenk an den Führer ein „deutscher Lohengrin" inszeniert, der als „unaufdringliche Herausarbeitung des Führergedankens" gerühmt

Adolf Hitler wird am Königsportal des Festspielhauses von Winifred Wagner begrüßt

Anschluß an die Reichsautobahn (1937)

Daß bei den geplanten „Straßen des Führers" die Trasse der großen Nord-Süd-Verbindung Berlin – München im Mittelstück von Hof über Bayreuth nach Nürnberg gelegt wurde, begrüßte man in der Wagnerstadt als ausgleichende Entschädigung für die Benachteiligung beim Eisenbahnbau im 19. Jahrhundert. Die Fertigstellung der Autobahn brachte für die Gauhauptstadt zweifellos eine enorm verbesserte Anbindung an den Fernverkehr. Am 15. Juli 1937 konnte Gauleiter Wächtler bei Berneck das Teilstück Lanzendorf–Bayreuth für den Verkehr freigeben. Mit der Eröffnung der Strecke Bayreuth–Nürnberg am 4. September des gleichen Jahres war die ganze Nord-Süd-Achse befahrbar. Ein großes Autobahnrasthaus mit 200 Betten war im Bereich der Oberen Röth geplant, wurde aber nicht mehr gebaut. Die private Motorisierung mit PKWs hielt sich indessen sehr in Grenzen. Die Sparer, die auf ihren „Volkswagen" warteten, mußten sich bei Kriegsausbruch auf später vertrösten lassen. Wachsender Beliebtheit erfreute sich das Motorrad. Im Studentenwald bei der Saas wurde eine Motorsportschule eingerichtet. Der 1936 begonnene städtische Omnibusverkehr verfügte zunächst nur über eine einzige Linie. 1939 hatte man schon mehrere Busse.

Die Ludwig-Siebert-Festhalle

Am 26. September 1936 wurde die nach dem damaligen bayerischen Ministerpräsidenten benannte Ludwig-Siebert-Festhalle eingeweiht, die nach den Plänen von Architekt Hans C. Reissinger durch Umgestaltung der alten markgräflichen Reithalle entstanden war. Ein großer Festsaal mit einer Orgelempore und zwei freitragenden Emporen an den Längsseiten bot Raum für 2000 Sitzplätze. Der Haupteingang am Jean-Paul-Platz erfuhr eine grundlegende repräsentative Neugestaltung. Als offizieller Empfangsraum der Stadt wurde der Balkonsaal eingerichtet. An seinen mit Seidendamast bespannten Wänden reihten sich Bildnisse berühmter Männer und Frauen des Musiklebens. Als weitere Versammlungsräume wurden der Hofgartensaal, Konferenzsäle, Künstler- und Ausstellungszimmer geschaffen, eine große Wandelhalle einge-

wurde. Der „Mainzer Anzeiger" schrieb dazu: „Es mag gut in den Monat Juli 1938 gepaßt haben, die Gestalt Heinrichs I. im dritten Akt des Lohengrin nachdrücklich zu betonen. Heinz Tietjen erreichte es, indem er den Darsteller des Königs hoch zu Roß auf die Bühne reiten, seine Ansprache vom Pferde singen und den König sich erst dann in die Reihen der Mannen stellen läßt, die Lohengrin erwarten." Gleichzeitig erinnerte man daran, daß eine Lohengrin-Aufführung in Linz Hitlers Wagner-Verehrung ausgelöst hatte. Mit Furtwängler als Dirigenten und Franz Völker und Maria Müller in den Hauptrollen wurde die Neuinszenierung auch künstlerisch ein herausragendes Ereignis.

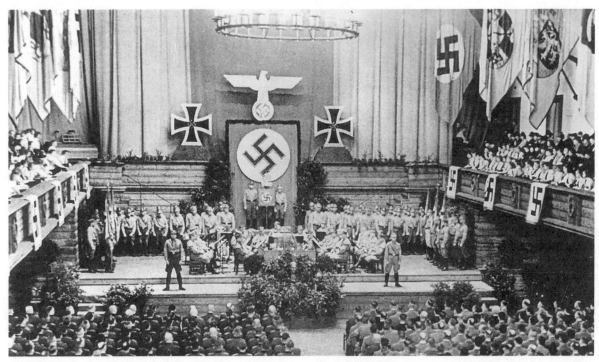

Kundgebung der NSDAP in der Ludwig-Siebert-Halle, 1941

baut und Wirtschaftsräume im Flügelbau einbezogen. Von Anfang an war die so geschaffene Anlage mit ihrem Großen Saal und dem Platz am Geißmarkt und Jean-Paul-Platz auf die Verwendbarkeit für Massenkundgebungen ausgerichtet. So schrieb der Architekt selbst, daß im Festsaal bei Versammlungen auch 3000 Personen Platz finden können und der Platz am Hofgarten (der heutige Parkplatz beim Kleinen Haus), „ideal für Kundgebungen und Aufmärsche im Herzen der Stadt", 20 000 Menschen fassen könne und „infolge geschlossener Raumwirkung akustisch günstig" sei.

Die sog. „Reichskristallnacht" 1938 in Bayreuth

Die Ermordung eines deutschen Gesandtschaftsangehörigen in Paris durch einen 17jährigen Juden lieferte den Machthabern des Dritten Reichs den Anlaß zu brutalem Vorgehen gegen die Juden, wie es die Ereignisse der sog. „Reichskristallnacht" im November 1938 widerspiegeln. Am 9. November fanden überall im Reich Kundgebungen zum Gedenken an den 15. Jahrestag des Münchner Hitlerputsches von 1923 statt. Auch in der Ludwig-Siebert-Halle gab es am Abend dieses Tages eine solche Veranstaltung. Gauleiter Wächtler weilte zur großen Feier der NSDAP in München, wo Dr. Goebbels als Reichsminister für Volksaufklärung und Propaganda den anwesenden Parteiführern nähere Anweisungen über das geplante Vorgehen gab. Soweit rekonstruierbar, rief der Gauleiter von München aus in seiner Bayreuther Dienststelle an und befahl, daß noch in der gleichen Nacht auch in Bayreuth der „spontane Ausbruch der Volkswut" zu organisieren und zu inszenieren sei.

So erhielten viele SA-Leute, die von der Gedenkfeier bereits wieder daheim waren, zu später Stunde Befehle, in Zivil am Abzweig der Opernstraße zur Wölfelstraße zu erscheinen. Von dort aus drangen sie gewaltsam in die Synagoge ein. Eine Brandlegung konnte Oberbürgermeister Kempfler zwar mit dem Hinweis auf die

Gefährdung des angrenzenden Opernhauses verhindern, aber die Einrichtung wurde demoliert oder abtransportiert. Der ausgelöste Vandalismus richtete sich auch gegen die wenigen noch vorhandenen jüdischen Geschäfte am Luitpoldplatz, in der Carl-Schüller-Straße und am Schloßberglein. Die Verwüstung und Vernichtung jüdischen Eigentums war verbunden mit weiteren Exzessen, die sich gegen die jüdischen Bürger selbst richteten. Diese wurden nach Mitternacht aus den Betten geholt, zusammengetrieben und im Viehstall der Rotmainhalle eingesperrt. Verhaftet wurde auch Justin Steinhäuser, Träger des Eisernen Kreuzes 1. Klasse und angesehener Bürger. Auch der jüdische Schuhgeschäftsinhaber Zwirn wurde nicht verschont, obwohl seine allgemeine Hilfsbereitschaft stadtbekannt war und von ihm jährlich größere Spenden für das deutsche „Winterhilfswerk" geleistet wurden.

Wie vielfach auch andernorts erlebten die Bayreuther Juden bei diesem Novemberpogrom Todesängste und Demütigungen, Verluste und Schäden, über die sich die Machthaber in der Lokalpresse nur zynisch äußerten. Die meisten Verhafteten wurden zwar am 10. November wieder freigelassen, 23 von ihnen aber ins Gefängnis St. Georgen eingeliefert. „Auf höhere Weisung" hin wurden von diesen wiederum elf nach drei Wochen entlassen. Für die zwölf weiterhin Inhaftierten, die aus Bayreuth abtransportiert wurden und nach Dachau kommen sollten, begann ein langer Leidensweg. Auch die wieder Freigelassenen galten mehr oder weniger als vogelfrei. Von den Aktivisten des Pogroms wurden 1949 beim Landgericht Bayreuth 17 Personen angeklagt und zehn davon zu Gefängnisstrafen verurteilt. Im September 1951 wurden zwei weitere Beteiligte zu einer Gefängnisstrafe verurteilt.

Das erschütternde weitere Schicksal der Bayreuther Juden hat Sonja Nichtl ermittelt und dargestellt. Nach einer Statistik lebten 1941 noch 78 Juden in der Stadt. 60 von ihnen wurden am 27. November 1941 morgens um 5 Uhr durch die Gestapo verhaftet und in ein Sammellager nach Nürnberg gebracht. Sie kamen zusammen mit anderen von dort in das Auffanglager „Jungfernhof" bei Riga. Ein Teil von ihnen wurde mit rund 1700 Internierten am 26. 3. 1942 in einem Wald bei Riga mit Maschinengewehren erschossen und in ein Massengrab geworfen. Die noch übrigen kamen Ende November nach Auschwitz in die Gaskammer. Von den in Bayreuth zurückgebliebenen 18 Juden wurden am 12. Januar 1942 elf nach Bamberg in ein jüdisches Altersheim gebracht. Unter ihnen befand sich auch der Justizrat Berthold Klein. Sie kamen von Bamberg aus nach Theresienstadt und von dort nach Litauen und Auschwitz. Zwei mit Nichtjüdinnen verheiratete Juden waren noch zurückgeblieben. Als man dem einen die Leichenhalle des jüdischen Friedhofs als Wohnung zuwies, erschoß er sich. Der Jude Heinrich Cahn erhängte sich. Von den deportierten Juden erlebten nur fünf ihre Befreiung. Darunter war ein Ehepaar, das nach Schweden auswanderte. Nach Bayreuth kehrten nur eine Frau mit ihrer Tochter und Justin Steinhäuser zurück.

Justin Steinhäuser, geboren 1891 in Burgkunstadt, war um die Jahrhundertwende mit seinen Eltern nach Bayreuth gezogen. Im 1. Weltkrieg wurde er mit dem Eisernen Kreuz 1. Klasse ausgezeichnet, verlor aber den linken Arm. Seine Ehe mit einer Christin wurde 1933 in der NS-Presse als „Rassenschande" gebrandmarkt. Er durfte aber nach einer Geldzahlung an die Stadt in seiner Wohnung bleiben. Im November 1944 wurde auch er abgeholt und in ein Zwangsarbeitslager nach Thüringen gebracht. Auf einem Transport von dort nach Flossenbürg konnte er sich im April 1945 absetzen und versteckt halten, bis die Amerikaner kamen. Bis zu seinem Tod 1966 setzte er sich als Stadtrat und Bürger für den demokratischen Aufbau ein.

Baumaßnahmen, Pläne und Modelle für ein gigantomanes „Groß-Bayreuth"

In neuerschlossenen Baugebieten wurden mehrere neue „Siedlungen" mit Einfamilienhäusern gebaut. Während in der Saas und am Roten Hügel ein Haustyp den Vorzug erhielt, dessen Gestehungskosten besonders niedrig blieben, wußte man doch sehr wohl auf Unterschiede des Wohnkomforts zu achten. Die „SA-Heimstätten am Gut Birken" ließen den vorgenannten gegenüber bereits eine deutlich bessere Ausstattung erkennen. Zu Füßen des Grünen Hügels entstanden in der „Hans-Schemm-Gartenstadt" Villen einer gehobenen Kategorie, die für einfache „Volksgenossen" nicht nur unerschwinglich, sondern auch tabu blieben. Architekt Hans Reissinger, seit 1934 Beauftragter für den Generalbebauungsplan Bayreuths, fand mit seinen Plänen zur Umgestaltung der Stadt zunehmend die Zustimmung Hitlers. Geplant wurde ein großflächiges „Gauforum Bayreuth" mit Gauleitungsgebäude, einer Gauhalle für 10 000 Personen, einem Stadttheater, das 3000 Menschen Platz bieten sollte, und einem Gausportfeld. Mit einem Turm als neuem Wahrzeichen und einer breiten Prachtstraße sollte alles vorher in Bayreuth Gebaute in den Schatten gestellt werden. Nach Ausmaß und Monumentalität war dies auch kaum mehr zu überbieten. Der Abbruch von rund 80 älteren Gebäuden war bereits beschlossene Sache. Im Süden des geplanten Zentrums der Gauhauptstadt sollte ein großer Park mit einem See den Abschluß bilden. Für die Unterbringung von Gästen wurden Hotels mit großer Kapazität vorgesehen. 1939 war am Geißmarkt bereits die Bauhütte errichtet. Modelle im Wert von 80 000 Reichsmark wurden erstellt und begutachtet. Sie sind das einzige, was noch von dieser Großplanung geblieben ist. Der Kriegsbeginn vereitelte die Durchführung des Vorhabens.

Hitler, der sich ein neues Bayreuth im Dienst seiner Ideologie wünschte, wollte auch eine völlig neue Gestaltung des Festspielhauses und des Grünen Hügels erreichen. Am liebsten hätte er das Festspielhaus durch einen riesigen Marmortempel ersetzt und aus dem Grünen Hügel eine Art Bayreuther Akropolis des Dritten Reichs gemacht. Pläne eines Kölner Architekten wurden 1940 dazu vorgelegt. Wie das Gauforum wurden auch diese Entwürfe wohl viel diskutiert, aber nie verwirklicht.

Der Kriegsausbruch 1939

Er wurde in Bayreuth lange nicht so markant als schicksalhafter Einschnitt empfunden wie der Beginn des 1. Weltkrieges in den Augusttagen 1914. Hitlers Vorbereitungen zum Krieg gegen Polen waren längst im Gange, als er den überraschenden Nichtangriffspakt mit Sowjetrußland schloß. Da er ursprünglich bereits am 25. August Polen angreifen wollte, war die militärische Vorbereitung schon vorher angelaufen. Das Bayreuther Infanterieregiment 42 hatte am 24. den Befehl erhalten, Marschbereitschaft herzustellen, und war in den darauffolgenden Tagen mit der Eisenbahn an die polnische Grenze in Oberschlesien befördert worden. Am 1. September um 5.05 Uhr überschritten die Soldaten des Bayreuther Regiments bei Teichwalde die polnische Grenze. Bereits der erste Kriegstag forderte das Opfer von 9 Gefallenen. Noch hoffte jedermann, daß der Blitzfeldzug in wenigen Tagen den Frieden wiederherstellen würde. Schon am 3. September zogen die Bayreuther in Tschenstochau ein.

Der 1. September verlief für die Daheimgebliebenen in der Stadt kaum anders als in anderen deutschen Städten: Die Bevölkerung hörte die Führerrede und die ersten Nachrichten von öffentlichen Lautsprechern, im Betriebsradio oder an den „Volksempfängern" daheim. Ein Lautsprecherwagen des Gaues Bayerische Ostmark stand vor dem Alten Schloß, die Gauzeitung „Bayerische Ostmark" brachte noch am gleichen Tag ein Extrablatt heraus. Die Kasernen füllten sich mit einberufenen Reservisten, die nun ein Ersatzbataillon bildeten.

Bereits in den letzten Augusttagen waren Lebensmittelkarten und Bezugsscheine für dringende Bedarfsartikel eingeführt worden. Viele Artikel verschwanden schlagartig von den Ladentischen. Von den Lebensmitteln waren anfangs nur Eier, Mehl, Brot und Kartoffeln noch frei zu haben. Der an sein Bayreuther Bier gewöhnte Bürger mußte nun bis lange nach Kriegsende fast ausschließlich mit alkoholarmem „Dünnbier" vorliebnehmen. Wirtschaftsamt und Ernährungsamt fungierten als wenig beliebte, aber unumgängliche Behörden.

Drastisch von der bisherigen Friedenszeit unterschieden sich für den Bayreuther Bürger vom ersten Kriegstag an auch die Nächte. Die strikte Anordnung zur totalen Verdunklung aller Straßen und Plätze, aller Gebäude und Fahrzeuge wurde als Sicherung gegen feindliche Luftangriffe streng überwacht. Nach Reichsluftschutzgesetz wurde der zivile Luftschutz ausgerufen. Für die Bevölkerung standen im Stadtgebiet 44 Schutzräume zur Verfügung, die bei Fliegeralarm von allen aufzusuchen waren. Alle Haus- und Blockwarte der Partei, Schutzraum-, Werk- und Betriebsschutzleiter wurden Hilfspolizisten, deren Anordnungen von jedermann zu befolgen waren. In Luftschutzkursen waren schon seit langem nicht wehrpflichtige Männer ausgebildet worden, so vor allem für Schutzmaßnahmen im Falle des allgemein befürchteten Giftgaskrieges. Eine „Volksgasmaske" wurde dringend empfohlen und angeboten. Schüler der Oberklassen mußten bei Fliegeralarm auf der Hauptwache der Polizei erscheinen, um im Bedarfsfall mit entsprechender Ausrüstung als „Gasspürer" eingesetzt werden zu können.

Einen Strukturwandel in der Bevölkerung bedeutete nicht nur der Kriegseinsatz vieler wehrpflichtiger Männer, sondern auch die durch die Räumung an der französischen Grenze verursachte Aufnahme von sog. „Rückwanderern" aus dem Saargebiet. Für über 5000 Personen aus Saarbrücken, Zweibrücken und Umgebung mußten von der Bayreuther Bevölkerung Quartiere zur Verfügung gestellt werden. Die Saarländer konnten erst im Sommer 1940 nach dem Frankreichfeldzug wieder in ihre Heimat zurückkehren.

Die „Kriegsfestspiele" 1940 bis 1944

Es ist überliefert, daß Hitler in Weimar nie ein Theater, wohl aber die Oper besuchte. Das Größte und Erhabenste der Oper schlechthin und im Werk Richard Wagners im besonderen war für ihn der Abschluß der großen Ring-Tetralogie, das Finale der „Götterdämmerung". Der Hitlerbiograph Joachim Fest berichtet unter Berufung auf Reichsminister Albert Speer als Augenzeugen: „Immer, wenn in Bayreuth die Götterburg unter dem musikalischen Aufruhr brennend in sich zusammensank, ergriff er (Hitler) im Dunkel der Loge die Hand der neben ihm sitzenden Frau Winifred und verabreichte ihr bewegt einen Handkuß." Kaum jemand ahnte damals, daß die mythologisch-musikalische Götterdämmerung der Bayreuther Festspielbühne nur die bombastisch-euphemistische Vorwegnahme der makabren infernalisch-realistischen Untergangsgeschichte des Dritten Reichs werden sollte, in die auch der Nebenschauplatz Bayreuth in den letzten Kriegswochen noch hineingeraten sollte. „Götterdämmerung" heißt auch das letzte Kapitel der genannten Hitlerbiographie, und so lautet auch der Titel eines Buches, das über die letzten Kriegstage in Bayreuth berichtet.

Bei Kriegsbeginn 1939 waren die offiziellen Erwartungen ganz auf einen deutschen „Endsieg" eingestellt. Jeder Zweifel galt als Defätismus, dem Defätisten drohte die Todesstrafe. Hatte man 1914 für die Dauer des Krieges die Festspielaufführungen eingestellt, so war Hitler in seiner Siegesgewißheit stolz darauf, das Gegenteil praktizieren zu können. Er ordnete „Kriegsfestspiele" an, als deren Veranstaltungsträger er die NS-Organisation „Kraft durch Freude" mit ihrem Reichsleiter Robert Ley bestimmte. Der freie Kartenverkauf wurde eingestellt, die Künstler und die Aufführungskosten bezahlte der Staat. Abgeordnete Frontsoldaten, Verwundete, Rüstungsarbeiterinnen und kinderreiche Mütter erhielten als „Gäste des Führers" Freikarten für das Festspielhaus und kostenlose Unterbringung in der Wagnerstadt. Sie kamen meist in Gruppen und gingen wieder; von Festlichkeit spürten sie wenig.

Dr. Robert Ley verkündete: „Im Kriegsjahr spielt Bayreuth für den Arbeiter und den Soldaten allein." So versuchte man, im Dienste der NS-Ideologie Wagners Wunsch vom kostenlosen Theaterbesuch für jedermann zu verwirklichen. Das „Volkserlebnis Bayreuth", von dem die Parteizeitung „Völkischer Beobachter" im Juli 1941 berichtete, konnte von der linientreuen gleichgeschalteten Presse nur in diesem Sinne den deutschen Lesern vermittelt werden. Immerhin wagte es ein Leitartikler der „Frankfurter Zeitung", in seine Bayreuth-Reportage die Sätze aufzunehmen: „Den Festspielgästen, wurde gesagt, kann man nicht ins Herz sehen. Haben sie eine besondere, eine persönliche Beziehung zu dem, was sie hier erwartet?" Statt einer Antwort hob er hervor, daß der Leiter des Reichsmusikzuges des Arbeitsdienstes, der Marschliederkomponist Herms Niel (Soldatenlied „Auf der Heide blüht ein kleines Blümelein, und das heißt Erika" und weitere, bekannt auch als Vertoner des Kampfliedes „Wir fahren gegen Engeland"), im Garten von Wahnfried ein Standkonzert gab und auch in den Festspielpausen auf der Bürgerreuth weitere Kostproben lieferte.

Zu den Aufführungen im Festspielhaus wurden Führergästen auch Eintrittskarten für die Luftschutzbunker ausgegeben, die man am Grünen Hügel errichtet hatte. Bis 1944 zwang aber kein Fliegeralarm, diese während eines Kriegsfestspiels aufzusuchen. Mit einer Aufführung der „Meistersinger" gingen am 9. August 1944 die Kriegsfestspiele zu Ende. Von diesem Zeitpunkt an wich auch auf dem Grünen Hügel die propagierte „Siegesgewißheit" immer mehr einer tödlichen Ruhe vor dem großen Sturm.

Auflösung der Heil- und Pflegeanstalt und getarnte Durchführung der befohlenen „Euthanasie"

Der NS-Staat, der über Wert und Unwert menschlichen Lebens nach den Grundsätzen seiner wissenschaftlich fragwürdigen Rasse- und Vererbungslehre entschied, ließ in Bayreuth nach dem „Gesetz zur Verhütung erbkranken Nachwuchses" eine nicht unerhebliche Zahl (genannt werden 255) Zwangssterilisationen durchführen. In der Gauhauptstadt, deren Prominentenviertel unterhalb des Grünen Hügels in der „Hans-Schemm-Gartenstadt" lag, war den braunen Machthabern die Nähe der Heil- und Pflegeanstalt ein Dorn im Auge. In der Friedenszeit bis 1939 begnügte man sich noch damit, den Patienten über die Einrichtung von Lautsprecheranlagen die Übertragungen der Propagandasendungen und Hitlerreden zuzumuten. Nach Kriegsbeginn erreichte man, daß die Anstalt „für andere Zwecke" frei gemacht werden mußte. Am 1. Oktober 1940 wurde die Bayreuther Heil- und Pflegeanstalt „auf ausdrücklichen Befehl des Führers" für aufgelöst erklärt.

Von den 651 Patienten wurden 552 in die Anstalten in Erlangen, Ansbach und Kutzenberg verlegt. Viele (genaue Zahlen sind nicht mehr bekannt) kamen von dort in die Vernichtungslager. So erhielten beispielsweise Bayreuther Angehörige amtlich beglaubigte Sterbeurkunden mit fingierten Sterbeursachen aus Hartheim bei Linz. Durch den Einspruch und das geschickte Reagieren von Dr. Martin Hohl, dem Leiter der Bayreuther Heil- und Pflegeanstalt, wurden mehr als hundert Patienten vor der Verlegung bewahrt: Den Kranken, die einigermaßen für einfache Arbeiten verwendet werden konnten, wurde Arbeitsfähigkeit bescheinigt. Da man im Krieg auch auf nur teilweise einsatzfähige Arbeitskräfte angewiesen war, durfte dieses Argument nicht einfach negiert werden. Die Zurückbleibenden konnten aber dadurch vor dem Tod bewahrt werden. Die Bayreuther Anstaltsgebäude wurden von der NS-Volkswohlfahrt in ein Kinderlandverschickungsheim umgewandelt.

Die Luftangriffe im April 1945

Von den unbedeutenden Einzelangriffen und Fliegeralarmen abgesehen war die Wagnerstadt Bayreuth bis ins letzte Kriegsjahr vom Unheil des Luftkriegs verschont geblieben. In den Apriltagen 1945 wurde die bis zu diesem Zeitpunkt intakte Stadt zu mehr als einem Drittel in Schutt und Asche verwandelt. Das Unheil brachten von England aus startende und anfliegende Bomberverbände US-amerikanischer und britischer Herkunft. Am 5. April warfen 39 amerikanische Bomber, die in Begleitung von Jagdflugzeugen ihre Ziele anflogen, ihre Sprengstoff- und Brandbomben zwischen 10.46 Uhr und 12.19 Uhr hauptsächlich über dem Bahnhofsviertel ab. Es fielen aber auch Bomben in anderen Stadtgebieten (Altstadt, Kreuz, Herzoghöhe und Kasernenviertel).

Am 8. April brachten in der Mittagsstunde innerhalb weniger Minuten 51 US-Bomber ihre verderbenbringende Last im Kasernenviertel in Nähe Röhrensee ins Ziel. Getroffen wurde auch der Jean-Paul-Platz: Die Sieberthalle brannte aus. Die schwersten Angriffe folgten aber erst am 10. und 11. April. Dieses Mal waren 100 britische Maschinen vom Typ „Halifax" und 14 „Lancaster" mit mehreren Begleitflugzeugen unterwegs auf die wehrlose Stadt, die über keine Flugabwehr verfügte. Abgeworfen wurden 340 Tonnen Sprengstoff und fast 18 Tonnen Brand- und Leuchtbomben. Die ersten Bomben fielen an diesem Unheilstag um 14.53 Uhr.

Der britische Großangriff traf vor allem das Stadtzentrum am Luitpoldplatz (damals „Hans-Schemm-Platz"). Das „Haus der Erziehung" und das damalige „Neue Rathaus" (Reitzenstein-Palais), das Postamt, die Mainkaserne, der Fabrikgroßbau der Mechanischen Spinnerei wurden in Ruinen verwandelt. Mit einem Volltreffer zerstört wurde auch das mit einem großen roten Kreuz auf dem Dach gezeichnete Schulgebäude der Volksschule St. Georgen, ein Hilfslazarett, dessen Insassen, verwundete Soldaten, hier ums Leben kamen. Als Opfer registrierte man insgesamt 741 Personen, unter ihnen 82 Kinder und 76 Ausländer. Die Stromversorgung, der Telefonverkehr brachen zusammen, Straßen waren unbefahrbar, Teile der Innenstadt glichen mit ihren Kratern einer Mondlandschaft. Die Feuerwehr hatte in der brennenden Stadt

Das Bahnhofsgebiet nach einem Luftangriff im April 1945

Großeinsatz. Viele Menschen flohen, neue Angriffe fürchtend, mit ihrem letzten Hab und Gut aus der Stadt. Nach dem Urteil des Oberbürgermeisters war Bayreuth am 12. April „eine völlig tote Stadt".

Die Stunde Null: Amerikanische Truppen besetzen am 14. April 1945 die Stadt Bayreuth

Am Morgen des 14. April 1945 rückten amerikanische Einheiten von Altenplos her auf Bayreuth vor. Dem deutschen Truppenführer Leutnant Braun lag der Befehl vor: „Die Stadt Bayreuth wird bis zum Äußersten verteidigt." Angesichts der Aussichtslosigkeit kapituliert Braun mit seinen Soldaten im Bereich der Hohen Warte. Bevor es zu einem Angriff auf die Stadt kommt, finden Übergabeverhandlungen statt, bei denen Karl Ruth, ein entwichener Häftling des Zuchthauses St. Georgen, eine wichtige Rolle spielt.

Dieser Mann, ein Hesse, war 1933 als Kommunist nach Holland emigriert und 1940 in Brügge der Gestapo in die Hände gefallen. Er war längere Zeit in St. Georgen inhaftiert, konnte aber bei einem der Luftangriffe auf Bayreuth von dort entweichen und Kontakt mit den Amerikanern aufnehmen. Im Auftrag der Amerikaner erreichte er zunächst im Zuchthaus St. Georgen die Freilassung der Häftlinge. Dann fuhr er mit einem Jeep als Unterhändler zu Oberbürgermeister Kempfler. Ein amerikanischer Panzerspähwagen brachte beide nach Cottenbach. Dort forderte ein amerikanischer Major den Oberbürgermeister unmißverständlich zur Übergabe der Stadt auf. Den weiteren Ablauf beschreibt Bernd Mayer wie folgt:

„Es sei, so erklärt der Major, genügend Artillerie

aufgefahren, um die Stadt in Grund und Boden zu schießen. Also: Entweder Übergabe oder ‚we make Bayreuth flat ...'!

Für den zivilen Bereich einschließlich der Polizeikräfte stellt sich die Kapitulation im Grunde problemlos dar. Kempfler hat jedoch keine Kommandogewalt über die Truppe. In St. Johannis blockiert noch immer ein bockbeiniger General den Übergang zur Nachkriegszeit. Der Oberbürgermeister bekommt eine Galgenfrist eingeräumt, um diese Nuß zu knacken. Bei einem Treffen – sinnigerweise in der Nähe des Friedhofs von St. Johannis – redet er zusammen mit Karl Ruth mit Engelszungen auf den Kampfkommandanten Hagel ein, doch der bleibt dabei: ‚Befehl ist Befehl, die Stadt wird verteidigt ...'

Es bedarf des ganzen Verhandlungsgeschicks der beiden Unterhändler, um die Amerikaner von einem neuerlichen Luftbombardement abzubringen. Nur dem General, dessen Quartier den Invasoren bekannt wird, soll offenbar aufs starre Haupt geschlagen werden. Nach einem konzentrierten Jagdbomberangriff, dessen Wirkung durch Artillerie noch verstärkt wird, stehen von der Orangerie der Eremitage nur noch Ruinen. Der mächtige Adler auf der Kuppel des Sonnentempels fällt in den Staub. Nach dieser Demonstration militärischer Stärke zeigt auch der General Wirkung. Im Pfarrhaus von St. Johannis schreibt er seinen letzten Befehl nieder. Er ermächtigt die Einheitsführer, in eigener Entscheidung alle abkömmlichen Soldaten zum Befehlsstand nach St. Johannis zu entlassen. Der aufgelöste ‚Kampfstab' setzt sich am späten Nachmittag mit den gesammelten Truppenresten über Laineck in Richtung Osten ab. General Hagl, dem das Wort Kapitulation nicht über die Lippen kommt, hat sich schon vorher in das Stadtinnere begeben – in die Gefangenschaft.

Als an diesem Nachmittag die Panzer weitgehend störungsfrei ins Zentrum vorstoßen, weht zur Feier der ominösen Stunde Null manche weiße Fahne aus den Häusern. Der Stadt waren die Furien einer total übertourten Kriegsmaschinerie zum Schluß so fühlbar zu Leibe gerückt, daß die Sehnsucht nach Ruhe alle Zukunftsängste überdeckt."

Über die Vorgänge am Samstag, 14. April 1945, im Bereich der Innenstadt lieferte aus der Sicht der Feuerwehr deren Kreisführer Kurt Schurig in seiner Niederschrift zum Brand des Alten Schlosses einen aufschlußreichen Bericht, der freilich manche Fragen offenläßt. Als wichtigen Augenzeugen wollen wir ihn auszugsweise selbst zu Wort kommen lassen, verzichten aber auf Einzelheiten der Brandbekämpfung. Schurig hatte mit sieben Feuerwehrmännern im Luftschutzraum des Feuerwehrhauses Nachtwache vom 13. zum 14. April. Er berichtet:

„Das Alte Schloß war bereits beim Luftangriff am 11. April im Mittelbau in Brand geraten. Das Feuer war jedoch vollständig abgelöscht, so daß nur der Dachstuhl und das obere Stockwerk im Mittelbau ausgebrannt waren. Die Freiwillige Feuerwehr und die Feuerlöschbereitschaft der Luftschutzpolizei hatten bei den vorhergehenden Luftangriffen sechs Tote und mehrere Verwundete gehabt, ferner waren vier Feuerwehrfahrzeuge durch Sprengbomben vernichtet worden. Die wenigen noch vorhandenen Männer der Freiwilligen Feuerwehr waren dem Volkssturm zugeteilt. Schlagkraft und Einsatzbereitschaft waren daher geschwächt. Fliegeralarmsirenen, Feuermeldealarmanlage, Fernsprecher, Wasserleitung, elektrisches Licht waren außer Betrieb.

Am 14. 4. um etwa 7 Uhr kam Messungsamtsdirektor Riedel in den Wachraum und teilte mit, daß das Messungsamt im Alten Schloß brenne. Die anwesenden Wehrmänner gingen sofort zur Brandstelle. Es brannten die noch vorhandenen Räume des Landbauamtes im II. Stock und der darüber befindliche Dachboden. Über die Brandursache war nichts bekannt, es wurde jedoch geäußert, daß im Alten Schloß von Parteidienststellen Akten verbrannt worden seien. Die Stadt stand seit dem Vortage unter Artilleriebeschuß. Am Brandtage schoß die feindliche Artillerie seit 5 Uhr ununterbrochen in die Stadt. Ein feindliches Beobachtungsflugzeug befand sich unmittelbar über der Brandstelle. Es besteht daher auch die Möglichkeit, daß die Brandursache auf das feindliche Artilleriefeuer zurückzuführen ist.

Mit einigen Zivilpersonen gelang es, ein Übergreifen des Feuers auf das Café Metropol und den eingeschossigen Wohnungsanbau an den Ostflügel des Schlosses zu verhindern. Mehrere feindliche Tiefflieger überflogen die Stadt und beschossen die Straßen mit Bordwaffen. Um zu vermeiden, daß Wehrmänner erschossen werden, ließ ich die Löscharbeiten einstellen. Die Löschmannschaft ging kurz vor 12 Uhr ins Feuerwehrhaus zurück. Wir beobachteten von dort aus durch die Brautgasse, wie der Brand auf der Nordseite des Marktes in westlicher Richtung schnell weiter fortschritt und bereits das Schuhhaus Rettinger (Haus Nr. 18) ergriffen hatte. Als die Artilleriebeschießung und der Bordwaffenbeschuß aus Flugzeugen aufgehört hatten, ließ ich gegen 13 Uhr die Löscharbeiten wiederaufnehmen.

Als ich in der Maximilianstraße vor dem Schloßplatz stand, trat plötzlich ein etwa 30jähriger Mann in braunem Mantel auf mich zu. Er sagte, er komme vom Feind. Wenn in der Stadt nicht sofort weiße Flaggen herausgehängt werden, werde innerhalb zwei Stunden die ganze Stadt angezündet. Der Feind stünde beim Haus des Gauleiters. Auf meine Frage, ob er Amerikaner sei, antwortete er, er sei Deutscher, er sei nur von den Amerikanern in die Stadt gesandt worden. Da ich als Feuerwehrführer an der Brandstelle dringend benötigt wurde, verwies ich ihn an den in der Nähe stehenden Kaffeehauspächter Kröll, der dann mit Hilfe eines Radfahrers die Bevölkerung durch Ausrufen verständigte. Bald zeigten sich an mehreren Fenstern weiße Tücher, und auch auf dem Straßenpflaster wurden einzelne ausgelegt. SS-Brigadeführer Eschold, der hinzukam, nahm unter Schimpfen eine am alten Rathaus hängende weiße Fahne wieder weg.

Während ich in der Opernstraße die Kraftspritze bediente, zeigten sich an der Ecke Luitpoldplatz/Opernstraße beim Ostmarkladen die ersten drei amerikanischen Infanteristen. Sie gaben zwei Schüsse auf mich ab und gingen dann hinter der Hausecke in Deckung. Ich sprang in den zunächst gelegenen Hauseingang und wartete. Nach etwa 10 Minuten ging ich wieder hinaus. Die drei Amerikaner hatten sich inzwischen zurückgezogen. Mit Herrn Kröll beobachtete ich anschließend, wie sie an der Luitpoldbrücke, Gewehr im Arm, standen. Die Bedienungsmannschaft der Kraftspritze in der Kanalstraße sah, wie amerikanische Infanteristen einzeln hintereinander am nördlichen Mainufer entlang von der Casselmannstraße aus in Richtung Bahnhofstraße vorgingen. Gegen 17 Uhr fuhren aus Richtung Spitalkirche die ersten amerikanischen Spähwagen in die Maximilianstraße ein. Der erste Wagen hielt bei der Drehleiter vor dem Schuhhaus Rettinger. Ich ging auf diesen zu. Ein amerikanischer Offizier, der neben einem Maschinengewehr saß, frug

mich, wo das alte Rathaus und wo der Oberbürgermeister seien. Daß das Neue Rathaus zerstört war, wußte er bereits. Er verlangte dann einen Führer durch das alte Rathaus und zum Polizeirevier, das sich z. Zt. im Deckungsgraben am Festspielhaus befand. Hierzu bestimmte ich Gruppenführer Mösch. Auf meine Frage, ob die Löscharbeiten fortgesetzt werden können, sagte er, wir könnten weiterarbeiten, sonst würde die ganze Stadt niederbrennen. Wir sollten jedoch die Stahlhelme und die Epauletten abnehmen und weiße Armbinden anlegen, damit wir nicht als deutsche Soldaten angesehen und erschossen würden.

Die Brandbekämpfung wurde bis zum Eintritt der Dunkelheit um etwa 9 Uhr abends fortgesetzt. Es gelang, das Feuer am Ostgiebel des Hauses Nr. 22 aufzuhalten. Auf mehrmalige Aufforderung der Amerikaner mußten nun die Löscharbeiten eingestellt werden. Es wurde uns mitgeteilt, daß in der Dunkelheit auf jeden sich bewegenden Schatten geschossen wird. Vor Einstellung der Brandbekämpfung wurde der abgebrannte Dachboden des Anwesens Thelemann (Hs. Nr. 20) nochmals von der Drehleiter aus gründlich unter Wasser gesetzt, um ein Übergreifen auf die westlich anschließenden Häuser zu verhindern. Am anderen Morgen 6.45 Uhr waren die Löschmannschaften wieder am Brandplatz."

Von den in Schurigs Bericht angesprochenen, aber nicht namentlich angeführten Zivilpersonen, die mithalfen, ein Übergreifen des Feuers vom Alten Schloß auf benachbarte Gebäude zu verhindern, ist an erster Stelle Dr.-Ing. Heinrich Neumeister aus Essen zu erwähnen. Er war als Chemiker bei Krupp Fachmann für Luft- und Feuerschutz und weilte Mitte April bei seinem Schwager Dr. Hellmut Klitzsch, der seine Wohnung und Praxis damals im Alten Schloß hatte. Willi Kröll, der Pächter des Schloßcafés Metropol, bestätigte später, es sei Neumeister zu verdanken gewesen, daß die planmäßige Bekämpfung des Brandes erfolgreich war und „die historischen Gebäude neben dem Alten Schloß noch stehen". Nach Krölls Bericht war Neumeister von SS-Posten an den Löscharbeiten gehindert worden, die ihm verboten, den Brandherd einzudämmen. Damit stand für Kröll fest, „daß der Brand im Alten Schloß durch die SS angelegt worden war".

Neben Neumeister setzte sich an diesem Tag auch Kröll selbst aktiv für die Brandbekämpfung ein. Neumeister nennt ihn in seinem Erlebnisbericht den „Mann, der sich unverdrossen um alles bemühte, was zur Rettung des Alten Schlosses und der Nachbargebäude dienen konnte". Er war einer der ersten Bayreuther, die Kontakte zu den in der Stadt einrückenden Amerikanern bekamen. Obwohl offiziell immer noch Kempfler als Oberbürgermeister amtierte, wurde Kröll vom ersten amerikanischen Stadtkommandanten, einem Oberstleutnant, sogleich als erster Bürgermeister eingesetzt. Schon am 15. April erhielt er ein auch als Ausweis dienendes Ernennungsschreiben, das ihn mit dem Satz „Wilhelm Kröll is hereby appointed Burgermeister of the city of Bayreuth" in diesem Amte bestätigte. Er besaß allerdings keinerlei Verfügungsgewalt, sondern hatte nur die Anordnungen des Stadtkommandanten zu befolgen. Da er Bekanntmachungen mit einem Megaphon in der Stadt auszurufen hatte und amtlich unterwegs sein mußte, bekam er als erster Bayreuther die schriftliche Erlaubnis, sich in der Stadt frei zu bewegen. Während die Bayreuther Bevölkerung anfangs eine Ausgangsbeschränkung auf täglich vier Stunden einhalten mußte, durfte Kröll von 6 Uhr bis 20 Uhr außerhalb seines Hauses und „auf den Straßen" sein. Da er aber von den Amerikanern bald mehr als Gastronom beansprucht wurde, blieb er nur wenige Tage kommissarischer Bürgermeister.

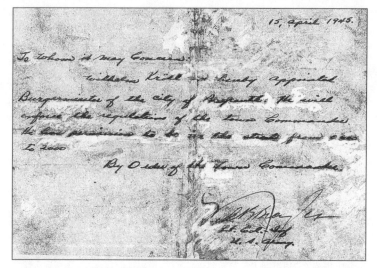

Ernennung Wilhelm Krölls zum „Burgermeister of the city of Bayreuth"

Von der Stunde Null zum neuen Bayreuth (1945 – 1958)

Am 9. Mai 1945 tritt die Kapitulation der gesamten deutschen Wehrmacht in Kraft. Am 28. Mai setzt die amerikanische Militärregierung eine Landesregierung in Bayern ein. Im August regelt das Potsdamer Abkommen der Siegermächte die militärische Besetzung und Teilung Deutschlands. Bis zur Gründung der Bundesrepublik 1949 unterliegt Bayern dem amerikanischen Besatzungsstatut.

Der Einmarsch der amerikanischen Truppen in Bayreuth Mitte April 1945 und die deutsche Kapitulation liegen nur wenige Tage auseinander. Die oberste gesetzgebende, rechtsprechende und vollziehende Machtbefugnis beansprucht in der amerikanischen Besatzungszone General Eisenhower. Der örtliche Militärgouverneur ist sein Repräsentant und sein Sprachrohr. Alle deutschen Behörden und Institutionen sind an seine Weisungen gebunden. Plakate und Merkblätter machen den Deutschen bekannt, was zu tun ist. Es gibt keine deutschen Nachrichtenblätter, Zeitungen und Zeitschriften. Erst ab September kommt die in München erscheinende „Neue Zeitung" auch nach Bayreuth.

Die ersten Nachkriegsmonate im Sommer 1945 stehen ganz im Zeichen eines Not- und Ausnahmezustands. Die zu mehr als einem Drittel zerstörte Stadt unterliegt vielen Beschränkungen. Flüchtlinge und Heimatvertriebene strömen in die Stadt. Die Amerikaner besetzen viele Wohnungen, vor allem in der „Gartenstadt", freiwillige und unfreiwillige „Gastarbeiter" der Kriegszeit leben mit weiteren „Displaced persons" (D.P.s) noch immer in der Stadt. Entlassene deutsche Soldaten kehren aus der Kriegsgefangenschaft zurück. Die Trümmerstadt gleicht mehr einem großen Durchgangslager als einer geordneten Wohnstadt. In Wendelhöfen wird ein Gefangenen- und Internierungslager für Deutsche eingerichtet. Funktionäre der NSDAP und ihrer Gliederungen werden interniert. Viele von ihnen kommen für längere Zeit nach Hammelburg.

Zwangsbewirtschaftung für Wohnungen, Lebensmittel und Gebrauchsartikel offenbaren Engpässe, die noch schlimmer sind als die Einschränkungen der Kriegsjahre. Die Lager der Geschäfte sind meistens leer. Ohne „Bezugsschein" kann der Durchschnittsbürger nichts Lebensnotwendiges kaufen. Der „Schwarzhandel" blüht. Aber es gibt keine Fliegeralarme mehr. Die meisten Menschen geben die Hoffnung nicht auf, daß langsam eine Besserung der Lebensverhältnisse eintreten wird.

Die beiden ersten Oberbürgermeister der Nachkriegszeit

In den ersten Tagen nach dem Einmarsch der Amerikaner amtierte noch Dr. Kempfler, bis er am 17. April in ein Internierungslager gebracht wurde. Der erste Nachkriegsoberbürgermeister wurde von der Besatzungsmacht ernannt. Auf der Suche nach einem geeigneten Mann fiel die Wahl des Militärgouverneurs auf den parteilosen und unbelasteten Rechtsanwalt Dr. Josef Kauper. Kauper trat das von ihm nie angestrebte Amt am 24. April an, erschien täglich ordnungsgemäß zum Befehlsempfang beim Militärgouverneur, verstand es aber, trotz schwierigster Lage aufrecht und korrekt die Interessen der Stadt und ihrer Bürgerschaft zu wahren. Er verunglückte am 5. November 1945 auf einer Dienstfahrt tödlich.

Auch der Nachfolger wurde noch von der Militärregierung eingesetzt. Es war der frühere Bayreuther Schlachthofdirektor Dr. Oscar Meyer (1885 – 1954), ebenfalls ein durchaus integrer Mann, der aber den außergewöhnlichen Belastungen des Amts in der immer noch chaotischen Verwaltung nicht voll gewachsen war. Für das Weiterbestehen des Festspielhauses dachte er bereits an eine Stiftung, hoffte auch, ihm als „Welturaufführungstheater" Bedeutung und Würde erhalten zu können. Er konnte sich damit aber nicht durchsetzen.

Als Vorläufer des ersten Stadtrats der Nachkriegszeit

Oberbürgermeister Dr. Kauper beim amerikanischen Militärgouverneur Oberstleutnant Caroll J. Reilly

wurde von der Militärregierung am 29. November 1945 ein sog. „Hauptausschuß der Stadt Bayreuth" eingesetzt. Außer dem Bürgermeister gehörten ihm an Heinrich Baruch, Karl Dietz, Hans Kröniger, Dr. Konrad Pöhner, Georg Rösch, Hans Schott und später noch Max Kuttenfelder. In diesem Kreis wurden die Sofortmaßnahmen beraten, die für einen Neubeginn des städtischen Lebens nötig waren, vor allem die Trümmerbeseitigung auf Straßen und Plätzen, die Wohnraumbewirtschaftung und Sicherstellung der Versorgung mit Grundnahrungsmitteln und der schrittweise Aufbau einer neuen Stadtverwaltung.

Dr. Oscar Meyer

Die „Weisungen des Militärgouverneurs"

Seit der Besetzung der Stadt durch amerikanische Truppen hatte die Besatzungsmacht das Sagen. Außer einer Ausgangserlaubnis für 2 Stunden vormittags und 2 Stunden nachmittags war es der deutschen Bevölkerung streng untersagt, ihre Wohnungen zu verlassen. Am 30. April wurde die Ausgehzeit verlängert und auf die Zeit von 7–10 und 15–18 Uhr festgelegt, bald darauf auf den ganzen Tag erweitert. Täglich um 9 Uhr hatten sich die Bürgermeister beim Gouverneur zu melden. Dieser erteilte ihnen Weisungen, zu deren Durchführung und Beachtung sie verpflichtet wurden. Beginnend mit dem 25. April sind sie, freilich nicht vollständig, als städtische Protokolle niedergeschrieben worden und im Stadtarchiv erhalten.

Als erstes wurde verlangt, daß für dringend benötigte Beamte und Angestellte der Stadtverwaltung, für Ärzte und Personen des ambulanten Medizinalwesens Anträge auf Pässe eingereicht werden sollten. Mit einem solchen Paß war der Inhaber zu einer Überschreitung der Sperrstunden berechtigt. Auch für die Kolonnenführer der Aufräumtrupps konnten solche Ausweise beantragt werden. Für das Personal der Stadtverwaltung durften anfangs bei jedem Referat nur 10 Personen gemeldet werden, die nach Vorlage eines ausgefüllten Fragebogens auf ihre politische Vergangenheit überprüft wurden, bevor sie die Erlaubnis zur Wiederaufnahme ihrer Arbeit erhielten. Von jeder Firma wollte der Gouverneur über die Stadtverwaltung erfahren, was sie herstellte, wie viele Beschäftigte sie hatte und ob die Arbeit wiederaufgenommen werden könne. Bei Kriegsschäden sollte gemeldet werden, welche Maßnahmen zur Wiederaufnahme der Arbeit man deutscherseits für erforderlich halte.

Grundsätzlich blieben alle Fabriken zunächst geschlossen. Ein Zwang zur Wiedereröffnung sollte – mit Ausnahme der Betriebe, die für die Bevölkerung lebenswichtig waren – nicht bestehen. So konnten beispielsweise die Bäckereien meist ohne größere Unterbrechung wieder Brot backen und liefern. Die bisherigen zwangswirtschaftlichen Bestimmungen (Rationierung und Höchstpreise) mußten beibehalten werden. Für die Menschen gehörte das Schlangestehen bei den Ausgabestellen rationierter Lebensmittel und Waren zum normalen Tagesablauf.

Auf Weisung des Gouverneurs mußte der Oberbürgermeister mitteilen, über welche Barmittel die Stadtkasse verfügte. Zur Umbenennung von Straßen und Plätzen, die ihren Namen im Dritten Reich erhalten hatten, war eine Liste einzureichen. Die meisten dieser Namen wurden bald durch andere ersetzt. So wurde der Hans-Schemm-Platz wieder zum Luitpoldplatz, während die Amerikaner selbst paradoxerweise den Namen Hans-Schemm-Kaserne für ihre Truppenunterbringung noch viele Jahre beibehielten. Da es noch keine Zeitungen gab, mußten die städtischen Bekanntmachungen der Bevölkerung an öffentlichen Anschlagtafeln und -stellen zur Kenntnis gebracht werden. Ein Bericht über die Ernährungslage wurde angefordert. Die im Alten Rathaus abgelieferten Waffen mußten in einem Raum im oberen Stock unter Verschluß gehalten werden. Auf Waffenbesitz stand für die deutsche Zivilbevölkerung die Todesstrafe. Schon am 26. April teilte der Gouverneur mit, daß das Alte Rathaus von den Amerikanern nicht mehr benötigt werde und der Stadtverwaltung ganz zur Verfügung stehe. Eine Weisung der Militärbehörde verlangte, alle männlichen Personen zwischen 16 und 55 Jahren zur Arbeitsleistung bei öffentlichen Arbeiten heranzuziehen.

Über das, was der Oberbürgermeister seinerseits bei der Militärregierung vorbringen konnte, liegen nur wenige Hinweise vor. Vom 28. April ist ein Eintrag erhalten: „Ich berichte erneut über Plünderungen." Am 14. Mai bat er den Gouverneur, „wenigstens die Bierproduktion zu gestatten, weil die schlechte Wasserversorgung es notwendig macht, im Sommer ein gesundes Getränk zu liefern". Das Brauverbot wurde aber erst Ende des Jahres aufgehoben. Gebraut werden durfte allerdings nur „Dünnbier". Im Mai durfte noch immer niemand ohne Paß die Stadtgrenze überschreiten. Verbesserungen für die Bevölkerung ließen sich aber in einigen Bereichen erkennen. Die neuaufgestellte Bayreuther Polizei durfte wieder bewaffnet werden. Gegen die Herausgabe eines städtischen Veröffentlichungsblattes wurden keine Einwände erhoben. Die beantragte Lizenz zur Herausgabe einer deutschen Tageszeitung wurde allerdings noch nicht erteilt.

„Katastropheneinsatz" 1945

Bereits die erste der erhaltenen Weisungen des Militärgouverneurs (festgehalten in einer Niederschrift von Dr. Kauper vom 25. 4. 1945) enthielt als Punkt X die Weisung und Ermächtigung zur Durchführung der Arbeitspflicht: „Alle männlichen Personen zwischen 16 und 55 Jahren sind zur Arbeitsleistung bei öffentlichen Arbeiten heranzuziehen." In der Praxis konnte das Arbeitsamt allerdings nach Wiederaufnahme der Arbeit von Berufstätigen nur die als arbeitslos Gemeldeten dafür einsetzen. Immerhin wurden 1945 rund 1400 Männer von der Stadt für „lebensnotwendige Arbeiten" dienstverpflichtet. Da es die Lebensmittelkarte nur bei nachgewiesener Arbeitsleistung gab, konnte sich der Verpflichtete dieser Dienstleistung nicht entziehen. Die Notwendigkeit einsehend, haben auch die meisten diese harte Arbeit trotz der Entbehrungen gern auf sich genommen, war es doch ein sichtbarer Anfang für eine Neuordnung. Konkrete Unterlagen und Nachweise dazu sind kaum mehr vorhanden. Aus diesem Grund möchte der Verfasser an dieser Stelle aus eigener Erfahrung kurz berichten.

Als gleich nach Kriegsschluß schon Ende Mai frühheimgekehrter Soldat, der noch berufslos war, weil man mich 1941 von der Schule zur Wehrmacht eingezogen hatte, war ich bei meiner Rückmeldung als „Schüler" eingestuft worden und unterlag damit als arbeitsloser Erwachsener der genannten Arbeitspflicht. Für die Zeit vom 30. Mai bis zum 1. August 1945 leistete ich daher den Dienst im „Katastropheneinsatz", den das Stadtbauamt mit Stempel bescheinigte. Die Arbeit bestand darin, in kleinen Gruppen von 10 – 12 Mann, nur notdürftig mit Pickeln, Schaufeln und Spaten ausgerüstet, zunächst die zu diesem Zeitpunkt noch immer verschütteten Bombenopfer zu bergen. Meine Gruppe tat dies in der Nähe des Hauptbahnhofs bei einem verschütteten Keller und in der ausgebombten Volksschule St. Georgen. Die Schule an der Markgrafenallee war ein Hilfslazarett gewesen, das auf dem Dach durch ein großes rotes Kreuz gekennzeichnet war. Trotzdem war sie von Bomben getroffen worden; unter den Opfern befanden sich auch die Leichen amputierter Soldaten. Nach diesen vordringlichen Bergungsarbeiten begannen die Trümmerbeseitigung einsturzgefährdeter Ruinen und die primitive Ausbesserung der Straßenschäden.

Zur Bevölkerungsstruktur und Wohnungsnot nach Kriegsende

Da zuverlässige Unterlagen über die Zusammensetzung der Einwohnerschaft in den ersten Nachkriegsmonaten nicht vorliegen, lassen sich zahlenmäßig keine genauen Angaben mehr machen. Nach einer amerikanischen Erfassung der Einwohner vom 12. Lebensjahr an kam man auf 55 000. Es hielten sich also ungefähr um die Hälfte mehr Menschen in der Stadt auf als zu Kriegsbeginn, und dies trotz der ausgebombten Häuser und der Beschlagnahme von Wohnvierteln durch die Besatzungsmacht. Die Zahl der Alteinheimischen bildete dabei mit rund 41 000 einen relativ konstanten Stamm. Dazu kamen aber rund 2000 Ausländer, die meistens als „Displaced persons" geführt wurden, darunter als besonders starke Gruppe Polen. In der Stadt hielten sich auch befreite Strafgefangene, KZ-Häftlinge und Bombengeschädigte aus anderen Orten auf.

Zur dauerhaften Veränderung der Bevölkerungsstruktur führte aber hauptsächlich der große Zustrom von Flüchtlingen und Heimatvertriebenen aus den Ostgebieten des ehemaligen Deutschen Reichs. Es wurden behelfsmäßig mehrere Flüchtlingslager eingerichtet, aus denen für Jahre Barackensiedlungen entstanden, so am Flößanger und auf der Unteren Au am Main, aber auch am Festspielhügel, wo sogar das Festspielhaus selbst eine Zeitlang als Behelfsunterkunft dienen mußte. Auch die Stadtbadturnhallen blieben lange voll belegt. Das Areal des heutigen Nervenkrankenhauses in Wendelhöfen diente als Entlassungslager für deutsche Kriegsgefangene. Noch im August 1946 waren 3500 Personen in Bayreuth in Baracken und Massenunterkünften untergebracht. Im September 1946 registrierte man folgende Belegung: 11 705 Wohnräume mit 1 Person, 11 905 mit 2, 4176 mit 3, 1770 mit 4, 2477 mit 5, 86 mit 6, 49 mit 7 und 35 Wohnräume mit 8 oder mehr Personen. Da es an Baumaterial fehlte, konnten nur wenige Hausschäden ausgebessert und Neubauten zuerst überhaupt nicht errichtet werden.

Die „Entnazifizierung" in Bayreuth

Schon kurz nachdem die Amerikaner die Stadt besetzt hatten, ließen sie die ehemaligen NS-Funktionäre verhaften und behelfsmäßig in der früheren Heil- und Pflegeanstalt unterbringen, wo Polen das Bewachungspersonal stellten. Viele Inhaftierte kamen von dort in ein Internierungslager, die Bayreuther meist nach Hammelburg. Zur genaueren Erfassung der politischen Aktivitäten der Deutschen verlangten die Amerikaner 1946 von jedem Erwachsenen die Ausfüllung eines Fragebogens mit 131 Fragen. Im Hinblick auf die Mitwirkung im NS-Staat wurde für die gesamte Bevölkerung eine Einteilung nach fünf Kategorien vorgesehen. Es gab Hauptbelastete, Belastete, Minderbelastete, Mitläufer und Nichtbelastete. Gemäß der vorläufigen Einstufung wurden Klageschriften ausgestellt. Wie überall war auch in Bayreuth ab August 1946 eine „Spruchkammer", die aus unbelasteten Deutschen zusammengesetzt war, damit beschäftigt, in Verhandlungen die Schuld zu ermitteln und ein Urteil zu fällen.

Nur relativ wenige Bayreuther wurden als Hauptschuldige zu Freiheitsstrafen verurteilt. Zu diesen gehörten drei Beteiligte der sog. „Reichskristallnacht", die zu Arbeitslager verurteilt wurden. Als besonders spektakulär wurde in Bayreuth die Einstufung von Winifred Wagner empfunden. Sie wurde am 2. Juli 1947 zunächst als Belastete verurteilt, ein Jahr später wurde dieses Urteil jedoch revidiert und auf Minderbelastung mit zweieinhalbjähriger Bewährung abgeändert. Vielen im Dritten Reich Aktiven und Parteiangehörigen wurde das Recht aberkannt, im öffentlichen Dienst tätig zu sein. Für die im Hitlerstaat noch Jugendlichen wurde eine Generalamnestie ausgesprochen.

Religiöses Leben

Die leidvollen Erfahrungen der Menschen, Hunger und Not führten nach Kriegsende viele wieder in die Kirche zurück. Die sog. Deutschen Christen wurden von der Besatzungsmacht verboten. Aber die Kirchengemeinden, die schon vor dem Dritten Reich bestanden, konnten kurz nach dem Einmarsch der Amerikaner wieder Gottesdienste halten.

Die *lutherische Stadtkirchengemeinde* mußte allerdings für die erste Zeit auf die Benutzung ihrer Hauptkirche verzichten, da deren Wiederherstellung noch auf sich warten ließ. Die Reparaturen an Decken, Sakristei, Fenster und Dach gingen nur schleppend voran. Erst im Sommer 1947 konnten die Turmhelme neu gedeckt werden, und mit der glücklichen Rückkehr der Glocken aus dem Glockenlager in Hamburg wurde dem Gotteshaus auch die Stimme zurückgegeben, die seit alters die Gläubigen rief. In der im Innenraum unbeschädigten Spitalkirche hatte aber schon am 29. April 1945 mit Billigung des Militärgouverneurs ein erster Gottesdienst stattgefunden.

Die evangelisch-lutherische Gemeinde der Innenstadt mußte sich rund zwei Jahre mit der kleinen Spitalkirche begnügen. Die Altstadtgemeinde benutzte bis 1966 die Gottesackerkirche. In der Saas konnte im Winter 1945/46 ein Kindergarten eröffnet werden, in dem auch Gottesdienst abgehalten wurde. Unbeschädigt hatte auch die Ordenskirche in St. Georgen den Krieg überstanden. Die Pfarrgemeinde, die aber seit ihrer Gründung auch über das städtische Gebiet nördlich des Mains verfügte, war so angewachsen, daß eine weitere Kirche dringend erwünscht war.

Als ersten Kirchenneubau der Nachkriegszeit in Bayreuth errichtete die Gemeinde auf dem Bauplatz am Wilhelmsplatz die Christuskirche. Die nach Plänen von Professor Pfeiffer-Hardt gebaute Kirche, die von der Grundrißform eines gleichseitigen Dreiecks ausgehend gut in die Straßeneinmündungen zum Wilhelmsplatz eingepaßt ist, wurde mit ihren drei spitzen Dachreitern ein neues kirchliches Wahrzeichen. Die feierliche Einweihung mit einer Festpredigt von Landesbischof Dietzfelbinger fand am 6. Mai 1956 statt. Bayreuth als Sitz des evangelisch-lutherischen Kreisdekans erhielt in diesen Jahren neues Gewicht auch durch zwei weitere Bauwerke, deren Institutionen für das kirchliche Leben wichtig sind: 1953 entstand die Kirchenmusikschule, 1954 das Predigerseminar.

Die *reformierte Gemeinde* konnte 1947/48 ihren Gemeindesaal ausbauen und 1955 die Kirche an der Erlanger Straße renovieren.

Die *katholische Kirchengemeinde* Bayreuth erhielt durch den Zuzug von vielen Heimatvertriebenen aus den Ostgebieten, insbesondere aus Schlesien und dem Sudetenland, einen so starken Zuwachs, daß ihr Gotteshaus und die Zahl der bisher tätigen Pfarrer und Betreuer nicht mehr ausreichten. Auch in der katholischen Gemeinde regte sich neues Leben. Die Pfarrkirche „Unsere liebe Frau", die alte markgräfliche Schloßkirche, wurde 1957 renoviert und mit einer neuen Orgel ausgestattet, eine weitere Orgel folgte 1992. Der Schloßturm wurde mit einem großen Kreuz versehen und das Wohnhaus Gontards als Pfarrhaus erworben. Da der Gemeinde weitere Gotteshäuser in der Stadt nicht zur Verfügung standen, wurde das frühere HJ-Heim an der Hindenburgstraße erworben und als vorläufige Heilig-Kreuz-Kirche verwendet. In St. Georgen konnte erreicht werden, daß der Ordenssaal im ehemaligen Schloß für katholische Gottesdienste freigestellt wurde, obwohl das Gebäude zur Strafanstalt gehört.

Einen Neuanfang machte die *israelitische Kultus-*

gemeinde, der die Synagoge in der Münzgasse wieder zur Verfügung gestellt wurde ebenso wie der alte Friedhof am Kreuzstein in der Nürnberger Straße.

Der demokratische Wiederbeginn: Die Neugründung der politischen Parteien

Der politische Neuanfang 1945 war an die strikte Einhaltung der Anordnungen der amerikanischen Militärregierung gebunden und wurde von dieser überwacht. Gesuche zur Gründung einer politischen Gruppe waren in englischer Sprache mit den Satzungen einzureichen und mußten von mindestens 25 Gründungsmitgliedern unterzeichnet sein, denen keine nationalsozialistische Aktivität zur Last gelegt werden konnte. Vier politische Interessengruppen der Bayreuther Bevölkerung schafften 1945/46 die Konstituierung als Ortsverein. Dies waren die Sozialdemokraten, die Kommunisten, die Konservativen, die sich in der CSU zusammenfanden, und die Liberalen.

Die Sozialdemokratische Partei Deutschlands
Bei der Wiedergründung eines Ortsvereins der SPD verbanden sich jüngere Aktive mit alten Mitgliedern in gemeinsamer Zielsetzung. Bereits am 28. September 1945 konnte Georg Rösch (1884 – 1959) zusammen mit 29 Mitunterzeichnern den Antrag auf Wiedergründung eines Ortsvereins stellen. Die Genehmigung wurde am 6. November für den Bereich „innerhalb des Kreises Bayreuth" erteilt. Zur Gründungsversammlung im „Bauernhof" (heute Bankhaus Schmidt) erschienen 89 Bayreuther. Da aber von der Militärregierung nur eine Höchstzahl von 60 Personen für eine solche Veranstaltung zugelassen war, konnte die Versammlung erst nach einer beim Militärgouverneur eingeholten Sondergenehmigung durchgeführt werden. Auch nach der Gründung verlangte die Besatzungsmacht zweimal monatlich einen schriftlichen Bericht mit einer Meldung der Neumitglieder. Die SPD, die noch 1933 in Bayreuth viele Mitglieder und Wähler verzeichnen konnte, entwickelte sich in der Stadt rasch zur stärksten politischen Gruppierung. Ihre ersten großen Versammlungen fanden im Evangelischen Gemeindehaus statt, die ersten Redner im überfüllten Saal waren Oswald Merz und Max Kuttenfelder. Die Sozialdemokraten waren auch die ersten, die nach dem Krieg in Bayreuth eine erfolgreiche Organisation ihres Ortsvereins schufen und Jugendliche für sich zu gewinnen wußten. Am 16. Januar 1946 bildete sich ein Ortsverband der „Sozialistischen Arbeiterjugend". Am 2. März 1946 gründeten etwa 20 Jugendliche eine Gruppe der „Roten Falken", die von diesem Zeitpunkt an mit einem eigenen Veranstaltungsprogramm auftrat.

Die Kommunistische Partei
Am 15. Oktober 1945 wurde zu einer vorbereitenden Gründungsversammlung der KPD eingeladen, über deren Ablauf wir nicht unterrichtet sind. Eine gutbesuchte Mitgliederversammlung am 11. November zeigte, daß auch die Kommunisten wieder Resonanz in der Bevölkerung fanden. Die Mitgliederversammlung wählte den Vorstand des neuen Ortsvereins. Auch die KPD erklärte, nach Wegen für den demokratischen Wiederaufbau zu suchen, beschränkte sich aber darauf, in den verschiedenen Gremien in der Hauptsache als Opposition anzutreten. Presseberichte über ihre Aktivitäten erwecken den Eindruck, daß man auch in Bayreuth eine Vereinigung von KPD und SPD ansteuerte und erhoffte. Diese Zielsetzung führte zwar im Osten Deutschlands zur SED, stieß aber in den westlichen Besatzungszonen auf die Ablehnung der Sozialdemokraten.

Die Christlich-Soziale Union (CSU)
Die CSU als auf Bayern beschränkte politische Neugründung konnte ideologisch an die Bayerische Volkspartei der Weimarer Zeit anknüpfen, baute aber auf einer breiteren Grundlage auf, indem sie in gleicher Weise die Christen aller Konfessionen zu gewinnen suchte. Auch in Bayreuth gab es nach Kriegsende nicht wenige Bürger, die eine Begegnung aller Christen in gemeinsamer politischer Verantwortung suchten. Eine Partei, die auch evangelische Bürger als gleichberechtigte Mitglieder aufnahm, hatte gerade im immer noch überwiegend lutherischen Bayreuth Aussichten, in der Kommunalpolitik wesentlich mitzuwirken. Das Datum der Gründungsversammlung in Bayreuth ist unbekannt. Die erste öffentliche Versammlung fand am 7. Februar 1946 im Evangelischen Gemeindehaus statt. Als Initiatoren des Ortsverbands werden überliefert: der evangelische Pfarrer Wilhelm Forster und der

erste Stadtratskandidat Ludwig Schmidt, weiterhin Ulrich Popp, Heinrich Bauer, Franz Distler, zwei Brüder Feilner, Ruth sen. und Bachofner.

Die Liberal-Demokratische Partei
Nachdem im Dezember 1945 Dr. Thomas Dehler einen Landesverband Bayern der LDP gegründet hatte, wurde auch in Bayreuth ein Ortsverein ins Leben gerufen, als dessen Gründer Dr. Eugen Miller genannt wird. Die markantesten Vertreter dieser Partei, aus der die FDP hervorging, waren in Bayreuth ab 1946 Justin Steinhäuser und Dr. Konrad Pöhner.

Über Betriebsräte zu neuen Gewerkschaften

Schon bald nach Wiederaufnahme der Arbeit in Handwerksbetrieben, Fabriken, Behörden und Institutionen wurden Betriebsräte eingesetzt bzw. gewählt und die Neugründung der Gewerkschaften betrieben. Da man anfänglich jedoch nur die ehemaligen Gewerkschaftsmitglieder wieder aufnahm, konnten Ende 1945 erst insgesamt 1400 Personen gezählt werden. Auch wurde in der Aufbauphase des Gewerkschaftswesens ehemaligen Mitgliedern der NSDAP der Eintritt verweigert. Am 1. 9. 1946 wurde aus acht Industriegewerkschaften und fünf weiteren gewerkschaftlichen Berufsorganisationen in Bayreuth der örtliche Deutsche Gewerkschaftsbund gegründet.

Die erste Bayreuther Stadtratswahl nach Kriegsende

Sie fand am 26. Mai 1946 statt. Zu wählen waren 31 ehrenamtliche Stadträte. Vom aktiven und passiven Wahlrecht ausgeschlossen waren arrestierte Personen, Amtsträger und Führer der NSDAP und ihrer Gliederungen, alle ehemaligen Angehörigen der SS sowie alle Parteimitglieder, die vor dem 1. 5. 1937 eingetreten waren. Von rund 60 000 Einwohnern waren nur 22 568 wahlberechtigt. Die SPD errang 18 Sitze, die CSU 14, die LDP 7 und die KPD 2. Durch den neugewählten Stadtrat wurden Dr. Oscar Meyer zum ersten und Adam Seeser zum 2. Bürgermeister gewählt.

Die ersten Stadträte waren bei der SPD: Adam Seeser, Georg Rösch, Karl Dietz, Hans Ströber, Karl Freiberger, Georg Raithel, Wilhelm Baruch, Anton Erhard Förster, Barbara Kögler, Karl Ernst, Johann Kern, Heinrich Gräf, Max Küffner, Hans Heinrich Keller, Anna Gebhardt, Elias Steinlein, Theodor Macht, Georg Werner.

Bei der CSU: Ludwig Schmidt, (Oberpostinspektor) Franz Distler, Otto Geise, Hans Zeitler, Dr. Paul Goebel, Ludwig Schmidt (Kohlengeschäftsinhaber), Heinrich Kropf, Wilhelm Schlegel, Jakob Nickl, Peter Feilner, Heinrich Bauer, Ernst Rüth, Erwin Gurlitt, Friedrich Weggel.

Bei den Liberaldemokraten: Dr. Konrad Pöhner, Heinrich Baruch, Franz Walter, Justin Steinhäuser, Architekt Christian Ritter von Popp, Robert Hacker, Dr. Julia Dittmar.

Bei der KPD: Thomas Rupprecht, Hans Kröniger.

Die Anfänge in der Stadtratsarbeit

An der ersten öffentlichen Stadtratssitzung nahmen noch mehrere Angehörige der amerikanischen Besatzungsmacht unter Führung von Colonel Hamilton teil. Dr. Meyer gab einen Rechenschaftsbericht über die bisher vom Hauptausschuß und der Stadtverwaltung geleistete Arbeit. In der folgenden Sitzung am 21. Juni konnten die Ausschüsse gebildet werden. Damals konstituierten sich der Ältesten-, Personal-, Wohnungs-, Schul- und Kulturausschuß, der Bau-, Gewerbe-, Finanz-, Wohlfahrts- und Krankenhausausschuß, dazu auch noch ein Kraftfahrzeugzulassungs-, Sparkassen-, Werk-, Ernährungs- und Wirtschaftsausschuß. Für die 28 Bezirke der Stadt wurden Distriktsvorsteher aufgestellt. In der dritten Stadtratssitzung konnte man die vorläufige Geschäftsordnung festlegen und vier berufsmäßige Stadträte bestimmen, nämlich als Stadtrechtsrat Dr. Hans Hacker, als Stadtbaurat Erwin Gurlitt, als Stadtkämmerer Ewald Adler und als Stadtschulrat Max Kuttenfelder.

Die Arbeit erwies sich im demokratischen Anfangsstadium als äußerst schwierig, galt es doch, den Mangel auf allen Gebieten zu verwalten und der allgemeinen Not einigermaßen entgegenzusteuern. Der Oberbürgermeister hatte noch täglich beim Militärgouverneur zu erscheinen und Weisungen entgegenzunehmen.

Der Neuanfang im Bayreuther Zeitungswesen

Während in München die „Süddeutsche Zeitung" schon im Oktober 1945 ihre Arbeit aufnahm und im gleichen Monat auch nordbayerische Blätter in Nürnberg und Hof zu erscheinen begannen, war Bayreuth noch längere Zeit ohne eigene Zeitung. Die dafür nötige Lizenz der amerikanischen Militärregierung erhielt am 16. November der gelernte Buchdrucker Julius Steeger (1881 – 1954), der vor 1933 Geschäftsführer der sozialdemokratischen „Fränkischen Volkstribüne" gewesen und während des Dritten Reichs längere Zeit in Dachau inhaftiert war. Aber für die praktische Umsetzung dieser Erlaubnis fehlten noch alle Voraussetzungen: die nötigen Mitarbeiter, die Räume für Verlag und Redaktion und vor allem eine intakte Druckerei. Der Militärgouverneur ließ eine von amerikanischen Truppen beschlagnahmte Baracke an der Ecke Richard-Wagner-Straße/Rathstraße räumen, so daß für den Anfang wenigstens eine behelfsmäßige Zentrale vorhanden war.

Am 18. Dezember erschien in Bayreuth die erste Nummer der neuen *Fränkischen Presse*, deren Verbreitungsgebiet das östliche Oberfranken und Teile der nördlichen Oberpfalz (Kemnath, Eschenbach) umfaßte. Die „Fränkische Presse" war anfangs noch keine Tageszeitung. Sie erschien nur dienstags und freitags und wurde bis April 1946 in Hof gedruckt. Immerhin war ein Anfang gemacht. Edwin Nenninger, der für die Lokalredaktion zuständig war, veröffentlichte schon in der ersten Nummer einen Bericht über die Bayreuther Lebensverhältnisse im Dezember 1945. Zusammen mit ersten Stadtnachrichten skizzierte er realistisch die Not und doch auch die zurückkehrende Hoffnung der Menschen. Die extreme Situation der Versorgungslage wurde nicht verheimlicht.

Aus seiner Berichterstattung seien hier ohne strenge Ordnung einige Fakten beigefügt, die auf ihre Weise die Notlage kurz und drastisch beleuchten: Das Einwohneramt bezifferte die „Gesamtbevölkerung von Bayreuth mit 59 000 Personen", rund 20 000 mehr als vor dem Krieg in einer zu einem Drittel zerstörten Stadt, ein Zeichen der Überfüllung mit Flüchtlingen und Heimatvertriebenen. Alle Angaben zur Versorgung spiegeln die katastrophale Lage wider. Es fehlten nicht nur Nahrungsmittel aller Art. Allerdings begannen die Brauereien mit den Vorbereitungen für die Bierherstellung. Vieles konnte wegen „Treibstoffmangels" nicht beschafft werden. Die Autos der Besatzungsmacht beherrschten das Straßenbild. Nur vereinzelt fuhren deutsche Personen- und Lastkraftwagen. Pferdefuhrwerke waren selten, aber gelegentlich sah man ein mit Kühen oder Ochsen bespanntes Bauernfuhrwerk. Vom Bahnhof verkehrte täglich nur ein einziges Zugpaar auf den bekannten Strecken. Auch mit dem Postauto gab es lange Zeit nur täglich einmal eine Gelegenheit zur Fahrt nach Nürnberg.

Die ersten Inserate von Privatpersonen und Firmen waren Kleinanzeigen von zwei bis acht Zeilen. Zwei Färbereien färbten für die polizeilich gemeldeten Wehrmachtsentlassenen Uniformen um. Neben einigen „Kaufgesuchen" gab es mehrere „Tauschangebote" (angeboten wurde ein Kinderwagen für ein Fahrrad, ein Fahrrad für benötigten Anzugstoff, Möbel aller Art für einen passenden Wintermantel). Ein Einzelschicksal, das für viele stand: Ein Heimatvertriebener aus Gleiwitz hoffte, über eine Suchanzeige Frau und Tochter wiederzufinden.

Im April 1946 konnten Verlag und Redaktion endlich im Haus Maxstraße 4 eine bessere Unterbringung finden und die Druckerei am Schloßberglein für den Zeitungsdruck nutzen. Anfang 1946 war als zweiter Lizenzträger der aus der Emigration zurückgekehrte gebürtige Sachse Walter Fischer (1905 – 1982) an die Seite Steegers getreten. Als Chefredakteur und politischer Publizist hat er über 2000 Leitartikel geschrieben und die „Fränkische Presse" entscheidend geprägt. Ab Januar 1949 erschien auch der *Heimatbote* als Beilage zur Pflege der Heimat- und Kulturgeschichte Oberfrankens und der Oberpfalz: Er brachte es bemerkenswerterweise gleich im ersten Jahr auf 23 Nummern. 1949 wurde im Lokalteil der Zeitung auch ein Neuanfang mit Mundartbeiträgen gemacht. Ein Bayreuther Student veröffentlichte unter dem Pseudonym „Gärgla" ein Gedicht über „Die schee Bareither Schprooch" und ließ eine Reihe weiterer Beiträge folgen. Eine Vergrößerung und Modernisierung erreichte der Zeitungsverlag am 16. 12. 1950, als er das eigene Druckhaus „Am Jägerhaus" beziehen konnte, in dem das Unternehmen bis zur Errichtung des „Druckhauses" im Industriegelände arbeitete.

Als 1949 in der neugegründeten Bundesrepublik die

älteren „Heimatblätter" durch ein Pressegesetz wieder gedruckt werden durften, konnte auch das *Bayreuther Tagblatt*, die „bürgerliche Heimatzeitung", nach siebenjähriger Pause wieder erscheinen. Sie kam am 1. Oktober 1949 mit ihrer ersten Nachkriegsnummer heraus. Mit dem Vermerk „88. Jahrgang" konnte sie auf eine lang währende Tradition verweisen, die auch durch den Untertitel „Oberfränkische Zeitung" angesprochen wurde. Mit ihren beiden Titeln verbindet sich ein wichtiges Kapitel Bayreuther Verlagsgeschichte.

Lorenz Ellwanger (1854 - 1922) hatte 1892 die Druckerei Burger übernommen und 1896 die Rechte an der ersten „Oberfränkischen Zeitung" erworben. Sein Sohn Albert Ellwanger (1881 - 1964) übernahm 1936 von der Witwe des Verlegers Carl Gießel auch das 1854 gegründete „Bayreuther Tagblatt", das er mit dem Untertitel „Oberfränkische Zeitung" bis 1942 weiterführte, als die Zeitung kriegsbedingt ihr Erscheinen einstellen mußte. Seit dem Neuerscheinen 1949 trat Albert Ellwanger jun. (1915 - 1976) in der Verlagsleitung an die Seite seines Vaters.

Auch das „Tagblatt" konnte in der Anfangszeit nur mit drei Nummern wöchentlich und in relativ kleiner Auflage erscheinen. Obwohl das Verbreitungsgebiet stärker als bei der „Fränkischen Presse" auf die Stadt Bayreuth, den Landkreis und das nähere Umland beschränkt blieb, konnte sich das „Bayreuther Tagblatt" erfolgreich behaupten. Vor allem im Lokalteil, für den Rupert Limmer und Herbert Conrad verantwortlich zeichneten, unterschied es sich in mancher Hinsicht von der Berichterstattung der Konkurrenz, so daß es sich für einen kritischen Leser immer lohnte, die Berichte in beiden Zeitungen zu verfolgen.

Mit Erich Rappl gewann die Zeitung nicht nur den kompetenten Musikkritiker für die Festspiele, sondern auch den mit Bayreuther Mentalität vertrauten „Stadtschreiber", als den ihn später Jochen Lobe bezeichnete. Mit dem *Bayreuther Kunterbunt* eröffnete Rappl unter dem Pseudonym Aspiran Holzauge die lange Reihe seiner beliebten Glossen und Geschichten, bei denen in umgangssprachliches Erzählen viel Mundart einfließt. Seit 1950 konnte auch wieder eine Heimatbeilage erscheinen. Es war die von Karl Meier-Gesees geleitete *Frankenheimat*.

Eine wichtige wirtschaftliche Verbesserung konnte der Verlag Ellwanger Mitte der 50er Jahre erreichen, als der „Zeitungsring Oberfranken" (ZRO) gegründet wurde. Die im Hause Ellwanger untergebrachte Mantelredaktion stellte die politischen und überörtlichen Teile auch für den „Hofer Anzeiger", das „Selber Tagblatt", die „Bayerische Rundschau" in Kulmbach und die „Münchberg/Helmbrechtser Zeitung" her.

Die Neugründung der Volkshochschule

Trotz ihres bescheidenen Neuanfangs leistete ab 1947 die Volkshochschule als Erwachsenenbildungsstätte für jedermann wie in den ersten Jahren ihres Wirkens nach dem 1. Weltkrieg einen wichtigen Beitrag zur geistigen Erneuerung. Pädagogisch und kulturpolitisch interessierte Kreise der Stadt befaßten sich schon seit Frühjahr 1946 mit der Wiedereröffnung der 1933 aufgehobenen Institution. Als im November 1946 die ministerielle Genehmigung zur Gründung eines „Vereins Volkshochschule Bayreuth" vorlag, wurde ein „Verwaltungsrat" gebildet, dem Vertreter der Stadt und der Parteien, der Dozenten und der Hörer angehörten. Zum 1. Vorsitzenden wurde Dr. Georg Jost gewählt, der engagiert darum bemüht war, daß sein nach dem 1. Weltkrieg begonnenes Werk neues Leben erhielt. Als Bildungsziel und Aufgabe erstrebte die neue Bildungsstätte unter Vermeidung einseitiger parteipolitischer und konfessioneller Bildung die Vermittlung des „Bildungsinhalts der geistigen Grundwissenschaften" und „die Heranbildung von Persönlichkeiten, die vom Geiste der Demokratie erfüllt sind und von höherer Warte aus in die politischen, wirtschaftlichen und kulturellen Fragen der Zeit eingreifen können".

Am 13. Januar 1947 konnte der Lehrbetrieb aufgenommen werden, für den zunächst ungeheizte Räume der Handelsschule, Luitpoldschule, Lehrerinnenbildungsanstalt und des Gymnasiums zur Verfügung standen, bis man vom 2. Quartal an hauptsächlich Zimmer der Oberschule für Mädchen (heute Richard-Wagner-Gymnasium) benutzen konnte. Die Resonanz war hoch erfreulich. Im Winterviertjahr 1947 konnten bereits 614 eingetragene Studierende verzeichnet werden. Da aber der Besuch vieler Veranstaltungen nicht von einer Hörerkarte abhängig war und viele Bayreuther das Angebot nutzten, lagen die tatsächlichen Zahlen wesentlich höher. Ab 1. September 1952 übernahm die Stadt die Trägerschaft. Erster Direktor der Städtischen Volkshochschule wurde Dr. Karl Würzburger, der sich insbesondere in einem „Jugendforum" der jungen Generation widmete und Vorträge über Literatur und Kunst hielt. Die gedruckten Lehrpläne belegen, wie man seitdem das Lehrprogramm ständig erweiterte, bald auch Studienfahrten und Sonderveranstaltungen anbot.

Ein Jahrzehnt mit neuer Grundlegung: Hans Rollwagen (1948 – 1958)

Fast gleichzeitig mit der für die gesamte Bundesrepublik wirkungsvollen Veränderung durch die Währungsreform übernahm am 1. Juli 1948 der mit 38 von 40 Stadtratsstimmen gewählte Hans Rollwagen (SPD) die Amtsgeschäfte des Oberbürgermeisters. Der in Nördlingen 1892 geborene, in Schwaben aufgewachsene Jurist, der vor dem 2. Weltkrieg in Neustadt bei Coburg und in Nürnberg reiche kommunalpolitische Erfahrungen gesammelt hatte, nahm nun mit 56 Jahren seine Tätigkeit im Alten Rathaus auf. Er hat für sich selbst kein eigenes Haus gebaut, wohl aber „für die Bürger unserer Stadt buchstäblich aus dem Nichts einen Rohbau erstellt" (so später Bürgermeister Konrad Kilchert), der die Grundlegung für den weiteren Aufbau und Ausbau lieferte. Als exzellenter Verwaltungs- und Finanzfachmann wirkte er auch aktiv an der neuen bayerischen Gemeindeordnung mit.

Zu hochfliegenden Plänen war die Zeit für ihn und die Stadt noch lange nicht gekommen. Um so besser war es, daß ein so nüchterner Pragmatiker wie er die Verantwortung trug. Die Finanzen der Stadt auf eine solide Grundlage zu stellen und eine leistungsstarke Stadtverwaltung aufzubauen waren seine ersten Schritte. Der Haushalt 1949 ließ bereits deutlich seine Handschrift erkennen. Mit der Verringerung der städtischen Referate und Dienststellen, vor allem mit dem Abbau des städtischen Personals um mehr als ein Fünftel, schockierte er anfangs manchen. Die Nützlichkeit für das Gemeinwohl sollte aber die Richtigkeit seiner Maßnahmen bestätigen. Unpopulär mußte auch die Erhöhung der Grund-, Gewerbe- und Getränkesteuer sein. Wesentlich unterstützt wurde er bei seinem Vorgehen von Stadtschulrat Kuttenfelder, der selber in

Hans Rollwagen, Gemälde im Neuen Rathaus

dieser Zeit in seinem Referat nicht nur für das Schulwesen, sondern auch für das Kulturleben, Sport und Verkehr verantwortlich war.

Noch war man in der Stadt von einer Überwindung der großen Wohnungsnot weit entfernt. Neben sanierungsbedürftigen Altbauten, vielen Ruinen und einer Reihe von Barackensiedlungen gab es noch mancherlei bauliche Provisorien und nur wenige Neubauten. Die Gründung der Gemeinnützigen Wohnungsbaugenossenschaft (GEWOG) ließ die sozial Schwachen wieder hoffen, die allgemeine Förderung des Bauwesens führte von Jahr zu Jahr zu spürbaren Verbesserungen. Hinsichtlich der Entsorgung lag die Stadt weit zurück: Erst die dringliche Planung eines Gesamtentwässerungsnetzes 1950 führte zur Verbesserung der Kanalisierung und zu einer neuen Kläranlage. Für die städtebauliche Neuplanung im großen war noch wenig Spielraum. Eine effektive Weichenstellung für lange Zeit gelang aber mit dem Ausbau des Industriegeländes westlich der Bindlacher Allee, wo man die noch unbebaute Fläche des ehemaligen Brandenburger Sees für die Bebauung und Ansiedlung neuer Industriezweige erschloß. Die 1952 eingeleitete Maßnahme sollte sich lohnen: Bereits 1956 siedelte sich die Zigarettenfabrik

Batberg an; ihr Spitzenerzeugnis, die „HB" (= Haus Brinckmann)-Zigarette, die nun milliardenfach in alle Welt hinausging, wurde nicht zu Unrecht auch in „Hilft Bayreuth" aufgelöst. Bald siedelte auch die Firma Grundig eine Zweigniederlassung an, weitere Unternehmen folgten.

Im kulturellen Bereich regte sich ebenfalls neues Leben. Hatte man 1948 noch recht bescheiden des 200jährigen Bestehens des Opernhauses gedacht, so wußte man bald auch außerhalb der Stadt dieses einzige in Bayern noch erhaltene große Barocktheater zu schätzen: Die Einrichtung der „Fränkischen Festwoche" im Mai jeden Jahres wurde zu einer bewährten Tradition. Auf städtische Anregung kam es auch zur Gründung einer „Gesellschaft der Kulturfreunde", die seit dieser Zeit für ein niveauvolles Repertoire im kulturellen Angebot der Stadt sorgt. Das „Neue Theater" wurde gegründet und begann im heutigen „Kleinen Haus" mit seinen Aufführungen. Nicht zuletzt erschien auch unter Rollwagen erstmals nach dem Krieg wieder eine Stadtgeschichte: Karl Hartmann legte 1949 seine „Geschichte der Stadt Bayreuth in der Markgrafenzeit", 1954 seine „Geschichte der Stadt Bayreuth im 19. Jahrhundert" vor.

Die Stadtratswahlen 1948, 1952 und 1956

Bei den Kommunalwahlen 1948 waren 42 Stadträte zu wählen. Bei der Sitzverteilung entfielen auf die Sozialdemokraten 19, auf die Freien Demokraten 9 Sitze. Der Block der Heimatvertriebenen und Entrechteten (BHE) wurde mit 7 Sitzen die drittstärkste Gruppe, gefolgt von der CSU (5) und der KPD (2).

Schon die nächste Wahl (1952) zeigte ein stark verändertes Bild. Die SPD konnte zwar mit 14 Sitzen ihre Führungsrolle behaupten, sah sich aber gleich sechs Fraktionen gegenüber: Die Bayernpartei errang 6 Sitze und wurde damit zweitstärkste Partei im Rathaus. Je fünf Stadträte stellten der Deutsche Block, der BHE und die neugebildeten Überparteilichen Freien Wähler (ÜFP) unter Führung von Rechtsanwalt Dr. Fritz Meyer I. Die CSU erhielt vier Sitze, die FDP nur noch drei.

Bei der Wahl 1956 konnte die SPD ihre Stellung weiter ausbauen. Die CSU rückte an die zweite Stelle, und den Freien Wählern gelang es, den dritten Platz zu erringen. Sitzverteilung: SPD 16, CSU 7, ÜFW 6, Bayernpartei 5, Gesamtdeutscher Block 4, BHE 4, Deutsche Reichspartei (DRP) 2, FDP 2.

Konstituierende Sitzung des Stadtrates, 1956. In der ersten Reihe von links nach rechts: Freiberger, Rösch, Wild, Seeser, Dr. Fritz Meyer I, Dr. Heyer, Steinhäuser, Wachs, Dr. Walther

Weitere politische Gruppierungen im Stadtrat

Neben einer starken SPD, neben CSU, FDP und der in den ersten Jahren erfolgreichen Bayernpartei vertrat auch der Block der Heimatvertriebenen und Entrechteten (BHE) in der Kommunalpolitik deutlich seine Interessen: Die große Zahl von Neubürgern gehörte zu diesem Personenkreis. Im späteren Rückgang und der völligen Auflösung dieser Gruppe spiegelt sich die fortschreitende Verschmelzung mit den Alteinheimischen. Keine Chancen hatten in den ersten Nachkriegsjahren die extremen Gruppen.

1952 wurde zur Stadtratswahl auch eine „Überparteiliche Freie Wählergruppe" (ÜFW) als Liste 14 aufgestellt. Unter Führung von Rechtsanwalt Dr. Fritz Meyer I erreichte sie 5 Sitze. Neben Meyer wurden für den Stadtrat gewählt: Dr. Wolfgang Deubzer, Dr. Karl Heyer, Dr. Konrad Pöhner und Schneidermeister Georg Decker.

Dr. Fritz Meyer I (1898 - 1980)

Schlüsselfigur der Überparteilichen Wähler und wortstarker Exponent bürgerlicher Gemeinschaftsinteressen war zwei Jahrzehnte der Gründer und Fraktionsvorsitzende Dr. Fritz Meyer I. Der „Urbayreuther", der nach dem Abitur und dem Studium der Rechtswissenschaft mit einer römischen Eins nach dem Namen 1924 eine Anwaltskanzlei eröffnet hatte, war schon 1924 im Bayreuther Stadtrat vertreten. Als ausgezeichneter Kenner der städtischen Belange und verantwortungsbewußter „Stadtvater" suchte er der Stadt Bestes unabhängig von Parteibüchern und Sonderbestrebungen. Obwohl er bei der Oberbürgermeisterwahl 1958 als Gegenkandidat Hans Walter Wilds unterlag, arbeitete er immer konstruktiv mit diesem zusammen. Seine direkte, geradlinige Art und seine hohe Sachkenntnis erwarben ihm höchsten Respekt. Seine gewandte, knappe und prägnante Rhetorik beeindruckte Freunde und politische Gegner in gleicher Weise. Die Stadt Bayreuth ehrte ihn 1972 mit der Ehrenbürgerschaft. In einer Art Vermächtnis hinterließ er für den Stadtrat Maximen, die er selbst praktiziert hatte: Redlichkeit, Sparsamkeit, Wahrhaftigkeit und Gerechtigkeit für jedermann.

Dr. Fritz Meyer I

Die Bayreuther Gemeinschaft

Die Gruppe der seit 1952 im Stadtrat vertretenen Überparteilichen Freien Wähler (ÜFW) wandelte sich 1960 in die „Bayreuther Gemeinschaft" um. Mit dem Namenwechsel verband sich eine Öffnung zu nahestehenden Parteigruppen und ihren örtlichen Vertretern. Eine Verstärkung der Stadtratsfraktion der Überparteilichen glaubte Fritz Meyer I erreichen zu können, indem er den Zusammenschluß mit der örtlichen FDP und Bayernpartei suchte. Der erwartete Erfolg trat allerdings bei der Wahl 1960 nicht ein: Die SPD blieb mit 19 Sitzen eindeutig die führende Partei. Die BG erreichte zwar neun Sitze, aber auch die inzwischen erstarkte CSU konnte mit ihr gleichziehen. Über die „dritte Kraft" im Rathaus konnte die BG auch in den folgenden Jahren nicht hinauskommen. Sie tritt aber bis heute für eine von Parteipolitik freie Kommunalpolitik ein. Seit 1972/73 gibt es die BG neben der Stadtratsfraktion auch als bürgerschaftliche Vereinigung.

Dr. Karl Würzburger (1891 - 1978)

Als nach der Währungsreform 1948 weder der Stadt noch dem einzelnen Bürger genügend Geld für kulturelle Zwecke zur Verfügung stand, übernahm ein Mann die Leitung des Städtischen Kulturamtes, der als gebürtiger Bayreuther 12 Jahre im Exil gelebt hatte: Dr. Karl

Würzburger (1891–1978). Er war ein Sohn des angesehenen Bayreuther Arztes Dr. Albert Würzburger, hatte in Marburg Philosophie und Pädagogik studiert und nach seiner Promotion 1919 eine Anstellung als Referent der Reichszentrale für Heimatdienst in Berlin erhalten. 1928–1933 war er Redakteur und Programmleiter am Deutschlandsender und Dozent für Mikrophonie an der Musikhochschule Berlin. Als Jude wählte er 1936 die Emigration: Von einer Vortragsreise nach Basel kehrte er nicht zurück. In der Schweiz wandelte er sich zum bekennenden Christen. Nach dem 2. Weltkrieg ging er 1948 wieder nach Bayreuth, um gerade in der schwierigen Nachkriegssituation am Neuaufbau mitzuwirken.

Es war bitter für ihn, daß der Anfang seiner Tätigkeit mit Rückschlägen verbunden war, die noch als Folgen der Währungsumstellung zu sehen sind: Das nach dem Krieg gebildete Bayreuther Symphonieorchester löste sich im Dezember 1948 auf, dem Neuen Theater konnten die nötigen Subventionen nicht gewährt werden. Man mußte sich zum Verzicht auf ein eigenes Bayreuther Schauspielhaus durchringen und zu den Gastspielen des Hofer Städtebundtheaters übergehen. Daß diese „Vernunftehe" für Bayreuth gar keine schlechte Lösung war, mußte sich erst erweisen. Würzburgers Bemühungen um das Bayreuther Kulturleben wirkten sich in vielen Bereichen positiv aus. Daß das Opernhaus nicht zu einem reinen Museum umgewandelt wurde, daß die „Fränkischen Festwochen" als Dauereinrichtung Erfolge verbuchen und die Festspiele von den Wagnerenkeln wiederaufgenommen werden konnten, war nicht zuletzt Würzburgers Einsatz zu verdanken. Als Direktor der Bayreuther Volkshochschule betreute er die wiedererstandene Erwachsenenbildungsstätte, in der er nicht nur als Organisator, sondern auch als Dozent, Diskussionsleiter und Berater nach neuen Wegen suchte. Insbesondere widmete er sich auch den Problemen der jungen Generation. Den Ruhestand verbrachte Würzburger wieder in der Schweiz. Er starb 1978 in Hausen am Albis bei Zürich. Seine Urne wurde auf dem Bayreuther Stadtfriedhof beigesetzt.

Als Schriftsteller hat Würzburger ein nennenswertes Lebenswerk hinterlassen, das viel zu wenig bekannt ist. Es umfaßt u.a. religiöse Lyrik, Veröffentlichungen zur Bibel und zum Bibellesen, ein in mehreren Auflagen erschienenes Werk „Erziehung nach dem Evangelium", mehrere Schriften über den Schweizer

Dr. Karl Würzburger, der Verleger Ernst Rowohlt und der Buchhändler Adolf Gondrom bei einem Gespräch in Bayreuth (v. l. n. r.)

Erzieher Pestalozzi („Der Angefochtene", 1940) und einen autobiographischen Roman „Im Schatten des Lichtes" (Zürich 1945). Unter diesem Titel gestaltete Würzburger literarisch das Schicksal eines Juden, der 1938 Deutschland fluchtartig verläßt und im Exil die innere Wandlung zum Christen erlebt. In der Hauptperson des Dr. Jakob Herzfelder, der als Patient in einem Schweizer Nervensanatorium aufgenommen wird, stellt Würzburger in dichterischer Freiheit und Verfremdung die entscheidende Phase seines eigenen Glaubensweges dar.

Über die Lebenserfahrungen in seiner frühen Bayreuther Zeit wird ziemlich unverhüllt berichtet und reflektiert. Im Kapitel „Vor der Flucht" schildert er als äußeren Tiefpunkt seines Lebens, wie er einmal in den ersten Jahren des Dritten Reichs zur Festspielzeit das Bayreuther Künstlerlokal „Eule" besuchte. Als man ihn erkannte, wurde er als Jude beschimpft und unter Drohungen vertrieben. „... in jener Nacht war ich unter den Schlägen einer kleinen Horde von Trunkenbolden an meiner Heimat verzweifelt. Ich hatte sie wirklich in jener Nacht von einer zur anderen Stunde verloren. Und werde sie nicht wiedergewinnen. Man wird nur einmal geboren. Auch in der Heimat nur einmal geboren."

Der hochsensible Individualist fühlte sich mit allen jüdischen Glaubensbrüdern als „Prügelknabe der Christenheit". Nach der bitteren Erfahrung, daß ein Jude „immer in der Fremde" lebt, und nach dem leidvollen Ertragen seines Familienschicksals findet er schließlich seinen inneren Frieden durch die Bereitschaft zur Taufe und zu christlichem Verzeihen: „Vergib uns unsere Schuld – in Gottes Namen, wie wir vergeben unsern Schuldnern. Amen!"

Das Internationale Jugend-Festspieltreffen seit 1950

Nach seiner Entlassung aus französischer Gefangenschaft wählte der 1910 in Erfurt geborene Herbert Barth, der vor dem Krieg als Lektor, Herausgeber, Werbe- und Vertriebsleiter im Verlagswesen tätig gewesen war und schon 1931 in Oberfranken auf Burg Lauenstein Konzerte organisiert hatte, Bayreuth als neuen Wohnsitz. Sein organisatorisches und publizistisches Talent trug bald Früchte. Er organisierte kleine Hauskonzerte im Colmdorfer Schlößchen, wagte 1947 „Bayreuther Wochen für Neue Musik" und half die Wiederaufnahme der Festspiele vorzubereiten. Von 1952 – 1976 war er Pressereferent der Bayreuther Festspiele.

Bereits 1949, als der Neuanfang auf dem Grünen Hügel noch in weiter Ferne war, setzte Barth die Idee, junge Künstler und namhafte Dozenten der Musik-, Theater- und Literaturwelt jedes Jahr in Bayreuth zusammenzuführen, in die Tat um: Er gründete den Verein „Internationales Jugend-Festspieltreffen Bayreuth". Im August 1950 konnte unter der Schirmherrschaft des Komponisten Jean Sibelius die erste Bayreuther Veranstaltungsreihe durchgeführt werden. Wieland und Wolfgang Wagner sowie namhafte Dirigenten wie Karajan und Knappertsbusch wurden als Protektoren gewonnen. Seitdem entwickelte sich „Das Treffen" zu einer erfolgreichen festen Institution, die jedes Jahr im August etwa 400 Studenten aus aller Welt die Teilnahme an einem reichhaltigen Veranstaltungsprogramm ermöglicht, ihnen aber auch die Gelegenheit bietet, eigene Werke vorzustellen und neue Ideen in allen Bereichen der bildenden und darstellenden Kunst, der Musik und der Literatur zu diskutieren. Die „Atmosphäre Bayreuth" war durch die „Allgewalt Musik" (beides sind Buchtitel Herbert Barths) um eine wertvolle Nuance bereichert worden.

Der schwierige Weg nach „Neu-Bayreuth":
Neuanfang im Festspielhaus 1951

Nach Kriegsende 1945 schien es für lange Zeit kaum Chancen für eine Wiederbelebung der Festspiele zu geben. Wahnfried war eine Ruine, das Festspielhaus von der Besatzungsmacht zweckentfremdet, die bisherige Hauptträgerin politisch belastet, Richard Wagner und sein Werk für viele suspekt. Daß man trotz der hohen Hypothek von Vorurteilen gegen Wagner über mancherlei Irr- und Umwege doch erfolgreich einen guten und zukunftsweisenden Neuanfang fand, war das Verdienst der Enkel des Meisters, der Brüder Wieland und Wolfgang Wagner. Mit einem klaren „Hier gilt's der Kunst!" warfen sie den alten Ballast ab und bewahrten das Werk und seine Wiedergabe vor neuer Überfremdung. Ein erster Markstein auf diesem

Wieland und Wolfgang Wagner, 1951

Wege war die „Wiederweihe" des Festspielhauses am 22. Mai 1949 mit den Münchener Symphonikern unter Hans Knappertsbusch.

Zwei Jahre später konnten am 28. Juli 1951 die ersten Nachkriegsfestspiele beginnen. Wilhelm Furtwängler dirigierte zum Auftakt Beethovens 9. Symphonie, und mit der Neuinszenierung des „Parsifal", des „Rings" und der „Meistersinger" von Wieland Wagner wurde einer erstaunten Welt im Bühnenbild und in der Regie ein „entrümpelter" Wagner präsentiert. Die mutige Neugestaltung stieß zwar zum Teil auf harte Kritik alter Wagnerianer, erwies sich aber im wesentlichen als trag- und entwicklungsfähig. Mit 12 000 Besuchern und einem auch in der Finanzierung gut abgestimmten und ausgeglichenen Etat waren für die Weiterführung gute Voraussetzungen geschaffen. Wagners Werk, das im Ausland ungebrochenes Interesse besaß, war auch in Bayreuth wieder zu neuem Leben erwacht. Seitdem finden alljährlich wieder Wagnerfestspiele statt. An die Stelle der fast kultischen Pflege als „Weihespiele" ist die „Werkstatt Bayreuth" getreten.

Stellvertretend für die große internationale Resonanz, die das „Neu-Bayreuth" der Wagnerenkel fand, nennen wir Edward Morgan Forster (1879 – 1970). Der bekannte englische Erzähler und Kritiker, der 1904 in Dresden den „Ring" in realistischer Inszenierung gesehen hatte, besuchte 1954 – also genau ein halbes Jahrhundert später – die Bayreuther Festspiele. Im 3. Programm der BBC London berichtete er ausführlich und begeistert über die Wagnerrevolution in Bayreuth. Bekannt für treffliche Zeichnung des Genius loci, wurde er mit seinem Urteil in England zum Künder der Bayreuther Wandlungen. Als Resümee seiner Beobachtungen schrieb er, auf Festspielhaus und Neu-Bayreuth bezogen: „... Bayreuth ist eine Festung. Möge sie lange bestehen und nie jemand ein brennendes Zündholz in ihr fallen lassen. Da ihr Inneres gänzlich aus Holz gebaut ist, ginge sie wie Walhall in Flammen auf und würde durch irgendein wissenschaftlich durchkonstruiertes Gebäude ersetzt, in dem alle Klänge so ausdruckslos ersterben wie in unserer Festival Hall." Damit gab er dem musikalischen Kunsterlebnis im Festspielhaus einen höheren Stellenwert als dem in der Royal Festival Hall in London, die 1951 als hochmoderner Repräsentativbau errichtet worden war.

Seit 1948 ist Bayreuth wieder Regierungshauptstadt

Die 1933 durchgeführte Zusammenlegung der bayerischen Regierungsbezirke Ober- und Mittelfranken wurde 1948 aufgehoben. Damit stellte man den Regierungsbezirk Oberfranken als staatliche Mittelinstanz mit seiner eigenen Verwaltung wieder her. Regierungssitz wurde erneut Bayreuth. Als erster Regierungspräsident der Nachkriegszeit meisterte Dr. Ludwig Gebhard (1881 – 1956) die schwierigen Aufgaben der Rückverlegung und des Wiederaufbaus, die zur Zeit der Nachkriegsnot und Währungsreform nur schwer zu bewältigen waren. Dem aus Landsberg am Lech stammenden Oberbayern, der als Verwaltungsjurist vor dem Krieg in Münchner und Berliner Ministerien tätig gewesen war, gelang die erste Grundlegung im Rahmen des demokratischen Staates. Neben der Präsidialabteilung und der inneren Verwaltung mußten wieder oberfränkische Abteilungen für Wirtschaft, Bau- und Schulwesen eingerichtet werden. Vor allem galt es noch lange, die Kriegsfolgen zu überwinden. So gab es noch 1966 eine eigene Abteilung für Wohnraumbeschaffung und Flüchtlingswesen. Bayreuth aber hatte seine Funktion als staatliche Verwaltungszentrale Oberfrankens zurückgewonnen. Das seit 1933 zweckentfremdete Regierungsgebäude in der Ludwigstraße konnte wieder bezogen werden.

Nachfolger Gebhards wurde Dr. Fritz Stahler, der von 1957 – 1973 im Amt war. Unter dem gebürtigen Pfälzer, der nach dem Krieg Landrat in Bad Aibling war, begann der weitere Ausbau, aber auch ein Wandel in der inneren Struktur der Bezirksregierung. Von der früheren Hoheitsverwaltung verlagerte sich das Schwergewicht mehr auf das Gebiet der Leistungsverwaltung und überörtlichen Daseinsfürsorge mit dem Grundsatz „Aufsicht nur soviel wie unbedingt nötig, aber Beratung soviel wie möglich". Völlig neu gebildet wurde eine Abteilung für Landesentwicklung, Umwelt- und Naturschutz. Die von Dr. Stahler begonnene Neuformierung und Anpassung an die Erfordernisse der Gegenwart führte von 1973 bis 1988 Wolfgang Winkler tatkräftig und erfolgreich fort. Mit dem gebürtigen Erlanger war wieder ein Franke Regierungspräsident geworden.

Der „Bezirk Oberfranken"

Als „dritte kommunale Ebene" neben Gemeinden und Landkreisen wurde nach dem 2. Weltkrieg der „Bezirk Oberfranken" neu organisiert, der als Institution auf den alten oberfränkischen Landrat im Königreich Bayern zurückgeht und 1953 eine neue Bezirksordnung erhielt. Der Bezirk Oberfranken schafft, unterhält und fördert öffentliche Einrichtungen, die für das soziale, kulturelle und wirtschaftliche Wohl der oberfränkischen Bevölkerung dienlich sind, aber von den bestehenden Gemeinden, Städten und Landkreisen nicht allein getragen werden können. Sein oberstes Organ ist der Bezirkstag. An der Spitze des Bezirkstags steht der Bezirkstagspräsident. Er ist Wahlbeamter, Chef der Verwaltung und Vorgesetzter von mehr als 1000 Bediensteten. Sitz des Bezirkstagspräsidenten und der Hauptverwaltung ist Bayreuth, und zwar im Verwaltungsverbund mit der Regierung von Oberfranken.

Der erste Bezirkstagspräsident war Hans Rollwagen (SPD) von 1954 – 1962. Ihm folgten der Bamberger Altbürgermeister Anton Hergenröder. Seit 1982 ist es Edgar Sitzmann (beide CSU). Die Bezirksräte der Selbstverwaltungskörperschaft wurden bisher hauptsächlich von der CSU und SPD gestellt. Der Bezirkshaushalt wird durch eine sog. Bezirksumlage gesichert, die von den Landkreisen und kreisfreien Städten zu tragen ist. Der Bezirk unterhält selbst wichtige Einrichtungen und leistet Zuschüsse für Institutionen im Rahmen seiner Zielsetzung.

Als wichtige Einrichtung unterhält der Bezirk in Bayreuth das Nervenkrankenhaus, die 1973 aus der alten Taubstummenanstalt und Gehörlosenschule hervorgegangene Sonderschule für Sprachbehinderte in St. Georgen und die Landwirtschaftlichen Lehranstalten mit dem Bezirkslehrgut an der Adolf-Wächter-Straße. Den Arbeitsbedingungen der Gegenwart angepaßt ist die Landmaschinen- und Viehhaltungsschule. In der Scheune des Lettenhofes richtete Günter Schmidt, früherer Direktor der Landwirtschaftlichen Berufsschule, ein Museum für bäuerliche Arbeitsgeräte ein.

Die Ära Hans Walter Wild (1958 – 1988)

Das Jahr 1958 wurde kein Epochenjahr der Weltgeschichte und brachte auch für die deutsche Geschichte keinen tiefgreifenden Einschnitt. In Westeuropa war man weiterhin auf dem Weg friedlicher Konsolidierung. Adenauer und Frankreichs neuer Staatspräsident de Gaulle legten durch ihre ersten Begegnungen den Grund zur deutsch-französischen Aussöhnung und Freundschaft. Das Europaparlament wurde gegründet, der Weg zur Europäischen Gemeinschaft versprach auch den Deutschen eine Überwindung ihres Dilemmas der Teilung. Chruschtschows Eskapaden (Forderung, Berlin aus der Viermächte-Verantwortung zu lösen u.a.) zerstörten jedoch alle Hoffnungen auf baldige Verbesserungen. In Rom starb Papst Pius XII., der Erzbischof von Venedig Angelo Giuseppe Roncalli bestieg als Johannes XXIII. den Stuhl Petri. Von Golo Mann erschien 1958 eine „Deutsche Geschichte des 19. und 20. Jahrhunderts", die als Abschluß auch ein Urteil über die verflossenen Nachkriegsjahre enthielt. Über das in der jungen Bundesrepublik erreichte Stadium schrieb der Verfasser: „Man hat mit der moralischen Läuterung der Nation gerechnet, aber damit ist es bei allen Nationen eine unsichere Sache. Die Struktur der Gesellschaft hat sich geändert; ob auch die tiefsten Charakterzüge, wer kann es wissen?"

Auch in Bayreuth war die neue Struktur der Gesellschaft erkennbar. Überhaupt spiegelte sich vieles aus der „hohen Politik" auch im engumgrenzten kommunalen Bereich, der schließlich kein isoliertes Eigenleben führen konnte. Die inzwischen stabilisierte Demokratie begann Früchte zu tragen. Die meisten Stadtbürger hatten ihre Rolle in Freiheit und Verantwortung angenommen, den Wert ihrer „Stimme" erkannt.

Der Wechsel im Rathaus brachte keine totale Neuorientierung, er war vielmehr die konsequente Fortsetzung der Arbeit Rollwagens. Trotz dieser unleugbaren Kontinuität erscheint es rückblickend voll berechtigt, die drei Jahrzehnte von Wilds Amtszeit als eigene stadtgeschichtliche Einheit zu sehen. Nicht, weil er als alles prägender Stadtdirigent besonders herausgestellt werden soll, sondern weil die Rolle Bayreuths in seiner Amtszeit ihr unverkennbares Eigengepräge erhalten hat. Bald nach seiner Ruhestandsversetzung 1988 sollte durch die Öffnung der hermetisch abgeriegelten Grenzen Bayreuth in einem gewandelten Mitteleuropa vor völlig neue Aufgaben gestellt werden. Auch 1958 hatte sich ein Wandel angebahnt, der erst ein Jahr später für alle sichtbar wurde: Bald nach Wilds Oberbürgermeisterwahl verdeutlichte die deutsche Sozialdemokratie im Godesberger Programm, daß sie bewußt den Weg von der Arbeiterpartei zur Volkspartei beschritt. Diese Entwicklung wurde in Bayreuth in der Person des neuen Stadtoberhaupts für jedermann erkennbar. Hatte Rollwagen mit seiner anerkannt hohen Sachkompetenz als Kommunalpolitiker und mit seinem schlicht-seriösen Auftreten das Vertrauen eines großen Teils der Bürgerschaft erworben, so gelang es Hans Walter Wild, diese Vertrauensbasis noch zu stärken und zu erweitern.

Daß wir im vorliegenden Kapitel, wie auch in den vorausgegangenen Berichten zu den Epochen des 20. Jahrhunderts, nicht ausführlicher auf weitere Einzelheiten eingehen können, wird wesentlich durch Anlage und Umfang des Buches bestimmt. Für den Zeitgenossen, der die letzten Jahrzehnte miterlebt hat, bleiben daher unvermeidlicherweise viele Fakten, Namen und Ereignisse unerwähnt. Wer weitergehende Informationen sucht, muß zu einschlägigen Veröffentlichungen greifen, die sich ausschließlich mit der Zeitgeschichte befassen. Die jüngste Ära mit ihrer Dynamik zu erfassen und kritisch darzustellen ist an dieser Stelle auch wegen zu geringer zeitlicher Distanz nicht möglich. So wird hier noch einmal an das zum Vergleich schon im Vorwort gebrauchte Bild eines fahrenden Wagens erinnert. Um das Ziel, die Gegenwart, zu erreichen, kann auch bei der letzten Wegstrecke nicht an jedem möglichen Haltepunkt ausgestiegen werden. Bedenkenswert kann aber auch ein Vergleich mit den ersten Kapiteln unseres Buches sein: Wir haben dem seit 1933 verflossenen halben Jahrhundert mehr Platz eingeräumt als den vier Jahrhunderten von 1194 bis 1603. Wieviel Wissenswertes dieser Epochen wird überhaupt nicht mehr darstellbar sein, weil die dafür nötigen Quellen und Belege längst verloren sind!

Hans Walter Wild – Bayreuths Oberbürgermeister von 1958 bis 1988

Niemand hat in der Nachkriegszeit das Stadtbild stärker verändert und die Geschichte der Stadt nachhaltiger geprägt als Hans Walter Wild in den drei Jahrzehnten seiner Amtstätigkeit als Oberbürgermeister. 1919 in Würzburg geboren, war er bei Kriegsausbruch vom begonnenen Jurastudium als Soldat zum Kriegsdienst eingezogen worden, 1943 als Kompanieführer in Afrika in englische Kriegsgefangenschaft geraten und erst 1948 heimgekehrt. Nach Abschluß des Studiums der Rechtswissenschaften in Würzburg und der 2. Staatsprüfung wurde er 1953 ins Rechtsreferat der Stadt Bayreuth übernommen. 1956 wurde er als Finanzreferent der für den städtischen Haushalt verantwortliche Stadtkämmerer. Er verfügte als junger Rechtsrat bereits über ausgezeichnete Sachkenntnis

Hans Walter Wild als Oberbürgermeister in seinem Amtszimmer im Alten Rathaus 1972

der örtlichen Kommunalpolitik, als er am 23. März 1958 als Kandidat der SPD, der er seit 1948 angehört, und unterstützt von der CSU-Fraktion und der Vertretung der Heimatvertriebenen in Direktwahl durch die Bürger der Stadt Bayreuth 54 % der Stimmen auf sich vereinigen konnte und den profilierten bürgerlichen Gegenkandidaten Dr. Fritz Meyer mit deutlichem Abstand hinter sich ließ.

Als neues Stadtoberhaupt war er in den ersten Jahren hauptsächlich dadurch ausgelastet, die immer noch bestehende Wohnungsnot zu überwinden und andere elementare Defizite zu beheben. Als er sein Amt übernahm, gab es in der Stadt noch zehn Barackenlager, und es fehlten über 4600 Wohnungen. 1965 war die Wohnungsnot behoben. Als flexibler Pragmatiker entwickelte Wild weitreichende Perspektiven, die er tatkräftig, willensstark, mutig und zielstrebig verfolgte. Mehr oder weniger tragen alle in seiner Amtszeit im Auftrag und Namen der Stadt verwirklichten Projekte den Stempel seiner Persönlichkeit. Wie kaum ein anderer vor ihm hat er sich als Wahlbayreuther selbst mit den Lebens- und Zukunftsproblemen der Stadt identifiziert und ihre Interessen als brillanter Redner und Gesprächspartner erfolgreich im In- und Ausland vertreten. 1958 wurde er Vorstandsmitglied des Bayerischen Städtetags und Hauptausschußmitglied des Deutschen Städtetags.

Als Finanzreferent der Stadt (Stadtkämmerer) fand Wild ein Gemeinwesen vor, das von der Hand in den Mund lebte. Der städtische Haushalt verfügte über keine ausreichende „Finanzdecke". Die Hebung der Wirtschafts- und Steuerkraft konnte vor allem durch Ansiedlung neuer Industriebetriebe und Firmen erreicht werden, durch die eine namhafte Zahl neuer Arbeitsplätze geschaffen wurde. Verbunden mit der Steigerung der städtischen Einnahmen war eine vorausschauende Haushaltsplanung, die der Stadt beispielsweise durch günstige Grundstückskäufe Spielraum für die Aufwärtsentwicklung bot.

In den Oberbürgermeisterwahlen von 1964 bis 1982 spiegelt sich wider, wie glänzend es Hans Walter Wild gelang, seinen Platz nicht nur zu sichern, sondern in der Folge noch weiter auszubauen. Ohne Gegenkandidaten errang er 1964 bei nur schwacher Wahlbeteiligung über 97, 1970 sogar 98 Prozent der Stimmen. Nur im Wahlkampf gelegentlich zu einseitig parteibezogen wirkend, präsentierte er sich fast immer als der dynamische „Erste Bürger" seiner Stadt, für die er die sich bietenden Chancen meist im richtigen Augenblick erkannte und auch pragmatisch zu nutzen verstand. Die Rolle, der Stellenwert und das Wohl Bayreuths waren die Triebfedern seines Handelns. „Wild brachte, das müssen ihm seine ärgsten Gegner lassen, jene Begeisterungsfähigkeit und jenen Schuß ‚Pep' mit, die man im politischen Tagesgeschäft so häufig vermißt" (Bernd Mayer). 1976 hatte er bei der Oberbürgermeisterwahl in Ortwin Lowack einen jungen Gegenkandidaten der CSU, der aber über einen Achtungserfolg nicht hinauskam. 1982 konnte sich Wild gegen den von der Bayreuther Gemeinschaft unterstützten CSU-Kandidaten Heinrich Dumproff noch mit 55 Prozent der Stimmen behaupten. Nach weiteren sechs OB-Jahren und einer Amtszeit von genau 30 Jahren endete 1988 die „Ära Wild" als eine stadtgeschichtliche Epoche besonders glücklichen Wachstums.

Fleißiger Wiederaufbau bei Verlusten im Stadtbild

In den 50er und 60er Jahren waren die Stadt und viele Bürger gezwungen, sich mit der Wiederherstellung von Altbauten und der Errichtung schmuckloser neuer Zweckbauten ohne Komfort zu begnügen, um möglichst rasch neuen Wohnraum zu schaffen. Auf die Rettung und Sanierung wertvoller alter Bausubstanz mußte anfangs weitgehend verzichtet werden. Immerhin bemühten sich nicht wenige Bauherren darum, künstlerisch und historisch bedeutende Bauteile zu erhalten und wiederzuverwenden, was auch gelegentlich zu recht guten und nennenswerten Lösungen führte.

Ein Bauherr eines Hauses in der Schwindstraße übernahm den alten Wappenstein von Haus Maximilianstr. 42, den einst der Bürgermeister Hans Jacob Pühler hatte anbringen lassen, und versah ihn mit der zusätzlichen Inschrift „Altes vergeht – Neues entsteht". Einen Rokokotorbogen verwendete ein Bauherr im Lessingweg. Dr. Hans Vollet (1920 – 1991) rettete eine Säule des Reitzenstein-Palais (Neues Rathaus) vor weiterem Verfall und Vergessenwerden, indem er sie in seinem Garten an der Ziegelleite zur Aufstellung brachte.

An den Baustellen der städtischen Neubauten verkündeten die Bauträgerschilder jedermann in großer Überschrift: „Hier bauen die Bürger der Stadt Bayreuth." Die mit den nicht nur städtischen Baumaßnahmen verbundene Umgestaltung des Stadtbilds verlief jedoch nicht ohne zum Teil heftige Kontroversen. Der stürmische Fortschritt beim Neuaufbau der Stadt stieß nicht selten auf den Widerstand derjenigen Bürger, die das alte Bayreuth möglichst in seiner noch vorhandenen Bausubstanz saniert und bewahrt sehen wollten. Es lag in der Natur der Sache, daß sich nicht immer das als lebensnotwendig Erscheinende der Gegenwart mit den Wünschen nach Rettung und Erhaltung des liebenswerten Alten verbinden ließ. Daß nicht jedes als Bauruine darniederliegende Gebäude im früheren Stil wieder aufgebaut werden konnte, war dabei jedermann klar. Aber in der Reihe der nach 1945 noch erhaltenen, das alte Stadtbild prägenden Häuser und Straßenzüge waren zweifellos würdige Baudenkmäler, deren Beseitigung einem echten Verlust im Stadtbild gleichkam.

Mag es auch übertrieben sein, wenn konservative Bayreuther sogar von einer zweiten Zerstörung Bayreuths sprechen, so ist es doch sehr bedauerlich, daß auch einige städtebaulich und stadtgeschichtlich bemerkenswerte Objekte der Spitzhacke zum Opfer fielen. Zu diesen von den Bomben 1945 verschonten Gebäuden und Anlagen gehörten das 1966 abgebrochene Hagengut in Moritzhöfen, das an Bayreuths ersten rechtskundigen Bürgermeister Hagen und seinen Gast Jean Paul erinnerte, und die „Burg", die Arbeitersiedlung des 19. Jahrhunderts in Bahnhofsnähe. Für den Kauf und Erhalt der alten „Priesterhäuser" in der Sophienstraße (Nr. 28/30) trat Stadtbaurat Muchow vergeblich ein. Abgerissen wurden auch, um noch weitere Beispiele zu nennen, das Fachwerkhaus „Eck-Schobert", die „Tabulatur" hinter dem Neuen Rathaus und das Stirnerhaus am Markt.

Generalverkehrsplan

Zur Lösung der Verkehrsprobleme angesichts des rasch wachsenden Autoverkehrs erstellte Dr.-Ing. Hellmut Schubert (Hannover) 1962 im Auftrag der Stadt einen Generalverkehrsplan. Zur Neuordnung des Hauptverkehrsstraßennetzes im Bereich der

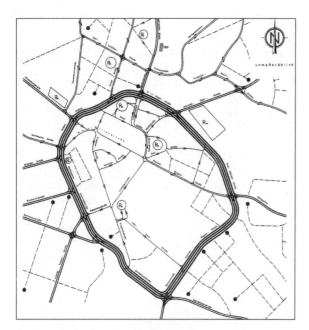

Die „Neuordnung des Hauptverkehrsstraßennetzes" für die Innenstadt mit einer Planskizze für den Stadtkernring

Innenstadt wurde die Schaffung eines großzügig angelegten Stadtkernrings notwendig. Die Maßnahmen zur Verbesserung der Verkehrssituation erstreckten sich auf den öffentlichen Verkehr, den Fußgänger- und den Fahrzeugverkehr. Der Durchgangsverkehr mußte durch Umgehungsstraßen möglichst herausgenommen werden. Der neue „Ring" sollte über die schon vorhandenen Straßen Wolfsgasse, Leonrodstraße, Sendelbachstraße, Cosima-Wagner-Straße, Graf-Münster-Straße, Gustav-von-Meyer-Straße und den Graben geführt werden. Eine Verbindung der Albrecht-Dürer-Straße über den Josefsplatz zur Richard-Wagner-Straße wurde eingeplant, eine Mainüberdachung zwischen Josefsplatz und Schulstraße trug entscheidend zu einer gelungenen Lösung bei.

Weichen mußten dabei aber einige ältere Bauten (Ludwigsbrücke, Häuser im Graben, Fachwerkhaus Eck-Schobert), die Wolfsgasse lebte in einem Parallelsträßchen unter altem Namen neu auf. Den alten Baucharakter erhielt sich nur die Cosima-Wagner-Straße. Mit den Namen „Hohenzollernring" und „Wittelsbacher Ring" für die beiden wichtigsten Teilstücke der Neuanlage wurde der einstigen Landesherren Bayreuths gedacht. Seitdem kann der Stadtkernring durch 11 übergeordnete Hauptverkehrsstraßen erreicht werden. 1967 wurde der Hohenzollernring seiner Bestimmung übergeben. Auch mit der Anlage eines äußeren Stadtrings wurde der Anfang gemacht.

Wandlungen der Verkehrsbedingungen im Innenstadtbereich

Die allgemeine Motorisierungswelle der Nachkriegszeit, die mit dem deutschen „Wirtschaftswunder" einsetzte, insbesondere das ungewöhnlich starke Anwachsen des Individualverkehrs mit dem eigenen Auto ließen die „autogerechte Stadt" als Ideal oder doch als Notwendigkeit erscheinen, der denkmalpflegerische Interessen ebenso wie die des Naturschutzes notfalls unterzuordnen waren. Trotz ständiger Einsprüche des Naturschutzbeauftragten Karl Kronberger mußten viele alte Bäume weichen, die einer großzügigen Verkehrsplanung und der Verkehrssicherheit im Wege standen, darunter die meisten Platanen der einst eine Allee bildenden Brandenburger Straße und die Baumriesen der historischen „Königsallee". Mit neuen und verbreiterten alten Straßen, Großparkplätzen als Nachfolger der Nachkriegsbarackensiedlungen in der Hindenburgstraße, Albrecht-Dürer-Straße und am Volksfestplatz, mit Tiefgaragen und Parkhäusern sollten die Straßenverkehrsflut und der sog. „ruhende Verkehr" bewältigt werden. Die trotzdem noch wachsende Überlastung brachte allmählich, verbunden mit dem gewachsenen Umweltbewußtsein, ein Umdenken in Gang, das zur autofreien Innenstadt tendiert. Dieser Weg wurde durch die Einrichtung der Fußgängerzone in mehreren Etappen verwirklicht.

1978 konnte Oberbürgermeister Wild den ersten Abschnitt am Unteren Markt feierlich eröffnen. Richard-Wagner- und Sophienstraße folgten. 1984 begann auch die Umgestaltung der Maximilianstraße, die zwar ihren Buszentralbahnhof behielt, aber seitdem nur noch von Lieferverkehr und sonderberechtigten Anliegern mit dem Auto angefahren werden darf. Seit der Einweihung der Zone am Unteren Markt hat die Innenstadt alljährlich im Juli eine neue Großveranstaltung besonderer Art zu meistern: das städtische Bürgerfest, das für ein Wochenende mit der Vielseitigkeit eines bunten Programms Tausende aus Stadt und Umland anzieht. Zu den Gehsteigen, die in die Innenstadt führen, sind inzwischen die Radwege gekommen. Vom Stadtrand aus laden Radwanderwege zu gefahrenfreier Fahrt ins Grüne ein. So führt beispielsweise seit 1982 auf dem Damm der stillgelegten Lokalbahn von der Altstadt aus eine durch Radlerinitiative realisierte Radwegstrecke in die Fränkische Schweiz.

Anschluß an den internationalen Flugverkehr

Seit 1. Mai 1973 ist Bayreuth über Frankfurt am Main durch eine Fluglinie an den Weltflugverkehr angeschlossen. Vom Flugplatz auf dem Bindlacher Berg können seitdem mehrmals täglich Fluggäste zum Rhein-Main-Flughafen fliegen und von dort aus Bayreuthbesucher direkt in die Festspielstadt kommen. 1990 wurden 30 375 Starts und Landungen (einschließlich Sportflieger) gezählt und auf dieser Linie über 7000 Passagiere befördert.

Erweiterung des Industriegebietes

Der Ausbau des neuen Industriegebiets im Bereich des einstigen Brandenburger Weihers ging zügig voran. Zu den Industriebetrieben, die sich ansiedelten, kam der erste große Supermarkt (Tauscher), dessen Selbstbedienungsprinzip bald von anderen übernommen wurde. Mit der Beseitigung des alten Weiherdamms verschwand auch die markante Begrenzung gegenüber dem Bindlacher Gemeindegebiet.

Eine wertvolle Ergänzung für das Industriegebiet Nord, das westlich der Autobahn liegt, wurde durch den Zugewinn eines östlich davon liegenden Areals erreicht. Mitte der 60er Jahre hatte die Stadt das Gelände des ehemaligen Militärflugplatzes Laineck an die Bundeswehr verkauft und dafür das Gebiet nördlich von Laineck bis zur Christian-Ritter-von-Popp-Straße erworben. Die ebene und autobahnnahe Fläche erwies sich als geeignet für die Anlage eines neuen Industriegebietes Ost.

Zu den Firmen, die sich hier niederließen, gehört medi Bayreuth, eine Bayreuther Firma, die Spitzenprodukte medizinischer Hilfsmittel herstellt. Zum Produktionsprogramm gehören u.a. Kompressionsstrümpfe, elastische Bandagen und Artikel der Orthopädie und Sportmedizin.

Ausgewählte Fakten und Beispiele aus dem Wirtschaftsleben

Bei der zielstrebigen Wirtschaftsplanung der Stadt und der erfolgreichen, noch im weiteren Ausbau befindlichen Anlage der neuen Industriegebiete darf man nicht übersehen, daß der erfreuliche wirtschaftliche Aufschwung Bayreuths dem Mut und der Zähigkeit tüchtiger Unternehmer und dem Fleiß und Einsatz der vielen Arbeitnehmer im gesamten Stadtgebiet zu verdanken war. Unternehmerische Initiative sicherte auch im alten Stadtbereich durch Neubauten oder Ausbau und Modernisierung vorhandener Anlagen Arbeitsplätze und ließ neue entstehen.

Im „Handbuch der Großunternehmen" wurden 1974 für Bayreuth insgesamt 34 Firmen ausgewiesen, von denen über zwei Drittel nicht im neuen Industriegelände, sondern in den alten Stadtvierteln angesiedelt waren. Obwohl von alters her das Textilgewerbe eine bedeutende Rolle spielte, entwickelte sich daraus keine industrielle Monostruktur. Von den fast 30 000 Erwerbstätigen in der Stadt waren 1987 laut Volkszählung 2082 Selbständige und 312 mithelfende Familienangehörige, 12 412 Angestellte, 9939 Arbeiter und 4996 Beamte, Richter und Soldaten. Gezählt wurden 11 388 Schüler und Studierende, deren hohe Zahl die Rolle der Schulstadt Bayreuth unterstreicht. 9321 Berufstätige arbeiteten im produzierenden Gewerbe, 5167 in den Bereichen Handel, Verkehr und Nachrichtenübermittlung, nur 339 in Land- und Forstwirtschaft, 14 614 in anderen Wirtschaftsbereichen. Von den 66 Betrieben, die 1987 mehr als 20 Beschäftigte hatten, entfielen 26 auf die Verbrauchsgüter, 24 auf die Investitionsgüterherstellung. Zehn Betriebe hatte das Nahrungs- und Genußmittelgewerbe zu verzeichnen.

Nach alter Tradition hatte das Brauereiwesen daran namhaften Anteil: Die dominierende Brauerei wurde die der Gebrüder Maisel, die zusammen mit der älteren Bayreuther Bierbrauerei AG zum stattlichen Brauereikomplex zwischen Kulmbacher- und Hindenburgstraße anwuchs. Sechs größere Betriebe stellten Grundstoff- und Produktionsgüter her. Der Maschinenbau behauptete sich mit mehreren Betrieben. Erwähnt sei hier als Beispiel nur das seit 1861 bestehende Eisenwerk Hensel, das Steinbearbeitungsmaschinen, Druckgießmaschinen und Exzenterpressen herstellt und in die ganze Welt exportiert.

An ein paar Beispielen soll auch verdeutlicht werden, wie sich größere Firmen über das gesamte Stadtgebiet verteilten. Am Fuße des Grünen Hügels arbeitet bereits seit 1899 die Porzellanfabrik „Walküre". Die Strickwarenfabrik Mallani siedelte sich in der äußeren Kulmbacher Straße an. Größere Betriebe entstanden am Stadtrand im Bereich der Ausfallstraßen: das Feustel Garten-Center in der Königsallee und die Firma Werner Zapf KG als vielseitiges Bauunternehmen mit seinem Baumarkt in der Nürnberger Straße. Neben allen diesen genannten größeren Betrieben sei aber auch an die vielen anderen erinnert, die hier nicht aufgeführt werden können, aber auf ihre Weise zur Vielfalt beitrugen.

Das Handwerk war in allen Teilbereichen durch viele Meisterbetriebe vertreten. Das Metallhandwerk lag mit insgesamt 223 Firmen an der Spitze. In der Gruppe Gesundheits- und Körperpflege waren 70 Friseure, 9 Augenoptiker, 3 Orthopädiemeister und 7 Zahntechniker zu finden. Die Gruppe Nahrung umfaßte 94 Handwerksbetriebe, darunter 47 Metzgereien, 33 Bäckereien und 10 Konditoreien. Stark vertreten war das Bauhandwerk mit 99 Betrieben. Auf die Gruppe Bekleidung entfielen 40 Betriebe, auf die Gruppe Glas, Papier, Keramik 45. Mit der Holzverarbeitung beschäftigt waren 29 Handwerksbetriebe. Als Besonderheit der Musikstadt Bayreuth sind die vier Betriebe für Klavier- und Cembalobau zu erwähnen, unter ihnen die renommierte Firma Steingraeber. Dazu kamen noch je ein Holz- und ein Metallblasinstrumentenmacher.

Die Geschäftswelt Bayreuths konzentrierte sich weiterhin auf die Innenstadt; Autohäuser, Supermärkte, Möbelfirmen siedelten sich aber auch am Stadtrand und im Nahbereich an. Zum zentralen Großkaufhaus der Innenstadt entwickelte sich die Filiale der Warenhaus-GmbH Hertie, die auch eine (inzwischen auf der Südseite wieder stillgelegte) Marktunterführung bauen ließ. Die als Jean-Paul-Buchhandlung gegründete Buchhandlung Gondrom konnte ihre Verkaufsfläche auf drei Etagen erweitern. Das Einkaufszentrum am Markt und in den angrenzenden, zur Fußgängerzone erklärten Straßen mit vielen Fachgeschäften beherrscht den alten Stadtkern. Als Wohngebiet hat die Innenstadt ihre Attraktivität verloren. Soweit die oberen Stockwerke der Häuser nicht von den Geschäften genutzt werden, beherbergen sie nunmehr Arztpraxen, Anwaltskanzleien und Büros.

Die Festspiele und der damit verbundene Kulturbetrieb bildeten in allen Jahren von 1951 bis 1988 (und auch weiterhin) einen wichtigen Wirtschaftsfaktor. Der moderne Auto- und Busverkehr brachte viele Menschen als Kurzzeitgäste nach Bayreuth. Neben solchen Tagesgästen konnte der Fremdenverkehr aber weiterhin mit nennenswerten Zahlen aufwarten und ein Ansteigen der Besucherzahl von 59 084 (1970) auf 81 732 (1987) verbuchen, von denen der größte Teil in den örtlichen Hotels und Pensionen Unterkunft fand. 7209 Fremde bevorzugten Privatquartiere, welche von Bayreuther Familien angeboten wurden, 7458 übernachteten in der Jugendherberge. 1987 registrierte man 13 914 ausländische Gäste mit 57 915 Übernachtungen. 3037 Franzosen bildeten die Spitzengruppe, wobei die hohe Zahl wohl als eine erfreuliche Auswirkung der Partnerschaft mit Annecy zu verstehen ist. 1987 war Bayreuth für die Touristen der „Ostblockländer" noch nicht erreichbar. Das spiegelt sich auch in den Besucherzahlen: Aus der UdSSR durften nur zwei Gäste kommen, die ČSSR war gerade mit 102, die DDR laut Statistik überhaupt nicht vertreten. Um so mehr drängte sich aber ein internationales Publikum aus anderen Ländern. 760 Engländer, 613 Belgier, 485 Niederländer, 355 Schweden und mehr als 1000 Schweizer bekundeten mit ihrem Aufenthalt ihr Interesse an der Wagnerstadt.

Die EVO – Energieversorgung für Oberfranken seit 1983

Die EVO ist hervorgegangen aus der 1914 gegründeten BELG (Bayerische Elektrizitätslieferungsgesellschaft), die ihren Sitz bereits in Bayreuth hatte und in Arzberg ein mit böhmischer Braunkohle betriebenes Kraftwerk besaß. Da das Gebäude ihrer Hauptverwaltung am

Das Justizgebäude (1904)

Das von Franz und Josef Rank geschaffene Empfangszimmer des Regierungspräsidenten von Oberfranken war vor seinem endgültigen Einbau 1904 auf der Weltausstellung in St. Louis zu sehen

Das Neue Rathaus

Rechte Seite:
Moderne Kunst im Universitätsbereich – Brunnen mit einer Metallplastik von Erich Hauser im Innenhof des Gebäudes Naturwissenschaften II (1984)

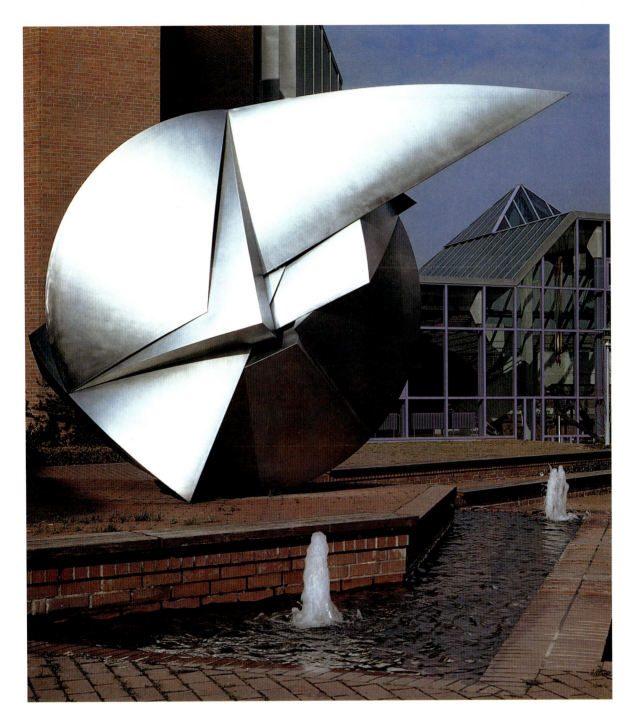

Bayreuther Festspiele 1993: Tristan und Isolde, I. Aufzug, 5. Szene (Bildarchiv Bayreuther Festspiele)

Josefsplatz 1945 ein Opfer der Bomben wurde, erwarb die BELG nach dem Krieg die Ruine des ehemaligen Hauses der deutschen Erziehung. Nach „Entmonumentalisierung" und Wiederaufbau wurde das Gebäude als neue Hauptverwaltung eingerichtet; von der Stadt wurde auch noch das Haus Luitpoldplatz 7 erworben. 1979 vereinbarte man eine Kooperation mit dem in Bamberg seit 1920 bestehenden ÜWO (Überlandwerk Oberfranken), das über zwei Wasserkraftwerke verfügt. 1983 erfolgte der Zusammenschluß zur EVO. Die Bayreuther und die Bamberger Verwaltung blieben beibehalten. Das durch die Fusion entstandene größere Unternehmen, das seither rentabler arbeitet, gibt seine Kostenvorteile an die Kunden weiter. 1989 versorgte die EVO ein Gebiet von 8800 Quadratkilometern und 1,3 Millionen Einwohnern mit Strom. Mit 1850 Beschäftigten wurde ein Umsatz von über 1 Mrd. DM erzielt.

Zur Versorgung und Entsorgung der Stadt

Zur Erreichung einer fortschrittlichen Infrastruktur und einer gesicherten Versorgung der Bevölkerung und Betriebe waren viele Maßnahmen nötig. Der Verbrauch von elektrischem Strom stieg von 1965 bis 1988 von 70 000 auf rund 240 000 Megawattstunden, d. h. auf das Dreieinhalbfache. Dieser Bedarf wurde anfangs von der BELG gedeckt, die sich 1983 mit der ÜWO Bamberg zur EVO zusammenschloß. 1987 wurde über die Hälfte des Stroms von Großbetrieben und Gewerbe benötigt, rund ein Drittel von den Haushalten. Der Rest entfiel auf Straßenbeleuchtung, Stadtverwaltung und Selbstverbrauch der Stadtwerke.

Waren nach der breiten Einführung der Fernsehapparate die Dächer Bayreuths noch mit einem Antennenwald versehen, so verlegte die durchgeführte Verkabelung auch diese Belieferung unter die Straßendecke.

Der gestiegene Gasbedarf wird seit 1965 von der Firma Ferngas Nordbayern gedeckt. Da mit der herkömmlichen Wasserversorgung Engpässe zu erwarten waren, wurde 1986 durch den Anschluß an die Fernwasserversorgung Oberfranken auch auf diesem Sektor eine Bedarfssicherung erreicht.

Der Städtische Schlachthof verzeichnete 1987 insgesamt 160 000 Schlachtungen, davon rund 142 000 Schweine und 16 000 Rinder. Zur Versorgung der Bevölkerung mit Fleischwaren kam aber noch eine Einfuhr aus Schlachtungen außerhalb des Stadtgebiets von mehr als 2 600 Tonnen dazu.

Die Entsorgung zeigte bei der Abfallbeseitigung von 1984 bis 1987 sogar einen leichten Rückgang. Trotzdem mußten fast 34 000 Tonnen in die Müllverbrennungsanlage Schwandorf gebracht werden. Im Bereich der Abwasserbeseitigung hatte die Kläranlage rund 15 Millionen Kubikmeter zu verarbeiten. Mit einem Kanalnetz von 280 km war eine Fläche von 2067 ha des Stadtgebiets kanalisiert.

Dr. Konrad Pöhner (1901 – 1974)

Keine andere Persönlichkeit hat, sieht man von den Stadtoberhäuptern und den Wagnerenkeln ab, Bayreuth in den Nachkriegsjahrzehnten besser vertreten und nachhaltiger repräsentiert als Dr. Konrad Pöhner. Nur wenige haben so viel wie er für den Wiederaufbau und Neuausbau getan. Der Sohn eines Bayreuther Zimmerermeisters hatte nach dem Besuch der Oberrealschule und dem Studium der Volkswirtschaft und des Hochbauwesens das väterliche Baugeschäft übernommen. Als Ehemann einer Enkelin von Dr. Albert Würzburger hatte er aus dessen Erbengemeinschaft das Sanatorium Herzoghöhe käuflich erworben, aber teilweise an die NS-Landesbauernschaft vermietet. Im Zusammenhang mit diesen Besitzneuregelungen war er als „jüdisch versippt" in der NS-Zeit in den „Verdacht staatsabträglichen Verhaltens" geraten und überwacht worden.

1945 war er in Bayreuth einer der Männer der ersten Stunde, die einen politischen und wirtschaftlichen Neuanfang einleiteten. Noch im Sommer wurde er vom Militärgouverneur als provisorischer Präsident der Handwerkskammer und der Industrie- und Handelskammer eingesetzt, schon im Herbst auch definitiv bestätigt. In den ersten wieder frei gewählten Stadtrat zog er 1946 als Nr. 1 der Liberaldemokraten (später FDP) ein. Nach Gründung der Bundesrepublik pflegte er die wirtschaftspolitischen Kontakte zum ersten Bundeswirtschaftsminister Ludwig Erhard, den er bei dessen erstem Bayreuth-Besuch in die örtlichen Verhält-

Dr. Konrad Pöhner im Gespräch mit Bundeskanzler Dr. Konrad Adenauer im Hotel „Bayerischer Hof", 1954

nisse einführte und einem breiten Publikum bekannt machte. Erhards „soziale Marktwirtschaft" mit dem Ziel „Wohlstand für alle" führte auch in Bayreuth zum Wirtschaftswunder dieser Jahre. Der „Mann vom Bau", Dr. Pöhner, war Bayreuther Bannerträger des neuen Wirtschaftskurses. Er konnte auch Konrad Adenauer bei dessen Besuch in Bayreuth am 24. November 1954 die Probleme Bayreuths vortragen. Pöhners Hauptgeschäftsführer bei der Industrie- und Handelskammer, Dr. Heinz Starke, wurde noch unter Adenauer Bundesfinanzminister.

Dr. Pöhner setzte sich besonders für die „Zonenrandförderung" im damals nach Norden und Osten abgeriegelten Oberfranken und für die Eingliederung der Vertriebenenbetriebe ein. Im Bayreuther Stadtrat war er in der Übergangsphase von Rollwagen zu Wild 1958 2. Bürgermeister und Leiter des Kulturreferats. Obwohl er damals von der FDP zur CSU wechselte und der Opposition im Stadtrat angehörte, auch Kontroversen mit dem neuen OB nicht ausblieben, arrangierte er sich doch in allen lebenswichtigen Sachfragen der Stadt mit dem Sozialdemokraten Wild. Im gemeinsamen Bayreuth-Engagement förderte er die Festspiele, war Berater für das Wagnererbe und unterstützte die Planungen für die Universität. Pöhners weitere Karriere machte ihn zum wichtigsten Verbindungsmann zwischen Bayreuth und der Landeshauptstadt. Dort war er bereits von 1947 – 1958 als Mitglied des bayerischen Senats ein wichtiger Sprecher Oberfrankens. Nun wurde er 1958 – 1974 Landtagsabgeordneter, 1962 stellvertretender Fraktionsvorsitzender der CSU, 1962 – 64 Staatssekretär im Kultusministerium, 1964 – 1970 bayerischer Finanzminister.

Pöhners Name steht für Aufbau und Ausbau Bayreuths von 1945 bis zur Universitätsgründung. Von sich selbst hatte er gesagt: „Bayreutherischer als ich kann man gar nicht sein." Er war es nie lokalpatriotisch und kleinkariert, sondern aufgeschlossen und weltoffen als Deutscher, der den Stellenwert seiner Heimatstadt zu vertreten wußte. 1967 wurde er Bayreuther Ehrenbürger. Am 24. 9.1974 ist er in Bayreuth gestorben.

Die Industrie- und Handelskammer und die Handwerkskammer für Oberfranken

Die Industrie- und Handelskammer für Oberfranken in Bayreuth, seit 1926 im kammereigenen Gebäude Bahnhofstr. 29, war 1943 zur Gauwirtschaftskammer umfunktioniert worden, die für Oberfranken, die Oberpfalz und Niederbayern zuständig war. Bei den Luftangriffen im April 1945 wurde auch das Gebäude der Gauwirtschaftskammer getroffen und zerstört. Unter Dr. Konrad Pöhners Leitung machte der Neuanfang 1945 trotz aller Schwierigkeiten schon bald Fortschritte. Mit der Neuorganisation konnte 1946, mit dem Wiederaufbau des Hauses noch vor der Währungsreform begonnen werden. Im Mai 1949 war das Gebäude wiederhergestellt und die neue IHK voll leistungsfähig.

Als bei der Vielfalt der Aufgaben die Räume nicht mehr ausreichten, wurde ein großzügiger Neubau geplant. Am 26. 4.1958 konnte das neuerrichtete IHK-Gebäude Bahnhofstr. 25 – 27 bezogen werden. Die Einweihung fand am 22. Oktober 1958 in Anwesenheit des bayerischen Ministerpräsidenten Dr. Seidel statt. Seitdem hat die IHK ihre Arbeit zum Wohle der regionalen Wirtschaft erfolgreich fortgesetzt. Mit einem eigenen Bildungszentrum (seit 1976) in der Friedrich-von-Schiller-Straße bietet sie für viele Fortbildungswillige die Möglichkeit für eine bessere berufliche Qualifikation.

Bayreuths Rolle als Zentrale des oberfränkischen Handwerks konnte verstärkt und weiter ausgebaut werden. Die 1900 gegründete Handwerkskammer von Oberfranken erhielt zwar im Regierungsbezirk 1920 durch den Anschluß des Herzogtums Coburg an Bayern noch eine auf Stadt und Landkreis Coburg begrenzte Schwesterinstitution, erfaßt aber trotzdem noch 87 % der Handwerksbetriebe des Regierungsbezirks. Nach ihrer Unterbringung in der Friedrichstraße 19 konnte sie sich im Schulzentrum-Ost an der Kerschensteinerstraße mit einer neuen Hauptverwaltung auch ein eigenes Berufsbildungs- und Technologiezentrum mit Internat einrichten. Von ihrem Anschluß an die Ostbayerische Datenverarbeitungsgesellschaft kann jeder Betrieb Informationen abrufen, die seine Planung erleichtern. Über die Gewerbe-Treuhand Oberfranken bietet sie den Handwerksbetrieben auch einen modernen Buchhaltungs- und Steuerservice. Der örtlichen Kreishandwerkerschaft sind 23 Innungen angeschlossen.

Städtepartnerschaft mit Annecy

Schon von den ersten Nachkriegsfestspielen an hatten Bayreuther Gymnasiallehrer, insbesondere Richard Maron und Peter Färber, als Dolmetscher und Französischlehrer auf eine bessere Verständigung mit Frankreich hingearbeitet und persönliche Kontakte geknüpft. 1959 wurden vom Präsidenten des Stadtrats von Paris, Dr. Pierre Devraigne, einem großen Wagnerverehrer, engere Beziehungen zu Bayreuth und seinem jungen Oberbürgermeister Hans Walter Wild hergestellt, als Dirigent Hans Knappertsbusch zum Ritter der Ehrenlegion ernannt wurde. Als 1963 der deutsch-französische Freundschaftsvertrag geschlossen und durch die persönliche Freundschaft zwischen Konrad Adenauer und Charles de Gaulle besiegelt worden war und durch die Gründung eines Deutsch-Französischen Jugendwerks auch die junge Generation zum Mitträger einer freundschaftlichen Annäherung beider Völker wurde, begann der Gedanke einer Städtepartnerschaft auch in Bayreuth Früchte zu tragen.

Daß man nach anderweitigen Sondierungen eine solche schließlich mit Annecy in Hochsavoyen verwirklichen konnte, wurde durch eine Begegnung ausgelöst, die Oskar Sauer in Wetzlar mit dem Deutschen Karl Bühler hatte. Bühler, der schon eine Partnerschaft Avignon-Wetzlar zuwege gebracht hatte, war nach seiner Kriegsgefangenschaft in Annecy geblieben und kannte den dort als Stadtrat und Leiter des Gesundheitsamtes tätigen Chirurgen Dr. Paul-Louis Servettaz. Mit Bühlers Vermittlung wurden durch die Bayreuther Lehrkräfte Oskar Sauer, Luise Dietzfelbinger und Richard Maron erste Fäden zu Persönlichkeiten von Annecy geknüpft. Stadtrat Peter Färber unterstützte diese Kontakte von Anfang an und wurde zum unentbehrlichen Mittelsmann und Mitträger. 1964 kam erstmals eine halbamtliche Abordnung aus Annecy in die Wagnerstadt, und eine Bayreuther Delegation unter Führung von Oberbürgermeister Wild besuchte die zur Partnerin ausersehene französische Stadt. Nachdem alte Ressentiments aufgeräumt worden waren

Die Partnerschaft der Städte Annecy und Bayreuth in einer Karikatur: zwischen den beiden Bürgermeistern der „Geburtshelfer" Dr. Paul Servettaz

und über die nötigen Vereinbarungen hinaus nicht nur zwischen den Rathäusern, sondern auch unter allen unmittelbar Beteiligten ein gutes Vertrauensverhältnis geschaffen worden war, konnten die Beschlüsse im Stadtrat folgen. Im Sommer 1966 wurde der Abschluß der Partnerschaft in beiden Städten festlich begangen.

Seitdem wurde und wird die freundschaftliche Verbindung (Jumelage) von den Einwohnern beider Städte intensiv und nachhaltig gepflegt und ausgebaut. Alljährlich besuchen Hunderte von Bayreuthern aller Altersgruppen die malerisch gelegene Stadt am Lac d'Annecy. Etwa ebensoviel Savoyarden sind gerngesehene Gäste in Bayreuth. Sichtbaren Ausdruck fand der gelungene Freundschaftsbund durch die Einweihung eines „Quai Bayreuth" in Annecy und durch die 1973 beschlossene Benennung „Annecyplatz" für die Einmündung der Bahnhofstraße in den Hohenzollernring auf der Mainüberdachung.

Bayreuth wird wieder Garnisonsstadt

Die alten Kasernen im ehemaligen Militärgelände am Röhrensee waren 1945 zum großen Teil zerstört. Einen Teilbereich belegten die Amerikaner, das übrige Gelände wurde privatisiert und zur Ansiedlung für Gewerbebetriebe freigegeben. Fast zwei Jahrzehnte war Bayreuth ohne deutsche Soldaten. 1958 bezog eine Hundertschaft des Bundesgrenzschutzes die Stadt. Eine neue Kaserne war für sie noch nicht notwendig. Als erste Einheit der Bundeswehr kam am 14. November 1963 das Panzerartillerie-Bataillon 125 unter Führung von Major Hans Sachs von Amberg nach Bayreuth. Am 24. Juni 1964 folgte das vorher in Donauwörth stationierte Panzergrenadier-Bataillon 282 mit rund 800 Soldaten, die unter dem Namen „Bayreuther Jäger" bald populär wurden.

Diese Soldaten konnten bereits die Kasernenneubauten an der Christian-Ritter-von-Popp-Straße in Laineck beziehen. Am 2. Oktober 1964 erhielt die neue Militäranlage, an alte Tradition anknüpfend und mit Militärparade und Vorbeimarsch beim Alten Schloß verbunden, den Namen „Markgrafenkaserne". Bayreuth war wieder Garnisonsstadt. 1972 waren in Bayreuth rund 1500 Soldaten stationiert. Als „Bürger in Uniform" wurden sie bald zum festen Bestandteil der Bayreuther Bevölkerung.

Einweihung der Stadthalle am 21. Januar 1965

Da Festspielhaus und Markgräfliches Opernhaus der Stadt für Kulturveranstaltungen nicht zur Verfügung standen, die Festhalle der Hitlerzeit (Ludwig-Siebert-Halle) aber ein Opfer der Bomben geworden war, mußte die Errichtung einer neuen Mehrzweckhalle für Theater, Konzerte, Tagungen und Kongresse geplant werden. Statt eines aufwendigen totalen Neubaus zog man es vor, kostensparend die Ruine der ehemaligen Reithalle als Fundament für eine neue Stadthalle zu nützen. Mit nur 6 Millionen DM Gesamtkosten gelang es, eine bis in unsere Zeit tragfähige Lösung zu finden.

Unter der künstlerischen Oberleitung von Architekt Hans Reissinger entstand ein neues Versammlungszentrum, in dem drei Saalbauten zur Auswahl stehen: Das Große Haus, das mit Parkett und zwei Rängen rund 1000 Personen Platz bietet und über eine große Bühne mit neuerrichtetem Bühnenhaus verfügt, öffnet sich zu einer großen Wandelhalle, über die man auch den Balkonsaal mit seinen 375 Plätzen erreichen kann. Im seitlichen Hofgartenflügel bietet das Kleine Haus 300 Personen Platz. Das Vestibül der Stadthalle wurde durch eine Treppe aus Carrara-Marmor mit dem Foyer verbunden. An der Stirnwand der Eingangshalle steht als Motto in lateinischer Sprache die Mahnung: „Ohne Kunst und ohne Liebe gibt es kein Leben."

Das neue Rathaus (1972)

Seit dem mittelalterlichen Rathaus auf dem Marktplatz, das zu Beginn des 17. Jahrhunderts ein Opfer der Flammen geworden war, hatte die Stadt kein eigens für die Zwecke der Stadtverwaltung gebautes Rathaus. Das als „Neues Rathaus" verwendete einstige Reitzenstein-Palais war seit 1945 nur noch eine Ruine. Die Frage, ob man dieses Bauwerk, eine Schöpfung des Architekten Gontard, im alten Stil wieder aufbauen könnte, ja, selbst die Überlegung, ob man die vorhandene Bausubstanz in die Neuplanung einbeziehen sollte, wurden zugunsten einer totalen Neuplanung eines Rathausviertels von einer Mehrheit der Stadträte entschieden abgelehnt. Nach langer Planungsphase faßte der Stadtrat 1963 den Beschluß, die Neuplanung durch einen Ideenwettbewerb zu entscheiden. Von 59 eingereichten Entwürfen wählte die Preisrichterjury als beste Lösung die Arbeit der Architekten Ernst, Fischer und Rathai (Wiesbaden) aus, die sowohl städtebaulich als auch funktionell alle Wünsche zu erfüllen versprach.

Nach der „Freimachung" des Baugeländes (Abbruch der alten Rathaus-Ruine und der sogenannten „Tabulatur") wurde von 1966 bis 1972 das jetzige Rathaus errichtet, ein Gebäude in Stahlbetonskelett mit Massivkern, mit 12 Obergeschossen und 51 Metern Höhe ein optisch unübersehbarer neuer Mittelpunkt der Stadt. Die Außenfassaden wurden mit norwegischem Kalkstein verkleidet, die Innenwände mit Phyllit. Für die Fußböden im Erdgeschoß besorgte man italienischen Granit aus Sardinien. Mit 182 Büro- und 10 Sitzungs- und Besprechungsräumen, Foyer, Ausstellungshallen, Fluren, Treppen, Aufzügen und weiteren Nebenräumen umfaßt der Bau einen umbauten Raum von insgesamt rund 66 000 Kubikmetern.

Als künstlerischer Schmuck wurde eine Turmuhr mit Glockenspiel nach dem Entwurf von Professor Blasius Spreng (München) angebracht. Eine große Goldscheibe stellt die Sonne im Weltall dar. Die beiden kleineren Scheiben in diagonaler Anordnung symbolisieren Erde und Mond. Dem Glockenspiel dienen 25 Bronzeschalen, deren größte 9 Zentner wiegt. Als Melodien wurden gewählt: „Treulich geführt ...", der Brautmarsch aus „Lohengrin" und „Üb immer Treu und Redlichkeit", die Melodie der alten Potsdamer Garnisonskirche, Klänge also, die eine unmittelbare Beziehung zur Geschichte Bayreuths herstellen. Am 14. Dezember 1971 ist das Glockenspiel erstmals erklungen – am Tag des Landtagsbeschlusses zur Errichtung der Universität Bayreuth.

Die künstlerische Gestaltung des Glockenspiels mit Mosaik und das große Stadtwappen am Haupteingang sowie das große Wandmosaik im Treppenhaus wurden ebenfalls von Prof. Spreng gestaltet. Für den Rathausvorplatz fertigte der Bildhauer Günter Rossow (Wunsiedel) einen „Kugelbrunnen".

Die Einweihung des „Neuen Rathauses" fand am 6. Mai 1972 statt. „Das Neue Rathaus bildete den Schlußstein des Wiederaufbaus der Stadt. Als Wahrzeichen steht sein Turm symbolhaft für den ungewöhnlichen Wiederaufbauwillen von einheimischer Bevölkerung und Heimatvertriebenen, mit dem diese sich gemeinsam aus der Not des Krieges erhoben, um zu überleben" (Hans Walter Wild).

Eingemeindungen 1972 und 1976

Eine beachtliche Ausdehnung des Stadtgebiets wurde durch die Gemeindegebietsreform erreicht. Nach dem Anschluß der Gemeinden Oberkonnersreuth und Laineck sowie einiger noch unbebauter Flächen von Thiergarten und Oberpreuschwitz 1972 wurden am 1. Juli 1976 die bisher selbständigen Gemeinden Aichig, Oberpreuschwitz, Seulbitz und Thiergarten, dazu eine unbebaute Fläche von Bindlach in die Stadt Bayreuth eingemeindet. Mit dem Zuwachs von rund 5000 Einwohnern lag die Einwohnerzahl der Stadt zu diesem Zeitpunkt knapp unter 70 000. Bedeutsamer war noch der Gebietszuwachs. Von bisher 33,9 qkm erweiterte sich das Stadtgebiet nunmehr auf 63,6 qkm. Mit der Beseitigung des Weiherdammes in St. Georgen und einem Übereinkommen mit der Gemeinde Bindlach wurde der Weg frei für eine Erweiterung des Industriegeländes St. Georgen.

Kirchliches Leben

Die in der Zeit materieller Not und unter den Leiden des Kriegs und seiner Folgen wieder gefestigten kirchlichen Gemeinden konnten seit der Jahrhundertmitte neue Kirchenbauten errichten und in vielen Lebensbereichen ein vielfältiges und weithin segensreiches Leben entfalten, das hier nur knapp angedeutet werden kann.

In der *evangelisch-lutherischen Kirchengemeinde* Bayreuths wurden die Bildung neuer Sprengel und der Bau von Kirchen in den Stadtrandgebieten dringend nötig. So entstand die 1960 eingeweihte Kreuzkirche im gleichnamigen Stadtteil. Die Gemeinde Altstadt sah 1966 mit der Erlöserkirche einen jahrzehntealten Wunsch erfüllt. In der Saas war schon 1962 die Auferstehungskirche gebaut worden. Weitere lutherische Gotteshäuser wurden die Friedenskirche 1969 in Birken, die Lutherkirche am Roten Hügel, die Epiphaniaskirche in Laineck und die Nikodemuskirche in der Hessenstraße.

Die Stadtkirche erfuhr von 1969 an eine Sanierung, die mit einer gründlichen Renovierung 1975/78 abgeschlossen wurde. Durch Entfernung der neugotischen Emporen wurde die Raumwirkung der gotischen Kirche zurückgewonnen. Mit der 1961 von Georg Friedrich Steinmeyer (Dettingen) erbauten Dreifaltigkeitsorgel erhielt sie ein mit 4 Manualen und 60 Registern ausgestattetes neues Orgelwerk. In der Fensterwand der ehemaligen Hofloge wurde 1978 die Magdalenen-Orgel angebracht, unter der ein Bild der Maria Magdalena an den mittelalterlichen Namen der Kirche erinnert. Mit dieser guten Ausstattung wurde die Stadtkirche zum Veranstaltungsraum für anspruchsvolle kirchenmusikalische Darbietungen.

Außer dem gottesdienstlichen Wirken der Pfarrämter ist das breitgefächerte Tätigkeitsfeld der evangelischen Kirche von Bedeutung, die über das Diakonische Werk Stadtmission mit Nächstenhilfe verschiedenster Art verbindet und für Junge und Alte, Kranke und Pflegebedürftige wertvolle Einrichtungen mit bewährten Mitarbeitern aufgebaut hat. Erwähnt seien hier nur die Werkstatt für Behinderte und das Heilpädagogische Zentrum.

Als Nachfolger von Oberkirchenrat Flurschütz übernahm 1974 Dr. Hanselmann das Amt des Kreisdekans für Bayreuth und Oberfranken. Sein Bayreuther Wirken blieb auf ein Jahr beschränkt: Schon 1975 wurde er zum Landesbischof der Ev.-Luth. Landeskirche in München berufen.

Zum Neuorganisator der zahlenmäßig auf rund 23 000 Gläubige angewachsenen *katholischen Pfarrgemeinde* Bayreuth wurde Georg Schley aus Bamberg, der 1956 Stadtpfarrer wurde und bis 1980 in Bayreuth wirkte. Auf ihn geht die Sprengeleinteilung zurück, die der Mutterkirche „Unsere liebe Frau" (Schloßkirche) fünf neue Tochterpfarreien zuwies. Zuerst entstand mit neuem Kirchen- und Gemeindezentrum 1960 an der Holbeinstraße die St.-Hedwigs-Kirche. Ihr Turm, den ein Posaunenengel krönt, wurde 1964 als Campanile errichtet. 1963 wurde St. Johannes Nepomuk in Laineck eingeweiht, 1969 Heilig Geist in der Hugenottenstraße und 1972 Heilig Kreuz an der Preuschwitzer Straße. Dazu kam noch außerhalb des Stadtbereichs St. Franziskus in Eckersdorf. 1976 erhielt Meyernberg mit St. Nikolaus ein eigenes Gotteshaus, das eine Filialkirche von St. Hedwig ist.

Trotz dieser Neubildung eigener Pfarrgemeinden in den Außenbezirken der Stadt blieb die Schloßkirchengemeinde nicht nur die größte, sondern auch die repräsentativste. In ihrem Bereich entstand das katholische Pfarrzentrum am Schloßberglein und inneren Schloßhof. Mit dem Kauf des Schloßturms und der beiden Gontardhäuser (ehemaliges Wohnhaus Gontards und Palais d'Adhémar) gelang eine zweckdienliche und beeindruckende Konzentration um das Gotteshaus. Pfarrhaus, Kirchenverwaltung und Veranstaltungsräume im Schloßturm liegen dicht beieinander. 1960 richtete der Vinzenzverein das frühere Café Metropol (Palais d'Adhémar) als Vinzenzheim mit Kindergarten und Kinderhort ein. Als Schley 1965 Dekan wurde, war der Sitz seines Kirchenbezirks noch Hollfeld. Da aber die Zahl der Bayreuther Katholiken die des Hollfelder Pfarrbereichs längst weit übertraf, wurde der Kirchenbezirk mit Sitz Bayreuth zum Dekanat Bayreuth umbenannt (1974).

Über das Wirken mit Liturgie und Seelsorge hinaus leistet die katholische Kirche in Bayreuth in vielfältiger Hinsicht ihren Beitrag zum Wohle der Menschen jeden Alters. 1969 wurde das Altenheim St. Martin eröffnet, in dem indische Schwestern mehr als hundert Heimbewohner betreuen. Neu erstanden ist die Kolpingfamilie, die 1961 das neue Kolpinghaus bezog. Vielfältige Fürsorge leistet die Caritas, die 1979 einen eigenen Caritasverband Bayreuth gegründet und 1984 das von der Stadt erworbene Haus in der Schulstraße nach dem KZ-Märtyrer Pater Maximilian Kolbe benannt hat.

Die Tageszeitung für Stadt und Region seit 1968

Als die beiden in Bayreuth seit den ersten Nachkriegsjahren erscheinenden Tageszeitungen „Fränkische Presse" und „Bayreuther Tagblatt" mit ihren relativ geringen Auflagen in Gefahr gerieten, von einem großen überregionalen Blatt aufgekauft zu werden, entschlossen sich die beiden Verleger Walter Fischer (für die „Fränkische Presse") und Albert Ellwanger junior zur Fusion ihrer bisher miteinander konkurrierenden Zeitungen. Seit dem 2. Januar 1968 erscheint in Bayreuth der *Nordbayerische Kurier* als erklärte „unabhängige und überparteiliche Tageszeitung für Oberfranken und die nördliche Oberpfalz" mit mehreren Ausgaben.

Der „Ring Nordbayerischer Tageszeitungen" (RNT), der auch weitere Blätter versorgt, liefert den aus den Bereichen Politik, Wirtschaft und Kultur bestehenden „Mantel". Die Lokal- und Umlandberichterstattung sowie der Sportteil konnten gegenüber dem Umfang der älteren Blätter beträchtlich erweitert und verbessert werden. Geschäftsstellen wurden in Pegnitz, Auerbach, Bischofsgrün und Speichersdorf eingerichtet. Aus zwei rivalisierenden Druckmedien wurde eine einzige Tageszeitung mit allen Vorzügen und Nachteilen. Nach dem Tod der beiden Verlegerpartner übernahmen ihre Söhne die Herausgeberschaft: Mit Dr. Laurent Fischer und Wolfgang Ellwanger als Führungsteam konnte sich seither der „Nordbayerische Kurier" erfolgreich weiterentwickeln und behaupten.

Radio Mainwelle

Als Oberfrankens erster Lokalsender nahm am 19. September 1987 Radio Mainwelle auf UKW 93,3 „für den Bürger und mit dem Bürger" seine Tätigkeit auf. Bis September 1988 arbeitete er eng mit Radio Neue Welle Antenne Bayreuth und der Muttergesellschaft Neue Welle Antenne Franken zusammen. Seit Beginn liefert der Bayreuther Lokalsender ein 24-Stunden-Programm, das überwiegend aus Musiksendungen zusammengesetzt wird. Der Anteil der Wortbeiträge überschreitet jedoch immerhin ein Viertel der gesamten Sendezeit und bestimmt das auf örtliche Aktualität ausgerichtete Profil. Im Anschluß an die 18-Uhr-Nachrichten werden unter dem Titel „Heut in Bayreuth" eine Zusammenfassung der lokalen Tagesereignisse und Veranstaltungshinweise ausgestrahlt. Bemühungen um strukturelle Verbesserungen blieben nicht ohne Erfolg: Radio Mainwelle ist längst zu einem festen Bestandteil im regionalen Medienbereich geworden.

Seit 1974: Wolfgang Wagners „Werkstatt Bayreuth"

Seit dem Tod Wieland Wagners am 17. Oktober 1966 führte Wolfgang Wagner die Bayreuther Festspiele alleinverantwortlich weiter. Der von beiden Brüdern gemeinsam entwickelte Bayreuther Stil der Wagnerära „Neu-Bayreuth" fand 1973 einen gewissen Abschluß, als mit dem „Parsifal" zum letztenmal eine Wielandsche Inszenierung aufgeführt wurde. Seitdem ist der Wandel zu einer Vielfalt der Inszenierungsstile unverkennbar. 1974 inszenierte August Everding den „Tristan", 1975 Wolfgang Wagner einen neuen „Parsifal". 1976 übernahm zur Hundertjahrfeier der Festspiele Pierre Boulez die musikalische Leitung des von Patrice Chéreau inszenierten „Rings". 1978 brachte Harry Kupfer einen neuen „Fliegenden Holländer" heraus, 1979 Götz Friedrich seinen „Lohengrin". 1983 wurde unter der Regie von Peter Hall wieder ein neuer „Ring" vorgestellt. 1985 inszenierte Wolfgang Wagner selbst einen neuen „Tannhäuser", für den er auch die Bühnenbilder entworfen hatte. So wurde spätestens zu diesem Zeitpunkt deutlich, daß ein Nebeneinander verschiedener Auffassungen auf dem Grünen Hügel durchaus möglich ist.

Die Ära Wolfgang Wagners lebt von der Bemühung um „Verwesentlichung" der Opern Richard Wagners. Das Werk des Bayreuther Meisters muß nach den Worten seines Enkels Wolfgang „immer wieder von unserer Gegenwart aus gefordert und gemessen werden, es muß uns unmittelbar betreffen. Dazu müssen moderne wissenschaftliche und technische Erkennt-

Haus Wahnfried (1993)

nisse und zeitgemäße Stilmittel eingearbeitet werden. Die ständige lebendige Auseinandersetzung mit dem Aktuellen, mit unserer Gegenwart, das ist es, was wir mit dem Begriff Werkstatt Bayreuth zusammenfassen."

Das theatralische Erscheinungsbild der Festspiele wurde auch im letzten Drittel des 20. Jahrhunderts bisher alljährlich entscheidend ergänzt durch die musikalische Leistung großer Künstler. Dirigentennamen wie Horst Stein, Pierre Boulez, Woldemar Nelsson, Peter Schneider, Georg Solti, James Levine, Giuseppe Sinopoli und Daniel Barenboim bürgten für die Weltklasse der Darbietungen.

Wiederaufbau von Haus Wahnfried und Einrichtung als Richard-Wagner-Museum (1974 – 76)

Das 1945 von einer Fliegerbombe halb zerstörte Haus Wahnfried war zwar in den ersten Nachkriegsjahren notdürftig vor dem vollständigen Verfall bewahrt worden, eine Wiederherstellung aus Privatmitteln der Familie Wagner jedoch undenkbar. Nach langen Verhandlungen gelang es, eine konstruktive Lösung zu finden. Durch Schenkungsurkunde vom 24. 4. 1973 erhielt die Stadt Bayreuth Gebäude und Grundstück übereignet, den Siegfried-Wagner-Bau erwarb sie käuflich dazu. Die Kosten für die gesamte Neuanlage in Höhe von über 3 Millionen Mark trugen hauptsächlich Staat und Stadt zusammen mit der Gesellschaft der Freunde von Bayreuth und weiteren Spendern.

Unter Leitung von Helmut Jahn als verantwortlichem Architekten gelang es, in zweijähriger Bauzeit rechtzeitig bis zur Eröffnung der Säkular-Festspiele 1976 Richard Wagners Wohnhaus in erneuerter Gestalt fertigzustellen. Die beiden großen Repräsentationsräume (Halle und Saal) und der äußere Bau wurden möglichst originalgetreu wiederhergestellt, die übrigen Innenräume einschließlich des Kellers für die neue Bestimmung als Museum eingerichtet. Am 24. Juli 1976 konnte die feierliche Einweihung stattfinden, an der Bundespräsident Scheel, der bayerische Ministerpräsident Goppel und viele Ehrengäste teilnahmen.

Nicht nur Haus Wahnfried, auch seine Umgebung hatte ein neues Gesicht erhalten! Mauern und Zaun waren entfernt worden, der Vorplatz war erweitert, der rückwärtige Garten nach alten Plänen umgestaltet. Gegenwartsnah und wirkungsvoll erfüllt seitdem das

Richard-Wagner-Museum seine Aufgabe getreu der neuen Bestimmung: „Das Haus Wahnfried soll kein Tempel, kein Wallfahrtsort sein, sondern betrachtet werden als das Wohnhaus eines bedeutenden Mannes, mit einem Museum, in dem kein Weihrauch für Wagner angezündet wird, sondern in dem sachlich-sinnfällige Information geboten wird abseits von Schönfärberei und Schwärmerei, Humorlosigkeit und Langeweile." Mit diesen Worten wird das „unmuseale Museum" im gedruckten „Wegweiser" gekennzeichnet.

Das Jean-Paul-Museum der Stadt Bayreuth

Als Hüter der Bayreuther Jean-Paul-Tradition profilierte sich in den Nachkriegsjahrzehnten besonders der Arzt Dr. Philipp Hausser, der Eigentümer von Jean Pauls Wohn- und Sterbehaus und Nachfahre jenes Bankiers Schwabacher, der den 2. Stock seines Hauses an den Dichter vermietet hatte. Da Dr. Hausser seine wertvolle Privatsammlung von Autographen, Werkausgaben und Erinnerungsstücken für ein Museum zur Verfügung stellte, konnte mit diesem Grundstock die Dichtererinnerungsstätte eingerichtet werden. Am 25. Juli 1980 wurde sie im Haus Wahnfriedstraße 1, in dem am Anfang des Jahrhunderts Wagners Tochter Eva mit ihrem Gatten H. St. Chamberlain gewohnt hatte, als Jean-Paul-Museum der Stadt Bayreuth eröffnet.

Das Museum vermittelt einen eindrucksvollen Querschnitt durch Leben und Werk des großen Oberfranken. Von den auf Bayreuth bezogenen Kostbarkeiten findet der Besucher als Autograph die Huldigung „Du liebes Bayreuth", aber auch das von Jean Pauls Feder beschriftete Manuskriptblatt der Vorrede für E. T. A. Hoffmanns „Phantasiestücke in Callots Manier" mit der vielzitierten Stelle: „Denn bisher warf immer der Sonnengott die Dichtgabe mit der Rechten und die Tongabe mit der Linken zwei so weit auseinanderstehenden Menschen zu, daß wir noch bis diesen Augenblick auf den Mann harren, der eine echte Oper zugleich dichtet und setzt." Man hat mit Recht diese 1813, im Geburtsjahr Richard Wagners, in Bayreuth geschriebene Äußerung als merkwürdige Vorahnung dessen verstanden, was der Dichterkomponist Wagner wenig später verwirklichte.

Als einzige Räumlichkeit, die noch weitgehend im Originalzustand Dichtererinnerungen wachhält, blieb das Jean-Paul-Stübchen in der Rollwenzelei erhalten. Es ist zwar nicht allgemein zugänglich, da das Haus Privatbesitz ist, kann aber mit entsprechender Voranmeldung besichtigt werden.

Notlösungen für die Unterbringung des Stadtmuseums

Infolge unzureichender Sicherung und Auslagerung gingen dem Stadtmuseum bei Kriegsende wertvolle Exponate (Fichtelgebirgsgläser, Fayencen, Gemälde u.a.) durch Diebstahl verloren. Lange Jahre blieb das Stadtmuseum ein Stiefkind der Stadt. Wie vor dem Krieg war das Museum im Neuen Schloß im 2. Obergeschoß des Südflügels untergebracht. 1966 konnten von der Stadt einige Zimmer im 1. Obergeschoß angemietet werden, in denen zusätzlich eine kleine Galerie mit Werken von Bayreuther Künstlern eingerichtet wurde. Verluste der Nachkriegszeit versuchte man mit Neuerwerbungen auszugleichen. Im Jahre 1974 erschien ein von Dr. Wilhelm Müller verfaßter und gestalteter Führer „Stadtmuseum Bayreuth". Als aber die Räume im Schloß wegen lang dauernder Restaurierungsarbeiten aufgegeben werden mußten, erkannte man, daß diese Unterbringung nur eine Notlösung war.

Da eine großzügige Dauerlösung kurzfristig nicht zu finden war, bemühte man sich, wenigstens durch eine annehmbare Zwischenlösung zu beweisen, daß Bayreuth ein sehenswertes und ausbauwürdiges Stadtmuseum besitzt. Man konnte zu diesem Zweck das Hinterhaus des Hauses Kanzleistraße 1 anmieten. Diese Räume des in Privatbesitz befindlichen „Lüchau-Hauses" wurden 1985 bezogen. Das zentral gelegene Gebäude, das im 18. Jahrhundert Marie Charlotte von Lüchau, der Witwe eines markgräflichen Amtshauptmanns, gehörte, erwies sich als günstige Aktionsbasis für die jetzt verstärkt einsetzenden Museumsaktivitäten.

Das Fehlen eines zweckentsprechenden Domizils und der Wunsch nach einer angemessenen Aufstellung der reichlich vorhandenen Exponate hatten inzwischen dazu geführt, daß sich eine große Zahl von Bürgern

1984 zum Verein „Freunde des Stadtmuseums" zusammenschloß. Museumsfreunde und Museumsleitung verstanden es, aus der Not des Provisoriums eine Tugend zu machen. Wechselausstellungen, Veranstaltungen und Publikationen ließen das Interesse an der Stadtgeschichte und ihrem erhaltenen Kulturgut spürbar wachsen. 1985 beschloß der Stadtrat, die alte Lateinschule am Kirchplatz nach der Räumung durch die Feuerwehr zu sanieren. Nach der jetzigen Planung wird das Erdgeschoß der Stadtgeschichte, der 1. Stock der Geschichte des Fürstentums und der Residenzzeit gewidmet sein. Das 2. Stockwerk soll Bayreuther Exponate des 19. und 20. Jahrhunderts aufnehmen.

„Museumslandschaft Bayreuth"

Neben den schon genannten Institutionen erhielt die Museumslandschaft Bayreuth noch folgende sehenswerte „Spezialitäten": Das *Deutsche Freimaurermuseum* konnte an seinem Sitz im Haus der Loge „Eleusis zur Verschwiegenheit" (Im Hofgarten 1, Nähe Haus Wahnfried) neu eingerichtet werden und verfügt über die größte einschlägige Spezialbibliothek Deutschlands. Im ehemaligen Leersschen Waisenhaus (Bernecker Str. 11) wurde das *Deutsche Schreibmaschinen-Museum* untergebracht. Im Gebäude der „Alten Brauerei" eröffneten die Gebrüder Maisel ein *Brauerei- und Büttnereimuseum*. Ein *Spielzeugmuseum* (Brandenburger Str. 36) hält für den Besucher altes Kinderspielzeug zur Besichtigung bereit.

1989 gründete Dr. Joachim Schultz das *Kleine Plakat-Museum* in der Bernecker Str. 21, das in wechselnden Ausstellungen Kulturplakate von 1960 bis zur Gegenwart aus ganz Europa zeigt. Das *Museum bäuerlicher Arbeitsgeräte* in der Adolf-Wächter-Str. 17 birgt Exponate aus der bäuerlichen Arbeitswelt vergangener Zeiten. An der neuen Feuerwache wurde ein kleines *Feuerwehrmuseum* eingerichtet.

Zu diesen vorgenannten Museen kam 1993 das von Grund auf neu gestaltete *Archäologische Museum* des Historischen Vereins von Oberfranken, das zwar auf der schon 1966 im Italienischen Bau eröffneten Vor- und Frühgeschichtlichen Sammlung aufbaut, aber um neuere Exponate bereichert und nach den Grundsätzen moderner Museumsdidaktik eingerichtet das Leben der Menschen in unserer Gegend in vor- und frühgeschichtlicher Zeit anschaulich belegt und vorführt.

Bayreuther Musikleben neben und trotz Wagner

Wenn der durch seine Wagnerbiographie bekannte Martin Gregor-Dellin einem Buch berechtigterweise den Titel „Wagner und kein Ende" gab, so wurde damit in einer knappen Formel ausgesagt, was alljährlich die Festspielwochen neu bestätigen. Freilich darf gerade im Geschehen der jüngsten Vergangenheit nicht vergessen werden, daß es neben und trotz Richard Wagner in der Stadt ein reiches Musikleben gab und gibt, aus dem hier nur stellvertretend für alle weiteren nennenswerten Aktivitäten einige Gruppen und Veranstaltungen genannt werden können.

Die „Fränkischen Festwochen" beweisen seit Jahrzehnten in den Monaten Mai und Juni, daß auch das Markgräfliche Opernhaus seinem Namen noch durchaus Ehre macht und nicht nur museal vorgeführt wird. Gastspiele der Bayerischen Staatsoper und des Staatsschauspiels sorgten stets für das angemessene Niveau. Daß auch weitere Solisten und Gruppen von Rang in Bayreuth gastieren konnten, ist das Verdienst einer ganzen Reihe von Veranstaltern, von denen hier die „Kulturfreunde" besonders erwähnt seien. Bayreuther Musikfreunde stellten aber auch selbst vieles Großartige vor. Der „Philharmonische Chor" und der Orchesterverein führten viele große Werke auf. Seitdem die evangelisch-lutherische Stadtkirche 1961 eine neue Orgel erhielt, Viktor Lukas als Stadtkirchenkantor nach Bayreuth berufen und Lehrer an der Kirchenmusikschule wurde, ist unter seiner Leitung die alljährliche Orgelwoche bereits Tradition geworden. Was seit 1963 zum festen Musikprogramm der Stadt gehört, wurde seit 1968 mit breitem Spektrum zur „Musica Bayreuth" erweitert, die zu ihrem Musik-Festival im Mai namhafte Solisten, Orchester und Chöre nach Bayreuth führt und längst überregional bekannt geworden ist.

Als Komponist hat sich in den vergangenen Jahren der an der Universität Bayreuth lehrende Musikerzieher Professor Helmut Bieler einen Namen gemacht.

Das literarische Leben

Aus der Vielzahl der literarisch Interessierten und Aktiven können hier stellvertretend für weitere nur einige Repräsentanten genannt werden. Schon eine kurze Umschau unter Autoren in der 2. Hälfte des Jahrhunderts zeigt, daß sich in den Lebensläufen manches vom Schicksal unseres Volkes widerspiegelt. Der Bayreuther Max von der Grün (1926 in St. Georgen geboren) hat zu seiner Geburtsstadt keine tiefere Beziehung entwickeln können. Er ist als ehemaliger Bergmann ein Schriftsteller der Arbeitswelt und im Umfeld der Dortmunder „Gruppe 61" verwurzelt. Der in Komotau (Sudetenland) geborene Robert Lindenbaum (1898 – 1979) kam als Heimatvertriebener nach Bayreuth. Das schriftstellerische Alterswerk des gelernten Industriekaufmanns (Roman „Sinfonie in Weiß", die Geschichte eines oberfränkischen Porzellanunternehmers, Gedicht „Im Park Eremitage" u. a.) reflektiert Oberfranken und Bayreuth.

Wie Lindenbaum wäre wohl auch Jochen Lobe (1937 in Ratibor/Oberschlesien geboren) ohne die Nachkriegsereignisse kaum zum Bayreuther geworden. Nach seiner Bayreuther Schulzeit und dem Studium gründete er als Gymnasiallehrer 1969 in Bayreuth ein „Literarisches Forum". Mit Kontakten zu zeitgenössischen Autoren versuchte er, die örtliche Literaturszene zu beleben und in einer „Werkstatt Schreiben" junge Talente zu aktivieren. Sein Unternehmen war zeitweilig recht erfolgreich. Wenn es auch nicht zur Dauereinrichtung wurde, sondern Mitte der 70er Jahre wieder vom Veranstaltungskalender der Stadt verschwand, so hat es doch nachhaltige Resonanz hinterlassen. Hervorgehoben sei hier die aus dem Kreis des Literarischen Forums entstandene Anthologie „Ortstermin Bayreuth" 1971. Lobes eigenes literarisches Schaffen, das neben hochdeutscher Lyrik auch Bayreuther Mundart umfaßt, fand weitreichend positiven Widerhall: „Lobe nimmt in jedem seiner Gedichte den Menschen sehr ernst. Er gewinnt für das Gedicht eine neue Würde" (Godehard Schramm). Seine Gedichte von 1970 – 1977 wurden 1978 gedruckt, seine Bayreuther Mundartsammlung „Hamm sa gsoocht / Soong sa" 1982. Mit seinen 1992 erschienenen „Deutschlandschaften" gehört er bereits zu den „Texten zur Zeit".

1982 wurde von Hans-Peter Werner (geb. 1950), einem Mitarbeiter der Universitätsbibliothek, der Verein „Forum Kulturhaufen" gegründet, der bis 1990 mit mehr als hundert Autorenlesungen (u. a. Martin Walser, Hermann Lenz, Adolf Muschg, Wolfdietrich Schnurre) namhafte deutschsprachige Schriftsteller vorstellte und auch schwedischen, portugiesischen und angelsächsischen Autoren die Gelegenheit bot, ins Deutsche übersetzte Titel ihres Gesamtwerks selbst bekanntzumachen.

Martin Gregor-Dellin (1926 Naumburg – 1988 München) kam 1958 aus der DDR nach Bayreuth, wo er bis 1961 seinen Wohnsitz hatte. Schon 1958 erschien in Bayreuth seine Schrift „Wagner und kein Ende". Hier entstand sein Roman „Der Nullpunkt" (1959) und wohl auch der 1962 erschienene Roman „Der Kandelaber". 1976/77 gab er die Tagebücher Cosima Wagners heraus. Mit seiner großen Wagnerbiographie (1980) und anderen Wagnerschriften blieb er mit Bayreuth weiterhin eng verbunden. 1982 wurde er Präsident des PEN in der Bundesrepublik. Eine frühe persönliche Beziehung zu Bayreuth entwickelte auch Herbert Rosendorfer (geboren 1934 in Bozen), der 1965/66 als Assessor bei der Staatsanwaltschaft hier tätig war und mit seinem Büchlein „Bayreuth für Anfänger" eine frech-fröhlich-frische Einführung in die Mentalität der Wagnerstadt veröffentlicht hat.

Mit Bayreuth von Jugend auf verbunden ist der vielseitige Eberhard Wagner (1938 in Weimar geboren), der in Bayreuth das Christian-Ernestinum besuchte, in Erlangen über die Mundart des Bayreuther Raumes promovierte und Redaktor des „Ostfränkischen Wörterbuches" war, seit 1982 an der Bayreuther Studiobühne mitwirkt und mit einem Lehrauftrag am Lehrstuhl für germanistische Linguistik und Dialektologie betraut ist. Der auch als Schauspieler und Regisseur tätige Autor stellte 1976 seine Mundartgedichte „des gwaaf wu ma sichd" vor, verfaßte viele Stücke in Mundart, aber auch in Hochdeutsch und lieferte Mundarthörspiele, die vom Bayerischen Rundfunk aufgezeichnet wurden. An dem 1986 mit dem Bundesfilmpreis ausgezeichneten Kinofilm „Der Flieger" wirkte er als Schauspieler mit.

Der Romanist Joachim Franz Schultz (geboren 1949 in Idar-Oberstein) gibt seit 1989 die ironisch-satirische Literaturzeitschrift „Bayreuther Ab- und Zufälle" heraus und veröffentlichte unter dem Pseudonym Joachim

Vrantzen 1987 „Mord in Bayreuth, eine kriminelle Fast-Spielgeschichte". Auch Autorinnen fehlen in der Bayreuther Literaturszene der letzten Jahre nicht. Die Journalistin Marieluise Müller (geboren 1947 in Oberbayern, Abitur in Bayreuth) trat mit Lyrik („Tag und Nacht", „Der Abschied wird vollkommen sein", „Fahrspuren") und Buchveröffentlichungen („Peter Hofmann – Singen ist wie Fliegen" und „Silvia Seidel – Anna und ich") hervor. Zum Bayreuther Bestseller brachte es die gebürtige Bayreutherin Traudl Wolfrum mit ihrem 1988 in 6. Auflage gedruckten Kochbuch „Kiechla, Kleeß und Krautsalot – und wos a Bareither noch gern moch".

Das volksnahe literarische Bayreuth vertritt als Alteingesessener Erich Rappl (geboren 1925), der langjährige Lokalredakteur des „Nordbayerischen Kuriers". Als Musik- und Theaterkritiker hat er Jahr für Jahr die Festspiele kommentiert und begleitet, jahrzehntelang Festspielgäste durch Einführungsvorträge auf ihr Wagnererlebnis vorbereitet und Schriften zu Wagner (Wagneropernführer) verfaßt. Als „Wafner" liefert er wöchentliche Glossen zum aktuellen Geschehen. In einer Reihe von Büchern legte er seine Beobachtungen über die „Leit von Bareith" in der ihn kennzeichnenden Mischsprache aus Hochdeutsch und Dialekt nieder. Er bewies, daß Bayreuther humorvoll und der Selbstironie fähig sind, wie ihm das Bayreuth-Heft von „Merian" bescheinigte. Sich selbst in die Bayreuther „Gesellschaft von Verkleinerern und Tiefstaplern" einschließend, stellte er an die nichtbayreuthische Welt die Frage: „Und mir solln broffinziell saa?" (Buchtitel 1983) – Für den Nichteinheimischen sei hier sein Pseudonym „Wafner" erklärt: Es ist eine Mischform von „Wafner", „Waafn" und dem Drachen „Fafner" der Nibelungensage. Über Wagner und Fafner kann man in der Literatur und in jedem Lexikon nähere Angaben finden, kaum aber über die Bayreuther „Waafn". Hierüber informiert am besten Rappl-Wafner selbst:

Die Oberfranken haben der Version ihres Klatschens instinktiv eine besondere Bezeichnung gegeben: Sie nennen es „waafen" (Substantiv: „Gewaaf", oder, liebevoller: „Waaferla"). Dieser Ausdruck wird abgeleitet von dem Begriff „Weife" – das ist eine Spindel. Man bringt also das „Waafen" beziehungsvoll doppelsinnig mit dem „Spinnen" in Zusammenhang.

„Waafen" läßt sich denn auch als die Kunst definieren, mit möglichst vielen Worten möglichst wenig Konkretes auszusagen. Und da die Oberfranken weit mehr zum Verschweigen als zum Enthüllen ihrer wahren Gefühlszustände neigen, spielt bei ihrem „Gewaaf" der Gemeinplatz die Hauptrolle. Feststehende Redensarten, „Sprüch'", die hier dauernd strapaziert werden, sind ohne Zahl. Sie machen es möglich, Teilnahme, Interesse, Zustimmung oder Ablehnung zu bekunden, ohne sich wirklich zu engagieren.

Die bildenden Künste

In der ersten Nachkriegszeit zunächst wenig gefragt, gewannen die bildenden Künste wieder an Profil. Die Architektur mußte bei den vielen Zerstörungen lange auf reine Zweckbauten und Restaurierungen ausgerichtet sein. Mit Hochhäusern (Neues Rathaus, Ypsilonhaus als Wohnanlage für rund 1000 Menschen, Sparkassenhochhaus) wurden neue Akzente im Stadtbild gesetzt. Auch Großbauten ein ästhetisches Profil zu verleihen ist bei manchen Häusern und Firmengebäuden durchaus gelungen und als Tendenz zu erkennen, wie überhaupt immer mehr Menschen daran Interesse zeigen, das Gesamtbild der Stadt ansehnlicher und schöner zu gestalten.

Mit Ausstellungen im Neuen Rathaus trat ab 1975 die „Freie Gruppe Bayreuth" hervor, die bis 1981 auch die Bayreuther Kunstausstellung in der Eremitage veranstaltete. Seit 1982 führte sie der 1980 gegründete „Kunstverein Bayreuth" fort, dessen Vorsitzende Dr. Winfried Schmidt (1940 in Hage, Ostfriesland, geboren, Kunsterzieher, Kunsthistoriker und aktiver Maler) und Baudirektor Hellmut Albrecht waren. Ihr Nachfolger Johann Schuierer (geboren 1947 in Neunburg vorm Wald) ist Kunsterzieher an der Universität. Er hat einen Brunnen mit zwei Kinderfiguren im Neubaugebiet „Unteres Tor" hübsch gestaltet.

1977, als noch keine Galerie in der Stadt existierte, stellte die Firma Batberg Räume zur Verfügung. Initiator und künstlerischer Leiter der B.A.T.-Casino-Galerie wurde Peter J. Osswald (geboren 1941 in Schweidnitz/Schlesien), der auch als erster Aussteller auftrat und 1987 bei seiner Rückschau bereits auf eine größere „ständige Galerie" der von allen Einzelausstellern erworbenen Werke verweisen konnte. Neben den Ausstellungen in der Casino-Galerie und im Neuen Rathaus bemühten sich viele Firmen und Institutionen, ihren Besuchern Werke lebender Künstler zu zeigen.

Bei der Nennung von Malern, Graphikern und Bildhauern aus Bayreuth und Umgebung können hier nur einige mit engerem Bayreuth-Bezug aufgeführt werden. Mit seinem Alterswerk ragt in die Ära Wild noch herein der für Bayreuth fleißig tätige Hans Schaefer (1900–1976), den die Stadt nach seinem Tod mit einem Straßennamen ehrte. Seiner Generation gehörte noch der durch das Lebensschicksal nach Bayreuth verschlagene Friedrich Böhme (1898 in Dresden geboren, 1975 in Bayreuth gestorben) an. Kurt Wilhelm (1923 in Bayreuth geboren), Gestalter vieler Bayreuther Motive, kehrte im Alter in seine Heimat zurück.

Bei den Künstlern der Gegenwart sollte man die fruchtbare Arbeit der kunsterzieherisch und selbst schöpferisch Tätigen nicht vergessen, so (neben den schon Genannten) Hermann Rongstock (geboren 1941 in Bayreuth) und Rüdiger Bethe (geboren 1945). Ein Bayreuther ist auch der 1923 geborene Wilhelm Rauh, der als Landschaftsfotograf zum „Fotokünstler" geworden ist. Als weitere Kunstschaffende seien kurz genannt: Werner Frömel (geboren 1927 in Schlesien), Peter Coler (geboren 1940 in Fürstenberg/Oder), Fritz Föttinger (geboren 1939 in Bayreuth), Friedemann Gottschald (geboren 1947 in Oelsnitz), Friedrich Gröne (geboren 1932 in Bamberg), Barbara Gröne-Trux (geboren 1941 in Aussig) und Robert Siebenhaar (geboren 1955 in Forchheim).

Bayreuth als moderne Schulstadt

1958 wurde das Institut für Lehrerbildung zur Pädagogischen Hochschule, für die man bald aus Raumgründen einen Neubau anstrebte, nachdem im alten „Lehrerseminar" an der Königsallee auch das Markgräfin-Wilhelmine-Gymnasium mit Internat untergebracht war. 1967 konnte der Neubau am Geschwister-Scholl-Platz eingeweiht werden. Anfänglich als 2. Erziehungswissenschaftliche Fakultät der Universität Erlangen geführt, wurde die Bayreuther PH 1975 in die Universität Bayreuth eingegliedert.

Einen Neubau konnte 1966 das Gymnasium Christian-Ernestinum an der Albrecht-Dürer-Straße beziehen. 1973 wurde das Wirtschaftswissenschaftliche Gymnasium mit Wirtschaftsschule eingeweiht. Das Richard-Wagner-Gymnasium und das Graf-Münster-Gymnasium (die frühere Oberrealschule) erhielten Erweiterungsbauten. Neubauten erhielten auch die Berufsschule und die Fachoberschule (1970). Es entstand ein eigenes Schulzentrum-Ost an der Kerschensteinerstraße. 1962 wurde am Festspielhügel die Alexander-von-Humboldt-Realschule ihrer Bestimmung übergeben, 1971 die Johann-Kepler-Realschule an der Adolf-Wächter-Straße. Mit der Dietrich-Bonhoeffer-Schule am Bodenseering, der Schule für Sprachbehinderte (früher Taubstummenanstalt) in der Brandenburger Straße und dem Heilpädagogischen Zentrum am Geschwister-Scholl-Platz wurden auch für Behinderte den speziellen Anforderungen entsprechende Bildungsstätten geschaffen.

Der Erwachsenenbildung dient die Städtische Volkshochschule mit einem seit Jahren breitgefächerten Programm. Die Städtische Musikschule fand in der Brandenburger Straße im alten Gebäude der früheren Schule St. Georgens ihre Heimstatt. Die alten Gebäude der Volksschulen wurden saniert und erweitert, neue Schulgebäude entstanden in den Außenbezirken der Stadt. Weitere Bildungseinrichtungen vervollständigten das differenzierte Bildungs- und Fortbildungsangebot.

Gründung und Aufbau der Universität Bayreuth

Am 19. September 1969 sprach Oberbürgermeister Wild bei einer Wahlveranstaltung erstmals in der Öffentlichkeit von der Absicht, daß sich die Stadt Bayreuth um eine neue Landesuniversität bewerben wolle. Im November lag bereits eine „Denkschrift zur Strukturverbesserung des Grenzlandgebietes Nordostbayern und zur Errichtung einer Universität in Bayreuth" vor, in der drei Baugelände vorgeschlagen wurden. 1970 wurde ein Universitätsverein gegründet und in einer zweiten Denkschrift die Universitätsidee weiter entwickelt und untermauert. So konnte bereits am 16. Juli 1970 ein Landtagsbeschluß erreicht werden, daß die nächste bayerische Landesuniversität ihren Standort in Bayreuth erhalten werde.

1971 empfahl der Wissenschaftsrat die Aufnahme der Universität in die Maßnahmen nach dem Hochschulbauförderungsgesetz. Ein Strukturbeirat unter dem Vorsitz des gebürtigen Bayreuthers Professor Dr. Wolfgang Wild wurde gebildet. Schon 1972 konnte die Geschäftsstelle der Universität Bayreuth ihre Tätigkeit aufnehmen. Im Oktober 1973 übernahmen der Gründungspräsident Dr. Klaus Dieter Wolff und die Vizepräsidenten ihre Ämter. Am 23. März 1974 fand auf dem neuen Universitätsgelände die Grundsteinlegung statt.

1975 wurde der bisher noch der Universität Erlangen-Nürnberg angeschlossene Fachbereich Erziehungswissenschaften in die Universität Bayreuth umgegliedert. Im November 1975 konnte die feierliche Eröffnung der neuen Universität stattfinden und der Studienbetrieb beginnen.

1976 wurde im Senat der Universität die Einrichtung von vier Forschungsschwerpunkten beschlossen: Afrikanologie, Experimentelle Ökologie, Makromolekulare Chemie und ein Forschungsinstitut für Musiktheater, das im Sommer 1977 im Schloß Thurnau seine Tätigkeit aufnahm.

Die Universitätsbibliothek (Zentralbibliothek), die von 1976 an in einem Provisorium (Zappe-Halle, Justus-Liebig-Straße) untergebracht war, konnte 1987 den lang ersehnten Neubau auf dem Universitätsgelände beziehen.

Das Iwalewa-Haus

Am 27. 11. 1981 wurde im Gebäude der ehemaligen markgräflichen Münzstätte (Münzstr. 9) mit einer Ausstellung über „Neue Kunst aus Indien" das Iwalewa-Haus eröffnet. Es bildet das Afrikazentrum der Universität Bayreuth und ist Bestandteil ihres Forschungsschwerpunkts Afrikanologie, zugleich aber auch ein Domizil für die Kulturen der dritten Welt, das als überuniversitäre Einrichtung der gesamten Bevölkerung offensteht. Gründungsvater und erster Leiter wurde Dr. h. c. Ulli Beier, der reiche eigene Erfahrungen einbringen konnte.

Der Name „Iwalewa" entstammt der Sprache der Yoruba, die in Nigeria leben. Als nigerianisches Sprichwort enthält es wörtlich übersetzt die Lebensweisheit „(Guter) Charakter ist Schönheit". Formale Schönheit genügt den Yoruba nicht. Ihr Schönheitsbegriff schließt moralische Werte ein. Dementsprechend muß ein Kunstwerk dieses Volkes eine Wirkung zum Guten hin beabsichtigen und, wie die mit der Welt der Yoruba vertraute Künstlerin Susanne Wenger sagt, „Akkumulator für religiöse Kräfte" sein. Eine ganz ähnliche Auffassung findet man auch bei anderen Kulturen der dritten Welt.

Den Zweck des Iwalewa-Hauses umschrieb Ulli Beier mit dem Satz: „Wir wollen uns hier nicht nur mit der formalen Schönheit fremder Kunstgegenstände befassen, wir wollen versuchen, ihre wahre Identität, ihr Iwa zu begreifen."

Das Iwalewa-Haus ist daher weit mehr als bloß ein Museum. Es ist Begegnungsstätte, Forschungszentrum, Musikarchiv und nicht zuletzt eine lebendige Kulturwerkstatt, die interkulturelle Beziehungen schafft und pflegt. Mit einem reichen Veranstaltungsprogramm und einer Reihe von Publikationen konnte es schon im ersten Jahrzehnt seines Bestehens einen wichtigen Beitrag zum Verstehen fremder Kulturen und zur Völkerverständigung leisten. Auf der Grundlage der bestehenden Einrichtung wurde am 18. Mai 1990 an der Universität Bayreuth ein „Institut für Afrikastudien" ins Leben gerufen, bei dessen Eröffnung Kultusminister Zehetmaier anerkennend feststellte, „mit dem Bayreuther Prinzip der fächerübergreifenden Afrikaforschung habe die Hochschule Neuland beschritten", das noch ausgeweitet und weiter ausgebaut werden soll.

Das Internationale Jugend-Kulturzentrum

Nach dem großen Widerhall, den das jährliche Jugend-Festspieltreffen gefunden hatte, gründete Herbert Barth 1974 den Verein „Internationales Jugend-Kulturzentrum Bayreuth" mit dem Ziel, künftig ganzjährig interessierte und talentierte junge Menschen zu gemeinsamen Aktivitäten in allen Gebieten der Kunst, Musik und Literatur zusammenzuführen. Das für diesen Zweck errichtete Haus konnte 1982 eingeweiht werden. Mit dem „Europa-Saal" verfügt es über Plätze für rund 400 Besucher und eine eigene Bühne. Es wurde mit Arbeitsräumen und Werkstätten ausgestattet, verfügt auch über Ausstellungsflächen, Küche und Milchbar. Es wurde zur Heimstatt für das Jugend-Festspieltreffen im Sommer, leistet aber darüber hinaus das ganze Jahr musisch-kulturelle Jugendarbeit. Bis 1988 leitete der Gründer selbst den ins Vereinsregister eingetragenen gemeinnützigen Verein, der seither unter einem neuen Vorstand bemüht ist, Haus und Institution mit Leben zu erfüllen.

Bayreuther Theaterleben

Das Bayreuther Theaterleben empfing zu Beginn der 80er Jahre neue Impulse, die im Laufe der Jahre zu einer unübersehbaren Bereicherung der Kulturszene führten.

Aus bescheidensten Anfängen in St. Georgen entwickelten einige spielfreudige und zugleich begabte und einfallsreiche Initiatoren ein schauspielerisches Angebot, das es in dieser Art und auf solchem Niveau in Bayreuth vorher nie gegeben hat. Neben dem *Brandenburger Kulturstadl* und dem *Kleinen Theater* Adolf Brunners war es vor allem die aus Schützenhausanfängen hervorgegangene *Studiobühne Bayreuth*, die sich immer wieder mit neuen Bühnenleckerbissen die Herzen vieler Bayreuther eroberte.

Ohne ein Stadttheater zu sein, ist das Ensemble um Werner Hildenbrand, Eberhard Wagner und Uwe Hoppe mit seinem Haus an der Röntgenstraße zur festen Einrichtung geworden, die außer mit Aufführungen klassischer und moderner Bühnenwerke auch mit Pantomime, Kabarett und Gitarrenabenden zahlreiche Zuschauer und Zuhörer anzieht. Die *Studiobühne* bietet Mundart- und Volkstheater mit Niveau, wagte sich an eine Uraufführung von Richard Wagners Jugendwerk „Leubald", parodiert ansonsten den Bayreuther Meister in geistreicher Weise (Uwe Hoppes „Ring des Liebesjungen", „Paxiphall & Lohengrün" und „Thannreuther, Meistersinger"), liefert aber an verschiedenen Spielorten, darunter dem Steingraeberhaus, mit der Experimentierfreudigkeit und Vielfalt seines Programms einen wertvollen Beitrag zum Bayreuther Kulturleben.

Mit der Verleihung des Kulturpreises der Stadt Bayreuth für 1991 fand die Arbeit der *Studiobühne* Bayreuth ihre verdiente Anerkennung.

Modernisierung des Gesundheitswesens: Klinikum Bayreuth 1986

Schon 1958 wurden Schritte zur Verbesserung der klinischen Krankenbetreuung gemacht. Die Erweiterungen im Städtischen Krankenhaus und die Eröffnung einer Krankenhelferinnenschule gehörten dazu. Insgesamt wurde aber von Jahr zu Jahr deutlicher, daß das Krankenhaus an der Kulmbacher Straße auf die Dauer nicht mehr den Erfordernissen der Gegenwart angepaßt werden konnte. Nach langjähriger Planungsphase und fünfjähriger Bauzeit konnte am 27. Juni 1986 die Übergabefeier für das neue Klinikum stattfinden, das auf dem Roten Hügel an der Preuschwitzer Straße errichtet worden war. Träger ist ein aus Stadt und Landkreis gebildeter Zweckverband, die Baukosten trugen Staat, Stadt, Landkreis und die Rummelsberger Anstalten der Inneren Mission.

Nach den Plänen der Architekten Walter Mayer (Nürnberg), Friedrich Karl Hereth und Peter Suess (Bayreuth) entstand ein großzügiger Gebäudekomplex, der von mehreren Zeltdächern „gekrönt" wird und bei Hangbebauung seinen Haupteingang oben an der Straße erhielt, wo sich auch ein Landeplatz für den Rettungshubschrauber befindet, von dem aus die Notaufnahme unmittelbar erreichbar ist. Das Klinikum erhielt von Anfang an fast alle Abteilungen und Einrichtungen eines modernen Großkrankenhauses: Medizin I (Verdauungsorgane), Medizin II für Herz und Kreislauf, Chirurgie I (Allgemeinchirurgie) und II (Unfallchirurgie), eine Frauen- und eine Kinderklinik, eine Abteilung für Alterserkrankungen (Geriatrie), Röntgendiagnostik und Strahlentherapie, ein Institut für Anästhesie, dazu Belegabteilungen für Kieferchirurgie, Augenkrankheiten und Hals-, Nasen- und Ohrenerkrankungen. Eine Abteilung für moderne Herzchirurgie ist vorgesehen.

Sportstadt Bayreuth

Niemals vorher wurde für den Sport in Bayreuth soviel getan wie zur Amtszeit seines sportbegeisterten Oberbürgermeisters Wild. Das Kreuzsteinbad, das die völlig veraltete und nicht mehr zumutbare „Schwimmschule" ersetzte, öffnete 1964 seine Tore. Im gleichen

Jahrzehnt wurde auch das Städtische Stadion angelegt. Das Sportzentrum am Sportpark, auf der lange ungenutzten Aufschüttungsfläche südlich des Mains, die nach 1945 einen Großteil des Schutts ausgebombter Häuser aufgenommen hatte, wurde seit der Grundsteinlegung 1974 schrittweise verwirklicht. 1975 wurden die Mehrzwecksporthallen und das Kunsteisstadion errichtet, das man erst später überdachte. 1976 erhielt Bayreuth sein modernes Hallenbad, das renovierte „Stadtbad" aus dem Jahre 1929 wurde beibehalten. Mit der Anlage vieler neuer Sportplätze wurde auch die Sportpflege selbst intensiviert. Die Oberfrankenhalle als Austragungsstätte für Sportwettkämpfe vervollständigte das Sportzentrum um die unerläßliche Großraumhalle. Stellvertretend für viele Sportereignisse nennen wir die hier ausgetragene deutsche Basketballmeisterschaft 1989, bei der die Mannschaft Steiner Bayreuth sogar das „Double" (Meisterschaft und Pokal) gewann.

Rückblick auf 32 Jahre städtischer Haushaltspolitik

Am 20. Januar 1988 legte Hans Walter Wild als Kämmerer der Stadt dem Stadtrat seinen 32. und letzten Haushaltsplan vor. Mit einem Rückblick verbunden, konnte er eine stolze Bilanz seiner Tätigkeit ziehen. Die stürmische bauliche und infrastrukturelle Aufwärtsentwicklung war der Stadt nicht durch ein hohes Steueraufkommen in den Schoß gefallen. Die Stadt Bayreuth, durch ihre Grenzlandlage benachteiligt, hatte sich alles mühsam erwirtschaften und erarbeiten müssen. Die Gewerbesteuer war zwar 1969 von 300 auf 330%, 1974 auf 360% erhöht worden. Trotzdem hätten diese Mehreinnahmen der Stadt nicht ausgereicht. „Nur durch Begrenzung der Personal-, Betriebs- und Sachausgaben wurden jene finanziellen Freiräume geschaffen, die erst die Mittel für die Investitionen zum Ausbau der Stadt ermöglichten."

Für die Zeit von 1956 bis 1988 betrugen die Gesamtausgaben der Stadt 4 Milliarden DM, von denen 2,9 Milliarden auf den Verwaltungshaushalt entfielen. Mit dem prozentualen Anteil für Investitionen (1,1 Milliarden = 28,3 %) für den genannten Zeitraum hatte Bayreuth eine Spitzenposition unter den kreisfreien Städten Bayerns erreicht. Auch aus einer Statistik für das Bruttoinlandsprodukt pro Erwerbstätigen konnte für 1984 entnommen werden, daß die Stadt Bayreuth mit 94 485 DM je Erwerbsperson an der Spitze aller kreisfreien Städte Bayerns rangierte (vor Erlangen mit 90 626 und München mit 88 310 DM). Nach dieser Aufstellung lag Bamberg erst an 10., Hof an 19. und Coburg an 21. Stelle.

Diese rechnerische Pro-Kopf-Leistung der werktätigen Bayreuther kam freilich hauptsächlich durch die Zölle und Tabaksteuer der Gewerbebetriebe zustande, und die Stadt Bayreuth als Gemeinde und die einzelnen Bürger profitierten davon nicht unmittelbar. Die genannte Zahl dokumentierte aber die erreichte Wirtschaftskraft der Stadt und deren stattlichen Anteil am Gesamtsteuereinkommen der Bundesrepublik. Die Haushaltsrede des Oberbürgermeisters erntete mit dieser positiven Bilanz für mehr als drei Jahrzehnte im gesamten Stadtrat hohe Anerkennung.

Bayreuth und Bayreuther am Ende der Ära Wild 1988

Am letzten Tag der Amtszeit von Oberbürgermeister Wild schrieb Wulf Rüskamp im „Nordbayerischen Kurier": „Man mag es beklagen oder rühmen – Bayreuth ist modern, wie die Moderne eben ist: laut, hell, geschäftig, mobil ..., zeitgemäß im Positiven wie im Negativen." Wilds Prioritäten für die Stadt kurz umreißend, nannte er: „Neue Wohnquartiere überall am Stadtrand, eine funktionierende Infrastruktur, von der Kanalisation hin bis zum Individualverkehr, die Wasserversorgung nicht zu vergessen, respektable Bauten für den Sport und die Freizeit, eine straff geführte Verwaltung und einige Renommierobjekte ..." Wenn er als solche die Fluglinie und die Oberfrankenhalle nannte, so erkannte er doch deren wirtschaftliche Bedeutung an. Bei den baulichen Veränderungen kritisierte er, daß die Denkmalpflege zu kurz gekommen sei. „Und so darf man füglich streiten, ob die Stadt 1988 schöner ist als 1958."

Anders geworden war sie unbestreitbar. Das galt für das Stadtbild, aber auch in bezug auf die Bevölkerung. Konnte Wild 1981 feststellen, daß Bayreuth von einer Beamtenstadt zur modernen Industriestadt geworden sei, so war 1988 ein weiterer Strukturwandel unverkennbar. Die Universität hatte am 26. Mai 1988 mit 5708 immatrikulierten Studierenden die im Planungsstadium vorgegebene Richtzahl 5000 erheblich überschritten, im Wintersemester 1988/89 wurde die Zahl bereits mit 6534 angegeben. Die weiter steigende Tendenz zeigt die letzte uns vorliegende Zahl für das WS 1992/93: 8749. Rechnet man die an der Universität beschäftigten Personen (1988: fast 1500) hinzu, wird der hohe Anteil der Universitätsangehörigen an der Gesamtbevölkerung noch deutlicher sichtbar. Auch wenn man einkalkuliert, daß ein beträchtlicher Teil der Studenten und an der Hochschule Beschäftigen außerhalb des Stadtgebiets wohnt und täglich ein- und auspendelt, hatte die Universität schon 1988 als Wirtschaftsfaktor einen höheren Stellenwert erreicht, als im Gründungsstadium zu erwarten war.

Das Bevölkerungsbild wurde aber auch wieder vom Militär mitbestimmt. Hatte es beim Amtsantritt Wilds noch keine deutschen Soldaten in Bayreuth gegeben, so zählte 1988 die Bundeswehrgarnison 1350. Laut „Statistischem Jahrbuch" der Stadt waren in der Volkszählung 1987 in Bayreuth 69 813 Einwohner erfaßt, davon 32 274 Männer und 37 539 Frauen. Ein Zehntel der Einwohner gehörte zur Altersgruppe der 65–75jährigen, und 8,2 % waren sogar über 75 Jahre alt. Aufschlußreich ist auch die Verteilung der Religionszugehörigkeit. Das „Statistische Jahrbuch" kann dafür allerdings nur auf die Zahlen von 1979 verweisen: In diesem Jahr lebten in Bayreuth 45 636 evangelische und 18 707 römisch-katholische Bürger. Nur 24 Bürger wurden als Angehörige der jüdischen Religionsgemeinde angegeben. Dagegen wurden 2777 Personen als sonstige bzw. keiner Glaubensgemeinschaft angehörende Einwohner registriert. Die Zahl der Ausländer betrug 1988 2783. Unter ihnen bildeten die Türken mit 1152 die absolute Spitzengruppe.

Es ist bei unserem kurzgefaßten Überblick nicht möglich, auf Krisen, Konjunkturschwankungen und Schwierigkeiten näher einzugehen, die es auch in den drei Jahrzehnten von 1958 bis 1988 gab. Im ganzen gesehen wurde unbestreitbar eine sichtbare und spürbare Verbesserung im Stadtbild und im städtischen Leben erzielt. Dies war nur möglich durch den Leistungswillen der Bevölkerung. Es war das arbeitende Bayreuth mit seinen ansässigen, aber auch täglich ein- und auspendelnden Werktätigen, das den Auf- und Ausbau der Stadt, den notwendigen Strukturwandel zum modernen Gemeinwesen und den spürbaren Fortschritt ermöglichte und erreichte. Bei den vielen strukturellen Veränderungen darf nicht übersehen werden, daß der Anteil der berufstätigen Frauen nicht nur erheblich höher war als früher, sondern daß Frauen zunehmend auch führende Stellungen bekleideten. Wie überall in Deutschland, so beteiligten sich auch in Bayreuth Frauen aktiv am politischen Leben (in den Parteien, im Stadtrat und als Abgeordnete). Zu den weiblichen Lehrkräften und den Ärztinnen kamen auch in Bayreuth erstmals Staatsanwältinnen, Richterinnen und Pfarrerinnen.

Die in den 60er Jahren im Arbeitsamtsbezirk Bayreuth erreichte Vollbeschäftigung konnte allerdings nicht auf Dauer gehalten werden. Im Januar 1987 gab es in Bayreuth 6907 gemeldete Arbeitslose. Diese Zahl ging im Juni auf 3741 zurück, stieg jedoch im Dezember wieder auf 5216 (2814 Männer, 2402 Frauen) an. Das im ganzen Land aufgebaute „soziale Netz" ermöglichte es aber mit seinen Leistungen, Förder- und Umschulungsmaßnahmen, daß niemand unverschuldet materielle Not leiden mußte und viele Arbeitslose wieder in den Arbeitsprozeß eingegliedert werden konnten.

Das durch kürzere Arbeitszeiten und längere Urlaubsdauer bedingte Anwachsen der Freizeit des einzelnen führte auch die Bayreuther stärker als früher in Vereinigungen gleichgerichteter Interessenpartner. Zu den älteren Vereinen, die nach 1945 wieder an Bedeutung gewannen, kamen viele Neugründungen, darunter etliche überregionale, die in Bayreuth eine Ortsgruppe bildeten. Wenn wir im folgenden die bunte Palette des Bayreuther Vereinslebens kurz ansprechen, können wir für einzelne Gruppen nur jeweils einige ortstypische stellvertretend für die Gesamtheit nennen. Herausgestellt sei aber, daß auch die meisten ungenannten Vereine erfreuliche Aktivitäten entwickelten, die nicht nur der Erholung des einzelnen dienten. Viele Vereinigungen leisteten wichtige Beiträge, die für die Gesamtbevölkerung von Nutzen sind und das städtische Leben bereichern.

Neben Berufs- und Standesverbänden, kirchlichen und anderen religiösen Gruppen, zweckgerichteten Versicherungsvereinen und reinen Sonderinteressen dienenden Zusammenschlüssen gab es laut „Adreßbuch" 1984/85 in Bayreuth 26 Vereine für Bildung, Kunst, Wissenschaft und Technik. Erwähnt seien die um das Bayreuther Kulturleben besonders verdiente Gesellschaft der Kulturfreunde, die neben Wagner eigene Maßstäbe setzende Musica Bayreuth, die Naturwissenschaftliche Gesellschaft und der die Bayreuther Neugründung fördernde Universitätsverein. 22 Vereine widmeten sich ausschließlich dem Gesang, der Instrumentalmusik und dem Theater. Aus dem bestehenden Mangel machten Aktivisten eine Tugend, als sie sich 1984 in großer Zahl als Freunde des Stadtmuseums zusammenschlossen. Seine Rolle als führender regionaler Geschichtsverein behauptete erfolgreich der Historische Verein für Oberfranken, in dessen Publikationen und Vorträgen die Bayreuther Stadtgeschichte einen wichtigen Platz einnahm.

Das gesellige Leben pflegten 25 Gesellschaften und Vereine, darunter die renommierte „Harmonie" und die beliebte „Bürgerressource". Als betont bayreuthische Gruppe ist der Volkstrachtenverein Alt-Bayreuth zu nennen. Neu erstand nach dem Krieg auch die im Dritten Reich verbotene Freimaurerloge „Eleusis zur Verschwiegenheit". Den Aufgaben des Natur- und Tierschutzes widmeten sich 29 Vereine. Der Bund Naturschutz in Bayern ist in Bayreuth durch eine Kreisgruppe vertreten.

Merklich angestiegen war seit den ersten Nachkriegsjahrzehnten die Zahl der Sportvereine. Diese bildeten 1985 mit insgesamt 77 die Spitzengruppe der Vereinslandschaft. Neben den nach wie vor stark vertretenen Vereinen der Turner, Schwimmer, Schützen und Kegler waren es die Fußballvereine, die eine alte Vorkriegstradition weiterführten. Leider konnte die zeitweilig erfolgreiche Bayreuther „Spielvereinigung" ihren Platz in der Bundesliga nicht behaupten. Stärker als früher wurden Tennis und Tischtennis zum Breitensport. Völlig neue Akzente setzte der Basketball, für den „Steiner Optik Bayreuth" eine erfolgreiche Spitzenmannschaft stellte. Neue Sportstätten ermöglichten die bessere Pflege des Eissports. Auch der Versehrtensport fand Pflege in einem eigenen Verein. Sonderinteressen einzelner Gruppen vertraten die Landsmannschaften, Kriegsbeschädigten-, Soldaten- und Heimkehrerverbände. Es gab auch neun Ausländervereine, darunter allein drei türkische und zwei zur Pflege deutsch-türkischer Beziehungen.

Als letzte Gruppe genannt, aber wegen ihrer Bedeutung und großen Verdienste um die Allgemeinheit besonders herausgestellt seien die 48 sozialen und gemeinnützigen Vereine. Wegen ihrer meist speziellen Aufgaben, die sie erfüllen, verdienen sie grundsätzlich alle Beachtung und Anerkennung. Vor allem darf nicht unerwähnt bleiben, daß sich in ihnen viele ungenannte ehrenamtliche Helfer und Mitarbeiter im Dienst an ihren Mitmenschen verdient machten. Stellvertretend für alle Vereinigungen dieser Gruppe seien erwähnt die Freiwillige Feuerwehr, der Fremdenverkehrsverein, die Altenklubs und Seniorenkreise, die Arbeiterwohlfahrt, der Kreisverband des Bayerischen Roten Kreuzes und der Verein „Hilfe für das behinderte Kind".

Trotz größerer Freiheiten für den einzelnen und trotz allgemeiner Verbesserung der Lebensqualität und Steigerung der Lebenserwartung blieben auch in Bayreuth den Bürgern Härten und Schicksalsschläge nicht erspart. Ohne Zahlen der Unfallstatistik zu nennen, sei hier nur daran erinnert, daß es früher nie so viele tödliche Verkehrsunfälle gegeben hatte und sich solche auch im Stadtgebiet nicht vermeiden ließen. Wenn man aber einmal von allen Erscheinungen absieht, die Bayreuth mit anderen Orten der Bundesrepublik teilt, wird man die positive Entwicklung nicht abstreiten können. Materielle Armut ist zurückgegangen. „Menschen in Not" konnte von vielen Seiten geholfen werden, nicht zuletzt durch eine Aktion, die diesen Namen erhielt. Wo 1945 Zerstörung, Hoffnungslosigkeit, Not und Tod regierten, konnte im konstruktiv gelenkten und von den meisten Bürgern mitgetragenen Gemeinwesen in friedlicher Aufbauarbeit viel erreicht werden, was dem einzelnen, aber auch der großen Gemeinschaft zugute kommt.

Bayreuth gestern, heute und morgen

Mit dem Amtsantritt von Dr. Dieter Mronz als Oberbürgermeister begann am 1. Mai 1988 eine neue Ära der Stadtgeschichte, die zum Zeitpunkt der Niederschrift dieser Zeilen noch nicht abgeschlossen ist. Das neue Stadtoberhaupt hat sich als Stadtdirektor schon vor seiner Wahl gründlich in die Verwaltungsaufgaben und besondere Problematik Bayreuths eingearbeitet. Wie sein Amtsvorgänger Sozialdemokrat, wie Hans Walter Wild aber auch allen anderen demokratischen Gruppierungen aufgeschlossen gegenüberstehend und für alle Bürger und Bayreuth-Freunde ansprechbar, garantiert er eine bruchlose Weiterführung der Arbeiten und Vorausplanungen. Daß trotzdem mit ihm für die Stadt Bayreuth, wenn auch nicht gleich am Tag seiner Amtsübernahme, ein völlig neuer Zeitabschnitt begann, wurde nicht durch seine Person und die Bayreuther Rathauspolitik, sondern durch die großen Veränderungen in Deutschland und in der Welt bestimmt: Die deutsche Wiedervereinigung und die veränderten Beziehungen zur kurzlebigen CSFR rückten Oberfranken, das nach Norden und Osten hin jahrzehntelang nahezu völlig abgeschlossen war, aus dem Abseits im toten Winkel der Bundesrepublik in kurzer Zeit in die Lage eines stark beanspruchten Durchgangslandes und gaben Bayreuth einen neuen Stellenwert. Die damit verbundene Veränderung der Regionalstruktur ist in allen Bereichen noch voll im Gang.

Dr. Dieter Mronz

Die wichtigsten lokalen Ereignisse der letzten Jahre werden in unserer folgenden Zeittafel aufgeführt. Hier sei nur das Ergebnis der Kommunalwahlen von 1990 genannt, das zu folgender Sitzverteilung im Bayreuther Rathaus führte: CSU 15, SPD 15, Bayreuther Gemeinschaft 6, Die Grünen 4, Republikaner 3 und FDP 1. Weitere Fakten und Daten enthält das „Statistische Jahrbuch der Stadt Bayreuth" (1990).

Das unausgesprochen von vielen angestrebte Fernziel, Bayreuth zur Metropole ganz Oberfrankens werden zu lassen, ist noch ein gutes Stück von seiner Verwirklichung entfernt. In der bayerischen Landesplanung ist Bayreuth neben Hof, Bamberg und Coburg seit langem als „mögliches Oberzentrum" eingestuft. Ein Oberzentrum der Region ist Bayreuth de facto seit langem. Es sucht daher mit Recht die Anerkennung als solches auch nach den Kriterien des Landesentwicklungsplanes zu erreichen. Gestützt auf ein wissenschaftliches Gutachten des Lehrstuhls Wirtschaftsgeographie/Regionalplanung an der Universität Bayreuth (Prof. Jörg Maier), führte Dr. Mronz am 18. Juli 1990 einen Stadtratsbeschluß herbei, der an der Zielsetzung keinen Zweifel läßt: Bayreuth strebt eine besondere Position unter den oberfränkischen Städten an. Es wird bemüht sein, noch bestehende Defizite, z. B. im Bereich des Einzelhandelsangebots, zu beseitigen. Eine Großstadt will Bayreuth aber deswegen nicht unbedingt werden. Nur ganz knapp erreichte Bayreuth im Brust-an-Brust-Rennen mit Bamberg einen Vorsprung an Einwohnern und wurde „größte Stadt Oberfrankens". Die Vielschichtigkeit der Landes-, Siedlungs- und Lebensstruktur führte in Oberfranken zur bekannten Städte-Mehrköpfigkeit, der Dreiheit Bayreuth-Bamberg-Hof, zu der sich 1920 noch Coburg gesellte.

An Lagegunst ist, wenn man von der Zentralität ausgeht, Bayreuth den genannten Rivalen zweifellos überlegen. Eine günstigere Lage als Bayreuth hat im heutigen Regierungsbezirk nur Kulmbach aufzuweisen, das aber an Bedeutung in neuerer Zeit kein ernsthafter Rivale gewesen ist. Von den anderen Städten der Region wird Bayreuth unterschiedlich eingestuft. Vom Bamberger Domberg aus, von Coburg, das seine traditionelle Verbindung nach Thüringen und Sachsen wieder wahrnimmt, und von Hof, das als eigentliche Industriemetropole Oberfrankens seine alte Verflechtung mit dem sächsischen Vogtland neu belebt sieht, wird die Stadt am Roten Main anders gesehen als von Marktredwitz, Wunsiedel oder Pegnitz aus. Wenn Bayreuth auch nicht die unbestrittene Oberfranken-Metropole geworden ist, so ist es in unserer Gegenwart doch zweifellos die führende Stadt in vielen Teilbereichen. „Auf dem Weg zur Metropole" bleibt Bayreuth wohl auch an der Schwelle zum nächsten Jahrtausend.

Bayreuth, einmal jährlich auf ein paar Sommerwochen „Weltstadt auf Zeit", als Festspielstadt in der ganzen Welt mit Salzburg in einem Atemzug genannt, ist eine geschichtsträchtige Kulturstadt mit besonderer Ausstrahlung. Auf Superlative ist die Stadt Bayreuth nicht angewiesen. Ihre Kultur ist keineswegs auf Wagner beschränkt. Sie schließt ihn ein, wie die Stadtgeschichte zeigt. Ein Gang durch die Bayreuther Vergangenheit kann zum Erlebnis werden, um so mehr, wenn man ihn nach der vorausgegangenen Lektüre auch tatsächlich unternimmt. Bayreuth besitzt die Lebensqualität, die sich besonders heute viele Menschen für einen Wohnort und auch einen Urlaubsort wünschen. Nicht belastet mit den Schattenseiten der Ballungsräume und Großstädte, ist Bayreuth „immer wieder neu" eine lebens- und liebenswerte Stadt im Grünen, eine Stadt mit reicher Geschichte, aber auch eine Stadt mit Zukunft.

Banal, aber wahr, was alle wissen: Das Leben geht weiter. Auch in Bayreuth. „Wir wohnen jetzt noch im Baugerüste der Zeit", schrieb Jean Paul in seiner „Friedenspredigt an Deutschland", die er 1808 in Bayreuth verfaßte. Das Wort des Bayreuther Dichters gilt auch noch heute. Es enthält die Erfahrung aller Menschen in ihrer jeweiligen Gegenwart. Des Nachdenkens wert bleibt, was der Bayreuther „Friedensprediger" zur oft gestellten Frage zu sagen weiß, ob die Geschichte „die rechte Lehre der Zukunft" sei. Jean Pauls Antwort, die wir als Ermunterung zu friedlichem Tätigsein im weitesten Sinne verstehen dürfen, lautet: „Kommen wir nicht alle von gestern her? Jeder hatte Vergangenheit genug in sich, um eine reine Zukunft auszubilden; aber jede Zeit wird nur vom schöpferischen Sinn erfaßt; und es ist mithin einerlei für diesen, von Gegenwart zu lernen oder von Vergangenheit oder von Zukunft." – Jean Pauls Schlußfolgerung aus dieser Erkenntnis ist die schlichte, aber immer noch nützliche Aufforderung an alle: *„Schafft und hofft!"*

Zeittafel

1035 Seulbitz (1976 eingemeindet) wird als salisches Königsgut „Silewize" in einer Kaiserurkunde Konrads II. erstmals genannt

1149 Ersterwähnung von St. Johannis als „Altentrebgast" (Vetus Trebegast)

1194 Ersterwähnung Bayreuths als „Baierrute": Der in Baierrute weilende Bischof Otto II. von Bamberg beurkundet vor vielen Zeugen eine Landschenkung im „Nordwald" (Frankenwald) für das Kloster Prüfening in Regensburg

1199 Bayreuth wird als „villa" (Dorf) bezeichnet

1231 Bayreuth erscheint in einer Urkunde zum ersten Mal als „civitas" (Stadt), Oberkonnersreuth als „nova villa"

1237 Ersterwähnung eines Marktes

1260 Auf die 1248 in Franken im Mannesstamm ausgestorbenen Grafen von Andechs folgen als Stadtherren von Bayreuth die Burggrafen von Nürnberg. Beginn der Bayreuther Hohenzollernherrschaft, die erst 1806 endet

1361 Der Burggraf erhält für Bayreuth das Münzrecht

1398 Im Landbuch werden folgende heute eingemeindete Stadtteile erstmals als Ortschaften erwähnt: Altenstadt (Altstadt), Colmdorf, Destuben, Dörnhof, Moritzhöfen, Rödensdorf, Saas

1410 Kapelle Heilig Kreuz errichtet

1420 Friedrich I., der erste Hohenzoller als Markgraf von Brandenburg und Kurfürst, der bereits Landesherr im Ansbacher „Unterland" ist, übernimmt auch die Regierung im „Oberland" mit Kulmbach und Bayreuth: Beginn der Bayreuther Markgrafenzeit

1421 Schon länger bestehende „Freyheiten und Privilegien" der Stadt Bayreuth erstmals im Wortlaut faßbar

1430 Bayreuth wird von den Hussiten fast völlig zerstört

1432 Ein „Einigungsbrief" (Anordnung zur Einigung) des Markgrafen soll Zwistigkeiten zwischen Rat und Bürgerschaft ausräumen; eine neue Ratsverfassung bestimmt, daß jährlich zu Anfang Mai die Wahl bzw. Erneuerung des Rates durch Selbstergänzung des Inneren Rates erfolgen soll, der auch als Gemeindevertretung die Mitglieder des Äußeren Rates bestimmt

1439 – ca. 1470 Neubau der zerstörten Stadtkirche St. Maria Magdalena

1440 – 1457 Unter dem Markgrafen Johann dem „Alchymisten" Bau des ersten Hohenzollernschlosses (Vorläufer des heutigen sog. Alten Schlosses), in dessen Bereich vermutlich eine noch ältere „Burg" zu suchen ist

1440 In der Mitte des Marktplatzes wird ein neues Rathaus errichtet

1457 Markgraf Albrecht Achilles verleiht Bayreuth „als einer der ältesten und wesentlichsten Städte in der Burggrafschaft" ein neues („bereichertes") Wappen
Unter diesem Landes- und Stadtherrn auch eine Verstärkung der Befestigung und Errichtung von Warttürmen (Name „Hohe Warte"!)

1464 Ein großes „Stadtbuch" wird angelegt, das u. a. Anweisungen für die Besetzung und Ausübung städtischer Ämter und eine Schulordnung für die Lateinschule enthält. In der Stadt gibt es 327 steuerpflichtige Bürger

1495 – 1515 Markgraf Friedrich der Ältere (Sohn von Albrecht Achilles) regiert im Ober- und Unterland

1509 Brandenburger Weiher wird angelegt

1514 Der Markgraf stiftet das Kloster St. Jobst auf dem Oschenberg, das bereits 1529 wieder aufgehoben wird

1515 – 1527 Kasimir, Sohn des Markgrafen Friedrich, erklärt seinen Vater für nicht mehr zurechnungsfähig und inhaftiert ihn auf der Plassenburg. Regiert im Oberland, führt 1516 Halsgerichtsordnung, Bergordnung und eine neue Waldordnung ein

1526 – 1530 Georg Schmalzing, der Bayreuther Reformator im Geiste Luthers, wird in Bamberg in Gefangenschaft gehalten

1527 – 1541 Markgraf Georg der Fromme folgt seinem Bruder Kasimir als Landesherr und führt in seinem Fürstentum die Lehre Luthers ein

1541 – 1553 Markgraf Albrecht Alcibiades, Sohn Kasimirs, regiert im Fürstentum Kulmbach-Bayreuth, verlegt zeitweilig die Kanzlei von Kulmbach nach Bayreuth, bringt aber als Reichsfriedensbrecher im „Markgräflerkrieg" Unheil in sein Land: Die Stadt und das Schloß werden geplündert

1544 Rathausneubau am Unteren Markt

1545 Anlage des Stadtfriedhofs am Weg zur Altenstadt (heute Erlanger Straße)

1557 – 1603 Regierungszeit Georg Friedrichs, des letzten Markgrafen der älteren fränkischen Linie der Hohenzollern

1565 Das lutherische Konsistorium wird von Kulmbach nach Bayreuth verlegt

1570 Die Lateinschule erhält ihr Schulgebäude bei der Stadtkirche (das künftige Stadtmuseum)

1603 – 1655 Markgraf Christian, Sohn des Kurfürsten von Brandenburg, begründet die jüngere Linie der Hohenzollern in

Kulmbach, verlegt aber bald nach Regierungsantritt seine Residenz nach Bayreuth
1605 Großer Stadtbrand vernichtet 137 von 251 Häusern
1606 Bei Breitengraß wird ein fürstlicher Tiergarten angelegt
1611 Von der Brunnenstube in den Quellhöfen wird eine neue Wasserleitung angelegt
1621 2. großer Stadtbrand
1632 – 1647 Leidenszeit der Stadt im Dreißigjährigen Krieg
1660 Johann Gebhard errichtet die erste Buchdruckerei
1661 – 1712 Regierungszeit des Markgrafen Christian Ernst
1664 Stiftung des Gymnasiums Christian-Ernestinum
1665 Der äußere Ring der Stadtmauer wird errichtet, das Obere Tor befestigt
1672 Bau der Schloßkirche
1685 Erste Buchhandlung (Grau) eröffnet
1686 Aufnahme von Hugenotten
1701/02 Erbprinz Georg Wilhelm beginnt mit Schloßbau und Anlage der Stadt St. Georgen am See
1705 Stiftung des Ordens der Aufrichtigkeit (Ordre de la sincérité), 1734 in Roten-Adler-Orden umbenannt
1705 – 1711 Erbauung der Ordenskirche
1712 – 1726 Regierungszeit des Markgrafen Georg Wilhelm
1715 – 1719 Anlage der Eremitage und Bau des ersten Schlosses im Eremitage-Park
1715 – 1720 Erbauung von Schloß Thiergarten (Jagdschloß mit Rotem-Adler-Saal)
1716 In St. Georgen wird eine fürstliche Fayencenmanufaktur eingerichtet, als deren Leiter der Hofkupferstecher Johann Peter Demleutner und Samuel Kempe, ein früherer Mitarbeiter des deutschen Porzellanerfinders Johann Friedrich Böttger, berufen werden
1721 Der Stadtrat von Bayreuth erwirbt mit Mitteln des Spitals das Palais der Baronin Sponheim und baut es zum Rathaus um. Heute: „Altes Rathaus"
1725 An der Stelle des älteren Schlosses erbaut Johann David Räntz in St. Georgen ein neues Schloß am erweiterten Brandenburger See
1731 Markgraf Georg Friedrich Karl (1726 – 1735) läßt in der von ihm begonnenen, von seinem Sohn weiter ausgebauten Friedrichstraße ein Waisenhaus erbauen
1732 Die preußische Königstochter Friederike Sophie Wilhelmine, seit 1731 vermählt mit dem Bayreuther Erbprinzen Friedrich, kommt nach Bayreuth
1735 – 1763 Regierungszeit des Markgrafen Friedrich: Glanz- und Blütezeit des Bayreuther Hofes
1742 Gründung der Friedrichsakademie, die 1743 zur Universität erhoben und nach Erlangen verlegt wird
1744 – 1748 Erbauung des Markgräflichen Opernhauses durch Hofarchitekt Joseph Saint-Pierre

1749 – 1753 Umgestaltung und Erweiterung der Eremitage: Neues Eremitage-Schloß mit Sonnentempel
1753 Brand des alten Stadtschlosses
1754 ff. Bau des Neuen Schlosses
1756 – 1763 Akademie der freien Künste und Wissenschaften
1758 Tod der Markgräfin Wilhelmine
1763 – 1769 Markgraf Friedrich Christian, letzter in Bayreuth residierender Landesherr
1769 – 1791 Markgraf Alexander von Ansbach behält Bayreuth als Regierungssitz des oberländischen Fürstentums bei, regiert aber beide fränkischen Markgraftümer von Ansbach aus und kommt nur zu gelegentlichen Besuchen nach Bayreuth
1775 Trockenlegung des Brandenburger Sees
1777 – 1783 Bayreuther Soldaten müssen für England in Nordamerika kämpfen
1791 Markgraf Alexander verzichtet in einem Geheimvertrag zugunsten Preußens auf die Fürstentümer Ansbach und Bayreuth und lebt bis 1806 als Privatmann in England
1792 Am 28. Januar übernimmt Karl August Freiherr von Hardenberg in Bayreuth das Fürstentum für die Krone Preußens
1792 – 1795 Alexander von Humboldt als Leiter des Bergwesens in Bayreuth, Goldkronach, Wunsiedel, Arzberg und (Bad) Steben
1799 Heinrich von Gagern, der spätere Präsident der Frankfurter Nationalversammlung 1848, wird in Bayreuth geboren
Der preußische König Friedrich Wilhelm III. und Königin Luise besuchen Bayreuth
1804 Der 1763 in Wunsiedel geborene Dichter Jean Paul (Johann Paul Ludwig Richter) wählt Bayreuth zum ständigen Wohnsitz
1805 2. Besuch des preußischen Königspaares in Bayreuth
1806 – 1810 Bayreuth – unter französischer Herrschaft – muß hohe Kriegskontributionen zahlen
1810 Das ehemalige Fürstentum Bayreuth wird durch den Pariser Vertrag vom 28. Februar gegen 10 Millionen Francs an das Königreich Bayern abgetreten
Bayreuth wird Kreishauptstadt des bayerischen Mainkreises
1810 – 1841 Johann Baptist Graser als Regierungsschulrat in Bayreuth: 1816 Einrichtung von Elementarschulen, 1820 „Sonntagsschulen" (als Vorstufe der Berufsschule), 1820 Taubstummenanstalt
1811 Eingemeindung von St. Georgen
1812 Die Schloßkirche wird katholische Pfarrkirche
1818 Erste Wahl von Gemeindebevollmächtigten nach der neugeschaffenen ersten bayerischen Verfassung
1818 – 1848 Amtszeit von Erhard Christian von Hagen, dem ersten rechtskundigen Bürgermeister

1822 Eröffnung der städtischen Sparkasse
1825 Tod Jean Pauls
1827 Gründung des Historischen Vereins für Oberfranken
1833 Eröffnung der Gewerbeschule (später Realschule)
1835 Richard Wagner kommt am 26. Juli zum erstenmal nach Bayreuth
1839 Der Maler Wilhelm von Diez wird in St. Georgen geboren
1846 Gründung der Flachsspinnerei in Laineck
1852/53 Errichtung der „Gasfabrik", die zunächst mit Holzgas, ab 1864 mit Steinkohlengas arbeitet und von einer Aktiengesellschaft betrieben wird (Übernahme durch die Stadt 1890)
1853 Einweihung der auf Kosten der Stadt Bayreuth errichteten Bahnlinie Bayreuth – Neuenmarkt
1863 Eröffnung der Bahnlinie nach Weiden
1871 Richard Wagner besucht Bayreuth
1872 Wagners Übersiedlung nach Bayreuth und Grundsteinlegung zum Festspielhaus
1874 Die Familie Wagner bezieht die Villa „Wahnfried"
1876 Einweihung des Festspielhauses
Vom 13. – 30. August erste Bayreuther Wagner-Festspiele
1879 Eröffnung der Bahnlinie nach Schnabelwaid
1882 Uraufführung des „Parsifal"
1883 Richard Wagner stirbt am 13. Februar in Venedig. Beisetzung im Park der Villa Wahnfried. Cosima Wagner übernimmt die Festspielleitung
1886 Franz Liszt stirbt in Bayreuth und wird auf dem Stadtfriedhof beigesetzt
1887 Erste elektrische Straßenbeleuchtung
1889 Gründung der Neuen Baumwollspinnerei
1891 Bayreuth wird mit 50 Apparaten an das Telefonnetz angeschlossen
1896 Eröffnung der Lokalbahn nach Warmensteinach
1904 Eröffnung der Lokalbahn nach Hollfeld
1919 Gründung der Volkshochschule
1920 Gründung der Stadtbücherei
1921 – 1925 Anlage neuer Wohnsiedlungen (Hammerstatt, Herzog, Rabenstein, Saas)
1923 Einrichtung und Eröffnung eines Stadtmuseums im Neuen Schloß
1925 Bayreuths erster Flugplatz an der Bindlacher Allee
1930 Am 1. April stirbt Cosima Wagner, am 4. August ihr Sohn Siegfried. Winifred Wagner übernimmt die Leitung der Festspiele
1932 Die Regierungsbezirke Ober- und Mittelfranken werden zusammengelegt. Bayreuth verliert den Regierungssitz, Oberfranken wird von Ansbach aus verwaltet
1933 Bayreuth wird Gauhauptstadt des NS-Gaues „Bayerische Ostmark". Gauleiter Hans Schemm ist zugleich Reichswalter des NS-Lehrerbundes, der in Bayreuth seine Reichszentrale erhält
1935 Einweihung des „Hauses der deutschen Erziehung"
1937 Bayreuth erhält seinen Anschluß an die fertiggestellte Reichsautobahn
1939 Eingemeindung von Colmdorf, Meyernberg und St. Johannis sowie von Teilen der Gemeinden Crottendorf, Laineck und Oberkonnersreuth
1945 Schwere Luftangriffe zerstören am 5., 8. und 11. April rund 4500 Wohnungen sowie öffentliche Gebäude und Industrieanlagen. Nach amtlichen Angaben bringen sie 741 Menschen den Tod. Am 14. April besetzen die Amerikaner die Stadt
1948 – 1958 Amtszeit von Oberbürgermeister Hans Rollwagen
1949 Bayreuth wieder Sitz der Regierung von Oberfranken. Erster Regierungspräsident der Nachkriegszeit: Dr. Ludwig Gebhard. Bayreuth zählt 61 500 Einwohner
1951 Erste Nachkriegsfestspiele unter der Leitung von Wieland und Wolfgang Wagner
1952 Beginnender Aufbau des Industriegeländes auf dem Areal des ehemaligen Brandenburger Weihers
1957 Als erste Großbetriebe eröffnen die Firmen Grundig und Batberg Cigarettenfabrik ihre Zweigniederlassungen im neuen Industriegelände
1958 – 1988 Amtszeit von Oberbürgermeister Hans Walter Wild
1958 Bayreuth wird Garnison einer Bundesgrenzschutzeinheit
1962 Grundsteinlegung für den Neubau der Pädagogischen Hochschule am Geschwister-Scholl-Platz
1964 Die neue Markgrafenkaserne wird an die Bundeswehr übergeben
Einweihung des Kreuzsteinbades
1965 Einweihung der Stadthalle
Anschluß der Stadt an die Ferngasleitung
1966 Städtepartnerschaft Bayreuth – Annecy (Frankreich)
Das Gymnasium Christian-Ernestinum bezieht den Neubau an der Albrecht-Dürer-Straße
Am 17. Oktober stirbt Wieland Wagner
1967 Eröffnung des Stadions
1968 Eröffnung des Hohenzollernrings
Beginn der Mainbettüberdachung
1969 1. Denkschrift der Stadt Bayreuth zur Errichtung einer Universität
1971 Der Bayerische Landtag beschließt die Errichtung der Universität Bayreuth
1972 Einweihung des Neuen Rathauses
Eingemeindung von Oberkonnersreuth und Laineck
1973 Der Luftlandeplatz Bayreuth-Bindlacher Berg wird in den regionalen Linienflugverkehr Hof – Frankfurt einbezogen

Gründung der Richard-Wagner-Stiftung
1974 Grundsteinlegung für die Universität Bayreuth
Gründung des Internationalen Jugend-Kulturzentrums e. V.
1975 Am 3. November nimmt die Universität Bayreuth den Vorlesungs- und Forschungsbetrieb auf, am 27. November wird sie vom bayerischen Staatsminister für Unterricht und Kultus, Prof. Dr. Hans Maier, offiziell eröffnet
1976 Die bisher selbständigen Gemeinden Aichig, Oberpreuschwitz, Seulbitz, Thiergarten und unbebaute Teile der Gemeinde Bindlach werden in die Stadt Bayreuth eingemeindet
Anläßlich des 100jährigen Bestehens der Bayreuther Festspiele wird das im Krieg zerstörte und wieder aufgebaute Haus Wahnfried durch die Richard-Wagner-Stiftung als Richard-Wagner-Museum und Nationalarchiv eingeweiht
1977 Die städtische Kläranlage wird in Betrieb genommen
1978 Durch die Eingemeindung von Wolfsbach und den Gemeindeteilen Schlehenberg, Krugshof und Püttelshof findet die Gebietsreform ihren Abschluß
1979 Der Stadtring West wird durch Freigabe des Teilstücks Preuschwitzer Straße/Dr. Würzburger-Straße geschlossen
1980 Eröffnung des Jean-Paul-Museums
1981 Grundsteinlegung für das Klinikum am Roten Hügel
Der Städt. Südfriedhof mit Aussegnungshalle und Krematorium wird fertiggestellt und durch kirchliche Einweihung seiner Bestimmung übergeben
1982 Einweihung des Gebäudes für das Internationale Jugend-Kulturzentrum
1984 Kommunalwahlen bringen folgende Sitzverteilung im Stadtrat: CSU 20 Sitze, SPD 18 Sitze, Bayreuther Gemeinschaft 3 Sitze, FDP 1 Sitz, Die Grünen 1 Sitz, JU-GEND 84 1 Sitz
In der konstituierenden Sitzung des Stadtrats werden Franz Überla zum 2. Bürgermeister und Konrad Kilchert zum 3. Bürgermeister gewählt
1986 Einweihung des Klinikums
1987 Oberfrankens erster Lokalsender „Radio Mainwelle" nimmt seine Arbeit auf
1988 4. Mai: Vereidigung von Oberbürgermeister Dr. Dieter Mronz in einer Festsitzung des Stadtrats im Balkonsaal
19. 10.: Einweihung der Oberfrankenhalle
27. 11.: Einweihung der neuen Feuerwache
1989 27. 2.: Verabschiedung von Regierungspräsident Wolfgang Winkler in den Ruhestand und Amtseinführung des neuen Regierungspräsidenten Dr. Erich Haniel
14. 7.: Die Reha-Klinik Roter Hügel für neuro-orthopädische Rehabilitation und Nachsorge wird eröffnet
29. 9.: Erster Spatenstich für den Nordring (Meistersingerstraße-Grüner Baum-Riedingerstraße)
9. 11.: Nach Öffnung der DDR-Grenzen kommen Tausende von DDR-Bürgern erstmals nach Bayreuth
1990 18. 3.: Die Kommunalwahlen bringen folgendes Ergebnis: CSU 15 Sitze, SPD 15, Bayreuther Gemeinschaft 6, Die Grünen 4, Republikaner 3, FDP 1 Sitz
3. 5.: In der konstituierenden Stadtratssitzung wird Bernd Mayer (CSU) zum 2. Bürgermeister gewählt, der bisherige 3. Bürgermeister Konrad Kilchert (SPD) und Bürgermeisterstellvertreter Peter Färber (Bayreuther Gemeinschaft) werden in ihren Ämtern bestätigt
18. 5.: Der Bau des Bayerischen Forschungsinstituts für Experimentelle Geologie und Geochemie wird begonnen
6. 7.: Die Städtepartnerschaft Bayreuth–Rudolstadt wird im Neuen Rathaus besiegelt
22. 10.: Kulturpartnerschaft Bayreuth–Burgenland in Haus Wahnfried abgeschlossen
1991 28. 5.: Grundsteinlegung für den Großbetrieb „Käserei Bayreuth"
7. 6.: 1. Bayreuther Jazz-Festspiele
22. 6.: 1. Open-air-Konzert im Städtischen Stadion mit 20 000 Besuchern
2. 7.: Grundsteinlegung für das Fleischzentrum mit neuem Städt. Schlachthof
25. 7.: Bayreuther Festspiele mit „Lohengrin" eröffnet
1. 8.: Beginn des Jugendfestspieltreffens
1. 10.: Prof. Dr. Helmut Büttner wird neuer Präsident der Universität Bayreuth. Die Universität hat 1800 Beschäftigte. Immatrikuliert sind 8500 Studierende
13. 12.: Parkhaus an der Albrecht-Dürer-Straße mit 750 Stellplätzen eröffnet
1992 7. 2.: Stillegung der Neuen Spinnerei Bayreuth (nach 103jährigem Bestand)
31. 3.: Verabschiedung der seit 1945 in Bayreuth und Bindlach stationierten US-Soldaten
25. 5.: Das städtische Anwesen Dr.-Hans-Frisch-Str. 1 wird von OB Dr. Mronz an die Universität übergeben, die hier das „Bayreuther Institut für terrestrische Ökosystemforschung" eröffnet
31. 5.: Regionalschnellbahn „Pendolino" nimmt ihren Betrieb auf
11. 7.: Die katholische Filialkirche St. Benedikt im Stadtteil Aichig/Grunau wird mit ihrem Gemeindezentrum durch Erzbischof Dr. Kredel geweiht und ihrer Bestimmung übergeben
24. 7.: Die Stadt Bayreuth übergibt das sanierte Siegfried-Wagner-Haus an die Richard-Wagner-Stiftung
28. 11.: Rund 5000 Menschen demonstrieren in einem

Schweigemarsch und einer Kundgebung am Jean-Paul-Platz gegen Ausländerfeindlichkeit
30. 11.: Bayreuth zählt als größte Stadt Oberfrankens 73 350 Einwohner
1. 12.: Die Umgestaltung des Innenstadtbereichs Opernstraße/Sternplatz zur Fußgängerzone ist abgeschlossen
1993 30. 3.: Im Bundesministerium für Verteidigung fällt die Entscheidung, daß Bayreuth Bundeswehrstandort bleibt
21. 5.: Der nigerianische Nobelpreisträger für Literatur, Professor Wole Soyinka, wird Ehrendoktor der Universität Bayreuth

Juli: Das bayerische Kabinett beschließt, vier oberfränkische Städte als Oberzentren einzustufen: Bayreuth, Bamberg, Hof und Coburg
25. 7.: Eröffnung der 82. Wagnerfestspiele in Anwesenheit von Bundespräsident Weizsäcker und Michail Gorbatschow, der in seiner „Bayreuther Erklärung" für die Unterstützung der russischen Kultur wirbt: „Ich bin überzeugt, daß Sie meinem Appell Verständnis entgegenbringen und Bayreuth zum Ausgangspunkt einer neuen edlen Bewegung zum Wohl der russischen Kultur und damit der Weltkultur wird."

Die hauptamtlichen Bürgermeister Bayreuths

Erhard Christian von Hagen	1818 – 1848
Friedrich Carl Dilchert	1851 – 1863
Theodor (von) Muncker	1863 – 1900
Dr. Leopold (von) Casselmann	1900 – 1918
Albert Preu	1919 – 1933
Dr. Karl Schlumprecht	1933 – 1937
Dr. Otto Schmidt	1937 – 1938
Dr. Fritz Kempfler	1938 – 1945
Dr. Joseph Kauper	1945
Dr. Oscar Meyer	1945 – 1948
Hans Rollwagen	1948 – 1958
Hans Walter Wild	1958 – 1988
Dr. Dieter Mronz	seit 1988

Bevölkerungsentwicklung der Stadt Bayreuth

Jahr	Einwohner	Jahr	Einwohner	männlich	weiblich
1430	ca. 1 500	1919	33 161		
1580	1 907	1925	35 306		
1631	ca. 4 000	1933	37 196		
1650	2 200	1939	45 028	21 948	23 080
1655	2 350	1946	55 612	24 459	31 153
1660	2 300	1950	58 800	26 526	32 274
1665	2 350	1956	59 544	26 306	33 238
1670	2 600	1957	60 153	26 399	33 754
1675	2 900	1958	60 533	26 612	33 921
1680	3 200	1959	61 088	26 827	34 261
1685	3 550	1960	60 930	26 682	34 248
1690	3 600	1961	61 835	27 482	34 353
1695	3 850	1965	63 152	28 394	34 758
1700	3 900	1967	63 295	28 326	34 969
1705	4 000	1969	63 387	28 335	35 052
1710	4 500	1970	64 536	29 246	35 290
1715	4 700	1972	66 800	30 279	36 521
1720	5 300	1973	66 748	30 393	36 355
1753	über 8 000	1974	66 936	30 315	36 621
1808	10 000	1975	67 035	30 253	36 782
1810	10 923	1977	69 240	31 283	37 957
1812	12 198	1978	70 039	31 746	38 293
1823	12 271	1980	70 633	32 197	38 436
1840	16 661	1981	70 720	32 270	38 450
1852	18 640	1982	70 957	32 469	38 488
1861	18 044	1983	71 516	32 929	38 587
1867	19 464	1984	71 811	33 222	38 589
1871	17 841	1985	71 848	33 280	38 568
1875	19 180	1986	72 326	33 648	38 678
1880	22 071	1987	69 813	32 274	37 539
1885	23 559	1988	70 933	33 005	37 928
1890	24 556	1989	71 527	33 469	38 058
1895	27 693	1990	72 345	34 007	38 338
1900	29 837				
1905	31 903				
1910	34 547				
1916	35 092				

Nach Gudrun Höhl (bis 1933) und dem Statistischen Jahrbuch der Stadt Bayreuth von 1990 (1939 – 1990).

Quellen und Literaturverzeichnis

Da von der umfangreichen Bayreuth-Literatur nur eine kleine Auswahl angeführt werden kann, seien zunächst die wichtigsten bibliographischen Hilfsmittel genannt, die zum Auffinden von Spezialarbeiten dienlich sein können. Sie stehen dem Benutzer in der Universitätsbibliothek Bayreuth zur Verfügung.

Bibliographien

BAYERISCHE BIBLIOGRAPHIE. 1959/63 – 1982. 11 Bde. München 1966 – 1991. Bis 1958 unter dem Titel: Zeitschrift für bayer. Landesgeschichte. Jahresbibliographie. – Bd. 1 – 6 erschien als Zeitschrift f. bayer. Landesgeschichte. Beih. Reihe A

FRÄNKISCHE BIBLIOGRAPHIE, hrsg. von Gerhard Pfeiffer, Bd. 1, Würzburg 1965, S. 122 – 143 (verzeichnet Schrifttum bis Erscheinungsjahr 1945)

BEREND, EDUARD: Jean-Paul-Bibliographie, neu bearb. und ergänzt von Johannes Krogoll, Stuttgart 1963 (Veröffentlichungen der Deutschen Schillergesellschaft Bd. 26)

INTERNATIONALE WAGNER-BIBLIOGRAPHIE (1949 – 1978), hrsg. von Herbert Barth, 3 Bde., Bayreuth 1961 – 1979

KATALOGE DES HISTORISCHEN VEREINS FÜR OBERFRANKEN: Bibliothekskatalog (= Hauptkatalog), Bayreuth 1911; 1. Nachtrag mit den Zugängen 1911 – 1927, Bayreuth 1928; 2. Nachtrag mit den Zugängen 1928 – 1939, Bayreuth 1940; Bibliothekskatalog des Historischen Vereins, Zugänge bis 1977, Bayreuth 1978, Neuerscheinungen von Monographien und Aufsätzen in der Folge „Stadtgeschichte Bayreuth", zusammengestellt von Helmuth Meißner, im „Archiv für Geschichte von Oberfranken" (AO) Bd. 61 (1981) für 1980 bis Bd. 68 (1987) für 1986

Ungedruckte Quellen

Der Einzelnachweis der benutzten Archivalien ist wegen des großen Umfangs an dieser Stelle nicht möglich. Die wichtigste Forschungsgrundlage bildete das Stadtarchiv Bayreuth, dessen Bestände bis zum Hussitenjahr 1430 zurückgehen, aus der Zeit vor diesem Stichjahr aber nur einige wenige gerettete Stücke umfassen. Benutzt und ausgewertet wurde auch einschlägiges Quellenmaterial folgender Archive und sonstiger Institutionen:
Bayerisches Hauptstaatsarchiv München
Staatsarchiv Amberg
Staatsarchiv Bamberg
Staatsarchiv Nürnberg
Landeskirchliches Archiv Nürnberg
Bundesarchiv Koblenz und Außenstelle Frankfurt
Geheimes Staatsarchiv Preußischer Kulturbesitz Merseburg
Württembergisches Hauptstaatsarchiv Stuttgart
Historischer Verein für Oberfranken in Bayreuth (Archivalien in Verwahrung des Stadtarchivs Bayreuth)
Ev.-Luth. Pfarramt Bayreuth-Stadtkirche
Ev.-Luth. Pfarramt Bayreuth-St. Georgen
Kath. Pfarramt Bayreuth „Unsere Liebe Frau"
Ev.-Ref. Pfarramt Bayreuth
ferner in Einzelfragen noch weitere Archive, Bibliotheken und Museen des In- und Auslandes

Gedruckte Quellen

AIGN, Karl Wilhelm (Hrsg.): Lehenbuch des Markgrafen Friedrich I. von Brandenburg 1421. In: AO (= Archiv für Geschichte und Altertumskunde von Oberfranken) Bd. 17, Heft 1, 1887, S. 14 – 236

ALBRECHT (Achilles), Markgraf, brandenburg. Kurfürst, siehe *Priebatsch!*

APEL, Friedrich: Beschreibung der Belagerung Bayreuths im Jahre 1553 (hrsg. v. Christian Meyer). In: Hohenzollerische Forschungen, Bd. 3, 1884, S. 385 – 400

BAIREUTHER ZEITUNGEN, erschienen dreimal wöchentlich 1739 – 1792 (ab 28. 1. 1792: Bayreuther Zeitung)

BARTL, WALTER (Hrsg.): Bayreuther Polizei- und Handwerkssatzungen in der ersten Hälfte des 16. Jahrhunderts. In: AO Bd. 72, 1992, S. 125 – 215)

BAYREUTH (= Herausgeber Stadt Bayreuth)
- Adreßbuch der kgl. Kreis-Hauptstadt Bayreuth 1881 – 1913/14
- Adreßbuch der Stadt Bayreuth 1984/85 ff.
- Einwohnerbuch der Stadt Bayreuth 1920/21 – 1976/77
- Amtsblatt der Stadt Bayreuth 1954 ff.
- Denkschrift zur Strukturverbesserung des Grenzland-

gebietes Nordostbayern und zur Entwicklung einer Universität Bayreuth (= Denkschrift I), Bayreuth 1969; ergänzend dazu Denkschrift II, Bayreuth 1970
- Hausnummern-Verzeichnisse der Stadt Bayreuth 1807 – 1897
- Mitteilungsblatt für Stadt und Landkreis Bayreuth 1946 – 1950
- Statistisches Jahrbuch der Stadt Bayreuth 1965ff.

BAYREUTHER KURIER, Amtliche Tageszeitung des Gaues Bayreuth der NSDAP. Erschien 1942 bis 1945 als Nachfolger der „Bayrischen Ostmark"

BAYREUTHS WEG in die Zukunft. Eine Unterredung des „Fränkischen Kuriers" (Nürnberg) mit Oberbürgermeister Dr. Kempfler. In: Fränkischer Kurier Nr. 112 vom 23. 4. 1939

BAYREUTHER STADT- UND HISTORIEN-CALENDER 1774 – 1799

BAYREUTHER TAGBLATT Tageszeitung für Bayreuth 1856 – 1943, 1949 – 1967

BAYERISCHE OSTMARK, Tageszeitung für den Gau Bayerische Ostmark, Bayreuth 1934 – 1942

BAYREUTH CHRONIK. Jahresreihe des Gondrom-Verlags: 1989 (Autor Bernd Mayer), 1990 (Yvonne Arnhold), 1991 (Stefan Fuchs), 1992 (Stefan Fuchs)

BAYREUTHER ZEITUNG. Nachfolger der Baireuther Zeitungen, 1792 – 1862 (nicht lückenlos erhalten)

CORPUS CONSTITUTIONUM BRANDENBURGICO-CULMBACENSIUM oder Sammlung der vornehmsten Landes-Ordnungen und Gesetze. 2 Teile in 3 Bänden, Bayreuth 1746

FRÄNKISCHE PRESSE, Bayreuther Tageszeitung 1945 – 1967

FRÄNKISCHES VOLK, Nationalsozialistische Tageszeitung 1932 – 1934

FRÄNKISCHE VOLKSTRIBÜNE, Tageszeitung der Sozialdemokratie für das mittlere Oberfranken, 1903 – 1933

FRIEDMANN, Heinrich, und Lochmüller, Benedikt: Das Haus der deutschen Erziehung. Zum Gedenken an die Grundsteinlegung 1933 (Der junge Staat Nr. 5, hrsg. vom NS-Lehrerbund, Reichsleitung Bayreuth), Bayreuth 1933

GROSSMANN-VENDREY, Susanna: Bayreuth in der deutschen Presse. Beiträge zur Rezeptionsgeschichte Richard Wagners und seiner Festspiele. Dokumentenbände 1, 2, 3(1) und 3(2), Regensburg 1977 – 1983

GUTTENBERG, Erich von: Das Bistum Bamberg 1. Teil (= Germania Sacra 2. Abt. 1. Bd.), Berlin-Leipzig 1937

GUTTENBERG, Erich von, und WENDEHORST, Alfred: Das Bistum Bamberg 2. Teil, Berlin 1966

HAGEN, Erhard Christian (von): Eine Antrittsrede gehalten am 23. 12. 1818: Ueber die Verhältnisse, den Wirkungskreis und die Pflichten der neu errichteten Magistrate des Königreichs Baiern. Baireuth 1819

HARDENBERG, Karl August Freiherr von: Denkschrift über die Administration der fränkischen Fürstentümer vom 10. Januar 1792. In: Haussherr, Hans, Hardenberg, Köln-Graz 1963

HELLER (Johann Wolf): Chronik der Stadt Bayreuth, mitgeteilt von E. Ch. Hagen. In Fortsetzungen erschienen im Archiv für Bayreuthische Geschichte und Alterthumskunde Bd. 1, 1828 – 30 und AO Bd. 2, Heft 3 (1844) sowie Bd. 7, Heft 1, 1857

HOCHFÜRSTLICH BRANDENBURGISCH-CULMBACHER ADDRESS- UND SCHREIB-CALENDER, 1742ff. (mit leicht wechselnder Titelformulierung)

KÖBERLIN, Alfred, und RAAB, Karl (Hrsg.): Landbuch von Bayreuth-Kulmbach aus der Mitte des 15. Jahrhunderts In: AO Bd. 22, Heft 2, 1903, S. 1 – 23

LIPPERT, Friedrich (Hrsg.): Das Landbuch A des Amtes Bayreuth von 1398. In: AO Bd. 29, Heft 2, 1925, S. 101 – 193

LIPPERT, Friedrich: Die 400jährige Reformation im Markgrafentum Bayreuth und Georg Schmalzing, mit beigefügten Quellen (Beilagen S. 111 – 131) In: AO Bd. 30, Heft 2, 1928, S. 1 – 172

MEYER, Christian (Hrsg.): Quellen zur Geschichte der Stadt Bayreuth 1893

MEYER, Christian (Hrsg.): Quellen zur alten Geschichte des Fürstentums Bayreuth. 2 Bände, Bayreuth 1895/96

MONUMENTA BOICA. Herausgegeben von der Bayerischen Akademie der Wissenschaften, München 1763ff. (Hier vor allem die Bände 13, 29, 37 und 47)

MONUMENTA ZOLLERANA. Urkundenbuch zur Geschichte des Hauses Hohenzollern. Herausgegeben von R. Frhr. von Stillfried und T. Märcker. 8 Bände und Registerband, Berlin 1852 – 1890

MÜLLER, Wilhelm (Hrsg.): Das erste Bayreuther Stadtbuch (1430 – 1463) In: AO Bd. 50, 1970, S. 183 – 202

NORDBAYERISCHER KURIER. Unabhängige und überparteiliche Tageszeitung für Oberfranken und die nördliche Oberpfalz. Bayreuth seit 1968

NORDBAYERISCHER KURIER (Hrsg.): 750 Jahre Stadt Bayreuth. Verlagsbeilage Nordbayerischer Kurier, 2. 7. 1981

OBERFRÄNKISCHE ZEITUNG. Bayreuth 1883 – 1937

OEFELE, Freiherr Edmund von, Geschichte der Grafen von Andechs. Innsbruck 1877

PÖHLMANN, Thomas: Das Amt Bayreuth im frühen 15. Jahrhundert – Das Landbuch Bayreuth von 1421 (Bayreuther Arbeiten zur Landesgeschichte und Heimatkunde, hrsg. von Christoph Rabenstein, Bd. 9) Bayreuth 1992

PRIEBATSCH, Felix (Hrsg.): Politische Correspondenz des Kurfürsten Albrecht Achilles. 3 Bände, Leipzig 1894 – 98

RATHS-LEGES und Ordnung bei der Stadt Bayreuth Anno 1672. In: AO Bd. 17, Heft 2, 1888, S. 87 – 102

REGESTA SIVE RERUM BOICARUM AUTOGRAPHA, ed. C. H. von

Lang, Vol. I-XIII, München 1822–1854; Register von J. Widemann, München 1927

REICHSMINISTERIALBLATT, Zentralblatt für das Deutsche Reich, hrsg. vom Reichsministerium des Innern, 67. Jg., Berlin 16. 9. 1939 Nr. 42 (enthält die „Sechste Anordnung über die Neugestaltung der Stadt Bayreuth")

REITZENSTEIN, Hermann Freiherr von (Hrsg.): Regesten bisher ungedruckter Urkunden zur bayreuthischen Landes-, Orts- und Familiengeschichte. In: AO Bd. 13, Heft 2, 1876, S. 60 – 79

SIMON, Matthias: Bayreuthisches Pfarrerbuch, München 1930

TOURNON, Camille de: Die Provinz Bayreuth unter französischer Herrschaft (1806 – 1810), hrsg. von L. Fahrmbacher, Wunsiedel 1900

VEH, Otto: Die Matrikel des Gymnasiums Bayreuth 1664 – 1813. Teil 1 – 3, Bayreuth 1948 – 1950

VOLZ, Gustav B.: Friedrich der Große und Wilhelmine von Baireuth. 2 Bände, Leipzig 1924 und 1926

WAGNER, Cosima: Die Tagebücher, ediert und kommentiert von Martin Gregor-Dellin und Dietrich Mack. 2 Bände, München 1976/77

WAGNER, Cosima: Das zweite Leben. Briefe und Aufzeichnungen, hrsg. von Dietrich Mack. München-Zürich 1980

WAGNER, Richard: Ausgewählte Schriften und Briefe. 2 Bände, hrsg. von Alfred Lorenz. Berlin 1938

WAGNER, Siegfried: Erinnerungen. Stuttgart 1923

WAGNER, Wieland (Hrsg.): Richard Wagner und das neue Bayreuth. München 1962

WESTERMAYER, H.: Die Brandenburgisch-Nürnbergische Kirchenvisitation und Kirchenordnung 1528 – 1533 (= Darstellung mit Quellenanhang). Erlangen 1894

WILD, Hans Walter: Ansprachen, Reden und Erklärungen des Oberbürgermeisters der Stadt Bayreuth. 1. Teil 1958 – 1969, 2. Teil 1969 – 1979, 3. Teil 1979 – 1988

WILD, Hans Walter: Ansprache zum 750. Jahrestag der ersten Nennung Bayreuths als Stadt. In: AO Bd. 61, 1981, S. 7 – 9

WILHELMINE, Friederike Sophie (Bayreuth, Markgräfin): Memoires de la Margrave de Bayreuth, Soeur de Frédéric le Grand, depuis l'année 1706 jusqu'a 1742. Mit einem Vorwort von Pierre Gaxotte, Paris 1967

DIES.: Eine preußische Königstochter. Glanz und Elend am Hofe des Soldatenkönigs in den Memoiren der Markgräfin Wilhelmine von Bayreuth. Aus dem Französischen übersetzt und 1910 hrsg. von Annette Kolb, neu hrsg. von Ingeborg Weber-Kellerman, Frankfurt 1981

WILL, Johann: Das Teutsche Paradeiß in dem vortrefflichen Fichtelberg. In: AO Bd. 15, Heft 1, 1881 bis Bd. 16, Heft 2, 1885

WIRTH, Johann Georg August: Denkwürdigkeiten, Emmishofen 1844

Literatur in Auswahl

Die nachfolgende Literaturübersicht enthält überwiegend neuere Arbeiten, die Hinweise auf weiterführende Spezialliteratur geben. Genannt werden aber auch ältere Standardwerke, die immer noch von Wert und Bedeutung sind. Die umfangreiche ältere Literatur mit ihren vielen Einzelaufsätzen ist weitgehend in den Katalogen der Bibliothek des Historischen Vereins für Oberfranken enthalten, die als geschlossener Bestand der Universitätsbibliothek Bayreuth (Zentralbibliothek im Universitätsgelände) verwahrt wird und auch Nichtmitgliedern zugänglich ist. Hingewiesen sei auf die Heimatbeilagen der Bayreuther Zeitungen. In der „Fränkischen Presse" erschien von 1949 bis Ende 1967 der „Heimatbote", im „Bayreuther Tagblatt" von 1950 bis Ende 1967 die „Frankenheimat". Die Monatsbeilage des „Nordbayerischen Kurier" hieß von 1968 bis Oktober 1988 „Fränkischer Heimatbote". Seit November 1988 erscheint sie unter dem Titel „Heimatbote".

ABELS, Björn Uwe, und LOSERT, Heinrich: Eine mittelalterliche Befestigung bei Laineck. In: AO Bd. 63, 1983, S. 7f.

DIES.: Eine frühmittelalterliche Befestigungsanlage in Laineck, Stadt Bayreuth. In: AO Bd. 68, 1988, S. 13 – 40

ABELS, Björn Uwe: Archäologischer Führer Oberfranken (Führer zu archäologischen Denkmälern in Bayern, Franken 2), Stuttgart 1986

BACHMANN, Erich: Eremitage zu Bayreuth. Amtlicher Führer. München 1970

DERS.: Neues Schloß Bayreuth. Amtlicher Führer, 4. Aufl. München 1980

BARTH, Herbert (Hrsg.): Der Festspielhügel Richard Wagners in Bayreuth – Von den Anfängen bis zur Gegenwart, 1. Aufl. München 1976, 2. Aufl. Bayreuth 1987

BARTH, Samuel: Geschichte der reformierten Gemeinde zu Bayreuth. In: AO Bd. 7, Heft 2, 1858, S. 85 – 98

BATTEIGER, Jacob: Der Pietismus in Bayreuth, Berlin 1903; Kraus Reprint Vaduz 1965

BAUER, Hans-Joachim: Barockoper in Bayreuth (Thurnauer Schriften zum Musiktheater Bd. 7), Laaber 1982

DERS.: Rokokooper in Bayreuth – „Argenore" der Markgräfin Wilhelmine (Thurnauer Schriften zum Musiktheater Bd. 8), Laaber 1983

BAUER, Oswald Georg: Richard Wagner – Die Bühnenwerke von der Uraufführung bis heute, Frankfurt/Berlin 1982

BAYERLEIN, Fritz: Ober-Thiergarten. In: AO Bd. 66, 1986, S. 471 – 486

BAYREUTH „Reichskristallnacht" – Das Schicksal unserer jüdischen Mitbürger. Eine Gedenkschrift der Stadt Bayreuth, hrsg. im Auftrag des Oberbürgermeisters (Autoren: Bernd Mayer, Sylvia Habermann, Christoph Rabenstein), Bayreuth 1988

BAYREUTH, ein Überblick über die Geschichte, das geistige Bild, die bauliche Entwicklung, die wirtschaftliche Lage, die heutige Verwaltung und die landschaftliche Umgebung der Stadt, hrsg. von der Stadtverwaltung, Bayreuth 1924

BECHERT, August: Der Neue Weg. In: AO Bd. 59, 1979, S. 225 – 312

BEITRÄGE ZUR WIRTSCHAFTSGESCHICHTE BAYREUTHS (Arbeitsmaterialien zur Raumordnung und Raumplanung Heft 76) hrsg. v. Jörg Maier, Bayreuth 1989 (mit Beiträgen von Bernd Arnal, Fritz Bayerlein, Wilfried Engelbrecht, Sylvia Habermann, Herbert Koch, Dieter Mronz, Günter Roß und Robert Zintl)

BERGFELD, Joachim: Hundert Jahre Bayreuther Festspiele. In: AO Bd. 56, 1976, S. 383 – 398

BERVE, Raghilt: Stadterweiterungen der fränkischen Residenzstädte Ansbach, Bayreuth und Erlangen im 17. und 18. Jahrhundert. Düsseldorf 1975

BEYER, Bernhard: Geschichte der Großloge „Zur Sonne" in Bayreuth von 1741 – 1811, 3 Bde. Bayreuth 1954

BLANCK (I. N.): Über Beflaggung und Bayreuther Stadtfarben In: AO Bd. 17, Heft 1, 1887, S. 264 – 271

BLASS, Reinhard: Die Geschichte der Bayreuther Post 1603 – 1965. 2. Aufl. Nürnberg 1990

BOCK, Hermann: Die Privilegien der Stadt Bayreuth. Masch. Diss. Erlangen 1950

BÖGER, Claudia (Geschichtswerkstatt Bayreuth): Bayreuth – umgeguckt und hinterfragt. Ein kritischer Spaziergang durch die Geschichte der Stadt Bayreuth. Bayreuth 1992

BOSL, Karl: Die bayerische Stadt in Mittelalter und Neuzeit. Regensburg 1988

BRONNENMEYER, Walter: Richard Wagner – Bürger in Bayreuth. Bayreuth 1983

BUSCH, Martin: Geschichte der Vorstadt St. Georgen bei Bayreuth. Bayreuth 1851

CAHN, Ernst: Ein Arbeiterwohnviertel in einer süddeutschen Provinzstadt (= Bayreuth). In: Archiv für soziale Gesetzgebung und Statistik, Bd. 17, 1902, S. 440 – 477

CONRAD, Herbert: Bayreuth. Der Lebensweg einer Stadt. Bayreuth 1936

DERS.: Bayreuth. Bildband von Will von Poswik mit Text von Herbert Conrad. Bayreuth 1974

DÄMMRICH, Irmgard: Die Bayreuther Wassermühlen. In: AO Bd. 67, 1987, S. 7 – 152

DEUERLING, Eduard: Das Fürstentum Bayreuth unter französischer Herrschaft und sein Übergang an Bayern (Erlanger Abhandlungen zur mittleren und neueren Geschichte Bd. IX), Erlangen 1930

DIEKE, Brigitte: Zur Baugeschichte der Bayreuther Stadtkirche. In: AO Bd. 64, 1984, S. 95 – 108

DIETRICH, Georg und KASCH, Wilhelm (Hrsg.): Festschrift zum 10jährigen Bestehen der Pädagogischen Hochschule Bayreuth, 1958 – 1968. Bayreuth 1969

DIETRICH, Klaus Peter: Territoriale Entwicklung, Verfassung und Gerichtswesen im Gebiet um Bayreuth bis 1603. Kallmünz 1958

DRECHSEL, Georg: 50. Jahrbuch des Vereins Turn-Verein und Freiwillige Turner-Feuerwehr Bayreuth. Bayreuth 1911

EBERMAYER, Erich: Magisches Bayreuth. Stuttgart 1951

EDELMANN, Hans: Oberfränkische Altstraßen (Die Plassenburg Bd. 8). Kulmbach 1955

EGER, Manfred: Bayreuther Profile. Fundsachen und Geschichten zum Viergespann Wilhelmine – Jean Paul – Richard Wagner – Franz Liszt. Bayreuth 1984

DERS.: Bayreuth wie es uns gefällt. Bayreuth 1987

DERS.: „Wenn Not am Mann, muß immer Feustel dran." München 1992

ENDRES, Rudolf: Stadt und Fürstentum Bayreuth. In: Jahresbericht der Görres-Gesellschaft 1988, S. 5 – 21

DERS.: Das „Straf-Arbeitshaus" St. Georgen bei Bayreuth. In: Jahrbuch der Sozialarbeit 1981, S. 89 – 105

ENGELBRECHT, Wilfried: „Unsser libs goczhawss sant Marie magdalene" – Anmerkungen zur Baugeschichte der Bayreuther Stadtkirche. In: AO Bd. 71, 1991, S. 131 – 272

DERS.: Die Waisenhausdruckerei – Bayreuths legendäre Druckwerkstatt. In: AO Bd. 68, 1988, S. 229 – 234

DERS.: „Das Neueste aus Bayreuth" – Die Presse im markgräflichen, preußischen und französischen Bayreuth (1736 – 1810), Bayreuth 1993

ENGELHARDT, Hans: Das Bayreuther Ordinationsbuch 1612 – 1821. München 1934

ERNSTBERGER, Anton: Eine deutsche Untergrundbewegung gegen Napoleon 1806 – 1807. München 1955

DERS.: Die deutschen Freikorps 1809 in Böhmen. Prag 1942

ERTEL, Arno: Theaterpflege in Bayreuth 1769 – 1806. In: AO Bd. 43, 1963, S. 199 – 236

(ETTINGHOFER, P. C.): Und dennoch drehen sich wieder die Spindeln. (Hrsg. zum 100jährigen Bestehen der Mech. Baumwoll-Spinnerei und Weberei Bayreuth), Darmstadt 1953

FAITEN, Willi: Der Nationalsozialistische Lehrerbund, Entwicklung und Organisation. Ein Beitrag zur Organisationsstruktur des nationalsozialistischen Herrschaftssystems. Weinheim und Basel 1981

FESTSCHRIFT zum 100jährigen Jubiläum der SPD Bayreuth, Hrsg. vom Kreisverband Bayreuth 1985 unter Mitarbeit von Heinz Tischer, Christoph Rabenstein, Ronald Werner, Jörg Heimler, Konrad Kilchert. Bayreuth 1985

FISCHER, Hermann, und WOHNHAAS, Theodor: Bayreuther Orgelbauer in der 2. Hälfte des 19. Jahrhunderts. In: AO Bd. 51, 1971, S. 221 – 230

FISCHER, Horst: Häuserbuch der Stadt Bayreuth – Ein Beitrag zur städtischen Entwicklungsgeschichte. 4 Bände (Bayreuther Arbeiten zur Landesgeschichte und Heimatkunde, Bd. 6), Bayreuth 1991

DERS.: Zur Entwicklung Bayreuths nach den Stadtsteuer-Registern 1444 – 1800. In: AO Bd. 50, 1970, S. 107 – 182

DERS.: Zur Stadtentwicklung Bayreuths. Das Alte Schloß, die Meranierveste und die Kanzlei. In: AO Bd. 53, 1973, S. 80 – 110

DERS.: Die Apothekenanfänge in Bayreuth und die Entwicklung des Apothekenrechts in der Markgrafschaft bis um 1800. In: AO Bd. 57/58, 1977/78, S. 187 – 271

DERS.: Zur Entwicklung Bayreuths. Das Hospital und seine Kirche bis zum Ende des 16. Jahrhunderts. In: AO Bd. 59, 1979, S. 41 – 88

(FOHRBECK, Wilhelm): 75 Jahre Verschönerungsverein Bayreuth. Bayreuth o. J. (1959)

FRENZEL, Ursula: Beiträge zur Geschichte der barocken Schloß- und Gartenanlagen des Bayreuther Hofes. Diss. Erlangen 1958

GACKSTETTER, Leo: Die Industrie- und Handelskammer für Oberfranken Bayreuth 1843 – 1968. In: Oberfränkische Wirtschaft, Mitteilungsblatt der IHK für Oberfranken, Sondernummer zum 125jährigen Bestehen am 8. 5. 1968

GANSERA-SÖFFING, Stefanie: Die Schlösser des Markgrafen Georg Wilhelm von Brandenburg-Bayreuth: Bauherr, Künstler, Schloßanlagen, Divertissements (Bayreuther Arbeiten zur Landesgeschichte und Heimatkunde, Bd. 10), Bayreuth 1992

GEBESSLER, August: Stadt und Landkreis Bayreuth (Kurzinventar des Bayerischen Landesamtes für Denkmalpflege), München 1959

GEBHART, Ulrich: Lokaler Hörfunk in Bayern. Medienstrukturelle Veränderungen am Beispiel der Stadt Bayreuth. Diss. Bayreuth 1989

GREGOR-DELLIN, Martin: Richard Wagner. Sein Leben – sein Werk – sein Jahrhundert. München und Zürich 1980

GÜNTHER, Sonja: Jugendstil in Bayreuth. In: AO Bd. 52, 1972, S. 293 – 306

GUTTENBERG, Erich von: Grundzüge der Territorienbildung am Obermain. Würzburg 1925

DERS.: Die Territorienbildung am Obermain. (79. Bericht des Historischen Vereins Bamberg), 1927, S. 1 – 539

HABERMANN, Sylvia: Bayreuther Gartenkunst (Quellen und Forschungen zur Gartenkunst, Bd. 6), Worms 1982

DIES.: Was aus Bayreuth hätte werden können. Ungebaute Bauwerke 1886 – 1925 (Ausstellungskatalog) (Schriftenreihe des Stadtmuseums Bayreuth, Heft 2) Bayreuth 1987

DIES. und TRÜBSBACH, Rainer: Bayreuth, Geschichte und Kunst. München und Zürich 1986

HABERSTROH, Hans: Camille de Tournon. In: AO Bd. 40, 1960, S. 172 – 205

HAGEN, Erhard Christian von: Geschichtliche Nachrichten über die Harmoniegesellschaft zu Bayreuth. Bayreuth 1853

DERS.: Nachrichten über die in Bayreuth und dessen Umgebungen entdeckten Grabhügel. In: Archiv für Bayreuthische Geschichte und Altertumskunde 1828, S. 58 – 69

HAGER, Luisa, und SEELIG, Lorenz (Bearb.): Markgräfliches Opernhaus Bayreuth, 7. Aufl., München 1987

HALLER, Elfi M.: Karl August Freiherr von Hardenberg. München 1987

HAMBRECHT, Rainer: Der Aufstieg der NSDAP in Mittel- und Oberfranken 1925 – 1933. Nürnberg 1976

HARTMANN, Karl: Geschichte der Stadt Bayreuth in der Markgrafenzeit. Bayreuth 1949

DERS.: Geschichte der Stadt Bayreuth im 19. Jahrhundert. Bayreuth 1954

DERS.: Zur Geschichte Altbayreuths. In: AO Bd. 29, Heft 3, 1926, S. 3 – 31

DERS.: Hans Wolf Heller – Altbayreuths Chronist und Gründer eines Stadtarchivs. In: AO Bd. 32, Heft 1, 1933, S. 1 – 43

DERS.: Zur Geschichte des Hauses Andechs-Meranien. In: AO Bd. 37, Heft 2, 1956, S. 3 – 34

DERS.: Bayreuther Skizzen. Bayreuth 1959

HAUSSER, Philipp: Jean Paul in der Bayreuther „Harmonie". In: AO Bd. 66, 1986, S. 273 – 277

DERS.: Die Tagebücher der Caroline von Flotow. In: AO Bd. 55, 1975, S. 187 – 271

DERS.: Jean Paul und Bayreuth. 1. Aufl. Bayreuth 1969, 2. Aufl. Bayreuth 1990

DERS.: Jean Pauls „Liebes Bayreuth". In: AO Bd. 50, 1970, S. 393 – 398

HERRMANN, Erwin: Zur Geschichte des Jahres 1848 in Bayreuth. In: AO Bd. 59, 1979, S. 365 – 392

DERS.: Zur mittelalterlichen Siedlungsgeschichte Oberfrankens. In: Jahrbuch für fränkische Landesforschung Bd. 39, 1979, S. 1 – 21

DERS.: 750 Jahre Stadt Bayreuth. In: AO Bd. 61, 1981, S. 11 – 32

DERS.: Zu den Stadtrechtsverleihungen der Grafen von Andechs. In: Oberbayerisches Archiv Bd. 107, 1982, S. 179 – 184

DERS.: Eine frühe Befestigung bei Laineck. In: AO Bd. 63, 1983, S. 9 – 15

Ders.: Kriegsende und Wiederaufbau 1945/46. Dargestellt am Beispiel der Stadt Bayreuth (Heimatbeilage zum Amtlichen Schulanzeiger des Regierungsbezirkes Oberfranken, Nr. 120), Bayreuth 1986

Ders.: Höfische Feste und markgräfliche Schiffe in St. Georgen. In: AO Bd. 65, 1985, S. 299 – 322

Ders.: Zur Geschichte der Gesellschaft „Harmonie" in Bayreuth. In: AO Bd. 66, 1986, S. 251 – 272

Herrmann, Gertraud und Erwin: Nationalsozialistische Agitation und Herrschaftspraxis in der Provinz. Das Beispiel Bayreuth. In: Zeitschrift für bayerische Landesgeschichte Bd. 39, 1976, S. 201 – 250

Herrmann, Franz: Bayreuth in der 2. Hälfte des 16. Jahrhunderts. In: AO Bd. 26, Heft 2, 1916, S. 25 – 44

Höhl, Gudrun: Bayreuth – Die Stadt und ihr Lebensraum. München 1943

Hofmann, Friedrich Hermann: Bayreuth und seine Kunstdenkmale. München 1902

Holle, Johann Wilhelm: Alte Geschichte der Stadt Bayreuth. Bayreuth 1833

Ders.: und Holle, Gustav: Geschichte der Stadt Bayreuth von den ältesten Zeiten bis 1792 (2. Auflage, fortgeführt bis 1900), Bayreuth 1901

Hüttner, Franz: Die Lehen des Hochstifts Würzburg in Oberfranken unter den Bischöfen Andreas von Gundelfingen und Gottfried von Hohenlohe (14. Jh.). In: AO Bd. 21, Heft 1, 1899, S. 30 ff.

Jahn, Wolfgang: Stukkaturen des Rokoko – Bayreuther Hofkünstler in markgräflichen Schlössern und in Würzburg, Eichstätt, Ansbach, Ottobeuren. Sigmaringen 1990

Kaestner, Karl: Die hundertjährige Geschichte der Gesellschaft „Bürger-Ressource" in Bayreuth. Bayreuth 1928

Kalb, Karl-Heinz: Richard Wagner in Bayreuth. In: AO Bd. 56, 1976, S. 297 – 382

Ders.: Zur Münzgeschichte im „Oberland ob dem Gebirg und vor dem Wald" (Heimatbeilage zum Amtlichen Schulanzeiger des Regierungsbezirks Oberfranken, Nr. 54 und 55) Bayreuth 1977

Ders.: Heimatforschung über Quelle und Schrifttum, dargestellt am Beispiel der Geschichte der Stadt Bayreuth und ihrer Umgebung (Heimatbeilage zum Amtlichen Schulanzeiger, Nr. 60) Bayreuth 1978

Karbaum, Michael: Studien zur Geschichte der Bayreuther Festspiele (1876 – 1976). Regensburg 1976

Kiel, Rainer-Maria: Geschichte der Kanzleibibliothek Bayreuth 1735 – 1985. Bayreuth 1985

Ders.: Martin Luther. Ausstellungskatalog der Universitätsbibliothek Bayreuth. Bayreuth 1983

Ders.: Das königlich-bayerische 6. Chevaulegers-Regiment und seine Bibliothek. In: AO Bd. 67, 1987, S. 313 – 338

Ders.: Die Hauschronik der Grafen von Zollern. Eine Prachthandschrift im Bestand der Kanzleibibliothek Bayreuth. In: AO Bd. 68, 1988, S. 121 – 148

Kluxen, Andrea M.: Die Ruinen-„Theater" der Wilhelmine von Bayreuth. In: AO Bd. 67, 1987, S. 187 – 256

Kneule, Wilhelm: Kirchengeschichte der Stadt Bayreuth. 2 Teile. Neustadt a. d. Aisch 1971 – 1973

Krauss, Georg: Die Oberfränkische Geschichte. Hof 1981

Kröll, Joachim: Bayreuther Persönlichkeiten um die Mitte des 17. Jahrhunderts. In: AO Bd. 50, 1970, S. 283 – 318

Ders.: Bayreuther Barock und frühe Aufklärung. Teil I in AO Bd. 55, 1975, S. 55 ff. und Teil II in AO Bd. 56, 1976, S. 121 ff.

Ders.: Zum Gedankengut der Aufklärung in Bayreuth. In: AO Bd. 39, 1959, S. 156 – 175

Kühnel, Franz: Hans Schemm, Gauleiter und Kultusminister (1891 – 1935). (Nürnberger Werkstücke zur Stadt- und Landesgeschichte 37) Nürnberg 1985

Kunzmann, Eva: Zur Geschichte des Historischen Vereins für Oberfranken. In: AO Bd. 51, 1971, S. 231 – 278

Lehmann, Jakob: Fränkischer Literaturbarock. Bamberg 1986

Lippert, Friedrich: Die Entstehung der Stadt Bayreuth 1194 – 1231 unter den Herzögen von Meranien. Bayreuth 1923

Ders.: Bücherverzeichnis der Stadt Bayreuth aus dem Jahre 1529. In: AO Bd. 29, Heft 2, 1925, S. 3 – 16

Lober, Heinrich: Die Stadt Bayreuth unter dem Markgrafen Christian Ernst 1655 – 1712. Bayreuth 1930

Ders.: Anfänge der Buchdruckerkunst in Bayreuth. In: Ostmärkische Heimat, 16. Jg. 1939, Nr. 5, S. 65

Mack, Dietrich: Der Bayreuther Inszenierungsstil 1876 – 1976. München 1976

Maier, Jörg und Troeger-Weiss, Gabi: Ist Bayreuth ein Oberzentrum? – Grundlagen für die Höherstufung im Rahmen der Novellierung des Bayerischen Landesentwicklungsprogramms (Arbeitsmaterialien zur Raumordnung und Raumplanung, Heft 89) Bayreuth 1990

Maier, Jörg, Petzschner, Editha und Kolb, Hans: Die Festspiele Bayreuth – eine sozioökonomische Strukturanalyse. In: AO Bd. 61, 1981, S. 141 -161

Mayer, Bernd: Bayreuth in alten Ansichtskarten. Frankfurt a. M. 1978

Ders.: Bayreuth wie es war. Blitzlichter aus der Stadtgeschichte 1850 – 1950. Bayreuth 1981

Ders.: Bayreuth – Die letzten 50 Jahre. Bayreuth 1983

Ders.: Bayreuth à la Carte – Ein Jahrhundert auf Ansichtskarten. Bayreuth 1987

Mayer, Hans: Richard Wagner in Bayreuth 1876 – 1976. Stuttgart und Zürich 1976

Meissner, Helmuth: Kirchen mit Kanzelaltären in Bayern. München 1987

MEYER, Werner: Götterdämmerung – April 1945 in Bayreuth. Percha 1975

MINTZEL, Alf: Studien zur frühen Presse- und Verlagsgeschichte der Städte Hof und Bayreuth. In: AO Bd. 64, 1984, S. 197 – 286

DERS.: Bayreuther und Hofer Kleinverleger des 18. Jahrhunderts. In: AO Bd. 66, 1986, S. 77 – 189

MRONZ, Dieter: Bayreuth und das Jahr 1848. In: Bayreuth im 19. und 20. Jahrhundert (Arbeitsmaterialien zur Raumordnung, 76) Bayreuth 1989

DERS.: Gottlieb Friedrich Ferdinand Keim 1783 – 1868. Gründer des Corps Baruthia 1803, Abgeordneter aus Bayreuth zur Nationalversammlung 1848. Bayreuth 1984

MUCHOW, Helmut: Stadtplanung gestern und heute. In: AO Bd. 61, 1981, S. 125 – 140

MÜLLER, Marieluise und LAMMEL, Wolfgang: Bayreuth. Bindlach 1993

DIES.: Eremitage Bayreuth. Bindlach 1993

MÜLLER, Wilhelm: Universität Bayreuth – Geschichte und Gegenwart (Heimatbeilage zum Amtlichen Schulanzeiger, Nr. 45) Bayreuth 1975

DERS.: Bayreuth – Die Anfänge einer oberfränkischen Stadt (Heimatbeilage zum Amtlichen Schulanzeiger, Nr. 22) Bayreuth 1966

DERS.: Bayreuther Hügelland. In: Topographischer Atlas Bayern. München 1968, S. 146

DERS.: Das Stadtbild Bayreuths in alten Ansichten. In: AO Bd. 44, 1964, S. 161 – 200

DERS.: Bayreuth. In: Bayerisches Städtebuch Teil 1, hrsg. von Erich Keyser und Heinz Stoob. Stuttgart 1971, S. 116 – 122

DERS.: Stadtmuseum Bayreuth. Bayreuth 1974

DERS.: Adolph Menzel in Bayreuth. In: AO Bd. 54, 1974, S. 243 – 256

MUNCKER, Franz: Theodor von Muncker. In: Lebensläufe aus Franken, hrsg. von Anton Chroust, Bd. 1, München 1919, S. 327 – 335

MÜNZBERG, W.: Der Postort Bayreuth. In: Die Sammler-Lupe, Heft 20, Jg. 1953

MÜSSEL, Karl: Das Gymnasium Christian-Ernestinum in Bayreuth 1664 – 1964. Festschrift des Gymnasiums. Bayreuth 1964

DERS.: Georg Christoph von Gravenreuth. In: AO Bd. 51, 1971, S. 159 – 190

DERS.: Familie von Gagern und Bayreuth. In: AO Bd. 54, 1974, S. 123 – 140

DERS.: Zeitgeist und Tradition in der Bayreuther Barockkunst um 1700. In: AO Bd. 56, 1976, S. 235 – 296

DERS.: Der Plan zur Verheiratung des Erbprinzen Friedrich von Bayreuth mit der russischen Prinzessin Elisabetha Petrowna. In: AO Bd. 57/58, 1977/78, S. 293 – 311

DERS.: Die Akademie der freien Künste und Wissenschaften in Bayreuth (1756 – 1763). In: AO Bd. 61, 1981, S. 33 – 57

DERS.: Hermann Friedrich Graf von Hohenzollern-Hechingen. In: AO Bd. 62, 1982, S. 93 – 105

DERS.: Bayreuth-St. Georgen. Ordenskirche und Stiftskirche. (Schnell Kunstführer 1306), München und Zürich 1982

DERS.: Vergessene Gruftbeisetzungen in der Ordenskirche Bayreuth-St. Georgen. In: AO Bd. 64, 1984, S. 187 – 196

DERS.: Die Frühzeit der Bayreuther Fayencemanufaktur (1716 bis Ende 1727). In: Keramos (Zeitschrift der Gesellschaft der Keramikfreunde Düsseldorf) Heft 110, 1985, S. 19 – 64

DERS.: St. Georgen bei Bayreuth: die „Hugenottenstadt" ohne Hugenotten. In: Erlanger Bausteine, Bd. 34, 1986, S. 291 – 310

DERS.: St. Georgen am See als Stadt. In: AO Bd. 66, 1986, S. 215 – 241

DERS.: Der Bayreuther Justizrat und Chronist Johann Sebastian König. In: AO Bd. 67, 1987, S. 257 – 276

DERS.: Oberfranken in den Jahren 1837/38. Ein Beitrag zur Entstehung des Regierungsbezirks. In: AO Bd. 68, 1988, S. 171 – 219

DERS.: Zauberwerk der Phantasie. Das Bayreuther Rokoko. In: Franken im Rokoko, hrsg. von Wolfgang Buhl. München 1989

DERS.: Bayreuth 1769. In: 95. Jahrbuch des Hist. Vereins für Mittelfranken 1990/91, S. 243 – 256

DERS.: Die Bayreuther Friedrichsakademie und ihre Studierenden. In: AO Bd. 72, 1992, S. 257 – 325

NICHTL, Sonja: Die nationalsozialistische Judenverfolgung in Bayreuth. Ungedruckte Zulassungsarbeit für die 1. Staatsprüfung (Lehramt Grundschulen) an der Universität Bayreuth 1986

Ow, Meinrad Frhr. von: Bayreuth unter preußischer Besatzung (1866). In: AO Bd. 66, 1986, S. 367 – 417

PFARRGEMEINDERAT „Unsere liebe Frau" (Hrsg.): 175 Jahre „Unsere liebe Frau" – Schloßkirche Bayreuth. Bayreuth 1986

PFEIFFER, Gerhard: Land und Fürst. Betrachtungen zur Bayreuther Geschichte. In: AO Bd. 57/58, 1978, S. 7 – 20

PIONTEK, Frank: Auf Dichters Spuren. Literarische Gedenkstätten in Bayreuth. Bayreuth 1992

RAUH, Wilhelm und RAPPL, Erich: Bühne Bayreuth – Schauplatz und Rollenspiele seiner Geschichte. Bayreuth 1987

REBER, Herbert: Stadtkirche Bayreuth (Schnell Kunstführer 1195) München und Zürich 1979

REISSINGER, Hans: Die Ludwig-Siebert-Halle in Bayreuth. Berlin 1938

REITZENSTEIN, Wolf Arnim Frhr. von: Lexikon bayerischer Ortsnamen. München 1. Aufl. 1986, 2. verb. und erweiterte Aufl. 1991

RIEDELBAUCH, Martin: Aufstieg, Wirken und Niedergang der Reichsgrafen von Ellrodt. In: AO Bd. 39, 1959, S. 292 – 302

Rosenwald, Walter: Das 21. (Bayerische) Infanterie-Regiment vom 1. Januar 1921 – 30. September 1934 in den Garnisonsstädten Bayreuth, Erlangen, Fürth, Nürnberg, Würzburg. Reutlingen 1989

Ross, Günter: Struktur und Dynamik der industriellen Entwicklung Bayreuths im 19. Jahrhundert. Ein Beitrag zur Wirtschafts- und Sozialgeschichte der Stadt im Zeitalter der Industrialisierung. 1. Teil in: AO Bd. 70, 1990, S. 251 – 423. 2. Teil in: AO Bd. 71, 1991, S. 311 – 397

Ders.: Die Entstehung des Eisenbahnnetzes im Bayreuther Raum. In: Bayreuth im 19. und 20. Jahrhundert, Arbeitsmaterialien zur Raumordnung und Raumplanung, Bayreuth 1989, S. 9 – 44

Rückel, Gert: Literarischer Spaziergang durch Bayreuth. Bayreuth 1982

Ders.: Stadtführer Bayreuth. 2. Auflage Bayreuth 1992

Rützow, Sophie: Richard Wagner und Bayreuth. 2. Aufl. Nürnberg 1953

Sander, Ina: Johann Pfeiffer – letzter Kapellmeister am Bayreuther Hof. In: AO Bd. 46, 1966, S. 129 – 181

Schaper, Christa: August Riedel. In: AO Bd. 65, 1985. S. 417 – 437

Schilling (Stadtsyndikus): Nachrichten über die Ereignisse in der Kreishauptstadt Bayreuth und dem vormaligen Fürstentum gleichen Namens vom Anfang des Monats Oktober 1806 bis zur Einführung des Magistrats unter K. Bayer. Regierung. In: AO Bd. 14, Heft 3, 1880, S. 27 – 110

Schlesinger, Gerhard: Die Hussiten in Franken. Der Hussiteneinfall unter Prokop dem Großen im Winter 1429/30, seine Auswirkungen sowie sein Niederschlag in der Geschichtsschreibung. Kulmbach 1974

Schmidt, Ellen: Die NS-Zeit in Bayreuth (1933 – 45) im Spiegel der Bayreuther Lokalpresse. Ungedruckte Zulassungsarbeit. Bayreuth 1989

Schmidt, Gotthardt: Johann Balthasar Kehl und Johann Wilhelm Stadler. Ein Beitrag zur Musikgeschichte Bayreuths im 18. Jahrhundert. In: AO Bd. 46, 1966, S. 183 – 240

Schmidt, Gustav (Hrsg.): Bayreuther Hausbuch. Bayreuth 1984

Schrötter, Georg: Verfassung und Zustand der Markgrafschaft Bayreuth im Jahre 1769. In: AO Bd. 22, Heft 3, 1905, und Bd. 23, Heft 2, 1907

Schuhmann, Günther: Die Markgrafen von Brandenburg-Ansbach. Ansbach 1980

Schüler, Winfried: Der Bayreuther Kreis von seiner Entstehung bis zum Ausgang der Wilhelminischen Ära. Wagnerkult und Kulturreform im Geiste völkischer Weltanschauung. Münster 1971

Schwarz, Ernst: Sprache und Siedlung in Nordostbayern. Nürnberg 1960

Seelig, Lorenz: Friedrich und Wilhelmine von Bayreuth. Die Kunst am Bayreuther Hof 1732 – 1763. München und Zürich 1982

Sitzmann, Karl: Künstler und Kunsthandwerker in Ostfranken. 2. Auflage Kulmbach 1983

Ders.: Die Frühzeit des Architekten Carl Gontard in Bayreuth. In: AO Bd. 36, Heft 1, 1952, S. 140 – 185

Ders.: Die Baugeschichte der Stadtkirche zur heiligen Dreifaltigkeit – vordem St. Marie Magdalene in Bayreuth. In: Zeitschrift für bayer. Kirchengeschichte Bd. 23, 1954, S. 11 – 143

Sperber, Hans: Lehrerbildung in Bayreuth von 1895 – 1968. In: Festschrift zum zehnjährigen Bestehen der Pädagogischen Hochschule Bayreuth. Bayreuth 1969

Steffel, Georg: Das Religionsexercitium der Bayreuther Katholiken nach der Reformation bis 1813. In: AO Bd. 70, 1990, S. 85 – 122

Ders.: Die Tragödie des Volkssturmbataillons z. b. V. 2/1 Bayreuth. In: AO Bd. 69, 1989, S. 303 – 324

Sticht, Ernst: Markgraf Christian von Brandenburg-Kulmbach und der 30jährige Krieg in Oberfranken 1618 – 1635 (Die Plassenburg Bd. 23) Kulmbach 1965

Streit, Fritz A.: Die Verkehrswege durch das Bayreuther Land seit der Markgrafenzeit. Bayreuth 1955

Taubmann, Wolfgang: Bayreuth und sein Verflechtungsbereich. Wirtschafts- und sozialgeographische Entwicklung in der neueren Zeit. Bad Godesberg 1968

Theater für Bayreuth - 10 Jahre Studiobühne Bayreuth. Hrsg. von der Studiobühne Bayreuth. Bayreuth 1991

Thiel, Heinrich: Markgräfin Wilhelmine von Bayreuth. München 1967

Trübsbach, Rainer: Wirtschafts- und Sozialgeschichte Bayreuths im 18. Jahrhundert. Zur materiellen Kultur des Handwerks in der Zeit der Vor- und Frühindustrialisierung. In: AO Bd. 65, 1985, S. 7 – 289

Ders.: Geschichte des Bäckerhandwerks Bayreuth-Stadt und -Land von den Anfängen bis zur Gegenwart. Bayreuth 1984

Ders.: Das Handwerk der Rothgerber in Bayreuth im 18. Jahrhundert. In: AO Bd. 61, 1981, S. 83 – 123

Türk, Andreas: Sportstadt Bayreuth. Bayreuth 1992

Veh, Otto: Die Matrikel des Gymnasiums Bayreuth 1664 – 1813. 3 Teile, Bayreuth 1948 – 1950

Ders.: Beiträge zur Frühgeschichte des Postwesens in der Markgrafschaft Bayreuth (1676 – 1850). In: Ostmärkische Heimat (Beilage des Bayreuther Tagblatts) 17. Jg., 1940, Nr. 1/2

Vollet, Hans: Barock und Rokoko im Stadtbild von Bayreuth zur Zeit der Markgrafen. In: AO Bd. 38, 1958, S. 161 – 181

Ders.: Abriß der Kartographie des Fürstentums Kulmbach-Bayreuth (Die Plassenburg Bd. 38). Kulmbach 1977

DERS.: Die Gemarkungskarte der Stadt Bayreuth von 1775. In: AO Bd. 60, 1980, S. 135 – 150
WAGNER, Friedelind: Nacht über Bayreuth (Originaltitel: Heritage of Fire) Bern 1946
WAGNER, Wolfgang: Bayreuther Leitmotive. Freiburg 1992
WARBURG, Lotte: Eine vollkommene Närrin durch meine ewigen Gefühle. Aus den Tagebüchern der Lotte Warburg 1925 bis 1947. Hrsg. v. Wulf Rüskamp. Bayreuth 1989
WELTRICH (Johann Apollonius Peter): Erinnerungen für die Einwohner des Fürstenthums Baireuth aus den Preussischen Regierungsjahren von 1792 – 1807. Kulmbach 1808
DERS.: Erinnerungen für die Einwohner des ehem. Fürstenthums Baireuth aus den Jahren der französischen Occupation von 1806 – 1810. Kulmbach 1819
WESSLING, Bernd W.: Bayreuth im Dritten Reich. Weinheim 1982
WIEDEMANN, Ernst: Zur Orts- und Hofgeschichte von Seulbitz bei Bayreuth. In: AO Bd. 59, 1979, S. 155 – 192
DERS.: Hofgeschichte von Oberpreuschwitz. In: AO Bd. 47, 1967, S. 5 – 110
DERS.: Vetus Trebegast. Das alte Trebgast. In: AO Bd. 57/58, 1977/78, S. 409 – 421
WIEDEMANN, Wilhelm: Geschichte der Stadt Bayreuth im ausgehenden Mittelalter (Bayreuther Arbeiten zur Landesgeschichte und Heimatkunde Bd. 4). Bayreuth 1989
WILD, Hans Walter: Bayreuth auf dem Weg ins Jahr 2000. In: Zur Oberbürgermeisterwahl. Bayreuth 1982
WIRTH, Arthur: Leben und Werk des Christian Wirth (1843 – 1924). In: AO Bd. 62, 1982, S. 257 – 305

WOHNHAAS, Theodor: Die Klavierbauer Steingräber in Oberfranken. In: AO Bd. 61, 1981, S. 243 – 246
WOLFART, Karl: Kurze Geschichte der Reformation in Bayreuth und im Bayreuther Land. Bayreuth 1928
ZINNER, Bernd: „Acta – Stadt Bayreuth den gesunkenen Wohlstand der Bürgerfamilien betr. 1843 – 1845". In: AO Bd. 57/58, 1978, S. 439 – 454
DERS.: Die Bayreuther Einwohnerwehr. Arbeiterschaft und Bürgertum nach 1918/1919. In: AO Bd. 54, 1974, S. 157 – 190
DERS.: Revolution in Bayreuth? Die Stadt in den Jahren 1918/19. In: AO Bd. 53, 1973, S. 337 – 412
ZINTL, Robert: Bayreuth und die Eisenbahn. Bayreuth 1992
ZORN, Wolfgang: Ludwig August und August Riedinger. In: Lebensbilder aus dem bayerischen Schwaben. Weißenhorn 1955, S. 381 – 393
ZÖRKENDÖRFER, Rolf: Das salische Königsgut Seulbitz. In: AO Bd. 51, 1971, S. 89 – 94

Über den Stadtplan aus dem 17. Jahrhundert, der auf den Vorsatzblättern nahezu originalgetreu wiedergegeben ist, erscheint eine ausführliche Studie von Wilfried Engelbrecht im „Archiv für Geschichte von Oberfranken", Bd. 73 (1993). In diesem Jahrbuch sind auch drei neue Aufsätze von Karl Müssel, „Die Theorien zur präurbanen Siedlung" von Horst Fischer und ein Dutzend weiterer Forschungsbeiträge zur Stadtgeschichte Bayreuths zu finden.

Bildnachweis

Für wertvolle Ergänzungen des Bildmaterials danken Autor und Verlag: dem Bildarchiv Bayreuther Festspiele, S. 229, 240; Evang. Pfarramt St. Georgen, S. 85(o); Renate Häberli, S. 227; dem Historischen Verein für Oberfranken, S. 92; Willi Kröll, S. 214; Wolfgang Lammel, S. 72, 101 (M, u), 103 (u), 237 (o, u), 238, 239, 248; der Landesbildstelle Nordbayern, S. 6/7, 84, 85 (u), 88, 89, 98; Fritz Lauterbach, S. 174 (o, u); Bernd Mayer, S. 157, 159, 162, 167, 168, 180, 183, 188, 193, 197, 199, 200, 203, 204, 205, 206, 214, 216 (o, u), 225, 226, 242, 259; Marieluise Müller, S. 103 (o); dem Nationalarchiv der Richard-Wagner-Stiftung, Bayreuth, S. 156, 171 (o); Wilhelm Rauh, S. 161, 232; dem Stadtarchiv Bayreuth, S. 47 (o), 102 (u); Stadtmuseum Bayreuth, vordere und hintere Umschlagseite, Vorsatz, S. 17 (u, l), 64, 75, 90, 102 (o, r), 114/115, 153 (o, u), 154 (u), 155 (o, u), 160; Erich Sticht, S. 10 (u); der Universitätsbibliothek Bayreuth (Kanzleibibliothek), S. 20 (o, l, r), 101 (o, l, r), 135.

Der Verfasser dankt darüber hinaus sehr herzlich allen Institutionen und Personen, die seine Arbeit unterstützten, insbesondere Herrn Dr. Rainer-Maria Kiel, Herrn Bernd Mayer, Frau Dr. Sylvia Habermann, Herrn Wilfried Engelbrecht, Herrn Walter Bartl und Herrn Norbert Hübsch.

Ortsregister

Aichig 10, 160, 245
Altenplos 31, 211
Alt(en)stadt 13 – 15, 26 – 28, 36, 56, 65, 66, 78, 115, 136, 141, 151, 176, 179, 180, 210, 246
Altentrebgast 15, 62
Amberg 15, 23, 25, 140, 244
Ammerthal 15
Annecy 236, 243, 244
Ansbach 32, 35, 47, 52, 57, 60, 96, 116 – 118, 121, 123, 125, 196, 210

Baiersdorf 25, 47, 50
Bamberg 13, 15, 21, 23, 29 – 32, 35, 37, 49, 50, 53, 54, 140, 150, 158, 175, 180, 207, 241, 246, 253, 256, 259
Bauerngrün 58, 94
Berlin 100, 106, 112, 113, 118, 122, 124, 133, 143, 145, 149, 150, 166, 172, 194, 195, 201, 205, 227
Berneck 24, 32, 35, 49, 67, 136, 205
Bindlach 8, 12 – 14, 24, 28, 36, 79, 119, 170, 204, 245
Birken 115, 182, 207
Braunschweig 96
Breitengraß 91, 92
Burg (Arbeitersiedlung) 29
Burgkunstadt 207

Cadolzburg 32, 33, 50
Coburg 49, 63, 142, 143, 196, 199, 203, 243, 256, 259, 260
Colmdorf 36, 120, 204
Cottenbach 89, 204, 211
Creußen 15, 24, 32, 44, 49, 67
Crottendorf 13, 36, 204

Dachau 198, 207
Destuben 36, 94
Dießen 23, 25, 30
Donndorf 9, 37, 118, 136
Dresden 106, 112, 113, 181, 193, 194, 229, 253
Dürschnitz 12, 58, 143, 147

Eckersdorf 8, 10, 24, 246
Ellwangen 32
Emtmannsberg 24, 57
Ensdorf 23, 29
Eremitage (Bayreuth) 131, 134, 137, 140, 212

Eremitenhof 115
Erfurt 50, 132, 133, 228
Erlangen 30, 50, 71, 78, 81, 87, 88, 96, 105, 112, 119, 146, 148, 149, 167, 210, 251, 256

Forchheim 12, 49, 50, 253
Forkenhof 37
Frankfurt am Main 131, 149, 150, 151, 235
Fürsetz 36, 58, 120
Fürth 50, 158, 204
Fulda 13, 132, 133

Gefrees 32, 67, 136
Geigenreuth 36
Gesees 12, 24
Giech 15, 30, 32
Goldkronach 13, 36, 128
Grüner Baum 89
Grüner Hügel 167, 169, 192, 207 – 210, 228, 236, 247
Grunau 158, 194, 195

Halle 94, 105, 127, 146
Hamburg 99, 116, 201
Hammerstatt 89, 115, 176
Hanau 132, 133
Harsdorf 8, 13, 24
Heilsbronn 33, 76
Heinersreuth 13
Hersbruck 21, 50
Herzoghöhe 210
Herzogmühle 58, 87
Himmelkron 95, 116, 117
Hof 24, 28, 32, 40, 49, 55, 67, 88, 143, 159, 205, 222, 259
Hohe Warte 58, 82, 167, 204, 211
Hollfeld 24, 49, 50, 180, 246

Innsbruck 30

Jena 129, 132

Karolinenreuth 182
Kasendorf 24, 36, 180
Kirchenlaibach 160, 180
Konstanz 39, 40
Kreuz 65, 66, 176, 177, 210
Kronach 9, 23, 24, 44, 49
Kulmbach 8, 24, 29, 32, 35 – 37, 39, 46, 49, 50, 60, 62, 63, 67, 88, 123, 151, 180, 223

Laineck 12, 36, 115, 160, 167, 180, 212, 235, 244 – 246
Landshut 46, 140, 195
Langheim 23
Lanzendorf 24, 205
Leipzig 50, 67, 143, 194
Lichtenfels 9, 15, 24, 30, 49, 158
Lindenhardt 24, 29
London 81, 124, 229

Marburg 183, 227
Martinsreuth 89
Meißen 67, 90
Meyernberg 12, 36, 204, 246
Meyernreuth 36
Mistelbach 37
Mistelgau 9, 37, 46
Moritzhöfen 36, 66, 97, 115, 146, 164, 233
Mosing 36, 57
Münchberg 40, 49, 83
München 140, 141, 146, 149, 150, 162, 166, 167, 192, 194, 195, 201, 202 – 207, 222, 245, 251, 256

Nemmersdorf 13
Neudrossenfeld 162
Neuenmarkt 159, 160
Neuer Weg 66, 82, 115, 151, 176, 178
Neustadt an der Aisch 54, 88, 98
Neustadt an der Waldnaab 82, 140, 142
Niesten 31
Nürnberg 32 – 35, 39, 47, 49 – 54, 57, 63, 68, 77, 138, 158, 162, 179, 194, 201, 205, 222, 224, 255

Obere Röth 205
Oberkonnersreuth 29, 30, 36, 58, 204, 245
Oberpreuschwitz 36, 245

Paris 51, 150, 206
Pegnitz 30, 44, 50, 67, 260
Plassenburg 21, 31, 35, 46, 53, 54, 57, 60, 62
Potsdam 112, 198, 201
Pottenstein 10, 50
Prag 39, 136

Regensburg 23, 28, 49, 116, 139, 147, 200
Rodersdorf 10, 115
Rödensdorf 10, 13, 36, 94
Röth 36
Rom 50, 51, 112, 135, 231

Roter Hügel 207, 246, 255

Saas 120, 207, 219
Salzburg 23, 139
Scheßlitz 15, 30, 32
Schnabelwaid 179, 180
Schweinfurt 12, 15, 139
Selb 49, 67
Seulbitz 10 – 13, 15, 16, 35, 36, 245
Seybothenreuth 160
Sophienburg 71, 91
Speinshart 24
Staffelstein 24, 49
St. Georgen (am See) 13, 70, 74, 80 – 87, 89 – 91, 119, 122, 125, 126, 129, 135, 136, 139, 141, 151, 159, 160, 169, 176, 177, 179, 180, 207, 210, 211, 218, 219, 230, 245, 251, 253, 255
St. Getreu 15, 16
St. Jobst 53, 79
St. Johannis 8, 13, 15, 107, 204, 212
Stockholm 74, 113
St. Petersburg 81, 112
Straßburg 63, 66
Straubing 49, 140
Stuckberg 166
Stuttgart 96, 115

Theta 9, 37
Thiergarten 36, 70, 94, 97, 245
Thurnau 24, 151, 180, 254
Tirschenreuth 140, 142

Unternschreez 58, 91, 92
Unterpreuschwitz 10, 12
Unterthiergarten 91, 94

Venedig 21, 31, 112, 231
Versailles 70, 82, 96, 97, 186

Waldsassen 140, 142
Weidenberg 13, 170
Weimar 96, 143, 198, 251
Weismain 24, 31, 49
Weißenstadt 49, 50
Wendelhöfen 10, 89, 136, 210, 215, 218
Wien 49, 60, 71, 72, 74, 76, 96, 106, 124, 150, 193
Wittenberg 51 – 53, 55, 79
Würzburg 13, 29, 37, 136, 150, 232
Wunsiedel 40, 49, 50, 55, 67, 88, 136, 142, 160, 245, 260

Zwernitz 32
Zwickau 40, 53

Personenregister

Abrantes, Herzog von, Andoche Junot 136, 137
Albini 110
Albrecht, Helmut 252
Amann, Friedrich 49
Amos, Philipp 141, 158
Andechs, Grafen von, Herzöge von Meranien
- Familie allgemein 14, 15, 28, 140
- Agnes, Königin von Frankreich 18, 31
- Agnes, Gemahlin Bertholds IV. 18
- Arnold II. 22
- Beatrix, Schwester Ottos VIII. 22
- Berthold II. 15, 16, 17, 22, 23
- Berthold III. 16, 22
- Berthold IV. 18, 21, 22
- Berthold, Patriarch von Aquileja 18, 31
- Ekbert, Bischof von Bamberg 18, 21, 22
- Elisabeth von Thüringen (Heilige) 18, 48
- Elisabeth, Gemahlin des Burggrafen Friedrich III. von Nürnberg, Schwester Ottos VIII. 22, 32
- Gertrud, Königin von Ungarn 18, 31
- Hedwig, Herzogin von Schlesien (Heilige) 18, 31
- Heinrich IV. 18, 31
- Margarete, Schwester Ottos VIII. 22
- Mechthild, Äbtissin von Kitzingen 18, 31
- Otto II., Bischof von Bamberg 16, 17, 21, 22, 23
- Otto VII. 16, 18, 21, 22, 29, 30, 31
- Otto VIII. 22, 30, 31, 78
- Poppo I. 15, 22
- Poppo II. 29
Andrioli (Andreioli), Stukkator 110
Apel, Friedrich, Schulmeister 56
Aub, Dr., Rabbiner 152
Aufseß, Otto Freiherr von 36
August der Starke, Friedrich August Kurfürst von Sachsen 79

Bachofner 221
Barth, Herbert 228
Baruch, Heinrich 216
Baum, Friedrich, Pfarrer 176
Bayerlein, Eduard 94, 162
– , Friedrich Christian 162
– , Dr. Fritz 94
Beheim, Johann 46
Beier, Dr. h. c. Ulli 254
Bein, Johann 133
Benkendorff, Georg Christoph Erdmann von 84
Berlinger, Johann, Stadtschreiber 44
Bernasconi, Andrea 106
Bethe, Rüdiger 253
Beulwitz, von, Hauptmann 53
Bieler, Helmut 250
Bismarck, Otto, Fürst 165, 181
Bloch, Justus 56, 57
Blücher, Gebhard, Leberecht Fürst 127
Böhme, Friedrich 253
Bollandt, Heinrich, Maler 19, 63, 121
Bon, Girolamo 112
Boulez, Pierre 247, 248
Brandt, Karl 169
Braun, Erich, Leutnant 211
Braun, Friedrich Wilhelm 8, 9
Brockhaus, Ottilie 168
Brückwald, Otto 169
Brunco, Dr. Wilhelm 190
Brunner, Johann Caspar 98, 99
Bühl, Dr. Johannes 46
Bühler, Karl 243

Cadenazzi, Andrea Domenico 92
Cadusch, Johann 82, 85, 86, 89
Cahn, Heinrich 207
Casselmann, Dr. Leopold (von) 183, 184, 186, 187
Cellarina, Sängerin 110
Chamberlain, Eva 193, 249
Chamberlain, Houston Stewart 192, 193, 194, 249
Chamisso, Adalbert von 130
Champagny, Comte de, Jean Baptiste 139
Chéreau, Patrice 247
Chevallier, Friedrich Wilhelm de la 112
Coler, Peter 253
Combe-Sieyès 134, 139
Conrad, Herbert, Redakteur 223
Craven, Elisa(beth), 2. Gemahlin des Markgrafen Alexander 121, 122
Creta, Erdmann Johann 81
Creutzer, Johann Conrad 86, 89

Daru 132
Decker, Georg 222
Demleutner, Johann Peter, Kupferstecher 90, 91
Denty, Jacob 78
Deubzer, Dr. Wolfgang 203, 226
Devraigne, Dr. Pierre 243
Dietz, Karl 198, 216, 221
Dietzel, Hofbuchdrucker 99
Dietzfelbinger, Hermann, Landesbischof 219
Diez, Johann Andreas, Pfarrer 151, 157
Diez, Wilhelm von, Maler, Sohn des Vorigen 151
Dilchert, Karl, Kaufmann und Bürgermeister 152, 157, 158, 162, 195
Ditz, Ulrich 56
Dumproff, Heinrich 233

Eichler, Schatullier 97
Eisenbeiß 141, 152
Ellrodt, Dr. German August, Theologieprofessor 100
Ellrodt, Philipp Andreas von, Minister 97, 100, 116
Ellwanger, Lorenz 223
– , Albert sen. 223
– , Albert jun. 223, 247
– , Wolfgang 247
Erffa, Georg Hartmann von 117, 118
Erhard, Dr. Ludwig 241
Eyßer, Möbelfabrik 170

Falkenhausen, Karl Friedrich Wilhelm von 134
Färber, Peter 243, 264
Ferdinand, Zar von Bulgarien 184
Feustel, Friedrich (von) 152, 160, 166 – 168
Fikenscher, Johann 76, 78
Fiorillo, Johann Dominicus 113
Fischer, Dr. Laurent 241
Fischer, Walter 222, 247
Flurschütz, Emil, Kreisdekan 246
Föttinger, Fritz 253
Follin, Bartolomeo 112
Fontane, Theodor 173
Forster, Wilhelm, Pfarrer 220
Förster, Ernst 144
Frank, Christoph 183
Frank, Hans 57

Franz Ferdinand, Erzherzog 165
Friedrich Eugen von Württemberg 125, 140
Friedrich, Götz 247
Friedrich Graf von Truhendingen 22
Frömel, Werner 253

Gabler, Dr. Georg Andreas 145
Gagern, Hans Christoph von 131, 134
Gagern, Heinrich von 131
Galli-Bibiena, Carlo 106
Gambling, Matthäus, Magister 56
Gebhard, Johann, Verleger 76 – 78
Gebhard, Dr. Ludwig 229
Gedeler, Gottfried von 87
Gera, Johann von 68, 69
Gick, Christine 188
Giech 133, 134
Gießel, Carl 178, 189
Gisela von Schweinfurt 15
Gleichen, Familie von 79
Gleichen-Rußwurm, Friedrich Wilhelm von 99
Gneisenau, August Neithardt Graf von 120, 139
Gontard, Carl von 92, 97, 98, 109, 111, 112, 184, 245
Gottschald, Friedemann 253
Götz, Stadtrat 196
Götzen, Friedrich Wilhelm Graf von 127, 133
Grana, Caretto, Marchese de 68
Graser, Dr. Johann Baptist 147, 148
Graß, Abraham 68, 69
Grau, Heinrich 158
Gregor-Dellin, Martin 250, 251
Greimb, Heinrich 79
Grevenitz, General 127
Grillenberger, Karl, sozialdemokratischer Reichstagsabgeordneter 177
Gröne, Friedrich 253
Gröne-Trux, Barbara 253
Groß, Adolf von 171
von der Grün, Familie 89
von der Grün, Max, Schriftsteller 251
von der Grün, Sebastian 56
Grünberg, Martin 87
Gurlitt, Erwin 221

Haag, Hofrat 109
Hacke, Georg, Redakteur 186, 198
Haeften, Reinhard von 128
Haendel, Christian 170
Hagen, Christian, Redakteur 126

277

Hagen, Erhard Christian von 127, 130, 144, 146, 147, 150, 151, 158
Hagen, Generalmajor 185
Hagen, Joachim Heinrich, Professor und Dichter 121
Hagl, August, Generalmajor 212
Hall, Peter 247
Hereth, Friedrich Karl 255
Hardenberg, Georg Freiherr von, Landjägermeister 93, 130
Hardenberg, Karl August Freiherr von 124, 126 ff.
Hauptmann, Gerhart 146
Hausser, Dr. Philipp 248
Heinrich (genannt Hezilo) von Schweinfurt 15, 28
Heinritz, Johann Georg 25, 78
Held, Dr. Johann Christoph von 175
Heller, Hans Wolf, Stadtschreiber und Chronist 26, 45, 58, 60
Hensel, August 161
Hensel, Conrad 170, 180
Herdegen, Nikel 45
Hermann, Graf von Orlamünde 22
Herold, Georg 63
Hertwicus genannt Doner 35
Heyer, Dr. Karl 225
Hildenbrand, Werner 255
Himmler, Glockengießer 119
Hitler, Adolf 172, 192, 193, 197–199, 203, 208
Hoffmann, Albert 186
Hoffmann, Ernst Theodor Amadeus (E. T. A.) 144
Hoffmann, Georg 164
Hoffmann, Leonhard 113
Hohenfeld, Sigismund von 90
Hohenlohe, Grafen von 35
Hohenzollern (Burggrafen von Nürnberg, Markgrafen von Brandenburg-Ansbach, -Kulmbach und -Bayreuth, preußische Könige und deutsche Kaiser und Familienangehörige)
- Albrecht Achilles, Markgraf und Kurfürst 19, 43, 47, 65, 78
- Albrecht Alcibiades, Markgraf 54, 55
- Albrecht der Schöne, Burggraf 34, 35
- Alexander (Christian Friedrich Carl Alexander) 93, 96, 116–123)
- August Wilhelm, Prinz von Preußen 184, 193
- Barbara, Gemahlin von Joachim Alchymista 19, 46
- Carl Wilhelm Friedrich, Markgraf 116
- Christian, Markgraf 60–64, 91
- Christian Eberhardine, Tochter von Christian Ernst 79
- Christian Ernst, Markgraf 61, 70–79, 92
- Christian Heinrich, Prinz 61, 94
- Dorothea, Tochter von Albrecht Alchymista, Königin von Dänemark 47
- Elisabeth, Schwester Johanns III., Gemahlin des Königs Ruprecht von der Pfalz 35
- Elisabeth Friederike Sophie, Herzogin von Württemberg, Tochter des Markgrafenpaars Friedrich-Wilhelmine 117, 119
- Elisabeth, Gemahlin des Markgrafen Georg Friedrich 57
- Elisabeth, Gemahlin des Burggrafen Friedrich V. 46
- Elisabeth Sophie, 3. Gemahlin des Markgrafen Christian Ernst, Tochter des Großen Kurfürsten 71, 81
- Erdmann August, Erbprinz 61, 71
- Erdmuth Sophie, 1. Gemahlin des Markgrafen Christian Ernst 71, 91
- Friederike, Markgräfin von Ansbach, Wilhelmines Schwester 116
- Friederike Caroline, Gemahlin des Markgrafen Alexander 122
- Friedrich I., Burggraf 34
- Friedrich II., Burggraf 34
- Friedrich III., Burggraf 22, 32, 41, 78
- Friedrich IV., Burggraf 33, 34, 41
- Friedrich V., Burggraf 34
- Friedrich VI., Burggraf, als Markgraf von Brandenburg Friedrich I. 19, 34, 39–42, 45, 46
- Friedrich IV., Markgraf 79
- Friedrich, Markgraf 1735–1763 61, 78, 93, 96–116
- Friedrich II. König von Preußen (Friedrich der Große) 100, 101, 106, 107, 108, 109, 116
- Friedrich III., deutscher Kaiser 165, 166
- Friedrich Christian, Markgraf 61, 93, 96, 115, 116
- Friedrich Wilhelm I., König von Preußen 100, 101, 106
- Friedrich Wilhelm II., König von Preußen 124
- Friedrich Wilhelm III., König von Preußen 124
- Friedrich Wilhelm IV., König von Preußen 152
- Georg Albrecht, Prinz 61, 70
- Georg der Fromme, Markgraf 19, 52–54, 79
- Georg Friedrich, Markgraf, 56, 57
- Georg Friedrich Karl, Markgraf 61, 70, 94, 95, 96, 107
- Georg Wilhelm, Markgraf 61, 74, 80–90, 92, 107
- Johann I., Burggraf 33, 41
- Johann II., Burggraf 34
- Johann III., Burggraf 34, 35, 37, 39
- Johann Alchymista, Markgraf 46, 47
- Kasimir, Markgraf 50, 51, 79
- Konrad I., Burggraf 34, 41
- Luise, Königin, Gemahlin Friedrich Wilhelms III. 124
- Maria, Gemahlin des Markgrafen Christian 60, 62, 63, 67
- Sigmund (Sigismund), Markgraf, Sohn des Albrecht Achilles 45
- Sophie, Gemahlin des Markgrafen Georg Wilhelm, Prinzessin von Sachsen-Weißenfels 81
- Sophie, Gemahlin des Markgrafen Georg Friedrich 57
- Sophie Karoline Marie, Prinzessin von Braunschweig, 2. Gemahlin des Markgrafen Friedrich 111
- Sophie Luise, Prinzessin von Württemberg, 2. Gemahlin des Markgrafen Christian Ernst 71, 81, 87
- Sophie Magdalene, Königin von Dänemark, Schwester der Markgrafen Georg Friedrich Karl und Friedrich Christian 116
- Wilhelm I., deutscher Kaiser 165, 166
- Wilhelm II., deutscher Kaiser 165, 166
- Wilhelmine (Friederike Sophie), Markgräfin von Bayreuth und Schwester Friedrichs des Großen 25, 61, 96–112

Hohl, Dr. Martin 210
Holk, Heinrich Graf von 68
Holl, Karl 192
Hopfmüller, Johann 170
Hoppe, Uwe 255
Hübsch, Dr. Georg 175
Hugel, Carl (Karl) 177, 188
Humboldt, Alexander von 128
Humperdinck, Engelbert 172
Hus, Johannes 39, 40

Jean Paul (Johann Paul Friedrich Richter) 6, 97, 130, 140, 142–145, 260
Johann Casimir, Herzog von Sachsen-Coburg 67
Jost, Dr. Georg 189, 223
Junot, Andoche, Herzog von Abrantes (siehe Abrantes!)

Käfferlein, Dr. Johann Eberhard 152
Kallenberg, Friedrich 190
Karajan, Herbert von 228
Karl, Eugen, Herzog von Württemberg 106
Karl, Erzherzog von Österreich 131, 136
Kauper, Dr. Josef 215–217
Keim, Gottlieb Friedrich Ferdinand 148–152
Kempe, Samuel 91
Kempfler, Dr. Fritz 204, 211, 215
Kergel, Wolfhart 45
Kienmayer, österreichischer Feldmarschall 136
Kießling, Karl 151
Kilchert, Konrad 264
Kirschner, Friedrich 113
Klein, Berthold 207
Knappertsbusch, Hans 228, 229, 243
Kniese, Julius, Chordirigent 172
Köhler, Johann Fritz 86
Köhler, Konrad 170
König, Johann Sebastian 27, 80, 92, 118, 125, 127, 136
Köppel, Johann Gottfried 113, 129
Köppel, Max 183
Koerber, Dr. Hermann, Arzt 203
Kolb, Kommerzienrat 158
Kolb, Johann 120
Kolb, Sophian 158, 167
Krafft, Per 112
Kranz, Abraham 69
Krauß, Julius 195
Kretschmar, Josef 77
Kripner, Samuel 80, 86, 100
Kröll, Willi 213, 214

Kronberger, Karl 234
Kröniger, Hans 216
Küffner, Conrad 66, 67, 101
Kummer, Johann 170
Kuniza, Gräfin, geb. von Giech 15
Künsberg, Hans Friedrich von 57
Künßberg, Wilhelmine Julia Dorothea von 112
Künzel, Dr. Hermann 190
Kuttenfelder, Max 216, 220, 221, 224

Laineck, Herren von 29
Lang, Konsistorialrat 123
Lang, Karl Heinrich Ritter von 25
Langermann, Dr. Johann Gottfried 129, 130
Le Grand, franz. General 132, 134
Lellis, Silverio de 112
Leonardi, Sänger 110
Lessing, Theodor, Kulturphilosoph 173
Levine, James, Dirigent 248
Ley, Dr Robert 209
Liebhard, Ludwig 76
Liebhardt, markgräflicher Kämmerer 97, 99
Lilien, Caspar von 76
Lincke, Johannes 89
Lindenbaum, Robert, Schriftsteller 251
Lippert, Friedrich 27
Liszt, Franz 171
Lobe, Jochen 223, 251
Löffler, Andreas 78
Löw, Emil 192
Löwenfinck, Adam Friedrich 91
Lübeck, Buchhändler 143
Lüchau, Maria Charlotte von 249
Ludevicus, sacerdos 24
Lukas, Viktor 250
Luther, Martin 50 – 55, 63
Lutzenberger, von, Polizeidirektor 141
Lynar, Johann Casimir von 63

Mackay, John Henry 146
Maier, Dr. Hans, Kultusminister 264
Maier, Dr. Jörg 259
Maisel, Gebrüder 235, 250
Matthes, Georg 57
Mayer, Walter 255
Mebart, Michael 63, 66, 68
Meier, Judenmeister 38
Meier-Gesees, Karl 223
Meiser, Hans 201, 202

Mengele, Joseph 183
Menzel, Adolph 73
Merz, Oswald 198, 220
Metzsch, Johann Friedrich 91
Meyer, Dr. Oscar 215, 216, 221
Meyer I, Dr. Fritz 225, 226, 231
Meyern, Adam von 109
Meyernberg, Frau von 184
Miedel, Kammerrat, 144
Mirabeau, Louis Alexandre de Riquetti, Graf von 112
Mottl, Felix, Dirigent 172
Mronz, Dr. Dieter, Oberbürgermeister 259, 264
Muchow, Helmut 233
Muck, Karl, Dirigent 192
Mühl, Emil 179
Müller, Johann Eberhard 88
Müller, Ludwig, Reichsbischof 202
Müller, Marieluise 252
Müller, Dr. Wilhelm 27, 249
Münch, Christian 158
Münster, Georg Graf zu 9
Muncker, Theodor (von) 166, 167, 183

Nankenreuther, Familie 37, 45, 91
Napoleon Bonaparte 124, 138, 139
Nassau-Weilburg, Henriette Prinzessin von 131
Nenninger, Erwin 222
Neumeister, Dr.-Ing. Heinrich 213, 214
Nietsche, Ulrich 151, 157
Nietzsche, Friedrich 172
Nikolaus (Heiliger) 14, 24
Nostiz, Karl von 136

Örtel, Hofgärtner 147
Oertel, Johann Caspar 76
Orlamünde, Hermann Graf von 32
Orlamünde, Kunigunde Gräfin von, die „Weiße Frau" 35
Osmund, Emanuel 94, 143
Osswald, Peter J. 252
Oswald, Baumeister 46
Otto I. der Heilige, Bischof von Bamberg 13, 23, 29
Otto II., Bischof von Bamberg 16, 21, 23

Panzer, Hans 196, 198
Paul, Bruno 181
Pedrozzi, Giovanni Battista 108, 110, 111
Pesne, Antoine, preuß. Hofmaler 111

Pfeiffer, Johann, Kompositionslehrer 94, 95
Pfeiffer, Johann Georg 91
Pflaum, Stephan Friedrich 88
Pfuel, Ernst Adolf von 136
Plassenberg (Blassenberg), Herren von 29, 36, 45
Platen, August Graf von 144
Pöhner, Dr. Konrad 216, 221, 211 – 243
Poeßl, Max 178
Poland, Lehrer 148
Popp, Bürgermeister 196
Popp, Ulrich 221
Porta, Antonio della 82
Potzler, Carl 45
Preu, Albert, Oberbürgermeister 183, 188, 195, 196, 199
Prieser, D. Karl, Oberkirchenrat 202
Prokop, Hussitenführer 40
Prückner, Stadtpfarrer 54
Puchta, Friedrich, Redakteur, sozialdem. Reichstagsabgeordneter 185, 198
Pühl (auch Pull, Bühl), Hans 46
Pürckhel, Johann 68
Purucker, Jean 177
Purucker, Matthäus 88, 89

Quadri, Bernardo 88
Querfeld, Christian 170

Radivojevich, Paul Freiherr von, General (Kroate) 136
Rank, Franz und Josef 181
Räntz, Elias, Bildhauer 71 – 73, 83, 88, 92
Räntz, Johann David 88, 92, 94, 97
Räntz, Johann Gabriel 107, 121
Rappl, Erich (Pseudonym „Wafner"), Musikkritiker, Mundartautor 223, 252
Ratiborsky, Georg Christoph von 86
Rauh, Johann 42, 44
Rauh, Wilhelm 253
Rechberg, Freiherr von 139
Reiche, Jobst Christoph Ernst von 94, 126 – 128
Reilly, Caroll J., amerik. Militärgouverneur 216
Reis, Carl Johann Georg, Maler 102, 112
Reissinger, Hans, Architekt 200, 205, 208, 244
Reitzenstein, Hermann Freiherr von 26
Rentsch, Johann Wolfgang 76

Reuß, Graf Heinrich von Plauen 54, 55
Richter, Dr. Hans 169, 172
Richter, Johann Paul Friedrich (siehe Jean Paul!)
Richter, Karoline 142
Richter, Rudolf Heinrich 97, 111, 112
Riedel, Messungsamtsdirektor 212
Riedel, August, Maler 63
Riedel, Johann Gottlieb 121
Riediger, Johann Adam 107, 114, 115
Riedinger, Ludwig August 160, 162
Rösch, Georg 216, 220, 221, 225
Rossow, Günter, Bildhauer 245
Rohmer, Dr. 196
Rollwagen, Hans, Oberbürgermeister 224, 225, 230
Rollwenzel(in) 144
Römer, Karolina Freiin von 37
Rongstock, Hermann 253
Roquette, Jean Antoine de la, ref. Prediger 78
Rose, Louis 158, 160, 167
Rose, Otto 158
Roslin, Alexander 110, 112
Rotter, Julius 179
Ruckdeschel, Ludwig 202
Rückert, Friedrich 139
Rüskamp, Wulf, Redakteur 194, 256
Runkwitz, Karl 169
Ruth, Karl 211

Sachs, Hans 244
Sack, Schneidermeister 187
Saher, Erhard 148
Sammet, Schlossermeister 151, 157
Samuel, Jüdin 38
Sand, Karl Ludwig 148
Sauer, Oskar 243
Schaefer, Hans 178, 253
Schaffer, Dr. Adam 45
Schäffer, Dr. Fritz 195
Schamel, Nikolaus 46, 53
Schaumberg, Wolf von 57
Schegk, Jacob Carl 117
Schemm, Hans, Gauleiter und bayer. Kultusminister 192, 195 – 202
Schilling von Canstatt 119
Schlee, Hans, Stadtbaurat 175, 184
Schley, Georg 246
Schlick, Graf Joachim von 55
Schlumprecht, Dr. Karl, Oberbürgermeister 202

Schmalzing, Georg 50, 51, 53
Schmalzing, Leonhard, Stadtschreiber 50
Schmidel, Kasimir Christoph 100
Schmidt, Florentin Theodor 160
Schmidt, Günter 230
Schmidt, Dr. Johann Christian 160
Schmidt, Johann Christian, Hofprediger 99
Schmidt, Johann Kaspar (Pseudonym Max Stirner) 145, 146
Schmidt, Dr. Otto, Oberbürgermeister 203
Schmidt, Dr. St. Georgen 158
Schmidt, Winfried 252
Schnegg, Johann 107, 112
Schneider, Peter 248
Schönfeld, Wilhelm Ernst von 117
Schott, Hans 216
Schreyer, Gabriel 88
Schröder (Schröter), Leibarzt des Markgrafen Friedrich Christian 116, 117
Schubert, Hellmut 233
Schuckmann 130
Schuierer, Johann 252
Schüller, Carl 158
Schultz, Dr. Joachim 250, 251
Schurig, Kurt 212, 213
Schwabacher, Bankier 249
Schwanthaler, Ludwig von, Bildhauer 145, 190
Schweitzer, Albert, Schneider 177
Schweizer, Johann, Karl 141
Seckendorf, Burchard Hörauf von 36
Seckendorf, Friedrich von 36
Seckendorf, Friedrich Carl Freiherr von, dirig. Minister in Bayreuth 122
Seckendorff, Christoph Albrecht Freiherr von, Minister in Ansbach 122
Seckel, David 119
Seeser, Adam 198, 221
Seidl, Anton, Dirigent 172
Seiler, Georg Friedrich 112
Servettaz, Dr. Paul-Louis 243, 244
Seybothen, Oberst 120
Siebenhaar, Robert 253
Sieyès, Emanuel, Abbé 134

Silchmüller, Johann Georg 94
Sitzmann, Edgar 230
Solti, Georg 248
Soult, frz. Marschall 132
Sparneck, Georg von 45
Spazier, Richard Otto 143, 145
Speer, Albert 209
Spindler, Jakob 113
Spindler, Johann 111
Sponheim, Baronin = Christiane Sophie Wolf von Sponheim geb. von Hohenfeld 90
Spreng, Blasius 245
Stahler, Dr. Fritz 230
Steeger, Julius 222
Stein, Horst 248
Steingraeber 161
Steinhäuser, Justin 207, 221, 225
Stelzner, Heinrich 110, 113, 129, 144, 145, 159, 163
Stengel, Lorenz 55
Stirner, Max (Pseudonym für Johann Kaspar Schmidt) 145, 146
St. Pierre (Saint-Pierre), Joseph 97, 105, 107, 108, 109
Strauss, Richard 172, 204
Streicher, Julius 192, 195
Streit, Daniel Felix 88
Strößenreuther, Otto Ritter von 195, 196
Stübner, Georg Albrecht 88
Stumpf, Dr. Johann 63, 68
Suess, Peter 255
Superville, Dr. Daniel von 99, 100

Taufkirchen, Anton Graf von 141
Teupner, Johann 170
Teusing, Heinrich 46
Thiem, Christoph und Heinrich 94
Thode, Daniela, Tochter Cosima Wagners mit Hans von Bülow 193
Thomas von Hall 56
Thürheim, Friedrich Karl Graf von 140, 141
Tietjen, Heinz 205
Tornesi, Otto Heinrich 119, 128, 132
Toscanini, Arturo 204
Tournon, Camille de 132–136
Trautenberg, Heinrich von 35

Trautner, Conrad, Magister 56
Trips, Johann 121
Truhendingen, Friedrich Graf von 33
Trützschler von Falkenstein, Caroline 120
Trützschler von Falkenstein, Johann Christian 116, 120

Überla, Franz 264
Udet, Ernst 194
Ulrich, Georg 181
Unger, Georg Christian 113
Unmüßig, Georg 56

Varell, Friedrich Hilderich von 62
Vischer, Caspar 57
Völker, Franz 205
Vogel, Christian 169
Vollet, Dr. Hans 49, 98, 233
Voltaire 110

Wächtler, Fritz, Gauleiter 201, 203, 205, 206
Wagner (Familie Richard Wagners)
–, Cosima 166, 168, 189, 192–194, 251
–, Richard 25, 32, 161, 166–168, 170–173, 228, 250, 255
–, Siegfried 172, 184, 193–195
–, Wieland 228, 229, 247
–, Winifred 192–195, 204, 205, 219
–, Wolfgang 228, 229, 247, 248
Wagner, Dr. Eberhard 251, 255
Wallenrode, Johann Christoph von 56
Wanderer, Adam Clemens 91
Warburg, Emil 195
Warburg, Lotte 194
Warburg, Otto 195
Weidenberg, Hermann von 36
Weidener, Johann Christoph 78
Weiß, Johann Friedrich 93
Wendel, Carl 177
Werner, Hans-Peter 251
Wieshack, Georg 73
Wiethaus, Anna Luise, Gemahlin Friedrich Rückerts 194
Wild, Hans Walter, Oberbürgermeister 225, 231–258
Wild, Johann Martin 88
Wild, Dr. Wolfgang 254

Wilhelm, Kurt 253
Winkler, Wolfgang 230, 264
Wipprecht, Georg Wilhelm 116
Wirsberg, Heinrich von 13
Wirth, Dr. Johann Georg August 148, 149
Wittelsbacher
– Alfons, Prinz von Bayern 184
– Elisabeth von Bayern-Landshut („Schön Els") 39
– Ludwig I., König von Bayern 138, 149
– Ludwig II., König von Bayern 138, 147, 166, 171
– Ludwig der Kelheimer, Herzog von Bayern 21
– Luitpold, Prinzregent 166
– Max I. Joseph (Maximilian von Pfalz-Zweibrücken) 130, 138–140
– Max II., König von Bayern 138
– Otto, Pfalzgraf von Wittelsbach, Vater des 1. Herzogs 29
– Otto, Pfalzgraf von Wittelsbach, Neffe des 1. Herzogs 31
– Otto I., Herzog von Bayern 16, 21
– Stefan, Herzog von Bayern 35
Wölfel, Carl 168, 169, 175
Wolff, Dr. Klaus Dieter, 1. Präsident der Universität 254
Wolfrum, Traudl 252
Wolfsberg, Herren von 35
Wolzogen, Hans Freiherr von 172
Wucherer, Johann Heinrich 118
Wunder, Wilhelm 110, 111
Würzburger, Dr. Albert 175, 227, 241
Würzburger, Dr. Julius, Redakteur 157
Würzburger, Dr. Karl 224, 226–228

Zaghini, Sänger 110
Zapf, Werner 179
Zeppelin, Ferdinand Graf von 181
Zeuß, Johann Kaspar 25
Zigler, Eberlein 14
Zimmermann, Georg 170
Zirkendorf, Albert von 35
Zirkendorf, Luitpold von 13
Zschokke, Heinrich 129
Zwergengrüner, Hans 35